科学出版社"十四五"普通高等教育研究生规划教材

中药学/药学研究生系列教材出版工程

中药药剂学专论

MONOGRAPH ON CHINESE MEDICINE PHARMACEUTICS

唐志书　主编

科学出版社

北　京

内 容 简 介

《中药药剂学专论》紧密对接新时代对中医药高层次人才培养的新要求，编写内容在中药药剂学本科教材的基础上进行了延伸与拓展。本教材包括中药药剂学导论、中药制剂前处理技术、中药新型载体制备技术、中药口服制剂、中药注射剂、中药新型给药系统、中药口服制剂体内过程研究七章内容。第一章主要论述了中药药剂学的内涵与外延、现状与发展、设计的基本原则与设计内容、有关问题的若干思考、集成技术在中药制药过程中的应用；第二章主要阐释了有关超微粉碎、提取、分离与纯化、浓缩与干燥技术的原理、制备工艺过程及影响因素、应用实例及进展等；第三章主要论述了中药新型载体的制备技术、质量评价等；第四章主要论述了丸剂、片剂、合剂/口服液的制备工艺、质量检查及有关问题的讨论等；第五章主要论述了中药注射剂的制备工艺流程与关键技术、质量评价、应用实例等；第六章主要阐释了中药口服缓控释制剂、中药口服定位释药系统、中药经皮给药系统、中药黏膜给药系统的设计与制备、质量要求与评价；第七章主要论述了中药口服制剂在体内的吸收、分布、代谢、排泄过程，生物利用度和生物等效性，以及药物体内过程在中药研究中的应用等。

本书既可作为中药学及相关学科研究生的教学用书，也可供高等学校的师生、有关机构的科研工作者参考。

图书在版编目（CIP）数据

中药药剂学专论 / 唐志书主编. -- 北京：科学出版社，2025.8. -- （科学出版社"十四五"普通高等教育研究生规划教材）. -- ISBN 978-7-03-082130-0

Ⅰ. R283

中国国家版本馆 CIP 数据核字第 20251NP994 号

责任编辑：周 倩 / 责任校对：谭宏宇
责任印制：黄晓鸣 / 封面设计：殷 靓

科学出版社 出版
北京东黄城根北街 16 号
邮政编码：100717
http://www.sciencep.com

南京展望文化发展有限公司排版
上海颛辉印刷厂有限公司印刷
科学出版社发行　各地新华书店经销

*

2025 年 8 月第 一 版　开本：889×1194　1/16
2025 年 8 月第一次印刷　印张：19
字数：535 000
定价：98.00 元
（如有印装质量问题，我社负责调换）

中药学/药学研究生系列教材出版工程专家指导委员会

主任委员 陈 忠

委 员（以姓氏笔画为序）

王喜军	教授	黑龙江中医药大学
刘中秋	教授	广州中医药大学
刘铜华	教授	北京中医药大学
杨 明	教授	江西中医药大学
邱智东	教授	长春中医药大学
张艳军	教授	天津中医药大学
陈 忠	教授	浙江中医药大学
陈红专	教授	上海中医药大学
胡立宏	教授	南京中医药大学
唐志书	教授	中国中医科学院
黄必胜	教授	湖北中医药大学
彭 成	教授	成都中医药大学
戴 敏	教授	安徽中医药大学

《中药药剂学专论》编委会

主　　编　唐志书

副 主 编　刘　强　桂双英　郭东艳

编　　委（以姓氏笔画为序）

王文苹　云南中医药大学
王利胜　广州中医药大学
王国华　中国中医科学院中药研究所
王艳宏　黑龙江中医药大学
付廷明　南京中医药大学
伍振峰　江西中医药大学
刘　强　南方医科大学
时　军　广东药科大学
邹俊波　陕西中医药大学
张　臻　成都中医药大学
张永太　上海中医药大学
桂双英　安徽中医药大学
徐　伟　长春中医药大学
郭东艳　陕西中医药大学
唐志书　北京中医药大学
盛华刚　山东中医药大学
彭　灿　安徽中医药大学
熊　阳　浙江中医药大学

学术秘书　张　臻

总　序

研究生教育处于国民教育体系的顶端，是教育、科技、人才的关键载体，是国家创新体系的重要组成部分，是深入推进科教兴国战略，加快建设教育强国、科技强国、人才强国的重要支撑。党的二十大首次把教育、科技、人才进行"三位一体"统筹安排、一体部署。党的二十大报告中指出，"我们要坚持教育优先发展、科技自立自强、人才引领驱动，加快建设教育强国、科技强国、人才强国"，强调要"全面提高人才自主培养质量，着力造就拔尖创新人才"，要"深化教育领域综合改革，加强教材建设和管理"，为研究生教育改革发展指明了前进方向，提供了根本遵循。

教材作为教育教学的基本载体和关键支撑、教育核心竞争力的重要体现、引领创新发展的重要基础，必须与时俱进，为培育高层次人才提供坚实保障。研究生教材建设是推进研究生教育改革、培养拔尖创新人才的重要组成部分。教育部、国家发展和改革委员会、财政部联合印发的《关于加快新时代研究生教育改革发展的意见》（教研〔2020〕9号）中明确提出，要"加强课程教材建设，提升研究生课程教学质量""编写遴选优秀教材，推动优质资源共享"。中药学、药学专业研究生教育肩负着高层次药学人才培养和创新创造的重要使命。为了进一步做好新时代研究生教材建设工作，进一步提高研究生创新思维和创新能力，突出研究生教材的创新性、前瞻性和科学性，打造中药学、药学研究生系列精品教材，科学出版社邀请全国12所中医药院校和中国中医科学院的13位中药学、药学专家，组成"中药学/药学研究生系列教材出版工程"专家指导委员会，共同策划、启动了"中药学/药学研究生系列教材出版工程"（以下简称教材出版工程）遴选、审定、编写工作。教材出版工程同时入选了"科学出版社'十四五'普通高等教育研究生规划教材"。

教材出版工程包括《中药药剂学专论》《分子药理学》《中药药理研究思路与方法》《药用植物生物技术》《中药分析学专论》《仪器分析专论》《中药化学专论》《现代药物分离技术》《中药监管科学》《中药系统生物学专论》《中药质量评价研究与应用》《中药新药研究与开发》《中药功效研究思路与实践》《中药资源化学专论》《生物药剂学与药代动力学专论》《天然药物化学专论》《药学文献检索》《中药炮制学专论》《中医药统计学专论》《中药药效物质研究方法学》《中药药代动力学原理与方法》《中药鉴定学专论》《中药药性学专论》《中药药理学专论》及《临床中药学专论》（第二版）等核心教材，采用了"以中医药院校为主，跨校、跨区域合作，出版社协助"的模式，邀请了全国近百所院校、研究所、医院及个别药企的中药学、药学专业的400余名教学名师、优秀学科带头人及教学一线的老师共同参与。教材出版工程注重加强顶层设计和组织管理，汇集权威专家智慧，突出精品意识，以"创新培养方式、突出研究属性、关注方法技术、启发科研思维"为原则，着力打造遵循研究生教育发展规律、满足研究生创新培养目标、具有时代精神的高品质教材。

在内容上，教材出版工程注重研究生个性化需求，从研究生实际需求出发，突出学科研究的新方法、新理论、新技术，以及科研思维。在编写风格上，既有丰富的图表，也有翔实的案例，体现了教材的可读性，大部分教材以二维码的形式呈现数字资源，如视频、知识拓展等，以方便学生自学、复习及课后拓展。

教材出版工程仍有不少提升空间，敬请各位老师和研究生在使用过程中多提宝贵意见，以便我们不断完善，提高教材质量。

2023 年 12 月

编写说明

《中药药剂学专论》为"中药学/药学研究生系列教材出版工程"中的一册,主要供全国高等中医药院校及综合性大学的中药学相关专业硕、博士研究生,以及从事中医药相关领域研究的科研工作者参阅。

本教材对标新时代中药学高层次人才的培养目标,精选中药药剂学本科教材中的部分内容进行了延伸与拓展。在编写过程中根据研究生的知识结构及学习特点,进一步整合优化学科知识体系,充分吸收行业及学科发展的新成果,注重教材的科学性、实用性、创新性、前瞻性,兼顾系统性,体现育人与育才、传承与创新、理论与实践的有机结合,旨在培养研究生的通识能力、知识储备、科研素养、解决复杂问题的综合能力,以及高级思维和创新能力。本教材的特色主要体现在以下几个方面。

(1) 内容编排注重实用性与前瞻性:以相关重点、难点内容为核心,以行业共性问题及关键技术突破为纽带,强调"经典与创新"内容的平衡,形成既注重基础知识传递,又关注实践应用的内容编排,重在培养学生综合运用知识以解决复杂问题的能力,体现教材的实用性。同时,在教材中加入已有定论的新理论、新进展、新技术及扩展阅读内容,拓宽学生视野,培养学生的高阶思维及创新能力,体现教材的前瞻性。

(2) 案例教学与思政教育有机融合:教材中的应用实例均来自行业的典型案例及学科的最新研究进展,通过案例引导学生思考:这些中药是如何从古籍中"活起来"的?这些制剂运用了哪些创新或关键技术?旨在通过思考、讨论与实践,培养学生分析问题、解决问题的能力及创新思维。同时通过案例教学,将"医者仁心、药者匠心""求新求变、创造创新"等思政元素融入课程教学。

(3) 内容呈现形式易于识记和接受:思维导图使复杂的知识结构化,有利于学生识记和理解;内容呈现详略得当,采用简洁的图表替代抽象的大段文字,学生易于接受;拓展知识采用简短语言描述,二维码链接详细内容,方便学生自主深度学习。

本教材的编写者都是长期从事中药药剂学教学、科研工作,具有丰富教学经验的教授和中青年专家。其中,中药药剂学导论由唐志书、付廷明、张永太共同编写;中药制剂前处理技术由郭东艳、邹俊波、张臻共同编写;中药新型载体制备技术由王利胜、熊阳、时军共同编写;中药口服制剂由伍振峰、彭灿、王国华共同编写;中药注射剂由桂双英、盛华刚共同编写;中药新型给药系统由刘强、徐伟共同编写;中药口服制剂体内过程由王艳宏、王文苹共同编写。

科学出版社相关领导、编辑人员及各编委单位对本教材的编写给予高度重视及大力支持，在此表示衷心感谢。

为编写好本教材，编委通力合作，合理分工，力求将本教材编写成为一本精品教材。但编者水平所限，教材中若有不妥，希望广大读者提出宝贵意见和建议，以便再版时修订完善。

《中药药剂学专论》编委会
2024 年 8 月

目 录

第一章 中药药剂学导论 ……………………………………………………………… 1
  第一节 中药药剂学的内涵与外延 / 3
    一、中药药剂学的内涵 / 3
    二、中药药剂学的外延 / 5
  第二节 中药药剂学的现状与发展 / 5
    一、中药药剂学的发展现状 / 5
    二、中药药剂学发展中的关键问题 / 9
    三、中药药剂学的发展战略目标与研究方向 / 10
  第三节 中药制剂设计的基本原则与设计内容 / 10
    一、中药制剂设计的基本原则 / 10
    二、中药制剂的设计内容 / 11
  第四节 有关中药药剂学的若干思考 / 16
    一、中药复方制剂生产工艺研究相关问题 / 16
    二、中药制药装备问题 / 17
    三、中药大品种的二次开发 / 19
    四、医院制剂与中药新药 / 20
    五、经典名方的传承与创新 / 21
    六、中药一致性评价 / 23
  第五节 集成技术在中药制药过程中的应用 / 24
    一、智能制药设备在中药产业升级中的应用 / 24
    二、传感器技术在中药制药过程中的应用 / 26
    三、3D 打印技术在中药口服固体制剂中的应用 / 27
    四、5G 在中药制药过程中的应用 / 27
    五、核磁共振氢谱组学技术在中药制药过程研究中的应用 / 28

第二章 中药制剂前处理技术 ……………………………………………………… 30
  第一节 超微粉碎技术 / 30
    一、概述 / 31
    二、超微粉碎技术的原理 / 32
    三、制备工艺流程与影响因素 / 32
    四、超微粉的质量控制 / 36

五、超微粉碎技术的应用 / 36
　　六、有关问题讨论 / 37
第二节　粉体性质表征与改性技术 / 39
　　一、概述 / 39
　　二、粉体性质表征指标与意义 / 40
　　三、粉体改性技术的原理 / 42
　　四、粉体改性技术的工艺流程 / 45
　　五、粉体改性技术的影响因素 / 46
　　六、粉体改性技术的应用 / 46
　　七、有关问题讨论 / 47
第三节　提取技术 / 49
　　一、超临界流体萃取技术 / 49
　　　　实例：采用超临界流体萃取技术提取大扁杏仁油脂 / 56
　　二、超声波提取技术 / 57
　　　　实例：采用超声波提取技术提取金樱子总多酚 / 60
　　三、微波提取技术 / 61
　　　　实例：采用微波提取技术提取中药方剂暖心方的有效成分 / 64
　　四、连续逆流提取技术 / 66
　　　　实例：采用连续逆流提取技术提取黄芪糖浆 / 68
第四节　分离与纯化技术 / 70
　　一、膜分离技术 / 70
　　二、大孔树脂吸附技术 / 76
第五节　浓缩与干燥技术 / 80
　　一、减压浓缩技术 / 80
　　二、薄膜浓缩技术 / 86
　　三、喷雾干燥技术 / 89
　　四、沸腾干燥技术 / 94
　　五、冷冻干燥技术 / 99

第三章　中药新型载体制备技术 ……………………………………………………………… 104
第一节　环糊精包合技术 / 104
　　一、概述 / 105
　　二、常用的包合物制备方法 / 106
　　　　实例：冰片 β -CD 包合物的制备方法 / 106
　　三、包合物的验证与质量评价 / 106
　　四、环糊精包合技术在中药药剂中的应用实例 / 109
　　五、环糊精包合技术存在的问题及解决办法 / 110
第二节　固体分散技术 / 111
　　一、概述 / 111

二、固体分散体的制备方法 / 113

三、固体分散体的质量评价 / 114

四、固体分散技术在中药制剂中的应用 / 115

五、固体分散技术存在的问题与进展 / 115

第三节　微囊与微球制备技术 / 117

一、概述 / 118

二、微囊与微球的制备 / 118

三、微囊与微球的质量评价 / 124

四、在中药药剂中的应用实例 / 125

　　实例1：姜黄素微囊（单凝聚法）/ 125

　　实例2：盐酸小檗碱微囊（复凝聚法）/ 125

五、有关问题讨论 / 126

第四节　纳米粒制备技术 / 127

一、概述 / 128

二、纳米粒的制备 / 128

三、纳米粒的质量评价 / 131

四、新型纳米载药系统 / 131

五、纳米药物的功能化 / 133

六、纳米中药与中药纳米化技术 / 134

七、中药超分子 / 134

八、在中药药剂中的应用实例 / 135

九、有关问题讨论 / 136

第五节　纳米乳与亚微乳制备技术 / 136

一、概述 / 136

二、常用纳米乳与亚微乳的制备方法 / 142

三、纳米乳与亚微乳的质量评价 / 144

四、亚微乳在中药提取中的应用 / 146

五、基于中药物料特点的纳米乳、亚微乳设计原则 / 146

六、在中药药剂中的应用实例 / 147

　　实例：姜黄素纳米乳 / 147

七、乳液在外用、口服与注射中的生物药剂学特征 / 148

八、有关问题讨论 / 148

第六节　脂质体制备技术 / 149

一、概述 / 149

二、脂质体的制备 / 156

三、脂质体的质量评价 / 162

四、在中药药剂中的应用实例 / 163

　　实例：注射用紫杉醇脂质体 / 163

五、有关问题讨论 / 163

六、新型磷脂囊泡 / 164

第四章　中药口服制剂 ……………………………………………………………… 166

第一节　丸剂 / 166
一、概述 / 166
二、常用辅料 / 167
三、制备工艺 / 169
　　实例：用离心造粒包衣机制备复方丹参微丸 / 171
　　实例：挤出滚圆法制备当归补血微丸 / 174
四、质量检查 / 177
五、丸剂自动化生产线 / 177
六、有关问题讨论 / 177
七、其他丸剂 / 179

第二节　片剂 / 181
一、概述 / 181
二、常用辅料 / 183
三、制备工艺 / 184
四、薄膜包衣技术 / 186
五、质量检查 / 188
六、片剂自动化生产线 / 190
　　实例：健胃消食片 / 190
七、有关问题讨论 / 190
八、其他片剂 / 191

第三节　合剂/口服液 / 192
一、概述 / 193
二、常用附加剂 / 193
　　实例：荆防合剂 / 196
三、制备工艺流程与影响因素 / 196
四、合剂/口服液自动化生产线 / 198
五、有关问题讨论 / 198

第五章　中药注射剂 ……………………………………………………………… 200

第一节　概述 / 201
一、中药注射剂的特点 / 201
二、中药注射剂的分类 / 202

第二节　常用附加剂 / 203
一、增加主药溶解度的附加剂 / 203
二、帮助主药混悬或乳化的附加剂 / 204
三、防止主药氧化的附加剂 / 204

四、抑菌剂 / 204
　　五、pH 调节剂 / 205
　　六、减轻疼痛的附加剂 / 205
　　七、调节渗透压的附加剂 / 205
第三节　制备工艺流程与关键技术 / 206
　　一、中药注射剂原料质量控制的技术关键 / 207
　　二、中药材提取与精制的技术关键 / 207
　　三、中药注射剂配液的技术关键 / 208
　　四、中药注射剂灭菌的技术关键 / 208
第四节　质量评价 / 209
　　一、制定合理的含量测定方法与测定标准 / 209
　　二、加强中药注射剂指纹图谱的研究 / 210
　　三、中药注射剂的质量标准提升 / 210
第五节　有关问题讨论 / 211
　　一、中药注射剂的中医药理论与物质基础问题 / 211
　　二、中药注射剂的安全性问题 / 212
　　三、科学指导中药注射剂的临床使用 / 213
　　四、中药注射剂的联合用药问题 / 214
第六节　自动化生产线 / 214
　　　　实例：丹红注射液 / 215

第六章　中药新型给药系统　216

第一节　中药口服缓控释制剂 / 216
　　一、概述 / 217
　　二、常用辅料 / 218
　　三、制备技术 / 219
　　四、质量评价 / 222
　　五、应用实例 / 223
　　　　实例：齐墩果酸渗透泵片的制备 / 223
　　六、有关问题讨论 / 223
第二节　中药口服定位释药系统（胃部及结肠定位释放）/ 224
　　一、概述 / 225
　　二、常用辅料 / 225
　　三、设计与制备 / 227
　　四、质量要求与评价 / 229
　　五、应用实例 / 230
　　　　实例：左金丸胃内漂浮型缓释片的制备 / 230
　　　　实例：中药结肠定位控释微丸的制备 / 230
　　六、有关问题讨论 / 231

第三节　中药经皮给药系统 / 232
　　一、概述 / 233
　　二、常用辅料 / 235
　　三、设计与制备 / 236
　　四、质量要求与评价 / 240
　　五、有关问题讨论 / 242
　　六、应用实例 / 243
　　　　实例1：香麻寒喘贴的制备 / 243
　　　　实例2：隐丹参酮皮肤角质类脂体的制备 / 243
第四节　中药黏膜给药系统 / 244
　　一、概述 / 245
　　二、常用辅料 / 247
　　三、设计与制备 / 250
　　四、质量要求与评价 / 254
　　五、有关问题讨论 / 256
　　六、应用实例 / 257
　　　　实例1：姜黄素脂质体粉雾剂的制备 / 257
　　　　实例2：复方大青叶栓的制备 / 257

第七章　中药口服制剂体内过程研究 ………………………………………………………… 258

第一节　中药口服制剂体内过程 / 258
　　一、吸收 / 259
　　二、分布 / 261
　　三、代谢 / 262
　　四、排泄 / 264
第二节　中药口服制剂的生物利用度与生物等效性 / 265
　　一、概述 / 266
　　二、试验方法 / 266
　　三、体外溶出度与体内生物利用度相关性 / 271
第三节　药物体内过程在中药研究中的应用 / 273
　　一、基于药物体内过程的药效物质基础研究 / 274
　　二、基于药物体内过程的中药复方配伍机制研究 / 276
　　三、基于药物体内过程的剂型设计研究 / 280
　　四、基于药物作用靶标及吸收特点的新药开发与老药新用 / 282
　　五、基于药物体内过程的联合用药相互作用研究 / 285

第一章
中药药剂学导论

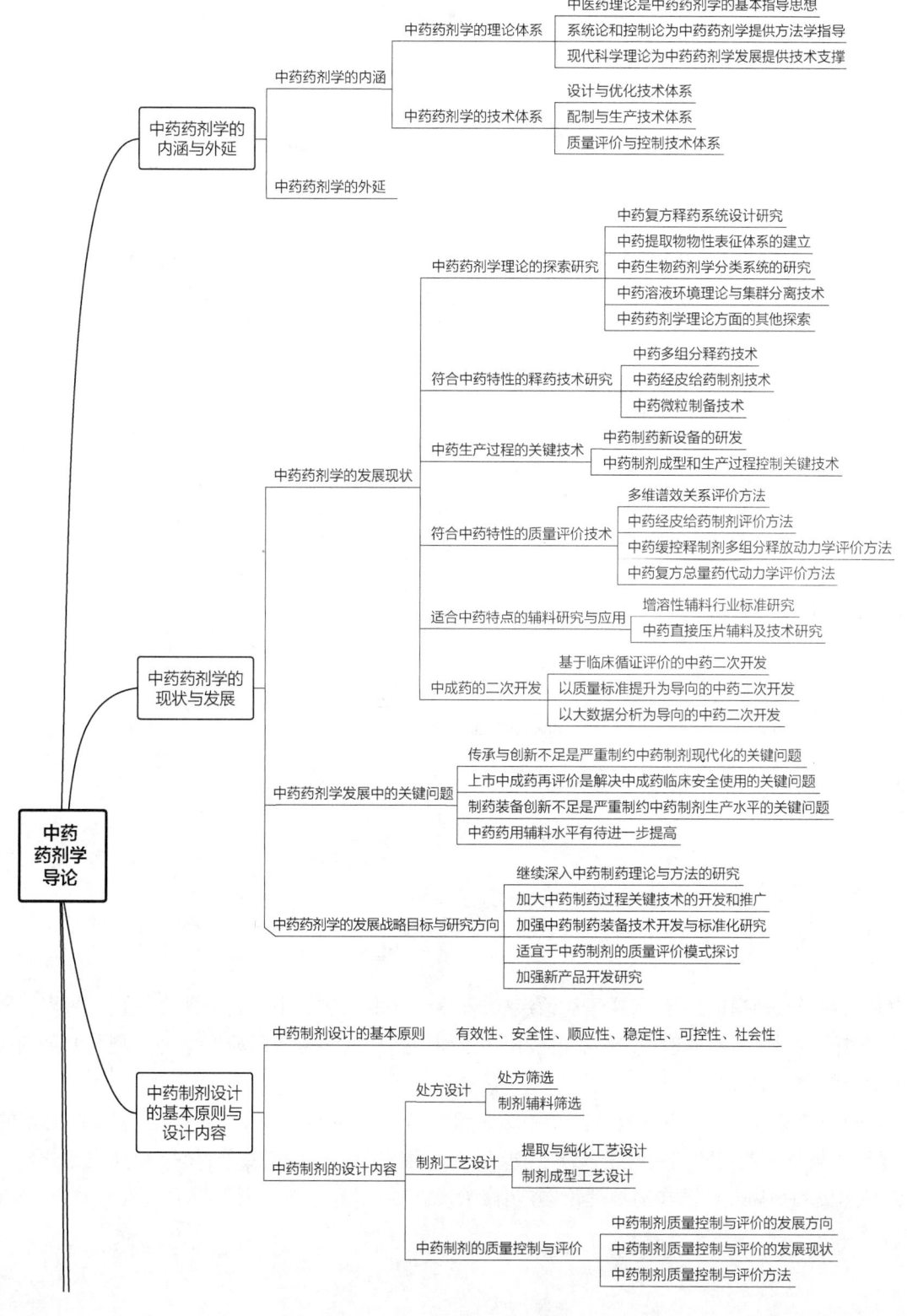

```
中药药剂学导论
├─ 有关中药药剂学的若干思考
│   ├─ 中药复方制剂生产工艺研究相关问题
│   │   ├─ 尊重传统用药经验
│   │   ├─ 质量源于设计
│   │   ├─ 注重整体质量评价
│   │   └─ 工艺持续改进
│   ├─ 中药制药装备问题
│   │   ├─ 制药装备符合GMP验证要求
│   │   ├─ 有利于工艺改进、技术升级与产品质量可视化
│   │   ├─ 鼓励节能降耗，提高生产效率，降低制造成本
│   │   ├─ 机械化程度提高，产品生产过程自动检测
│   │   └─ 构建中药制药装备复合型人才培养体系
│   ├─ 中药大品种的二次开发
│   │   ├─ 中药大品种二次开发的必要性
│   │   └─ 中药大品种二次开发的策略
│   ├─ 医院制剂与中药新药
│   │   ├─ 医院中药制剂转化为中药新药的优势
│   │   └─ 医院制剂新药转化现状及难点
│   ├─ 经典名方的传承与创新
│   │   ├─ 经典名方研发的机遇与挑战
│   │   │   ├─ 药材资源的挑战
│   │   │   ├─ 饮片炮制的挑战
│   │   │   ├─ 处方剂量的挑战
│   │   │   └─ 工艺研究的挑战
│   │   └─ 经典名方研发的三条路径
│   │       ├─ 简化注册
│   │       ├─ 二次开发
│   │       └─ 新药研发
│   └─ 中药一致性评价
│       ├─ 中药一致性评价的必要性
│       └─ 中药一次性评价的探索
│           ├─ 药效物质基础的研究
│           ├─ 检测指标的选择
│           ├─ 生产的在线控制
│           └─ 一致性评价方法
└─ 集成技术在中药制药过程中的应用
    ├─ 智能制药设备在中药产业升级中的应用
    │   ├─ 中药材种植
    │   ├─ 中药饮片炮制
    │   ├─ 中药提取
    │   ├─ 中药浓缩
    │   ├─ 中药精制
    │   ├─ 中药制剂成型
    │   ├─ 中药质量评价
    │   └─ 生产车间智能质量控制技术
    ├─ 传感器技术在中药制药过程中的应用
    │   ├─ 在中药提取过程中的应用
    │   ├─ 在中药浓缩过程中的应用
    │   ├─ 在中药干燥过程中的应用
    │   ├─ 在中药灭菌过程中的应用
    │   └─ 对中药绿色智能制造的作用
    ├─ 3D打印技术在中药口服固体制剂中的应用
    │   ├─ 制备中药缓释固体制剂
    │   ├─ 微剂量药材的精确控制
    │   └─ 含挥发油中药制剂的制备
    ├─ 5G在中药制药过程中的应用
    │   ├─ 促进中医药传承与发展
    │   ├─ 助力中药材智慧种植
    │   ├─ 促进中药制药智能制造
    │   └─ 促进中药制剂数字化转型
    └─ 核磁共振氢谱组学技术在中药制药过程研究中的应用
        ├─ 中药制药过程质量控制
        ├─ 基于$^1H$ NMR组学技术的中药制药过程分析
        └─ 基于NMR的组学技术在中药制药过程中的应用
```

中药是在中医药理论指导下，用于防治疾病、养生保健的药物。中药材不能直接用于患者，须经炮制加工，选择适当剂型，制成适宜制剂后方能使用。而中药药剂学是专门研究中药剂型与制剂的科学，是连接中医与中药的桥梁。

中药药剂学随着古今成方及剂型演变而形成和发展，早在商汤时期的《汤液经》和秦汉时期的《神农本草经》中就见有制剂的相关论述，后经逐步发展，相继出现多部相关专著，如《制药论法》《金石制药法》《太平惠民和剂局方》等，在剂型理论、方药修治、临床应用等方面留下了极为宝贵的遗产。随着科

学技术和医药学科的发展，医药学家在中医药理论指导下进行了大量的实践活动，在中药制剂的原辅料、剂型、制备工艺、质量控制、临床使用等方面形成了自身特点，不断发展并完善中药制剂设计、制备、质量评价等方面的理论与技术，形成了中药药剂学独特的学科内涵和学科体系。

第一节 中药药剂学的内涵与外延

中药药剂学是以中医药理论为指导，综合运用现代多学科技术与方法，研究中药制剂的设计与优化、配制与生产、质量评价与控制、临床合理应用的一门综合性应用技术学科。其不仅涉及工艺学范畴，即研究药物制剂的剂型、辅料、生产工艺及质量控制等，还涉及生物学范畴，即研究药物制剂的体内过程及其与临床疗效、安全的相关性等。

一、中药药剂学的内涵

（一）中药药剂学的理论体系

1. 中医药理论是中药药剂学的基本指导思想　宏观、整体、联系、变化的思维方式是中医药理论最显著的特点，符合人体疾病发生、发展与方药起效的客观规律。在此思维方式的指引下，形成了中医对方剂、药味作用的理论认识，积累了丰富的实践经验，这是中药区别于天然药物、化学药物、生物制品的本质所在。复方是中药治病、防病的主要用药形式，其主要特点有：① 复方的最小组成单位为药味，中医将药味作用以四气、五味、归经、升降浮沉、毒性、功效等进行概括；② 根据治疗需求，采用炮制、配伍、剂量、制剂等手段对中药的性味功效进行选择和调控；③ 复方含有大量化学成分，其中部分成分是其发挥药效的物质基础；④ 复方以治法统领各药，以配伍联系各药，整体结构以"君、臣、佐、使"来表述，组成一个有机的治疗系统；⑤ 复方所展现的整体功效来源于各味药，而又不同于各味药的简单加合。因此，开展中药药剂学工作必须在中医药理论指导下，充分认识中药复方的上述特点，把握好其起效本质，正确认识"理、法、方、药、剂、工、质、效"之间的密切关系，坚持"以方制药"原则，即针对具体复方，选择适宜剂型及制备工艺，以制得符合质量要求、充分发挥其功效的中药制剂产品。

2. 系统论和控制论为中药药剂学提供方法学指导　中药药剂学研究在实质上是对方剂功效进行系统的整合、调控与优化，以实现方剂临床疗效最大化、使用最适合的科学实践。现代系统论认为，系统是相互作用着的各种不同功能单元的总和，它包含两个以上的要素，要素之间存在相互作用，系统整体的性能不同于各要素的性能或其加合。中医的辨证施治、方剂的配伍理论、组方原则已充分体现了上述系统论思想。中药药剂学的研究工作同样具有系统属性，每个环节的操作都会对方剂的疗效与安全产生影响，这就要求在实际工作中对病证、方剂的整体状况，以及各组成要素、要素间的联系等系统属性有一个准确把握，以系统性思维指导各项具体工作，保证最终制得的中药制剂能如实表达原方剂的治疗意图。

控制论认为，控制是一个事物在可能空间中进行有效选择的过程。要实施控制，必须具备两个条件：一是受控对象存在着多种发展的可能；二是施控者可根据自己的目的，在多种可能中进行选择。人体疾病发生、发展的复杂性，中药功效、有效成分、配伍、药料处理方式等的多样性，为中药制剂工作提供了多种选择，而药剂工作的目标是为临床提供安全、高效、方便的药物，要达到该目标，就必须在上述诸多可能性中进行合理选择和控制。因此，中药药剂学的研究工作还需具有控制论思维，古人已采用方证对应、炮制配伍、剂量控制、剂型调整等具体手段进行控制，以确保方药的安全有效。

3. 现代科学理论为中药药剂学发展提供技术支撑　传统中医药理论从宏观、整体的角度，阐释疾病状态与药物性能，把握疾病发展趋势与方剂功效。受历史条件限制，传统中医药理论对疾病发生、发展及药物治疗过程中局部、微观细节的阐释较为模糊，难以对其准确把握，而药物的局部、微观变化在一定条件下会导致整体性能改变。因此,中药药剂学实践在微观细节上应以现代医药理论为技术指导,确保研究结果的科学性、准确性、可靠性和重复性,对细节的忽略是导致中药制剂疗效可靠性和重复性不理想的重要原因之一。利用现代医药理论,针对中药制剂研究涉及的具体对象(① 病证的致病原因、病理变化、病理指标等;② 方剂的成分组成、含量及其成分的作用机制、相互关系等;③ 中间提取物制备的工艺环节,包括提取、浓缩、除杂、干燥等;④ 制剂处方及其成型工艺,包括药效物质的理化性质、剂量,辅料的性质、用量、作用,以及制剂技术等;⑤ 质量指标,包括药效成分含量与药代动力学性质等),以生理学、病理学、药物化学、药理学、物理化学、药代动力学、制剂学、分析化学等现代科学理论和技术为具体手段,从微观水平把握影响中药制剂疗效的各环节因素,是确保研究结果的科学性、准确性、可靠性和重复性的重要措施。

(二) 中药药剂学的技术体系

1. 设计与优化技术体系　中药药剂学针对其研究对象,如药效成分的组成、给药途径、剂型、制剂处方与工艺、质量评价与控制等,进行了大量的科研实践,在此基础上,已形成了一整套关于中药药剂学设计与优化的研究思路和方法技术体系。在设计与优化的研究思路方面,已从技术导向模式、需求导向模式、竞争导向模式等单一的设计模式,发展到基于"临床-生产-市场"三维导向的设计模式。所谓"临床-生产-市场"三维导向设计模式,是指中药药剂的设计与优化需要从临床需求、生产实际、市场定位三个维度分别进行系统分析与思考,以确保设计方案的科学性、实用性、经济性及技术可行性。在设计与优化的方法技术方面,针对中药药剂学不同的研究对象,在实践研究过程中分别采用了基线等比增减设计、均匀设计、正交设计、效应面优化设计等实验设计方法,以及方差分析、t 检验、回归分析、曲线方程拟合等数据分析与处理方法,确保了中药制剂设计与优化工作的顺利进行,有力地推动了中药药剂学实践的深入发展。

2. 配制与生产技术体系　主要包括中药制剂中间提取物制备和制剂成型这两大环节的工艺技术及相应设备所构成的技术体系。中药制剂中间提取物是将中药饮片制成可供直接成型用半成品的工艺过程,包括净制、炮制、粉碎、提取、纯化、浓缩、干燥等环节,通过这些环节中所采用的各类技术与设备,可实现净化原料、调节药性与功效、富集药效成分、降低药物剂量、去除或降低毒性、调节物料理化性质,从而达到为成型提供安全、高效、稳定的制剂原料的目标。制剂成型是将制剂原料加工制成可供临床直接使用的某剂型的工艺过程,基于中药原料剂量大、易吸湿、黏性强、成分组成与性质复杂的特点,在制剂实践过程中,已形成了包括中药制剂辅料、制剂技术及设备等构成的具有中药特色的成型技术体系,如蜜丸的塑制成丸技术、自动制丸机,黑膏药的制备技术、膏药提取与炼油器,以及在"药辅合一"思想指导下,人参、三七、白芷、蜂蜜等中药在制剂中兼作辅料使用等。

3. 质量评价与控制技术体系　在实施国家药品标准提高行动计划的过程中,中药标准提升工作是重中之重。其主要任务是研究提高中成药生产的原料及成品质量控制标准。然而,大幅度提高中成药标准的关键问题是如何发展中药制药过程质量控制技术,以及如何建立中药制药过程质量保障系统。目前,在大量中药药剂质量控制与评价相关实践的基础上,已基本构建了针对中药制剂生产过程中原料、中间体、药用辅料、包装材料等相关物料质量控制的全过程质量控制技术体系。在中药药剂产品的质量控制与评价方面,形成了由化学成分定性与定量的分析技术、制剂理化性质的检测技术、生物药剂学与药代动力学性能的评价技术、生物学评价技术、稳定性实验方法及中药制药过程质量控制技术等所构成的评价技术体系。

中药药剂学的理论与实践可用"理、法、方、药,剂、工、质、效"八个字来概括。"理、法、方、药"是辨证论治的过程,也是方剂的产生过程,体现了方剂结构、作用、组成等方面的本质特点,也体现了中药药剂学所依存的中医药学科背景。"剂、工、质、效"是中药药剂学研究的四个基本内容,是确保中药制剂实现原方剂治疗意图的关键环节,囊括了中药药剂学具体工作的各方面,共同构成了中药药剂学的理论体系。因此,只有对上述基本内容做到正确的认识和把握,才能从传统与现代、整体与局部、宏观与微观等多角度理解中药药剂学各项工作的本质,明确中药药剂学研究的正确方向,确保中药药剂学研究的传承性、先进性和创新性,从而促进中药药剂学的发展。

二、中药药剂学的外延

中药制剂是将中药饮片加工处理成供临床直接使用的药品,在此过程中不乏对其基础理论、物料性质、制备工艺技术等进行研究。因此,中药药剂学与中药基础理论、中药化学、中药药理学、生物药剂学和药效动力学、药剂学、工业药剂学、药用辅料学、中药制药工程学、中药制剂分析学等多学科密切相关。

中药基础理论涉及中药四气、五味、升降沉浮、归经、中药功效及方剂配伍理论,它们直接决定了中药制剂的设计思想和施用方法。因此,研究中药基础理论,整理传统中药制剂设计思想和施药方法,对于现代中药制剂的设计遵循中医药理论、确保临床疗效具有重要的指导作用。

中药化学和中药药理学注重研究阐明中药的活性成分、药理效应及其作用机制,对于指导中药制剂的科学设计,实现中药制剂制备过程链中药效关联信息的有效传递,确保中药制剂的有效性和安全性具有重要意义。

生物药剂学和药效动力学着重研究药物与机体的相互作用及药物在体内的变化规律,其理论和方法对研究中药制剂活性成分与机体的相互作用,以及其在体内的变化规律具有重要的指导作用,这些研究成果对中药制剂的设计亦具有重要的指导作用;同时,又可对设计制备的制剂进行体内评价以确定其是否达到预期目标。

药剂学与工业药剂学着重研究药物剂型的成型原理、新剂型与新技术,相关成果对于推动中药药剂学发展起到重要作用。

药用辅料学是从研究辅料和制剂成型之间的相互联系入手,来研究药剂中辅料的品种、分类、用途、原理、使用原则、注意事项等方面的一门学科。药用高分子材料学是研究药用高分子材料的结构、理化性质、工艺性能及用途的理论和应用,其在新型给药系统的研发中获得了广泛应用,成为推动新型给药系统发展的重要支柱。

中药制药工程学着重研究中药制剂工程基本原理与方法、制剂工程与工艺设计、制剂机械设计与生产、理化性质研究等,其目的是使中药技术能够产业化,以提升中药制剂的产业化水平。中药制药工程学是研究中药制药工业过程规律,以及解决生产实践中单元操作系统工程技术问题的一门应用科学,是实现中药新产品、新技术、新工艺、新装备研究开发及推广应用的重要组成部分。

中药制剂分析学着重对中药制剂的质量进行分析,运用中药分析的原理与方法对中药剂型进行评价,以确保中药制剂的质量。

综上所述,当前中药制剂的研究应该在中医药理论指导下,充分运用系统论和控制论的相关思路与方法,综合利用化学、生物学、医学、工程学及信息科学等现代科学技术手段,形成既符合中医药传统理论与用药特点,又兼具科学性与现代性的知识理论与技术应用体系。

第二节　中药药剂学的现状与发展

一、中药药剂学的发展现状

(一)中药药剂学理论的探索研究

1. 中药复方释药系统设计研究　中药复方释药系统设计理论是立足于中药复方多成分的整体作

用特点,基于"理法方药"统一、"证(病)-方剂"对应的思想,遵循古人施药思想和原则,以中医治疗法则为核心,以中药有效组分或效应组分为配伍形式,根据方中各药药性、效应成分性质、作用特点,以及病证的特点,将不同有效组分或效应组分按效应作用特点、理化性质作用部位、作用速度等进行组合,并根据治疗需要,应用现代制剂技术对各释药单元进行差异化调控,注重各释药单元的相互联系,最终组合于同一释药系统中,从而达到多途径、多环节、多靶标的整体治疗理念的中药新型释药系统。中药复方释药系统研究思想充分发挥了中药复方整体作用特点,体现了中药多成分的整体作用理念,对推动中药制剂的创新与发展具有重要意义。

2. 中药提取物物性表征体系的建立　由于中药提取物物料的晶型、粒径、粒径分布、粒子形态、比表面积、孔隙率、含水量、吸湿特性等物理性质会直接影响制剂的制备成型和制剂性能,中药药剂领域对物料、中间体所表现出的共性和特殊性进行了深入的探讨,在阐明中药浸膏粉体的结构,研究其理化性质、参数表征等方面正在形成热点,试图通过辅料改善中药的粉体学性质,通过基础理论和应用研究促进中药制剂研究水平的提高。

3. 中药生物药剂学分类系统研究　基于中药的多成分特点,借鉴化学药物领域中生物药剂学分类系统(biopharmaceutical classification system, BCS)的理念、方法和技术,提出中药生物药剂学分类系统(biopharmaceutics classification system of Chinese materia medica, BCSCMM),即中药口服使用时,根据其所含成分的水溶解性和肠渗透性,对中药按照生物药剂学性质进行分类的一种方法。CMMBCS 贯彻 BCS 以吸收为核心的分类理念,同时结合中药临床疗效的实际情况,按照中药多成分复杂体系的特点,以溶解性和渗透性为分类依据,在研究吸收的同时兼顾代谢的研究。通过中药多成分间相互作用的研究,如某一或某几个成分对环境中其他成分溶解性或渗透性的增强或减弱,进一步考察其吸收或代谢的内在规律及作用机制。用中药整体 CMMBCS 研究方法,建立中药代表性目标成分、多成分背景下的目标成分、复方整体 3 个层次的 CMMBCS 研究体系,并利用数学建模方法探讨 3 个层次之间的内部规律,从而建立 CMMBCS 预测模型,为中药质量标准和中药新药研发提供理论依据。

4. 中药溶液环境理论与集群分离技术　千百年来以水煎服为主的中药汤剂,显示了从中药水提液中获取药效物质最能体现安全性与有效性,目前国内绝大多数中药厂家仍以水煎煮为基本提取工艺。然而,中药水提液组成极其复杂,长期以来因其密度、黏度、表面张力等基本物理性质数据的缺乏,而导致中药生产工艺选择或设计"失真",甚至失败。针对上述问题,在对中药水提液进行深入、系统研究的基础上,提出基于"中药溶液环境"学术思想的集群分离过程研究模式:中药水提液体系的宏观性质,可用多种物理化学参数描述。此类表征参数,既源于体系中各种物质的化学组成,又是其中各种物质不同理化性质的综合反馈,必定与体系中影响分离过程的因素密切相关。其中,高分子物质组成,物理化学参数、分离工程特征量等最重要的几个数据集之间虽存在大量非线性、高噪声、多因子的复杂关系,但借助人工智能技术,从大量已知数据和实验事实中挖掘规律性,可有效解决中药物料难以建立通用传质模型的问题。

5. 中药药剂学理论方面的其他探索　此外,针对中药油水分散类、贴膏类外用制剂的处方设计盲目、载药困难、稳定性和渗透性不佳等关键问题,基于溶度参数、有机概念图的处方设计技术和凝胶网络微结构性质、经皮渗透性的制剂性能评价技术,探索形成了一套中药经皮给药系统的处方设计理论;针对中药传统剂型制剂工艺粗糙、服用量大、质量难以控制等缺点,在中药制剂"药辅合一"思想的指导下,探索了中药粒子设计理论。这些制剂设计理论充分体现中药的整体特点,也符合"质量源于设计"的理念,对提高中药制剂质量和安全性,推动中药制剂的创新具有重要意义。

(二)符合中药特性的释药技术研究

1. 中药多组分释药技术　中药多组分的释放应该讲究有序性,口服药物经过胃肠道吸收转运,有序地释放到靶部位,同时保证其吸收,从而使各释药单元在靶部位发挥最优的整合效应。通过适宜的辅料或辅料组合能够调节不同成分的释放速度,使其在体内达到同步或趋近于同步的"均衡"释放,或是差异化的"异步"释放;利用 pH-时滞和 pH-酶触等多种释药结合模式,实现中药复方的结肠定位释药。

2. 中药经皮给药制剂技术　针对中医外治法主要传统剂型——橡胶膏剂和软膏剂的稳定、过敏、粘贴、渗透等问题,系统开展油水分散技术、膏体除敏技术、渗透促进技术等应用优势、适用规律、生产适宜性及评价方法的研究,建立中药外用制剂的制备和评价体系,提升其质量水平。针对新型中药外用制剂——喷膜剂的成膜技术、制备技术、评价技术等共性关键技术进行系统研究,形成疗效好、安全性高、质量可控的现代外用中药制剂,拓展中药临床外用的方式和范围,促进中医外治法的推广和应用。

3. 中药微粒制备技术　微粒载体释药系统主要包括脂质体、微囊、微球、微乳、纳米粒、聚合物胶束等。应用口服微粒载体药物递送系统改善中药有效成分口服的溶解性和膜渗透性问题,提高中药制剂口服生物利用度;针对纳米混悬液系统热动力学不稳定的问题,探索中药纳米固化稳定化技术,有效解决中药纳米混悬制剂物理稳定性差等问题。

除此以外,近年来中药药剂学在现代新型给药系统,如靶向、定位、速效制剂等方面,都开展了有益的探索,具体内容将在后续章节中作介绍。

(三) 中药生产过程的关键技术

1. 中药制药新设备的研发　基于中药制药工艺的复杂性和特殊性,提出了基于价值工程的中药制药设备研发思想。从经济价值和生态价值入手,针对目前中药提取过程污染大、能耗高、效率低的问题,研究开发了一系列适合中药特点的高效低耗的提取、分离、干燥设备,如双沸循环梯度提取设备、微波提取与干燥设备、膜分离关键技术设备、复合式多层逆流振动干燥设备等。针对中药物料流动性差、易吸潮、难成型等问题,开发了中药高速压片机、中药防黏冲压片机设备,以提高中药制剂的产业化水平。针对挥发油大生产提取过程中的瓶颈问题,设计了螺旋分离式挥发油提取机组,解决了长期困扰企业的挥发油提取问题。

2. 中药制剂成型和生产过程控制关键技术　改造中药传统制剂生产技术,如中药注射剂、经皮和黏膜给药制剂、缓控释制剂等生产中存在的关键技术问题,以提升中药制剂生产水平。针对中药成分复杂、质量控制困难等现状,重点加强生产过程控制技术,如利用近红外光谱(near infrared spectrum, NIR)技术在中药生产过程实现自动化控制,在线监测和质量控制技术的推广应用,提高制药工程技术水平和产品质量。

(四) 符合中药特性的质量评价技术

随着现代分析技术的迅速发展,中成药质量控制体系获得了全面提升,控制技术与方法从单一技术转向联用技术,如原子吸收光谱、原子发射光谱、气相色谱(gas chromatogram, GC)、毛细管电泳、高效液相色谱(high performance liquid chromatography, HPLC)、GC-质谱(mass spectrometry, MS)、HPLC-MS、毛细管电泳-MS 等已广泛用于中药制剂的质量控制。当前,中药制剂质量标准从过去对制剂的一般性要求,逐步发展到有定性、定量检查及稳定性等控制项目,含量测定从单成分到多成分的检测,《中华人民共和国药典》(以下简称《中国药典》)(2020 年版)已将指纹图谱引入中药制剂的质量控制,大大提高了中药质量的可控性,使中药制剂的质量控制标准日趋完善。

1. 多维谱效关系评价方法　多维谱效关系指综合多种仪器分析方法,结合中药药效及功能主治,尽可能多地选择与疗效密切相关的各种药效活性成分作为评价指标,采用数学处理法,将复方的指纹图谱与多种药效指标结合以建立数学模型,确定谱效关系,整合了定性、定量信息,能综合鉴定中成药质量全貌,从而建立能够反映中药内在品质和产品疗效的质量标准。

2. 中药经皮给药制剂评价方法　采用偏光显微镜、差示扫描量热法(differential scanning calorimetry, DSC)/差示热分析法(differential thermal analysis, DTA)进行热分析、近红外稳定性分析,以及采用旋转/光学微流变测量技术对中药油水分散类制剂微观组装微结构的构建、性质和稳定性进行定性定量评价;采用微渗析采样分子动力学/药动学/药效学(molecular dynamics/pharmacokinetics/pharmacodynamics,

MD/PK/PD）同步在线和非同步在线检测法、体外扩散池法、皮肤局部药物动力学法、血液药物动力学法等，评价中药外用制剂的经皮传递及皮肤深层组织的渗透动力学过程。

3. 中药缓控释制剂多组分释放动力学评价方法 基于多组分测定或物质组定量的中药物质组药代动力学基本方法和原理，建立中药物质组释放动力学和中药粗糙集总量释放动力学评价方法。采用卡尔曼（Kalman）滤波法，基于中药物质组的整体定量特征，建立定量测定中药物质组的计算方法，实现了以多组分为基础的中药物质组整体评价；建立基于生物效应或效价检测的中药复方制剂体外释放行为模式方法，如建立基于中性粒细胞呼吸爆发效应的生物化学发光检测方法，对中药复方制剂体外释放行为进行评价，为中药复方制剂的评价探索出一种新方法。

4. 中药复方总量药代动力学评价方法 针对中药复方多成分入血后体内药代动力学评价的复杂性问题，基于总量统计矩原理提出了"统计矩总量动力学"科学假说，实现了微观各单一成分动力学参数与中药复方宏观总量动力学参数的统一、单个成分药代动力学与整体总量的药代动力学表观参数关系，以及中药制剂体内过程的整体评价，以此满足中医"整体观念"的需要。此外，针对中药提取物物料的物理性质会直接影响制剂的制备成型和制剂性能的问题，建立了中药浸膏粉体的微观结构、理化性质等参数表征体系，探索通过辅料改善中药的粉体学性质，从而提高制剂的成型性和制剂性能。

（五）适合中药特点的辅料研究与应用

药用辅料的优劣、选用辅料配方的科学性和合理性等，直接关系到药物剂型的成败和药物制剂的质量。中药的药用辅料包括了中药炮制辅料和中药制剂成型辅料两大类，与现代制剂要求辅料为化学、药理惰性材料且不影响主药药效不同，传统中药制剂不严格区分主药和辅料，一些药物本身也是制剂中的辅料，即中药的"药辅合一"。因此，开展现有药用辅料在中药制剂中应用的适宜性研究，开发符合中药特点的药用辅料具有重要意义。在"十二五"国家科技支撑计划项目、国家中医药管理局"行业专项项目"的资助下，开展了中药药用辅料的研究工作，并编写了《中药辅料全书》，为建立和完善中药药用辅料学奠定了基础。

1. 增溶性辅料行业标准研究 开展了吐温-80在中药注射剂中应用的适宜性研究，阐明了吐温-80的理化性质与其增溶能力的关系，以及中药难溶性成分类型与吐温-80增溶能力的关系；针对吐温-80在中药注射剂中应用的安全性问题进行评价，明确产生安全性问题的物质基础，指导吐温-80生产工艺路线的设计，初步制定吐温-80的质量控制标准，提高了中药增溶性药用辅料及其制剂水平。

2. 中药直接压片辅料及技术研究 针对影响全粉末直接压片技术在中药中应用的关键问题，研究中药直接压片时原辅料性质与成型性之间的关系。通过辅料的改性技术、复配技术和预处理等操作，如共同干燥、喷雾干燥、快速干燥、共同结晶等预混合，使辅料在亚颗粒状态下反应，产生各辅料功能的协同作用，以克服单个辅料的不良性质，发挥协同作用，使辅料整体性能提升，达到中药粉末直接压片使用的要求，为中药制剂粉末直接压片工艺的应用提供技术支撑，从而推动中药片剂制备工艺水平的提升。

（六）中成药的二次开发

随着中药创新药物研发的技术要求越来越高，针对已上市且疗效确切的中成药品种进行深入研究和创新开发，将有利于显著提高中药研发的效率，推动中成药的创新与发展。中成药二次开发应体现中医药的特色和优势，在继承传统的基础上进行创新，基于"临床-生产-市场"三维导向模式，注重产品的临床需求与设计、生产过程的现代化及市场要求的灵活性，同时关注药品生产的经济成本，以提高二次开发产品的市场竞争力。

1. 基于临床循证评价的中药二次开发 在文献评价基础上，围绕品种进行临床定位，有针对性地开展上市后再评价研究。针对具体品种，以系统评价和专家研讨为基础明确临床定位，采用以小样本先导性试验做预评估、以大型临床研究为核心再验证的序贯设计策略。其安全性与有效性并重，从二次研究着手向大规模临床研究递进，满足中成药再评价所面临的复杂问题和不同方面的需求。

2. 以质量标准提升为导向的中药二次开发　对多家生产及同质化竞争比较激烈的品种或现有质检指标要求不高的品种,建立与工艺过程和药效关联的质量控制体系,将显著提高该制剂的生产水平,保证产品质量。应用光谱、色谱及其联用技术,最大限度地获取有用的化学信息,进而辨识药效物质及其体内过程;同时开展原料、工艺因素对制剂的影响研究。通过对药物疗效、安全性、化学成分、作用机制、制剂、生产工艺和质量标准等方面的研究,提高药品的质量标准,切实保证药物的疗效和安全性。

3. 以大数据分析为导向的中药二次开发　基于系统生物学原理,充分运用生物信息学、网络药理学技术在中药复杂体系中发现药效物质基础,开展药物作用机制研究,评价其成药性,是破解传统创新中药研发的关键技术与思维之一。通过网络分析结合文献或体外实验验证,揭示中药成分群与疾病靶标群间的网络关系,诠释中药多成分、多靶标、多通路整合调节机制或药效物质配伍规律,从而科学并直观地阐明中成药的作用机制。如针对血瘀证组方,临床用于冠心病、心绞痛疗效确切的冠心丹参滴丸的多成分,可开展基因疾病网络研究等。

二、中药药剂学发展中的关键问题

1. 传承与创新不足是严重制约中药制剂现代化的关键问题　中药药剂学是中医药学的重要组成部分,其核心的指导理论是中医药理论。中药现代化的关键是对中药的传承与创新,而制剂设计理论则是中药传承与创新的核心内容之一。现阶段中药制剂存在的问题归根结底在于要么走向"化学药研究模式",要么仍停留在"粗、大、黑"阶段,缺乏适合自身特点的剂型设计方法,从而使得中药制剂难以实现现代化、国际化。因此,只有建立符合中药整体特点的制剂理论体系,才能保障中药药剂学自成体系、独立发展,才能真正实现对中药的传承与创新,保持中药制剂的市场竞争力,最终使得中药制剂真正实现现代化和国际化。

2. 上市中成药再评价是解决中成药临床安全使用的关键问题　我国中成药品种数量众多,雷同品种的相互差异性不显著,特别是近年来中成药的安全疗效、质量可控等问题正逐渐被重视。我国药品研发与管理长期以来重视审批,忽视上市后的再评价工作,在药品研发过程中对药物的不良反应、联合用药、用药对象等问题进行的研究相对有限,随着药品上市后用药人群的不断扩大,药品使用过程出现的问题也会愈来愈多。中成药上市后的再评价是从药物命名、处方组成、药学研究、质量控制、临床、中医理论、现代医学、药剂学、流行病学、药物经济学等方面,对已批准上市的中成药在临床应用中的疗效、安全性、稳定性、质量控制等方面做出科学评价,以促进临床合理用药。特别是对已上市中成药的临床适应证疗效、临床新适应证的发现、医院联合用药问题分析、不良反应及安全性等再评价,有效地保障了中成药的安全性和有效性。因此,上市后药品的再评价工作,对保证中成药临床用药的安全性和有效性,促进中药行业健康发展,实现中药产业技术升级等方面具有重要的现实意义。

3. 制药装备创新不足是严重制约中药制剂生产水平的关键问题　制药装备的发展水平标志着制药工艺和药品质量水平的高低。与发达国家相比,我国制药机械工业相对落后,具有自主知识产权的品种较少,部分重要装备尚依赖进口。通过原始创新、集成创新、引进吸收再创新等方式,可以迅速提高我国中药制药机械开发和制造水平,缩小与国际制药装备水平的差距,加速创新成果产业化的转化率,促进中药工业的发展。

4. 中药药用辅料水平有待进一步提高　以前,我国药用辅料标准尚不够完善,一些药用辅料质控指标相对简单,难以全面反映辅料的内在质量,一些药用辅料甚至仍采用化工标准进行控制。因此,建立更为全面、细致的质量标准,对提升中药药用辅料技术水平,规范药用辅料市场具有重要意义。中药制剂辅料有其自身的特点与优势,而如何开发传统辅料、合理应用新辅料、加强辅料的质量标准,以及研究完善辅料监管体系是目前十分重要且艰巨的任务。

三、中药药剂学的发展战略目标与研究方向

中药药剂学科的战略思想是"以中医药理论为核心,以价值工程为导向的中药制剂产业协同创新"。通过有效地整合创新资源,形成以企业需求、市场需求及临床需求为导向,以技术成果产业化为目标,解决一批产业技术引进和消化吸收问题,攻克制约中药制剂行业发展的问题,产生一系列可适用于产业化的中药制剂关键共性技术,形成一批符合中药特点且具有自主知识产权的中药制药装备,并研发出一批临床急需安全有效且高水平的创新中药产品,从而构建中药产业制剂技术协同创新机制。

1. 继续深入中药制药理论与方法的研究　继续完善现代中药复方释药系统的设计、制备与评价体系,将中医药理论中的核心内容合理应用到现代中药复方释药系统中,提高中药制剂的创新能力。例如,粉体改性技术是从其他学科引入中药领域的,如何实现该技术与中药制剂的制备工艺相适宜,如何科学系统地评价改性的效果,如何将该技术有效地融入上市品种的二次开发与品质提升,需要广大药剂学学者的共同努力及其他学科人员的大力参与。

2. 加大中药制药过程关键技术的开发和推广　系统开展颗粒、丸剂、外用制剂成型工程化原理研究,建立中试到大生产顺利过渡和批间重现性良好的颗粒、丸剂、外用制剂制备技术;探索性开展中药微粒给药系统研究,为建立产业化的中药微粒给药系统奠定基础,助推中药制剂技术水平的提升及中成药工业的产业升级。

3. 加强中药制药装备技术开发与标准化研究　开展制定提取、浓缩、干燥、成型及包装等规范,进行中药生产工艺及设备的标准化制定。根据上市中药品种情况,针对大品种,设计开发或改造现有提取浓缩干燥设备,研制高速提取瞬间蒸发器、超声逆流渗漉提取器、升降膜蒸发器、多层振动干燥机、低温高效喷雾浓缩器、微波干燥装置、间歇超声渗漉提取装置和外置循环加热提取浓缩配套装备,实现高效、节能减排和提高原料药物质量的目的;解决中药制药工艺过程和装备存在的关键共性问题,突破目前我国中药制药行业实现可持续发展的技术瓶颈,完善中药制药装备的创新体系,提高制药行业创新能力,研发符合中药特点的制药装备,增强我国制药装备的自适应性;突破进口设备的技术壁垒,实现中药制药装备国产化,推动中药制药行业结构调整;完善中药产业的工程化和产业化服务体系,为行业提供技术服务,推动行业全面发展。

4. 适宜于中药制剂的质量评价模式探讨　针对中药复方多成分、多靶标的作用特色,探索符合中药整体特点的评价技术方法,构建多组分的含量测定体系,用"整体"的办法来研究中药成方制剂的质量,探讨以药效学为指标,用代谢组学技术等建立中药制剂质量标准,逐步建立具有中药特色的中药制剂质量控制方法和体系。

5. 加强新产品开发研究　中药及复方物质基础的本质是多组分,而不是一个或几个活性单体成分,从中药多组分的角度,在中医药理论指导下,结合现代制剂技术来制备中药现代制剂,最终改善中药的临床疗效;围绕临床重大需求,以做大做强中药品种为核心目标,由品种具体问题驱动,其科技创新目的明确,研发结果能一步转化应用,从而实现技术创新与药物创新的无缝嫁接。

第三节　中药制剂设计的基本原则与设计内容

一、中药制剂设计的基本原则

中药制剂的质量与患者的健康直接相关,中药制剂的设计应严格遵循以下基本原则:

1. 有效性　临床应用的有效性是药物最重要的特性。中药制剂发挥疗效受到给药途径、制备工艺、剂型及剂量等多方面影响。针对治疗目的,可以在药物安全性得到保障的情况下,采用合理工艺流

程和制剂技术,控制药物化学组成、含量、比例,以提高药物有效性。采用缓控释技术控制药物在体内的释放速度,使药物浓度保持在最佳范围,从而达到最佳用药效果。也可利用制剂手段克服药物难溶、胃肠道吸收差的弱点,包括增(助)溶技术、固体分散技术、环糊精(cyclodextrin,CD)包合技术、微粉化技术、微乳技术等,改善药物溶解度和(或)溶出速度,提高生物利用度,增强药物的治疗作用。将药物制备成脂质体、微球、乳剂等剂型亦可调控药物在体内的吸收和分布,以此提升治疗效果。

2. **安全性** 是药物设计的重要考虑。中药制剂安全性问题的来源包括中药、剂型与制剂的设计。中药包含的复杂成分通过多种途径和多种靶标发挥作用,成分间相互作用、相互制约,对机体的作用并非以简单线性关系呈现,因此,在药物设计时需要将其对机体产生的毒副作用考虑在内。为保障药物治疗的安全性,药物的体内浓度应控制在最低有效浓度与中毒浓度之间。通过剂型设计能够降低药物对机体产生的刺激性或毒副作用,如雷公藤丸治疗风湿性关节炎疗效显著,但对人体生殖系统有损害,制成缓控释制剂后血药浓度平稳,峰谷波动减小,毒副作用降低。对于某些刺激性强的药物,可采用包合或微囊化技术处理,以降低局部刺激性。

3. **顺应性** 又称依从性,系指患者或医护人员对所用制剂的接受程度。制剂的剂型、使用方法、外观、大小、形状、色泽、嗅味和给药方式直接影响患者对药物的接受程度。注射剂中如有刺激性成分会引起剧烈疼痛,口感较差、体积庞大的口服制剂有时难以被患者接受,不利于疾病的治疗;针对老人、儿童、吞咽困难等患者需要采用适口性措施,应优选合适的剂型、辅料、工艺、包装,以提高药品的顺应性。

4. **稳定性** 包括化学稳定性、物理稳定性及生物稳定性,制剂稳定可为药物的安全性和有效性提供保障。中药制剂从制备,到运输、贮存,再到临床用药,其间的各个环节都可能发生变化,从而对药物的质量产生影响。中药制剂的稳定性考察指标包括物理特性(形状、颜色、硬度等)、化学特性(含量、酸碱度)、微生物学特性(无菌或细菌数)、生物学特性(崩解、溶出、吸收、分布)等。药物的不稳定性可能导致药物含量降低,甚至产生具有毒副作用的物质。液体制剂的沉淀、分层和固体制剂形变、破裂等现象,以及霉变、染菌等问题均是制剂不稳定的表现。针对稳定性较差的药物,可以选择比较稳定的剂型,如固体剂型或加隔离层;薄膜衣片可减少片剂中的药物与外界的接触,减少其分解。要避免制药过程中影响中药制剂稳定性的因素,有效利用稳定化的方法,确保中药制剂的稳定性,提高中药制剂的质量,保障医疗安全有效。

5. **可控性** 制剂设计必须做到质量可控。质量可控性是药品有效性和安全性的重要保证,主要体现于制剂质量的可预知性与重现性。可预知性是指生物学效应,即根据中药制剂质量的检测指标就可预知其生物学效应,要求按已建立的工艺技术制备的合格制剂应完全符合质量标准要求。重现性是指不同批次生产的制剂应达到质量标准的要求,不应有大的差异。质量可控要求在制剂设计时应选择较成熟的剂型、给药途径与制备工艺,以确保制剂质量符合标准的规定。

6. **社会性** 制剂设计还要考虑药物的社会属性,包括生命关联性、社会公共性、经济性。生命关联性是药品的首要特点,药物的使用对身体机能产生不同程度的影响,重视药品的生命关联性能为社会维持稳定发展带来效益。药品与人类生存发展息息相关,药品因具有社会公共性而使得药物效果、不良反应和价格受到社会的关注。经济性要求药物设计要平衡好药物的生产成本与健康产出之间的关系;然而,制药企业不能一味追求经济利益,应肩负起社会责任,生产出质量优良的药物,并接受国家药品检验部门的监督管理。

二、中药制剂的设计内容

(一) 处方设计

中药制剂的处方设计分为中药处方设计与制剂处方设计。中药处方是在中医药理论指导下由多种中药配伍而成,亦称为方剂,是中医临床用药的方式,也是中医临床研究的重要内容,是确保中药新药临床安全有效的重要组成部分。制剂处方是中药处方成型工艺的重要研究内容,通过对制剂处方中的辅料种类、药物与辅料的配比进行优化,提高中药处方应用的顺应性、稳定性和给药途径的多样性,调节中药制剂的释药速度、吸收时间,影响药物在体内吸收、分布、代谢和排泄的过程。

1. 处方筛选　中药处方的筛选是中药制剂设计的初始阶段。中药复方是中药处方的主要形式,是中医治疗疾病的重要手段,也是中药新药开发的基础和关键来源。中药复方范畴广阔,包括多种中药组合物和提取物组合物等。中药复方的处方筛选、优化是通过考察药味、药量变化和组合对临床疗效的影响,对经方、古方、时方、单方、秘方或验方等来源的处方进行正确分析,在中医药理论的指导下和保证临床疗效的前提下进行适当加减,以适应中药新药研发的要求。而中药复方处方大、药味多,同时缺乏能够反映中药复方整体调节及多成分、多靶标特点的动物模型,使得其药效物质研究困难,难以有效地化简除繁。中药处方的筛选不仅能够探究处方中主要的活性成分,寻找药物剂量配比关系,还能通过拆方来揭示发挥药效的主要药味或组分,从而精简组方而发挥明确药效。

常采用数学统计模型、活性成分分离进行优化筛选中药复方。数学统计模型是指通过正交设计、均匀设计等方法来分析药味、药量对药效的作用规律,但其局限性较大,不能准确阐述中药复方作用的物质基础和作用机制。活性成分分离指以药效学实验为评价手段,利用现代提取和分离技术(溶剂萃取、柱层析、超临界萃取、超滤等)确定有效活性成分与药效间的相互作用关系。基于现有的处方基础,通过现代的分离手段分离药物的重要活性成分,根据确切的药物作用机制进行中药处方的优选,从而明确药物制剂的最佳活性成分及药效基础,从而实现中药组方的质量可控性。

2. 制剂辅料筛选　药用辅料系指生产药品和调配处方时使用的赋形剂与附加剂,是除活性成分或前体以外,在安全性方面已进行了合理的评估,并且包含在药物制剂中的物质。在作为非活性物质时,药用辅料除了赋形、充当载体、提高稳定性外,还具有增溶、助溶、调节释放等重要功能,是可能会影响到制剂的质量、安全性和有效性的重要成分。因此,应关注药用辅料本身的安全性,以及药物-辅料相互作用及其安全性。

药用辅料赋予了中药制剂的剂型,随着药剂学的快速发展,中药新型制剂技术与给药系统的开发,如脂质体制剂、纳米制剂、微球微囊制剂、缓控释制剂等,对药用辅料的开发提出了新的挑战。

药用辅料选择的基本原则包括:① 能够满足制剂成型、有效、稳定、方便要求的最低剂量。药用辅料往往是现代药物制剂的主要组成成分,活性成分仅以相对少量的形式存在,恰到好处的辅料用量能够节约成本,减少给药剂量。② 不降低药物疗效,不产生毒副作用,不干扰质量监控。③ 药辅合一原则。中药制剂处方中某些药味既可以作为药物发挥药效,也能够作为辅料实现药辅合一,如浓缩丸和半浸膏片一般不另加辅料,利用提取的清膏做黏合剂,饮片粉末作为填充剂和崩解剂。处方中的某些药味可能发挥引药归经的作用,引导其他药物的药力循经而走从而增强药势,如八正散以灯芯草为引,既可导热下行而通关窍,又能增强通淋除湿的作用。

一些惰性的药用辅料通常用作润滑剂、稀释剂、黏合剂、调味剂、包衣剂、着色剂等;具有功能作用的药用辅料能够调节原料药的生物利用度和溶解度,提高原料药在制剂中的稳定性,保持液体制剂的渗透压或 pH,防止活性成分的解离和聚集,提高生物利用度等。越来越多的研究发现,以往被定义为无活性的药用辅料能够发挥功能性作用,如乳糖能够加速睾酮的吸收,阻碍异烟肼的吸收;含有丙二醇的对乙酰氨基酚液体制剂其副作用低于不含丙二醇的固体制剂,主要原因是对乙酰氨基酚引发的急性肝功能衰竭是因其被细胞色素 P450 2E1(cytochrome P450 2E1,CYP2E1)还原代谢所致,而丙二醇为增溶剂,也是 CYP2E1 的竞争性拮抗剂,因此含有丙二醇的液体制剂显示出减毒作用;一些聚合物辅料,如聚卡波菲和卡波姆类,对胰蛋白酶有抑制作用,含有此类聚合物的药物制剂可免受胰蛋白酶的降解,从而降低肠道内的代谢,提高药物的生物利用度,降低给药剂量。因此,药用辅料的筛选不仅要考虑其对生产工艺和制剂外观性状等方面的影响,亦要考虑其是否有可能改变制剂生物有效性的问题。

(二) 制剂工艺设计

1. 提取与纯化工艺设计

(1) 中药材及中药饮片前处理:中药材品种繁多,有效成分的种类与含量受地理位置、生态环境、栽培方式、炮制工艺等因素的影响。在对中药制剂进行设计前,需要对中药材进行品种鉴定与成分测定。对于中成药的生产,需要根据药材质地与性质的不同,选择不同的炮制加工工艺将其制成中药饮片,作为中成药原料。中药材及中药饮片的前处理关系到中药制剂质量的均一稳定,保证临床用药的安全有效。对于多来源的药材应甄别基原,固定品种;药材质量随着产地变化、采收时间不同而发生较大变化时,需固定产地和采收期。要制备同一中药制剂的药材或饮片,一般不宜随意改变替换其基原、品种和规格。中药材前处理的方法包括净制、切制、炮制、粉碎、灭菌等,饮片炮制研究应尊重临床应用的饮片炮制工艺。对处理好的中药饮片需根据《中国药典》(2020年版)进行外观性状鉴别、水分测定、总灰分测定、浸出物测定、有效成分含量测定等。根据处方中的药味特点、剂型和制剂设计等要求,按需对饮片进行粉碎、灭菌等前处理。

(2) 有效成分的提取纯化条件:中药成分复杂,为尽可能保留药效物质、降低服用剂量,便于制剂等,一般需要经过提取、纯化处理。提取、纯化技术和方法关系到中药制剂生产工艺的科学性、合理性、可行性,以及处方药物疗效的发挥和中药材资源的充分利用,因此应建立严格的评价指标,包括:① 以处方中某一味药材的某一个或数个有效成分或有效部位为评价指标;② 以水浸出物或有机溶剂浸出物为评价指标;③ 以生物学指标或药效学指标为评价指标;④ 以上三种结果的综合评价结果为指标。

(3) 中药有效成分对提取纯化工艺的影响:确定中药处方中发挥药效作用的主要有效成分,并根据其理化性质进行提取与纯化工艺的设计。如含挥发油较多的中药可采用水蒸气蒸馏法、溶剂提取法、超临界流体萃取法等优先提取挥发油,剩余药渣再与其他中药混合后水提;萜类、甾体等脂环类及芳香类混合物因极性较小,易溶于氯仿、乙醚等亲脂性溶剂;糖苷、氨基酸等极性较大,易溶于水及含水醇中;酸性、碱性及两性化合物,其溶解度随pH的改变而改变,可通过调节溶剂pH进行提取。对于处方中用量小的名贵中药或有效成分不稳定不宜提取的中药,可考虑直接打粉入药。另外,中药处方成分复杂,需注意处方中各药味所含有效成分的相互作用,如黄芩中的黄芩苷、金银花中的绿原酸等酸性物质会与黄连中的盐酸小檗碱等碱性物质反应,生成难溶性的沉淀物,因此在提取过程中应该分开提取。

(4) 提取纯化工艺优化:中药传统提取方法以文火持续性煎煮和浸渍的静态提取为主,存在效率低、提取率小的弊端,采用回流法、渗漉法、动态逆流提取和动态循环连续逆流提取等提取方式能提高有效成分的提取效率,降低提取难度,增加中药利用率。现代科技手段的应用为提取工艺的优化提供了新的策略,如超声法辅助提取技术能通过强大的、具有压强的震动,形成空化作用,对浸泡的中药产生分离、剥离、破碎、乳化和溶解作用,并能增加分子运动速率,破碎细胞壁,提高中药有效成分的提取率。微波法辅助提取技术是将电能转化为微波能,在细胞内转化为大量热能,使得胞内温度上升,热运动加剧,液体汽化产生的压力导致细胞壁破裂,胞内物质渗出,萃取液进入胞内,溶解并释放胞内物质。超临界流体萃取技术是以超临界流体作为萃取剂,将目标萃取物从混合物中萃取出来后,通过减压致使流体汽化、密度变小、溶解度减弱而导致溶质从流体中析出,实现溶剂与溶质的分离。超微粉碎技术是利用机械力及其转换成的自由能共同作用,破坏物质间的内聚力,将中药粉碎成微米级或纳米级微粉,破坏细胞的细胞壁,增加有效成分的溶出,但应注意有毒物质随着细胞壁的破碎也更易溶出,可能增加用药风险;另外,微粉颗粒越小就越容易与空气中的水分和电荷结合,不利于保存。超高压提取技术是在常温条件下利用加压与卸压破坏细胞壁,并以水或其他流体为媒介,快速渗透到细胞内部,以提取目标活性物质,但高压提取可能改变生物大分子的非共价键,导致蛋白质变性及酶失活,并可使淀粉糊化。半仿生酶提取技术是在半仿生的基础上引入生物酶,模拟动物胃肠道环境,在适宜温度和pH的条件下添加消化酶达到半仿生状态,同时添加生物酶,破坏细胞结构,加快有效物质的溶出,但生物酶作用于中药属于化学反应,产物及生物酶本身难以去除,降低了有效成分的纯度,且生产要求高。高速逆流色谱分离技术是一种不依靠固相介质的液-液分配色谱技术,利用两种不相溶的溶剂在高速旋转的螺旋管产生的离心力,使两种溶剂在螺旋管内进行高效混合、分配,其中一种溶剂作为固定相,另一种溶剂作为流动相进行连续洗脱,最后利用溶质在两种溶剂中分配系数的不同以实现分离提取。

中药有效成分的提取工艺不断改进优化,不同的中药提取技术各有优劣。传统工艺的优势体现在工艺流程简单,但无法对活性物质进行有效的提纯精制,还存在杂质多、溶剂消耗量大、高温浓缩能耗高、环保负担重等问题。现代提取技术具有提取纯度高、操作简单、节能、产品质量高、易发现并分离中药中新的活性成分等优势,但仍面临前期资金投入过大、技术理论不够完善等问题。对于中药提取工艺的优化可根据其所含化学成分的特性,按照针对性强、耗能低、周期短的原则,权衡利弊后联用多种技术进行提取。

2. 制剂成型工艺设计　中药制剂的成型工艺是在确定中药处方的基础上,选择合适的辅料和工艺手段形成目标制剂的加工处理过程。设计制剂成型工艺一般需要注意以下内容:成型工艺与制剂处方应相辅相成;成型工艺与生产设备间的适应性;简练工艺流程,中试研究验证和完善成型工艺设计。

在常见的固体制剂中,片剂具有分剂量准确、质量稳定、患者依从性良好的优点,是临床常用的剂型之一。片剂成型工艺的优选包括润湿剂、黏合剂、崩解剂、润滑剂等辅料的用法。常采用单因素比较设计、正交试验设计、均匀设计、中心组合(Box-Behnken)试验设计等方法进行考察。先进的制粒与制剂成型方法,如喷雾干燥、喷雾凝结、共沉淀和纳米技术、热熔挤压、挤压/滚圆化、注射成型等,能够减少产品差异并提高生产效率。

二维码1-1
先进的制粒与制剂成型方法

凝胶贴膏是一种新型的透皮给药载体,由药物与适宜的亲水性基质制备而成,具有与皮肤相容性好、载药量高、刺激性小等优点。在中药凝胶贴膏剂的制备过程中,中药的物理性状显著影响成型效果,添加的中药形式包括中药提取液、中药干膏粉、中药浸膏和中药挥发油等。中药提取液的相对密度低,含水量高,制剂成型性差;中药干膏粉易发生吸湿结块,不易混溶而会影响制剂的均匀度和外观质量;中药浸膏相对密度的不同会造成浸膏的黏稠度差异,影响制剂的成型,一般中药浸膏的相对密度为1.0~1.3,但实际应用中需根据制剂配方进行选择与调整;中药挥发油的传统加入方法是直接将挥发油喷洒于药粉、浸膏或吸附于辅料中,但药物的稳定性差、易挥发,会降低药效,现代研究中常将挥发油制备成β-环糊精(β-cyclodextrin,β-CD)包合物、微乳等以提高稳定性。

中药凝胶贴膏剂的制备工艺参数包括混合工艺、干燥温度及时间、涂布工艺及厚度。混合过程中的搅拌速度、时间、温度都会显著影响凝胶贴膏剂的成型。搅拌速度太慢不利于凝胶的均匀混合,搅拌速度太快则易破坏高分子间的氢键,带入大量气泡而形成较大空腔。

在现代微粒载体中,脂质体受到的关注较多。由于脂质体可同时包封脂溶性和水溶性成分,因此可作为不同性质中药活性成分的递送载体。超声是一种可减少脂质体的尺寸并改善均匀度的简便方法,实验室中常见的方法包括在温度控制的环境中使用钛头探针声呐器处理水化囊泡,但该方法的可控性差,难以规模化操作。纳米挤出仪能够通过不同孔径的聚碳酸酯过滤器,将微米脂质体优化为单层囊泡或纳米脂质体。微流控技术能够实现不使用任何潜在毒性溶剂制备脂质体,其原理是将压力流分成两部分,高压(高达10 000 psi)引导气流通过微通道流向微流化器的腔室,两部分压力流在腔室内空化、剪切和冲击而降低脂质体的粒径,该方法可以连续、可重复地制备大量的脂质体,并调节其平均大小,还可获得较高的药物包封率。

（三）中药制剂的质量控制与评价

1. 中药制剂质量控制与评价的发展方向　中药制剂质量标准化是实现中药现代化、国际化的必要条件。中药制剂的质量控制研究即质量标准研究，是药品质量控制的核心。在中药制剂的药效物质基础研究未获得突破的情况下，《中国药典》（2020年版）标准及新注册中药制剂标准的要求基本参照了化学药品的质量标准模式。随着检测技术的提高，中药制剂标准水平也将不断提高，如项目设置更加齐全、方法专属性更强，以及引入安全性检查指标、新仪器分析和新技术等。将中药制剂质量控制贯穿制剂研发、生产的整个过程，制定严谨、科学、合理、适用、可评价有效性与安全性的客观标准是中药制剂质量控制与评价的发展方向。

2. 中药制剂质量控制与评价的发展现状　我国中药制剂从传统剂型发展到现在的胶囊剂、颗粒剂、口服液、滴丸剂等现代剂型，其质量控制方法也从传统的性状鉴别、理化鉴定发展到化合物的定性、定量分析等，质量控制更精准、科学。但由于历史及技术等原因，目前的传统中药制剂仍存在诸多问题。

（1）药材因素：目前存在的主要问题有药材种植和产地混乱、伪劣中药混入、药材采收不当、农药残留和重金属或杂质超标、饮片流通环节管理不到位、炮制储藏保管标准不统一、质量标准不统一等。药材生产从产地开始应严格把好鉴定关，重视中药材种植、养殖质量，使其基原明确；使中药材加工运输规范化，规范药材炮制加工及养护技术，对生产销售实施《药品生产质量管理规范》(Good Manufacturing Practice and Quality Control of Drug，GMP)和《药品经营质量管理规范》(Good Supplying Practice，GSP)管理，将产销用储多环节结合起来，并且从建立现代中药质量标准评价系统、现代中药饮片和中药复方制剂的质量标准、中药质量评价数据库与自动判别系统等多角度进行中药标准化研究，规范化中药材质量，保证临床用药的安全、有效、稳定、可靠。

（2）提取工艺：传统煎药法为主要的提取方法，但药物浸出率较低，现代浸提新方法、新技术需要推广应用到制剂生产中。合理选择提取方法，对于提高溶剂浸出率十分必要。浸出率同时受到溶剂、温度、压力、固体药材粒度与液体的流动状态等较多因素的影响。故确定中药提取方法需要综合多种因素，通过对工艺参数较为系统的考察，获得各因素的最优水平组合。

（3）质量标准研究：目前，我国中药质量控制主要依据化学成分含量测定，除含毒性药材制剂必须有含量测定控制指标外，一般制剂通常只测定1或2个化学成分的含量。而中药制剂多为复方，所含成分复杂，通过多靶标、多途径的作用形式发挥疗效。制剂质量标准的定量考核指标不能反映临床疗效的高低，中药制剂质量的考量也应注重中药复方配伍后化学成分间的复杂性，以及中药成分与临床疗效间的复杂性。中药质量把握不仅立足于对最终产品质量的控制、评价，还应加强对制剂研制、生产过程的中间品及半成品的质量控制与评价，使先进合理的工艺路线具有科学的依据。对于中药制剂质量标准的构建应符合中药特点，体现中药作用整体性、组分成分多样性、作用靶标复杂性的综合量化集成评价。

3. 中药制剂质量控制与评价方法　近年来，中药制剂质量控制和评价体系建设取得了重要进展。在中药质量控制研究上，提出了以药材基原、物质基础、质量标志物、质控方法为特征的多源信息融合的新模式；在中药制剂质量控制研究上，沿着"单化学成分—多化学成分—药效成分—生物效应—临床疗效—多维度"评价控制的路线不断创新和发展。

（1）基于化学成分的中药制剂质量评价方法：中药制剂系统复杂，具有物种多样性、化合物种类多样性、数量多样性及含量多样性等特点，简单模仿化学药物质量控制方法，以单一化学成分/含量丰富成分/专属性强成分进行评价，难以全面反映中药制剂的整体性特征。中药制剂指纹图谱技术是从中药制剂整体化学物质基础的角度出发，对化学成分进行系统、整体、专属的表征的方法，具有专属性强、稳定性好、重现性好的特点。随着分析技术水平的提高，指纹图谱技术不断创新发展，涌现出多种新型指纹图谱技术，如多维多息指纹图谱技术、全时段等基线多波长融合指纹图谱技术、电化学指纹图谱技术、元素指纹图谱技术等。另外,为解决多指标成分对照品的制备方法困难、价格昂贵等问题,开发出中药标准物质替代测定法,采用一种或多种中药对照品来实现对多个待测组分进行分析,包括一测多评法、对照提取物法、质-量双标法等。

(2) 化学成分与药理效应相结合的中药制剂质量评价方法:由于中药制剂所发挥的药效是其所含化学物质的综合生物效应,难以确定与药效属性相关的质量标志物。中药谱效关系研究为制剂的药效作用与其化学成分之间建立了关联,成为筛选中药药效质量标志物的常用手段。目前,中药抗肿瘤、抗氧化、抗炎等药效的谱效关系研究报道较多,以谱效关系为基础的谱效色卡评价法、多功效/反向功效精准质量评价法等新方法也相继被提出。

随着各学科交叉融合创新,以人工智能和大数据分析为基础的中药制剂质量控制方法得到了飞速发展,形成了中药学与基因组学、蛋白质组学、代谢组学及网络药理学等系统生物学技术相整合的中药复方质量评价方法,将化学物质与生物标志物群进行相关性分析,确定与制剂安全性和有效性相关的指标性成分,有效提升了中药制剂质量控制方法的可靠性。

(3) 化学成分与生物效应相结合的中药制剂质量评价方法:生物效应评价法是通过检测中药制剂作用于生物体的生物活性来评价制剂质量的方法,能够在较大程度上反映中药制剂质量与其临床疗效之间的关系。采用生物标志物将生物效应进行量化,可以更加直接、便捷地测量生物效应,以控制制剂质量。将生物效应与化学成分相关联的质控方法,更能全面地反映中药制剂的有效性和安全性,是中药制剂质量评价的重要发展方向。

第四节　有关中药药剂学的若干思考

中药制剂是中药现代化的重要支柱之一,是保障人民健康事业的重要组成部分,中药制剂水平的提升是中医药现代化的重要标志,是中医药走向世界的重要支撑。近年来,随着我国经济社会水平的快速提升,国家对中医药事业高度重视,将其列入国家战略,中医药发展进入"快车道",中药药剂发展水平有明显提升。在发展中药药剂理论、提升中药制剂水平的同时,以下问题值得关注。

一、中药复方制剂生产工艺研究相关问题

中药复方制剂生产工艺研究存在的主要问题有:对传统用药经验重视不足或缺乏对已有使用经验的中药制剂生产工艺的必要理解,工艺研究思路缺乏逻辑性和科学性,不重视工艺的持续改进等。欲达到中药复方制剂生产工艺研究设计的目标,可以从以下几方面努力:

1. 尊重传统用药经验　中药复方制剂大多来源于具有临床应用经验和确切疗效的中药方剂,传统用药经验中蕴含着丰富的制剂经验和用药要求、重要的有效性和安全性信息,对于中药复方新药的研发,尤其是生产工艺研究,具有重要的参考价值。但目前尚存在开发中药复方新药时,对传统用药经验中有关饮片炮制、制剂工艺等的经验、剂量等方面信息重视不够的问题。如临床使用汤剂中蛇床子多采用水提工艺,蛇床子素转移率较低,临床应用过程中蛇床子相关不良报道较少,而采用醇提工艺使得制剂毒性明显增加。其未从临床安全有效的实际使用情况考虑,随意改变提取工艺,且缺乏与临床应用方法及物质基础相比较,也缺乏药效毒理等对比研究,难以保证制剂安全有效。屠呦呦研究青蒿素时参考《肘后备急方·治寒热诸疟方》所记载的"青蒿一握,以水二升渍,绞取汁,尽服之",通过对"绞取汁"这一传统用药方法的考量与比较,最终成功获得具有活性的青蒿素。因此,尊重传统用药经验对于临床使用安全有效的方剂进行的成药化设计十分重要,在中药复方制剂生产工艺研究和设计时,应根据临床安全有效的实际使用情况,基于原临床有效的处方、剂量和工艺进行研究,重视传统用药经验,加强对传统用药经验的认识和理解,保证新开发制剂的安全有效。

2. 质量源于设计 传统的中药复方制剂靠经验控制质量，标准模糊。以往基于"检验控制质量"的观念，在中药复方制剂生产结束后进行产品质量控制，往往难以确保制剂质量。"质量源于设计"是具有前瞻性的理念，与传统中医"不治已病治未病"的理论不谋而合，该理念体现于中药复方制剂中，是指在制剂整个生命周期中，包括后续的质量提升过程中进行有效管理，使制剂质量得到较好的控制。影响中药复方制剂的因素较多，在最初确定研发目标时即应进行周密设计，将制剂产品质量形成过程中与质量有关的或需要进行质量控制的影响因素，包括从药材基原、种植、原辅料供应，到中药制剂的生产、检验、贮存、流通与使用等环节的全过程纳入设计范围。对于影响因素多、生产过程长，而且其未来质量存在未知或不明确因素的中药复方制剂，只有在产品设计中考虑并设计以确定产品质量形成过程中与质量有关的或需要进行质量控制的影响因素，才有对中药复方制剂质量控制的基础。以"质量源于设计"的思路和理念开展中药复方制剂质量控制研究，对赋予与影响中药复方制剂质量的因素进行设计与控制，是适合中药复方制剂质量控制的一种模式。

3. 注重整体质量评价 中药复方制剂质量评价不能仅依靠正交实验或几个指标成分的含量考察就判定质量，应以既往古籍和现代文献记载，以及实际临床应用过程中的研究和数据积累为基础，紧紧围绕临床应用的有效性、安全性开展相关工作，注重质量评价的整体性及其与临床有效性、安全性的相关性，建立能全面反映复方制剂质量的检测项目和评价指标。质量评价的"整体观"要求以有针对性的质量评价方法替代或补充常规物理化学方法在控制药品质量方面的局限性，特别是能关联临床疗效和安全性的质量评价指标，以表征中药整体质量，提高产品整体质量控制水平。

4. 工艺持续改进 中药复方制剂工艺的持续改进对于保证产品质量的均一、稳定具有重要意义，包括上市前各研究阶段和上市后对产品的进一步了解而开展的工艺持续改进两方面内容。但目前工艺研究缺乏持续改进的思路和理念，如中药复方制剂中经常涉及挥发油提取，小试、中试所用设备的挥发油提取得率较高，而大生产仅照搬小试、中试确定的工艺参数，常使得多能提取罐或常压蒸馏装置的挥发油提取得率显著降低，若罔顾生产规模对药品质量的影响，不利于制剂质量的提高。此时就需要对挥发油提取工艺在商业规模生产条件下的适应性进行研究，确定工艺路线和工艺参数，保证不同生产规模样品内在质量的一致性。而在药品上市后，随着对产品内在质量的认识和研究越来越深入，通过持续改进其生产工艺，使商业规模生产与设备的匹配性和适应性更好、生产各环节更流畅与便捷，落实药品全生命周期管理，使生产出的产品更加稳定可控，保证药品安全、有效、质量可控，提升中药复方制剂的质量。

二、中药制药装备问题

中药制药装备的技术升级是影响中药行业节能、减排，以及保障中药制剂质量的关键问题之一。现代制药工程技术的应用及新学科的发展在一定程度上促进了中药制药装备水平的提高。中药制药装备主要包括中药材前处理设备、中药饮片加工炮制设备、中药汤剂煎煮设备、中药制剂生产成套设备。目前，国内众多中药企业经常采用国外进口生产设备，我国制药装备产业发展相对滞后。中药制药装备存在的主要问题有：能耗高、效率低；标准化程度低、技术力量薄弱；自动质量保证检查系统缺失；复合型人才严重不足，人才培养机制欠灵活；制药装备研究与药品实际生产工艺脱节。欲达到制剂现代化发展目标，制药装备升级可以从以下几方面努力：

1. 制药装备符合 GMP 验证要求 新版 GMP 对制药装备的要求有：装备的设计、选型、安装、改造和维护必须符合预定用途，便于操作、清洁和维护，以及必要时进行消毒或灭菌。与药品直接接触的设备表面应光洁、平整、易清洗或消毒、耐腐蚀，不与药品发生化学反应、吸附药品或向药品中释放物质。对于中药制剂的生产，主要从中药材前处理设备和后续的制剂生产设备的设计与效能等方面来考察。

重点应考虑易清洗、不污染药物,同时要符合国家低碳节能的战略发展要求。满足制药过程规范化要求的装备是制药装备发展的基本要求。

2. **有利于工艺改进、技术升级与产品质量可视化**　目前,中药制剂设备的使用难以适应工序复杂的药材前处理过程;饮片炮制设备停留在原始的炒制药锅等水平上,对于文火、武火、加热时间等尚无统一的设备要求和技术规范,仅凭借经验和感观来判断;提取、浓缩、干燥与灭菌等制药操作单元所涉及的装备普遍存在对热敏性成分破坏较大、活性成分转移率较低的共性问题。配套制药设备设计要能够促进工艺的技术升级,用理化参数来表征和控制制药过程,提升产品质量。同时,装备的设计与制造要关注药品制造过程的质量可视化。从中药最初的清洗、切制,到提取、浓缩、干燥及灭菌过程,药物从一个环节流入下一环节的过程中对于药物的参数可视化及取样点位的设置都应综合考虑,以期更好地掌控各中间体的变化规律及质量状况。制药设备的创新与发展利于产品质量控制,以及全程在线质量监测与控制的现代中药产业化示范生产线建设。

3. **鼓励节能降耗,提高生产效率,降低制造成本**　高效能、低能耗、环境友好型制药装备是制药行业的标杆,高效节能型制药装备的开发与研制不仅响应国家节能减排的战略号召,也是制药行业实现可持续发展的重要保障,是未来制药设备发展的战略方向。但在中药传统前处理装备的应用过程中,普遍存在能耗过高、效率过低的现实问题。中药提取过程的加热、煎、煮工艺存在能耗高、耗水量大的缺点;中药提取液浓缩过程主要采用单效或多效浓缩器,存在药液浓缩时间长、能耗较高、生产效率低等缺点;干燥过程采用的减压干燥箱等设备存在能耗大、热效率较低且干燥时间长的缺点;灭菌过程常用的蒸汽灭菌柜需要消耗大量的蒸汽,且不能实现连续的批量生产,严重阻碍了生产效率的提高。针对能源价格上涨、药品价格下降的局面,亟须进行高效节能型制药装备的改进与创新,提高能量的利用率和生产效率。如通过"省煤器"用烟气中的废热加热进入锅炉中的软化水,节约燃料费用或二次利用蒸汽余热、废热和工业生物质废物资源,降低燃料等生产成本,从而实现产品附加值的增值并提高生产效能。

4. **机械化程度提高,产品生产过程自动检测**　加强中药的提取、分离、浓缩、干燥、灭菌等制剂生产技术集成创新的研究,借鉴现代制造技术、信息技术和质量控制技术,提高制药装备的机械自动化程度,同时对符合中成药生产特点的新工艺、新技术进行系统研究开发,并将这些技术融入制药新装备的设计与开发中,实现制药过程的机械化发展,是未来制药装备发展的趋势。自动化检测是制药装备升级的重要环节。当前中药制药装备更多地注重单元操作,而对制药过程连贯的质量控制尤为重要。另外,由于中药成分复杂,对于中间体的质量控制要根据具体情况进行设计,而自动质量控制及检查系统将对药品质量控制起到至关重要的作用,其可将不合格的中间体或成品在生产过程中剔除,避免其进入下一工序。自动质量控制及检查系统能更好地保障药品安全,提高药品质量。机械化和自动化制药装备的发展可以降低劳动强度和人工操作比例,减少制药过程的污染及人工操作带来的误差,提高生产效率、节约成本,有利于实现中药制药的现代化。

5. **构建中药制药装备复合型人才培养体系**　中药制药装备行业要实现创新突破和可持续发展,就需要加强具有创新能力的技术型人才和创新型人才培养。制药装备是一个特殊专业,融合药学、制药工艺、生物技术、化工机械及制造工艺、声学、光学、自动化控制、计算机运用等专业于一体。而现阶段,制药装备的研发并未将各个专业融入其设计与制造,仍主要由单一化工机械专业的研究者或是制药工业的研究人员主导,能同时掌握药学工艺和自动化控制的复合型人才严重不足。中药制药装备复合人才培养体系可构建校企合作的人才培养方式,采用"通-专-通"的动态培养模式,使学生更好地掌握所需的知识;在学校办学方面采用"开放办学"的模式,深度促进校企合作,丰富制药装备人才储备,培养更多掌握知识面更广、综合性更强、能够解决实际问题的人才,为制药行业向现代化发展蓄力。

三、中药大品种的二次开发

中药大品种是指具有独特临床疗效、满足临床需求、科技含量高、市场份额较大的中成药品种。二次开发是指在前期研究的基础上,采用多学科理论和技术,针对已上市中成药的药品质量与临床用药深入研究和完善的过程。对中药大品种进行二次开发是中药现代化、科学化、标准化进程的重要环节之一。

二维码1-2
中成药二次开发

1. **中药大品种二次开发的必要性**　中药大品种具有以下几个方面的特点:① 市场规模大,表现为药品现有市场规模及其可持续性在同类品种中处于领先地位;② 临床需求大,即品种的临床定位清晰、疗效或安全性优势明确,且这种差异化优势在同类品种中较为突出;③ 应用历史长,中成药作用缓和、持久,不良反应较少。中药大品种具有很好的临床疗效和患者认可度,在现代临床治疗中发挥了重要作用,也为公共健康做出了巨大贡献。然而,多数中药品种存在基础研究薄弱、药效物质基础与作用机制不清楚、质量控制水平低等问题,制约了其进一步临床推广和市场拓展。我国国内中药市场庞大,但缺乏国际市场竞争力,主要以低附加值的原料药材及提取物出口为主,中成药出口增速甚至低于进口增速,出现了贸易逆差,总体情况不容乐观。当前,促进中药制药技术升级、培育中成药大品种的最有效途径是实施中成药二次开发战略。

2. **中药大品种二次开发的策略**　中成药二次开发以系统工程理论为指导,形成的培育中药大品种二次开发模式紧密围绕临床病证定位,综合考虑品种的有效性、安全性和质量一致性,系统辨析药物化学组成、有害杂质、药效物质及其体内过程等;根据主治病证的相关基础分析、制药过程分析及药品质量风险分析的结果,制定关键技术突破点和产品优化方案。中药大品种二次开发过程遵循系统工程学指导理论,需要确定某一品种"做好做大做强、提高市场竞争力"的目标,开展"3项分析",即临床优势分析、制药过程分析及药品风险分析,辨析品种存在的技术缺陷,制定关键技术突破点和产品质量优化方案;通过针对性的基础研究,做到"5个明确",即明确临床定位、明确药效物质、明确毒性物质、明确药效机制、明确主要成分体内过程;通过技术协同创新和制药技术升级改造,实现"7方面提升",即提升中药制药工艺品质、制药过程质量控制水平、药品质量标准、药品生产管理效力、临床美誉度、药品质量风险管控能力、药品可持续发展潜力;大幅度提升该品种科技含量和药品质量,增强市场竞争力。

在中成药大品种的二次开发中,根据具体品种的实际情况可采用不同的技术手段,构建相应的产品核心技术链,从而实现从原料到制剂的全过程质量控制。二次开发核心技术体系包括:

(1) 基于临床循证评价的中成药临床定位技术:针对中药品种多、适应证宽泛、优势不突出等问题,建立中成药临床定位策略与方法,明确品种的特色和优势,确定临床定位,科学指导二次开发研究的方向和内容。具体路径是:针对具体品种,以系统评价和专家研讨为基础找个性,以小样本先导性试验做预评估、大型临床研究为核心再验证的序贯设计策略。

(2) 基于整体观的中成药辨析技术:系统性辨识中药化学组成、药效物质及主要成分体内过程等;创建基于药效及体内过程特点的中成药质检指标辨析技术,将化学组成、药效物质及体内过程的研究结果整合到质量检测标准,提升药品质控水平;以药品安全性为导向,开展基于临床研究的导致过敏、类过敏、肝及肾毒性等重点毒性成分的筛查研究,进而对致毒成分建立限量标准,提高内控质量标准,优化制药工艺参数。

(3) 系统药理学研究:构建以系统药理学为核心的中药作用机制多层次研究技术平台,应用于中成药作用机制的研究;从系统药理学角度阐释中药多组分/多通路/多靶标/多途径整合调节机制,建立基于系统药理学的中药药效评价方法,揭示中药作用的复杂关系。

（4）中药制药工艺品质调控与优化技术：围绕提高中成药的质量，从制药工艺品质入手，科学设置制药工艺品质调控点及质控指标，以量化模型取代传统经验，精准控制工艺参数，实现提高药品批次间一致性及节能减排目标。解决各单元工艺参数与药品质量关系不明确、工艺控制依赖经验、制药过程质量缺乏在线监测及监控方法等难题，显著提升药品批次间一致性，使生产过程数据及工艺参数可溯源，实现中药工业的技术创新驱动。

（5）中药制药过程质控技术：创建药材-成药质检、制药过程质控与制药工艺品质控制相融合的"三位一体"全程质量控制技术，为提高中成药质量标准提供技术支撑。

中药大品种二次开发研究是中药创新研究的重要内容，是继承和发展中医药理论，突破制约中医药理论和中药产业发展的重要路径。应根据具体品种的实际情况，针对制约该品种市场竞争力的主要因素，查漏补缺，通过深入研究和成果转化，突破药品推广应用的瓶颈；以药物创新提升科技含量，促使老药重焕青春，让传统中药焕发新活力。

四、医院制剂与中药新药

1. **医院中药制剂转化为中药新药的优势** 医疗机构制剂（也称为"医院制剂"）是指医疗机构根据本单位临床需要，经药品监督管理部门批准而配制、自用的固定处方制剂。医院制剂可以满足医院临床需要，弥补市场药物供给不足，具有便捷、有效、价廉等优点，是医院临床用药不可或缺的组成部分。由于医院制剂具有与临床应用紧密连接的特点，在新药开发上有独特的优势：① 从医院中药制剂中易筛选出安全性高、疗效可靠的品种。医院制剂和协定处方多源于名老中医经验处方，安全性和有效性一般都经过多年临床验证。从临床经验方到医院中药制剂是中药新药研发的优选路径，如中药新药化湿败毒颗粒即是遵循这一模式。通过近年获批的中药新药可以看出，获批的药物都具备丰富的临床应用经验，如温胆片是对经典名方温胆汤进行化裁而拟定的中药制剂，自1998年开始作为医院制剂使用。② 提高新药开发成功率，缩短研究周期，降低研发费用。医院中药制剂的处方有效性和安全性均有临床数据支持；与新药研究相比，医院制剂能够以较少的经费，较快地将临床经验方转化为中药制剂供临床使用；根据现有的中药新药申报要求，将具有人用经验的医院制剂转化成中药新药，可以减免部分药效与临床试验研究，为其新药转化节约了时间和经费。③ 政策支持医院中药制剂转化为中药新药。2020年，国家药品监督管理局发布的《真实世界证据支持药物研发与审评的指导原则（试行）》，在真实世界证据支持药物监管决策章节中提出："对于名老中医经验方、中药医疗机构制剂等已有人用经验药物的临床研发，在处方固定、生产工艺路线基本成型的基础上，可尝试将真实世界研究与随机临床试验相结合，探索临床研发的新路径"。《"十四五"国家药品安全及促进高质量发展规划》中指出，要"加强对医疗机构制剂的规范管理，发挥医疗机构中药制剂传承创新发展'孵化器'作用，鼓励医疗机构中药制剂向中药新药转化"。另外，为了促进医院中药制剂向中药新药转化，2023年国家药品监督管理局发布的《中药注册管理专门规定》中指出："来源于医疗机构制剂的中药新药，如处方组成、工艺路线、临床定位、用法用量等与既往临床应用基本一致，且可通过人用经验初步确定功能主治、适用人群、给药方案和临床获益等的，可不开展非临床有效性研究。如处方组成、提取工艺、剂型、直接接触药品的包装等与该医疗机构中药制剂一致的，在提供该医疗机构中药制剂的药学研究资料基础上，可不提供剂型选择、工艺路线筛选、直接接触药品的包装材料研究等研究资料。""已上市中药申请变更用法用量或者增加适用人群范围，功能主治不变且不改变给药途径，人用经验证据支持变更后的新用法用量或者新适用人群的用法用量的，可不开展Ⅱ期临床试验，仅开展Ⅲ期临床试验。"这体现了国家药品监管部门对于医院制剂转化为新药的激励与支持。

2. **医院制剂新药转化现状及难点** 对2016～2020年期间获批上市的中药新药的分析发现，近年来中药新药的申报方向主要为中药复方制剂,一般来源于临床经验方和医院制剂。例如,丹龙口服液和金蓉颗粒均来自医院制剂。2021年,国家药品监督管理局批准了12个中药新药(含创新药)上市,均是由"方"变药。医院制剂作为中药创新药研发的"孵化器"已被广泛关注和认可。但医院制剂转化为新药存在诸多问题,如在成果转化时医院难以协调各方利益关系,成果转化成功率较低;临床成果转化投资大、周期长,医院的支持资金有限;医务人员耗费大量精力完成日常工作,难以再投入精力进行成果转化研究;医院普遍缺乏转化经验,与药企合作的项目常常因在成果转化开发理念和过程方面存在分歧而半途而废。

医院中药制剂转化成新药需要突破以下几方面难点:① 处方组成。处方组成、来源、理论依据及使用背景情况不详细;重复研制,处方雷同,同类竞争品种众多;药味过多;日服生药量不合理。② 临床定位宽泛,适应证众多,临床价值不清晰;制剂命名不规范,功能主治片面或夸大描述。③ 临床功效。临床数据较少,基本没有安全性数据。④ 临床数据。临床数据混杂、可靠性较低、数据偏倚、夸大疗效。⑤ 药材原料。药材基原未明确,某些药材资源较难持续。⑥ 制剂工艺。剂型选择缺少依据,工艺中缺少关键工艺参数;或工艺路线不适合大生产。⑦ 质量控制。质量控制项目过少;含量测定方法学研究资料不完善;缺少微生物限度检查方法;稳定性试验缺少相关图谱资料等。⑧ 毒理研究。含有法定标准中标识有毒性及现代毒理学证明有毒性的药材;"十八反""十九畏"配伍禁忌;用量超过药品标准规定;毒理研究资料不完善。⑨ 知识产权。专利保护缺失;产权归属不明。

目前,国家药品监管部门重视人用经验对制剂新药转化的支持,医院制剂的新药转化迎来难得的机遇。医疗机构在进行新药转化的过程中,可对本机构现有的中药制剂进行梳理,汇总各品种的既往使用情况,就功能主治、处方来源、组方理论依据等关键信息进行分析,逐步建立并实施知识产权保护方法,梳理各品种产权归属及转让意愿。医疗机构制剂室在工艺研究及质量控制方面宜提前布局,持续改进并固定重点品种的关键工艺参数,适时评估其药材资源、工艺放大条件、质量控制标准等大生产的可行性,保证拟开发品种和医疗机构中药制剂工艺路线基本一致,充分利用人用经验证据以申请豁免部分研究。中药研发企业可通过早期介入、联合研发、惠益共享等方式,主动与医疗机构合作,筛选、储备具备研发基础的优秀制剂品种。参考医院中药制剂成药性评估要点,充分利用"三结合"中药新药注册审评体系,促进更多优质医院中药制剂转化为中药新药。

五、经典名方的传承与创新

(一)经典名方研发的机遇与挑战

经典名方是指目前仍广泛应用、疗效确切、具有明显特色与优势的清代及清代以前医籍所记载的方剂。基于经典名方的高品质中药制剂研发前景广阔,但是具体的实施仍然面临严峻的挑战。

1. 药材资源的挑战 经典名方所用药味历史悠久,在漫长的临床实践中,药材的基原、产地、药用部位、加工炮制等方面均可能出现不同程度的变迁。对经典名方中出现频率较高的中药品种,如人参、当归等,需求量将大增,如何规范中药材的种植与生产、保障药材质量的一致性尤为重要。

2. 饮片炮制的挑战 中药饮片是制备中成药的原料,其净度低是引起质量不合格的常见因素之一。对需要加辅料炮制的饮片,辅料标准不统一也会影响饮片的质量。另有切制不规范、加热干燥不规范、发酵原料与工艺参数不一致等因素均可能引起饮片质量问题。应充分运用现代技术和相关设备,优化炮制工艺,提升炮制过程的自动化、机械化和标准化,实现炮制过程可控,从而稳定饮片质量。

3. 处方剂量的挑战 处方剂量与药效毒性作用密切相关。已公布的百首经典名方的处方剂量涉及不同年代的不同计量单位,有个、枚、把、升、钱、分、两、斤、斗、合等。古代与现代"两"的衡量、相关容量单位、特殊剂量单位药物的剂量均有其折算比例,但目前对计量单位换算并无统一标准。经典名方研发过程中应慎重考察处方来源、历史沿革及方义衍变,必要时组织相关专家对处方计量换算单位进行论证。

4. **工艺研究的挑战** 中药复方制剂提取、分离纯化、浓缩干燥、制剂成型等工艺设计在参照古籍记载的同时,需要进行深入的考察和优化。如古代只能采用纱布过滤以达到分离的目的,而现代生产过程中标准煎液的分离可以视药液体积及药液黏度等因素,对使用单层或双层纱布、滤布目数、滤过次数或多次过滤进行优化,以达到较好的分离效果。对于难以适应现代社会快节奏的生活方式和临床应用需要的处方剂型,也需要慢慢转用其他制剂成型工艺。

(二) 经典名方研发的三条路径

基于经典名方的高品质中药制剂研发是新时期中药产业高质量发展的重要举措,包括以下三条途径。

1. **简化注册** 探索构建符合中药特点的注册管理制度,将目录制管理的经典名方中药复方制剂简化注册作为切入点。2008年1月,国家食品药品监督管理局发布施行《中药注册管理补充规定》,对符合规定条件的来源于古代经典名方的中药复方制剂,可仅提供非临床安全性研究资料,并直接申报生产。2015年8月,国务院印发《关于改革药品医疗器械审评审批制度的意见》,提出"简化来源于古代经典名方的复方制剂的审批"。2016年12月,《中华人民共和国中医药法》正式颁布,规定"生产符合国家规定条件的来源于古代经典名方的中药复方制剂,在申请药品批准文号时,可以仅提供非临床安全性研究资料",明确了源于古代经典名方的中药复方制剂的法律地位。2018年4月,国家中医药管理局会同国家药品监督管理局制定《古代经典名方目录(第一批)》并正式公布;同年6月,国家药品监督管理局发布《古代经典名方中药复方制剂简化注册审批管理规定》,是来源于古代经典名方的复方制剂研发与审批的里程碑。国家实施经典名方简化注册,立足于人民健康,力求以高水平的研发促进中成药高质量发展。

2. **二次开发** 上市经典名方(此类不在简化注册的目录中)中成药,由于上市年代较久、工艺依据不充分、生产厂家众多、质量差异性大等问题及存在"劣币驱逐良币"现象,经典名方中成药处于发展停滞期。2016年3月,国务院办公厅印发《关于促进医药产业健康发展的指导意见》,明确指出在中医药优势治疗领域,推动经典名方二次开发及应用。以临床价值为导向,通过工艺优化、质量提升、临床评价,实现批准文号的优胜劣汰。上市经典名方中成药二次开发,首先要树立正确的价值取向,即通过临床价值大、科学价值强来驱动市场价值高,把市场营销驱动模式改为技术创新驱动模式。其次,上市经典名方的大品种培育定位可从四个方面体现出产品的代表性,即承载中医原创理论的代表性品种、凸显中医诊疗优势的代表性品种、促进医学模式变革的代表性品种、融入主流医学诊疗体系的代表性品种。重点围绕疗效、质量、机制、理论四个方面展开技术提升工作。

3. **新药研发** 经典名方作为传统知识与临床实践的有效载体,是中药新药的重要来源之一。2016年2月,国务院发布《中医药发展战略规划纲要(2016—2030年)》,鼓励基于经典名方、医院中药制剂等的中药新药研发。源于经典名方的中药新药研发,要充分重视中医理论、临床实践、基础研究三个维度。其中,以中医理论指导,将充分发挥中医原创知识的价值,并将经典名方研发成果回归到中医体系;临床实践是经典名方新药研发的核心优势,将个体医生的经验与真实世界证据有机结合,为经典名方新药研发提供临床定位依据;基础研究要充分考虑经典名方多成分、多环节作用特点,可采用"物质基础-网络靶标-生物效应"关联分析及药效多指标整合评价,确定主要药效物质、明确主要作用机制、药效作用特点等。来源于中医理论、临床实践、基础研究的中药新药研发的关键技术,将对经典名方新药成药性评价发挥重要作用。

六、中药一致性评价

（一）中药一致性评价的必要性

药物能否获准上市的主要评价指标是其安全性、有效性和质量可控性。鉴于安全性和有效性的评价在全球范围内已经基本标准化，在中药国际化实践的进程中，如何阐明质量的可控性和一致性成为难题。中药具有多成分、多靶标、多效应的物质内涵与作用特点，中药药效及其毒性是中药中复杂的组成和相互协同或拮抗的各种化学成分作用于机体的综合效应。一方面，中药制剂原料中药材具有天然存在的多样性，品质容易受到多种因素的影响，并且在中药种植、生产、炮制加工过程中缺乏完整、统一、规范化的标准制约。另一方面，当前中药制剂加工过程中大多仍采用传统落后的生产工艺技术，加之在制药过程中仍缺乏有效实时的质量监控手段，致使难以确保中药品质的一致性。中药通常以分剂量、分批的方式进行生产，进行单元操作，后经制剂工艺手段制备成药。目前，在中药的整个生产过程中难以实现全过程实时质量监督控制，不同厂家、不同批次间原料药材性质的差异及生产过程中的波动较大，致使中间物料的质量产生波动，造成不同批次间产品质量存在差异性，最后导致终端产品的质量参差不齐，严重制约了中药制药产业的发展。因此，对中药生产的整个生产过程进行全面产品质量监控，以实现终端产品不同批次间品质的一致性，势在必行。近年来，随着国际化程度的不断加深，中药品质一致性评价呼声愈高，而中药品质可控性和一致性评价是中药走向现代化和国际化的关键。为提高中药产品的国际竞争力，药品监管机构对中药的生产、管理及终端产品的质量把控提出了更为严格的要求。将传统的中药加工技术及理论与先进的现代化科技手段相结合，建立一套系统而规范的中药生产制药过程所需的质量监控标准及品质一致性评价体系，已成为当前中药产业现代化发展所亟须解决的关键科学问题之一。

（二）中药一次性评价的探索

目前，对于中药一次性评价的研究体现在以下方面：

1. 药效物质基础的研究　通过研究复方药效物质基础，可确定中药制剂中的有效成分，并作为含量检测指标。对药效物质基础的研究是中药制剂在临床上市前质量控制的关键环节。近年来，药效物质基础的研究手段与方法不断创新，如血清药理学与血清药物化学、代谢组学、PK-PD 模型、化学计量学、生物膜色谱法、多靶标高通量筛选技术、细胞技术、分子生物色谱技术等，为药效物质基础的深入研究提供技术支持。

2. 检测指标的选择　中药复方制剂在选择含量测定指标时应综合考虑，选择多个质控指标建立含量测定方法，从单一指标成分定性定量向活性成分、有效成分和多指标成分质量控制转变，并根据多批样品和投料药材的实际情况制定合理的含量限度或范围，从而保证最终产品批间的稳定，确保制剂的安全和有效。

3. 生产的在线控制　中药复方制剂是中药经过提取、纯化、浓缩和相应的成型工艺，最终制备成临床所需的中药制剂，其间任一环节出错，都会对制剂质量产生很大的影响。以工程控制论为指导，严格监控生产过程中的各环节，引入在线监控技术等对原料药、中间体、半成品及成品进行严格的质量监控，从而保证中药复方制剂的质量。

4. 一致性评价方法

（1）中药指纹图谱：是基于对中药物质群整体的认识并借助于光谱和色谱等分析技术获得的中药化学成分的图谱，能有效鉴别生产原料药材的真伪、不同产地、不同采收时间、不同炮制方法，还可追踪中药制剂化学成分的变化及产品批次间质量一致性。

（2）生物活性测定法：是用整体动物的离体组织、器官、细胞等选取与药物临床疗效高度相关的指标,通过体外实验测定药物的生物活性,对于一些有效成分不明确、多组分、结构复杂,理化方法不能有效鉴定并具有生物活性的中药进行评估。

(3) NIR 分析技术:有快速、无损、适合在线分析的特点,可快速反馈原料、中间产品及终产品的质量特点,通过即时监测生产中的关键物料质量属性和工艺参数,明确过程参数与产品质控指标间的关系,从而保证生产过程平稳可控,由此确保终产品质量一致性。

第五节 集成技术在中药制药过程中的应用

中药制药工业化生产一般分为中药前处理、中药浸膏生产、中药制剂与包装三个阶段,随着新工艺、新方法的不断出现,以及 GMP 在中药制药过程生产管理中的实施,传统的控制方法和中药制药企业落后的基础自动化网络已不能满足中药制药工业发展的需求。因此,在深入分析生产工艺及控制需求的基础上,针对当前中药生产中存在的一系列问题,系统研究现代科学技术的理论与方法,并集成应用到中药制药过程中,对提升中药产业的现代化水平具有重要意义。

一、智能制药设备在中药产业升级中的应用

二维码1-3
智能制造的
定义和特点

药品智能制造是新一代信息技术和工程建造的有机融合,是实现我国制药工业高质量发展的重要依托。智能制造的实施能对药品生产体系与组织方式进行全方位赋能,促进药品全生命周期管理过程的互联互通、线上线下融合、资源与要素协同,并积极推动制药工业和信息产业形成合力。

中药智能制造是在继承和发扬中医药优势、特色的基础上,充分利用现代化的科学技术手段,融合自动化控制技术、过程分析技术、信息化管理技术,实现单元工艺生产过程工艺参数的在线测量与控制,使人员、设备、物料和产品在整个生产过程中,按照工艺及预定的生产规程进行,并借鉴国际通用的医药标准和规范,有效解决中药生产过程中多成分、多参数、复杂体系控制技术的难题,减少人为因素、设备因素等对产品质量的影响。中药智能制造包括制造过程智能化、生产设备智能化、企业运营智能化三个层面。

目前,我国中药制剂生产已经进入智能化初级阶段,智能制造技术已渗透至从中药材种植到成药成型的中药生产全过程。建议未来:① 借助人工智能、机器学习和数据挖掘方法,并结合中药专业知识和判断,建立与应用相关联的工艺数学模型,突破工艺认知瓶颈,将中药产品整体质量的形成规律透明化;② 研发生产全过程复杂系统建模技术,实现基于模型的生产全流程智能决策和质量持续改进;③ 研究符合中药物料特点的连续制造装备,加速系统集成技术创新与应用,促进中药制造装备智能化升级,提高中药品质均一性和制造可靠性。

1. **中药材种植** 中药材生长环境的不确定性高,是中药产品质量波动性的源头。在中药材种植环节,系统利用传感器等感知技术、数据库技术和机器学习算法等对中药生长环境湿度、温度、光照等生长因素进行监测、预警和控制,有助于提高药材质量可控性和种植收益。例如,鸡血藤种苗培育基地的控制系统能够通过信息采集系统实时监测各种环境因子,通过计算机控制系统对环境因子处理分析后,以指令形式调节鸡血藤生长需要的温度、湿度、光照等生长因素,让环境始终适合鸡血藤苗的生长,提高了药材质量的均一性。又如一种中药材生产环境预警系统,通过根据环境参数与环境阈值信息判断是否需要预警,便于药农、药商及时实行措施,避免不良环境对药材生产造成不利影响。

2. **中药饮片炮制** 中药炮制过程质量控制智能化提升主要涉及饮片洗、润、切、蒸、煮、炒等工序。感知的质量指标包括水分、灰分、盐分、色度、密度、浊度、电导率、有效成分含量等,应用的感知工具包括微波水分测定仪、电导电极、浊度仪、色度计、软测量模型等。典型控制应用包括过程终点判断,如根据

清洗液的浑浊度或电导率判断饮片清洗终点,根据饮片含水量或硬度判断润制终点,通过在线检测炮制溶液指标成分的含量实现煮制终点快速判断等。在中药材净选环节,通过卷积神经网络识别药材图像,可实现不合格药材或杂质的智能判断。

3. 中药提取　是中成药制造的共性关键环节。提取过程质量控制智能化提升重点包括两个方面:一方面是提取过程工艺参数(如加水量、温度)和提取过程状态(如微沸状态、泡沫溢出消除)的稳定化控制,如通过温度变送器、压力变送器、蒸汽调节阀组合使用来控制沸腾状态;另一方面是通过在线NIR、在线紫外光谱(ultraviolet spectrum,UVS)等感知工具,实现指标成分或大类成分其含量的在线监测,进而通过趋势分析或与目标值比对实现提取过程终点的智能判断。例如,在中药提取装置连接在线检测装置,运用历史生产数据库及提取动力学模型,调整三七提取过程工艺参数,可实现定量提取。

4. 中药浓缩　针对该环节的质量控制智能化提升,一是浓缩工艺参数(如真空度、温度、液位、泡沫状态等)的稳定化控制,如通过光电传感器判断泡沫产生,若有泡沫则开启真空阀予以消除。二是通过在线NIR等感知工具,实现在线监测浓缩液相对密度或成分检测,并结合多变量统计方法判断浓缩终点。例如,在乙醇回收过程中,可通过在线折光仪或电导率仪测定冷凝液乙醇浓度,进而判断回收终点。又如采用反应动力学模型来表征感冒灵颗粒浓缩过程蒙花苷的降解规律,获得温度、时间与蒙花苷含量变化的定量关系,实现根据浓缩温度设定物料停留时间,保证蒙花苷的转移率。

5. 中药精制　包括醇沉、萃取、柱色谱和离心分离等。除采用NIR或中红外等感知工具建立指标成分的在线定量分析模型,并进行过程终点判断外,还针对醇沉操作中的控制难点,如乙醇浓度检测、上清液与沉淀分离等,设计了相应的智能化控制方法。例如,在醇沉上清液出液过程中,通过检测固液界面或者在出液管道上设置浊度仪,来避免出液不完全和析出沉淀等问题。

6. 中药制剂成型　该环节的智能化应用主要涉及混合、压片、胶囊填充、包衣、制丸、滴丸滴制和贴膏剂成型等。混合环节,采用微电子机械系统(micro-electromechanical system,MEMS)NIR传感器,并结合创新的批内自适应建模方法,实现不同混合工艺条件下的混合终点判断。在制剂包衣环节,采用NIR样本图谱与参考图谱比较,对包衣进行终点控制。如在滴丸滴制工序,通过模糊控制调整滴盘进液口开度,将滴盘液位控制在稳定状态,实现恒定的滴制速度。在贴膏剂激光打孔工序,应用激光振镜扫描和CO_2激光超微切孔技术,实现在每个膏药片上切出直径小于0.3 mm、行列间距为5 mm的密集小孔陈列,以发挥增强产品透气性的作用。

7. 中药质量评价　智能感知的质量指标多样,如药物成分、水分、辅料等物质含量指标,形色气味等感官指标,质构特性、光学特性透射值等物理指标,以及片剂崩解时间、颗粒溶化性等剂型控制指标等。通过智能感知工具和人工智能算法,实现鉴别、含量测定等质量控制应用。如在南沙参药材基原鉴定中,通过计算机视觉提取南沙参药材的表观性状的特征并进行标准化,经过训练的神经网络鉴别轮叶沙参或沙参。在颗粒融化性评价中,以溶液中的粒子数量和粒径值为自变量,通过软测量模型计算待测溶液的浊度值,并据此判断溶化性。在中药注射剂质量评价中,应用高光谱技术预测多项化学指标和多项活性指标并测定色度。

8. 生产车间智能质量控制技术　自动化和数字化基础设施建设是车间级或工厂级智能制造实现的基础。在中药智能工厂建设中,采用纵向集成的思路建设覆盖管理层、车间层和控制层的综合信息化系统,如企业资源计划、生产执行系统、数据采集与监视控制系统、可编程逻辑控制器/分散控制系统等,并积极应用工业物联网、射频识别技术、过程分析技术等实现生产数据、设备状态数据、质量数据和能源数据的现场实时自动采集和传输,通过现场数据与生产管理软件的信息集成,提升生产管理决策的透明度和质量控制数字化水平。

二、传感器技术在中药制药过程中的应用

二维码1-4
传感器的定义与分类

传统中药制药行业生产工艺粗放、生产设备落后、自动化水平低,严重制约着行业整体水平的提高,影响着药品的质量与安全。通过引入自动控制系统和在线检测系统,将进一步提高中药智能制造水平,传感器作为自动控制系统和在线信息采集系统中的一部分,作为在线检测信息采集系统的最前端,对于中药智能制造的作用变得日趋重要。随着传感器技术的快速发展,智能制造系统在单元设备的建模、控制和优化上已取得一定成果,这些成果为中药生产过程的优化控制奠定了良好的技术基础,中药制造也将进一步向着生产程控化、检测自动化、技术现代化、质量标准化、节能降耗、精细化和智能化方向发展,并随着新的信息管理系统的开发和各种新技术的综合运用,中药绿色智能制造将呈现出更加良好的发展态势。

中药制造工业生产中涉及提取、浓缩、醇化、干燥、灭菌等过程,具有工艺复杂、设备种类繁多、高温、高压、腐蚀、易燃、易爆等特性,为了保证生产人员、生产设备、生产环境,以及生产原料和产品的安全,也为保障用药人的权益和安全,必须有可靠有效的检测与控制手段。通过电子计算机或控制器对生产过程进行自动化控制,须及时检测各种工艺参数的信息,而其中的检测和控制离不开传感器技术。

1. **在中药提取过程中的应用** 中药成分复杂,提取的压力、温度、液位、蒸汽流量等工艺参数对有效成分的含量具有较大的影响,且提取过程中溶液蒸发量、蒸汽流量的突变等干扰控制的因素也会影响药物的提取效果,同时液位的变化又影响压力的变化,从而影响汽化和蒸发,以及料液的浓度等。自动控制系统通过传感器获取数据,实时检测提取过程中的各项参数并进行有效控制运行。中药提取阶段通过传感器获取提取过程中的温度、流量、压力、液位、质量、浓度(含量)、pH等工艺参数和质量控制参数,自动控制系统实现数据采集、分析、显示、报警和控制等功能,以实现各种工艺操作。传感器技术的应用不仅能够对中药提取各操作工艺进行实时监控与管理,同时还能有效降低能源损耗及前期成本。

2. **在中药浓缩过程中的应用** 中药浓缩是中药浸膏生产的关键控制点。浓缩过程传感器主要有压力传感器、温度传感器、液位传感器、pH计、浓度计、液位开关、流量计等。浓缩工段变量多、扰动大,且具有非线性、时变、耦合、时滞等特征。在浓缩过程中运用传感器技术,将有利于保证中药生产过程的相对稳定、提高中药生产的效率、降低生产成本、避免手工操作控制不准确而引起产品的质量差异,使浓缩过程得到有效、科学、严格的控制。

3. **在中药干燥过程中的应用** 传感器技术应用到中药干燥工艺中,能够实现对中药生产工艺参数的科学调控、严格管理,如物料温度、流速、含水量、指标成分含量、崩解时间、压力等,实现中药生产的连续化和智能化,从而提高生产效率、降低成本,同时使产品更安全、卫生,符合GMP要求。通过对中药干燥工艺进行连续智能管理,有效提高中药加工效率,降低生产成本,确保制造的中药符合国家安全标准。

4. **在中药灭菌过程中的应用** 传感器技术在灭菌过程中,可对影响中药产品内在质量的关键性工艺参数,如灭菌温度、灭菌时间、辐照剂量、压力值、致死率、耐热参数等,加以实时监测和调控,并对灭菌过程中这些参数进行实时反馈控制,以达到质量控制的目的,从而使灭菌过程更科学有效,为中药产品提供质量保障。

5. **对中药绿色智能制造的作用** 中药生产过程受温度、压力、流量、液位、pH等因素影响,需要选用大量的传感器以获取这些因素的详细信息。传感器作为在线检测系统的最前端,通过对系统状态和信息精确而可靠的自动检测,能够有效实时获知系统的运行数据,为实现中药制造自动化和智能化系统的信息处理、控制决策等功能奠定基础。在传感器技术的具体应用过程中,结合工艺管控技术、自动控制技术、装备技术及信息化技术等精细控制手段,能为中药行业实现绿色智能制造提供有力的保障。

三、3D 打印技术在中药口服固体制剂中的应用

口服固体制剂是临床用药中最为常见的剂型。3D 打印技术能够通过计算机辅助药物设计,精准调控口服固体制剂的内部构成及外部形貌,进而控制药物释放性能,实现精准化治疗。近年来,国内外学者制备出了速释、缓控释、复方、中药等众多 3D 打印口服固体制剂,用于改善传统口服固体制剂存在的不足。随着精准化治疗的发展,3D 打印药物制剂逐渐成为研究热点之一,并且在中药制剂领域也得到了越来越多的应用。

二维码1-5
3D 打印技术的定义和应用

1. 制备中药缓释固体制剂　中药缓释制剂具有能较长时间地维持药物有效浓度、避免血药浓度波动或严重不良反应等优势,在临床上适用于病情较重、病程较长、需要长期服药的慢性疾病的治疗。分层压片技术是目前制备中药缓释制剂的常用技术,按理化性质差异将方中组分分组并分层处理,添加不同的阻滞剂,给予不等的压力压制成若干层片。多层片的制备通常使用压片机,然而由于技术上的限制,目前能够生产 3 层以上多层片的设备较少,这限制了分层压片技术在制备中药缓释制剂中的应用。用 3D 打印技术制备多层缓释制剂则突破了机械式压片的技术限制,可以根据药物设计模型进行 3 层以上的多层片制备。此外,3D 药物打印技术可以根据释药特性设计出形状不同的药物外形,通过改变药物外形而达到药物控释的特性具有显著优势,且能够精准制备复杂中药复方制剂,与中药的"君臣佐使"配伍理论相符合。

2. 微剂量药材的精确控制　中药复方固体制剂成分复杂,且处方中每味药材的剂量不一,针对不同的病证,方中可能包括微剂量名贵或毒性中药材。中药固体制剂过程中,原辅料经过粉碎、混合、筛选、干燥、成型等工序制成设计的剂型,各个工序都在不同程度地影响着制剂的含量均匀度。药物的单位制剂剂量不均匀会造成名贵药材的浪费,甚至可能造成药物无效或中毒的状况。3D 药物打印技术用于中药固体制剂生产过程,可通过定量泵及高精度步进电机控制药物供给量,用以保证单个药剂剂量的精度,而针对复方制剂还可利用多个定量泵头取代原料与微剂量药材间的混合过程,进一步提高微剂量添加的准确性。

3. 含挥发油中药制剂的制备　中药挥发油是中药制剂发挥疗效的重要物质基础之一,广泛用于解表药、行气活血药、芳香化湿药的制备。中药挥发油一般具有易挥发、疏水性及光敏性等特点,为了在制剂过程中尽量减少挥发油的损失,通常采用特殊的制剂工艺来改善挥发油在制剂中的稳定性,如 β-CD 包合技术、微囊与微球技术、乳剂制备技术等。然而,β-CD 包合技术增加了制剂工序,且增加辅料使剂量增加,而微囊与微球技术中有效的包合率不高,无法满足药物剂量设计的要求。3D 打印技术通过双喷头设备可将挥发油和包材分别按药物立体设计模型进行处置,使挥发油以精确的剂量包合于囊材之中,能有效地防止挥发油损失,提升中药挥发油制剂的稳定性,从而保证药物疗效。

四、5G 在中药制药过程中的应用

中医药在保障人民群众健康方面发挥着不可替代的重要作用。随着中医药与现代医学、现代加工业、数控技术的深度结合,利用机械设备代替人工进行药品加工已经成为中医药品生产的常态。"高自动化""高智能化""信息化""数据化"等科技词汇在中药制药行业中被越发频繁地使用,而它们也正是中药制药装备企业当下的重要发展目标。第五代移动通信技术(fifth generation mobile communication technology,5G)是具有高速率、低时延和大连接特点的新一代宽带移动通信技术,必将为中药产业的升级改造带来重大影响。

二维码1-6
第五代移动通信技术

1. 促进中医药传承与发展　进入 21 世纪,世界科技飞速发展,特别是互联网通信技术一路高歌猛进,在各行各业中的应用越来越广泛,有效提高了生产效率,促进了行业发展。传统的中医药与现代的 5G 相结合,中医诊疗模式不断实现改革创新,实现了相隔千年的超时空对话,通过 5G 高效传输的特点,

患者通过网络问诊、智能设备等可实时与名医名家沟通,实现线上诊疗,进行线上预约、会诊,就医效率显著提高。在中医药科研领域,5G智能化的优势更加明显,借助高效的互联网平台,不仅可以实现中药分子结构的模型构建,还可以对其结构开展分析、重构等,为中医药科研发展创造了极大的便利条件。通过改革院校教育模式、临床实习带教模式及师承教育的方式,将原本生硬的中医理论变得形象化、具体化、可操作化,是中医药传承与创新的有力推手。

2. 助力中药材智慧种植　　中药材是我国中医药事业传承和发展的重要基础,是维护人类健康的伟大宝库。由于对中药材资源的需求量日益增加,而野生中草药资源很难满足需要。常用中药材资源多以栽培为主,在栽培过程中因管理理念、栽培技术、生产规模、种植条件的不统一,导致所生产的中草药质量出现一些问题。运用5G实现超高清高空监控,对种植基地进行全面实时监测,包括测量每天的降雨量、风向、温湿度等数据,整个种植基地内种植、采摘、施肥、病虫害的情况,并将各种数据实时传输到中药产业智慧管理平台,实现智慧种植。另外,利用5G还可建成大数据分析与监测预警、中药产业品牌管理、中药产业数字化应用、中药产业大数据中心等模块,整合中药材质量追溯系统、中药材价格指数、中药材气象服务平台等特色场景,实现中药材产业的数字化管理。

3. 促进中药制药智能制造　　充分利用5G的特点,实现制造全过程的数字化控制,可实现一键操作、无人值守、上下游联动、远程维护、审计追踪等功能,在计算机虚拟环境中,对人、机、料、法、环境、测量等生产资源和过程进行设计、管理、模拟、优化与可视化,有效保证中药生产的整个过程质量可控。同时,通过建立企业业务和数据中台,汇集药品全生命周期中产生的各项数据,实现产品生产每个环节的追溯。在厂区内,能源、温湿度、水、洁净环境、污水、安全与环境等数据现在均通过5G专网实时数据传输,工作人员通过数字孪生技术,对产线工艺过程实现远程监控和实时跟踪。未来利用5G网络能力优势会有更多的场景通过5G+场景来进行实现,实现降低企业成本、提高生产效率的目标,实现优质、保量、低耗、高效能智慧制药,是中药智慧制药的必然趋势。

4. 促进中药制剂数字化转型　　在中药制剂生产数字化升级与能力提升方面,已开展如下工作:① 基于5G高速、超低延时和超大连接的优势,将混合现实(mixed reality,MR)技术与边云结合的在线检测技术融合,并将其应用于中药制剂的生产过程,为解决中药制剂生产过程中存在的问题提供了非常有效的途径和方法。② 通过窄带物联网(narrow band internet of things,NB-IoT)技术,采集设备关键部件的运行参数,并实现了中药制剂生产大数据的实时保存与云盘上传。同时,结合人工智能技术与模式识别技术,系统可实现机器设备故障的及时发现、设备健康状况的定期自检,以及中药制剂生产过程中的质量监控,利用现代化信息技术为制药企业提供了降低生产成本、提高生产效率的有效途径。③ 通过采集关键部件的运行参数,系统可实现制药设备的3D实景还原与3D反向建模。

中药的生产产业链较长,产业结构复杂,质量的可控性和标准化一直是传统药厂面临的重要挑战。依托5G搭建现代中药质量数字化的智能制造体系,是解决此问题的有益尝试。在传统网络模式架构下,网络通信协议种类众多、各有不足且相对封闭,工业设备互联互通难,严重制约了工业企业生产设备进行智能化改造,亟须构建能够兼容多种协议的新一代网络技术体系。利用5G高带宽、多并发、低延迟等特点在现代化中药智能制造领域具有高效、稳定、安全商用的优势,从而通过与新一代信息技术和互联网技术的结合,集成信息物理测控系统,研制具有自主知识产权的创新制药技术,必将最终实现引领传统中药产业技术数字化转型,开创中药智能化先进制造时代。

五、核磁共振氢谱组学技术在中药制药过程研究中的应用

二维码1-7
核磁共振技术

中药制药过程工艺复杂,过程控制水平与产品质量直接相关。进行制药过程质量评价与质量控制研究,提高制药过程理解,对保证中药制剂的安全性与有效性具有重要的意义。随着核磁共振(nuclear magnetic resonance，NMR)技术的发展,氢-1核磁共振(^{1}H nuclear magnetic resonance，^{1}H NMR)波谱已在中药质量评价与代谢组学研究等领域得到广泛应用。

1. 中药制药过程质量控制　现行的中药质量分析着眼于药效成分、活性成分、指标成分或主要化学成分的定量分析及指纹图谱相似度评价,主要采用色谱分析技术,而针对中药制剂中糖类、氨基酸、有机酸、核苷等初级代谢产物的检测与控制则较为少见。针对中药制剂中初级代谢物的分析,高通量的NMR技术进入了研究人员的视野。^{1}H NMR波谱中,相应信号的位置和强弱反映了检测对象中含氢元素代谢物的结构特征与相对含量,是有机化合物结构鉴定、反应动力学研究及植物代谢组学研究等领域的重要技术方法,其优点包括：样品无须复杂预处理,前处理简便且能够保留待测样品的理化特征；分析脉冲多样化,检测适用范围广；分析过程快速；光谱化学信息丰富,可解释性高；通过内标或外标法辅助可实现定量核磁共振(quantitative nuclear magnetic resonance，qNMR)分析技术,仪器性能稳定,重现性好,精密度高,构建的方法稳定性强。综上所述,^{1}H NMR技术在中药制药过程全成分分析中优势显著,适合作为中药制剂生产过程质量控制方法研究的有力工具。

2. 基于^{1}H NMR组学技术的中药制药过程分析　近年来,基于NMR技术的植物代谢组学研究发展飞速,在中药领域也得到了广泛应用。植物代谢组学通过检测并分析植物体在被施加内、外因刺激前后的代谢物状态,结合多元统计分析与模式识别技术,量化并解释内、外因导致的植物体代谢变化,进而发现代谢过程的关键生物标志物(biological marker，bio-marker)及其代谢通路,为探究中药重要次级代谢产物的合成、转化、积累规律与机制等提供了有效的方法,也为提高中药材的产量和质量提供了理论参考。对于中药制药过程,可参考代谢组学的基本流程与分析手段,构建中药制药过程组学方法,即通过中药制药过程代表性样本采集、NMR分析与数据采集、数据处理、化学计量学分析、化学标志物(chemical-marker)筛选等,对工艺中间体化学组成进行全面分析,阐明中药中各类代谢物在制药过程各工艺环节内的动态变化规律,促进对制药过程的科学理解,探究工艺过程的本质。

3. 基于NMR的组学技术在中药制药过程中的应用　中药制备过程通常包含提取、浓缩、醇沉等工艺单元,由于中药化学成分复杂,目前这些工艺单元开展中药制药过程组学研究还较少。将基于^{1}H NMR的组学技术引入中药制药过程研究中,通过获取中药制剂及工艺中间体的NMR分析数据,结合网络数据库及NMR化合物信息,可发现中药制剂及工艺中间体中所含的化学成分,结合基于化学计量学与模式识别等多变量数据分析工具,可用于全面、整体、定量地评估各类初级、次级代谢物在制药过程中的动态变化,发掘各工艺单元中的化学标志物,阐明其转移转化规律,同时有助于考察各工艺条件对化学标志物的影响程度及影响规律,以实现对化学标志物的全过程追溯。

基于^{1}H NMR的制药过程组学技术将有望为中药生产过程表征及深入过程理解提供方法,包括但不限于构建中成药代谢物NMR数据库,生药炮制工艺的研究与优化,中成药制药过程全流程质量标志物(quality-marker，Q-Marker)及其他化学标志物的转移转化规律研究,基于qNMR技术的工艺过程监测与过程控制,工艺表征与优化,中药制剂贮存过程全成分转化、降解规律研究等。这为探究工艺过程的本质,制定与提升中药制剂的质量控制标准提供了参考,在中药制药过程研究中具有较大的研究价值与应用前景。

(唐志书　付廷明　张永太)

第二章
中药制剂前处理技术

第一节　超微粉碎技术

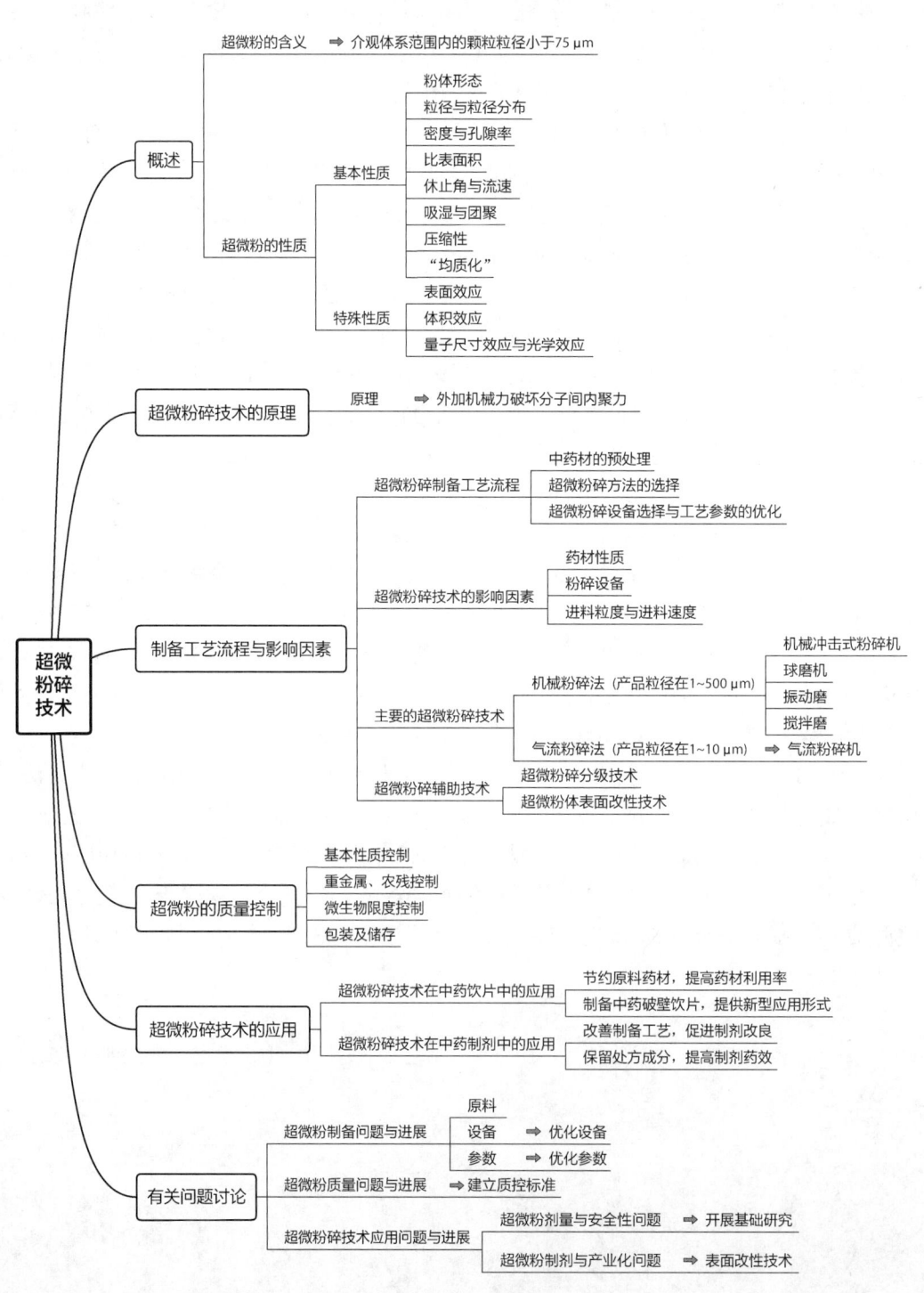

一、概述

超微粉碎技术(ultrafine grinding technology)是使物料微细及超细化的机械加工方法,其交叉融合了机械力学、电学、原子物理、胶体化学、化学反应动力学等学科知识,是近几十年发展起来的一项高新粉碎技术,已经在各行各业得到了广泛的应用。虽然该项技术在中药中的应用起步较晚,但该技术的应用前景广阔,引起了越来越多中药研究者的关注。中药超微粉碎技术是指利用机械或流体动力的方法,将中药材、中药提取物粉碎至微米,甚至纳米级微粉的过程。

(一) 超微粉的含义

超微粉(ultrafine powder)是粉体中的一种特殊类型,目前主要通过成品颗粒的大小或粒度来界定其含义。在物理学中,人们将肉眼可以观察到的物质体系定义为宏观体系(macroscopic system),将原子、分子等在理论研究中的对象定义为微观体系(microscopic system),在宏观和微观之间存在的物质颗粒则被定义为介观体系(mesoscopic system)。采用人工方法将原子、分子通过合成或将块状物形成具有全新特性、属于介观体系范围内的颗粒称为超微颗粒(ultrafine particle)或超微粉,如图2-1所示。然而,各国各行业由于超微粉体的用途、制备方法和技术水平的差别,对超微粉体的粒度有不同的划分。在中药现代化的实际应用中,超微粉碎并不单纯以粉碎细度为目的,而是以破坏生物细胞壁为目标,结合《中国药典》(2020年版)对极细粉的规定[指能全部通过八号筛,并含有能通过九号筛(75±4.1)μm不少于95%的粉末],目前超微粉在中药领域中较为公认的定义是粒径小于75μm的中药粉体。中药材的超微粉既可以作为超微饮片直接使用,也可作为中药制剂原料使用。

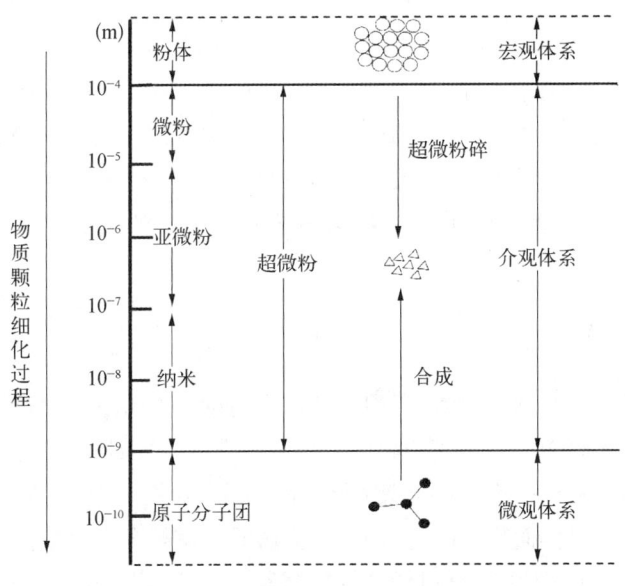

图2-1 颗粒粒径分布范围图

(二) 超微粉的性质

1. 基本性质 超微粉作为粉体中的一种特殊类型,有着粉体形态、粒径与粒径分布、密度与孔隙率、比表面积、休止角与流速、吸湿与团聚、压缩性、"均质化"等基本粉体性质。与一般粉体相比,超微粉体粒度小,具有极高的破壁率,其粉体形态多是不规则且各异的,粉体的形状与粒子其他许多性质密切相关,如球形粒子具有较好的流动性和填充性;片状粒子的附着性较好;长条形粒子的抗冲击强度较大等。同时,超微粉体粒度分布更加均匀、孔隙率更小、堆密度更大、比表面积更大,以上性质一方面使其具有更好的溶解性、分散性、吸附性、化学反应活性及生物利用特性;但另一方面,由于组成超微粉的单元粒子(一次粒子)表面电荷多、表面能高、表面活性大,粒子间易于相互吸引而结聚形成团聚体(二次粒子),严重影响了粉体的流动性、填充性、分散性等工艺性能。此外,由于其具有巨大的比表面积,使得药物分子与环境的相互作用概率增加、稳定性降低、吸湿性增强。

中药材的化学组成复杂,通常含有水分、水溶性成分、脂溶性成分等,所以中药超微粉还可能出现一种特殊的"均质化"现象。该现象产生的原因是在高强度粉碎力的作用下,中药中多数成分可在细胞内和细胞间发生迁移,使微粒表面呈半润湿状态,若成分中存在部分表面活性物质,亲水性成分与亲脂性成分就会相互作用,从而乳化、均匀混合。达到"均质化"的中药超微粉中包含着相同比例的中药成分,更有利于机体对药效成分的吸收。

2. 特殊性质　当超微粉的粒度处于亚微米或纳米级时,将会表现出与一般粉体完全不同的特殊性质,如表面效应、体积效应、量子尺寸效应与光学效应等。这些特殊性质使超微粉体呈现出许多奇特的物理、化学现象,从而大大改变药物的生物利用度和生物学效应,使超微粉碎技术在医药领域显示出了极大的应用前景。

(1) 表面效应(surface behavior):超微粉体粒度小、比表面积大,且随着粉体粒度的减小,其表面积及表面结合能将迅速增大,这种随着粒径变小而引起的性质上的变化称为表面效应。当粒径小到 1 nm 时,表面原子数增大到 99%,从而大大增强了粒子的活性,同时,纳米粒子由于缺少近邻配伍表面原子,因而极不稳定,很容易与其他原子结合。例如,无机材料的纳米粒子暴露在空气中会吸附气体,并与气体进行反应。

(2) 体积效应(size effect):当超微粒子的尺寸小到与光波波长、德布罗意波长等物理特征尺寸相当或更小时,声、光、电、磁、热力学等特性均会受到影响,呈现出许多奇特的理化性质,这种随着粒径的减小而引起的与体积密切相关的性质上的变化称为体积效应,如光吸收显著增加并产生吸收峰的等离子共振频移等。

(3) 量子尺寸效应(quantum size effect)与光学效应(optical effect):大粒子或宏观物理包含无数个原子,其能级间距几乎为零;而纳米粉体包含的原子数有限,导致能级间距发生分裂,当能级间距大于热能、磁能、静磁能、静电能、光子能量或超导的凝聚态能时,会导致纳米粉体的磁、光、电、声、热,以及超导特性与宏观特性的显著不同,称为量子尺寸效应;该效应使得纳米粉体具有新的光学性能,称为光学效应。例如,纳米级的金属微粒大多都呈现近黑色,表现出对可见光的极低反射率和强吸收率,并且粒径越小,对光的吸收越强烈。

二、超微粉碎技术的原理

物体的形成依赖于分子之间的吸引力,即内聚力(cohesion),内聚力的不同使物体显示出不同的硬度和性能。固体药物超微粉碎的原理主要是利用外加机械力,部分破坏物质分子间的内聚力,使药物粒径减小、表面积增大,具体过程包括断裂的开始(裂纹的形成)和裂纹的扩展两个阶段。这两个阶段受到力和能两个条件的控制。具体而言,施加的局部拉应力必须超过分子之间的内聚力;供给的能量必须满足裂纹扩展所需,裂纹扩展需要的能量包括裂纹扩展新形成表面所增加的表面能和因弹性形变而储存于固体中的机械能。物料经超微粉碎,其表面积增大,而引起表面能增加,故不稳定。因自由能趋向于最小,使超微粉有重新聚结的倾向,当粉碎过程达到一种粉碎与聚结的动态平衡,粉碎便停止在一定阶段,粉体的粒径不再降低。

三、制备工艺流程与影响因素

(一) 超微粉碎制备工艺流程

中药超微粉碎制备工艺流程如图 2-2 所示。

1. 中药材的预处理　中药材性质复杂,超微粉碎前需针对中药材的特性,如硬度、脆性、水分等进

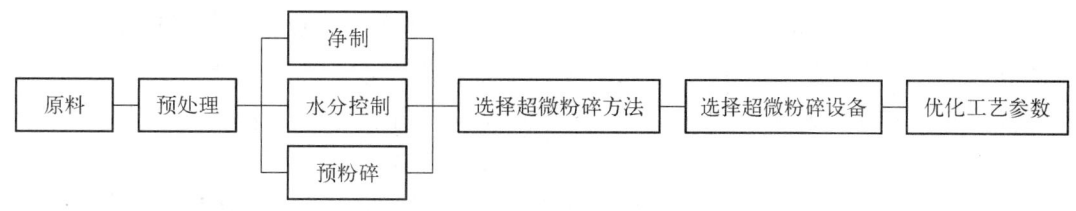

图2-2 中药超微粉碎制备工艺流程

行相应的预处理,以提高后续超微粉碎的粉碎效率,确保粉体质量并保护粉碎设备。① 中药材的净制:对待粉碎中药材进行净选,除去杂质,特别是砂石和铁屑,以保护机器免受损伤;② 中药材的水分控制:通过干燥将待粉碎药材的水分控制在6%以下,以防止细胞内的水分由于超微破壁暴露而造成粉体润湿现象;③ 中药材的预粉碎:超微粉碎前,需根据不同粉碎方法的具体要求,将中药材进行预粉碎或预研磨,使中药材破碎或粉碎成粗颗粒、细粉。对于中药复方的超微粉碎,则宜先用机械粉碎将其预处理成细粉,混匀后再进行超微粉碎,以得到均匀的复方微粉。

2. 超微粉碎方法的选择　在制剂生产中,有多种超微粉碎方法可供选择,包括混合粉碎(mixed grinding)、湿法粉碎(wet grinding)、干法粉碎(dry grinding)、低温粉碎(cryogenic grinding)等。不同的粉碎方法其特点各异,应根据物料性质选择合适的超微粉碎方法。研究表明,生产中不同的超微粉碎方法所获得产品的粒度不同,在相同条件下,采用湿法粉碎获得的产品较干法粉碎的产品粒度更细。若最终产品以湿态使用,则可采用湿法粉碎;若最终产品以干态使用,采用湿法粉碎需干燥处理,但干燥过程中细粉易再次聚结,导致产品粒度增加。

3. 超微粉碎设备选择与工艺参数的优化　超微粉碎设备种类众多,在中药制剂生产中常用的设备包括机械冲击式超细粉碎机(mechanical impact ultrafine mill)、球磨机(ball mill)、气流粉碎机(jet mill)等,其粉碎原理、特点及适应范围各不相同。因此,要得到高质量的超微粉,需根据待粉碎物料的具体性质,选用相应粉碎特点的超微粉碎设备。选定设备之后,应进一步明确影响其粉碎效果的工艺参数,并通过优化工艺条件,高效地获得所需粒度的超微粉体。

(二)超微粉碎技术的影响因素

1. 药材性质　超微粉碎的难易主要与药材本身的结构和性质有关,固体分子因排列结构不同,可分为晶体(crystal)和非晶体(amorphous matter)。晶体药物具有一定的晶格,如生石膏具脆性,粉碎时沿晶体结合面碎裂,较易粉碎;非晶体药物如樟脑、冰片,脆性差,粉碎时易变形,可加入少量挥发性液体,降低分子间内聚力,使其易从裂隙处分开。植物药材由多种组织和成分组成,性质较复杂;薄壁组织的药材,如花、叶易于粉碎;木质及角质结构的药材则不易粉碎;黏性或油性药材需做适当处理(脱脂或混合粉碎)后才能粉碎。

2. 粉碎设备　在制剂生产中,超微粉碎通过粉碎工具(如棒板、锤头、磨球等)或高速气流,对物料施加不同种类的作用力使饮片充分粉碎。根据以上原理设计应用的粉碎设备多种多样,不同的粉碎设备对饮片的粉碎程度不同,选择合适的粉碎设备可以有效地提高粉碎效率。此外,优化工艺参数也是提高超微粉碎效率、降低生产能耗的重要举措。

3. 进料粒度与进料速度　粉碎生产过程中,进料粒度太大,不易粉碎,导致生产能力下降;进料粒度太小,粉碎比减小,生产效率降低。进料速度过快,粉碎室内颗粒间的碰撞机会增多,使粉碎机械力作用减弱,药料在粉碎室内的滞留时间缩短,则会导致产品粒径增大。

(三)主要的超微粉碎技术

根据粉碎机械设备的差异,超微粉碎技术主要被分为两大类。一类是采用超细粉碎机对物料施加如压碎、弯曲、研磨、劈碎、剪切等多种类型作用力的机械粉碎法,另一类是采用气流粉碎机对物料施加如冲击、剪切、碰撞、摩擦等多种类型作用力的气流粉碎法。

1. 机械粉碎(mechanical comminution)法　通过超细粉碎机使物料粉碎,适用于大多数物料的粉碎,产品粒径在1~500μm的范围内。超细粉碎机分为冲击磨与介质磨两大类。冲击磨主要为机械冲击式磨,是基于定子与转子之间的冲击作用使物料粉碎;介质磨包括搅拌磨、振动磨、球磨机等,主要是基于介质研磨作用使物料粉碎。由于机械法粉碎成本低、产量大,因而是目前制备中药超微粉的主要技术。

(1) 机械冲击式粉碎机:机械冲击式粉碎机结构示意图如图2-3所示。这类粉碎机主要是利用高速旋转的转子上的冲击元件(锤头、叶片、棒等)对物料进行猛烈冲击,使物料与转子间及物料之间产生高频的强力撞击、剪切及摩擦等多种作用而使物料粉碎成超微粉,根据结构及作用力方式的不同,又分为锤式粉碎机、销棒粉碎机等。这一类型的设备粉碎效率高、粉碎比大、结构简单、运转稳定、动力消耗低,适合于中、软硬度物料的粉碎,是药物领域应用较广的机型之一。但随着时间的加长,机械会产生大量的热量,对热敏性物质进行粉碎时要注意采取适宜的措施。

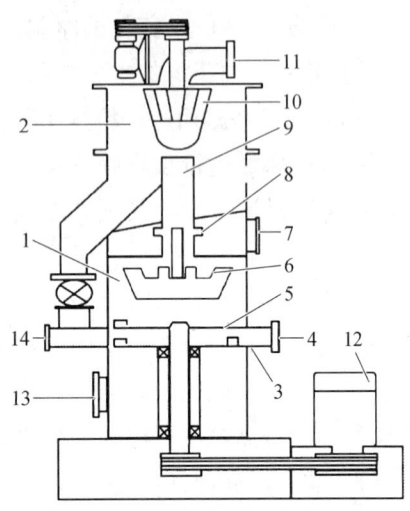

图2-3　机械冲击式粉碎机结构示意图
1. 粉碎部分;2. 分级部分;3. 锤头;4. 进料口;5. 转子;6. 导锥筒;7. 二次风入口;8. 升降管;9. 输料管;10. 涡轮转子;11. 出料口;12. 粉碎电机;13. 一次风入口;14. 同料风入口

(2) 球磨机:球磨机用于制备超微粉时,球罐转动,研磨介质由于受到离心力的作用,在筒体内旋转摩擦,当上升到一定高度时,圆球因重力作用自由落下,物料因受到圆球落下时的撞击、劈裂作用,以及球与球之间、球与球罐壁之间的研磨、摩擦作用而被粉碎。球磨机是一种广泛使用的粉碎设备,具有密闭性好、无粉尘飞扬、可避免污染空气和环境的优点,还可在无菌条件下进行药物的粉碎和混合。适用于对多种类型物料,如结晶性物料、脆性物料、贵重物料、挥发性物料、引湿性物料等物料的粉碎。干式球磨机结构示意图如图2-4所示。

(3) 振动磨:主要是由电动机、磨机筒体、弹簧等部件组成,结构示意图如图2-5所示。通过研磨介质本身的高频振动、自转运动及旋转运动,使研磨介质之间、研磨介质与筒体内壁之间产生强烈的冲击、摩擦、剪切等作用,而对物料进行均匀粉碎。振动磨是一种利用振动原理将固体物料进行粉碎的设备,具有粉碎时间短、产品粒度细的特点,对应脆性较大的药物甚至可达亚微米级。

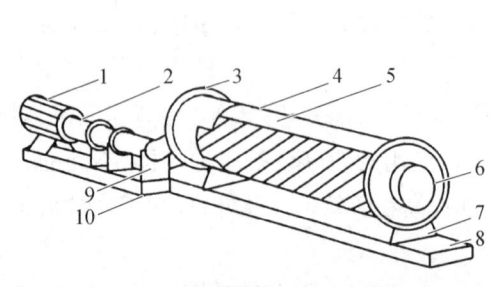

图2-4　干式球磨机结构示意图
1. 动力装置;2. 联轴器;3. 大齿轮;4. 筒体;5. 大衬板;6. 进料器;7. 支架;8. 轴承座;9. 过桥轴承座;10. 驱动座

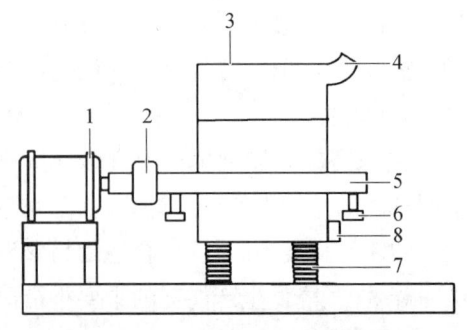

图2-5　振动磨结构示意图
1. 电动机;2. 挠性轴套;3. 磨机筒体;4. 进料口;5. 主轴;6. 偏心重块;7. 弹簧;8. 出料口

(4) 搅拌磨:由搅拌器、筒体夹套、旋转动力介质分离筛、介质加入孔等部件组成,结构示意图如图2-6所示。粉碎时,搅拌器在电机驱动下做旋转运动,带动研磨介质和物料做剧烈的多维循环运动和自转运动,物料在研磨介质之间的撞击力、挤压力、剪切力和摩擦力等作用下被粉碎。搅拌磨是在球磨机的基础上发展起来的,是超微粉碎机中能量利用率最高的设备,具有高转速、高介质充填率和小介质尺寸,可获得较高功率密度的特点。

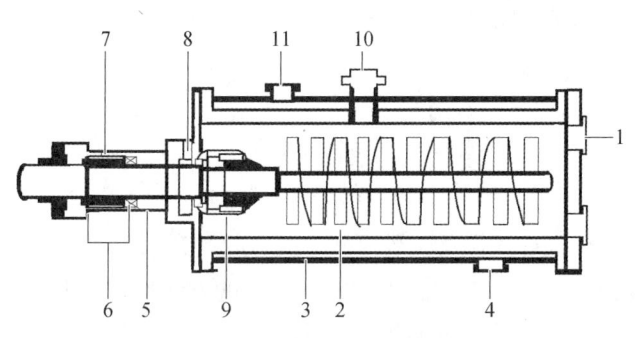

图 2-6 卧式搅拌磨结构示意图

1. 进料口;2. 搅拌器;3. 筒体夹套;4. 冷却水入口;5. 密封液入口;
6. 密封件;7. 密封液出口;8. 产品出口;9. 旋转动力介质分离筛;
10. 介质加入孔;11. 冷却水出口

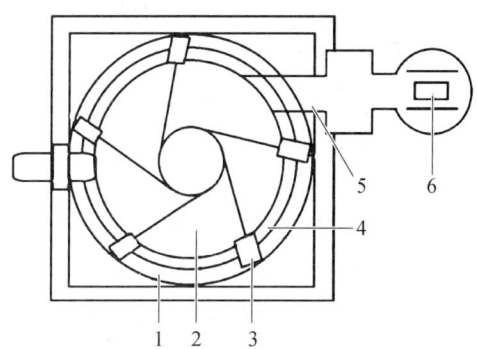

图 2-7 气流粉碎机结构示意图

1. 外壳;2. 粉碎带;3. 研磨喷嘴;4. 铝补垫;5. 文丘里喷嘴;6. 外壳

2. 气流粉碎法 通过气流粉碎机使物料粉碎,适用于脆性物料,一般入料粒径要求在 3 mm 以下,成品的粒径可达 1~10 μm。气流粉碎机结构示意图如图 2-7 所示,其以空气动力学为理论,利用高速弹性气流喷出时形成的强烈多相紊流场,使其中的固体颗粒在相互的自撞中或与冲击板、器壁的撞击中发生冲击性挤压、摩擦和剪切等作用,从而实现物料的粉碎。气流粉碎机有扁平式(圆盘形)气流磨、循环管式气流磨、对喷式气流磨、流化床式气流磨等多种类型,其中扁平式(圆盘形)与流化床式气流磨在中药超微粉碎中较为常用。与普通机械冲击式粉碎机相比,气流粉碎机可将产品粉碎得很细,粒度分布范围更窄,即粒度更均匀;又因为气体在喷嘴处膨胀可降温,粉碎过程没有伴生热量,所以粉碎温度上升幅度很小,这一特性有利于低熔点和热敏性物料的超微粉碎。

(四)超微粉碎辅助技术

与普通粉碎技术相比,超微粉碎技术对于粉体的粒度要求较高,因此在超微粉碎时通常需要采用一些特殊的方法辅助粉碎,这类特殊的方法统称为超微粉碎辅助技术,主要包括分级技术与表面改性技术,其中分级技术通常用于提高粉碎效率,而表面改性技术主要用于改善或改变粉体的使用性质。

1. 超微粉碎分级技术 分级(classification)是利用粉体颗粒的大小和形状的差别将其分离的操作。粉碎是一个概率过程,粉体粒度通常处于一个较大的分布范围。在超微粉碎过程中,及时地对产品进行分级处理,一方面可控制产品粒度,使其处于所要求的粒度分布范围,提高产品质量;另一方面,可提高粉碎效率。随着微粉的广泛使用,对粉体质量的要求越来越高,不仅粒子粒径要小,而且粒度分布要窄。因此,将细度合格的细粉通过分级机及时分出,是获得指定产品的重要步骤,也是超微粉碎工程的关键技术。现有的分级技术主要有重力场分级、离心力场分级、惯性力场分级、微孔隙分级、膜分级、电场力分级等。

2. 超微粉体表面改性技术 是通过加入表面添加剂使超微颗粒表面发生化学反应和(或)物理作用,从而改变微粒的表面状态,改善或改变粉体使用性质的处理过程。通过表面改性,可提高粉体的分散性、相容性、适应性等,解决微粉粒径控制、粉碎工艺、分级技术,以及超微粉体的输送、混合、均化、填充、包装、储存、运输中存在的一系列问题,同时可使超微颗粒表面产生新的物理、化学、光学特性,适应不同的应用要求,拓宽其应用领域,显著提高材料的附加值。现有的超微粉体表面改性技术包括表面吸附包覆改性、化学反应包覆改性、胶囊化改性、微乳化改性、机械化学改性等。

中药粉体改性技术受到原料粉体性质、改性剂及配方、改性工艺、改性设备等影响,该技术设计思路如下:① 根据原料粉体性质(比表面积、粒度大小和分布、团聚性等)筛选出合适的改性剂配方(品种、用量和用法);② 筛选符合应用条件的中药粉体改性工艺。选择中药粉体改性工艺的基本原则是改性剂的分散性好,能够实现改性剂在粉体粒子中的均匀分散,同时要求改性工艺简单、参数可控性好、产品质量稳定,而且能耗低、污染小;③ 筛选适宜的改性设备,选择高性能的改性设备能够使粉体及改性剂的分散性好、粉体与改性剂的接触或作用机会均等、粉体改性条件可控、单位产品能耗和磨耗较少、无粉尘污染、运行平稳等;④ 建立一套完整的中药粉体改性粒子表征方法。

四、超微粉的质量控制

1. 基本性质控制　粒径(partical size)是超微粉的基本性质。粒径的测定方法有显微镜法、筛分法、光散射法、库尔特计数法、沉降法等,还可通过建立显微图像与激光衍射相结合的方法快速检测超微粉粒径,以实现直观的图像分析。此外,多数粉体由不同粒径大小的粒子组成,仅用平均粒径代表粒子大小往往不能满足要求,两种粉体的平均粒径相同,其粒径分布若有较大区别,其理化性质也会有显著差异。因此,还需结合粉体的其他基本性质,如外观性状、堆密度、流动性、吸湿性、润湿性等进行质量控制。同时,可运用计算机软件,将超微粉特征参数处理后编入程序,运用计算机提高鉴别的速度和效率。

2. 重金属、农残控制　重金属与农残是中药超微粉需要重点关注的质量问题,超微粉碎既加快了中药中有效成分的溶出,也加快了有害物质的溶出。采用《中药材生产质量管理规范》(Good Agricultural Practice for Chinese Crude Drugs, GAP)基地种植的优质药材为原料药,建立重金属、农残质量控制方法,对于因环境污染、炮制加工、生产、储存、运输等过程可能引起的重金属、农残超标等问题进行全程监控,是确保超微粉安全性的重要举措。

3. 微生物限度控制　在超微粉生产、储存、销售过程中建立微生物监测体系,对于上市后的超微粉中药或制剂建立监督抽检机制,对由微生物污染而引起的不良事件进行监控。同时,保管与使用超微粉的技术人员及有关部门也应对超微中药的微生物限度进行监控,以确保超微粉的质量。

4. 包装及储存　超微粉由于粒径小、比表面积大,极易吸附空气中的水分而团聚结块,其表面黏附性极强。因此,要求包装材料的密闭性要好,防水、防潮性优。此外,外层通常要用金属桶、木桶、硬纸板桶或硬塑料桶进行包装,以防止超微粉体在储存和运输过程中被挤压结块。

在储存保管中应制定严格的管理制度,有关技术人员应定期对入库的超微中药进行质量抽检,确保包装完整,将其储存在阴凉、干燥、通风、避光处,杜绝渗漏、潮湿、发霉等现象。保持库房的通风与干燥,对药物进行分类存放,以保证超微粉使用的安全与有效。

五、超微粉碎技术的应用

(一)超微粉碎技术在中药饮片中的应用

1. 节约原料药材,提高药材利用率　超微粉碎技术制备的药材粉末其细胞壁破裂率高,细胞内成分能更好地分散、溶解在胃肠液或提取液中,同时超微粉的比表面积大,使得药材中成分吸收速度和程度提高。有研究对灵芝进行普通工艺和超微粉碎技术加工,制备得到普通粉和超微粉,采用 HPLC 发现,灵芝药材经超微粉碎后三萜类成分的种类没有改变,但总提取率及溶出率提高,表明该技术能有效促进灵芝三萜类药材的利用率。

2. 制备中药破壁饮片,提供新型应用形式　中药破壁饮片是经超微粉碎后,粒径 $D_{90}<45\ \mu m$(300目以上)(D_{90} 是一个样品的累计粒度分布数达到90%时所对应的粒径)的一种微米级新型中药饮片,可直接口服。与传统饮片相比,破壁饮片具有诸多优点,如改良了传统饮片的不均一性,提高了药效,提升

二维码2-1
超微粉碎技术在中药饮片和中药制剂中的应用

了饮片的利用率、稳定性、质量可控性及便携性等,可作为传统饮片的一种补充形式。选取5种传统中药饮片(天麻、当归、罗汉果、党参、三七)与相应破壁饮片,按照《中国药典》(2020年版)中的方法进行水分、浸出物、有效成分溶出率、指纹图谱、稳定性等研究,结果发现破壁饮片的水分含量均小于传统饮片,10 min 冲泡的破壁饮片与1 h 煎煮的传统饮片其浸出物含量基本一致,且溶出量为传统饮片的55%~200%。指纹图谱结果显示破壁饮片与传统饮片的基本成分一致,表明破壁饮片成分未发生明显变化。此外,12个月的常规稳定性试验结果表明破壁饮片基本稳定。

(二)超微粉碎技术在中药制剂中的应用

1. 改善制备工艺,促进制剂改良　中药经超微粉碎后,可简化提取方式,缩短提取时间及生产周期,节约能源;中药经超微粉碎后,原料中纤维可达到超细化,以中药饮片超微粉末为原料的散剂、丸剂、颗粒剂等固体制剂一般可不加辅料直接应用或制粒,且制剂的外观品质更优;超微粉粒径小,透皮吸收效果好,在外用敷贴中使用超微粉能促进有效成分透皮吸收,优化药物的利用率。此外,引入超微粉碎技术可促进现有制剂的剂型改良,如在珍珠丸制备过程中引入超微粉碎技术,将其改良成片剂、胶囊剂、颗粒剂等剂型,可解决传统丸剂表面粗糙、水分超标、微生物超标等问题。

2. 保留处方成分,提高制剂药效　以超微粉制备中药制剂,可保留处方全组分及其药效学物质基础,保持了中药的属性和功能主治;同时,药材经超微粉碎后,绝大多数细胞的细胞壁破裂,细胞内的有效成分无须通过细胞壁屏障而能直接和给药部位接触。一方面,由于微粉药物粒径小,比表面积极大,极易吸附在小肠壁上被小肠壁吸收,大大提高了有效成分的吸收速度;另一方面,微粉与给药部位的接触面积大,延长了药物在体内的滞留时间,药物的吸收量也显著增加,可以提高中药制剂的药效。研究比较柴葛退热散超微粉与普通细粉中3种有效成分(葛根素、甘草苷和黄芩苷)的含量差异,结果发现超微粉中葛根素、甘草苷和黄芩苷的含量分别为 0.232 mg/g、0.212 mg/g、8.962 mg/g,比普通细粉中3种有效成分含量(0.158 mg/g、0.160 mg/g、6.140 mg/g)高30%~40%。有研究基于2,4-二硝基苯酚致热模型和二甲苯致炎模型,比较银翘散超微粉碎前后的解热抗炎药效学差异,结果发现1/2~2/3的原服用剂量就可达到预期药效。

六、有关问题讨论

(一)超微粉制备问题与进展

超微粉制备过程中,中药原料情况极其复杂,可以是药材,也可以是有效浸出物、有效部位等,药材中又有动物类、植物类和矿物类等,不同原料的组织结构不同、所含成分不同,其硬度、含糖量、纤维化程度、含水量等也千差万别。因此,在实际应用过程中,选择合适的超微粉碎设备较为困难。一种具体的粉碎设备对于不同的物料都有一定的粉碎极限,但粉碎不能追求极限,应在极限范围内,在稳定、节能的状态下获取最佳的产品粒度和产量。但设备运行状态和中药待粉碎物料本身性质极其复杂,对于任何粉碎机,用于粉碎功以外的能量消耗是物料粉碎过程不可避免的。因此,在选择合适设备的基础上,如何优化筛选超微粉碎的工艺方法、参数及条件,使微粉粒径控制在所需的粒径范围,降低粉碎过程中不必要的能耗,降低成本,并提高粉碎效率,是超微粉碎技术的核心问题,也是超微粉制备过程中的难点所在。

针对以上问题,近年来许多学者在探索超微粉碎设备的改进和工艺参数的优化。如为克服普通球磨机的缺点并节约成本,有学者在普通球磨机的基础上又研制了集粗磨—筛分—细磨全过程于一台磨机内完成的新型高细球磨机。该机可根据物料细度要求不同,设置和改换挡料圈,通过控制物料在磨机内的流动速度和停留时间来提高粉碎效率。也有学者为探索采用行星式球磨机干式球磨三七粉的最佳工艺,使用 Particle Flow Code in 3 Dimensions(PFC3D)软件建立球磨运动的三维离散元数值模型,对中小球比、球料比和转速等参数下球磨三七粉的过程进行了仿真,并对罐体内部磨球与三七粉的运动状态,以及罐体内部球体和三七之间受到的平均接触力进行了分析,结果发现影响三七球磨粉碎的关键因素分别是转速、球料比和中小球比,并获得了最佳工艺参数。

(二)超微粉质量问题与进展

超微粉是超微粉碎的最终产品,既可作为超微饮片直接使用,亦可作为中药制剂原料使用,其质量与后续制剂工艺及生物学效应密切相关。中药材经超微粉碎后,由于超微粉体细胞结构已遭破坏,其显微鉴别特征与普通中药粉末并不一致,难以直接进行鉴别,同时药材中残留的重金属、农药等有害成分也随细胞结构的破坏而加量溶出。因此,现有的质量控制标准是否依然适用于该药材的超微粉末,如何科学、合理、准确地界定每种药材的超微粉碎程度、建立相关特性表征参数及其范围,仍需深入研究。同时,超微粉体在输送、混合、均化、填充、包装、储存、运输中都更容易发生变质的问题,为保证超微粉体质量,往往需要在各个环节投入更高的成本。

针对以上问题,近年来许多学者正在进行积极的探索。有学者通过借鉴中药复合粒子制备方法,优化了残黄片超微粉制备工艺,提升了残黄片的粉体特性和压片可塑性,高温、高湿、强光试验结果显示所得残黄片的质量稳定性有较大改善。

(三)超微粉碎技术应用问题与进展

1. 超微粉剂量与安全性问题　在中药制剂中引入超微粉碎技术,会导致其疗效与毒性同时发生改变。通过多种成分作用于多个靶标实现整体作用的中药,其疗效与毒性不仅与各活性成分的总量有关,还与各活性成分的比例有关。因此,采用超微粉制备的中药制剂是否还应按照《中国药典》(2020版)规定的剂量进行使用,如果不按照规定剂量使用,该如何换算常规剂量和超微粉剂量,目前仍需要通过大量的研究进行探索。探究药材超微化后粒度与剂量、疗效及毒性之间关系的变化规律,依然是超微粉碎技术研究中的重点。

针对以上问题,近年来许多学者积极探索了超微粉碎技术对中药药效及毒性的影响。有学者研究不同粒径金钗石斛的增强免疫作用,发现不同粒径的金钗石斛超微粉(200目、400目、600目、800目)均能显著增加小鼠脾脏指数,其中金钗石斛400目、600目、800目超微粉均能使小鼠廓清指数和吞噬指数显著增加。也有学者为研究灵芝超微粉的临床应用安全性,对SD(sprague-Dawley)大鼠进行连续91 d的灵芝超微粉低、中、高剂量灌胃,肉眼观察及组织病理学检查各组大鼠均无明显异常,发现灵芝超微粉长期饲喂大鼠未见明显毒性反应。

2. 超微粉制剂与产业化问题　药物在微粉状态下,分散性、混悬性、伸展性、吸附性、溶解性、亲和性等发生了较大的变化。这些性质的变化既给微粉的应用带来了优势,使微粉呈现出普通颗粒在通常情况下所不具备的一些药学特性,也给中药制剂的加工带来了一定困难,如提取时易糊化、滤过困难;易发生聚集、黏附、吸湿,造成微粉分散性差,混合难以达到均匀,制粒困难,成型困难。微粉在储存、运输中的吸湿、结块等问题也较为突出。

微粉制备的高要求与中药材本身性质的复杂性导致中药超微粉的产业化也比较困难,从目前粉碎行业设备的设计要求、设备规模、生产能力方面来看,对中药材进行超微粉碎的生产成本很高,限制了中药超微粉碎的推广应用,其仅适用于高附加值产品的应用。因此,如何提高现有超微粉碎机械的粉碎效率、降低单位能耗、提高产量,是中药超微粉产业化面临的主要问题。

针对超微粉制剂困难化问题,近年来许多学者多采用表面改性技术或添加辅料来对其进行改善。有学者以黄芪浸膏粉为模型药,加入不同改性剂在乙醇介质中混合,一定温度下搅拌45 min,超声分散30 min,水浴蒸干,60℃真空干燥,粉碎,过筛得到改性粉体,结果显示以7%丙烯酸树脂、5%硬脂酸为改性剂有效提高了黄芪浸膏粉的防潮性。也有学者在建立天麻超微粉胶囊的制备工艺时发现,添加的辅料如微粉硅胶可改善超微粉的流动性。

第二节 粉体性质表征与改性技术

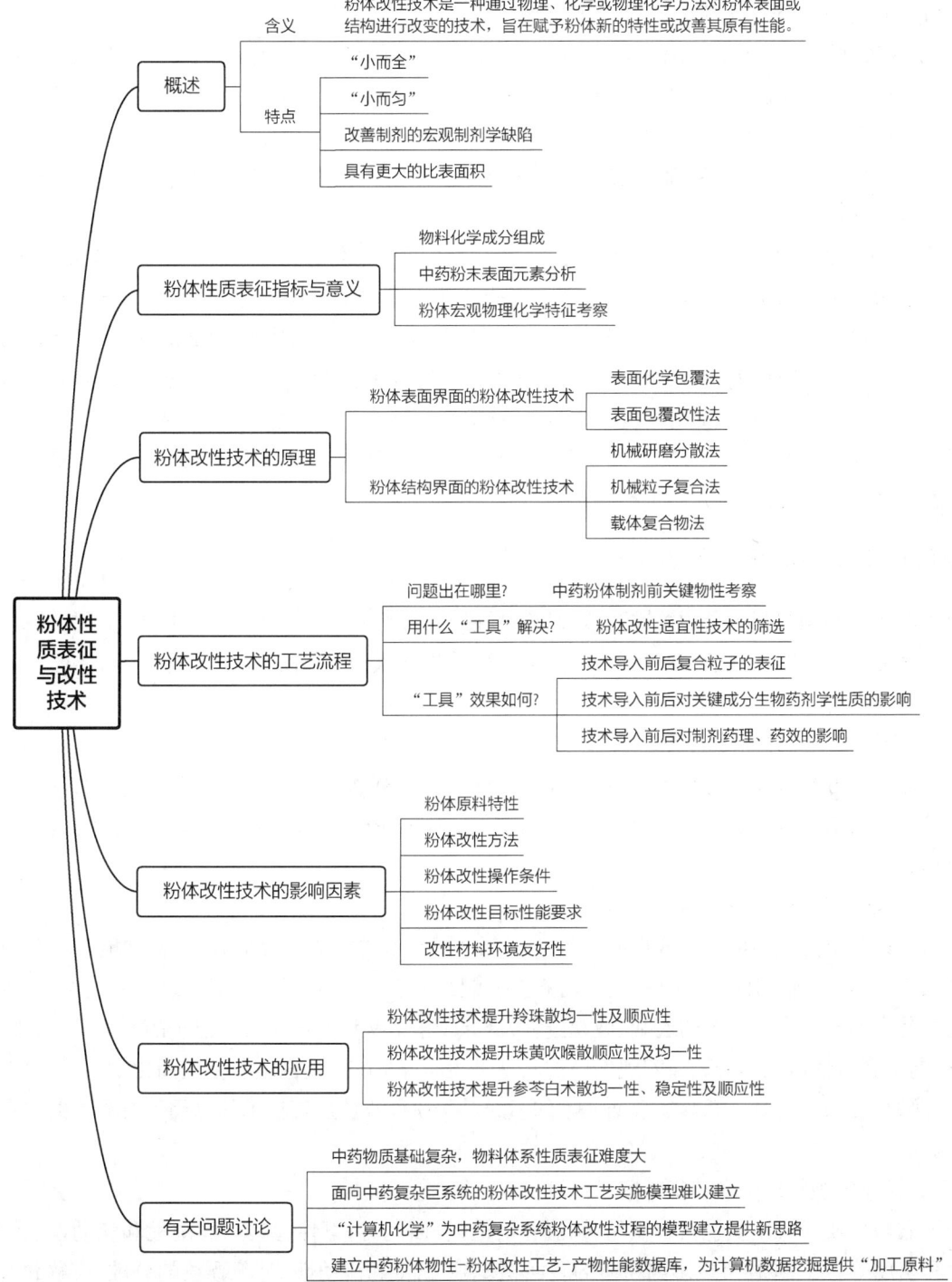

一、概述

粉体学印迹广泛存在于中药固体制剂的制备过程中,原料的粉体学性质直接影响制剂的最终质量。中药粉体包括饮片粉末、提取物(有效部位或有效成分),以单方或复方的形式作为中间体(如用于制备颗粒剂、片剂、胶囊剂等剂型)或终端制剂形态(如散剂)应用于临床。粉体改性技术是一种通过物理、化学或物理化学方法对粉体表面或结构进行改变的技术,旨在赋予粉体新的特性或改善其原有性能。相较于常规粉体,改性后的粉体展现出多方面的优势,如改善分散性和流动性、改善粉体表面性质、提升粉末机械强度等。粉体改性技术的应用为传统粉体提供了更广泛的改进空间和更丰富的功能性,有效提升了粉体的使用效率和应用范围,是当前材料科学及医学领域的热点之一。

1. 粉体改性技术的含义　是借鉴材料科学领域的发展成果,根据粉体的理化性质,在微观层面对粉体进行结构设计和功能设计,以提高粉体使用性能的一项技术。广义概念中的粉体改性技术的具体实践手段包括粉体表面改性与粒子复合。粉体表面改性是指用物理、化学方法对粉体粒子进行处理,有目的地改变粉体表面理化性质。粒子复合则通过分散或重组以构建特殊的粒子结构,如壳-核式、框架式等结构,从而改变粉体的某种性质。

2. 粉体改性技术的特点　主要体现为:① 在微米级尺度对处方粒子进行精密分散与定向重组,所得复合粒子为最小释药单元包含处方所有药物,具有"小而全"的特点;② 微米尺度的分散有利于克服普通粉体混合过程中分散不均匀的缺陷,具有"小而匀"的特点,有利于保障制剂的均一性,使其稳定可控;③ 微米尺度的定向排列组合,有利于改善制剂的宏观制剂学缺陷,如有目的地将吸湿性强、口感不佳或易挥发散失的中药粉体/提取物复合于粒子内部,可显著克服制剂易吸潮、口感差、挥发性成分易散失等不足;④ 微米尺度下的粉体通常具有更大的比表面积,有利于有效成分的溶解与扩散,进而提高生物利用度,节约药材资源。

二、粉体性质表征指标与意义

粉体性质是影响制剂质量的关键要素,对粉体性质进行充分表征是粉体改性技术选用的前提条件。粉体性质表征涉及范围广泛,通常包括粉体的化学成分组成表征、粉末表面元素分析、粉体宏观物理化学特征考察等内容。

(一) 物料化学成分组成表征

物料化学成分相对清晰有利于物料性质的充分阐明,也有利于为后续基于化学成分的制剂质量评价提供参考。目前,中药化学成分解析的思路主要包括数据库检索、文献检索、自行解析等方法,以实现对化合物的全面表征。

(二) 中药粉末表面元素分析

表面元素分析是对固体表面或界面上只有几个原子层厚的薄层进行组分、结构和能态等分析的材料物理试验,也是一种利用分析手段,揭示材料及其制品的表面形貌、成分、结构或状态的技术。表面科学研究的是表面和与表面有关的宏观、微观过程,从原子水平认识并说明表面原子的化学、几何排列、运动状态、电子态等性质及其与表面宏观性质的联系。表面分析的主要内容包括表面化学组成、表面原子结构、表面原子态、表面电子态等。表面元素的组成对于粉体改性适宜技术的选用具有重要的参考与指导意义。

(三) 粉体宏观物理化学特征考察

粉体宏观性质考察主要包括有粒径、熵值和焓值、表面能、荷电性、味觉、润湿性和流动性、崩解性、分散性和密度等。① 粒径可以影响粉体的表面积、堆积密度和流动性,对于颗粒的分散、溶解和过滤等过程有重要影响。② 熵值和焓值,熵值反映了粉体的无序程度和热力学状态,焓值表示了粉体的总能量。这些参数可以提供关于粉体混合、分散和反应等过程的热力学信息。③ 表面能,即为粉体颗粒表面形成所需的能量。表面能反映了粉体颗粒的湿润性、吸附性和界面相容性,对于粉体在润湿、分散、吸附等方面具有重要意义。④ 荷电性,为粉体颗粒带电情况。荷电性影响粉体的分散性、稳定性和对静电的敏感性,对于粉体在电介质中的行为具有影响。⑤ 味觉,主要适用于食品或药品中的粉体。粒径大小和分布对释放味道的速度与强度有影响,对于品质和口感具有重要意义。⑥ 润湿性和流动性,即粉体的亲水性或亲油性。润湿性直接影响液体与固体颗粒的接触,对于颗粒性,即为粉体在外力作用下移动的能力。流动性受粒径、形状、表面特性等影响,对于粉体的加工和输送具有关键性意义。⑦ 崩解性,固体物质在一定条件下分解成更小单元的能力,在制药领域尤其重要,直接影响药效成分的释放速度和效率。⑧ 分散性,粉体在介质中分散成单个粒子的能力,对于悬浮、溶解和吸附等过程有重要影响。⑨ 密度,包括堆积密度和松装密度。密度反映了单位体积内粉体的质量,影响颗粒的包装、运输和储存特性。还有其他关键物性的表征等,上述参数的测定和分析可以全面了解粉体的物理、化学和表面特性,在生产、加工和应用过程中具有重大意义。

粉末粉体学性质直接影响制剂质量,不良的粉体学性质是致使制剂缺陷的根本原因(图2-8),粉体性质表征是挖掘制剂质量缺陷的核心环节。粉体性质对制剂质量的影响包括安全性、有效性、稳定性及顺应性等四个方面。

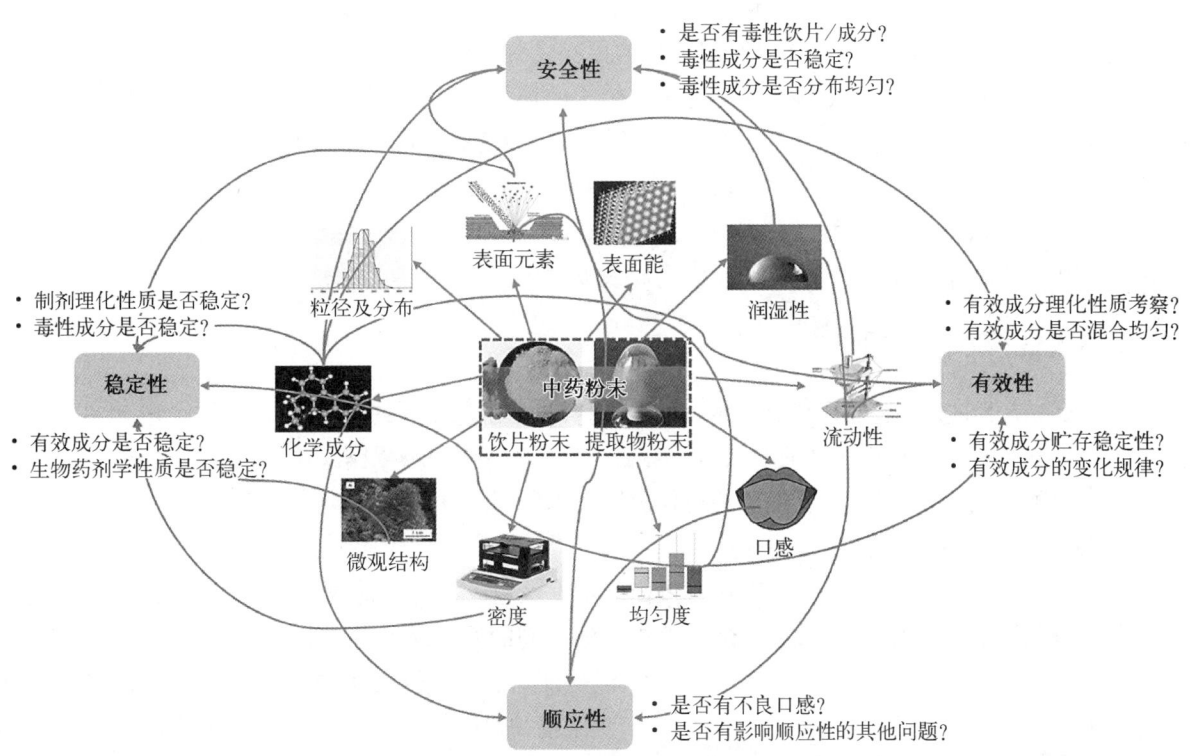

图2-8 基于中药粉体关键物性表征定位引起制剂缺陷的主要问题

1. **安全性** 主要关注毒性成分的稳定性,以及含毒性成分饮片(粉末)的均匀性。在中药散剂粉体关键物性考察的实施过程中,重点关注处方中是否含有《中国药典》(2020版)、《医疗用毒性药品管理办法》中公布的毒性中药,并关注最新研究前沿中有关中药毒性的报道。生物碱(乌头碱类、阿托品类、士的宁类、秋水仙碱类、麻黄碱类及雷公藤碱类等)、皂苷类(强心苷、强心甾体、氰苷、黄酮苷)及毒蛋白(巴豆油、苍耳子油、蓖麻毒蛋白等)等毒性成分或部位一般存在于植物药中,考察的关键物性除化学成分信息外,还包括粉末粒径、味觉、润湿性、流动性、分散性、密度等;含金属元素毒性成分(砷、汞、铅类)的主要为矿物类药物,通常其密度较大,在散剂中易离析而导致混合不均匀,存在安全隐患,该类药物考察关键物性时需重点关注密度、流动性、表面能、荷电性等,为后续粉体改性技术的导入提供切入点。处方一旦含有毒性饮片,制剂均匀度就为重点考察指标,可通过密度均匀度、色差均匀度等简便易测的指标进行快速评价,但也需通过含量测定进行毒性成分含量均匀性的验证。

2. 有效性 主要关注有效成分(有效部位)的稳定性,以及含有效成分(有效部位)饮片(粉末)的均匀性。有效成分理化性质的稳定性为首要关注的关键物性,不稳定因素主要包括两方面。其一,自身稳定性较差,如挥发油类、油脂类、异钩藤碱、钩藤碱、羟基红花黄色素A、穿心莲内酯、新穿心莲内酯、脱水穿心莲内酯、冬凌草甲素、冬凌草乙素、大黄素等成分,在制剂过程各环节及技术导入过程中均应严格关注成分的稳定性及转移规律;其二,针对易受环境影响而稳定性降低的成分,在关键物性考察过程中需监测处方环境、制剂环境、指标测定方法等对成分稳定性的影响,后续的技术导入也需思考技术实施环境对成分的影响。有效成分的含量均匀度是制剂质量的决定性影响因素,也可通过密度均匀度、色差均匀度等简便易测的指标进行快速评价,再结合含量均匀度予以验证。

3. 稳定性 包括理化性质、生物学性质稳定性两方面。其一,理化性质稳定性方面重点考察吸湿性、毒效成分稳定性、色泽等外观性状、pH、水解、氧化现象等的一致性;其二,生物学性质稳定性主要考察微生物、酶等因素的影响。关键物性考察相关指标均可作为稳定性的直接或间接反映,通常需对比不同批次、不同工艺、不同时间下制剂关键物性指标的一致性来进行稳定性评价。

4. 顺应性 指患者或医护人员对所用药品的可接受程度。顺应性的范围包括对剂型及制剂的外形、外观、色泽、嗅味、使用方法等多方面的考虑。较小的体积、较少的数量、明快的色彩、良好的口味会受到更多患者的欢迎。中药散剂在不改变剂型的前提下,口感是影响其顺应性的重要因素,因此,对于中药散剂处方分析而言,应重点关注导致口感不良的饮片,如动物药通常表现出腥臭味、某些生物碱类的强烈苦味、某些成分的强刺激性等;进一步以此类饮片为重点关注对象,考察其化学成分组成、粒径、润湿性、密度等粉体学性质指标,为后续技术的导入提供切入点。

三、粉体改性技术的原理

粉体改性技术的实现过程其本质是界面行为,原料在微米尺度下的热力学、动力学与电化学等理化性质,尤其是表面能与结合能等特征参数是复合粒子形成的主要影响因素。粉体界面主要分为表面界面和结构界面,针对不同的界面,所使用的粉体改性技术原理及方法各有不同。

(一)粉体表面界面的粉体改性技术

粉体表面界面的粉体改性技术主要通过表面改性手段完成,即将辅料或其他药物包覆、成囊或吸附接枝于目标药物粉末表面以实现改性(图2-9),依据不同的原理又可分为表面化学包覆法、表面包覆改性法。表面改性技术通常不会破坏待包覆物的自身结构,改性过程主要在母粒子表面完成。

1. 表面化学包覆法 是指将包覆物(改性材料或药物)中的官能团吸附在母体粉体表面或在粒子表面以产生物理化学反应,从而对粒子表面进行包覆或接枝以改变粉体表面性质的一种方法。可采用固液研磨、沉淀法等方法进行改性,前者通过将包覆物溶液与固体药物研磨,使包覆物与药物上特定的官能团相互接近以形成分子间作用力,设备可选用球磨机或超微振动磨;后者可分为直接沉淀法、均匀沉淀法和共沉淀法,均是利用生成沉淀的液相反应进行母粒子表面沉淀包覆。直接沉淀法广泛用于制备超细微粒,其原理是将沉淀剂加入金属盐溶液中,通过控制反应条件析出沉淀,进一步经洗涤、热分解等工艺处理得

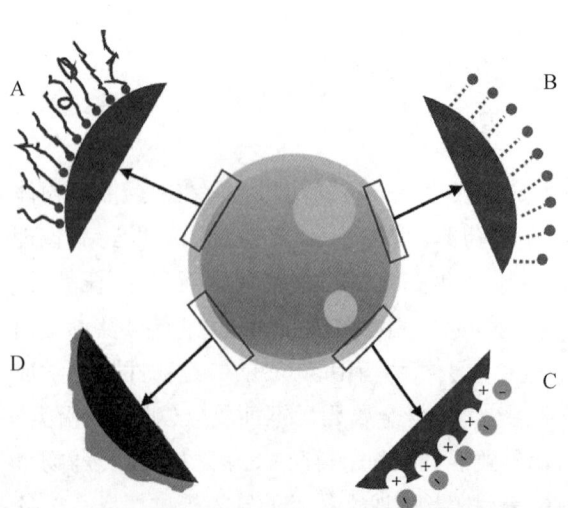

图2-9 粉体表面改性所制备复合粒子的不同结合作用
A. 接枝共聚;B. 范德瓦尔斯力;C. 静电作用;D. 成囊或沉淀包覆

到超细产物。均匀沉淀法则是利用特定化学反应使溶液中的构晶离子缓慢而均匀地释放,通过严格控制沉淀剂的浓度,使沉淀反应处于平衡状态,进而均匀析出沉淀的方法。均匀沉淀法加入的沉淀剂不会立即与被沉淀组分发生反应,可有效克服局部沉淀不均匀的现象。共沉淀法是指在溶液均相存在的两种或多种阳离子,在加入沉淀剂后,经沉淀反应制备各种成分的均一沉淀的方法,该法制备的沉淀粒径小且分布均匀。在中药领域应用中,通常将不同沉淀法所得沉淀物作为包覆材料,在沉淀反应发生的过程中,加入对溶液体系稳定的中药饮片或提取物作为母粒子,通过搅拌使沉淀物均匀沉积于母粒子表面而形成包覆结构(图2-10)。该法常用于含矿物药(如钙盐、铁盐等)处方的复合粒子的制备,可通过先将矿物药溶解再沉淀或者新生成矿物沉淀的方式包覆于母粒子,但对于后者,需要精密计算所形成的沉淀量,需与处方用量保持一致。目前,中药矿物药入药总计108种,为该法的适宜性应用提供了广阔空间。

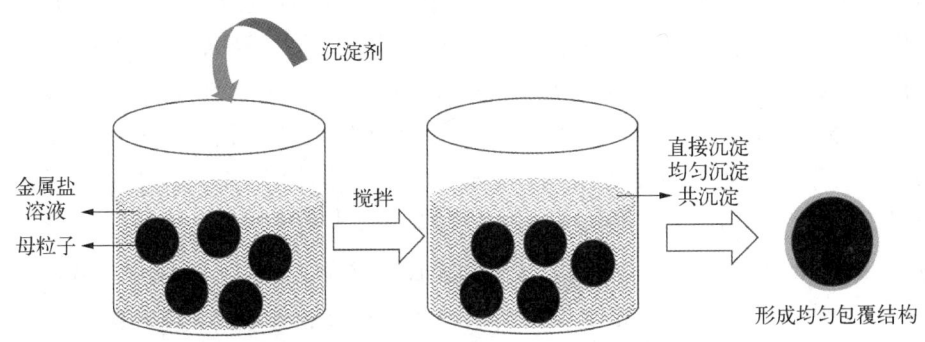

图2-10 沉淀法进行表面化学包覆的流程示意图

2. 表面包覆改性法　指将包覆物(辅料或其他药物)均匀包覆于母体药物粉体表面,以改变其粉体性质的一种方法。包覆层种类可以是普通辅料组成的有机薄膜、高分子材料形成的聚合物膜,以及其他药物形成的包覆层。可采用异相凝聚法、异相聚合法、溶剂挥发法、喷雾干燥法等方法进行改性。

(1) 异相凝聚法:是指带有不同电性的微粒相互吸引而凝聚产生包覆结构的方法。在混合过程中,小粒径带异性电荷的微粒会吸附在大粒子表面,形成包覆层,该法实现的关键在于微粒电荷的调节,可通过调节介质pH或对粒子进行表面修饰使之带不同电荷而实现(图2-11)。由于该法是依靠静电吸引而附着,结合稳定性较差,通常需要对粒子进行进一步包埋处理。温度调控是实现包埋处理的有效手段,如果包覆粒子的玻璃化温度T_E低于中心粒子T_C,则可调节体系温度T,使$T_E<T<T_C$,则表面层粒子会通过熔融铺展而在中心粒子表面形成连续的包覆壳层,从而形成壳-核包覆的稳定结构。

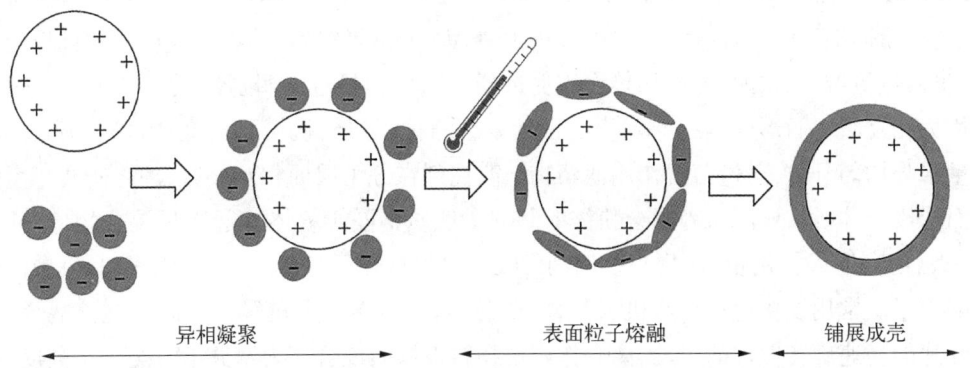

图2-11 异相凝聚法进行表面包覆改性的流程示意图

子粒子若要在母粒子表面铺展,需满足以下数学模型:

$$\left(1+\frac{R_E^3}{R_C^3}\right)^{2/3}-\left(\frac{R_E}{R_C}\right)^2 < \frac{\gamma_{CW}-\gamma_{CE}}{\gamma_{EW}} \qquad 式(2-1)$$

式中,R_E 为子粒子的半径,γ_{EW} 为子粒子的界面张力,R_C 为母粒子的半径,γ_{CW} 为母粒子的界面张力,γ_{CE} 为子母粒子间的界面张力。

因此,欲使子粒子在母粒子表面得以顺利铺展,一方面可通过降低子母粒子的半径比,另一方面可通过选择高表面能的中药粉体或提取物,以提高母粒子表面张力 γ_{CE},选择低表面能的包覆物,以降低子粒子界面张力 γ_{EW},或者通过选择表面能相似的子、母粒子,降低子、母粒子间的界面张力而实现。因此,该法用于中药复合粒子的制备时,除关注子母粒子的粒径比之外,尚需充分考察二者的表面能参数。

(2) 异相聚合法:指由连续相和分散相组成的溶液体系中,通过控制反应条件(如温度、压力、pH等),使分散相物质聚合生成微米复合粒子、纳米复合粒子的方法,主要包括悬浮液聚合、乳液聚合和分散聚合3种方式。悬浮液聚合时可先将母核粒子混悬于溶液中,再加入无机包覆粒子,通过无机包覆粒子在母粒子表面聚集的作用而实现表面包覆;乳液聚合过程中,先将母粒子(通常是提取物)溶解分散于连续相,包覆物为分散相,加入引发剂后,存在于胶束内的药物首先聚合为核粒子,继而从其他胶束或液体中吸收单体包覆物分子在核粒子表面发生聚合,核粒子不断长大为最终粒子;分散聚合的母粒子与子粒子均溶解于连续相,加入引发剂后亦通过成核和核长大成为复合粒子,后两种方式又称种子异相聚合法。根据 Reza Arshady 理论,复合粒子生成的机制包括接枝机制、互穿共聚物网络机制及离子键机制。

(3) 溶剂挥发法:指将包覆物(有机高分子材料或药物)溶解于有机溶剂中,加入待包覆物(粉末、颗粒或提取物),搅拌均匀使其充分接触,继而加热挥去溶剂,使包覆物在粉末、颗粒或提取物表面包覆成膜的方法,亦称为溶剂沉淀法。搅拌速度和加热温度是该法的关键影响因素。通过不同的包覆层可实现诸如防潮、改善润湿性、掩味等制剂学目的。

(4) 喷雾干燥法:指将包覆物充分溶解后,通过喷雾干燥方式使其包覆于母粒子表面的方法。所得复合粒子主要为微型包囊结构,可实现掩盖不良气味、改善药物口感、提高稳定性等制剂学目的。该法的操作过程中,进风温度、泵液速度及雾化气流速是关键影响因素。

(二) 粉体结构界面的粉体改性技术

粒子复合是用于粉体结构界面改造的主要粉体改性技术,即使用特定性质的药物或辅料对目标药物粉末进行分散、复合或装载而制备成复合粒子,以改善其制剂学性质缺陷。此类复合技术常涉及物料原结构的破坏及新结构的重建。

1. 机械研磨分散法　指通过机械力使改性剂(处方中某一特性的药物或辅料)与药物粉末充分分散,以改变药物粉体性质的一种方法。研磨过程中,强大的机械能破坏药物及改性剂的自身结构而形成断面,进一步通过机械研磨、混合、剪切等作用促进新生断面的接近,当粒径足够小时,微粒间主要通过分子间作用力相互吸引而形成具有一定稳定性的复合粉体;另外,机械研磨会通过"均质化"作用使粉体中的少量水分均匀分散,通过溶解作用使药物与改性剂在分子层面相互接触,加之研磨产生的高温使水分散失而形成固体桥。该法所得复合粉体的制剂学性质不同于粉体普通物理混合物,其基本原理见图 2-12。改性剂的性质、用量、药物与改性剂粒径比、机械研磨强度与时间等因素,是机械研磨分散法的关键影响因素。常用设备包括球磨机、超微振动磨、高速搅拌混合机等。如高速搅拌混合机工作时,物料借助叶片的高速旋转做切向运动,离心作用使物料被抛向混合室内壁并上升至一定高度,重力作用又使其落回到叶轮中心,如此往复,物料不断破碎并在混合室内进行高速地螺旋状上、下运动,粒子之间的碰撞、摩擦频繁,药物与改性剂得以充分的交叉混合与吸附,进而形成复合粒子,以实现改性目的。值得注意的是,超微粉碎法本身也是一种粉体改性手段,当粉体物料粉碎到一定粒径时,会呈现出诸多与原物料不同的理化性质。

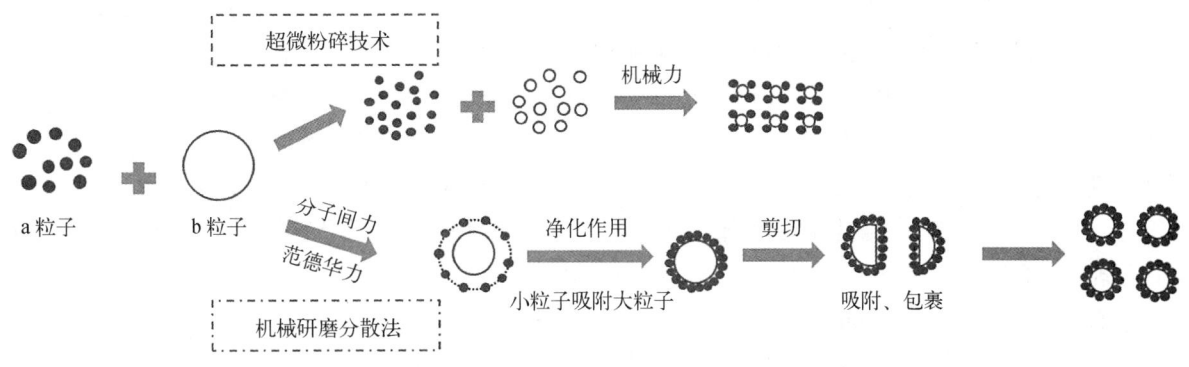

图 2-12 机械研磨分散法用于粉体结构界面粉体改性的原理示意图
a 粒子:一般为改性剂;b 粒子:一般为药物粉末

2. 机械粒子复合法 指通过机械作用使药物与改性剂(其他药物或辅料)按一定的结构模型进行粒子重组,以改变粉体性质的方法。该法所得复合粒子的结构模型多为核壳结构,主要通过严格控制核、壳粒子的粒径比、复合顺序、复合时间等参数以实现。通常情况下,核粒子的粒径应为壳粒子的5~10倍,复合时先加入壳粒子,并在其高速运动的情况下加入核粒子,通过大粒子对小粒子的净化作用、断面间分子吸引等作用形成壳核结构。常用的设备主要为振动磨,新型设备则包括气流冲击包覆机、Comil 粉碎整粒机及连续表面改性机。

3. 载体复合物法 指将药物装载于具有特殊结构的辅料载体中,以改变药物自身粉体学性质的方法。特殊结构多指比表面积大、孔容积大的多孔性结构,常见的辅料有如多孔淀粉、多孔硅酸钙、蒙脱石、尿素等。利用该法制备复合粒子时,通常先将药物溶解为分子分散状态,然后使其渗透进入载体,进而挥发或喷干除去溶剂以完成装载。

四、粉体改性技术的工艺流程

粉体改性技术的出现为基于粉末性质改善中药固体制剂质量提供了一整套"工具包"。问题出在哪里?用什么"工具"解决?"工具"效果如何?是粉体改性技术实施过程中紧密关联、层层递进的三个核心板块。

(一)问题出在哪里——中药粉体制剂前关键物性考察

中药粉体学表征主要包括原料粉体(饮片粉末、提取物、改性剂等)的化学成分信息(物料化学成分组成或表面元素分析等),以及原料粉体(饮片粉末、提取物、改性剂等)的物理化学特征考察。粉体表征是锁定问题的关键。

(二)用什么"工具"解决——粉体改性适宜性技术的筛选

从技术层面看,粉体改性的基本操作流程为粉体性质表征—中药固体制剂的制剂学缺陷发现—适宜技术导入—目标产物性质评价,模块清晰,相关技术体系成熟,获益通常较为理想。

(三)"工具"效果如何——技术适宜性评价方法

1. 技术导入前后复合粒子的表征 对于技术导入制剂后所得的复合粒子,可通过红外吸收特征图谱、紫外吸收特征图谱、扫描电镜、X射线衍射、DSC扫描差示热等特征数据的变化来"推测"改性结构的存在,加之对相应制剂学缺陷,如易吸湿、流动性差、含量分布不均一、色泽不一致、口感较差等宏观性质的改善,来"证明"粉体改性技术实施的成功。也可结合前沿理论及技术发展,进一步对具体结合机制、结合模型、分散方式或分散特征等微观世界或分子水平的探索。

2. 技术导入前后对关键成分生物药剂学性质的影响　生物药剂学性质考察是评价技术导入可行性与实施效果的重要手段,其包括体外、体内研究两部分内容。体外研究主要以关键成分(毒性成分、有效成分、不稳定成分)为指标,考察技术导入前后对制剂体外溶出行为的影响;体内过程则考察技术导入对关键成分体内吸收、分布、代谢、排泄(absorption, distribution, metabolism, excretion, ADME)过程的影响。

3. 技术导入前后对制剂药理、药效的影响　药理指药物与机体的相互作用及其作用规律;药效指药物对机体的作用及其作用规律。显著的药效表达是药品存在的必要条件。技术导入前后在原则上对药理、药效应无显著影响。结合药品功能主治,复制相关动物模型,选定公认指标体系,对技术导入前后对其药理药效的影响进行客观评价,探讨技术实施的可行性。进一步在此基础上,技术对临床环节的影响亦应通过生物等效性(bioequivalence, BE)试验进行考察。

五、粉体改性技术的影响因素

粉体改性技术是通过物理、化学或物理化学方法对粉体材料进行表面或结构改性,以改善其性能、使其适应特定应用或满足特定需求。影响粉体改性技术的因素有很多,主要包括原料特性、改性方法、操作条件和目标性能要求等。

1. 粉体原料特性　对改性过程和效果的影响巨大,主要包括粒径、粒度分布、形状、表面性质、化学成分和晶体结构等。这些特性决定了改性方法的选择和实施效果。

2. 粉体改性方法　包括物理改性(如表面处理、涂覆)、化学改性(如添加功能性化合物、表面活性剂)、结构改性(如纳米颗粒改性)等。选择合适的改性方法需要考虑原料特性、目标性能及工艺条件等方面。

3. 粉体改性操作条件　包括温度、压力、pH、溶剂选择、反应时间等。这些条件对改性反应的进行和结果具有重要影响。

4. 粉体改性目标性能要求　不同的应用对粉体的性能要求不同,改性技术的选择和改性效果需要根据目标性能要求来确定。例如,对于某些应用需要提高粉体的流动性、稳定性、化学活性等。

5. 改性材料环境友好性　随着环保意识的提高,改性技术的环境友好性也越来越受到关注。选择符合环保要求的改性方法和材料对于改性过程的影响很大。

六、粉体改性技术的应用

二维码2-2 粉体改性技术应用实例拓展资料

羚珠散为重要儿科用药品种,粉体性质表征结果发现处方中的人工牛黄为主要苦味、腥味等异味来源,处方中的朱砂有毒、质重且易离析,易导致有机汞含量不均而存在安全隐患,而处方中的琥珀有宜人松香味道,遂将琥珀溶于二氯甲烷中,充分溶解后加入处方量的人工牛黄、朱砂,通过磁力搅拌混匀并加热挥去二氯甲烷,得到琥珀包覆牛黄、朱砂的复合粒子。相较于普通物理混合物,复合粒子的苦、腥味得到显著改善,且密度差异、汞含量差异的相对标准偏差(relative standard deviation, RSD)均显著降低,有效提升了制剂的均一性及顺应性。

珠黄吹喉散为《中国药典》(2020年版)收载品种,粉体性质表征结果发现处方中的黄连、黄柏为主要苦味来源,处方中的雄黄、煅硼砂为矿物药,质重、易分层。基于不同粉体的粒径特征,制定了以黄连、黄柏为核粒子,雄黄、硼砂为壳粒子的粉体改性策略,通过振动磨粒子复合法制备了壳-核结构包覆模型,扫描电镜显示微观包覆结构的存在,与物料的普通混合粉相比,复合粒子的苦味得到显著改善,小檗碱含量、散剂色泽、密度等差异的RSD显著降低,有效提升了该制剂的顺应性及制剂均一性。

参苓白术散出自《太平惠民和剂局方》，由人参、白术、茯苓、山药、白扁豆、莲子、薏苡仁、砂仁、桔梗、甘草十味药粉碎成细粉，过筛，混匀制得，是治疗脾虚湿盛病证的经典方。方中含有菌类、根茎类、果实类药材，粉末质地、表面特性有较大差异，故不易混合均匀。制剂中的砂仁主要药理活性成分为挥发性成分，研细后比表面积增大，易氧化变质，在储存过程中易散失，从而影响临床疗效。白术味苦，甘草虽然含有大量甘草酸，但其特殊的口感不被大多数人接受，影响了制剂的口服顺应性。通过对药材粉末粉体学性质的研究，将难粉碎药材甘草、茯苓、白术，以及含挥发性成分药材砂仁作为核粒子，将易粉碎药材山药、人参、桔梗、莲子、白扁豆作为壳粒子，通过机械粒子复合法制备壳-核包覆型复合粒子，达到了减少挥发性成分散失，改善白术、甘草口感欠佳及提升散剂混合均匀度的目的。

七、有关问题讨论

粉体改性技术依托于材料科学的发展，在中药领域的应用中，随着诸多专家学者的努力探索与研究，其展现了广阔的应用前景。但不可否认的是，由于中药物质基础的复杂性，该技术在中药固体制剂的实践应用中仍存在许多难点。

（一）中药物质基础复杂，物料体系性质表征难度大

无论是面向结构界面的粒子复合技术，还是面向表面界面的表面改性技术，其适用的前提均为物料自身理化性质的清楚表征。不同于化学药物成分单一、性质明确的特点，中药粉体（粉末或提取物）由于物料体系的多样性加之各种因素的影响，其性质表征时存在大量非线性、高噪声、多因子数据交叉影响等客观难度，相应的技术体系难以建立（或不存在）线性通用模型。国内学者在进行相关技术的实践应用时，粉体性质的表征多停留于粉体粒径、粉碎规律、吸湿性、流动性、接触角、堆密度、口感、色泽或色度等宏观性状的表征，对于复合粒子的形成则多通过红外吸收特征图谱、紫外吸收特征图谱、扫描电镜、X射线衍射、DSC扫描差示热等特征数据的变化来"推测"复合结构的存在，加之对相应制剂学缺陷，如易吸湿、流动性差、含量分布不均一、色泽不一致、口感较差等宏观性质的改善来"证明"粉体改性技术的成功，整体缺少对具体结合机制、结合模型、分散方式或分散特征等微观世界或分子水平的探索。

（二）面向中药复杂巨系统的粉体改性技术工艺实施模型难以建立

复合粉体改性与制备的一般模式为：依据不同物料体系的理化性质特点，计算粒子复合所需的能量参数（熵、焓等），通过分子机制水平的模拟实验研究，建立通用数学模型。再通过物理或化学干预手段对粉体界面进行精密调控，以获得理想性能的目的产物。如阿隆素（Alonso）等人通过计算粉体粒子间的静电力和范德瓦尔斯力，推导出粒子结合能，调节复合粒子比率、包覆比率、包覆操作时间等参数以制备复合粒子，进而提出包覆式复合粒子配比模拟估算法。

但如前所述，中药物料作为一个复杂巨系统，自身理化性质，尤其是分子水平的性质难以表征，如此复杂的特征如何影响粒子的复合过程？物料自身理化特征与目标复合粒子特征有何关联？

（三）"计算机化学"为中药复杂系统粉体改性过程的模型建立提供新思路

鉴于中药粉体自身体系的复杂性，以及工艺过程的难以表征性，显然必须引进非线性复杂适应系统的研究思路，而"计算机化学"的发展为此提供了新灵感。计算机化学涉及多种学科，研究内容包括物理化学参数计算、化学和化工过程模拟、数据挖掘、计算机辅助分子设计等。其中，"数据挖掘"模块定位于通过对大量数据进行探索，以揭示内涵规律并不断建立、修正数学模型，其具有极强的系统自适应性，是复杂体系静态、动态参数表征及规律发现的重要工具。其中，灰色关联分析、支持向量机、粒子群优化、人工神经网络等智能算法在中药复杂系统的数据挖掘过程中已有成功应用且展现出较大的应用前景。

1. 灰色关联分析（grey correlation analysis，GCA）法　是邓聚龙教授提出的一种多因素统计分析方法，

即通过比较不同系统数据发展曲线的接近程度,进而评估其关联度,在中药研究领域中常应用于提取工艺优选、质量评价等。陈勇等人通过GRA结合层次分析,确定了影响热毒宁注射液生产过程的关键工艺参数(如萃取平均体积流量、调酸后pH等)。

2. 支持向量机(support vector machine,SVM)法　属于二分类模型,通过将非线性数据映射到高维超平面空间,进一步结合线性核函数、多项式核函数、径向基核函数和sigmoid核等内核函数,将非线性数据转变为线性数据,进而拟合并产生回归模型,该法广泛应用于中药鉴定、中药药性评价及安全性评价、制剂工艺优化等研究领域。魏从师等人通过SVM结合主成分分析方法,建立了树脂类中药的高精度智能鉴别方法;金滋力等人则通过SVM结合层次分析方法,实现了中药方剂-疾病与方剂-中医证候关系的有效预测。

3. 粒子群优化(particle swarm optimization,PSO)法　最早用于模拟鸟群捕食行为,具有概念简单、进化计算、群智能优化及易于实现等特点,是数据非线性优化、非线性连续优化和组合优化相关问题的有效解决工具。刘雪松等人基于PSO结合SVM模型,实现了对山茱萸药材质量的精准评价。

4. 人工神经网络(artificial neural network,ANN)法　是一种以网络拓扑知识为理论基础,模拟人脑神经系统处理复杂信息机制的数学模型,可实现大量节点相互连接、传递背景下的复杂逻辑运算,具有非线性、非局限性、非定性和非凸性等基本特征。许朝霞等人对中医临床信息和心血管疾病证候类别之间的关系进行ANN结合SVM建模分析,为临床中医证候识别的规范化提供了思路借鉴。

综上所述,计算机数据挖掘功能擅长对高噪声、强干扰的多维复杂数据体系进行分析与建模,通过智能学习、自身进化等分析方式揭示复杂数据背后的深层逻辑,是中药粉体改性实践中,阐明物料化学成分种类、理化性质特征等多维静态数据,通过"粉体改性过程"关键工艺动态调控参数,最终影响目的复合粒子产物宏观性能与微观特性过程规律的有力工具。

(四)建立中药粉体物性-粉体改性工艺-产物性能数据库,为计算机数据挖掘提供"加工原料"

计算机数据挖掘的前提条件是需要提供大量的实验数据,因此,建立中药粉体物性-粉体改性工艺-产物性能数据库是粉体改性技术在中药领域进行适宜性推广的当务之急。郭立玮等人结合自身实践,建立了中药复合粉体改性与制备工艺小型数据库,该数据库主要是以中药提取物为研究对象,涵盖物料化学成分、理化特征、复合工艺特征参数等系统的技术参数体系,是将数据挖掘引入中药粉体改性体系的有益尝试。其课题组拟在此基础上,补充面向中药粉末研究对象的相关特征参数,以建立中药粉体物性-粉体改性工艺-产物性能数据库,其主要涵盖内容为:① 中药粉体改性原料粉体(饮片粉末、提取物、改性剂等)的化学成分信息(物料化学成分组成或表面元素分析等),标记为X_i数据集;② 中药粉体改性原料粉体(饮片粉末、提取物、改性剂等)的理化特征(包括粒径、熵值、焓值、表面能、荷电性、味觉、润湿性、流动性、崩解性、分散性、密度等),标记为Y_i数据集;③ 粉体改性粒子设计工艺参数(包括不同的粉体改性方法及其特征参数,如振动磨复合法中,关键工艺参数为振动时间、振动频率、振动强度、温度、投料顺序等),标记为Z_i数据集;④ 粉体改性产物理化特征(包括宏观性质,如粒径分布、味觉、流动性、光谱特征、荷电性等,以及分子机制相关参数,如分子结构、表面能、微观结构等),标记为V_i数据集;⑤ 粉体改性产物生物药剂学特征[包括不同目标化学成分的达峰时间(peak time,t_{max})、达峰浓度(peak concentration,C_{max})、曲线下面积(area under the curve,AUC)、平均滞留时间(mean residence time,MRT)、半衰期(half-life,$t_{1/2}$)、稳态血药浓度(steady-state concentration,C_{ss})等],标记为W_i数据集。基于所建数据库(图2-13),导入计算机数据挖掘相关分析手段,建立粉体改性产物生物药剂学特征W_i、理化特征V_i与中药粉体改性原料粉体化学成分信息X_i、理化特征Y_i及粉体改性粒子设计工艺参数Z_i的数学模型,再结合具体实践案例的导入对模型进行不断进化与自适应修正,以期揭示中药粉体改性过程中的潜在规律,为该技术的实施与推广提供理论依据。

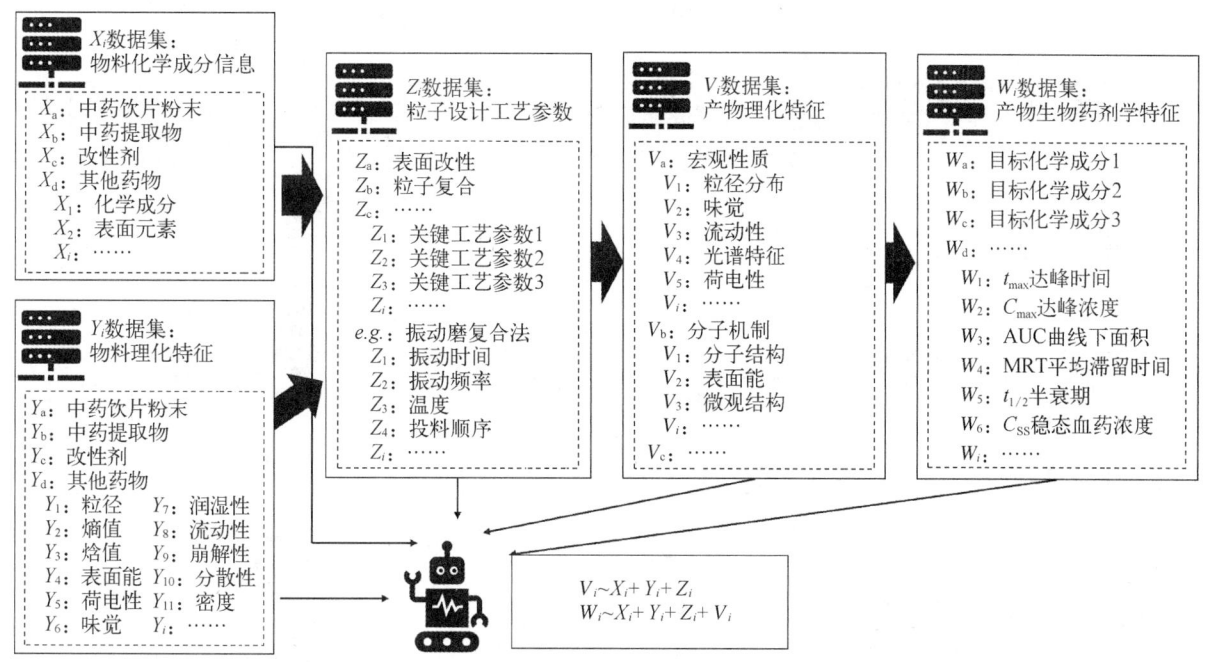

图 2-13　中药粉体改性技术体系下中药粉体物性-粉体改性工艺-产物性能数据库的模式图

同时需要注意,面向中药饮片粉末的粉体改性技术体系面临着较大的争议,该技术体系的建立立足于超微粉碎技术的发展,但超微粉碎技术目前尚未得到国家的全面认可,尤其是近年来由于种种原因(中药超微饮片市场盲目扩张、超微粉碎前后物质基础差异大、不良反应无法解释清楚等),对其推广应用尚有一定的政策限制。因此,在选择具体研究对象时,一方面要注意选择具有以粉体入药临床应用的相关研究对象,另一方面还需关注相关技术导入后产品的变更类型,变更类型是影响企业是否进行技术升级或改造的重要影响因素。

第三节　提　取　技　术

一、超临界流体萃取技术

(一) 概述

超临界流体萃取(supercritical fluid extraction,SFE)技术是基于超临界流体独特溶解能力的一种高效提取分离技术,20 世纪 80 年代中期以来,在中药有效成分的提取分离及分析方面得到了广泛应用。

超临界流体是将气体压缩至临界点以上,使之处于临界温度和临界压力以上的单一状态,其具有接近于液体的密度和类似于液体的溶解能力,很多固体或液体物质都能被溶解。20 世纪 70 年代,德国成功利用超临界流体萃取技术对咖啡中的咖啡因进行萃取,实现了该技术的工业化应用。我国对超临界流体萃取技术的研究始于 20 世纪 70 年代末 80 年代初,目前已经实现了工业化生产,研究领域涉及食品、医药、化工等多个方面。超临界流体萃取是一种环境友好且高效节能的化工分离技术,现在国产的超临界 CO_2 流体萃取的工业化设备已较为成熟,一些中药及其他天然药中活性物质的提取可达到产业化规模,如青蒿素浸膏、姜黄浸膏、胡椒精油等的精制。

(二) 超临界流体萃取技术原理

1. 超临界流体萃取技术的基本原理　超临界流体萃取技术利用超临界流体的特性,通过控制压力和温度影响超临界流体的溶解能力,对物质进行溶解和分离。当气体压缩成超临界状态时,其性质介于

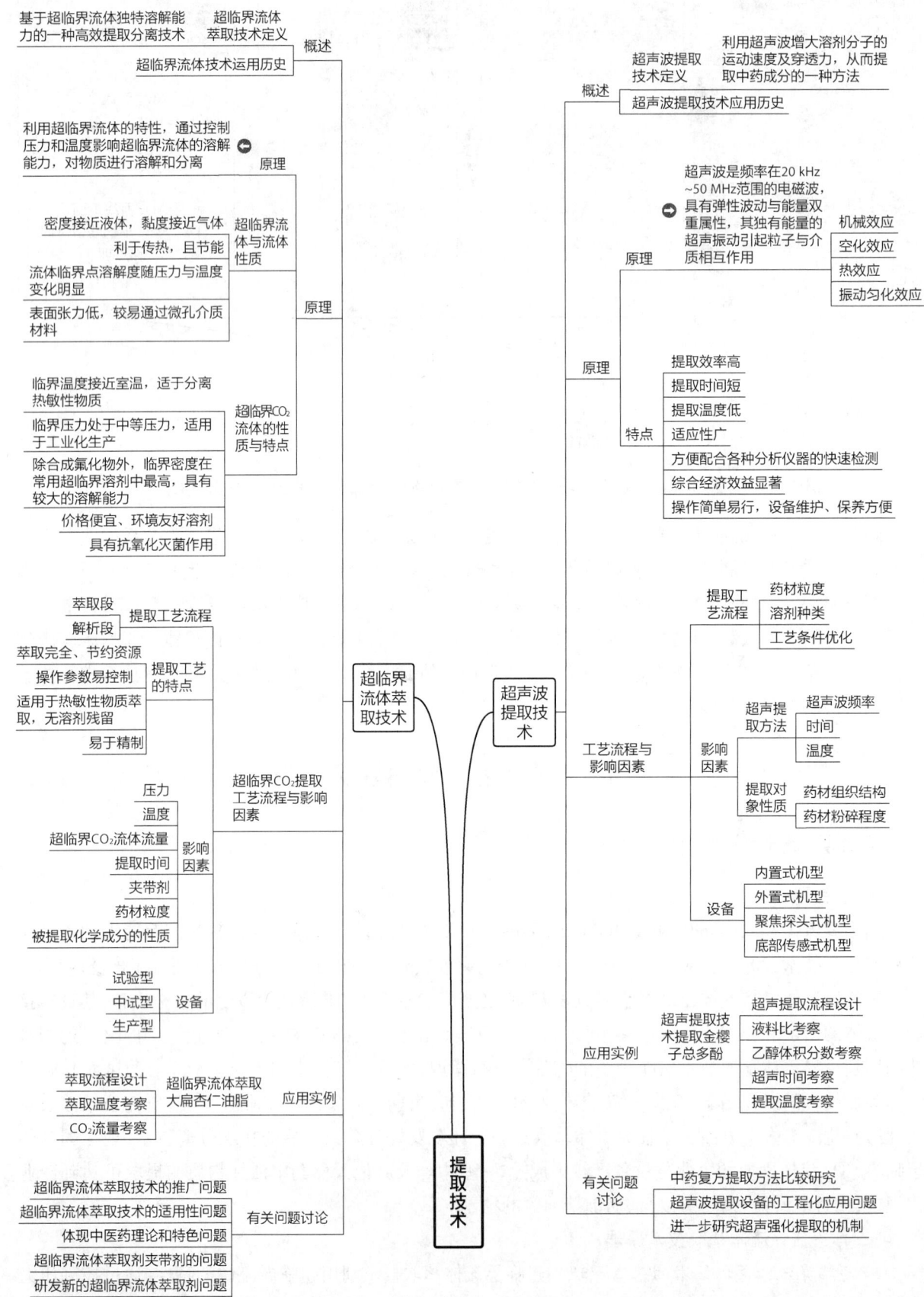

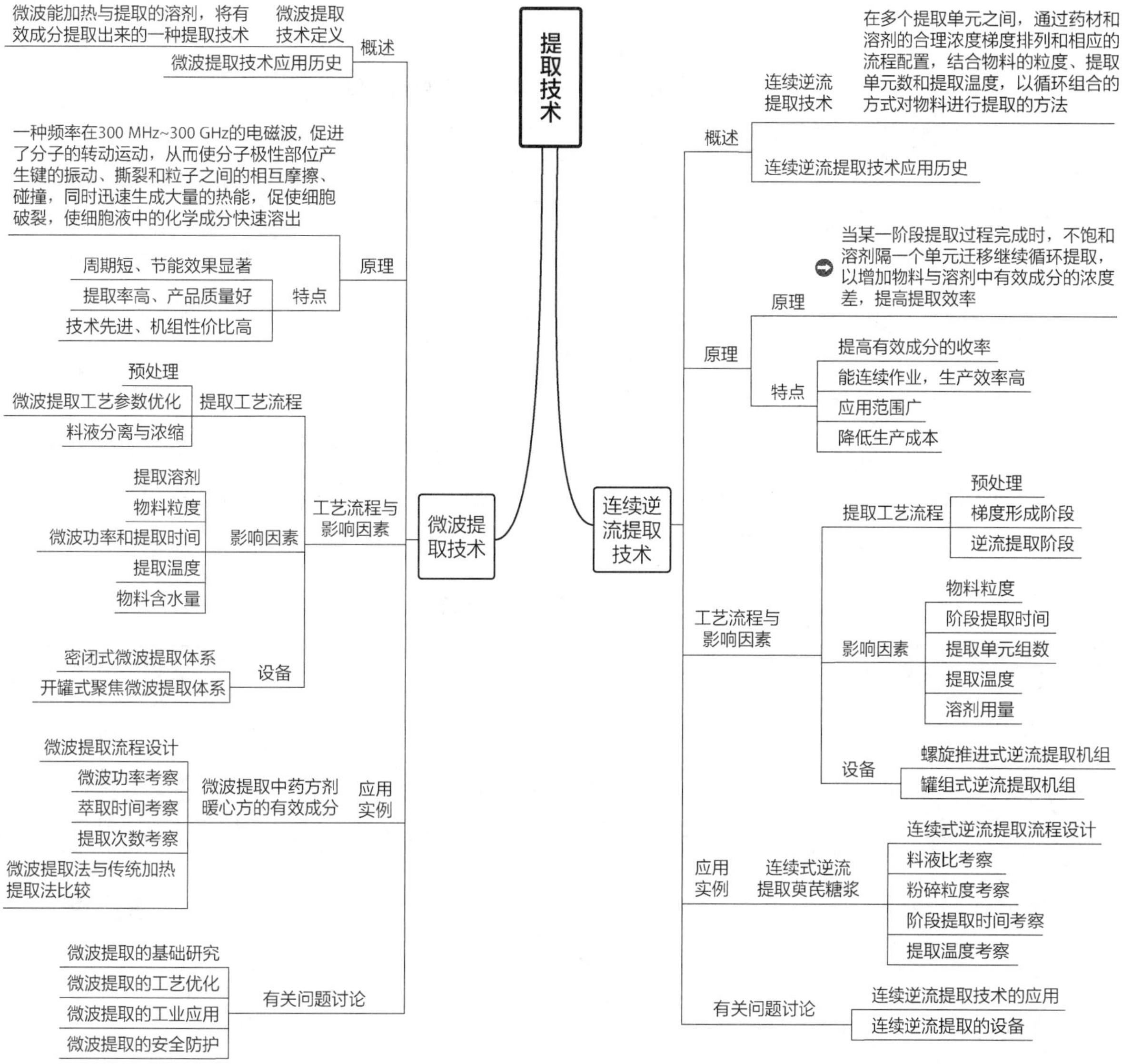

液体和气体之间,对物料有较好的渗透性和较强的溶解能力,能够将物料中某些成分提取出来。在超临界状态下,将超临界流体与待提取的药材接触,有选择性地把化学成分提取出来,然后借助减压、升温的方法使超临界流体转变为气体,使溶解于超临界流体中的化学成分溶解度降低而析出,从而实现特定化学成分的提取,同时实现与提取介质的分离,这就是超临界流体萃取技术的基本原理。

2. 超临界流体的定义与性质

(1) 超临界流体的定义：物质的状态可随温度和压力的变化而改变,当温度和压力超过某一临界值时,物质可成为单一相态,称为临界状态,此时的温度和压力称为临界温度(critical temperature, T_C)和临界压力(critical pressure, P_C)(图 2-14)。处于 T_C 和 P_C 以上相区内的物质称为超临界流体(supercritical fluid),又称"稠密"气体,其性质介于气体和液体之间,具有液体和气体的双重特性。三

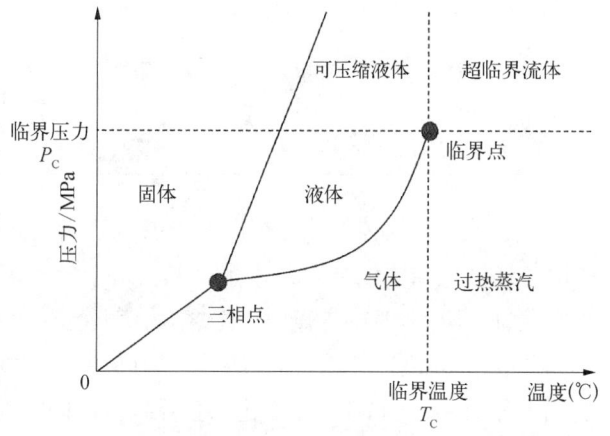

图 2-14 纯组分的温度-压力关系示意图

者之间的一些物理性质比较见表2-1。

表2-1 超临界流体与气体、液体的性质比较

物 态	气 体	超临界流体		液 体
	101.325 kPa,15~30℃	T_C, P_C	$T_C, 4P_C$	15~30℃
密度(g/cm^3)	$0.6×10^{-3} \sim 2×10^{-3}$	0.2~0.5	0.4~0.9	0.6~1.6
黏度(Pa·S)	$1×10^{-4} \sim 3×10^{-4}$	$1×10^{-4} \sim 3×10^{-4}$	$3×10^{-4} \sim 9×10^{-4}$	$0.2×10^{-2} \sim 3×10^{-2}$
扩散系数(cm^2/S)	0.1~0.4	$0.7×10^{-3}$	$0.2×10^{-3}$	$0.2×10^{-5} \sim 3×10^{-5}$

处于T_C且不会分解的稳定纯物质都具有超临界状态,很多物质在超临界状态下对许多成分都具有溶解能力,可用作萃取剂,一些超临界萃取剂的临界参数见表2-2。但综合考虑安全性、技术与成本等问题,目前使用最广泛的超临界萃取剂是CO_2。

表2-2 一些超临界萃取剂的临界参数

萃 取 剂		T_C(℃)	P_C(MPa)	临界密度(kg/mL)
非极性试剂	CO_2	31.30	7.38	469
	乙烷	32.40	4.88	203
	乙烯	9.40	5.04	215
	丙烷	96.80	4.25	217
	丙烯	91.90	4.60	232
	丁烷	152.20	3.80	228
	戊烷	296.90	3.38	232
	环己烷	280.50	4.12	273
	苯	289.20	4.96	302
	甲苯	319.80	4.15	292
极性试剂	对二甲苯	343.20	3.51	280
	甲醇	239.60	8.20	272
	乙醇	240.90	6.22	276
	异丙醇	253.30	4.76	273
	丁醇	289.90	4.42	270
	丙酮	235.10	4.70	278
	氨	132.50	11.35	235
	水	374.50	22.12	315

(2) 超临界流体的性质有以下4项:① 密度接近液体,萃取能力与液体溶剂相当;黏度接近气体,扩散传递性质与气体类似。② 利于传热和节能。流体处于临界状态附近,其蒸发焓会随温度和压力升高而急剧下降,到达临界点时,蒸发焓为零且比热容趋于无限大,在临界点附近进行分离操作有利于传热和节能。③ 流体临界点溶解度随压力与温度的变化明显。处于临界点附近的流体对压力或温度的变化十分敏感,任何微小的变化都会导致流体的密度发生改变,从而使得溶质在流体中的溶解度产生巨大变化。以CO_2为例,有学者对1,4-二氨基-2-甲氧基蒽醌在超临界CO_2流体中的溶解度进行研究,

结果发现压力越高,CO_2 密度越大,1,4-二氨基-2-甲氧基蒽醌在超临界 CO_2 流体中的溶解度越高。
④ 表面张力低,较易通过微孔介质材料。

综上所述,超临界流体可在较高的密度下对萃取物进行萃取,具有优异的溶剂性质,是一种理想的提取介质。并且可以通过改变临界点附近的压力或温度,使超临界流体的溶解能力随之变化,该特性也是超临界提取分离工艺的设计基础。

3. **超临界 CO_2 流体的性质与特点**

(1) 超临界 CO_2 流体的基本性质:图 2-15 为纯 CO_2 压力、温度与密度的关系相图,A-T_P 为 CO_2 的气-固平衡线,B-T_P 为 CO_2 的液-固平衡线,T_P-C_P 为其气-液平衡曲线。T_P 为气-液-固三相点,沿气-液平衡曲线增加压力与温度可达临界点 C_P,C_P 所对应的温度和压力即为 T_C 和 P_C。CO_2 的 T_C 为 31.06℃,P_C 为 7.39 MPa,临界密度为 448 g/L。

(2) 超临界 CO_2 流体作为萃取溶剂的特点:① T_C 接近室温,适用于分离热敏性物质,沸点高挥发度、低挥发度、易热解的物质能在沸点下被萃取。② P_C 处于中等压力,适用于工业化生产。③ 除合成氟化物外,临界密度在常用超临界溶剂中最高,具有较大的溶解能力。④ 无毒无味、不易燃、不腐蚀、成本低、易精制回收、无溶剂残留问题,属于环境友好型溶剂。⑤ 具有抗氧化灭菌作用,有利于保证产品质量。

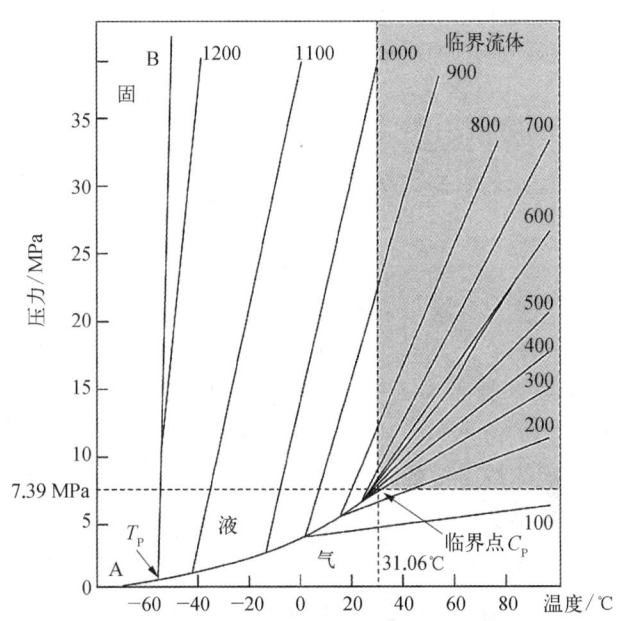

图 2-15 纯 CO_2 压力、温度与密度的关系相图

(3) 超临界 CO_2 流体的溶解性能:超临界 CO_2 流体对不同物质的溶解能力差别很大,主要与物质的极性、沸点和分子质量关系密切。由于 CO_2 是非极性的对称分子,其极性随压力增加变化不明显,超临界 CO_2 流体的溶解能力通常随化合物的极性增加而减小,其溶解度的一般规律总结如下:① 对亲脂性、低沸点的碳氢化合物和类脂有机化合物,如挥发油、烃、酯、醚、内酯、环氧化合物的溶解度高,该类成分可在 7~10 MPa 较低压力范围内被萃取。目前,超临界 CO_2 流体萃取在这类化合物的提取中应用较广。② 溶解度与化合物的极性大小有关,极性基团越多,溶解度就越小,萃取相对困难,对提取压力要求较高。当化合物中含有极性基团(如—OH、—COOH)时,一般提取压力为 20 MPa,强极性物质,如糖类、氨基酸类等即使在 40 MPa 压力下也很难被萃取。③ 化合物的分子质量越大,就越难被萃取,分子质量在 200~400 Da 的成分容易被萃取,而分子质量超过 500 Da 的化合物其溶解度很小。如萜类化合物是挥发油中的主要成分,随着分子质量增大,溶解度逐渐减小,则萃取更加困难。此外,极性对溶解度的影响更大。

(三) 超临界流体萃取工艺流程与影响因素

1. **超临界 CO_2 流体萃取工艺流程** 主要包括萃取段和解析段,基本工艺如图 2-16 所示:室温下,液体溶剂从储罐经高压泵增压到萃取压力,经换热器加热到萃取温度后进入含有原料的萃取釜,以萃取出所需溶质。含溶质的超临界流体经减压阀减压进入分离釜,改变压力和(或)温度,使溶质与溶剂分离。汽化的溶剂经冷却和(或)压缩再次成为液体进入储罐循环使用,萃取产物从分离釜中取出。

由于被萃取物质的固有性质与其在超临界流体中溶解度受温度、压力变化而改变的敏感程度有很大区别,因此在实际过程中需要针对这些差异采用不同的提取工艺流程,以使萃取分离经济合理。超临

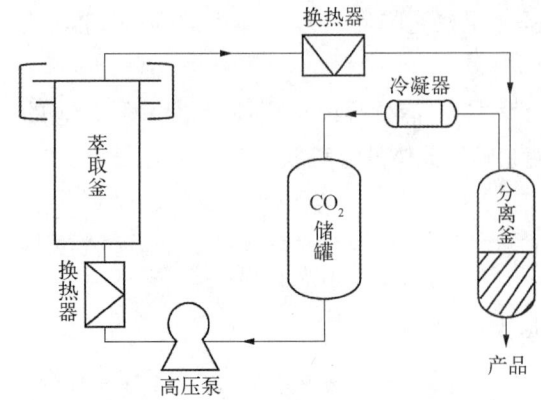

图 2-16 超临界 CO_2 流体萃取工艺流程图

界萃取工艺设计依据分离条件的不同,一般可分为等温降压法、变温恒压法、恒温恒压吸附法和多级降压解析法等。

等温降压法最为普遍,适用于从固体物质中萃取油溶性组分和热不稳定性成分。变温恒压法适用于在超临界流体中的溶解度对温度变化较为敏感且不易热分解的物质。恒温恒压吸附法将萃取段含有溶质的超临界流体在解析段用吸附剂将溶质吸附而实现分离,该流程比变温恒压法、等温降压法更简单,但应选择廉价且易再生的吸附剂。多级降压解析法将具有很大溶解度、含有各种被萃取物质的高压超临界流体在串联的几个解析釜中逐步降压解析,使在萃取段中处于溶解状态的各种组分在逐步降压过程中依次解析。应根据产品分离要求和各组分间溶解度的差异来确定降压解析级数。

2. 超临界 CO_2 流体萃取工艺的特点

(1) 萃取完全,节约资源:超临界 CO_2 流体萃取操作萃取较完全,能充分利用中药资源。超临界 CO_2 流体的溶解能力和渗透能力强,扩散速度快,且萃取在连续动态条件下进行,萃取产物被不断带走,因而萃取较完全。

(2) 操作参数易控制:超临界流体萃取的萃取能力与流体密度密切相关,而流体密度很容易通过调节参数(温度和压力)加以控制,从而改变溶解度,实现选择性萃取。

(3) 溶剂可循环使用,绿色环保:CO_2 无色、无味、无毒,作为惰性气体,使用较安全,且萃取后可回收循环使用,超临界 CO_2 流体萃取效率高、能耗少,绿色环保。

(4) 适用于热敏性物质萃取,无溶剂残留:CO_2 的 T_C 接近室温,能有效防止热敏性物质分解,且通常条件下为气体,萃取过程结束后无溶剂残留问题。

(5) 易于精制:超临界 CO_2 流体萃取可根据被提取有效组分的性质,通过改变温度和压力,以及加入夹带剂来进行高选择性萃取,实现目标成分的萃取与分离,方便目标化合物的后续精制。

3. 超临界 CO_2 流体萃取的影响因素 超临界 CO_2 流体萃取的效果与萃取参数有关,常见的参数包括萃取压力、萃取温度、CO_2 流量、萃取时间、夹带剂、药材粒度、成分性质等。实际应用中应综合考察各种影响因素,以设定最佳工艺参数。

(1) 萃取压力:是影响超临界 CO_2 流体萃取的重要因素之一,不同的物质所需适宜的萃取压力不同。一般来说,亲脂性、低沸点的碳氢化合物和类脂有机化合物可在 7~10 MPa 的压力下萃取;含有羟基、羧基等极性基团,以及苯环直接与羟基、羧基相连的化合物,一般在 20 MPa 进行萃取;含有羟基、羧基较多的化合物或强极性的苷类及氨基酸类、蛋白质类化合物,其萃取压力一般在 50 MPa 以上。需要注意的是,萃取压力并非越高越好,高压区的萃取率增加有限,但其生产成本增加明显。

此外,不同的压力可以选择性地萃取同一药材中的不同成分。例如,当温度为 50℃,压力在 6 MPa 时,乳香中的乙酸辛酯和辛醇是主要萃取物;当压力升至 20 MPa 时,乳香醇和乙酸乳香酯是主要萃取物。

(2) 萃取温度:也是影响超临界 CO_2 流体萃取的重要因素,其对超临界 CO_2 流体溶解能力的影响具有两面性:一方面,在一定压力下,被萃取成分的扩散速度和挥发性随温度升高而增加,有利于萃取;另一方面,超临界 CO_2 流体的密度随温度升高而减小,其溶解能力降低,不利于萃取。萃取温度常常有一个最佳值,在实际操作过程中应对不同温度下的萃取效果进行考察,以确定最佳萃取温度。通常,随着温度增加,物质在超临界 CO_2 流体中的溶解度会出现一个最低值,之后温度继续增加,溶解度随之增加。

(3) CO_2流量：其增加对萃取效果的影响是多方面的。一方面，流量增加使得流体对物料循环的萃取次数增多，缩短了萃取时间，同时，流量增加可加快流速，对被萃取成分的推动力加大，有利于萃取；并且，流速加快可对提取釜中的物料起到"搅拌"作用，使物料萃取均匀。另一方面，流速增快使超临界CO_2流体与物料的接触时间减少，被萃取成分不能达到溶解平衡，萃取效率降低，对于溶解度较小或从药材中扩散速度慢的成分，如皂苷、多糖类等的影响更明显。

(4) 萃取时间：当其他条件一定时，萃取时间越长，萃取率越高，但当溶质基本萃取完全时，萃取率随时间的变化不明显，且长时间萃取容易增加杂质的溶出量，成本也随之增加。因此，在设定最佳工艺参数时，应通过试验考察各工艺参数对萃取效果的影响情况，以进行综合评价。

(5) 夹带剂：单一的超临界CO_2流体对低极性、亲脂性化合物有较强的溶解能力，但对多数较大极性的化合物的溶解度较小。研究人员一般会在超临界CO_2流体中加入一定量的极性溶剂，以提高超临界CO_2流体的极性，扩大使用范围，这种极性溶剂称为夹带剂，或挟带剂、共溶剂、修饰剂、改性剂等。使用夹带剂可以增加超临界CO_2流体对极性成分的溶解度，同时降低萃取过程的压力，降低操作难度和成本。

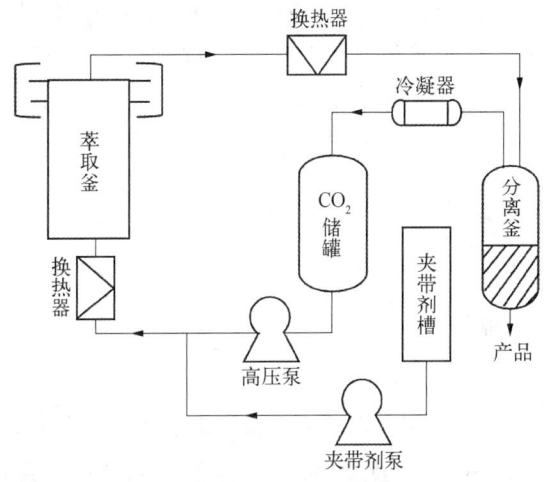

夹带剂的种类和用量应根据被萃取物质的性质且通过试验以确定。夹带剂一般选用挥发性介于超临界溶剂和被萃取物质之间的溶剂，以液体的形式加入超临界溶剂中(图2-17)，常用的夹带剂有甲醇、乙醇、丙酮、乙酸乙酯、乙腈等。

图2-17 夹带剂加入超临界溶剂示意图

(6) 药材粒度：其越小，则总表面积越大，传质越快，溶质分子与超临界CO_2流体的接触机会更多，萃取率增加，萃取加快。但粒度过小，药材中的杂质成分易溶出，从而影响产品的质量，且过细的粉粒会阻塞气路或造成药材粉粒结块。对于中药材原料，应根据其形状与质地以确定是否需要粉碎和粉碎的粒度。

(7) 成分性质：中药化学成分在超临界CO_2流体中的溶解度取决于化合物的极性强弱与分子质量大小。不同化学成分的分子质量大小与极性强弱不同，化合物的极性越强，分子质量越大，就越难被萃取。

二维码2-3
超临界流体
夹带剂拓展
资料

4. 萃取设备　主要包括前处理设备、萃取设备、分离设备三部分。主要有升压装置（高压柱塞泵或压缩机）、换热器、萃取器、分离器、CO_2贮存罐等，其中的关键设备是升压装置和萃取器。根据萃取器的容积不同，超临界流体萃取设备可分为试验型、中试型和生产型。

(1) 试验型：萃取器容积一般在500 mL以下，结构简单，无超临界流体循环设备，承压能力可达70 MPa，适用于实验室萃取研究。

(2) 中试型：萃取器的容积在1~50 L，配套性好，CO_2可循环使用，可用于工艺研究和小批量样品的生产。

(3) 生产型：萃取器的容积在50 L至数千立方米，适用于工业化生产。其生产的装置压力最大可达60 MPa，单个萃取器的容积能达到3 000 L。目前，我国研制的超临界萃取工业化装置中单个提取器的容量可达3 000 L，压力可达50 MPa。

(四) 应用实例

相对于传统萃取工艺，超临界流体萃取技术具有高效、稳定、操作简便、对环境无污染等优点。目前，超临界流体萃取技术主要用于挥发油类、黄酮类、生物碱类等多类成分的萃取分离。此外，近年来超临界流体萃取技术陆续与其他技术进行联用或在线耦合，如超临界流体萃取-GC、超临界流体萃取-液相色谱

(liquid chromatograph, LC)等。这些联用技术可以克服单独使用超临界流体萃取中药时,由于中药成分复杂、近似化合物多,而萃取物纯度不高等问题,对于促进超临界萃取技术的应用发展具有重要意义。

实例:采用超临界流体萃取技术提取大扁杏仁油脂

1. 超临界CO_2流体萃取流程　将杏仁从大扁杏仁中取出后剔除杏仁上残余物,放入无水乙醇中浸泡2 d后取出风干,剥离外层杏仁皮,放入粉碎机中粉碎后筛分,收集粒径在0.425 mm以下的筛下物。称取20 g杏仁粉末置于装备超临界装置的萃取釜中,按标准步骤设定萃取压力为30 MPa,萃取温度为45~50℃,萃取时间为2 h,分离压力为10 MPa,分离温度为54℃,CO_2流量为25 L/h。各项技术指标稳定后,开始进行油脂萃取并计时,萃取完成后用广口瓶收集萃取物,静置分层后分离杏仁油脂,并溶入乙酸乙酯中进行二次分离纯化,收集的杏仁油脂封口后放在冰箱中贮存(图2-18)。

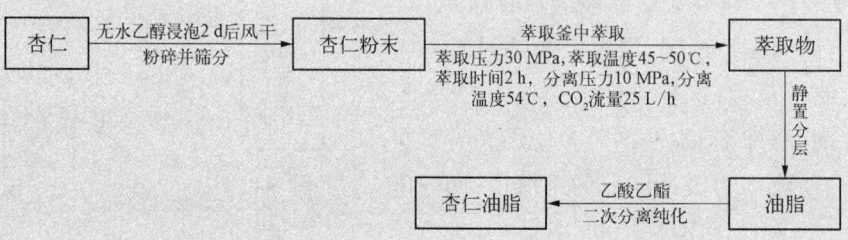

图2-18　超临界流体萃取大扁杏仁油脂过程

2. 不同萃取温度对杏仁油脂酸价和过氧化值的影响　酸价和过氧化值是评价油脂品质的重要指标。随着萃取温度的升高,酸价略有升高,在萃取温度到达50℃以后开始呈现下降趋势,在酸价上升及下降趋势中的极差较小(最大为0.07)。而在过氧化值方面,随着萃取温度的变化,上升或下降幅度较大,极差最大为0.25。由此可知,萃取温度的变化对于过氧化值的影响大于酸价,实验中萃取温度宜控制在45~50℃范围内。当温度升高后,杏仁中的不饱和脂肪酸易氧化为过氧化物,从而提升了过氧化物的含量,而当温度超过55℃时,不饱和脂肪酸开始失活和分解,抑制了过氧化物含量的上升,则表现为过氧化值下降。

3. CO_2流量对大扁杏仁出油率的影响　分别设定CO_2流量为10 L/h、15 L/h、20 L/h、25 L/h、30 L/h、35 L/h,其他实验条件不变,考察出油率与CO_2流量的影响关系。实验结果显示,开始时CO_2流量对出油率的正相关影响很大,当CO_2流量超过30 L/h时,影响相对较弱。通常情况下,传质推动力越强,萃取效果越好,杏仁出油率越高。但CO_2流量过大会造成浪费,更重要的是,可能引起杏仁油脂的活性钝化,使得应用效果不佳。因此,确定CO_2流量为25 L/h。

二维码2-4
超临界流体萃取技术应用实例拓展资料

(五)有关问题讨论

同传统的溶剂提取法比较,超临界流体萃取技术具有一系列的优点,如萃取率较高、无污染、产率高,且操作方便。但仍存在一些局限:

1. 超临界流体萃取技术的推广问题　超临界流体萃取技术使用特殊高压设备,设备安装、投入使用、日常维护等环节对工程技术要求较高。同时,设备费、使用过程中的操作运转费、人工费等花费较大,这可能是超临界流体萃取技术难以推广的重要原因之一。

2. 超临界流体萃取技术的适用性问题　超临界CO_2流体萃取技术对强极性和分子质量较大的成分难以有效提取。因此,对于极性较大的植物药活性成分,如黄酮苷类、生物碱类、多糖类成分,单独使用超临界CO_2流体萃取其效果往往不理想,需要使用夹带剂以提高萃取效率。夹带剂一般选用不同浓度的乙醇,乙醇浓度和用量与目标萃取成分的极性成正比。值得一提的是,虽然添加夹带剂可以改善提取效果,但其优势并不明显。因此,应用该技术时应根据实际条件进行综合考虑,要将实验室的研究成果运用到工业化生产中,仍需开展大量的相关研究工作。

3. **体现中医药理论和特色问题**　目前,超临界CO_2流体萃取技术大多在单味中药有效成分或中间原料的提取方面应用,对中药复方的研究报道较少,这显然与传统中药的使用方式(以复方为主)不一致,需要对复方提取或组分提取研究多加关注。此外,在中药复方制剂研发过程中,由于使用超临界流体萃取技术,萃取物得率往往远高于传统提取方法,这使得在传统的固体制剂成型中需要引入流体固化技术。在选择固化方法时,应考虑中药自身的因素、处方比例等问题。另外,复方中药合并后提取与单味药提取后合并,在提取物收率和有效成分萃取率等方面也有较大差异。

4. **超临界流体萃取夹带剂存在的问题**　夹带剂能明显改善超临界流体萃取剂的溶解度和选择性,以促进超临界流体萃取技术的应用和发展,但同时也存在一些需要解决的问题,如增加了分离回收夹带剂的流程、易燃易爆安全问题、夹带剂的残留问题等。因此,在超临界流体萃取中,是否使用夹带剂要综合考虑,应尽量避免使用夹带剂。另外,夹带剂在改善超临界流体溶解性的同时,会导致杂质的增加,所以夹带剂的用量要小,尽量不超过5%。应用于生物、医药、食品等领域时,夹带剂还须满足廉价、安全、符合医药食品卫生等要求。

5. **研发新的超临界流体萃取剂问题**　目前使用的超临界CO_2流体萃取技术适用于亲脂性和分子质量较小的物质的萃取。对水溶性、极性成分进行提取,则存在提取效率不高、夹带剂残留等问题。但中药中含有大量的水溶性成分,如糖类、有机酸类、黄酮苷类等成分易溶于水,且中药传统上多采用水煎煮的方式,因此,研究水溶性超临界流体萃取剂具有实际意义。例如,国外已经将全氟聚醚碳酸铵运用于超临界流体萃取中,使得超临界流体萃取技术扩展到了水溶性成分的萃取中。

6. **超临界流体萃取技术的联合应用**　超临界流体萃取联用技术可以解决单独使用超临界流体萃取法提取中药时萃取物纯度不高等问题,对提高中药有效成分提取效率、促进超临界流体萃取技术发展具有重要意义。近年来,超临界流体萃取技术与其他技术进行联用或在线耦合的报道逐渐增多,如超临界流体萃取-GC、超临界流体萃取-LC、超临界流体-模拟移动床等,这些联用技术使得萃取物在萃取后不用转移即可直接分析,同时将GC或LC用作检测手段可以充分发挥现代分析技术的优势,对提取成分进行准确的定性、定量分析。

二、超声波提取技术

(一) 概述

超声波提取(ultrasonic extraction,UE)技术是利用超声波增大溶剂分子的运动速度及穿透力,从而提取中药成分的一种方法。

19世纪末到20世纪初,物理学发现了压电效应与反压电效应,之后逐渐发展了超声波强化治疗和萃取技术。1922年,德国出现首例超声波治疗的专利;20世纪后发明了超声体外机械波碎石术、超声影像诊断技术;到21世纪时,高强度聚焦超声治疗深部肿瘤组织的微创技术等已是医学常用技术。在中药领域中,超声波技术目前主要用于中药成分的提取,如挥发油、黄酮类、生物碱、萜类、天然色素、有机酸、蛋白质及酶类等成分,以及制剂的成型工艺中,如超声分散、超声乳化、细胞粉碎、脂质体制备、缓释药物制备、超微胶囊制备和纳米胶囊制备等。

(二) 超声波提取技术的原理与特点

1. **超声波提取技术的原理**　超声波是频率在20 kHz~50 MHz范围的电磁波,依靠能量载体为介质(如水、乙醇等)进行传播。超声波是物质介质中一种均匀的球面机械波,具有弹性波动与能量双重属性,其独有能量的超声振动引起粒子与介质相互作用的原理主要有机械效应、空化效应、热效应及振动匀化效应。

(1) 机械效应：超声波在介质中的传播可以使介质质点在其传播空间内产生振动,强化介质的扩散,这就是超声波的机械效应。超声波在传播过程中产生一种沿声波方向传播的辐射压强,对物料有很强的破坏作用。低强度的超声波作用可增大介质分子的运动速度及穿透能力,以使细胞组织变形,植物蛋白质变性,加速植物成分质点在水中的传递,以实现固液萃取分离。超声波的机械效应还能产生力学效应,如搅拌、乳化、分散、击碎、除气、成雾作用等,可促进植物细胞壁破裂从而加速溶出,被应用于制剂成型研究。

(2) 空化效应：是超声溶液内气泡形成、增长和爆破压缩的过程。通常情况下,介质内部或多或少地溶解了一些微气泡,这些气泡在超声波的作用下产生振动,当声压达到一定值时,气泡由于定向扩散而增大,形成共振腔,然后突然闭合,这就是超声波的空化效应。这种增大的气泡在闭合时会在其周围产生高达几千个大气压的压力,形成微激波,它可造成植物细胞壁及整个生物体破裂,而且整个破裂过程在瞬间完成,这有利于有效成分的溶出。

(3) 热效应：超声波在介质中传播时,其振动能量不断被介质吸收,介质吸收的能量全部或大部分转变为热能,称为热效应。热效应使得介质本身和药材组织温度升高,加快了药物有效成分的溶解。这种效应引起的温度升高是瞬时的,因此可以使被提取成分的生物活性保持不变。

(4) 振动匀化效应：超声波还具有振动匀化的特点。样品介质内各质点在提取过程中受到的作用一致,从而使得样品的提取更均匀。超声波提取常根据不同需要,选择低频(20 kHz)或高频(500 kHz)两种频率范围。

2. 超声波提取技术的特点

(1) 提取效率高：超声波提取能加速药材中有效成分溶出,使中药有效成分的提取更充分,提取率比传统工艺提高50%~500%,且提取物中有效成分含量高,有利于进一步分离和精制。

(2) 提取时间短：超声波提取通常在20~40 min即可获得最佳提取率,提取时间较传统方法缩短2/3以上。

(3) 提取温度低：超声波提取一般无须加热,避免了长时间加热对有效成分的破坏,适用于遇热不稳定、易水解或易氧化药材中有效成分的提取。

(4) 适应性广：超声波提取是一个物理过程,整个提取过程中无化学反应发生,不影响大多数药物有效成分的生理活性,适用范围广。

(5) 方便配合各种分析仪器的快速检测：超声波提取时间短、杂质少,非常适合分析样品的制备,可与红外光谱(infrared spectrum, IR)、LC、MS等分析仪器联合应用于中药、食品等的质量分析。

(6) 综合经济效益显著：超声波提取法的提取率高、提取时间短、能耗低,提取工艺运行成本低,效益显著。

(7) 其他：操作简单易行,设备维护、保养方便。

(三) 超声波提取工艺流程与影响因素

1. 超声波提取工艺流程　超声波提取的工艺流程设计如图2-19所示。

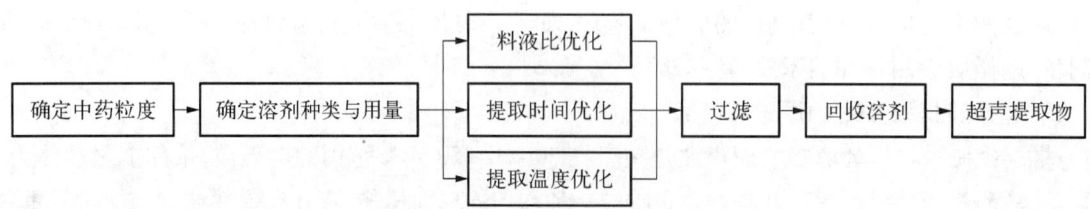

图2-19　超声波提取的工艺流程设计

2. 超声波提取的影响因素　影响超声波提取的因素有很多,如超声波频率、提取时间、提取温度及提取对象的性质等。使用超声波提取技术时需要综合考虑这些因素,以确定最适宜的提取方法。此外,溶剂本身的性质,如黏滞系数、表面张力系数、蒸汽压等也会影响超声波提取效果。

(1) 提取方法的影响:① 超声波频率,对超声波提取有显著影响。以高频率提取,中药成分的分解减少,但效率增长不明显;以低频率提取则有效成分易分解。超声波频率不同,提取效果也不同,应针对具体药材品种进行考察。此外,超声场的机械效应在不同的频率时有不同的表现,如以低频率超声,植物腺体被破坏,而用高频率超声时则无影响。② 提取时间,超声波提取通常比常规提取时间短。例如,采用超声波提取法提取得到的猪苓多糖含量均高于传统提取法,且超声波提取时间仅为 40 min,而传统提取法时间约为 26 h。③ 提取温度,超声波提取一般不需加热,但其本身有较强的热效应,且介质温度对空化作用的强度也有一定影响,因此,提取过程中需结合具体情况对温度进行控制。如超声波提取金樱子总多酚时,随着提取温度升高,总多酚得率升高,当提取温度为 50℃时最高,达到 3.78%,随后开始降低。

(2) 提取对象性质的影响:① 药材组织结构。超声波提取时间和频率的变化对不同药材提取率的影响是不一样的,这可能与药材组织结构不同有关。药材本身的质地、细胞壁的结构及所含成分的性质等对提取率都有影响,但目前相关的研究较少,在应用时应针对不同的药材进行筛选。② 药材粉碎程度。中药的粉碎程度显著地影响细胞壁扩散和细胞破裂时的清洗效率,如将槐花米粉碎至不同粒度,较短时间超声下,芦丁提取率随粒度减小而升高。

3. 超声波提取设备　主要由超声波发生器(超声波功率源)、超声波换能器(换能器振子)和处理容器三部分组成。超声波提取设备结构主要有内置式、外置式、聚焦探头式和底部传感式。

(1) 内置式:将超声波换能器阵列组合成密封于多边形立柱体内,并将其安装于中药材提取罐内的中心位置,其超声波能量从多边形立柱内向外(罐内介质)发射,如图 2-20 所示。

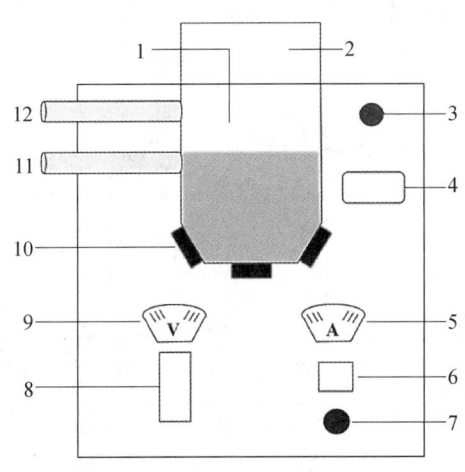

图 2-20　内置式机型示意图

1. 水槽;2. 旋转传动器;3. 温度控制器;4. 数字计时器;5. 电流表;6. 超声波发生器;7. 电压调节按钮;8. 温度计;9. 电压表;10. 超声波换能器;11. 流出管;12. 流入管

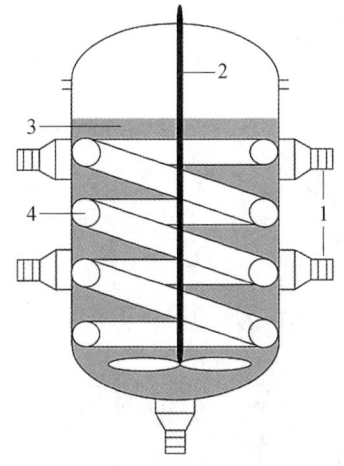

图 2-21　外置式机型示意图

1. 挂壁式超声换能器;2. 机械搅拌器;3. 提取物;4. 冷却/加热器

(2) 外置式:将超声波换能器以阵列组合的方式安装于提取罐体的外壁,其超声波能量由罐外壁向罐内(介质)发射,如图 2-21 所示。

(3) 聚焦探头式:超声波探头中心有通孔,被处理液体从探头通孔的一头流入,经过在探头内部的超声波作用后,再从探头的另一头流出,所有液体都受到超声波均匀而强烈的作用,如图2-22所示。

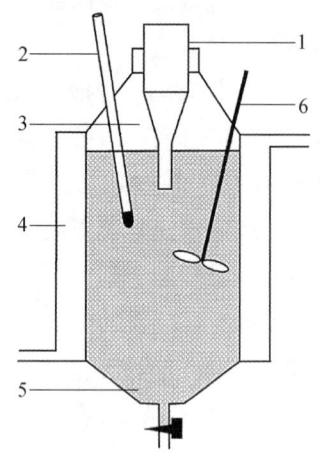

图2-22 聚焦探头式机型示意图
1. 超声波传感器;2. 温度计;3. 超声波探头;
4. 外部冷却/加热器;5. 溶剂;6. 机械搅拌器

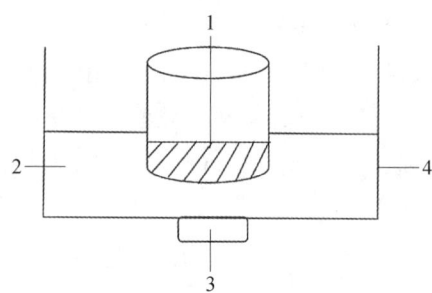

图2-23 底部传感式机型示意图
1. 物料与溶剂;2. 水;3. 超声传感器底座;4. 不锈钢槽

(4) 底部传感式:超声波传感装置在底部,如图2-23所示,分为小试机型、中试机型和规模生产机型,多用于实验室提取和萃取,或在洗涤剂作用下清洗手术器械、实验器皿、眼镜等物品表面及内腔的污渍。

(四) 应用实例

超声波提取技术为中药成分的提取提供了快速、高效的新方法。绝大多数的中药成分,如挥发油、生物碱、多糖类、黄酮类、萜类、甾体类、多酚类、天然色素类、有机酸类、油脂类、蛋白质及其酶类等,均可用超声波强化提取。使用超声波提取技术提取中药有效成分时,在提高破碎速度、缩短提取时间的同时,还可促进挥发油萃取,提升油脂品质,强化多糖的提取分离过程,提高蛋白质、生物碱、黄酮类等有效成分的收率。但需要注意的是,使用该提取方法需针对不同的提取原料和超声波设备进行工艺条件研究。

> **实例:采用超声波提取技术提取金樱子总多酚**
>
> 1. 金樱子总多酚的超声波提取流程 称取处理后的金樱子粉末10 g置于圆底烧瓶中,加入体积分数40%的乙醇溶液100 mL,混合后置于超声仪中,设定超声功率200 W,在提取温度30℃的条件下超声提取10 min,过滤,合并滤液,减压回收溶剂,置于100 mL容量瓶中,蒸馏水定容,备用。
>
> 2. 金樱子总多酚的超声波提取工艺优化单因素实验 以金樱子总多酚的得率为评价指标,固定其他条件,分别考察液料比(5:1、10:1、15:1、20:1、25:1,mL:g)、乙醇体积分数(40%、50%、60%、70%、80%)、超声波时间(0 min、20 min、30 min、40 min、50 min)、提取温度(30℃、40℃、50℃、60℃、70℃)对金樱子总多酚得率的影响。
>
> (1) 液料比:随着液料比增加,总多酚得率呈先升高后降低的趋势,可能是由于随着溶剂比例的增加,细胞的渗透压升高,从而加速了细胞内物质的溶出,使其得率升高。当液料比为20:1(mL:g)时,总多酚得率达到最高,为3.02%,此时,总多酚基本溶出,继续增加溶剂比例相当于将已溶出的多酚稀释,会导致多酚浓度的降低。因此,确定最佳液料比为20:1(mL:g)。
>
> (2) 乙醇体积分数:随着乙醇体积分数的增加,总多酚得率呈先升高后下降的趋势。当乙醇体积分数为60%时,总多酚得率最高,达到3.28%,推测金樱子总多酚在体积分数60%的乙醇作用下扩散能力最强;乙醇体积分数大于60%时,得率降低,可能是过高的乙醇体积分数会使溶液极性增大,从而导致

二维码2-5 超声波提取技术应用实例拓展资料

多酚类物质溶解度降低。因此,确定最佳乙醇体积分数为60%。

(3) 超声时间:随着超声时间的增加,总多酚得率不断增加,当超声时间为40 min时其达到最大值3.59%。表明超声时间在40 min以下,超声时间对总多酚得率有显著的正影响。继续延长超声时间,总多酚得率开始下降,可能是因为延长提取时间会使溶出的多酚分解或氧化。因此,确定最佳超声时间为40 min。

(4) 提取温度:随着提取温度的升高,总多酚得率升高,当提取温度为50℃时最高,为3.78%,随后开始降低。分析原因,可能是温度升高会提高提取物的溶解度和扩散系数,从而提高得率,但是过高的温度会使该成分的热稳定性发生变化,同时,乙醇挥发也会影响成分的溶出。因此,确定最优提取温度为50℃。

3. 结果 以总多酚得率为评价指标,优化得到金樱子总多酚超声波提取的最优提取工艺条件为液料比21:1(mL:g)、乙醇体积分数61%、超声时间39 min、提取温度48℃。在此优化条件下,总多酚得率为3.84%,比优化前提高了40.15%。

(五)有关问题讨论

1. 中药复方提取方法比较研究 中药复方是中医临床用药的载体,药物性质各不相同,化学成分复杂,在改变常规提取方法时,应作超声波提取与传统提取方法之间的比较研究(如提取物的化学性质、药效、毒性、稳定性等)。如王地等人采用HPLC,以黄芩苷、总黄酮含量及浸出物含量为指标,对流体动力式超声波提取、槽式超声和回流等方法提取中药的效果进行比较研究,结果发现流体动力式超声波可提高黄芩苷的提取效率,且有利于中药复方中水溶性成分的溶出。

2. 超声波提取设备的工程化应用问题 超声波技术发展至今已有较为成熟的物理理论,广泛应用于各领域的科学研究。虽然超声波提取技术在制药工业中已进行了大量研究,但大多是针对具体提取对象进行简单的工艺考察(如液料比、超声波时间、提取温度、溶剂、超声波频率等),超声波提取设备的工程化应用仍是需要解决的问题。

3. 进一步研究超声波强化提取的机制 目前关于超声波提取的强化机制,已经有一些定性的解释,但超声波强化提取的机制还有待深入研究,以建立一套较为通用的研究模式,为超声波提取技术在制药工业领域更广阔的应用提供基础。

三、微波提取技术

(一)概述

微波提取,即微波辅助提取(microwave-assisted extraction,MAE),系用微波能加热与样本相接触的溶剂,将有效成分提取出来的一种提取技术。早在1975年,Abu-Izza等人首次将微波炉用于实验室研究,对生物样本中的金属进行跟踪研究。在20世纪90年代初,欧洲开始利用微波炉从聚亚烃中提取添加剂。在食品技术领域,格林韦(Greenway)和Kometa利用微波提取技术从牛奶和谷物中提取了维生素。微波辐射早先多被应用于各种有机污染物的提取,如从各类基体——土壤、沉积物和大气尘埃中提取多环芳烃。迄今,微波提取技术已相对成熟,被应用于各个领域,关于中药活性成分提取的报道也已涉及苷类、多糖类、萜类、生物碱类、黄酮类等成分,微波提取已成为中药提取技术发展的重要方向之一。此外,微波技术还可用于中药材原料、丸剂、片剂及粉粒状制剂的脱水干燥、杀虫防腐、灭菌等加工处理。

(二)微波提取技术的原理的特点

1. 微波提取技术的基本原理 微波是一种频率在300 MHz~300 GHz的电磁波,它位于电磁波谱的红外辐射和无线电波之间,是一种能通过离子迁移和偶极子转动引起分子运动,但不引起分子结构改变和非离子化的电磁辐射能。微波以直线方式传播,并具有反射、折射、衍射等光学特性。微波遇到金属会反射,但遇到非金属物质则能穿透或被吸收。微波可被某些物质吸收转换成热能而发热。微波提取主要就是利用微波这种强烈产热效应的性质为基础进行的。由于微波的频率与分子转动的频率相关联,所以微波能是一种由离子迁移和偶极子转动引起分子运动的非离子化辐射能。当它作用于分子时,促进了分子的转动运动。若此时分子具有一定的极性,便在微波电磁场作用下瞬时极化,并以24.5亿次/秒的速度做极性变换运动,从而产生键的振动、撕裂和粒子之间的相互摩擦、碰撞,促进分子活性部分(极性部分)更好地接触和反应,同时迅速生成大量的热能,促使细胞破裂,使细胞液溢出来并扩散到溶剂中,使细胞液中的化学成分快速溶出,这就是微波提取的基本原理。

一般来说,具有较大介电常数的化合物,如水、乙醇、乙腈等,吸收微波的能力强,在微波辐射作用下能迅速升温;而极性小的化合物,如芳香族化合物和脂肪烃类,没有净偶极矩的化合物,如二氧化碳、二氧六环和四氯化碳等,以及高度结晶的物质,其吸收微波的能力弱,不易被加热。因此,利用不同物质介电常数的差异,可选择性地加热而将有效成分从体系中分离,使其进入到介电常数较小、微波吸收能力相对差的提取剂中。在中药提取中,微波射线可自由穿透到达药材内部,植物细胞内的水等极性物质吸收微波,致使细胞内部温度迅速升高,细胞内部压力增大,当细胞内部压力超过细胞壁膨胀承受能力时,细胞壁破裂,细胞内的物质传递至周围的溶剂中被溶解。同时,微波产生的电磁场加大了有效成分由药材内部向提取溶剂界面的扩散速度,从而大幅度提高提取速率,缩短提取时间,也有利于提高被提取物的稳定性。此外,中药微波提取还与微波使细胞内物质结构变化、水分汽化,使一些蛋白质和酶失活等有关。

2. 微波提取技术的特点

(1)周期短、节能效果显著:微波提取使极性物质产生很强的内热效应,加热时间短、速度快,比常规加热方式快10~100倍。此外,微波提取法提取的固液比只有传统提取的固液高40%~50%,能耗却只有原来的20%~30%。

(2)提取率高、产品质量好:由于微波提取法的提取温度低、时间短,细胞破壁流出细胞液,使有效成分提取更彻底。此外,极性较大的分子可以获得较多的微波能,利用这一性质,微波辐射可以选择性地提取极性分子,从而使产品的纯度提高、质量改善,且收率提高。

(3)技术先进、机组性价比高:微波连续提取机组的自动化程度高,可实现连续化生产,能耗可节省70%以上,且减少了大量污染物的排放。

(三) 微波提取工艺流程与影响因素

1. 微波提取法工艺流程　微波提取的工艺流程设计如图2-24所示。

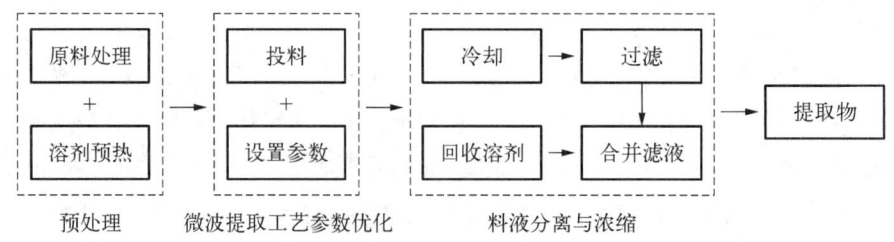

图2-24　微波提取的工艺流程设计

2. 微波提取的影响因素

(1)提取溶剂:微波提取的选择性主要取决于目标物质和溶剂性质的相似性,所以微波提取离不开合适的溶剂,应根据有效成分的性质选择溶剂。第一,微波提取所用溶剂必须对微波透明或半透明,介电常数在8~28范围内。第二,水溶性或极性大的有效成分可选择水、醇等极性溶剂提取;非极性有效成分选择正己烷等非极性溶剂提取。但由于非极性溶剂不能吸收微波,为加速提取,通常在非极性溶剂中加入适量极性溶剂;若中药与溶剂皆不可吸收微波,则提取无法进行。对于物料中不稳定或挥发性成分的提取,如中草药中的精油,宜选用对微波射线高度透明的溶剂,如正己烷。将药材浸没于溶剂后置于微波场中,其中的挥发性成分因显著自热而急速汽化,冲破植物组织而逸出药材,溶剂因没有自热,可捕获、冷却并溶解逸出的挥发性成分;若需要除去此类成分,应选用对微波部分透明的溶剂,这样溶剂可以部分吸收微波能并将其转化成热能,从而除去或分解不需要的成分。第三,所选择的溶剂对有效成分应有较强的溶解能力,对提取液后续操作的干扰少。常见的微波提取剂信息见表2-3。

表2-3 常见的微波提取剂信息

有机溶剂	介电常数	沸点(℃)	温升(℃)
1,4-二氯环乙烷	2.2	101	11
三丙基胺	2.4	150	10
丙酸	3.3	141	19
氯仿	4.8	62	24
乙酸正丁酯	5.6	102	28
乙酸乙酯	6.0	77	29
乙酸	6.2	118	38
正乙酸	13.3	158	45
正戊酸	13.9	137	51
正丁醇	17.8	117	56
丙醇	21.1	97	62

提取溶剂用量过多或过少都不利于提取,提取溶剂和物料之比(即液料比)一般在1∶1~30∶1(mL∶g)范围内。液料比影响固相和液相之间的传质推动力。液料比越大,传质推动力就越大,越有利于提取过程的进行,但同时也提高了生产成本和后处理难度,因此,液料比不宜过高。溶剂用量大时,微波在穿透溶剂过程中会发生衰减,使到达物料的微波能减少,反而影响提取效果。

(2) 物料粒度:物料适度粉碎可增加接触面积,有利于提取过程的进行。微波提取时,通常根据物料的特性将其粉碎到2~10 mm粒度,既可以保证提取效率,又便于提取液的后处理。

(3) 微波功率和提取时间:当提取时间一定时,功率越大,提取效率越高。但当功率超过一定限度时,体系内提取压力过度升高而冲开容器安全阀,使溶液溅出而影响提取效率。常用的微波频率为2 450 MHz,选用功率一般在200~1 000 W之间。微波提取时间与被提取样品量、溶剂体积、样品含水量及微波功率有关。一般情况下,加热1~2 min即可达到要求的提取温度。不同物料的最佳提取时间不同,但一般连续辐射时间不宜太长,否则易引起溶剂暴沸,不仅会造成溶剂的浪费,还会影响有效成分的稳定性。

(4) 提取温度:微波提取往往不需要达到传统提取所需的温度,且提取时间也较短,因此对有效成分稳定性的影响较小。

(5) 物料含水量：微波提取介质的极性对提取效率的影响大。水是吸收微波最好的介质,任何含水的非金属物质或各种生物体都能吸收微波。微波提取时,药材含水量不同,其吸收微波能力有差异,则体系温度不同,从而影响提取效率。因此,对于不含水分的物料,往往采取加湿的方法使其达到合适的含水量,然后再进行微波提取。此外,中药及其所含成分性质、浸泡时间等对提取效率也有重要影响。中药结构致密与否影响溶剂扩散和有效成分溶出;同时,中药成分的性质影响微波提取的选择性。

3. 微波提取装置　早期微波提取都是在家用微波炉内完成的,其体积小,适合在实验室应用,但不能实现回流提取。现在已有分析样品前处理的商业化设备,根据提取罐的类型,微波提取体系可分为密闭式微波提取体系和开罐式聚焦微波提取体系两大类。

(1) 密闭式微波提取体系：这类微波提取体系是由炉腔、监视压强和温度的监视器,以及一些电子器件所组成(图2-25)。其中,在炉腔中有可容放9~12个密闭提取罐的旋转盘,该体系有自动调节温度、压强的装置,可实现温-压可控提取。该体系的优点在于待分析成分不易损失,压强可控。当压强增大时,溶剂的沸点也相应增高,这样有利于待分析成分从物料(样品)中提取出来。在密闭式装置中,最大压强可达600~1 000 kPa,溶剂沸点也相应提高,有利于有效成分的提取,且不易损失。

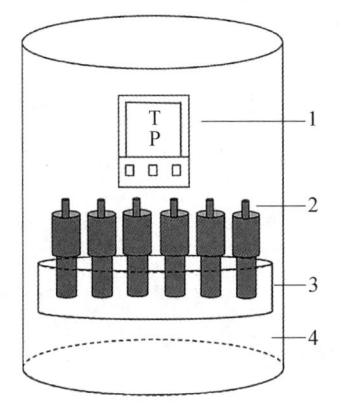 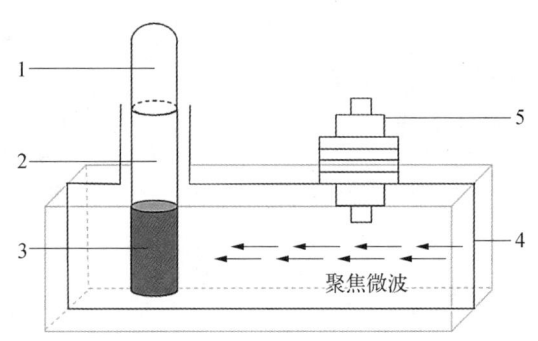

图2-25　密闭式微波提取装置图　　　　图2-26　开罐式聚焦微波提取装置图
1. 监视器;2. 提取罐;3. 旋转盘;4. 炉腔;　　1. 冷凝装置;2. 提取罐;3. 物料与溶剂;4. 波导管;5. 磁
T. 温度;P. 压强　　　　　　　　　　　　　控管

(2) 开罐式聚焦微波提取体系：该装置与密闭式微波提取体系的装置基本相似,只是其微波是通过波导管聚焦在物料(样品)上(图2-26),因此又称为聚焦式微波提取(focused microwave assisted extraction)装置。提取罐与大气连通,即在恒定的常压下进行提取,只能进行温度控制。该装置的优点是在常压下操作更安全,尤其是使用有机溶剂时安全;提取罐可使用多种材料,如硼化玻璃、聚四氟乙烯等。聚焦方式提高了微波能利用的有效性,可节省能源;但该体系一次处理的样品数不能太多。

(四) 应用实例

目前,微波提取法已在多种中药提取物的制备领域得到了广泛应用,主要涉及多糖类、黄酮类、生物碱类、苷类、蒽醌类、挥发油类、色素类等多种化学成分的提取。

实例：采用微波提取技术提取中药方剂暖心方的有效成分

1. 药材组成　红参、熟附子、薏苡仁、橘红。
2. 方剂功效　益气暖心、通阳行瘀、利水等。
3. 提取方法　称取薏苡仁40 g、橘红12 g、附子20 g、红参20 g、蒸馏水800 g,并投入微波萃取仪中,浸泡30 min后,设置微波功率,开始对中药复方进行提取。提取液经离心、膜过滤后,即可得到样品溶液。

二维码2-6
微波提取技术应用实例拓展资料

4. 提取工艺考察 以暖心方中君药的有效成分人参皂苷 Rg_1 浓度为指标,采用单因素实验以考察提取工艺。

(1) 微波功率:实验过程中设定萃取时间为 32 min、提取次数为 1 次,分别设置微波功率为 400 W、600 W、800 W、1 000 W、1 200 W,探讨微波功率对提取液中有效成分浓度的影响。结果显示,人参皂苷 Rg_1 浓度随着微波功率的增加而增大,最佳微波功率为 1 200 W。

(2) 萃取时间:实验过程中设定微波功率为 1 200 W、提取次数为 1 次,分别设置萃取时间为 8 min、16 min、24 min、32 min、40 min,探讨萃取时间对提取液中有效成分浓度的影响。结果显示,随着萃取时间的延长,提取液中人参皂苷 Rg_1 浓度逐渐增加,最佳萃取时间为 40 min。

(3) 提取次数:实验过程中设定微波功率为 1 200 W、萃取时间为 40 min,分别设置提取次数为 1 次、2 次、3 次、4 次,探讨提取次数对提取液中有效成分的影响。结果显示,提取液中人参皂苷 Rg_1 浓度随提取次数的增加而减少,最佳提取次数为 1 次。

通过单因素实验,得到微波提取有效成分的最佳提取条件:微波功率为 1 200 W、萃取时间为 40 min、提取次数为 1 次。

5. 微波提取法与传统加热提取法比较 传统法和微波提取法均能将物质萃取到溶剂当中,而微波提取法因为微波辐射能深入中药材内部,能够更好地使有效成分析出。因此,与传统法相比,微波提取法能明显缩短对有效成分的萃取时间,其具有高效节能的优势。

(五) 有关问题讨论

目前微波在中药提取中的应用研究报道虽较多,但其在理论和应用实践方面均需要进一步深入研究。

1. **微波提取的基础研究** 微波提取技术发展迅速,但其机制尚未完全明确。自 Pare 提出微波提取植物组织中天然产物的机制以来,国内外很多学者在这方面做了大量的工作,并提出了一些关于微波提取的机制。但鉴于中药及中药活性成分的复杂性,在提取机制方面还有待深入研究,如探索微波对不同药材的适用性、选择性,如何针对中药复方特点设计合理的提取方案,如何与其他技术联用等。另外,目前关于微波可提高目标物质的收率与纯度、节省时间与溶剂等方面的相关报道较多,但有关微波对有效成分的药理作用、临床疗效有无影响的报道较少,因此,应加强微波提取的相关基础研究,从而更好地指导中药提取的生产实践。

2. **微波提取的工艺优化** 微波提取过程中细胞膜(壁)因受热而破裂,不仅有效成分会释放出来,还会使一些其他组分(如叶绿素、蛋白质、黏液质等)溶解于溶剂中,给有效成分的后续分离、分析带来了一定困难。另外,微波能导致热敏感的物质(如蛋白质、多肽、酶类等)变性失活;富含淀粉、树胶的中药在提取过程中易发生变形和糊化,堵塞通道,反而不利于细胞内成分的释放,影响提取效果。因此,由于中药及其所含有效成分不同,提取溶剂与提取工艺参数必须经优选确定,没有通用的提取方案。

3. **微波提取的工业应用** 早期用于微波提取的装置是普通家用微波炉,目前已有分析样品前处理的微波提取商业化设备,但用于大量中药提取的微波设备,尤其是工业化生产的成套设备仍缺乏,且微波提取设备的投资和产品成本相对较高,限制了微波提取技术的产业化应用,是未来研究的主要问题之一。此外,如何在工业生产中实现自动化控制,以确保提取物的质量及提高生产效率,也是现代研究的重要问题之一。臧振中等人发现采用可编程逻辑控制器控制系统,会使得微波功率选择更灵活、温度更均匀、仪器运行更加稳定,可真正实现自动化控制温度、程序储存,以及程序自动控制。

4. **微波提取的安全防护** 同其他频率的无线电波一样,高能量或长时间的微波辐射会对人体健康产生不良影响。根据被照射的强度、辐射频率、受照时间及照射重复的间隔和次数,可分为急性整体损伤、慢性整体损伤和局部伤害3种,职业性辐射常发生慢性整体损伤。微波对机体的影响是综合性的,它不仅可以引发全身致热反应,还会对中枢神经系统、消化系统等组织器官产生不良影响,因此,必须对微波设备的操作人员采取有效的安全防护措施,以减弱或消除微波辐射带来的不良影响。

微波提取技术已成为中药制药现代化推广技术之一,随着该技术的进一步深入研究与推广应用,中药产业化发展将迎来重要的助力。

四、连续逆流提取技术

(一)概述

连续逆流提取技术是在多个提取单元之间,通过药材和溶剂的合理浓度梯度排列与相应的流程配置,结合物料的粒度、提取单元数和提取温度,以循环组合的方式,对物料进行提取的方法。在提取过程中,物料和溶剂同时作连续相向的逆流运动,物料在运动过程中不断改变与溶剂的接触情况,有效改善了提取状态,可以显著提高提取效率。

传统的中药有效成分多采用间歇式提取,其所使用的设备大多是渗滤罐、多功能提取罐等,在使用这些设备提取有效成分时,由于被浸提的原料并不移动,仅仅是溶媒做一定的流动,使得原料和溶媒之间不能充分、有效的接触,传质阻力大,含有效成分的溶液在整个提取过程中不能形成理想的浓度梯度。这种提取方式效率低、能耗大、不利于控制,已远不能适应现代市场的需求。针对间歇式提取,许多从事中药制药研究的人员开始研究中药材的连续提取方式,连续逆流提取技术就是其中一项,但连续逆流提取技术实际上是溶剂萃取中最常见的一种方法。溶剂萃取常被用于金属的分离与富集,核技术中对高纯度原料的需求推动了溶剂萃取技术的发展,因此在化工领域该技术应用得更为广泛,而20世纪90年代初才出现了最早的中药动态逆流提取设备,该技术在中药提取中的应用仍有待进一步发展。

(二)连续逆流提取技术的原理与特点

1. **连续逆流提取技术的原理** 连续逆流提取整个过程由与提取单元组数相等的几个阶段提取过程组成,每个阶段提取单元进行独立作业,采用机械强制循环方式,使溶剂从提取罐底部进入,与提取罐内颗粒状物料产生湍流,由提取罐顶部溢出,连续循环,流动浸出,以提高固-液扩散界面层的更新速度,使药材组织中溶质与浸出液中的溶质在单位时间内能保持一个较高的浓度差。当某一阶段提取过程完成时,不饱和溶剂隔一个单元迁移继续循环提取,以增加物料与溶剂中有效成分的浓度差,提高提取效率。

2. **连续逆流提取技术的特点**

(1) 提高有效成分的收率:提取过程中固液两相的浓度梯度大,溶液始终未达到饱和状态,溶剂与物料间的相对运动使溶剂与物料间界面层更新加快,有效成分的收率和提取效率都得到提高。

(2) 能连续作业,生产效率高:连续逆流提取设备适用于大规模生产,可连续不间断工作,产量大,生产效率高,且节约能源。

(3) 应用范围广:连续逆流提取作业一般可在25~100℃之间任意选择,既适用于热稳定好的物料的提取,又适用于热敏性物料的提取;既适用于以水为溶媒的提取,又适用于有机溶媒的提取。

(4) 降低生产成本:连续逆流提取液系数小,所需的提取溶剂少,浸出液浓度高,节省溶剂就可节省后续工序的生产成本。

(三)连续逆流提取工艺流程与影响因素

1. **连续逆流提取工艺流程** 连续逆流提取的工艺流程设计如图2-27所示,第一罐的三次提取为梯度形成阶段,即提取三次,每次均加入新溶媒,得A1、A2、A3,其中A1储存。然后开始逆流提取阶段,

A2 作为第二罐第一次提取的溶媒,得 B1,储存;A3 作为第二罐第二次提取的溶媒,得 B2;B2 作为第三罐第一次提取的溶媒,得 C1,储存;依次循环提取。每罐最后一次提取,均加入纯溶媒。

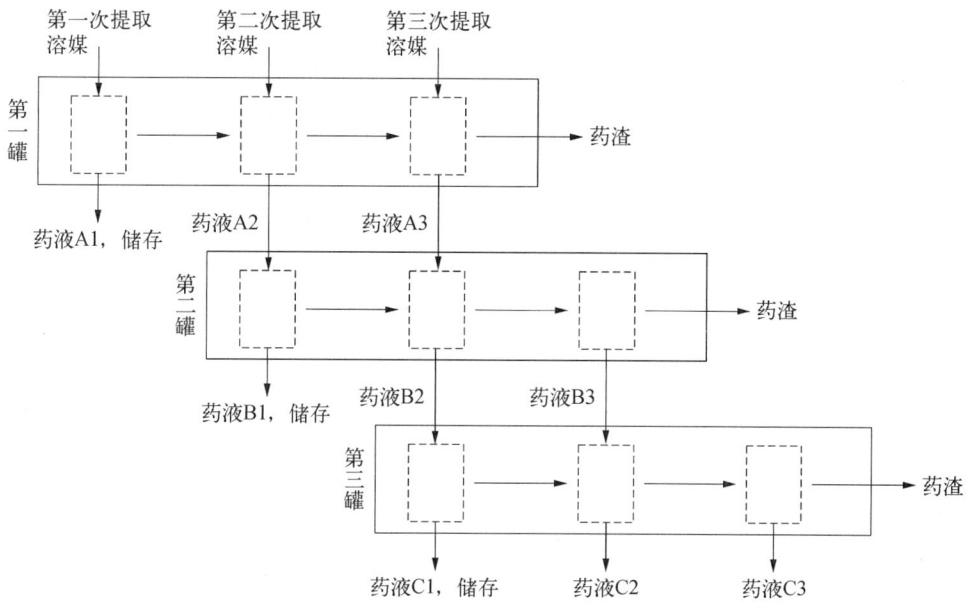

图 2-27 罐组式连续逆流提取工艺流程设计

2. 连续逆流提取的影响因素　部分中药提取试验结果表明,物料粒度、阶段提取时间、提取单元组数、提取温度及溶剂用量对连续逆流提取效果有一定影响。因此,在具体提取应用中,需根据药材特性对上述影响参数进行考察、优化,以提高提取效率。

(1) 物料粒度:该提取装置要求使用颗粒、饮片作为提取原料,粒度范围一般为 1~7 mm,细粉应控制在 30 目以内,以免造成堵塞,使提取不完全或提取发生困难。但不同特性的物料(药材)提取时要求的颗粒也不同。

(2) 阶段提取时间:采用液体湍流式动态循环技术缩短了有效成分从物料内部迁移至表面的时间,阶段提取时间一般为 40~80 min。

(3) 提取单元组数:直接影响有效成分的提取率,采用阶段连续逆流提取工艺的最小提取单元组数为 3,一般药材有效成分基本被提净的单元组数为 5。

(4) 提取温度:采用阶段连续逆流提取工艺,有效成分的提取率主要由提取单元组数来保证,与一般提取工艺相比,可降低提取温度,节省提取能耗。

(5) 溶剂用量:是影响有效成分提取率的重要因素,考虑到浸润物料需用 1~2 倍物料质量的溶剂,实际溶剂用量为 3~6 倍物料质量。

3. 连续逆流提取设备　按传动机构形式划分,应用较广泛的是螺旋推进式逆流提取机组和罐组式逆流提取机组。

(1) 螺旋推进式逆流提取机组:主体结构(图 2-28)由螺旋定量送料器、螺旋结构浸出舱(带加热夹层)、连续固液分离器、连续排渣器、传动机构等组成。该设备针对不同品种物料,设计不同倾角的浸出舱和多种推进方式的螺旋体,满足了物料平稳均匀运动的要求;一体化连续固液分离器位于浸出舱低端,实现了固体物料和提取液的高效分离,主要包括螺旋滤网、旋转滤网、超声滤网及旋转超声滤网等几种形式;一体化连续排渣器位于浸出舱的高位,经过配套的残渣挤压器、盘式物料蒸发器及冷凝器等进一步处理,形成干残渣,并回收有机溶媒。

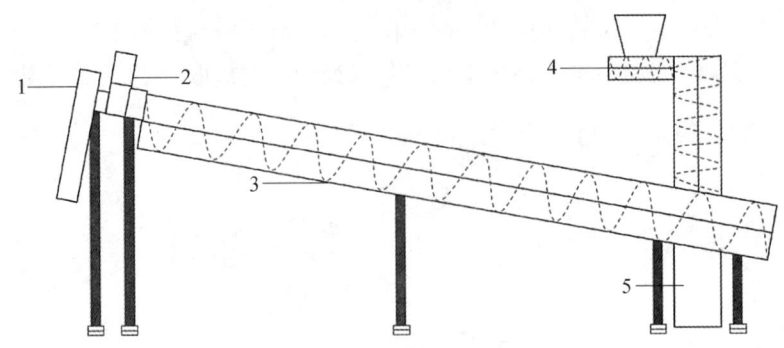

图 2-28　螺旋推进式逆流提取机组图

1. 传动机构；2. 连续排渣器；3. 螺旋结构浸出舱；4. 螺旋定量送料器；5. 连续固液分离器

（2）罐组式逆流提取机组：外循环式罐组逆流提取机组（图 2-29）一般由 4~9 个单元罐组成，以 5 个单元罐为例，成套设备由 5 个相同的动态循环提取单元组成，通过总管连接。提取单元由提取罐、储液罐、循环泵、阀门、管道等组成。循环泵的进口通过进液管道与储液罐的底连接，循环泵的出口通过阀门分别与提取罐的下封头和总管连接，提取罐的上封头通过管道与储液罐连接，储液罐通过阀门与总管连接，管道连接可采用市售卡箍式快装接头，便于拆卸和清洗。

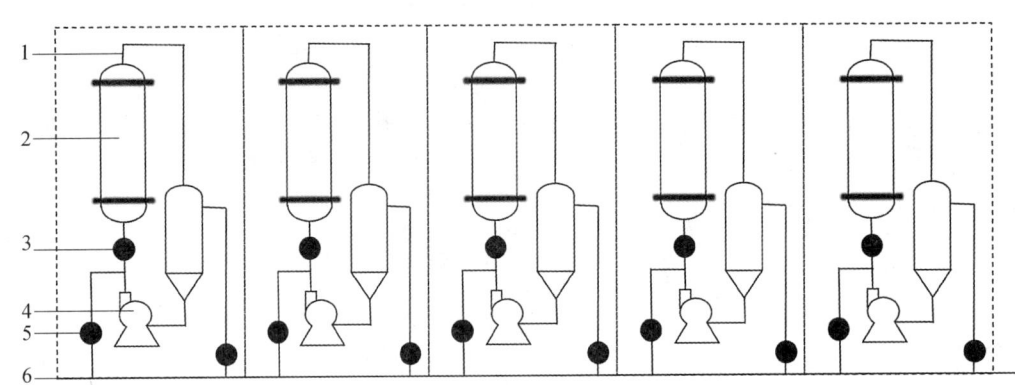

图 2-29　罐组式逆流提取机组图

1. 管道；2. 提取罐；3. 储液罐；4. 循环泵；5. 阀门；6. 总管

（四）应用实例

目前，连续逆流提取技术在中药黄酮类活性成分的提取中应用较为广泛。传统的黄酮类主要成分的提取方法包括热回流法、水煎法及渗漉法等，其中以热回流法最为常用。但这些方法存在提取率低、提取时间长、溶剂用量大、后续工段能耗大等缺点，研究者发现将连续逆流提取技术应用于中药黄酮类活性成分的提取可大大提高其提取效率。

二维码 2-7 连续逆流提取技术应用实例拓展资料

> **实例：采用连续逆流提取技术提取萸芪糖浆**
>
> 1. 连续逆流提取技术工艺过程　为梯度形成阶段，即第一罐提取三次，每次加入新的溶媒，收集第一次提取液。然后开始连续式动态逆流提取，第一罐第二次提取液作为第二罐第一次提取的溶媒，收集提取液；第一罐第三次提取液作为第二罐第二次提取的溶媒，然后作为第三罐第一次提取的溶媒，收集提取液；依次循环提取。每罐最后一次提取，均加入新的溶媒。最后合并收集的提取液，得到总提液。将总提液浓缩至相同体积，测定莫诺苷、马钱苷、芍药苷、阿魏酸 4 种成分的含量，计算综合评分。

2. 正交试验　选择料液比、粉碎粒度、阶段提取时间、提取温度为考察因素,以莫诺苷、马钱苷、芍药苷、阿魏酸四种成分的含量和干膏得率为主要考察指标,进行正交试验(表2-4),计算综合评分。

(马钱苷+莫诺苷)评分=(马钱苷含量+莫诺苷含量)/最大(马钱苷含量+莫诺苷含量)×100/3

芍药苷评分=(芍药苷含量/最大芍药苷含量)×100/3

阿魏酸评分=(阿魏酸含量/最大阿魏酸含量)×100/3

综合评分=[(马钱苷+莫诺苷)评分+芍药苷评分+阿魏酸评分]/最大[(马钱苷+莫诺苷)评分+芍药苷评分+阿魏酸评分]×80+干膏得率/最大干膏得率×20

表2-4　正交试验水平表

水平	料液比(g:mL) A	粉碎粒度 B	提取时间(min) C	提取温度(℃) D
1	1:6	粗粉	15	50
2	1:8	中粉	25	60
3	1:10	细粉	35	70

3. 结果　试验结果显示,四个因素的影响程度从大到小依次为:提取时间>提取温度>料液比>粉碎粒度;最佳提取工艺条件为:药材中粉,加8倍量水,提取温度70℃,提取时间25 min。

(五)有关问题讨论

1. 连续逆流提取技术的应用　研究表明连续逆流提取技术较多应用于单味药材的提取,由于复方内各中药有效部位的溶出速率不尽相同,难以确定提取完全的指标,因此尚需进一步研究。目前,国内制药企业的中药生产仍以复方为主,"连续逆流提取技术不适宜于中药复方制剂"的观点是制约该项技术推广的重要原因之一。

在中药生产中广泛使用的是多功能提取罐,该装置对不同药材有效部位的煎出速率同样是不尽相同的,其煎出速率与药材的材质,以及药材所含有效成分、有效部位的理化性质密切相关,任何一种提取方法都会受到这些因素的影响,这并不仅仅是连续逆流提取技术遇到的问题。因此,可以参考多功能提取罐的提取工艺研究中普遍采用的方法,以主要有效成分、有效部位及出膏率为指标进行工艺参数的筛选,必要时可以与多功能提取罐的复方提取物进行化学成分的定性定量比较,对其有效组分群进行同等性试验,以消除可能因提取方式的不同而带来的质量差异,或进一步进行药效学的对比,以确定其提取效果的优劣。

2. 连续逆流提取的设备　近年来出现了槽式连续逆流提取机、拖链式连续逆流提取设备、螺旋式连续逆流提取设备等。这些设备形状结构都是在一个平面内构成的,连续逆流提取是整机体积比较大、外观笨重,并且螺旋式连续逆流提取设备较长,占地面积比较大,且由于设备长而电机的最大功率有限,一部分物料无法带动,物料搅拌不均匀,提取率下降。这也是连续逆流提取技术至今没有很好地被推广的重要原因。

要更好地发挥连续逆流提取法提取天然产物有效成分的优势,需要和其他方法及设备结合,从而达到将细胞壁破碎的效果。通常升高温度有利于提取,但提取温度升高,杂质的溶出率也相应增大,同时容易破坏热不稳定性成分,因此需要借助一些外界的机械效应、空化效应、热效应等来强化提取效率。目前的主要设备有微波连续逆流提取机、超声波强化连续逆流提取机,以及离心式连续逆流提取机。

连续逆流提取法具有有效成分提取率高、生产效率高且节约成本等优点。但是,连续逆流提取过程中各阶段(如进溶媒、加热等)需要协调进行,以及设备之间的工艺关系复杂,需要采用相对应的复杂控制系统和先进的控制策略才能保证其正常运行。因此,需要综合自动化,以网络技术和数据库技术为支撑,实现管控一体化是自动化系统的更高形式。实现中药生产综合自动化对提高中药生产和管理的自动化水平也具有重要意义。但在实际应用中,整套设备的投入往往较大,因此在选购设备时,除了考虑一次性投入外,还要重点考察设备运行的成本。

第四节 分离与纯化技术

中药的分离与纯化是中药制剂制备过程中的重要环节,旨在将目标/有效成分从复杂混合物中分离出来,以便进行进一步制剂操作的研究。主要包括分离和纯化两个步骤。

分离的目的是将目标成分从其他杂质中分离开来。通常利用不同成分在物理、化学或生物学性质上的差异来实现。例如,根据成分的溶解度、分子质量、极性等性质的差异,可以使用沉淀、萃取、色谱等分离技术将目标成分分离出来。

纯化则是对已经分离出来的成分进行提纯,以更大程度地去除杂质,得到纯度更高的组分或成分。通常使用各种色谱技术和一些特殊的物理方法,如蒸馏、结晶等。

本节主要对膜分离技术、大孔树脂吸附技术在分离与纯化过程中的原理、具体工艺流程及影响因素、具体应用实例、有关问题进行探讨。

一、膜分离技术

(一) 概述

膜分离技术(membrane separation technology)是当今分离科学中最重要的新型分离技术之一。相比于传统分离技术,膜分离技术可在温和、低成本条件下实现物质"高效、低耗"的分离,目前广泛应用于中药单体成分及其复方的精制与分离中。

1. 含义　膜分离技术是指采用具有选择性分离作用的功能性膜材料,借助外界能量或化学位差的推动,以实现对两组分或多组分混合物/溶液进行分离、浓缩、纯化的一种新型分离技术。

2. 特点　膜分离技术是一种物理分离过程,它利用膜的选择性、透过性将混合物中的组分分离。膜分离过程具有以下特点:① 多数膜分离过程无相变、能耗低、常温操作,适用于热敏性物质的分离;② 分离选择性高,适用于共沸物、沸点相近物、大分子分级、去离子、电解质与非电解质等许多特殊体系的分离;③ 具有筛分机制的膜以膜孔径特征将物质进行分离,分离产物可以是单一成分,也可以是某一相对分子质量区段的多种成分;④ 工艺简单、生产周期短、组装方便、占空间小,可实现连续和自动化操作,易与其他过程耦合等,膜技术是被国际公认的"绿色制造关键技术"。

(二) 膜分离技术的原理

膜分离技术的原理主要有两类:① 筛分机制,即根据膜的孔径大小及孔径分布,在压力作用下,允许溶剂与部分溶质分子通过,同时根据颗粒大小截留其他分子或颗粒,从而达到分离的目的;② 膜扩散机制,依赖于混合物组分与膜亲和性的差异,较高亲和性的组分在膜内溶解并扩散至另一侧,而亲和性低的组分则被分离。

(三) 膜分离工艺流程及其影响因素

1. 膜分离工艺流程　膜分离工艺设备图如图2-30所示。

(1) 物料预处理:是膜分离技术的第一步,主要目的是去除中药料液中的杂质,以保证膜组件的正常运行。预处理方法因料液性质和膜材料的不同而异,主要包括过滤、沉淀、离心等。

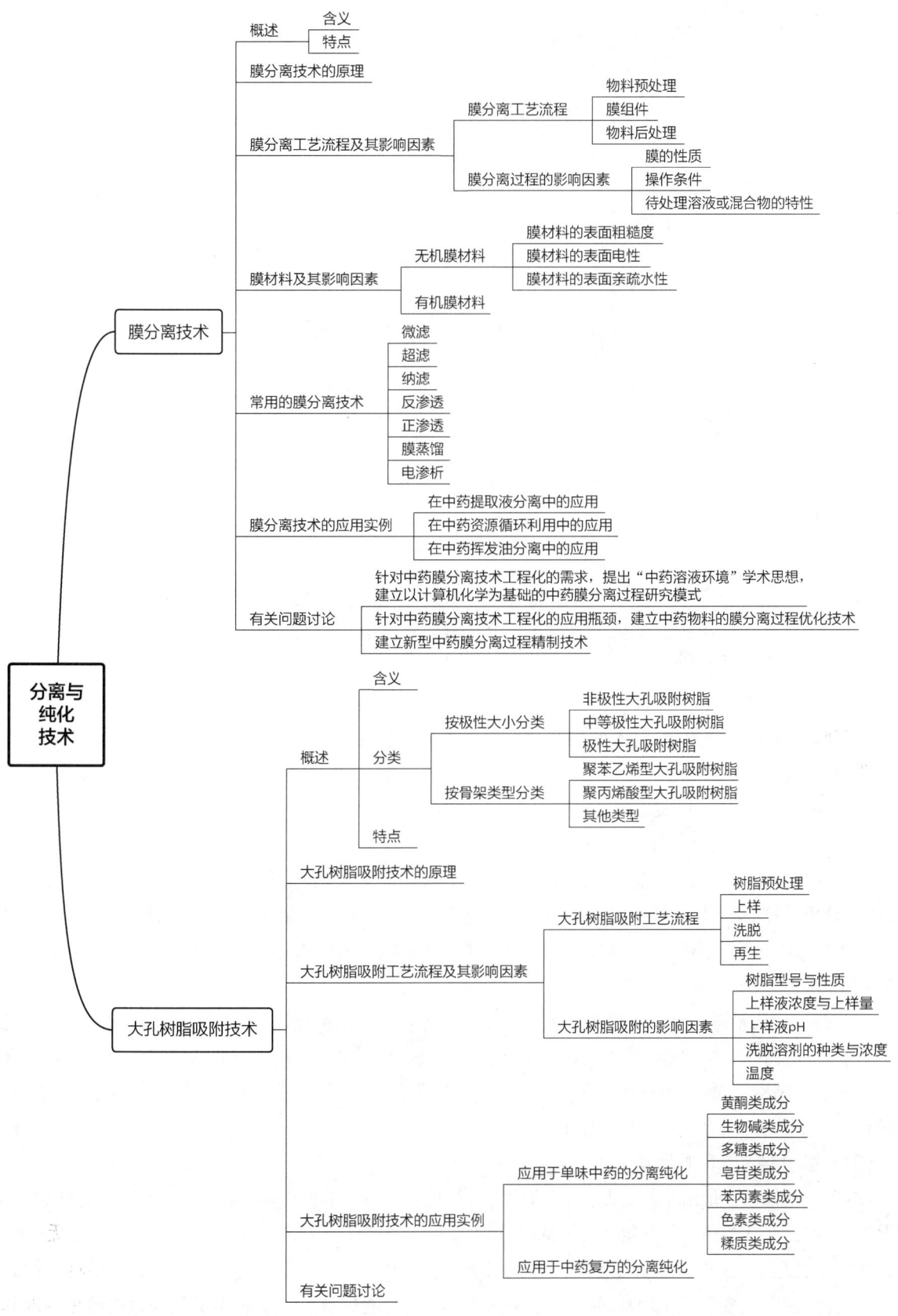

(2) 膜组件：是膜分离技术的核心部分，其主要作用是实现分离。膜组件的主要类型包括反渗透膜、超滤膜、纳滤膜、微滤膜等。

(3) 物料后处理：是膜分离技术的最后一步，主要目的是对料液进行进一步的调整和处理，以满足后续工艺的要求。后处理方法主要包括调节 pH、加热、加压等。

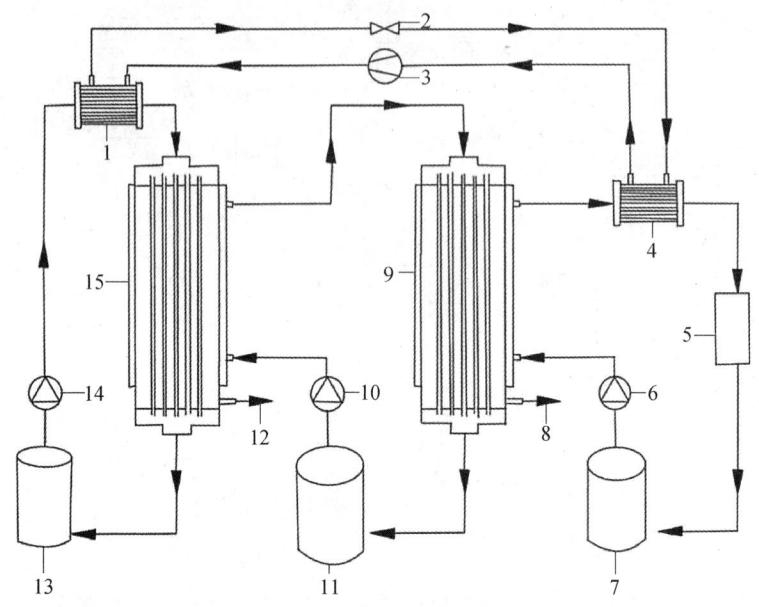

图 2-30　膜分离工艺设备图

1. 加热器；2. 膨胀阀；3. 压缩机；4. 冷却器；5. 辅冷器；6. 泵3；7. 罐3；8. 产水；9. 二效膜蒸馏组件；10. 泵2；11. 罐2；12. 产水；13. 罐1；14. 泵1；15. 一效膜蒸馏组件

2. 膜分离过程的影响因素

(1) 膜的性质：① 膜材料，不同的膜材料具有不同的化学稳定性、机械强度和透过性，其影响膜的筛选性能及使用寿命；② 孔径大小和分布，决定膜对物质分子的截留能力，其影响分离效率；③ 膜的厚度，影响其阻力，一般来说，膜越薄，渗透速率越高，但膜的机械强度可能会降低；④ 膜的亲疏水性，与待处理溶液中成分的相互作用不同，其影响分离效果。

(2) 操作条件：① 压力，增加作用于膜上的压力可提高渗透流量，但超过一定限度会导致膜污染加剧，降低分离效率；② 温度，升高温度通常可提高渗透速率，但过高可能损害某些膜材料或影响选择性；③ pH，不同 pH 影响污染物的溶解度和膜的稳定性，会影响分离效果；④ 膜表面的流速和流态（层流或湍流），影响膜的污染和渗透性能。

(3) 待处理溶液或混合物的特性：① 溶液浓度，有效成分的初始浓度会影响分离驱动力，过高或过低均可能影响分离效率；② 溶质特性，包括分子质量、极性、溶解度等，决定溶质在膜分离过程中的行为；③ 溶液的黏度，高黏度溶液可能降低膜通量，增加膜污染风险；④ 溶液中的杂质含量，高含量杂质可能导致膜面污染、堵塞，降低膜寿命和分离效率。

（四）膜材料及其影响因素

1. 无机膜材料　是由金属醇盐、合金等无机材料制备形成的致密膜或多孔膜，具有机械强度高、耐化学腐蚀、高热稳定性好、使用寿命长等特点。无机膜的分离性能与表面结构性质密切相关，无机膜材料表面的粗糙度、电性和亲疏水性等特性与投料液相互作用，从而对整个膜过程产生重要影响。代表性膜材料为陶瓷膜，陶瓷膜以 Al_2O_3、ZrO_2 等无机材料为基质，通过高温烧结制作工艺获得高机械强度和优良化学稳定性，在高温、强腐蚀性、强极性溶剂等环境中具有明显优势，特别适用于中药水提液的精制。

(1) 膜材料的表面粗糙度：陶瓷膜表面性质对陶瓷膜性能影响重大。通过调控陶瓷膜的表面性质，可改善其分离性能、截留性能和抗污染性能。作为分离介质，陶瓷膜的分离表面应具有适当粗糙度，因为在膜分离过程中，不同的黏附作用会导致待分离物质的表现差异。在特定条件下，膜表面粗糙度越大，对待分离组分的黏附作用越强，膜的通量衰减越快，更容易发生膜污染。

(2) 膜材料的表面电性：陶瓷膜具有耐高温、耐腐蚀、机械强度高、化学稳定性好等特点。在中药过滤中，除了膜孔结构和筛分效应外，陶瓷膜表面的电荷性质也是重要因素之一，会影响通量和膜污染形成。膜表面的电荷性质与分离物质的电化学相互作用，从而影响过滤中的渗透通量、透过率、膜污染趋势及分离效果。中药化学成分溶于中药水提液中，成分复杂多样、性质各异，水溶液中的离子与膜表面电荷之间的静电相互作用也同样重要，并随着膜孔径的缩小而增强。

(3) 膜材料的表面亲疏水性：中药水提液中溶解的化学成分受陶瓷膜表面的亲疏水性影响，可影响膜分离效果。陶瓷膜多由亲水性的 Al_2O_3 等材料构成，亲水性较好的物质其透过率更高。陶瓷膜的亲疏水特性差异可能导致同种化学成分的分离效果不同，但相较于膜表面粗糙度和电荷性质的影响，其对膜过滤性能的影响较小。膜表面及孔内羟基是其亲水性的关键，羟基越多，则亲水性越强，膜通量越高。膜表面的亲疏水特性主要通过静电相互作用影响膜性能，可通过调节羟基数量来改善亲疏水性，以满足特定分离需求。

2. 有机膜材料　高分子分离膜，又称有机膜，由如醋酸纤维素（cellulose acetate，CA）、芳香族酰胺、聚醚砜等有机聚合物或高分子复合材料制成，其能够分离流体混合物。有机膜与无机膜相比，具有优越的分离选择性和良好的可塑性，以及较强的耐化学性。它们的成本相对较低且易于加工修改，从而能有效改进分离效率，呈现出材料优异的性能特点。在中药制剂生产中，广泛使用的材料包括聚砜、CA、三醋酸纤维素，以及聚丙烯腈。这些材料根据中药组分的不同有着相应的选用，同种化学成分的透过率相近，不同化学成分之间差异显著，反映了化学成分结构性质对分离透过的影响。不同膜材料上的透过率也存在差异，进一步体现了膜材料性质对成分透过的作用。例如，聚砜类材料（如聚醚砜）耐酸碱且热稳定性优良；纤维素膜的渗透性能佳、生物相容性好；聚丙烯腈则具备稳定的化学性能和良好的成膜性。有机膜在中药成分分离研究中主要应用于超滤和纳滤技术，涉及大、小分子物质的分离及工艺设计与优化。

(五) 常用的膜分离技术

根据实现分离的外力形式及分离原理的不同，膜分离技术分为微滤、超滤、纳滤、反渗透、正渗透、膜蒸馏、电渗析等。膜分离过程范围如图 2-31 所示。

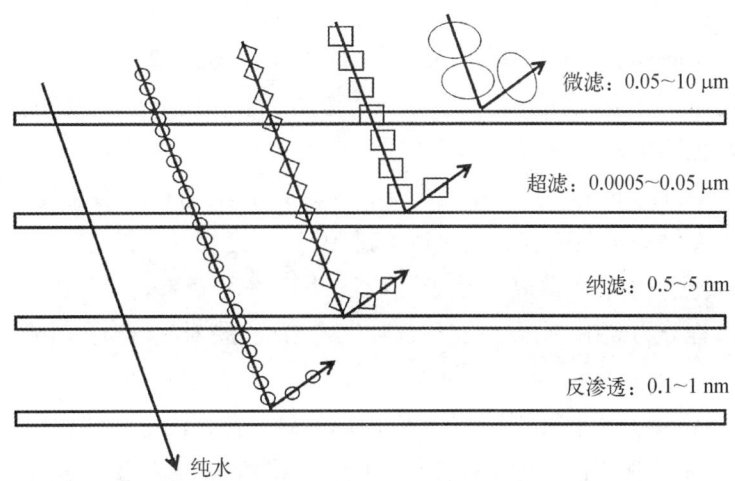

图 2-31　膜分离过程范围图

1. 微滤(microfiltration)　其分离机制为筛分截留。微滤膜孔径在 0.05~10 μm 范围内,主要用于截留颗粒物、细菌、病毒等大分子物质,并作为超滤、反渗透过程的前处理。微滤膜过滤是世界上开发应用最早的膜分离技术,以天然或人工合成的高分子化合物作为膜材料。

2. 超滤(ultrafiltration)　通过膜两侧的压力差实现了溶质的选择性分离,适用孔径范围为 0.000 5~ 0.05 μm。该方法能够保留溶液中的大分子物质,如悬浮颗粒、胶体、蛋白质和微生物,同时让溶剂、无机盐和小分子有机物透过。超滤主要用于物质分离、纯化及浓缩,能替代自然沉降、板框过滤等传统工艺,具有能常温操作、无相变、无二次污染等特点。

3. 纳滤(nanofiltration)　利用外界压力梯度场作用以实现分离过程的膜技术,纳滤作为超滤和反渗透的中间膜技术,其过程以压力差为驱动力,孔径为 0.5~5 nm,分离机制基于吸附-扩散原理。它适于截留分子质量在 300~1 000 Da 范围的小分子物质,包括染料、重金属离子等。纳滤的特点在于膜材料的带电性,使其在较低压力(0.5 MPa)下也能有效去除无机盐,这一点是其低运营成本的关键因素。

4. 反渗透(reverse osmosis)　依靠反渗透膜的选择透过性,在外加压力作用下使溶剂(通常指水)逆向通过膜实现与溶质的分离。通过施加超出溶液自然渗透压的压力,溶剂得以从高浓度侧穿过膜向低浓度侧移动,完成提纯过程。反渗透膜能够拦截无机盐、金属离子等大分子物质,广泛应用于药液精制、浓缩和水的纯化处理,可制得医用水、注射用水和透析水等。板式反渗透膜分离装置如图 2-32 所示。

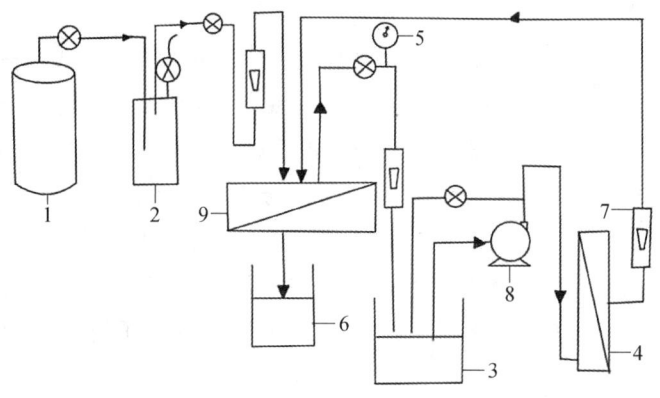

图 2-32　板式反渗透膜分离装置示意图

1. 空气钢瓶;2. 缓冲罐;3. 原料槽;4. 微滤组件;5. 压力表;6. 透过液槽;
7. 液体转子流量计;8. 液泵;9. 板式反渗透膜组件

5. 正渗透(forward osmosis)　利用外界溶液自身渗透压以实现分离。用只能透过溶剂而不能透过溶质的分子的半透膜将溶剂和溶液隔开,溶剂分子将在渗透压的作用下自发地从溶剂侧透过膜进入溶液侧,这就是渗透现象,也即所谓的"正向渗透"。

6. 膜蒸馏(membrane distillation)　结合了膜技术和蒸发过程,通过疏水性微孔膜在温度梯度下进行分离。热侧溶液的挥发性分子在膜表面汽化后穿过膜,进入冷侧并凝结,而非挥发性组分则被膜拦截,实现混合物的分离。蒸汽渗透膜分离装置(图 2-33)作为一种新兴的分离装置,适用于液态或气态混合物的分离。分离过程分为吸附、膜内扩散和解吸三个阶段,膜对混合气体中的不同组分具有选择性,从而实现分离。

7. 电渗析(electrodialysis)　利用电位梯度场以实现分离。在直流电场的作用下,以电位差为推动力,利用离子交换膜对溶液中阴阳离子的选择性,把电解质从溶液中分离出来,从而实现溶液的浓缩、淡化、精制和提纯。

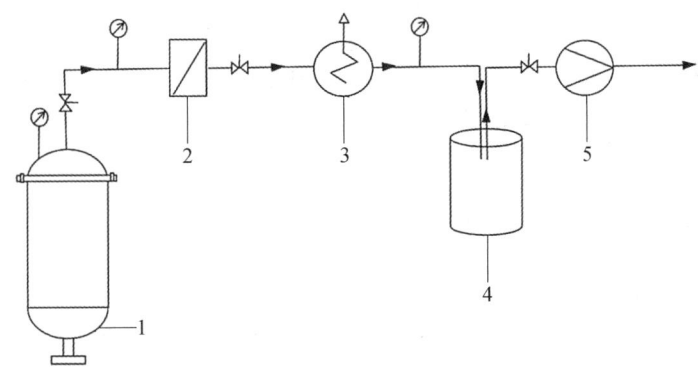

图 2-33　蒸汽渗透膜分离装置示意图
1. 料液罐；2. 膜组件；3. 冷凝装置；4. 渗透液收集器；5. 真空泵

（六）膜分离技术的应用实例

1. 在中药提取液分离中的应用　膜分离技术已被广泛应用于中药提取液的精制。刘红波等人利用超滤膜分离技术对沙棘籽油的精制进行了研究，研究发现，膜分离技术能大大降低沙棘籽油中的磷脂含量，提高油脂的质量，同时也能提高沙棘籽油的稳定性。周瑞等人通过山茱萸膜微滤技术和膜超滤技术对炎症细胞因子产生的抑制率进行比较，研究发现，山茱萸无机陶瓷膜微滤液和中空纤维膜超滤液均具有显著的抗炎作用，而中空纤维膜超滤分离技术更适用于山茱萸抗炎组分的富集。

二维码2-8
膜分离技术的应用实例拓展资料

2. 在中药资源循环利用中的应用　可采用膜分离及其集成技术，对中药脉络宁注射液生产过程产生的废弃物进行资源化利用。刘双双等人采用超滤膜技术对脉络宁注射液废弃乙醇沉淀物进行多糖部位的分离，与传统的多糖分离方法相比，不仅分离过程简单、省时高效、节能、无相变，能避免生物活性成分损失，同时还能够提高多糖纯度，富集有效部位。李博等人提出中药废水零排放的膜处理工艺，对陶瓷膜处理中药废水进行了尝试。脉络宁注射液生产过程产生的废水经过陶瓷膜处理后，所获得的渗透液较为澄清，所获得的截留液中主要包含共性高分子物质，可不断浓缩后将其固液分离，再将固体进行生物质燃料的转化，从而实现了中药废水的资源化利用，有可能达到"零排放"的目的。

3. 在中药挥发油分离中的应用　油水分离是化工分离中的难点问题之一，利用膜分离技术的超润湿界面性质对油类成分进行快速富集，可在一定程度上破解这一难题。中药柴胡的挥发油难以通过现有水蒸气蒸馏装置进行纯化分离。朱华旭等人提出将水蒸气蒸馏与渗透汽化技术集成，以实现挥发油富集。由于有机复合膜对柴胡挥发油蒸汽具有良好的吸附选择性，因而柴胡挥发油大部分透过有机膜被冷凝收集，水蒸气大部分被截留，从而实现了挥发油富集。张浅等人为验证蒸汽渗透技术分离细辛挥发油含油水体的可行性，以聚二甲基硅氧烷（polydimethylsiloxane，PDMS）/聚偏氟乙烯（polyvinylidene fluoride，PVDF）复合平板膜和PVDF平板膜为膜材料，采用蒸汽渗透技术分离细辛挥发油含油水体，研究发现，以PVDF膜为膜材料进行蒸汽渗透实验时，其挥发油的透油率明显高于PDMS/PVDF膜，PVDF膜渗透液中各成分的含量明显高于PDMS/PVDF膜渗透液。

（七）有关问题讨论

中药的复杂成分给膜分离技术带来挑战，包括分子大小与膜孔不匹配、成分竞争透膜、预测控制困难等问题，复杂工艺和成分不确定性影响效率，因此亟须进行深入研究和技术创新，以解决这些问题，推动中药膜分离技术的发展和广泛应用。

1. 针对中药膜分离技术工程化的需求，提出"中药溶液环境"学术思想，建立以计算机化学为基础的中药膜分离过程研究模式　在中药物料分离中，新型工业材料与技术面临的主要挑战为介观尺度结构特征不明确及中药物性数据匮乏，导致传质机制难以明确，制约了工艺设计与新分离技术理论的融合。应对策略如下：① 系统研究中药水提液，引入"中药溶液环境"概念，构建表征分离过程的技术体系，为揭示膜分离的普遍规律打下基础；② 采用复杂系统适应原理与方法，明晰中药膜分离的传质机制，以推进中药膜工艺的多层次、多维度优化设计；③ 建立陶瓷膜精制中药的膜污染预测与防治体系，创新中药膜传质研究方法；④ 研究中药水溶液多成分的膜筛分机制，拓展中药溶液结构研究新领域。这些措施旨在深化对中药分离过程的理解，制定新材料与技术运用的有效策略，促进中药工艺技术与新型分离技术的融合发展。

2. 针对中药膜分离技术工程化的应用瓶颈，建立中药物料的膜分离过程优化技术　通过四项技术创新与集成，攻克了中药"微滤-超滤-纳滤"集成工艺耦合的技术难点，确保了高渗透通量与高分离因子的一致性，提升了膜分离技术在中药产业化生产中的应用可靠性。该技术包括：① 依托中药溶液环境优化机制，构建了物料预处理技术；② 应用外加场强化策略，打造了超声-膜耦合分离工艺；③ 导入节能高效设计理念，开发了新型陶瓷膜组件；④ 利用同一优化机制，完善了中药膜污染防控策略。

3. 建立新型中药膜分离过程精制技术　新型中药膜分离过程精制技术针对传统水醇法提取中存在的诸多问题，如能耗高、大量使用乙醇、生产周期长、产品质量不稳定等，通过结合膜筛分机制与中药化学成分的分子质量特征，利用膜孔的筛分作用除去大分子杂质，选取药效成分，构建了新型的中药精制流程。与传统提取分离方法比较，该膜工艺以水作溶剂，减少了有机溶剂污染，设备简单，操作便捷，易于规模化与自动化生产；产品后续成型性佳，适合中药和天然药物加工。这些改进将提高中药工艺效率与稳定性，符合现代化工规范，为中药行业创新开辟了新的技术途径。

二、大孔树脂吸附技术

（一）概述

大孔树脂吸附技术（macroporous adsorption resin technology）是一种以高分子聚合物作为基质的分离与纯化技术。其交叉融合了化学工程、材料科学、生物工程及分析化学等学科知识，是一项应用范围十分广泛的分离纯化技术。该技术于20世纪60年代末发展起来，在中药目标成分的分离提取及中药复方制剂中的除杂等领域的分离、纯化、除杂、浓缩不同目的上得到了较广泛的应用，因而引起了越来越多中药研究者的关注。

1. 含义　大孔吸附树脂是一类不含离子交换基团，具有大孔结构的高分子吸附剂。其理化性质稳定，不溶于酸、碱及有机溶媒，对有机物有浓缩、分离的作用，且不受无机盐类及强离子、低分子化合物的干扰。其吸附性能与活性炭相似，与范德瓦尔斯力或氢键有关。同时，网状结构和高比表面积使其具有筛选性能。

2. 分类

（1）按极性大小分类：可将大孔吸附树脂分为三类，分别为非极性、中等极性和极性大孔吸附树脂。

1）非极性大孔吸附树脂：由偶极矩很小的单体聚合制得，不带任何功能基，孔表面的疏水性较强，可通过与小分子内的疏水部分相互作用以吸附溶液中的有机物，最适于在极性溶剂中吸附非极性物质，也称为芳香族吸附剂，如苯乙烯、二乙烯苯聚合物。

2）中等极性大孔吸附树脂：是含酯基的吸附树脂，以多功能团的甲基丙烯酸酯作为交联剂。其表面兼有疏水和亲水两部分。既可在极性溶剂中吸附非极性物质，又可在非极性溶剂中吸附极性物质，也称为脂肪族吸附剂，如聚丙烯酸酯型聚合物。

3）极性大孔吸附树脂：是指含酰胺基、氰基、酚羟基等含氮、氧、硫极性功能基的吸附树脂，它们通过静电相互作用吸附极性物质，如丙烯酰胺。

(2) 按骨架类型分类：可将大孔吸附树脂分为 3 类，分别为聚苯乙烯型、聚丙烯酸型和其他类型大孔吸附树脂。

1) 聚苯乙烯型大孔吸附树脂：大多数树脂以聚苯乙烯为骨架，它可以通过不同的改性方法增强其吸附性能，如通过改变交联度或引入其他功能基团。

2) 聚丙烯酸型大孔吸附树脂：分为聚甲基丙烯酸甲酯型树脂、聚丙烯酸甲酯型交联树脂和聚丙烯酸丁酯交联树脂等。因为含有酯基，属中等极性吸附剂。

3) 其他类型：聚乙烯醇（polyvinyl alcohol，PVA）、聚丙烯腈、聚酰胺、聚丙烯酰胺、聚乙烯亚胺、纤维素衍生物等也可以作为大孔吸附树脂的骨架。

3. 特点　传统分离纯化方法主要有超滤法、盐析法、分步沉淀法等，这些方法普遍存在分离选择性差、纯度低等缺陷，仅能纯化而达不到分离的目的。大孔吸附树脂的理化性质稳定，不溶于酸、碱及有机溶剂，对有机物选择性较好，不受无机盐类及强离子、低分子化合物存在的影响。在分离过程中，其由于具有较大的孔径，能够容纳分子质量较大的中药分子，提供了良好的物理吸附条件，便于大分子或者极性物质的进出，并且其比表面积高，提供了更多的吸附位点而具有高效的吸附能力。在分离纯化不同的中药成分时，大孔吸附树脂的亲和性和选择性可以通过树脂的化学修饰进行调节以满足需求。大孔吸附树脂具有再生和重复使用能力，可以通过适当的洗脱剂进行再生处理，洗脱吸附的物质，之后可以重新使用，减少了分离纯化的成本。因此，大孔吸附树脂作为吸附材料具有选择性强、稳定性好、吸附能力高效、亲和性可调节、可再生重复使用的优点。

（二）大孔树脂吸附技术的原理

大孔吸附树脂是一种结合了吸附性和筛选性的分离材料。它通过物理吸附作用，依靠与吸附物质之间的范德瓦尔斯力或氢键，利用其巨大的比表面积，以有效地实现有机化合物的分离、纯化、除杂和浓缩。

（三）大孔树脂吸附工艺流程及其影响因素

1. 大孔树脂吸附工艺流程　在运用大孔树脂对中药成分进行分离纯化时，操作步骤为树脂预处理、上样、洗脱和再生。

(1) 树脂预处理：由于树脂出厂前没有经过彻底清洗，经常会残留一些致孔剂、小分子聚合物、原料单体、分散剂及防腐剂等有机残留物。另外，树脂也常因失水而缩孔。因此，使用前必须进行预处理。例如，可将新购的树脂用乙醇浸泡 24 h，充分溶胀，装柱，用适量乙醇冲洗，而后改用大量清水冲洗备用。

(2) 上样：大孔树脂的吸附当量可按照静态吸附当量和动态吸附当量来衡量。静态吸附当量测试中，需取相同干湿程度、粒径、规格的大孔树脂样品，在过量药液中浸泡 4 h 以上，随后过滤、清洗、装柱，并彻底解吸吸附在树脂上的物质。将解吸药液浓缩、干燥后称重，然后以吸附物质的重量除以所取大孔树脂的重量或体积，即得静态吸附当量。动态吸附当量测试中，同样取一定量的大孔树脂样品装柱，通过大量药液冲洗，随后清洗、解吸附、浓缩、干燥、称重，计算数据得动态吸附当量。在获得动态吸附当量后，为避免过饱和（或）流速过快导致有效成分未被吸附而流失，需要确保实验条件具有恰当性。

(3) 洗脱：常见的洗脱剂包括水、乙醇等，可根据待分离化合物的性质，选择不同浓度的洗脱剂对样品进行洗脱，以获取目标化合物。为了确保充分吸附，可以在大孔树脂中让洗脱剂达到平衡状态后再进行洗脱操作（图 2-34），平衡时间应根据样品量和树脂吸附效率来确定。

(4) 再生：大孔树脂在被反复使用后，未洗脱掉的杂质会附着在大孔树脂的表面和内部，使树脂颜色逐渐变深，柱效降低，需用水或乙醇溶液对大孔树脂进行预处理再生后使用。对于受污染较严重的树脂，需先用弱酸溶液洗脱，再用弱碱溶液对大孔树脂进行深度处理。反复使用后的大孔树脂会因积压导致部分大孔树脂颗粒破碎，使吸附效果受到影响，此时可采用水飞法除去破碎的大孔树脂颗粒和悬浮的杂质，再将大孔树脂重新装柱使用。

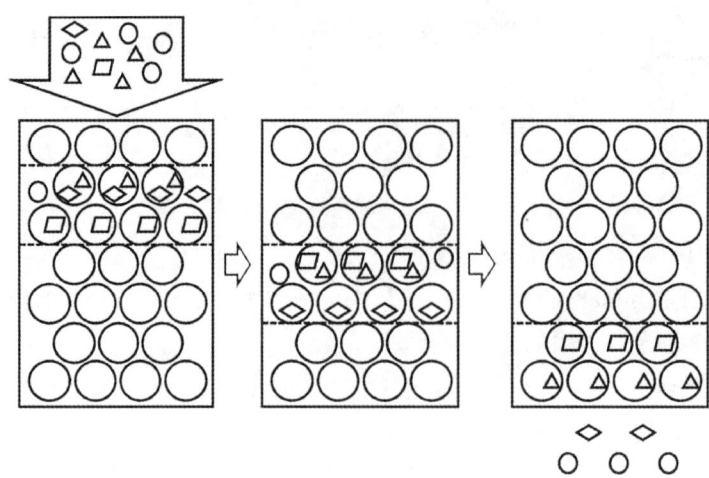

图 2-34 大孔树脂吸附洗脱过程示意图

2. 大孔树脂吸附的影响因素

(1) 树脂型号与性质:根据树脂极性可分为非极性、弱极性与极性三类。选取树脂时应遵循"相似相吸"原理,即在极性溶剂体系中,非极性树脂可吸附非极性物质;在非极性溶剂体系中,极性树脂可吸附极性物质,而弱极性树脂对极性、非极性物质均具有吸附力。

(2) 上样液浓度与上样量:上样液浓度是影响树脂吸附量的重要因素。若上样液过稀、溶液黏度较小,会因传质不彻底而导致泄漏;若上样液太浓、上样黏度较大,则树脂吸附的物质分子过多,某些没来得及被吸附的成分就会流出来,此两种情况均影响树脂的吸附量。

(3) 上样液 pH:药液的 pH 对于部分化合物的分离效果至关重要。例如,生物碱在碱性溶液中以游离态存在,而在酸性溶液中则以离子形式存在;此外,溶液 pH 的升高可增大皂苷的溶解度。通过调整溶液的 pH,可改变碱性有效成分,如生物碱在溶液中的形式,提高其在酸性环境下的溶解度,从而减少其在大孔树脂上的吸附。

(4) 洗脱溶剂的种类与浓度:会直接影响大孔树脂除杂与洗脱有效组分的效率。除杂时通常采用蒸馏水或低浓度的乙醇,洗脱被吸附的有效组分时将使用不同浓度的乙醇进行筛选,洗脱剂的浓度对有效组分的吸附量有极大的影响。

(5) 温度:中药提取液中有效成分在大孔树脂上的吸附是物理吸附,一般随着温度升高,一方面,有效成分在树脂上的吸附作用降低,另一方面,有效成分在溶液中的溶解度增大。温度升高时,有效成分在大孔树脂上的吸附速度和吸附量降低。

(四) 大孔树脂吸附技术的应用实例

1. 应用于单味中药的分离纯化

(1) 黄酮类成分:使用大孔树脂纯化黄酮类物质具有选择性高、效率高、再生性强和操作简便等优点。陈圻宇等人采用大孔树脂富集纯化银杏叶中的黄酮类成分,通过吸附率和解析率实验从 5 种大孔树脂中选定 DM130 为最优型号树脂,再根据静态动力学、热力学考察、上样液浓度、上样液体积、洗脱速度和洗脱溶液试验制定了一套最佳工艺,样品经大孔树脂处理后,黄酮类成分的含量可达到 73.5%。

二维码 2-9 大孔树脂吸附技术的应用实例拓展资料

(2) 生物碱类成分:田原等人以 X-5 型大孔树脂对黄连提取物中的总生物碱进行富集纯化,采用 HPLC 同时测定其中表小檗碱、黄连碱、巴马汀和小檗碱的含量。考察了黄连经大孔树脂纯化供试品与未纯化供试品的出膏率和四种生物碱的含量,研究发现未纯化供试品的平均出膏率为 18.30%,四种生物碱的总含量平均为 12.12%,纯化供试品的平均出膏率为 6.90%,四种生物碱的总含量平均为

29.05%,表明 X-5 型大孔树脂可有效除去黄连提取物中的大量杂质,使出膏率大大降低,并可较好地富集黄连药材中的生物碱类成分。

(3) 多糖类成分:朱家庆等人利用多种树脂(DM130、H103、NKA-9、AB-8 等)从葛根中分离纯化葛根多糖,D101 型大孔树脂的比表面积和孔径都在其他树脂大小之上,其吸附能力和解吸能力也相对较强,因而综合吸附率和解吸率,最优的是 D101 型大孔树脂。因此,利用 D101 型树脂对葛根的多糖进行分离纯化。通过对葛根多糖吸附及解吸筛选出最优树脂,分析吸附时间、解吸时间、吸附浓度、样液 pH 及乙醇解吸体积分数对多糖纯化的影响。在吸附时间 8 h,解吸时间 3 h,吸附浓度 0.75 mg/mL,样液 pH 6.0,乙醇解吸体积分数 60% 的条件下,纯化的葛根多糖纯度达到 55.34%,而未纯化之前的多糖含量为 30.23%。研究结果表明以大孔树脂法纯化葛根多糖的工艺条件合理,且纯化效果好,杂质去除率高。

(4) 皂苷类成分:周祥敏等人在制备菝葜中皂苷类成分的实验中,以菝葜中皂苷类成分的洗脱率、精制度为指标,考察大孔树脂对其皂苷类成分的吸附性能和洗脱参数,采用 D101 型大孔树脂用蒸馏水、30%乙醇、70%乙醇各 3 BV(柱床体积)依次洗脱,最终通过大孔树脂富集与纯化,菝葜皂苷洗脱率为 77.0%,精制度为 266.6%。D101 型大孔树脂可以从菝葜中富集出大量皂苷类成分,为开发菝葜抑菌活性部位提供了实验依据。

(5) 苯丙素类成分:葛亮等人通过大孔树脂对天山雪莲中苯丙素类成分的富集进行了工艺研究。共探究了五种大孔树脂对天山雪莲中主要的苯丙素类成分绿原酸、紫丁香苷的富集能力,以筛选合适的树脂考察相关参数。研究结果显示 X-5 型大孔树脂对天山雪莲中苯丙素类成分的富集性能较好,最佳工艺为:上样浓度为 50 mg/mL,上样体积为 3 BV,上样流速为 3 BV/h,先用 3 BV 水洗去杂质,再用 20%乙醇 6 BV 洗脱,洗脱流速为 3 BV/h,收集 20%乙醇的洗脱物。

(6) 色素类成分:天然植物中富含色素,合适的大孔树脂可分离富集其中的某种色素。赵文恩等人在大孔树脂纯化枣皮红色素的研究中采用静态吸附-解吸的方法,使用 AB-8 型大孔树脂,在最佳洗脱条件下,吸附率达 65.6%,洗脱率达 98.2%。该方法操作简单、无污染、使用试剂量少,适用于该种色素的分离。

(7) 鞣质类成分:尚作华等人优选核桃楸叶总鞣质的大孔树脂纯化工艺,利用静态吸附-洗脱实验考察 AB-8、D101、NKA-9、Daion HP-20 型四种大孔树脂的吸附与洗脱能力,通过单因素实验考察上样量、水洗用量及洗脱溶媒对核桃楸叶总鞣质纯化工艺的影响。最终选用 AB-8 型树脂在样液质量浓度 2.672 g/L、上样量 250 mL、洗脱流速 2 BV/h、加水 6 BV 洗脱除杂、收集 50%乙醇洗脱液 10 BV 的条件下,总鞣质洗脱率、纯度分别为 73.32%、35.02%。因此,大孔树脂对中药中鞣质类成分有较好的分离性,可以通过优选的纯化工艺应用于工业化生产。

2. 应用于中药复方的分离纯化　大孔树脂吸附技术可以应用在复方研究和中成药制剂的除杂,以及使药效成分的部位高度集中,从而有利于制剂分析,增加中药复方制剂的稳定性,使中药制剂产品达到安全、有效、可控的标准。杨志欣等人应用 D101-1 型大孔树脂从逍遥丸提取液中提取、分离出含量较高的主成分芍药苷、阿魏酸、甘草酸、柴胡皂苷 A,脱附率分别高达 93.91%、88.18%、80.5%、91.3%。吴萍等人应用 D101 型大孔树脂,以药液-树脂用量 3∶1,树脂径高比 1∶4,样品体积流量 2 BV/h,用 5 BV 70%乙醇以 2 BV/h 的流速洗脱,应用此法从六味地黄丸中提取出的固形物得量有 442.56 g,得率为 4.51%,莫诺苷、马钱苷、芍药苷的得率分别是 95.03%、92.66%、98.42%,此法使六味地黄丸中的主成分得到了较好的提取、分离,也在质量控制、含量分析方面提供了有力帮助。邱碧菌等人选择 X-5、S-8、HPD100 和 AB-8 四种大孔树脂进行六种组合,进行静态吸附和解吸试验。通过 HPLC 比较各组水提液精制前后栀子苷等 6 种指标性成分含量的动态变化,结果显示 HPD100 和 AB-8 型树脂组合得到的各指标性成分含量最高,可作为精制黄连解毒汤复方水提液的最佳大孔树脂组合。

(五)有关问题讨论

大孔树脂吸附技术作为一种常用的分离纯化方法,虽然具有诸多优点,但也存在一些问题。首先,大孔树脂的制备成本较高,且合成过程中可能存在环境污染。其次,大孔树脂容易受到污染物的影响,降低了吸附效率,需要频繁更换,增加了生产成本。另外,大孔树脂吸附技术不适用于低浓度物质的分离纯化,吸附效率较低,并且操作复杂度大、工作压力较大,需要操作人员具备严格的操作技能和管理经验。最后,大孔树脂的再生问题也是一个挑战,再生后的大孔树脂其吸附性能存在不确定性。

针对现存的这些问题,可以从多个方面着手。首先,可以通过改进大孔树脂的制备工艺,采用生物质材料或绿色合成方法,以降低成本和环境影响。这样可使大孔树脂更加环保、可持续,同时也有利于降低生产成本。其次,可以改进大孔树脂的表面性能,增强其抗污染能力,或者研发新型滤料对其进行保护,延长其使用寿命,降低更换频率,减少生产成本。对于大孔树脂吸附效率不适用于低浓度物质的问题,可以改进大孔树脂的结构和材料,同时结合表面改性技术,以提高其吸附效率。调整工艺参数和优化吸附条件也是提高吸附效率的有效途径,以扩大其适用范围。对于操作复杂度大、工作压力大的问题,可以开发智能化控制系统,以实现对大孔树脂的自动化监测和控制,降低操作难度,提高工作效率;同时,通过改进大孔树脂的结构和材料,可降低其工作压力要求,使其更易操作。最后,针对大孔树脂的再生问题,可以加强再生技术的研究,开发为更经济高效的再生方法,确保再生后大孔树脂的吸附性能得以恢复;同时,推动循环利用和再生利用的理念,以减少大孔树脂的浪费,降低环境压力。

通过在改进制备工艺、提高抗污染能力、拓展适用范围、降低操作复杂度和开发再生技术等方面进行研究,可以提高大孔树脂吸附技术的性能。

第五节 浓缩与干燥技术

浓缩与干燥是中药制药过程中的重要环节,旨在通过相关技术手段降低制药物料的液体(通常指水分)含量,以利于后续制剂工艺的顺利进行,同时保障药品质量的稳定性。

浓缩系指在沸腾状态下,经传热过程,利用汽化作用将挥发性大小不同的物质进行分离,从液体中除去溶剂得到浓缩液的工艺操作。对于中药制药过程而言,其是提取、分离与纯化等单元操作的衔接步骤。浓缩过程通过溶剂蒸发可以改善药品的物理性质,提高药品的浓度和稳定性,同时还可以减少药品的体积和质量,便于储存与运输。

干燥是利用热能使湿物料中的湿分(水分或其他溶剂)汽化,并利用气流或真空带走汽化了的湿分,从而获得干燥物料的操作。对于中药制剂,干燥通常可以获得中药提取物干浸膏,为中药固体制剂的制备提供重要的原料。干燥可以防止药品的霉变和腐败,保证药品的质量和稳定性。同时,干燥还可以改变药品的物理性质,提高药品的溶解度和吸收效果。

在中药制药的浓缩与干燥过程中,需要注意控制温度、湿度、时间等参数,以保证药品的质量和效果。同时,还需要注意设备的选择和使用,以保证设备的卫生和安全。

本节主要对减压浓缩技术、薄膜浓缩技术、喷雾干燥技术、沸腾干燥技术、冷冻干燥技术在浓缩与干燥过程中的原理、具体工艺流程及影响因素、具体应用实例和有关问题讨论进行探讨。

一、减压浓缩技术

(一)概述

减压浓缩技术(decompression concentration technology)是一种常用的分离、浓缩溶液中物质的方法。其基本原理是通过减小系统压力来降低溶液中溶剂的沸点,从而实现对溶液的浓缩。在减压浓缩过程

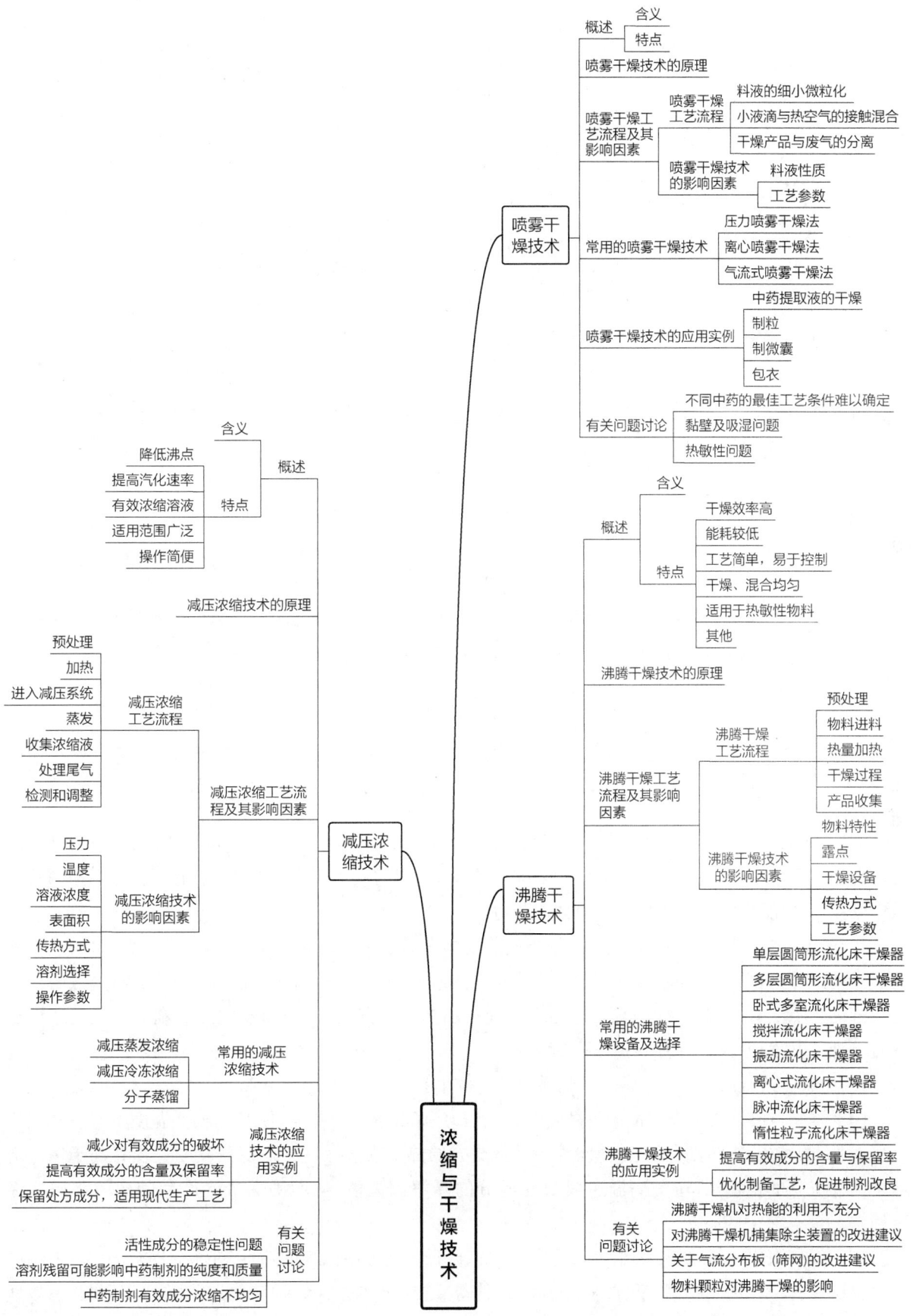

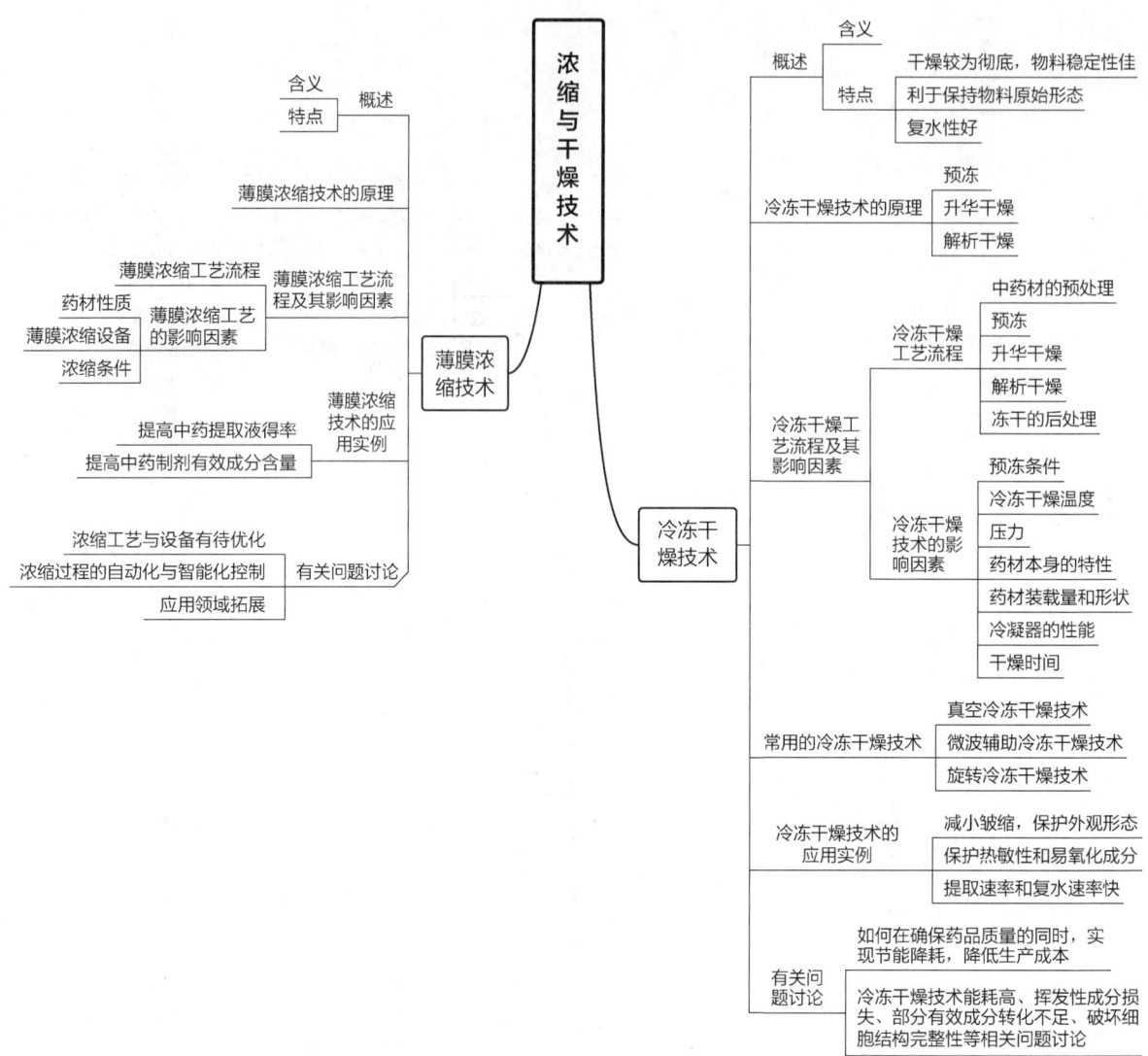

中,溶液首先在高压下受热,导致其中的溶剂部分汽化。随后,减小系统压力以降低沸点,使得溶剂可以在较低温度下蒸发,从而实现了对溶液的浓缩。该技术常用于分离溶液中的溶质和溶剂,在中药制药领域中常用于浓缩药物溶液、提取药用有效成分等。

1. 含义　减压浓缩又称真空浓缩,是指使蒸发器内形成一定的真空度,使溶液的沸点降低,进行沸腾蒸发的操作。由于溶液沸点降低,能防止或减少热敏成分的分解,增大传热温度差(加热蒸汽的温度与溶液的沸点之差),强化蒸发操作,并能不断地排出溶剂的蒸汽,有利于蒸发的顺利进行。其适用于热敏药液的蒸发或含有机溶剂药液的浓缩。

2. 特点　减压浓缩是一种常用的物质分离和浓缩技术,具有以下主要特点:

(1) 降低沸点:减压浓缩技术通过减少系统压力,降低溶剂的沸点,使其在较低温度下蒸发。相比常压条件下,减压浓缩有助于减少对溶液中其他成分的热敏损失。这种低温蒸发的过程有利于保持溶液中活性成分的稳定性,避免高温造成活性成分的降解和失活,从而确保最终产品的药效和质量稳定性。

(2) 提高汽化速率:减压操作降低了系统压力,降低了溶液中溶剂的沸点,进而促使溶剂在较低温度下更容易蒸发。溶剂的沸点降低,蒸发速率增加,使得液相中的物质更快地转化为气相。减压操作有效地增加了物质的汽化速率,加快了溶液中溶剂成分的蒸发过程,从而实现对溶液的快速浓缩。

(3) 有效浓缩溶液：减压浓缩技术通过降低系统压力，降低溶剂的沸点，使得溶剂在较低温度下更容易蒸发，从而实现对溶液的浓缩操作。通过减压浓缩技术，在较短的时间内可以有效去除溶剂部分，使溶液中其他成分浓缩，从而达到预期的浓缩效果。

(4) 适用范围广泛：减压浓缩技术是一种广泛适用于各种类型溶液体系的浓缩方法，可以应用于液态体系、固-液体系和气-液体系等各种溶液体系中，包括有机溶剂、水溶液、悬浮液等不同特点的溶液。这种通用性使得减压浓缩技术成为一个灵活且适用性广泛的浓缩方法，为不同类型的溶液体系提供了一种高效的浓缩方案。

(5) 操作简便：与其他浓缩技术相比，减压浓缩技术具有操作相对简便和高效快速的特点。相对简便的操作流程和较少的设备需求，使得减压浓缩技术在实际应用中更易于掌握和操作。

(二) 减压浓缩技术的原理

减压浓缩技术利用系统压力的降低，导致溶剂的沸点降低，使得溶剂在较低温度下蒸发。在这个过程中，溶质和溶剂同时蒸发，其比例随着蒸发过程的进行而改变。随后，通过冷凝器对溶剂蒸汽进行冷却凝结，将其收集，从而实现对溶液的浓缩和分离。这一系列过程综合运用了系统压力、沸点降低、蒸发、冷凝和收集等原理，从而达到了对溶液进行有效浓缩和分离的目的。

(三) 减压浓缩工艺流程及其影响因素

1. 减压浓缩工艺流程　通常包括以下几个主要步骤。

(1) 预处理：在减压浓缩过程中，常规操作包括去除悬浮物、过滤、调整溶液的 pH 等预处理步骤，以确保溶液符合浓缩要求并提高浓缩效果。

(2) 加热：经过预处理的溶液在去除杂质、调整 pH 等操作后，需要被加热至一定温度，使其达到适合浓缩的温度区间。这个步骤不仅有助于提高浓缩效率，还有利于去除多余的溶剂和水分，从而获得所需浓缩度的溶液，并为后续的减压浓缩操作奠定基础。

(3) 进入减压系统：经过加热处理的溶液被引入减压系统中，系统通过降低压力的方式，降低溶剂的沸点，从而使得溶剂在较低的温度下也能够蒸发。减压系统通过调节压力来控制沸点，降低蒸发温度，以实现对溶液的高效浓缩。

(4) 蒸发：在减压条件下，溶液中的溶质和溶剂同时蒸发，蒸发出的溶剂蒸汽经过传热技术进行冷却后，会凝结成液体形式，产生浓缩后的溶液。这一过程不仅有助于提高溶液中溶剂的回收率，同时也实现了对浓缩溶液的有效处理和再利用。

(5) 收集浓缩液：浓缩液的收集通常涉及将凝结液收集到特定的容器或收集设备中，通过管道或其他装置导入目标容器中。在此过程中，可以对浓缩液进行进一步的处理和检测，以确保其符合浓度、纯度和质量标准的要求。

(6) 处理尾气：针对系统产生的尾气，为避免对环境造成污染，需要进行尾气处理。尾气处理是通过一系列工艺和设备，对产生的尾气进行净化处理，以减少有害物质的排放而利于环境保护的操作。

(7) 检测和调整：在对浓缩后的溶液进行检测时，旨在确保浓缩效果符合预期目标。通过对溶液的检测分析，可以确定浓缩程度、溶液组分、质量及其他关键参数是否符合要求。

减压浓缩设备的结构示意图如图 2-35 所示。

2. 减压浓缩技术的影响因素　减压浓缩的效果受到许多因素的影响。常见的主要影响因素如下。

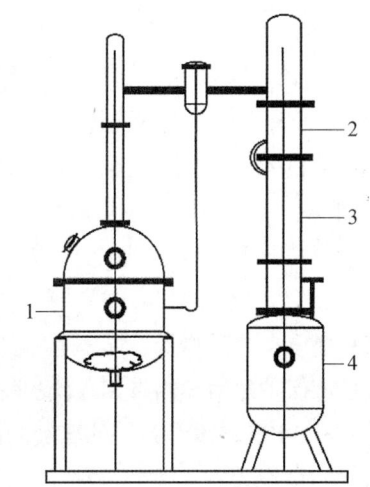

图 2-35　减压浓缩设备的结构示意图
1. 罐体；2 冷凝器；3. 冷却器；4. 收液罐

（1）压力：是影响溶剂沸点的关键因素之一，通过降低压力可以有效降低溶剂的沸点。在降低压力的情况下，溶剂分子在相对较低的温度下也能够蒸发，不需要达到常压下的沸点温度。这样就实现了在较低温度下促使溶剂快速蒸发的效果，有利于溶质分子从液态到气态的转化，进而实现对溶液的有效浓缩。

（2）温度：是直接影响溶液中分子热运动的关键因素，较高的温度会加快溶质和溶剂的蒸发速率，从而促进溶液中的浓缩过程。通过提高温度，能够有效加快溶质和溶剂分子的运动速度，以实现快速蒸发和浓缩。在浓缩过程中，通过控制和调节温度，可以达到更高效的浓缩效果，并缩短浓缩时间，提高生产效率。

（3）溶液浓度：溶液中溶质浓度的高低对溶剂的蒸发速率有明显的影响，浓度较高的溶液其浓缩速度会更快。当溶液中溶质浓度较高时，溶质分子之间的相互作用增强，在相同温度下，浓度较高的溶液使溶剂分子更易脱离溶质分子的束缚，更快地进入气相状态，从而促进蒸发过程。

（4）表面积：当溶液与蒸汽接触的表面积增大时，蒸发速度也会相应增加，可以加快溶质和溶剂的分离速度，从而实现更快的浓缩效果。在实际操作中，可以通过设计合适的设备结构或采用适当的工艺控制，来增大溶液与蒸汽接触的表面积，以提高蒸发效率和浓缩速度。

（5）传热方式：对蒸发速率有重要影响。搅拌可以有效地增加溶液中的对流传热，加快热量传递速度，提高蒸发速率。此外，采用加热表面积大的设备也能够增加热交换的面积，提高传热效率，加快溶质和溶剂的蒸发速率。

（6）溶剂选择：不同溶剂具有不同的特点，选择合适的溶剂是提高减压浓缩效率的关键。第一，合适的溶剂应具有较低的沸点。第二，溶剂的挥发性应适中，不宜过快挥发，以避免溶剂损失过多而影响浓缩效果，也不宜挥发过慢而导致浓缩速度过慢。第三，选择合适的溶剂还可减少溶质在浓缩过程中的损失，保证溶液的稳定性和质量。在减压浓缩过程中，根据不同溶液体系的特点来选择适合的溶剂，是提高浓缩效率和保证浓缩质量的重要因素之一。

（7）操作参数：在减压浓缩过程中，操作参数的设定对浓缩效果具有重要影响，包括加热温度、真空度、溶液流速等。第一，加热温度的设定直接影响溶液中溶质和溶剂的蒸发速率，高温能够提高溶质和溶剂的蒸发速度，加快浓缩过程。第二，真空度的控制可以降低系统压力，降低溶剂的沸点，有利于在较低温度下实现蒸发，提高浓缩效率。第三，溶液流速的控制能够影响溶质和溶剂的接触时间与传质速率，过快或过慢的流速都会影响浓缩效果。

（四）常用的减压浓缩技术

1. 减压蒸发浓缩　是一种常见而有效的减压浓缩技术，通过在较低的环境压力下加热液态混合物，使溶剂蒸发而实现液体的浓缩，特别适用于处理热敏感物质。其工作原理包括通过降低环境压力来降低溶剂沸点，并利用蒸发分离和冷凝回收等步骤实现溶液浓缩。减压蒸发浓缩技术具有温度控制精准、能耗节约、操作高效和适用性广泛等优点，可广泛应用于中药制药领域，常被用于对中药制剂中的溶剂进行浓缩和纯化，可以帮助提高中药制剂的质量、纯度和稳定性。

2. 减压冷冻浓缩　是一种常用的减压浓缩技术，其结合了减压和冷冻原理，适用于热敏感物质的浓缩和提取。通过降低系统压力和温度，使溶剂在低温下结晶分离，从而实现液体混合物的浓缩效果。其优点是可保护热敏感物质、高效浓缩和去除杂质，常被用于对中药制剂中的溶剂进行浓缩、提取和纯化。

3. 分子蒸馏　是一种高级的减压浓缩技术，常被用于处理高沸点物质、热敏感物质或需要高纯度物质的情况。在高真空环境下通过减压降低溶剂沸点，利用不同物质分子大小及分布的差异以实现分离。在中药制药领域，分子蒸馏技术凭借其高效、精确的分离和提纯能力，为中药提取、制备和生产过程提供了重要的技术支持。

(五)减压浓缩技术的应用实例

1. 减少对有效成分的破坏　中药中的热敏活性成分涉及多种化学成分。这些热敏性活性成分的缺失,使得中药在提取、浓缩、干燥和成型等工艺过程中很容易受到温度的影响,导致氧化、降解等结构变化,进而严重影响中药的质量和疗效,造成中药资源的浪费。因此,降低中药生产过程中热敏性活性成分的损失是确保中药产品质量和疗效的关键。在中药制剂生产中,采用减压浓缩技术可有效减少有效成分的破坏,有利于提升制剂的稳定性和质量。陶叶琴等人从浓缩方式和浓缩温度两方面对温经膏的制备工艺进行研究,结果表明,当温度为70℃,真空度为-0.08~-0.06 MPa时,浓缩过程对阿魏酸和丹皮酚的破坏最小。

二维码2-10
减压浓缩技术的应用实例拓展资料

2. 提高有效成分的含量及保留率　减压浓缩技术在中药制剂中可以显著提高有效成分的含量及保留率。张子龙等人以栀子中栀子苷含量和干浸膏得率为评价指标,比较常压浓缩和减压浓缩的差异,开展浓缩工艺和干燥工艺研究。结果表明,减压浓缩中栀子苷含量及保留率明显优于常压浓缩。杨贝贝等人考察感冒退热颗粒处方药材在水煎提取、减压浓缩、常压浓缩过程中,其有效成分表告依春、连翘酯苷A、连翘苷转移率的变化。结果表明,水煎提取后,表告依春、连翘酯苷A、连翘苷的转移率分别为72.97%、29.27%、72.84%,减压浓缩过程中3种指标性成分转移率的RSD<2%,浓缩至相同状态时,常压浓缩过程中表告依春、连翘酯苷A、连翘苷的转移率分别比减压浓缩降低了13.51%、7.38%、4.24%。上述研究表明,减压浓缩较常压浓缩更利于防止有效成分的损失。

3. 保留处方成分,适用现代生产工艺　减压浓缩技术在中药制剂中的应用不仅可以有效保留药物成分,还能结合现代生产工艺,发挥较大作用。其应用有助于保护活性成分,满足质量控制和生产效率需求。结合减压浓缩技术和现代工艺可优化生产流程,提高效率,确保产品质量稳定性和一致性。卞海雯等人针对清胃散基准样品,进行浓缩干燥工艺的考察及相关研究。通过比较不同浓缩干燥方法,分析样品中异阿魏酸、盐酸小檗碱、盐酸巴马汀及丹皮酚的含量相对于标准煎液的保留率,建立的浓缩干燥工艺适用于现代生产工艺,有利于后续关键质量属性(critical quality attribute,CQA)的确认及制剂开发,从而全面评价清胃散制剂的质量优劣。

(六)有关问题讨论

1. 活性成分的稳定性问题　在减压浓缩过程中,高温和压力的变化往往会对药物中的活性成分造成影响,可能导致一些活性成分的降解、失活或其他不稳定性变化,从而影响药效的发挥。因此,在浓缩过程中如何保护药效物质成分就显得尤为重要。常见的做法是控制浓缩过程中的温度和压力,避免过高的温度和压力对药物成分造成损害。此外,选择合适的浓缩方法和工艺条件也能帮助降低药效物质受到的影响,如使用相应的保护剂或添加剂、优化浓缩速度等措施,以确保药物在浓缩过程中的稳定性和药效。

2. 溶剂残留可能影响中药制剂的纯度和质量　在减压浓缩过程中使用的溶剂可能会在浓缩结束后残留在药物中,其中的残留物质可能会对药物的纯度和质量造成影响。有些溶剂残留物可能具有毒性或致癌性,如果残留量超出规定限量,有可能导致药物质量不符合标准,甚至对人体健康造成危害。因此,在减压浓缩过程中,需要注意选择符合药典标准的纯度高、残留低的溶剂,并严格控制溶剂的使用量和回收处理。同时,在后续的工艺中,需要采取适当的蒸发、冷凝、回收等措施,以确保溶剂的有效回收和药物中残留物质的含量降至安全标准以下,最终保证药物的纯度和安全性。

3. 中药制剂有效成分浓缩不均匀　在浓缩过程中,可能出现有效成分浓缩不均匀的情况,这可能导致不同部位的药材中有效成分浓度存在差异,从而影响最终药物的质量和药效。为解决这一问题,可以采取以下措施:在药材加工和浓缩前,进行充分混合搅拌,确保有效成分在药材中均匀分布;选择适合药材特性的浓缩设备,确保在浓缩过程中能够实现成分的均匀浓缩;在浓缩过程中,控制好工艺参数,如温度、压力、浓度等,并建立严格的监测体系,对浓缩过程中有效成分的浓度进行实时监测,及时调整工艺,从而确保成分的均匀浓缩;根据药材不同部位的特性,优化浓缩工艺,设计合理的浓缩流程,以确保有效成分均匀浓缩。

二、薄膜浓缩技术

(一) 概述

薄膜浓缩技术(membrane concentration technology)是利用加热使料液呈薄膜状运动,增加料液汽化面积,提高浓缩效率的方法。薄膜浓缩设备主要分为升膜式薄膜蒸发器、降膜式薄膜蒸发器、刮板式薄膜蒸发器和离心式薄膜蒸发器4种。薄膜蒸发器(membrane evaporator)是中药药剂制备过程中,用来浓缩药液和回收有机溶媒的装置,主要由薄膜蒸发管、气液分离器、冷凝器、真空泵、蒸汽发生器5部分组成。它具有传热系数高(蒸发强度大)、低温蒸发效果好、物料的停留时间短、适用的黏度范围宽、操作弹性大,并且能在真空环境下操作的优点,适用于热敏性、黏性及有发泡结垢趋势物料的蒸发浓缩,相关装置在制药行业中得到迅速的推广和发展。

1. **含义** 薄膜浓缩技术是使料液沿加热壁呈薄膜状快速流动,同时与剧烈沸腾时所产生的大量泡沫相结合,达到增加料液的汽化面积,以提高蒸发浓缩效率的方法。

2. **特点** 薄膜浓缩是一种对传统工艺改革的技术,相对于传统的加热浓缩,薄膜浓缩具有分离和浓缩高效、节能环保、操作条件温和、适用性广泛等优点,在生物制药等领域已有广泛应用。

(1) 优点：传热系数高,蒸发强度大,蒸发速度快,受热时间短;不受液体静压和温度过高的影响,成分不易被破坏;可在常压或减压下连续操作;溶剂可回收重复使用;对热敏性物料的适应性强,对黏稠、结垢和结晶物料的适应性也较好;薄膜蒸发器的成品浓度可调节幅度大。

(2) 缺点：蒸发速度与热量供应的平衡较难掌握,易造成料液变稠后黏附于加热面,影响蒸发。

(二) 薄膜浓缩技术的原理

薄膜浓缩技术的主要原理是利用加热表面上形成的薄膜将液体物质转化为气体,然后通过冷凝将其转化回液体状态。其基本原理包括传热和传质。传热是在薄膜蒸发器中,液体溶液被加热至其沸点以上,而在加热表面形成薄膜的过程。该薄膜在加热表面上迅速蒸发成气体,从而将液体中的热量带走。蒸发是溶液表面的溶剂分子获得的动能超过了溶液内溶剂分子间的吸引力,而脱离液面,逸向空间的过程。当溶液受热,溶剂分子动能增加,蒸发过程加快,液体表面积越大,蒸发越快。传热过程的热量来自加热表面,通过加热管传递给薄膜和液体溶液。传质过程涉及液体物质从液相到气相的转移。传质过程使得溶质在蒸发过程中被分离出来,实现了对液体溶液的浓缩。当受热或蒸发面积增大时,蒸发效率就会提高;当液层变薄时,液体也更易受热而蒸发。

(三) 薄膜浓缩工艺流程及其影响因素

1. **薄膜浓缩工艺流程** 预热到一定温度的料液自薄膜蒸发器上部进口进入蒸发器,被旋转的液体分布器分成多股物液流,流入圆筒内壁。每股物液流在加热内壁形成均匀液膜。液膜吸收加热介质传给蒸发表面的热量,在其表面进行物质的迅速蒸发,通过反复蒸发,料液逐渐被浓缩。薄膜蒸发器内所蒸发的二次蒸汽通过二次蒸汽出口到外部冷凝器进行冷凝,冷凝器的冷却介质一般为常温的水。因蒸发往往是带气泡和液体飞溅的沸腾蒸发过程,二次蒸汽被冷凝之前,需要通过雾沫分离器,把夹带的液滴去除。根据药材性质的不同,薄膜蒸发器的选择也有所不同,常用的薄膜蒸发器主要有以下4种。

(1) 升膜式薄膜蒸发器(图2-36)：预热药液从列管式蒸发器底部进入,受热后立即沸腾汽化生成大量泡沫及二次蒸汽,沿加热管高速上升,通过加热管时在内壁上形成液膜,被快速蒸发浓缩。适用于蒸发量较大,热敏性适中、黏度适中和易产生泡沫的料液,不适用于高黏度、有结晶析出或易结垢的料液。中药提取液经此种薄膜蒸发器处理,一般可浓缩至相对密度1.05~1.10。

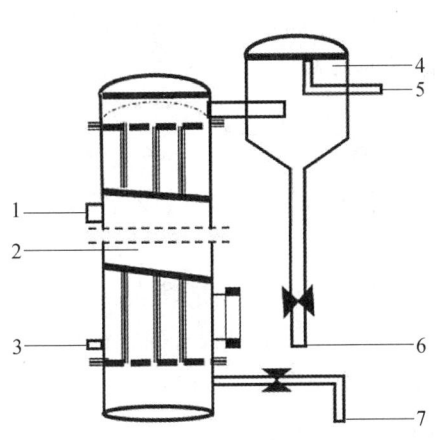

图 2-36 升膜式薄膜蒸发器

1. 加热蒸汽；2. 加热蒸发室；3. 冷凝水出口；4. 分离器；5. 二次蒸汽排出口；6. 浓缩液出口；7. 料液进口

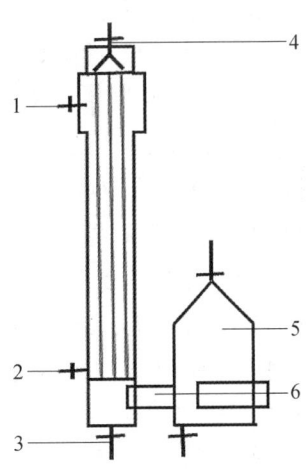

图 2-37 降膜式薄膜蒸发器

1. 加热蒸汽；2. 冷凝水出口；3. 成品出口；4. 料液进口；5. 分离室；6. 混合通道

（2）降膜式薄膜蒸发器（图2-37）：与升膜式薄膜蒸发器的区别是料液由蒸发器的顶部加入，适用于蒸发浓度较高、黏度较大的料液，蒸发量较小的情况。由于降膜式蒸发没有液体静压强作用，沸腾传热系数与温度差无关，即使在较低的传热温度差下，传热系数也较大，因此对热敏性药液的浓缩更有益。该设备不适用于蒸发易结晶或易结垢的料液。

（3）刮板式薄膜蒸发器（图2-38）：系利用高速旋转的刮板转子，将料液分布成均匀的薄膜而进行蒸发的一种高效浓缩设备。液料从进料管以稳定的流量进入随轴旋转的分配盘中，在离心力的作用下，通过盘壁小孔被抛向器壁，受重力作用沿器壁下流，同时被旋转的刮板刮成薄膜，薄膜溶液在加热区受热，蒸发浓缩，同时受重力作用下流，瞬间另一块刮板将浓缩料液翻动下推，并更新薄膜，这样物料不断形成新液膜蒸发浓缩，直到料液离开加热室流到蒸发器底部，完成浓缩过程。该设备适用于高黏度、易结垢、易起泡沫、热敏性料液的蒸发浓缩。

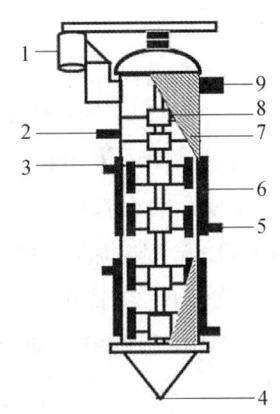

图 2-38 刮板式薄膜蒸发器

1. 马达；2. 进料管；3. 加热蒸汽管；4. 排料口；5. 冷凝水排出孔；6. 刮板；7. 分配盘；8. 除沫器；9. 二次蒸汽排出口

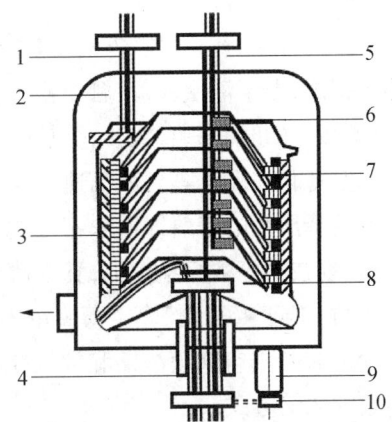

图 2-39 离心式薄膜蒸发器

1. 浓缩液出口；2. 蒸发室；3. 输液管；4. 空心转轴；5. 料液进口；6. 锥形盘；7. 转鼓；8. 冷凝水排出管；9. 电机；10. 三角皮带

（4）离心式薄膜蒸发器（图2-39）：是综合离心分离和薄膜蒸发两种原理的新型高效蒸发设备。将料液加到锥形盘的传热面中央，借高速旋转的离心力将其分散成厚度为 0.05~1 mm 的薄膜进行蒸发。其特点是液膜厚度薄,传热系数高,设备体积小,蒸发强度大,浓缩比高,物料受热时间短(约1 s),不易起泡和结垢,蒸发室便于拆洗等。该设备适用于高热敏性物料的蒸发浓缩,如中药提取液、胰岛素、维生素、抗生素及脏器生化制品等,但其缺点是结构复杂,价格较高。

2. 薄膜浓缩工艺的影响因素

(1) 药材性质:中药提取液的浓缩是中药制药的重要工序之一,目前存在着浓缩温度高,浓缩时间长,有效成分及挥发性成分有损失,一步浓缩难以实现高相对密度的质量要求,设备易结垢,废液排放等问题。中药提取液体系非常复杂,有水提取液和醇提取液等,提取液除含有效成分外,还含有一定量的鞣质类、蛋白质类、胶类、糖类和树脂类等杂质。所以需要对浓缩设备各自的特点、适应性、工艺和技术成熟度等加以了解,确认中药提取液是否含有热敏性有效成分,评估浓缩损失对产品质量的影响,研究药液黏性随浓度变化的规律,测定低共熔点,再结合实际情况选择合适的浓缩设备。对于黏度小于 10 cP①、蒸发量较大的蒸发过程,可选用升膜式薄膜蒸发器;流体黏度在 10~100 cP 之间,蒸发量较小,出口汽速难以满足升膜要求,则可选用降膜式薄膜蒸发器;黏度达到 10 000 cP 以上的流体,可选用刮板式薄膜蒸发器;热敏性极高、黏度又较小者,可选用离心式薄膜蒸发器。

(2) 薄膜浓缩设备:其结构设计和流体动力学特性也会对工艺的效率与稳定性产生影响。蒸发器传热系数随物料流量的增加而增大,但是存在某一峰值,一旦超过这一峰值,传热系数就会随物料流量的增加而减小,随蒸发温度的提高而增大。其次,真空泵能力、冷凝器换热面积、冷却液的温度和流量也影响浓缩效率。

(3) 浓缩条件:蒸发温度、蒸发量、出口料液浓度都是影响浓缩效率的主要因素。蒸发温度的关联因素有真空度、转鼓转速、进料量、蒸汽流量和压力。蒸发量的关联因素有转鼓转速、进料量、真空度、蒸汽流量和压力。出口料液浓度的关联因素有进料量、转鼓转速、蒸汽流量和压力。蒸发温度越高,传热温差越大,进料流量越大,越有利于中药浸提液的浓缩。但在实际操作中,还要注意传热温差、进料流量、温度三者的有机结合,以及考虑设备的投入成本。其次,压力、流速等参数的控制,这些条件会直接影响薄膜浓缩的效率和产品质量。此外,投料运行还要注意:为了使料液均匀分布在蒸发面上形成薄膜,转鼓转速不能低于最低转速要求;为了防止蒸发面上产生干壁现象,进料量要大于最小进料量。

(四) 薄膜浓缩技术的应用实例

二维码2-11
薄膜浓缩技术的应用实例拓展资料

1. 提高中药提取液得率 对中药材提取液使用真空薄膜浓缩时,浓缩液以细流的方式依次连续进入加热器和热源接触,由于液层薄、接触面积大,在很短的时间内就能被汽化,简而言之,就是每浓缩一遍液体,其与热源接触的时间只有数秒,受热时间短且温度偏低减少了提取液在浓缩过程中其有效药物成分的破坏。真空薄膜浓缩法具有浓缩速度快、受热时间短、操作简单、使用方便和效率高等优点。郑肖熠等人研究珍菊降压片的有效提取浓缩方式时,通过对比真空薄膜浓缩和常规减压浓缩的浓缩时间及浓缩馏出量,发现在同等浓缩温度下,真空薄膜浓缩馏出量 140 mL,常规减压浓缩馏出量 120 mL;在溶液均为 95%乙醇,温度 45℃时,真空薄膜浓缩馏出量 160 mL,常规减压浓缩馏出量 110 mL;当溶液为 70%丙酮,温度 55℃时,真空薄膜浓缩和常规减压浓缩分别馏出 180 mL、110 mL。研究表明,真空薄膜浓缩为一种高效的浓缩方式。

2. 提高中药制剂有效成分含量 薄膜浓缩工艺是一种短停留时间的浓缩方式,加热温度较高,但是浓缩液处于此温度下的时间很短,不过几秒,所以对浸膏质量的影响很小。如中药提取液浓缩需较高的浓缩比,可采用二效或三效薄膜浓缩设备,一效采用升膜或降膜浓缩,浓缩液较稀时利用较低温度的二次蒸汽,采用强制成膜浓缩,从而大大降低稠浓缩液的加热温度,缩短物料受热时间,以减少有效成分

---

① 1 cP = 10^{-3} Pa·s。

的降解。蒋东旭等人探讨妇炎康片浓缩工艺过程中所存在的问题及解决方法时,采用旋转蒸发仪模拟实际生产浓缩状况,通过 HPLC 法测定不同浓缩阶段芍药苷、丹酚酸 B、盐酸小檗碱的降解率,分析妇炎康片浓缩过程的主要影响因素,结果显示加快传热速度可降低成分的降解,采用薄膜蒸发方式是降低成分降解的可行方法。研究发现,采用薄膜浓缩工艺可大大降低成分的降解率,可为妇炎康片的实际生产提供参考。

(五)有关问题讨论

当使用薄膜浓缩工艺时,需要综合考虑工艺条件、成本效益、产品质量和环境影响等方面,以选择适合的薄膜浓缩工艺参数和设备配置。重点关注以下方面。

1. 浓缩工艺与设备有待优化　中药浓缩工艺耗能大、污染大,严重制约着中药产业的可持续发展。随着自然资源的过度消耗,各国都加入节能减排工作中。如何实现浓缩工艺与设备的节能减排,也是目前面临的巨大挑战。薄膜蒸发器在运行过程中可能会出现渗漏问题,这可能是由密封不良或薄膜破损所致。渗漏不仅会影响蒸发效果,还可能对环境造成污染。因此,在使用过程中,需要定期检查设备的密封性,及时更换破损的薄膜。其次,薄膜蒸发器具有复杂的结构和控制系统,对操作技术人员的要求较高,操作不当可能导致设备损坏、生产事故等问题。因此,在使用薄膜蒸发器时,需要加强对操作技术人员的培训和指导。将制药过程中传统的单元操作尽量转向连动式的成套设备,可以将能源进行循环利用,同时克服工序衔接带来的污染,减少人员操作带来的繁杂问题,也更符合新版 GMP 对制药过程的要求。优化浓缩工艺与设备可以充分利用药材资源、提高产品质量,又能节省投资成本、减少能耗、缩短生产周期、提高生产效率,使能量得到更加充分的利用。

2. 浓缩过程的自动化与智能化控制　现有的浓缩设备缺乏对浓缩过程中水分、温度、压力的自动化在线监控,无法避免浓缩时液泛,局部过热导致的活性组分氧化、热分解等非稳态现象的发生。同时,不能对浓缩后药液的黏度、密度、浓度等物理参数实现数字化及可视化监测,无法对浓缩的终点进行精确控制。这就很难保证浓缩浸膏具有较好的重现性和均一性,也会影响后续工艺过程,最终可能导致产品质量不稳定,批次间的差异较大。自动化与智能化控制体系可以对浓缩过程进行实时监控,这已经成为中药制药设备发展的重要方向。因此,完善浓缩工艺和设备的自动化与智能化控制体系,以实现浓缩过程中的在线监测,是完善中药提取液浓缩质量评价体系的重要路径之一。

3. 应用领域拓展　如何拓展薄膜浓缩技术的应用领域,发掘新的应用场景,是一个有待研究的方向。首先,利用薄膜浓缩技术对药物溶液进行浓缩,以便制备高浓度的药物溶液或悬浮液,这对于某些需要高浓度剂量的药物来说尤为重要,如抗生素、抗癌药物等。其次,利用薄膜浓缩技术进行药物提取,从植物、动物或微生物中提取药物有效成分,并将其浓缩成药物原料或中间体,这对于传统中药制备、生物制药等领域具有重要意义。最后,利用薄膜浓缩技术对药物溶液进行纯化和分离,可以将混合溶液中的杂质去除,提高药物的纯度和质量。

三、喷雾干燥技术

(一)概述

喷雾干燥技术(spray drying technology)是一种将料液雾化成雾滴,并对雾滴进行干燥,最终得到粉状产品的技术。喷雾干燥技术最先应用于乳制品加工行业,随着社会的不断发展及喷雾干燥技术的愈加成熟,其设备不断更新,喷雾干燥技术现已发展出多种类型,其中包括喷雾节能、喷雾冷冻、纳米喷雾和过热蒸汽喷雾等干燥技术,在制药、化学等领域中有广泛的应用,可缩短工艺提取时间,提高效率。

1. 含义　喷雾干燥是系统化技术应用于物料干燥的一种方法。于干燥室中将稀料雾化后,在与热空气的接触中,水分迅速汽化,即得到干燥产品。

2. 特点　喷雾干燥是一种常用的物质干燥技术,具有以下主要特点:① 物料干燥时间短,一般为几秒到几十秒钟,因此特别适用于热敏性物料的干燥。料液经喷雾后,在高温气流中瞬间就可蒸发95%～98%的水分,完成干燥一般仅需5～30 s。② 改变操作条件即可控制或调节产品指标,如颗粒直径、粒度分布、物料最终湿含量等。③ 喷雾干燥器的体积传热系数较小,对于不能用高温载热体干燥的物料,所需的设备就较大。④ 干燥过程中液滴的温度不高,产品质量较好。⑤ 喷雾干燥产品具有良好的分散性、流动性和溶解性。⑥ 生产过程简化,操作控制方便,通常用于处理湿含量40%～60%的溶液。⑦ 适于连续化大规模生产,能适应工业化大规模生产的要求,干燥产品经连续排料,在后处理上可结合冷却器和风力输送,从而组成连续生产作业线。

(二) 喷雾干燥技术的原理

喷雾干燥技术的原理是通过机械作用,将需干燥的物料分散成很细的像雾一样的微粒,可增大水分蒸发面积、加速干燥过程,将微粒与热空气接触,在瞬间除去大部分水分,使物料中的固体物质干燥成粉末。

(三) 喷雾干燥工艺流程及其影响因素

1. 喷雾干燥工艺流程　是将料液通过雾化器的旋转离心作用,分散成均匀的小液滴,通过热空气或其他气体对其进行干燥,在热量和质量传递后获得产品的过程。此流程包括3个基本过程:料液的细小微粒化、小液滴与热空气的接触混合、干燥产品与废气的分离。

(1) 料液的细小微粒化:料液泵入雾化器后雾化为细小液滴,增大了物料乳液表面积,使其便于与热空气接触时乳液中水分的迅速蒸发。雾滴的大小和均匀性在一定程度上都会对产品质量有所影响,如果雾滴不均匀,干燥过程中就会出现产品未干燥完全和干燥过度的情况。

(2) 小液滴与热空气的接触混合:雾滴与热风在塔内进行传热传质。热风分布结构、雾化器安装位置、废气排出方式的不同,都会使雾滴和热风接触混流的状态有所差别。在干燥塔内,雾滴与热风的接触方式有3种:并流、逆流和混流。不同的接触方式对干燥塔内的温度分布、颗粒运动轨迹、物料停留时间和产品品质也会产生很大影响。并流式对干燥热敏性物料特别有利,因为最热的风会和湿含量最大的液滴换热,物料乳液中的水分迅速蒸发,热风温度显著降低,雾滴到成品的整个过程中温度都不会高。乳液中水分的过快蒸干也导致了小液滴胀大,甚至破碎,所以干燥产品多为不规则的多孔物质。对于逆流式,干燥塔底温度最高、湿度最低的热风与含水量最低的颗粒接触,有利于耐高温、对水量要求低的非热敏性物料的干燥。物料停留时间相对并流式较长,对传热传质也非常有利。混流式操作的特性介于两者之间。干燥塔内水分的蒸发可分为两个阶段:恒速干燥和降速干燥阶段。在第一阶段,雾滴内部的水分足以维持表面水分损失,干燥处于恒速状态,此时雾滴温度不高;当雾滴内部的水分不能维持雾滴表面蒸发量时,囊壁开始形成干壳,内部蒸汽压升高,水分迁移变慢,干燥速率下降,物料表面温度升高,囊壁增厚,颗粒胀大成球。

(3) 干燥产品与废气的分离:根据工艺要求和环保要求,分离方式主要有旋风分离器分离、袋滤器分离、静电除尘器分离、旋风分离器和袋滤器组合分离、旋风分离器和湿式除尘器组合分离。

2. 喷雾干燥技术的影响因素

(1) 料液性质

1) 料液黏度:喷雾干燥技术凭借其高效的干燥效率,已经成为中药生产中常用的干燥方法,尤其是在中药提取物的干燥中应用广泛,如中药配方颗粒的生产过程。但中药经提取、浓缩后得到的浓缩液中含糖类、胶类或黏液质类成分较多时,会导致溶液黏度增大,而高黏度液体会阻碍液体蒸发,影响喷雾干燥的效果。

2) 料液表面张力:在喷雾干燥过程中,雾化液滴的表面张力与粉体形成过程密切相关,会影响粒径大小与形态。与料液黏度、密度等参数相比,表面张力直接影响传质面积,进而影响传质过程。液体表面张力较小时,分子间吸引力降低,容易被雾化成小液滴,并导致颗粒粒径细化。同时,料液表面张力与黏度会影响粒子形态,当表面张力大于黏度时,液体表面受到收缩作用力,导致粒子间接触而产生塑性变形,经重排后,粒子间连接紧密,产生致密的粒子结构。

3) 料液浓度:也是影响喷雾干燥制得粉体的收率、粒径和水分等的关键因素。对于中药提取液来说,浓度较大时,单位体积内固体含量多,粒子易聚集在一起,从而导致粒径增大,且粉体存在干燥不完全、水分超标的风险。料液浓度过低时,单位体积内固体含量较低,导致收率降低。研究人员对枸杞子浆进行喷雾干燥,进料体积分数为25%时可使集粉率最高,粉体水分含量最低;而进料体积分数大于25%,则会导致枸杞子浆干燥不完全,集粉率降低,粉体水分含量高且黏壁现象严重。

4) 料液组成及其比例:可在一定程度上决定料液的理化性质。在中药提取物中,除有效成分外,尚存在一些无活性但可影响药物物理性质的伴生物质,如淀粉、多糖、果胶等。伴生物质与有效成分协同参与喷雾干燥过程,可起到保护有效成分不受损失、改变颗粒结构等作用,体现了中药"药辅合一"的特点。如在部分中药醇提物中,大分子糖类的去除使小分子糖和有机酸的比例增多,导致醇提物的黏壁现象相比水提物更为明显。在中药提取物中加入适当辅料进行喷雾干燥共处理,可改善粉体结构和性质。

(2) 工艺参数

1) 进料速度:对喷雾干燥的收率会产生影响。当进料速度较大时,单位时间内进入干燥室的雾滴量增加,干燥空气并不能立即将液体干燥成固体,从而导致液体干燥不完全,粉体水分增加,收率降低。对于黏性较大的物料,进料速度过慢时,物料在进料管中沉淀黏结,会导致出现物料浪费和干燥不均匀的问题,若物料沉积在雾化器内,会导致雾化器堵塞,使操作无法正常进行。

2) 雾化压力:在喷雾干燥生产中,按照雾化原理的不同,可将雾化器分为气流式、压力式和离心式3种。中药提取液的黏度较大,多使用气流式和离心式雾化器。以气流式雾化器为例来说明压力对喷雾干燥的影响,气流式雾化器是利用压缩空气(或水蒸气)高速从喷嘴喷出与另一通道输送的料液混合,利用空气(或水蒸气)与料液两相间相对速度不同以产生摩擦力,从而把料液分散成雾滴。压缩空气压力对喷雾干燥效果的影响主要有两方面:一方面是对收率的影响,如随着喷雾压力增大,喷雾角度减小,粉体黏壁概率减少,从而收率提高;另一方面是对粒径的影响,喷雾压力增大时,用以打碎雾滴的能量增加,可以雾化成更小的微滴,水分蒸发后粉体的粒径也变小。

3) 进风温度和出风温度:喷雾干燥过程中的进风温度多控制在120~200℃,进风温度的高低与输入能量的大小有关,其会影响喷雾干燥过程的效率和能耗。进风温度越高,蒸发能量则越大,不仅可使颗粒干燥充分、水分减少,而且所得粉体黏结性较低、粒径分布均匀、收率高;反之,粉体黏性增强,甚至出现聚集现象,导致收率降低。但也有研究表明,随着温度的增加,收率反而降低,原因主要与物料的玻璃化转变温度(T_g)有关,当进风温度高于物料的T_g时,粉体变黏,导致干燥室物料黏壁较多,收率降低。此外,进风温度会影响粒子的形态,如进风温度高时,颗粒表面瞬间干燥,产生具有光滑坚硬表面的粒子,而较低的进风温度则会使粒子表面较潮湿,进入到干燥塔低温区域时其内部产生收缩,导致产生皱缩颗粒。出风温度通常受进风温度的影响,增加进风温度可以使出风温度随之增加。由于排出气体与最终喷干粉体直接接触,为防止高温对粉体成分的影响,通常将出风温度控制在50~90℃。

4) 设备因素:喷雾干燥设备参数,如雾化器和干燥器的几何形状等,也会影响干燥效果。雾化器材质、气体进入干燥塔的方式,以及液滴的尺寸和分布受材料阻力系数的影响等,均对喷雾干燥效率有影响。

（四）常用的喷雾干燥技术

根据原理的不同，喷雾干燥可分为压力喷雾干燥法、离心喷雾干燥法与气流式喷雾干燥法。料液槽、料液泵、压缩空气、气流喷嘴、干燥塔、旋风分离器、布袋除尘器、加热器等是喷雾干燥机的常见组成部分（图2-40）。

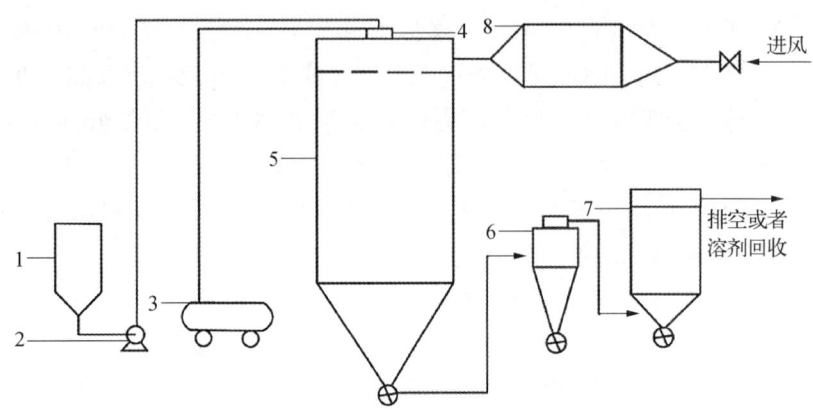

图2-40 喷雾干燥机结构示意图

1. 料液槽；2. 料液泵；3. 压缩空气；4. 气流喷嘴；5. 干燥塔；6. 旋风分离器；7. 布袋除尘器；8. 加热器

1. 压力喷雾干燥法 利用高压泵（压力通常为3~20 MPa），将液料通过雾化器（喷枪）聚化成10~200 μm的雾状微粒，再与热空气直接接触以进行热交换，短时间完成干燥。

2. 离心喷雾干燥法 利用水平方向作高速旋转的圆盘给予溶液以离心力，使其以高速甩出，形成薄膜、液丝或液滴。由于空气的摩擦、阻碍、撕裂作用，随圆盘旋转产生的切向加速度与离心力产生的径向加速度，液滴以合速度在圆盘上运动，其轨迹为螺旋形，液体沿着此螺旋线自圆盘上抛出后，就分散成很微小的液滴以平均速度沿着圆盘切径方向运动，同时液滴又受到地心吸力而下落。由于喷洒出的微粒大小不同，它们的飞行距离也就不同，因此在不同距离落下的微粒形成一个以转轴中心对称的圆柱体。

获得较均匀液滴的要求有：① 减少圆盘旋转时的震动；② 进入圆盘的液体量在单位时间内保持恒定；③ 圆盘表面平整光滑；④ 圆盘的圆周速率不宜过小。

离心喷雾器的结构要求为润湿周边长，能使溶液达到高转速，喷雾均匀，结构坚固、质轻、简单、无死角、易拆洗、有较大生产率等优点。

3. 气流式喷雾干燥法 湿物料经输送机与加热后的自然空气同时进入干燥器，二者充分混合，由于热质交换面积大，从而在很短的时间内达到蒸发干燥的目的。干燥后的成品从旋风分离器排出，一小部分飞粉由旋风分离器或布袋除尘器得到回收利用。

（五）喷雾干燥技术的应用实例

喷雾干燥技术是系统化技术应用于液料干燥的一种方法，在中药领域的应用非常广泛，可以用于中药提取液的干燥、制粒、制微囊、包衣等。该项技术将中药稀药液直接喷雾干燥制成干颗粒，将中药加工成中药液的浓缩、多效浓缩、造粒、干燥四步合为一步，大大简化并缩短了中药提取液到半成品或成品的工艺和时间，提高了生产效率和产品质量。

1. 中药提取液的干燥 在中药提取液的干燥技术中，目前应用较多的是喷雾干燥技术，同传统的干燥方法相比，可以直接液体进料，以液体的形式被热空气流干燥，热空气流与物料接触充分，干燥快。

二维码2-12 喷雾干燥技术的应用实例拓展资料

曾逸佳等人优化了和中颗粒浸膏粉的喷雾干燥工艺。该研究采用喷雾干燥,将和中颗粒提取液干燥为粉末时只需一步,显著提高了效率,而且由于时间很短,可最大限度地保留热敏性成分,同时为其他中药复方水提液的干燥提供参考。

2. 制粒　在制备成固体制剂之前,通常需要先制粒,所制颗粒可能是最终产品,如颗粒剂、胶囊剂,也可能是中间产品,如片剂。制粒的目的不仅仅是改善物料的流动性、飞散性、黏附性及有利于剂量准确等,还要保证颗粒的形状大小均匀、外形美观等。而颗粒的大小、圆整度、黏性、松脆度等都会对中药成品造成影响。刘晓闯等人采用正交实验法考察了紫参胶囊喷雾干燥制粒过程中喷雾速度、雾化压力、进风温度、物料温度的影响,优选的最佳工艺条件为喷雾速度 15 kg/h、雾化压力 0.2 MPa、进风温度 110℃、物料温度 65℃。其中,流浸膏的喷雾速度是影响成型颗粒大小、均匀度的关键因素,喷雾速度越快,单位时间、单位重量的底料所需吸收的浸膏量越大,颗粒越易结块、黏壁。

3. 制微囊　喷雾干燥法是应用较早且较实用的制备微囊的一种方法。喷雾干燥制备微囊是一个物理过程,它对设备的要求比较低,工艺参数(进风温度、出风温度、雾化速度、加料速度等)比较可控,操作起来非常简便,其所接触到的溶剂除了乙醇、丙酮等有机溶剂外,大部分是水,长期使用不会对设备造成腐蚀,有利于工业化大生产。邵啸等人采用喷雾干燥法成功制备了氯雷他定-透明质酸微囊及微球,显著改善了氯雷他定的溶解度和体外释放度,利用此方法制备微囊(或微球)的成本较低、操作简单,易于实现大规模工业化生产。

4. 包衣　喷雾包衣技术是喷雾干燥技术在中药领域中的应用之一,喷雾包衣属于薄膜包衣技术的范畴,是指将固体颗粒在流化床中翻滚,包衣材料通过喷嘴雾化成小液滴状进入流化床,在悬浮的芯材颗粒表面形成薄膜。王盈等人采用喷雾干燥法制备含有硬脂酸的填充剂,能有效保护包衣小丸,减少压片过程中由压力导致的衣膜破损,并且不会影响崩解性能,这提供了一种能在多颗粒缓释小丸型片剂制备过程中协调释药行为、片剂抗张强度和崩解时间的解决方案。

(六) 有关问题讨论

1. 不同中药的最佳工艺条件难以确定　中药的种类是多种多样的,因此其理化性质也各不相同,即使在相同的干燥条件下,其传质、传热的速率也有较大的差异。如果对不同种类的中药按照一般规律进行喷雾干燥,则不能达到理想的干燥效果,而且容易造成能源浪费。因此,需要掌握各种中药的理化性质,对每一种产品,通过实验总结出干燥过程中的规律,以确定各种工艺参数,摸索出喷雾干燥的最佳工艺条件,才能提高生产效率和产品质量,降低生产成本和能源消耗。

2. 黏壁及吸湿问题　大多数中药含糖成分较高,因此其提取液黏度过大,喷雾干燥时易出现塔内黏壁现象,可加入一定量的糊精、淀粉等辅料以降低黏度。在通乐颗粒的制备中,加入乳糖与糊精的质量比为 2∶3,用量为总质量的 15%,喷雾干燥时不黏壁,且产品的溶解性、口感都很好。进风温度太低,物料处于半湿状态易产生黏壁现象。低熔点物料易黏壁,应将塔内温度控制在物料的熔点以下。此外,喷雾干燥设备安装不当、喷嘴雾化效果不好时,也容易黏壁。增加气扫装置可以避免物料碰到塔壁上,物料一旦附壁,可强迫使其分离,而且利用空气再加热,加热温度最高为 80℃,可防止物料在干燥后的运行中二次吸湿,不会产生过热现象。

含糖成分高的中药还存在干燥产品吸湿性强的问题,用大孔吸附树脂对中药提取液进行纯化,可防止产品吸潮。唐雪梅等人将中药浸膏先经过大孔吸附树脂纯化,再用喷雾干燥法制备所得的粉末不吸潮,而且对中药有效成分有很好的富集作用,用水及乙醇作为黏合剂进行沸腾制粒时的成型性能好。

3. 热敏性问题　中药提取液进行喷雾干燥时,雾滴表面有水饱和,雾滴的温度大致等于热空气的湿球温度,因此其温度并不高,故干燥产品的质量较好,适用于热敏性物料。如果中药的热敏温度低于干燥塔内热空气的湿球温度,则其有效成分易氧化而破坏。若采用常温喷雾干燥(进风温度在0~60℃内)法,则可以大大提高中药产品的质量,目前的高温喷雾干燥(进风温度高于150℃)法和亚高温喷雾干燥(进风温度在60~150℃内)法已比较成熟,而且亚高温喷雾干燥法常被用来减少对中药有效成分的破坏,常温喷雾干燥法在国内目前未见报道,可能是由于空气除湿、干燥介质的干燥动力小等难题尚未得到解决。

四、沸腾干燥技术

(一) 概述

沸腾干燥(fluidizing drying)技术是指利用干燥介质的对流和传热作用,使固体物料在沸腾状态下进行干燥的一种机械方法,其交叉融合了热力学、流体力学、传热学、传质学等多个学科知识,并且在沸腾干燥过程中,涉及热量传递、物质传递和相变等复杂的物理过程。该技术起源于1921年,最早应用于干燥工业化大生产是使用于1948年美国建立的多尔-奥列弗固体流化装置,而我国直到1958年才开始发展此项技术。沸腾干燥技术的应用前景广阔,引起了越来越多中药研究者的关注。中药沸腾干燥技术是指将中药材悬浮于液体中,通过加热使其沸腾,蒸发液体中的水分,最终将中药材从悬浮状态转变为干燥的颗粒或粉末状态。

1. **含义** 沸腾(boiling)是液体在受热时产生的一种常见现象,从热力学角度来看,是指当液体受热到达一定温度时,液体内部形成气泡,并在液体表面上升至液面而破裂。破裂时,气泡释放出热量,将热量传递给液体。在沸腾过程中,液体的表面积会大大增加,从而提高传热效率。而在工艺流程中,沸腾即指流化。流化是指固体颗粒被流体吹起呈悬浮状态,粒子可以相互分离,作上下、左右、前后运动。这种状态既称作流化,也可称作流态化、流动化或沸腾状态。

2. **特点** 沸腾干燥是一种利用流化床技术进行干燥的方法,具有以下特点。

(1) 干燥效率高:由于物料和干燥介质的接触面积大,同时物料在流化床内不断地进行激烈搅动,所以传热效果良好,干燥速率快,热容量系数大,可达 $2.3 \sim 7.0 \ kW/(m^3 \cdot K)$。干燥过程中热空气流过物料,并提供合理均匀的混合和加热曲线。

(2) 能耗较低:流化床中的干燥介质,如热空气,可以循环利用,通过热回收系统回收热空气中的热能,减少了能源的浪费,从而提高了能源利用效率。这样可以节约热能消耗,降低生产成本。

(3) 工艺简单,易于控制:相比其他干燥设备,流化干燥设备具有较好的控制性能,可以通过准确调节气流速度、温度、湿度等参数来控制干燥过程,按照需求调节物料在干燥器内的停留时间,使产品达到理想的干燥效果。

(4) 干燥、混合均匀:由于物料在流化床中处于悬浮状态,热空气能够均匀地对物料进行加热和干燥,避免了局部过热或过湿的问题,保证了产品的质量稳定性;物料的湿法混合不能保证物料的混合均匀性,但经过流化混合后就能保证物料颜色和性质的均匀性。

(5) 适用于热敏性物料:由于流化床内温度分布均匀,从而避免了产品任何局部的过热,所以特别适用于某些热敏性物料的干燥。

(6) 其他:还具有成本低廉、占地面积小等优点。

(二) 沸腾干燥技术的原理

在沸腾干燥中,物料被置于加热介质中,通过加热介质将热量传递给物料。当物料中的水分被加热到达沸点以上的温度时,水分开始沸腾并形成气泡。这些气泡通过上升和破裂的过程,将热量传给周围的物料。沸腾干燥的过程中,气泡的形成和破裂不断重复,从而保持了干燥表面的新鲜物料暴露在高温介质中,实现了高效的传热。在中药制药工艺中,利用气体通过固体颗粒床时的流化现象,将颗粒物料悬浮于气流中,产生沸腾状态,这种床层就称为流化床,故沸腾干燥也称流化床干燥。在干燥过程中,若采用热空气为流化介质,通过加热装置加热至一定温度,热空气通过风机送入流化床中,使固体颗粒物料在气流中流动,当物料与热空气进行吹起、翻滚、互相混合和摩擦碰撞等充分接触后,通过传热和传质,热量就会被传递至物料表面,使其迅速蒸发,在此过程中,热空气则既为流化介质,又是干燥介质,起到了双重作用。同时,气流中的水分通过排气系统排出,从而实现物料的快速干燥。

(三)沸腾干燥工艺流程及其影响因素

1. **沸腾干燥工艺流程** 通常包括以下几个主要步骤。

(1)预处理:在进行沸腾干燥之前,通常需要对中药固体物料进行一定的预处理,以确保干燥效果和产品质量。常见的沸腾干燥前物料预处理步骤包括:① 粒度控制。对固体物料的粒度进行控制,通常需要将物料研磨或筛分,使得粒度均匀一致,有利于干燥过程中的热传导和蒸发。② 清洁处理。确保固体物料表面的清洁,避免杂质和污染物对干燥过程与产品质量的影响。可以采用清洗或筛分等方法进行清洁处理。③ 预干燥。对于含有较高水分的物料,可以首先进行预干燥以去除部分水分,减少下一步干燥过程的能耗,提高干燥效率。④ 添加助剂。根据物料性质和要求,可以添加一些助剂,如抗结块剂、防氧化剂等,以提高干燥过程的效果和产品的稳定性。⑤ 粉碎处理。对于一些易结块的物料,可以进行粉碎处理,使其更容易在沸腾干燥过程中均匀分布,以提高干燥效率。⑥ 成分调节。如有必要,还可以对物料的成分进行调节,以满足产品的特定要求,例如调节含水量或添加特定成分。

(2)物料进料:准备中药固体物料,称量确保符合生产要求。采用适当方式将物料输送至干燥机进料区,控制进料速度和量,确保均匀分布,提高干燥效率。注意保持设备稳定运行,避免堵塞等问题。严格控制进料速度和量,可以确保干燥效率和质量,保障生产顺利进行。

(3)热量加热:沸腾干燥的热量加热过程如下。启动沸腾干燥机的加热器,利用电热元件或蒸汽发热,加热内部空气至超过饱和蒸汽温度,形成适合干燥的热湿环境。连接加热器至电源或热源系统,通过控制加热状态和输出,监测并调节温度和加热功率,确保内部温度达到并符合设计要求。这些措施确保了加热过程的温度稳定性,是顺利进行干燥操作的关键,同时可以提升生产效率和设备可靠性。

(4)干燥过程:经过加热,空气在高效沸腾干燥床内形成高速气流,产生气固两相间的强烈对流。这种高速气流带动中药固体物料在整个干燥床内迅速晃动、流动和搅拌,并同时保持床体内固体物料的均匀分布。在这个过程中,中药固体物料得到充分的悬浮和扩散,使得固体颗粒与高温空气充分接触。高温空气能够迅速吸收固体物料中的水分,促使水分蒸发,形成水蒸气。这些水蒸气随着床体内的高速气流一起冲出干燥床,并通过排气口排出。通过高速气流的强烈运动和中药固体物料的高速晃动,固体物料表面的水分可以快速蒸发,从而实现快速干燥的效果。

(5)产品收集:干燥结束后,利用输送带或其他装置输送出干燥后的物料,保持生产连续高效。然后,进行产品的收集、包装、保存或进一步加工。收集时使用干净容器以防止污染,按照产品性质和规格要求进行适当包装,使用卫生标准包装材料以确保保鲜和质量。根据产品特性选择保存方式,避免受潮或变质,并根据需要进行后续加工(如粉碎、制剂),以提升产品附加值。

2. **沸腾干燥技术的影响因素** 沸腾干燥技术的效果受到多种因素的影响,主要包括以下几个方面。

(1)物料特性:中药物料的粒度、形状、含水量、热敏性等特性会直接影响沸腾干燥的效果。其中,物料的粒度越小,其比表面积越大,有利于提高干燥速度,因为更大的表面积可以加快水分的挥发,而粒度较大的物料可能会造成热量传递不均匀,从而降低干燥效率。物料形状也会影响沸腾干燥效果,如球形物料有利于均匀地传递热量,而不规则形状的物料可能在干燥过程中形成堆积,影响热量传递和水分挥发。

另外,含水量的多少也会直接影响干燥过程中的热量传递和水分挥发速度。当含水量较高时,需要更多的热量来蒸发水分,因而干燥时间会较长。最后,热敏性物质在高温下容易发生化学变化,因此,在沸腾干燥中需要控制干燥温度,以避免物质的分解而影响产品质量。总之,不同特性的物料在干燥过程中的表现会有所差异。

(2) 露点(dew point):又称露点温度(dew point temperature),是空气中水分达到饱和状态并开始凝结成液态水的温度。干燥过程有利于除去湿空气,使之含有很低的残留水分,即露点降低。而此时,物料内部的水分子摆脱键合力的束缚,向物料周围的空气扩散,从而提高干燥效率。

(3) 干燥设备:在制剂生产过程中,针对物料的不同特性、产品的具体要求、生产规模的不同等,也应该选择相应的沸腾干燥设备与其对应。选择合适的沸腾干燥设备,可以有效地提高干燥效率。此外,优化选用设备的工艺参数,也是提高干燥效率、降低生产能耗的重要举措。

(4) 传热方式:对蒸发速率有重要影响,如采用搅拌、加热表面积大的设备可以提高传热效率,从而加快蒸发速率,进而影响干燥效果。搅拌可以有效地增加溶液中的对流传热,促使溶质和溶剂之间的热量均匀分布,加快热量传递速度,提高蒸发速率。此外,采用加热表面积大的设备也能够增加热交换的面积,提高传热效率,加快溶质和溶剂的蒸发速率。通过优化传热方式和设备设计,可以有效提高溶液干燥过程中的传热效率和蒸发速率,以实现更快速的干燥效果。因此,在实际操作中,选择合适的传热方式和设备结构对于提高干燥效率和加快干燥速度具有重要意义,有助于优化生产过程,提高生产效率。

(5) 工艺参数:中药物料的干燥通常有3个主要阶段:预热期、无阻碍期和阻碍期。在预热期,物料吸收的热量用于蒸发水分和加热颗粒。当达到无阻碍期时,从表面传递到固体中的热量等于在表面蒸发的液体量和蒸发潜热的乘积。湿颗粒继续向表面提供液体,干燥前沿向中心后退。在阻碍期,供给表面的液体不足以维持恒定速率,因此,干燥速率开始下降。在干燥过程中,需要选择合适的工艺满足以上3个阶段的要求,使得干燥工艺更加出色。

优化工艺参数可以提高干燥效率、节约能源,并且保证产品质量。以下是一些优化沸腾干燥工艺参数的方法:① 温度控制。确定适当的干燥温度,避免温度过高导致中药物料过度干燥或热敏性物料受损;在不同阶段可能需要不同的温度,可以根据物料性质和生产要求进行调节。② 湿度控制。控制湿度可以影响干燥速度和产品质量,应根据物料的含水量和干燥要求进行调节;避免湿度过高导致产品吸湿或结块,也要注意避免湿度过低导致物料失重过快。③ 进料速度和转速。可影响沸腾床的运行状态和物料的停留时间,从而直接影响干燥效果;需要根据物料性质和干燥要求,合理调节进料速度和转速。④ 气流速度控制。可以影响热效率,进而影响干燥速度和干燥效果,避免颗粒飘散或过度干燥。合理选择气流速度,确保足够的热量传递和物料搅动。⑤ 干燥时间。根据不同物料的特性和生产要求确定合适的干燥时间,避免时间过短导致未干透或过长导致过度干燥;可以通过实验确定最佳的干燥时间,以提高干燥效率。在干燥工艺中,通常是对以上参数进行综合考虑并优化。

(四) 常用的沸腾干燥设备及选择

根据设备结构形式,沸腾干燥器可分为:单层圆筒形流化床干燥器、多层圆筒形流化床干燥器、卧式多室流化床干燥器、搅拌流化床干燥器、振动流化床干燥器、离心式流化床干燥器、脉冲流化床干燥器、惰性粒子流化床干燥器等。

1. 单层圆筒形流化床干燥器　连续操作的单层圆筒形流化床干燥器可用于初步干燥大量的物料,特别适用于表面水分的干燥。然而为了获得均匀的干燥产品,则需延长中药物料在床层内的停留时间,与此相应的是提高床层高度,从而造成较大的压强降。在内部迁移控制干燥阶段,从流化床排出的气体温度较高,干燥产品带出的湿热也较大,故干燥器的热效率很低。

2. **多层圆筒形流化床干燥器** 结构示意图如图 2-41 所示。该设备具有均匀的停留时间分布,实际停留时间比单层流化床短,并且允许设备体积缩小。干燥过程中,产品干燥程度均匀,便于控制质量。由于分布板增加,床层阻力相应提高,但在降速干燥阶段,物料停留时间减少,床层阻力降低。多层床热效率高,特别适合干燥湿含量高(一般在 14% 以上)或降速干燥阶段较长的物料。例如,五层床用于干燥涤纶树脂(干燥后含水率仅为 0.03%),双层床适用于含水率在 15%~30% 的药物片剂,如氨基匹林。

3. **卧式多室流化床干燥器** 由于多层流化床干燥器的制造较为复杂,操作控制不容易掌握,故近年来有将其改为多室流化床的趋势,即改为低风速的卧式多室流化床干燥器,如图 2-42 所示。其主要特点:① 在相邻隔室间安装挡板,从而可制得匀称干燥的产品,改善了物料停留时间的分布;② 物料的冷却和干燥可结合在同一设备中进行,简化了流程和设备;③ 由于分隔成多室,可以调整各室的空气量,增加的挡板可避免物料走短路排出。该设备在制药工业中推广较快,

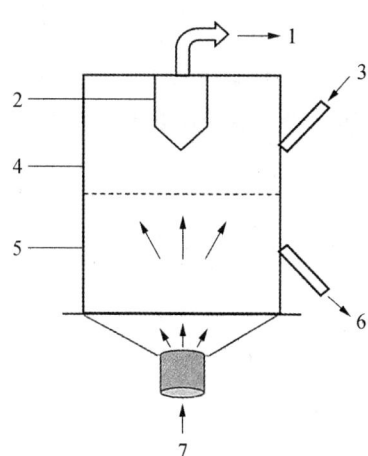

图 2-41 多层圆筒型流化床干燥器结构示意图

1. 气体出口;2. 床内分离器;3. 加料口;4. 第一层;5. 第二层;6. 出料口;7. 热空气

目前国内有几十个工厂用此设备来干燥各种片剂颗粒药物、粉粒状物料和片状物料。假如在操作上对各室的风量、气温加以调整,或将最末几室的热空气二次利用,或在床内添加内加热器等,还可提高热效率。

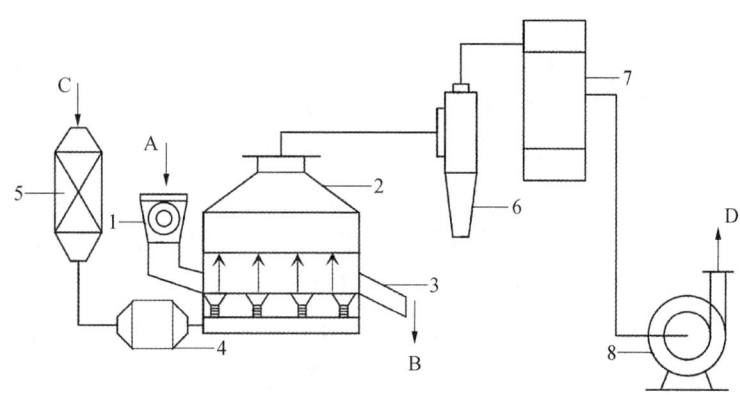

图 2-42 卧式多室流化床干燥器结构示意图

A. 原料入口;B. 物料出口;C. 空气入口;D. 废气出口;1. 摇摆进料机;2. 干燥器;3. 卸料管;4. 加热器;5. 空气过滤器;6. 旋风分离器;7. 袋滤器;8. 抽风机

4. **搅拌流化床干燥器** 为了使某些湿颗粒物料或已凝聚成团的物料亦能采用流化干燥技术,研究人员在加料口四周装备床内搅拌叶片,使呈团状或块状的物料准时打碎,以利于形成流化,这种装备有搅拌器的流化床称为搅拌流化床。其优点在于:① 适用于湿含量较高、在热气流中不易分散的物料,或者可能结块的物料的干燥。② 可以避免沟流腾涌和死床现象,获得匀称的流化状态,提高热质传递强度。近年来,搅拌流化床在制药工业上得到了相当广泛的应用,其常作为制药过程中后续工艺的干燥装置,以简化设备及工艺,降低成本。

5. **振动流化床干燥器** 随着多级干燥的发展,振动流化床得到应用,其基本结构与卧式多室流化床相似,如图 2-43 所示,此设备是一种将机械振动加于流化床中的改良产品。物料依靠机械振动和穿孔气流双重作用流化,并在振动作用下向前做活塞形式的移动,利用对流、传导、辐射向料层供给热量,即可达到干燥的目的。振动流化床由于物料的输送是由振动来完成的,供给的热风只是用来传热和传

质,因此可以明显地降低能量消耗。另外,由于床层的剧烈振动,传热和传质的阻力减小,提高了振动流化床的干燥速率,同时使不易流化或流化时易产生大量夹带的块团性或高分散性物料也能顺利干燥,克服了卧式流化床易产生返混、沟流、黏壁等现象的问题。

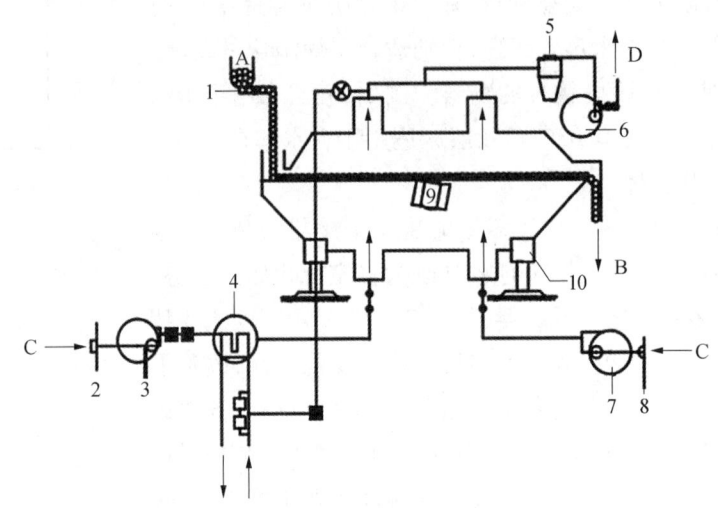

图 2-43 振动流化床干燥器结构示意图

A. 原料入口;B. 物料出口;C. 空气入口;D. 空气出口;1. 过滤器;2. 送风机;3. 换热器;4. 旋风分离器;5. 排风机;6. 排风器;7. 给风机;8. 过滤器;9. 振动电机;10. 隔振簧

6. 离心式流化床干燥器 是在离心力场中进行流化干燥的一种新型干燥设备,其原理是在机械转动造成的离心力场作用下,使粒状物料分布在丝网掩盖的圆筒型多孔壁上,热气流穿过多孔壁,使之流化干燥。由于离心力场的存在,离心加速度可以是重力加速度的几倍到几十倍,因此与平凡重力流化床相比,其强化了湿分在物料内部的迁移过程,干燥时间短,传热传质速率高,能够有效地抑制气泡的生成及物料的夹带,对于在重力流化床中难以干燥的低密度、热敏性、易黏结的固体物料都可以有效地干燥。

7. 脉冲流化床干燥器 针对一些不易流淌的物料及干燥温度不允许超过 50~80℃ 的结晶药物,发展了脉冲式流化床。脉冲流化床转变了传统流化床的恒定送风为周期性送风,通过调整气流的脉冲频率或脉冲气流导通率,使通过孔板的气体流量或流化区发生周期性变化,对物料进行干燥。其优点在于:传热系数高,干燥时间短,空气耗量削减,电能耗量低。脉冲流化床能有效克服沟流、死区和局部过热等传统流化床常见的弊端,因而可用于处理黏性强、易结团和热敏性物料,如四环素类抗生素。

8. 惰性粒子流化床干燥器 具有将物料蒸发、结晶、干燥和粉碎在同一设备中完成的特点。此干燥器中预先装有直径为 1~2 mm 的玻璃珠,其在热空气的作用下呈流化状态,物料进入流化床内,在玻璃珠相互球磨的作用下被快速粉碎、干燥。目前,此类流化床干燥器在制药工业中的应用较少。

(五) 沸腾干燥技术的应用实例

1. 提高有效成分的含量与保留率 沸腾干燥在中药块根的干燥中发挥着重要作用,由于沸腾干燥可在相对低的温度下进行,有利于保留中药块根中的有效成分和药效物质,从而提高有效成分的含量及保留率,降低有效成分的损失风险。涂行浩等人比较了热风干燥、真空冷冻干燥及流化床干燥对玛咖品质的影响。最终结果证明,流化床干燥玛咖块根的时间最短,能量利用率最高,且外观色泽和复水性能也较佳;同时,测得干燥产品功能性成分芥子油苷的保留率可达 86.34%。这证明沸腾干燥技术有助于提升中药材的质量并保证药效,是制备高质量中药块根的有效技术手段之一。

沸腾干燥技术特别适合干燥制药中的粉末和颗粒物料,如活性药物成分和辅料。通过沸腾干燥,

二维码 2-13 沸腾干燥技术的应用实例拓展资料

可以有效控制物料的最终湿度、颗粒大小和颗粒形态,以及有效成分的含量和保留率。在银杏精颗粒的沸腾干燥生产工艺中,其有效成分黄酮的保留率可达90%以上,同时,该工艺条件下生产的银杏精颗粒具有较好的溶解性、润湿性、分散性等特性,扫描电镜显示该产品结构呈多孔状。

2. 优化制备工艺,促进制剂改良　在中药制药行业中,制备工艺的优劣性直接关乎最终制剂产品的质量。优化沸腾干燥工艺,可以解决产品干燥重点指标准确性、重复性差的问题。在调整清源颗粒的沸腾干燥工艺之后,其中包括对进风温度、进风湿度、预热时间、引风机频率等参数的调节,最终产品的质量得到了明显提升。

(六) 有关问题讨论

经过长期的应用和发展,沸腾干燥机在结构、性能方面都有了明显的改善,质量也在不断提高,但还存在着一些问题,下面结合生产实践提出改进建议。

1. 沸腾干燥机对热能的利用不充分　沸腾干燥机从形式上来说是一种空气对流干燥设备,与传导型干燥设备相比,其能耗相对较大,可通过加强设备密封效果、采用铜管缠绕翅片进行换热,以及增加保温措施等方式减少热能损失。

2. 对沸腾干燥机捕集除尘装置的改进建议　过滤除尘器的除尘效率在很大程度上决定了沸腾效果。目前使用的除尘方式主要有抖袋除尘和脉冲反吹除尘两种。抖袋除尘由于布袋过滤器拆装不方便,吊筋选材不太合理容易引起变形,因而密封不严,也会引起跑粉和风量的变化,既污染了环境,又降低了产品收率。建议将过滤袋采用卡箍连接方式进行连接,吊筋选用不易变形的刚性材料,同时定期检查更换布袋。针对脉冲反吹除尘,建议采用不锈钢烧结网滤芯,同时注意完善除尘系统,增加二次除尘装置。

3. 关于气流分布板(筛网)的改进建议　目前,大部分沸腾干燥机使用的气流分布板形式单一,多采用垂直的打孔板或席形网板,物料在流化过程中很容易出现流化不均或产生死角等问题,不能确保颗粒中药品的均匀度,同时,单一的开孔形式也不能满足不同药品的生产工艺要求。为了减少药品的漏料损失,目前普遍采用多层网结构,气流分布板和沸腾床体多采用大量螺栓固定,具有拆卸不方便,不易清洗干净而产生残留并引起交叉污染等问题。建议利用计算机流体动力学模型、传热与传质模型,在气流分布板设计时,对孔距、孔径、开孔率等参数进行空气动力学、热力学仿真计算并验证,以满足不同物料的生产工艺要求。在安装方式上,连接方式改为可拆卸式,以确保实现快装和彻底、完全的清洗。

4. 物料颗粒对沸腾干燥的影响　主要表现为颗粒直径与休止角两方面。物料颗粒直径是影响干燥效果的主要因素,其中细颗粒的鼓泡速度高于初始流化速度,在正常的初始流化速度下,易于造成物料凝聚,产生结块,而形成聚式流化。因此,在该技术的具体实践过程中,应注意物料粒径变化对干燥效果的影响。

五、冷冻干燥技术

(一) 概述

冷冻干燥技术是一种常见的药品保存方法,通过在低温下将药品冷冻,然后在真空环境下除去水分来完成干燥。这种方法可以有效地保留药品的营养成分和活性成分,同时延长其保质期,便于携带并提高其稳定性。冷冻干燥技术在中药领域的应用主要是提高中药制剂的质量稳定性和药效表现,在中药的研究、生产和临床应用中具有重要意义。然而,冷冻干燥的设备和工艺成本较高,且操作过程相对复杂,因此在一般情况下被用于对产品质量要求较高的领域。

1. 含义　冷冻干燥技术是一种将物料在冷冻条件下迅速冻结,然后在减压状态下使水分升华脱除的干燥方法。通过冷冻和升华过程,将水分从固态转变为气态,在不显著提高温度的情况下完成干燥过程,避免了热量对物料的影响,保留了物料的有效成分,从而实现了对物料的干燥和保鲜。

2. 特点

(1) 干燥较为彻底,物料稳定性佳:真空冷冻干燥过程中,使用低温将物体冷冻,然后将物体内的水分析出,这样能够比较彻底地将水分去除,并且能够很好地保持药材的原始结构和特性,避免了热干燥可能造成结构破坏和药效降低的情况。由于冷冻干燥能够将药材中的水分蒸发得比较彻底,因此,干燥后的药材贮存稳定,不易受潮或发霉。这使得药材能够长时间保存,而不会因为潮湿而失去药效,能够更好地保持其药用价值。

(2) 利于保持物料原始形态:冷冻干燥过程中,可以有效保持药材的细胞结构和组织形态,避免因高温影响而导致组织破损或细胞变形。并且,冻结状态下干燥的药材在水分被去除后,往往能够保持其原始的外观形态,包括形状、颜色和质地等。这有利于提高药材的外观品质,同时也能够更好地保留药材的特殊香味和药效成分。

(3) 复水性好:冷冻干燥过程中,在低温减压条件下将水分直接升华,避免了表面硬化问题,有利于药材内部水分的均匀释放。由于在干燥过程中水分被冻结,保留了大部分原有的结构和形态,因此具有良好的复水性。在加入适量水分后,干燥后的药材能够在短时间内迅速恢复到干燥前的状态,保持其原有的特性和活性成分。

(二) 冷冻干燥技术的原理

中药材冷冻干燥技术是指将中药材在冷冻的条件下,通过升华过程去除水分。其原理主要包括以下几个步骤:

1. 预冻　将中药材进行急速冷冻,使其中的水分凝固成冰,这有助于保持中药材中的活性成分和营养物质,避免热处理造成的损失。

2. 升华干燥　在冷冻后,将中药材置于真空环境中,通过减压操作降低周围环境的压力,使固态的冰直接升华为水蒸气,而不经过液态的阶段,从而达到去除水分的目的。

3. 解析干燥　在减压的同时,加入适当的热量,通过加热使冰升华为水蒸气,从而使中药材逐渐干燥。在这个过程中,适当地控制温度和真空度能够有效保持中药材的活性成分和品质不受损。

(三) 冷冻干燥工艺流程及其影响因素

1. 冷冻干燥工艺流程　通常包括以下几个主要步骤(图2-44)。

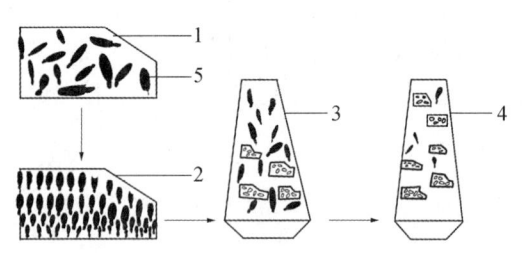

图2-44　冷冻干燥工艺流程图
1. 物料;2. 预冻;3. 升华干燥;4. 解析干燥;5. 水分

(1) 中药材的预处理:将中药材浸泡和冲洗,去除其表面的尘土和杂质,有时需采用特定溶液清洗。根据大小、形状和质量对中药材进行筛选,去除不良部分,确保干燥后的品质和均一性。根据药材特性和用途,将其切割成适当大小和形状,增加表面积,促进水分蒸发。针对特定药材,去除苦味、改善口感或减少有害成分,根据需要决定是否进行处理。通过适当晾晒或轻微烘干去除部分水分,注意控制条件以保留有效成分。有时需快速冷冻,保持药材结构和成分,提高干燥效率。预处理操作需根据药材特性调整,正确的预处理能提高干燥效率,保持有效成分和色泽,影响最终品质。

(2) 预冻:将欲冻干的药材用适宜冷却设备冷却至2℃左右,然后置于约-40℃(13.33 Pa)冻干箱内,其方法有冻干箱内预冻和冻干箱外预冻两种。关闭干燥箱,迅速通入制冷剂,使药材冷冻至完全冻结,即可进行升华。

（3）升华干燥：在共熔点温度将冻结物质中的水分除去的过程，称为升华。升华过程需在高度真空下进行，在压力降低过程中，必须保持箱内物品的冰冻状态，以防溢出容器。压力降至一定程度后，冰开始升华，升华的水蒸气在冷凝器内结成冰晶。

（4）解析干燥：在升华阶段内，冰大量升华。此时，不同样品的温度不宜超过最低共熔点，以防样品中产生僵块或产品外观上出现缺损，在此阶段，内搁板温度通常控制在±10℃之间。样品的再干燥阶段所除去的水分为结合水分，此时，样品表面的水蒸气压呈不同程度的降低，干燥速度明显下降。在保证样品质量的前提下，在此阶段内应适当提高搁板温度，以利于水分的蒸发，一般是将搁板加热至30~35℃，实际操作应按样品的冻干曲线，事先经多次实验绘制的温度、时间、真空度曲线进行，直至样品温度与搁板温度重合达到干燥为止。

（5）冻干的后处理：冻干程序结束后，冻干箱仍处于真空状态，放入无菌干燥空气或氮气后才能打开箱门，取出制品。因此，必须迅速加塞和压盖。干燥制品的加塞有箱内加塞法和箱外加塞法两种方法。

2. 冷冻干燥技术的影响因素 冷冻干燥的效果受到许多因素的影响，以下是一些常见的影响因素。

（1）预冻条件：预冻是冷冻干燥前的重要步骤，它直接影响到干燥效率和干燥后产品的质量。预冻温度、速度、时间均会对最终结果产生影响。

（2）冷冻干燥温度：干燥温度过高会导致药材中的活性成分损失或变性，过低则会导致干燥效率低、耗时长。合适的干燥温度可以有效保持药材的有效成分和干燥效率。

（3）压力：冷冻干燥过程中，系统的压力会影响水分的升华速度。适宜的低压可以加快干燥速度，但压力过低可能会导致药材表面结构被破坏。

（4）药材本身的特性：不同的中药材因其自身含水量、成分复杂度、组织结构等差异，在冷冻干燥过程中的表现也会有所不同，需要针对性地调整干燥参数。

（5）药材装载量和形状：装载量过多或药材堆积过厚，会影响冷冻干燥的均匀性和效率。合理分布药材的装载量和考虑其放置形状，可以提高干燥效果。

（6）冷凝器的性能：冷凝器的温度和冷凝效率直接影响到水分子的有效捕集，进而影响干燥速度和干燥效果。

（7）干燥时间：需要根据药材的特性和干燥条件来合理设置，时间过短可能导致干燥不彻底，时间过长则会增加能耗和成本。

综上所述，冷冻干燥的效果受到预冻条件、冷冻干燥温度、压力、药材本身的特性、药材装载量形状、冷凝器的性能、干燥时间等多个因素的综合影响。在实际应用中，需要综合考虑这些因素，合理调节操作条件，以达到最佳的干燥效果。

（四）常用的冷冻干燥技术

1. 真空冷冻干燥技术 真空冷冻干燥机设备示意图如图2-45所示。这是最常见的一种冷冻干燥技术，通过在真空环境下降低水分的沸点，使得水分能在较低温度下直接由固态升华成气态，从而实现干燥。这种方法可以最大限度地保留中药材的活性成分和自然结构。

2. 微波辅助冷冻干燥技术 微波辅助冷冻干燥机设备示意图如图2-46所示。在传统的冷冻干燥过程中引入微波加热，可以加快水分的升华速度、缩短干燥时间。微波能均匀穿透中药材，加热效率高，有助于改善干燥均匀性并提高能源利用率。

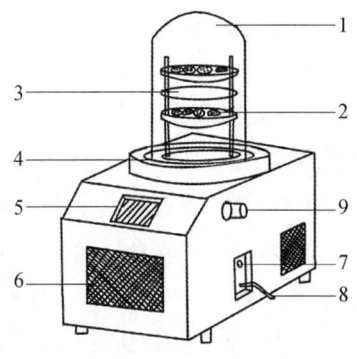

图2-45 真空冷冻干燥机设备示意图

1. 真空罩；2. 承物盘；3. 置物架；4. 密封圈；5. 触摸屏；6. 散热口；7. 放气阀；8. 排水口/充气阀；9. 抽气孔

3. 旋转冷冻干燥技术 滚筒式冷冻干燥机设备示意图如图 2-47 所示。通过旋转药材托盘来改善热传递和质量传递的效率,使得药材在干燥过程中受热更加均匀,以提高干燥速度和产品质量。这种技术特别适用于干燥厚度较大或结构复杂的中药材。

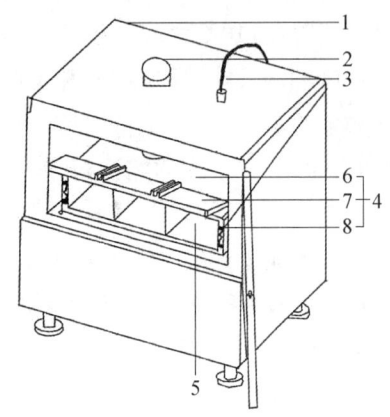
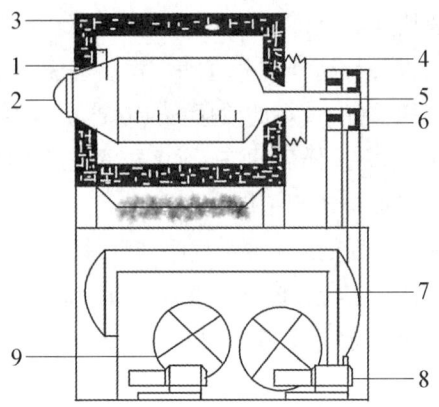

图 2-46 微波辅助冷冻干燥机设备示意图
1. 机柜;2. 空腔;3. 排气管;4. 真空腔箱;
5. 闭紧装置;6. 腔壳体;7. 腔门;8. 干燥盒

图 2-47 滚筒式冷冻干燥机设备示意图
1. 干燥桶;2. 密封门;3. 保温隔热层;4. 电加热装置;
5. 干燥桶传动轴;6. 真空动密封组件;7. 冷阱;
8. 真空泵;9. 制冷机组

二维码 2-14
冷冻干燥技术的应用实例拓展资料

(五)冷冻干燥技术的实用实例

1. 减小皱缩,保护外观形态 中药材干燥过程中,采用冷冻干燥技术可减少药材皱缩,保护其外观形态。中药材在真空冷冻干燥阶段中,由于升华干燥过程是缓慢进行的,水分向外扩散的应力不足以破坏冰晶形成的空间,冰晶形成空间仍然保留,在药材内部形成空隙,造成水分向外扩散的阻力降低,对组织结构造成的破坏降低,药材组织仍然具有较好的机械强度以抵抗皱缩,因此,真空冷冻干燥所得中药材其收缩最小。Ge 等人采用真空干燥技术对高良姜进行干燥处理,结果显示,真空冷冻干燥的高良姜样品呈多孔蜂窝状结构,细胞组织结构收缩最小。

2. 保护热敏性和易氧化成分 真空冷冻干燥的升华干燥阶段约在 0℃、高真空度下进行,可有效避免或减少中药材中热敏性、易氧化成分被破坏。敖青霞等人采用真空冷冻干燥技术对丹参茎叶进行干燥,发现经真空冷冻干燥的丹参茎叶其酚酸类成分含量最高,能够更好地保存丹参茎叶中的酚酸类成分,这可能是由于在低温、真空条件下,丹参茎叶中的酶活性被抑制,从而最大限度地减少酚酸类成分的降解和酶促反应。

3. 提取速率和复水速率快 真空冷冻干燥后内部结构较为松泡,外部水分易进入,能够保持其复水速率和提取速率,更有利于中药材的临床应用。刘勇等人采用真空冷冻干燥技术对三七药材进行干燥,结果表明真空冷冻干燥后的三七复水时间最短。宋丹妮等人采用真空冷冻干燥技术对醋制延胡索进行了干燥,发现真空冷冻干燥的醋延胡索其加水回流提取速率快。

(六)有关问题讨论

1. 如何在确保药品质量的同时,实现节能降耗,降低生产成本

(1)基本参数研究:包括物性参数和过程参数,这些参数对于实现真空冷冻干燥过程至关重要。缺乏这些数据会导致干燥过程无法针对原料进行优化,也难以充分发挥系统效率。

(2)过程机制和模型研究:研究真空冷冻干燥的机制,并建立相应的数学模型,有助于预测时间、温度和水蒸气压力的分布情况。

(3)过程优化控制研究:基于上述数学模型建立过程优化控制,其中包括准稳态模型和非稳态模型的控制方案。这些研究有助于提高真空冷冻干燥系统的效率和稳定性。

2. 冷冻干燥技术能耗高、挥发性成分损失、部分有效成分转化不足、破坏细胞结构完整性等相关问题讨论　张钟元等人通过对不同设备干燥牛蒡片进行考察,发现真空冷冻干燥时间最长、能耗率最高,较热风干燥时间长49.1%,能耗率高17.9%。升华阶段的耗能占比约48%,因为升华干燥阶段物料要保持在较低温度下。真空冷冻干燥虽然在低温条件下进行,降低了酶的活性,不易发生生化反应,但中药材长时间处于真空状态,可能会导致挥发性成分的损失。例如,王雨晨等人通过对比不同干燥技术对太子参挥发性成分的影响,发现真空冷冻干燥不利于太子参挥发性成分的保留。真空冷冻干燥在低温、无氧条件下操作,生理活动受到抑制,甚至在预冻阶段遭受"极端低温"(与自然生长环境相比),活性成分无法通过刺激次级代谢进行合成积累,造成部分有效成分转化不足。例如,王红等人在分析50℃、80℃烘干和-70℃真空冷冻干燥对人参皂苷类成分的影响时,发现人参皂苷R_1、人参皂苷Ⅱ等成分在-70℃真空冷冻干燥中缺失。冷冻过程中,在细胞间隙中易形成较大冰晶,可能会对细胞结构造成破坏。例如,Lewicki等人发现真空冷冻干燥对土豆微观结构组织的破坏严重,可能是由于土豆组织细胞较小,冰晶生长过程中小细胞被广泛破坏而引起。

(郭东艳　邹俊波　张　臻)

第三章 中药新型载体制备技术

第一节 环糊精包合技术

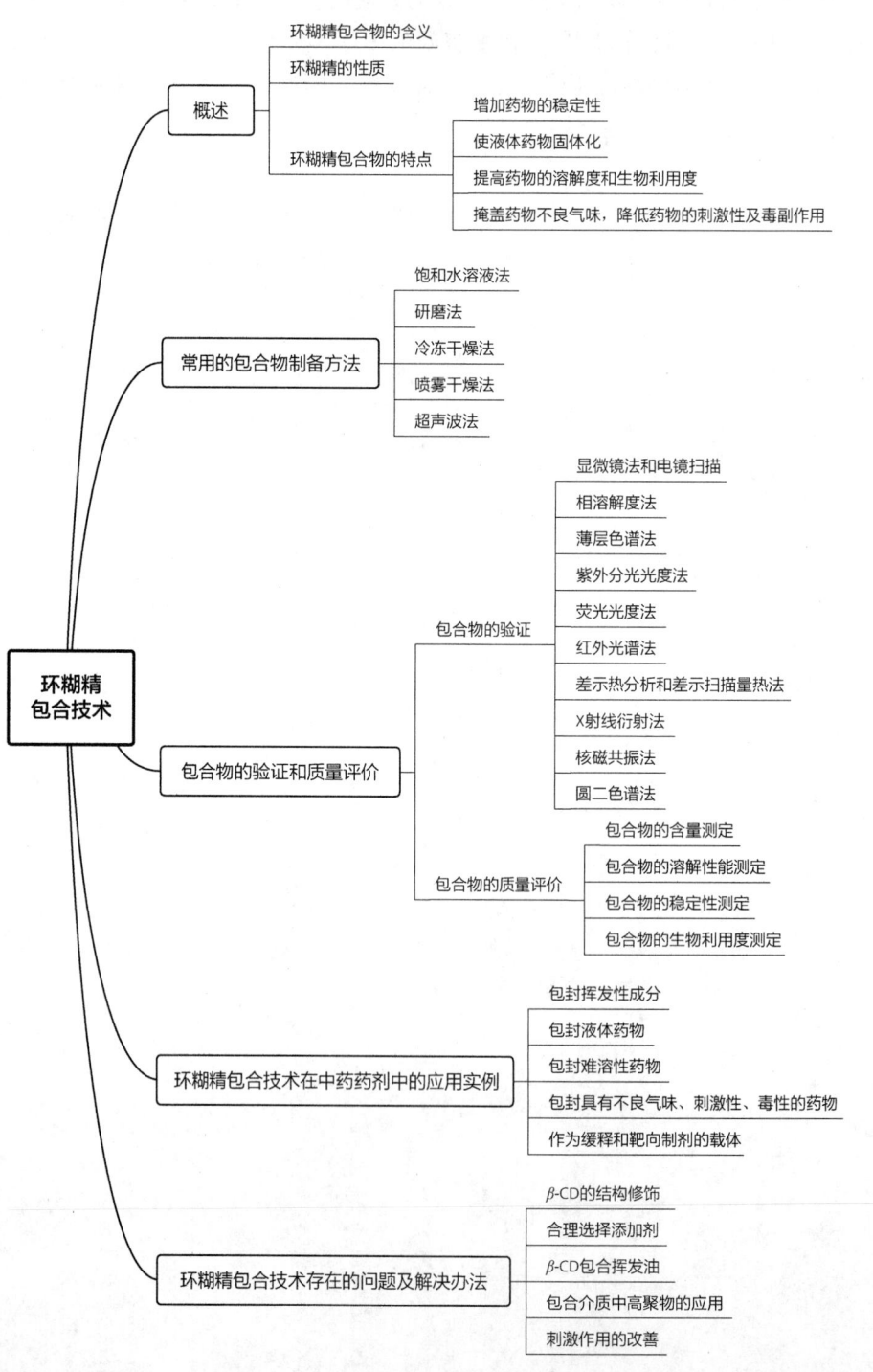

一、概述

环糊精包合技术(cyclodextrin inclusion technology,CD 包合技术)系指采用适宜的方法,将一种分子包藏于 CD 分子的空穴结构内,以形成包合物的技术。随着现代生物技术的应用和发展,CD 包合技术在中药学研究中的使用日益广泛,成为中药药物开发中的热点技术。通过包合技术可改变药物的理化性质、增加挥发性成分的稳定性、提高难溶性药物的溶解度、降低药物的刺激性等,为特殊药物的修饰提供了有效的手段,本节将围绕 CD 包合技术的制备工艺及应用展开阐述。

(一) 环糊精包合物的含义

固体或液体药物分子(客分子)被全部或部分包合于 CD 分子(主分子)的空穴结构中所形成的包合物称为 CD 包合物(cyclodextrin inclusion compound)。常以 β-环糊精(β-CD)作为主分子,用于包合挥发性、难溶性成分或油状液体。

(二) 环糊精的性质

CD 是 CD 葡聚糖转位酶作用于淀粉后经水解环合而制成的产物,为水溶性、非还原性的白色结晶粉末,常见的有 α、β、γ 3 种,分别由 6、7、8 个葡萄糖分子构成。其中,以 β-CD(图 3-1)在水中溶解度最小,最易从水中析出结晶,故最为常用。β-CD 呈筒状结构,其两端与外部为亲水性,而筒的内部为疏水性,可借范德瓦尔斯力将一些大小和形状合适的药物分子(如卤素、挥发油等)包含于环状结构中,以形成超微囊状包合物。处于包合物外层的大分子(如 β-CD)称为"主分子",而被包合于主分子之内的小分子物质称为"客分子"。β-CD 具有独特的分子结构,药物经 β-CD 包合后仍保留原有的化学性质,在体内经渗透和扩散作用被溶出而发挥药效。

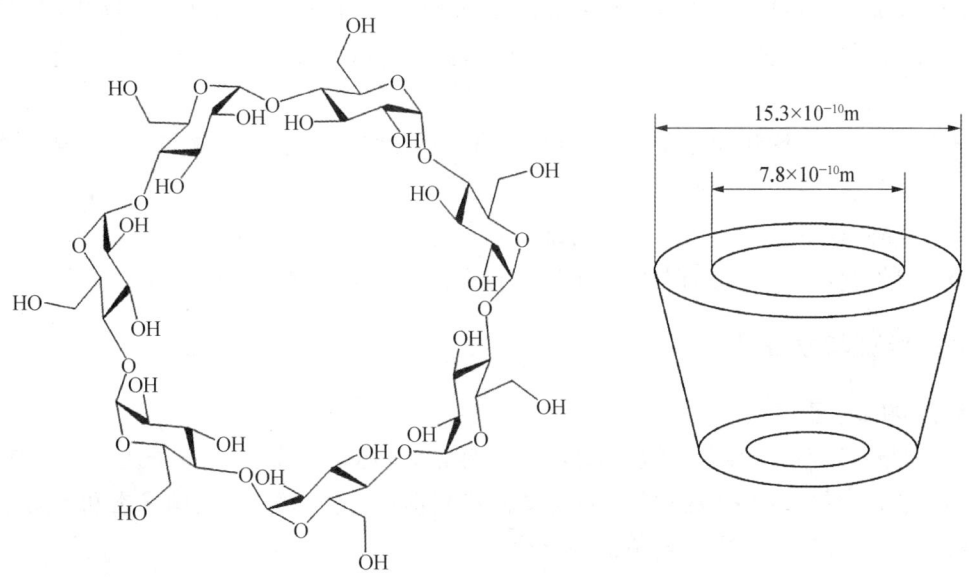

图 3-1 β-CD 的平面及立体结构示意图

(三) 环糊精包合物的特点

1. **增加药物的稳定性** 将易氧化、水解、挥发的药物制成包合物,可防止或减少其氧化、水解、挥发。例如,愈创木中的愈创木酚很不稳定,制成 CD 包合物后却可长期保存。

2. **使液体药物固体化** 液体药物包合成固体粉末可便于制备成其他剂型,如挥发油的粉末化。

3. **提高药物的溶解度和生物利用度** 难溶性药物与 β-CD 制成水溶性包合物,如薄荷油的 β-CD 包合物可使其溶解度增加约 50 倍。

4. 掩盖药物不良气味,降低药物的刺激性及毒副作用　例如,大蒜油的不良气味可通过制成大蒜油-β-CD 以掩盖。

二、常用的包合物制备方法

1. 饱和水溶液法　先将 CD 与水配成饱和溶液,然后根据客分子的不同性质,分别采取以下方法:① 亲水性药物。可溶性药物与液体药物直接加入 CD 饱和溶液,一般摩尔比为 1∶1,搅拌 30 min 以上,直到成为包合物为止。② 疏水性药物。水难溶性药物可先溶于少量有机溶剂,再注入 CD 饱和水溶液,搅拌直至成为包合物。所得包合物若为固体,则滤取,水洗,再用少量适当溶媒洗去残留药物,随后干燥;若包合物为水溶性,则将其浓缩而得到固体,也可加入有机溶剂,促进其沉淀析出。

实例:冰片 β-CD 包合物的制备方法

取 β-CD 4 g,溶于 55℃的 100 mL 水中,保温。另取冰片 0.66 g,用 20 mL 乙醇溶解,在搅拌下缓慢滴加冰片溶液于 β-CD 溶液中,滴完后继续搅拌 30 min,冰箱放置 24 h,抽滤,蒸馏水洗涤,40℃干燥,即得。

2. 研磨法　将 CD 与 2~5 倍量的水研匀,加入客分子化合物(水难溶性药物应先溶于少量有机溶剂中),充分研磨成糊状,低温干燥后,再用有机溶剂洗净,干燥,即得。

3. 冷冻干燥法　将 CD 配制成饱和水溶液,加入药物溶解,搅拌一定时间使药物被 CD 包合,置于冷冻干燥机中干燥,即得。此法适于制得的包合物溶于水或在干燥时易分解、变色,但又要求成品为干燥包合物,所得成品较为疏松,溶解度好。

4. 喷雾干燥法　将 CD 配制成饱和水溶液,加入药物溶解,搅拌一定时间使药物被 CD 包合,采用喷雾干燥法干燥,即得。此法适于制备难溶性、疏水性药物。其特点是干燥温度高,受热时间短,包合物产率高。

5. 超声波法　在 CD 饱和水溶液中加入药物混合后,以适当强度的超声波处理以代替搅拌,使药物包合成包合物,滤过,洗涤,干燥,即得。

在包合物制备过程中,主分子与客分子的配比对药物包合效率的影响最大,其次是工艺及设备,如饱和水溶液法中的包合温度与包合时间、研磨法中的研磨设备等,必要时可以通过实验进行优化。

三、包合物的验证与质量评价

(一) 包合物的验证

要确定药物与 CD 是否形成包合物,主要是通过验证包合物与主分子、客分子及二者物理混合物的区别,以及客分子是否包入 CD 空腔和包合的方式。可根据包合物的性质、结构状态和实验条件,选择下述方法进行验证,一般需同时用几种方法进行验证。

1. 显微镜法和电镜扫描　药物形成包合物后,由于药物分子进入 CD 空腔而丧失其结晶性,或由于晶格排列发生变化,故在显微镜下,含药的包合物与不含药的包合物形状不同,可通过分析包合物的晶格变化及相态变化以做出判断。如丹皮酚包合物的显微观察结果表明,空白包合物为规则的板状结晶,含丹皮酚的包合物则为不规则粉末。

2. 相溶解度法　可确证包合物的形成,也是评价包合物溶解性能的常用方法。难溶性药物包合后其溶解度增大,可以通过测定药物在不同浓度 CD 溶液中的溶解度,绘制溶解度曲线,由曲线判断包合物是否形成,并获得包合物的溶解度,计算其稳定常数 K。

3. 薄层色谱法　通过选择合适的溶剂系统,观察药物、CD、包合物、药物与 CD 的物理混合物其色谱展开后斑点是否存在,根据斑点的位置及比移值(retardation factor, RF)判断包合物是否形成。在相同的色谱条件下,由于被包合物的物理性质发生改变,因而薄层色谱带位置转移,甚至无展开斑点。

4. **紫外分光光度法** 主要从紫外吸收曲线的形状,如最大吸收峰的位置、强度和峰形,来判断包合物是否形成。根据药物的分子结构及其与 CD 包合的方式,可以出现以下 3 种情况。

(1) 药物的吸收峰在包合物中消失:如在 200~500 nm 进行紫外扫描,紫苏叶和荆芥混合挥发油有明显的吸收峰,而采用 β-CD 包合后无紫外吸收峰,与 β-CD 图谱相似,可见形成了包合物。

(2) 药物在包合物中的紫外扫描曲线随 CD 浓度的增加而强度下降:这种情况是由于药物分子结构中的发色团被包入 CD 的空腔中。随着 CD 用量的增加,包合率越大,导致紫外吸收曲线强度下降。

(3) 药物在包合物中的紫外扫描曲线随 CD 浓度的增加而上移:这种情况常见于难溶性药物被 CD 包合后,其溶解度增加,从而导致吸收度增大。

5. **荧光光度法** 如药物具有荧光,可用该法进行验证。药物分子由于被包入 CD 的空腔中,因而其分子运动会受到限制,使荧光光谱和荧光强度有所变化。通过比较药物与包合物的荧光光谱,可根据荧光光谱曲线中吸收峰位置和高度的差别,来判别包合物是否形成。

6. **红外光谱法** 可提供分子振动能级的跃迁,药物分子结构决定了红外区吸收特征。通过比较药物与包合物在红外区吸收的特征,根据红外吸收峰的位移、吸收峰的降低或消失等情况来判断包合物是否形成,主要应用于含羰基官能团药物包合物的检测。如分别测定川椒方中挥发油、β-CD、物理混合物和包合物的红外吸收光谱,结果显示在包合物中挥发油的吸收频率,如 1 700~2 900 cm^{-1}、600~1 331 cm^{-1} 等吸收峰有明显的减弱,而在物理混合物中,挥发油和 β-CD 的吸收特征峰均未减弱,说明挥发油-β-CD 包合物已经形成。

7. **差示热分析和差示扫描量热法** 包括差示热分析法(DTA)和差示扫描量热法(DSC),这两种方法是鉴定药物与 CD 是否发生包合作用的常用方法。DTA 是在程序控制温度下,测量试样与参比物之间温差随温度而变化的一种技术,试样发生某些物理或化学变化时,将放热或吸热,使试样温度暂时升高或降低,DTA 曲线上便产生放热峰或吸热峰。测定客分子药物、CD、包合物、混合物各自的 DTA 曲线,通过 DTA 曲线上的吸收峰及温差的变化,可判断包合物是否形成。

DSC 是指在程序控制温度下,测量输入参比物和样品的能量随温度变化的一种分析方法,比 DTA 反应灵敏、重现性好、分辨率高且较准确。如用 DSC 鉴定龙血竭-羟丙基(hydroxypropyl, HP)-β-CD 包合物,龙血竭在 64.56℃附近有一吸热峰,为熔点峰;HP-β-CD 在 69.37℃和 371.32℃附近各有一强度不等的吸热峰,为其熔点峰;而包合物的 DSC 曲线明显与之不同,只在 70~80℃附近有一个新的吸热峰,由此判断在 HP-β-CD 和龙血竭的包合过程中出现了一种新的物相,形成了包合物。

8. **X 射线衍射法** 是鉴别结晶性粉末的常用方法,各晶体物质在相同的角度处具有不同的晶面间距,从而显示不同的衍射峰。每种晶体的 X 射线衍射图都是独一无二的,若包合物的衍射图谱不同于药物、CD 和混合物的衍射图谱则证明形成了新的物相。如香芹酮与 β-CD 的物理混合物其衍射峰与 β-CD 的峰基本一致,而香芹酮-β-CD 包合物的衍射峰与 β-CD 的峰明显不同,表明包合物已形成一种新的物相,由此包合物已形成。

9. **核磁共振法** 从核磁共振(NMR)谱上氢原子、碳原子的化学位移大小,来推断包合物的形成。可根据药物的化学结构有选择性地采用,一般对含有芳香环的药物,可采用 ^1H NMR 技术;而对不含有芳香环的药物,可采用碳-13 核磁共振(^{13}C nuclear magnetic resonance,^{13}C NMR)波谱技术。如应用 ^1H NMR 测定槲皮素-丙二胺(diaminopropane, DP)-β-CD 包合物,由于 DP-β-CD 内的 H-3 和 H-5 受到客体分子的屏蔽、苯环环电流的各相异性、范德瓦尔斯力等影响,使其化学位移向高场移动,由此可以推断出药物在 β-CD 空腔内发生了包合。

10. **圆二色谱法** 为物理化学方法,其原理是:平面偏振光通过光学活性物质时,除了圆偏振光发生旋转外,还有偏振光被吸收的现象,导致左右旋转圆偏振光的能量不同,振幅也不同,这种现象称为圆二色性。在不同的波长下测定圆二色性物质的旋光度或椭圆率,以旋光度或椭圆率为纵坐标、波长为横坐标作图,可得到具有峰尖和峰谷的曲线,称为圆二色谱曲线。通过比较药物、β-CD 及包合物曲线的形状,可判断包合物是否形成。

(二)包合物的质量评价

对包合物进行质量评价是为了验证是否达到制备包合物的目的,如是否增加了难溶性药物的溶解度、是否提高了药物的稳定性及药物的生物利用度等,可以根据不同的试验目的,选用具体的测定指标以进行评价。评价包合物质量的指标通常包括包合物的含量、溶解性能、稳定性和生物利用度等。

1. **包合物的含量测定** 测定包合物中药物的含量按式(3-1)计算:

$$包合物中药物的含量 = \frac{包合物中药物的量}{包合物的量} \times 100\% \qquad 式(3-1)$$

另外,药物的包合率和收得率是评价包合工艺的主要指标,分别用式(3-2)和式(3-3)表示:

$$包合率 = \frac{包合物中药物的量}{药物投药总量} \times 100\% \qquad 式(3-2)$$

$$收得率 = \frac{包合物量}{CD 的量 + 药物的量} \times 100\% \qquad 式(3-3)$$

计算药物的包合率首先要测定包合物中药物的含量。药物的含量测定要根据药物的性质,选用合适的方法。包合物中药物含量的常用测定方法包括直接测定法和溶剂提取法。

(1)直接测定法:取包合物适量,按照《中国药典》(2020 年版)四部中的挥发油测定法,测定包合物中挥发油的含量。或者取包合物,加介质溶解(必要时可加热),再定容至一定体积,经滤过或离心处理后用适宜的方法进行测定,如分光光度法、GC、HPLC 等。

(2)溶剂提取法:即采用适宜的溶剂和提取方法,将包合物中的药物提取出来后进行测定。较为简单的方法是乙醚洗脱法,其基本原理是:β-CD 和 β-CD 包合物不溶于乙醚中,游离(未被包合的)药物可溶于乙醚中,用乙醚洗脱去游离药物,即可测定包封率。需注意的是,用乙醚洗脱法测定包封率,有部分已包合的药物可能被乙醚洗脱。这取决于药物和乙醚分别与 β-CD 分子空腔内壁的结合力大小,若结合力大,则已包合的药物不易被洗脱。

如丁香酚-β-CD 包合物的含量测定:精密称取包合物样品适量(约含丁香酚 5 mg),用 45 mL 甲醇分 3 次萃取,萃取液滤过后置 50 mL 量瓶中,加甲醇至刻度,摇匀。精密吸取 2 mL 置 10 mL 容量瓶中,加 1 mL 内标溶液,用甲醇稀释至刻度,随后取 10 μL 进样,用 HPLC 测定。结果表明,在含量测定过程中,以甲醇的萃取效果最好,而正己烷、乙醚、三氯甲烷和石油醚等有机溶剂对测定结果均有一定影响。

2. **包合物的溶解性能测定**

(1)溶解度测定:测定溶解度不仅可以验证包合物的形成,还是评价包合物溶解性能的常用方法。测定方法有直接测定法和相溶解度测定法。难溶性药物被包合后其溶解度增大,将过量的药物与不同浓度的 CD 溶液混合,在恒定温度下密闭振摇至平衡,测定出上清液中药物的浓度,即可计算出药物的溶解度及包合常数。

(2)溶出速率测定:溶出速率作为模拟或反映体内吸收情况的指标,在评价包合物质量方面有着重要意义。溶出速率的测定既可以直接测定包合物粉末,也可以将包合物制成一定剂型后再进行测定。

3. **包合物的稳定性测定**　提高药物的稳定性是制备中药制剂半成品包合物的主要目的之一,因此,包合物的稳定性是评价其质量的重要指标。根据药物的不同性质,可通过建立有效的分析方法,采用加速试验法、经典恒温法、留样观察法等方法研究有效成分的含量变化,以考察包合物的稳定性。卡米拉(Camila)等人采用经典恒温法研究了姜黄素与 β-CD 包合物溶液的稳定性,结果显示,在 -15℃下贮存 90 天后,姜黄素-β-CD 溶液中姜黄素的剩余量比普通姜黄素溶液高出 9%。

4. **包合物的生物利用度测定**　制备包合物的一个重要目的就是增加难溶性药物的生物利用度,而通过比较分别给予药物和药物与 CD 的包合物后,体内的血药浓度-时间曲线下面积是最直接、最有说服力的评价方法。应当指出的是,药物只有从包合物中解离出来,成为游离的药物后,才可被吸收进入体循环。

四、环糊精包合技术在中药药剂中的应用实例

近年来,人们将 CD 包合技术引入中药制剂领域,解决了不少中药制剂生产工艺中的难题。目前,我国研究较多的是 β-CD 包合物,归纳而言,其在中药制剂中的应用有以下几方面。

1. **包封挥发性成分**　CD 在中药制剂中常用于包封挥发性成分,制得的包合物可减少药物分子与周围环境的接触,从而提高药物的稳定性。如苍术的挥发性成分为其主要活性成分,但苍术挥发油的稳定性较差,遇光、热易氧化分解,从而严重影响苍术的功效。经实验表明,用 β-CD 对苍术挥发油进行包合,可解决其稳定性问题。又如,冰片作为芳香开窍性中药,可在多种中成药处方中配伍使用,但由于其极易升华,制备得到的成药中的冰片在储存期内极不稳定,影响了药物的疗效。国内学者应用均匀设计法筛选、优化了制备冰片-β-CD 包合物的最佳条件,使药物的稳定性得到了显著提高,从而保证了疗效。

2. **包封液体药物**　β-CD 包合中药挥发油后,能将挥发油粉末化,制成散剂、粒剂、片剂、胶囊剂等多种固体剂型,不仅便于生产,而且可使剂量准确,有利于保存和携带。如苏合香是一种具有芳香气味的、半流动性的棕黄色黏稠液体,由于其是液体药物且含有挥发性成分,因此给制剂带来了一定困难。用 β-CD 对其进行包合后,可使该液体药物粉末化,简化制备工艺。又如,救心丸是由多种挥发性药材组成的开窍中药,挥发性成分易散失,用 β-CD 包合挥发油后使之粉末化,可进一步压制成片剂或用来填充胶囊,不仅克服了原有制剂的缺点,而且使剂型更加多样化。

3. **包封难溶性药物**　难溶性的中药有效成分被 β-CD 包合后,能增加药物在水中的溶解度和制剂的溶出速率;同时,因包合物呈分子状态,易于通过生物细胞膜和血脑屏障,进而可改善药物的生物利用度和疗效。如槲皮素是一种天然的黄酮类化合物,它的水溶性极小、吸收差、稳定性低,但被 β-CD 包合后,槲皮素的溶解度显著提高,在水中的溶解度增大了 869 倍。

4. **包封具有不良气味、刺激性、毒性的药物**　一些中药具有特有的异味和苦味,会对患者的用药情绪产生不良影响,而药物经 β-CD 包合后,可掩盖其不良气味、降低刺激性和毒性。如本草蒜素具有疏通经络、增强机体免疫力、抗菌、消炎、防癌、抗癌等作用,但其气味欠佳且有着强烈的胃肠道刺激作用,因此严重影响了临床的推广应用。采用 β-CD 包合后,臭味明显减少,患者乐于接受。

5. **作为缓释和靶向制剂的载体**　疏水性的 β-CD 衍生物可以缓慢释放包合的水溶性药物,这对于多肽和蛋白质类药物尤其重要。例如,不同酰化度的 β-CD 衍生物与药物的包合物释药速率不同,尤其是三丁酰-β-CD 具有黏性和成膜性,可作为透皮和黏膜贴剂的材料。基于三己酰-β-CD 制成的毫微球可贴附于胃肠黏膜而缓释药物。另外,HP-β-CD 与丁哌卡因包合后,可延缓药物通过黏膜的吸收,使阻滞时间延长约 2 倍。药物-CD 偶联物是一种新的靶向制剂,如直盲肠靶向。另有 β-CD 衍生物与某些细胞具有特异性结合力而形成的靶向,如肝靶向。HP-β-CD 可以使亲脂性药物定向地到达

脑及脂质丰富的器官,增加药物在靶器官中的浓度,如术前静脉注射氟桂利嗪-HP-β-CD包合物,在切除的脑瘤组织中,药物浓度是血药浓度的10倍。

五、环糊精包合技术存在的问题及解决办法

CD在药物制剂中的应用越来越广泛,在欧洲和日本也有西药的β-CD包合物产品上市。β-CD已载入美国、日本等国药典中作为口服辅料使用。但β-CD是CD中溶解度最小的一种,其在水中溶解度较低,包合物包合率、收得率较低,工艺复杂,有些成品包合率虽高但因不稳定等原因导致β-CD包合物进入工业化生产的品种不多。针对上述存在的种种问题,如何充分发挥β-CD对保留挥发油及挥发性成分的突出作用,提高中成药的产品质量和临床疗效就显得尤为重要。

1. **β-CD的结构修饰** 由于β-CD在筒两端有7个伯羟基与14个仲羟基,其分子间或分子内的氢基阻止了水分的水化,使β-CD水溶性降低。如将甲基、乙基、羟丙基、羟乙基等基团引入β-CD分子中与羟基进行烷基化反应,即破坏β-CD分子内氢键的形成,使其理化性质,特别是水溶性发生显著变化。如在碱性条件下,β-CD与环氧丙烷发生缩合反应,生成无定形水溶性2-HP-β-CD。其水溶性大大高于β-CD,被认为是极有潜力的注射用辅料,目前已进入临床试验阶段。

2. **合理选择添加剂** 由于包合少量药物常需使用大量的CD,包合效率并不高,因此在药物β-CD包合物的形成过程中,常使用条件不同的添加剂,如用表面活性剂、防腐剂、有机溶剂等来提高包合效率。研究发现,不同添加剂对包合物的形成有显著的影响。疏水性的防腐剂分子可把药物分子从CD空腔中释放出来,微疏水性的分子,如乙醇和丙二醇都有降低包合效率的趋势,然而,羟丙基甲基纤维素(hydroxypropyl methyl cellulose,HPMC)却能增强包合作用。因此,应针对不同的药味和处方,采用正交设计或均匀设计等优选最合适的添加剂。

3. **β-CD包合挥发油** 常采用的饱和水溶液法在包合成品挥发油或油状原料药品时比较方便,但在包合药材的挥发油时,须先提取挥发油后再包合,工艺复杂、耗时较长,且易造成挥发油损失。相对而言,机械研磨法和液液包合法有希望能够成为新型药物载体工业化生产的有效途径。其中,后者可以省去挥发油提取和再分散过程,减少挥发油的损失,从而缩短整个工艺所需的时间。

4. **包合介质中高聚物的应用** 在包合介质中加入高聚物,如聚乙烯吡咯烷酮(polyvinyl pyrrolidone,PVP)和聚乙二醇(polyethylene glycol,PEG)等来提升包合率。一般来说,在包合介质中加入高聚物使得包合反应的焓变H负值增大,同时熵变$\triangle S$负值也增大,表明焓效应是包合作用的原动力。例如,吴文娟等人研究了水溶性高聚物的最佳浓度范围为1.5~3.0 g/L,低浓度PVP或PEG对β-CD溶液的黏度没有显著影响,2.5 g/L PEG的加入使β-CD对氯霉素的增溶效率增加了15%,而2.5 g/L PVP的加入则使β-CD对核黄素的增溶效率增加了98%,说明水溶性高聚物可以增强药物与β-CD的包合作用。

5. **刺激作用的改善** 有些CD能引起刺激,而有些则相当安全。刺激作用也许来自药物的内在毒性,或者在药物调配中必须加入的赋形剂的毒性。通过形成包合物,药物或赋形剂的刺激作用可能得到改善,应用CD衍生物,如HP-β-CD和磺丁基(sulfobutylether,SBE)-β-CD也许更安全,调配的处方其刺激性更小,HP-β-CD已被《美国药典》(*United States Pharmacopoeia*)和《药用辅料手册》(*Handbook of Pharmaceutical Excipients*)收载为注射用辅料,SBE-β-CD可望被药典收载。国外研究结果表明,β-CD是改进药剂处方十分有效的工具,具有广阔的开发前景。如丙氯拉嗪是一种抗精神病药物,能引起皮肤刺激,β-CD和γ-CD均能减轻丙氯拉嗪的皮肤刺激,而α-CD则会增加刺激,γ-CD本身刺激性很小,在防止红细胞溶血方面最有效。

第二节 固体分散技术

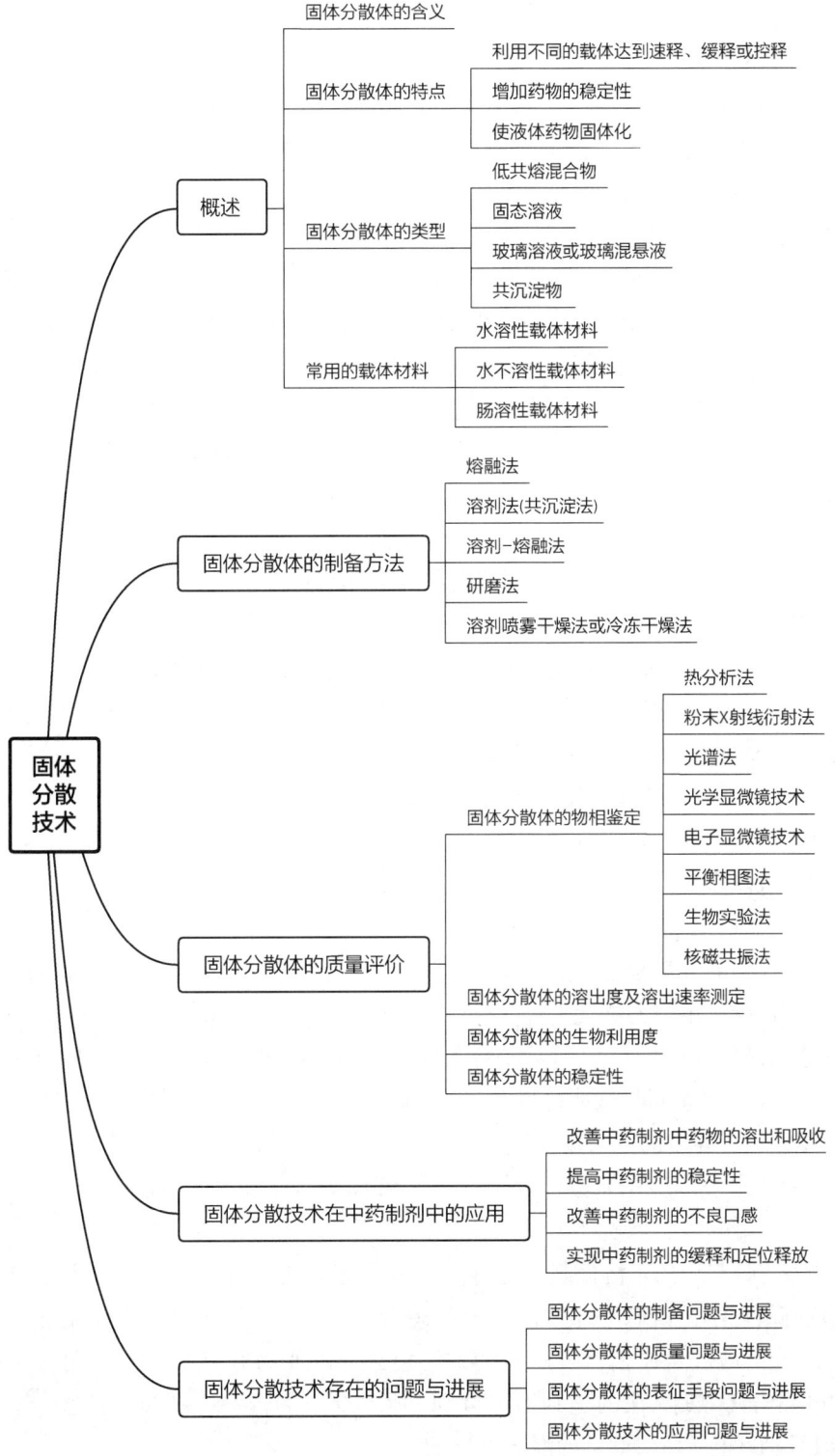

一、概述

固体分散技术（solid dispersion technology）是将药物以分子、胶态、微晶或无定形状态分散于载体材料中,制成固体分散体所采用的制剂技术。通过采用水溶性、难溶性和肠溶性载体材料,从而实现药物在固体分散体中的速释或缓释。近年来,固体分散技术已被广泛应用于化学、材料科学、药物制剂等领域。本节将围绕固体分散体的制备方法、质量评价、在中药制剂中的应用,以及存在问题与进展进行详细阐述。

（一）固体分散体的含义

固体分散体(solid dispersion,SD)是指药物与载体混合制成的高度分散的固体分散物,是药物以分子、胶态、微晶或无定形状态分散在水溶性、难溶性或肠溶性材料中而形成的固体物质。固体分散体通常作为制剂的中间体,在此基础上可进一步制成片剂、胶囊剂、颗粒剂等,也可直接制成滴丸。

（二）固体分散体的特点

1. 利用不同的载体达到速释、缓释或控释　如利用亲水性的高分子材料增加难溶性药物的溶解度和溶出速度,从而提高其生物利用度;利用水不溶性的高分子材料,则可延缓或控制药物的释放。

2. 增加药物的稳定性　利用载体材料的包蔽作用,可延缓药物的水解和氧化。

3. 使液体药物固体化　便于进一步制备成其他剂型,也方便服用和运输。

固体分散体也有缺点,如载药量小,储存过程中易老化（主要是基质的老化）而导致溶出速度变慢等。

（三）固体分散体的类型

1. 低共熔混合物(eutectic mixture)　系指药物与载体材料按适当比例混合,在较低温度下熔融,骤冷固化而形成的固体分散体。药物以微晶状态分散在载体中,可迅速溶解。

2. 固态溶液(solid solutions)　系指药物溶于熔融的固体载体中,形成以分子状态分散的均匀体系。固态溶液中药物的分散度往往比低共熔混合物中的晶粒更高,因此,固态溶液的溶出速度更快。

3. 玻璃溶液(glass solution)或玻璃混悬液(glass suspension)　系指药物溶于或混悬于熔融的无定形载体中,骤冷固化后得到的玻璃样质脆透明状的固体溶液或混悬液。

4. 共沉淀物(coprecipitate)　系指采用适当溶剂溶解药物与载体材料,除去溶剂而形成的非结晶性无定形物。常用的载体多为羟基化合物,如枸橼酸、蔗糖、PVP等。

（四）常用的载体材料

固体分散体中药物的分散程度和溶出速率,在很大程度上取决于所应用载体材料的特性。载体材料应符合无毒、无致癌性、不与药物发生化学反应、不影响主药的化学稳定性、不影响药物的药效与含量测定、能使药物达到最佳分散状态、廉价易得等条件。常用的载体材料分为水溶性、水不溶性和肠溶性3大类,近年来也产生了许多新型载体材料,如介孔材料、纳米材料及CD等,可根据要求选择适宜的载体,也可联合应用以达到要求的释药速度。

1. 水溶性载体材料　常用的水溶性载体材料有PEG类、聚维酮类、表面活性剂类、有机酸类、糖类和醇类。

（1）PEG类：为最常用的水溶性载体材料,在水中溶解性能良好,能与多种有机溶剂混溶。该类材料的毒性小、熔点低、化学性质稳定,但温度超过180℃时会分解。能与多种药物配伍制备固体分散体,可使药物以分子状态分散,从而显著提高药物的溶出速率。作为载体材料宜选用分子质量在2 000~20 000 Da 的 PEG 类,其中最常用的是 PEG4000 和 PEG6000,熔点为50~60℃;但当药物为油类时,选用 PEG12000 或 PEG6000 与 PEG20000 的混合物比较适宜。

（2）聚维酮类：为无定形固体分子聚合物,无毒,熔点较高,约为265℃,对热相对稳定（但150℃变色）。该类载体材料可与水和多种极性有机溶剂混溶,但在醚等非极性有机溶剂中的溶解性差,在制备固体分散体时,由于氢键络合作用,对多种药物有较强的抑晶作用。聚维酮作为载体制备的制剂,其稳定性差,易吸湿析晶。采用溶剂法等制备固体分散体时,均可选用聚维酮作为载体材料。

(3) 表面活性剂类:作为载体材料的表面活性剂大多含有聚氧乙烯基,熔点较低,如泊洛沙姆188、聚氧乙烯等。该类载体材料的特点是溶解性好、载药量大,在蒸发溶剂过程中可阻止药物结晶,可明显提高药物的溶出,是较理想的速效载体材料。

(4) 有机酸类:常用枸橼酸、富马酸、琥珀酸、酒石酸及胆酸等。该类载体材料的特点是分子质量较小,易溶于水,不溶于有机溶剂,可与药物形成低共熔物,不适用于对酸敏感的药物。

(5) 糖类和醇类:常见的用作载体的糖类有蔗糖、右旋糖酐和半乳糖等;醇类有山梨醇、木醇、甘露醇等,以甘露醇为最好。该类载体材料具有水溶性强、毒性小等特点,同时由于其分子中有多个羟基,可与药物以氢键结合而形成固体分散体,较适合于剂量小、熔点高的药物。

2. **水不溶性载体材料** 常用的水不溶性载体材料包括乙基纤维素(ethyl cellulose,EC)、含季铵基团的聚丙烯酸树脂类,以及其他类材料。

(1) EC:特点是无毒,易溶于多种有机溶剂,含有羟基,能与药物形成氢键,黏度大,载药量大,稳定性好,不易老化,且能抑制药物结晶的生长。

(2) 含季铵基团的聚丙烯酸树脂类:这类载体在胃液中可溶胀,在肠液中不溶,不被吸收,对人体无害,可用作缓释固体分散体的载体。

(3) 其他类材料:如胆固醇、β-谷甾醇、棕榈酸甘油酯、胆固醇硬脂酸酯、巴西棕榈蜡及蓖麻油蜡等脂质材料,均可用于制备固体分散体。

3. **肠溶性载体材料**

(1) 纤维素类:常见的有肠溶性纤维素,如醋酸纤维素酞酸酯(cellulose acetate phthalate,CAP)、羟丙甲纤维素酞酸酯(hydroxypropyl methylcellulose phthalate,HPMCP,商品规格有HP50和HP55)、羧甲乙纤维素(carboxymethyl ethyl cellulose,CMEC)等,可与药物制成肠溶性固体分散体,适用于在胃中不稳定或要求在肠中释放的药物。

(2) 聚丙烯酸树脂类:国产的Ⅱ号和Ⅲ号丙烯酸树脂(相当于Eudragit RL,Eudragit RS)等肠溶性材料对pH敏感,所制备的固体分散体具有pH依赖性。前者在pH 6以上的介质中溶解,后者在pH 7以上的介质中溶解。有时,两种载体以一定比例配合使用,可制成缓释速率较理想的固体分散体。

二、固体分散体的制备方法

1. **熔融法** 将药物与载体混匀,加热至熔融,将熔融物在剧烈搅拌下迅速冷却成固体,或将熔融物倾倒在不锈钢板上,使之成薄层,在板的另一面吹以冷空气或用冰水使之骤冷,以迅速形成固体。然后将此固体混合物在一定温度下放置变脆,即得。该法简单而经济,适用于对热稳定的药物。若为了缩短药物加热时间,亦可将载体加热熔融后再加入已粉碎的药物(过60~80目筛)。该法的关键在于冷却必须迅速,以达到较高的过饱和状态,使多个胶态晶核迅速形成,而不致形成粗晶。该法适用以PEG类、尿素类、糖类及有机酸类物质为载体的固体分散体的制备。

2. **溶剂法(共沉淀法)** 将药物与载体共同溶解于有机溶剂中,蒸去溶剂后,即得到药物在载体中混合而成的共沉淀固体分散物。该法适用于对热不稳定或易挥发的药物。常用的有机溶剂有乙醇、丙酮、氯仿等。载体材料可选能溶于水或多种有机溶剂、熔点高或对热不稳定的物质,如PVP类、半乳糖类、甘露醇类、胆酸类物质等。但由于使用有机溶剂的成本高且有时难以除尽,当固体分散体内含有少量溶剂时,易引起药物的重结晶而降低主药的分散度。该法的关键在于溶剂的蒸发必须迅速,以免形成粗晶。

3. **溶剂-熔融法** 将药物先溶于少量的有机溶剂中,加入已熔融的载体材料中混合均匀,按熔融法冷却固化，即得。该法适用于液体药物（如鱼肝油、维生素A等），剂量小（50 mg以下）、热稳定性差的固体药物，凡适用于熔融法的载体都可用于该法。

4. 研磨法　将药物与载体混合后，强力持久地研磨一定的时间（研磨时间因药物而异），借助机械力降低药物粒度，使药物与载体以氢键结合，形成固体分散体。常用的载体有微晶纤维素、乳糖、PVP、PEG等，由于需用载体的比例较高，故适用于小剂量的药物。

5. 溶剂喷雾干燥法或冷冻干燥法　将药物、载体共溶于溶剂中，然后喷雾干燥或冷冻干燥除尽溶剂，即得。喷雾干燥法的生产效率高，并可连续生产，常用的溶剂是低级醇及其混合物。冷冻干燥法尤其适用于对热敏感的药物及其固体分散体的制备，所得成品的含水量仅为0.5%，稳定性好，分散性优于喷雾干燥法，但工艺费时、成本高。该法常用的载体有PVP、PEG类、纤维素及其衍生物、丙烯酸树脂、β-CD、甘露醇、乳糖，以及水解明胶等。

此外，还可以采用热熔挤出法、超临界流体技术等方法来制备固体分散体。

三、固体分散体的质量评价

（一）固体分散体的物相鉴定

是否形成固体分散体，以及是何状态，可用下述方法进行固体分散体的物相鉴定。

1. 热分析法　以固体分散物为测试物，采用DTA或DSC，主要测试是否有药物晶体的吸热峰，或测量其吸热峰面积的大小并与物理混合物作比较，可考察药物在载体中的分散状态和分散程度。

2. 粉末X射线衍射法　若药物以晶体形式存在，则在X射线衍射图上就呈现其衍射特征峰。药物在固体分散体中以无定形状态存在时，药物的结晶衍射峰消失。简单物理混合物的衍射图谱是各组分衍射图谱的简单叠加，衍射峰的位置及强度无改变。

3. 光谱法　包括IR、UV和共焦显微拉曼光谱。IR、UV主要用于确定固体分散体中有无复合物形成或其他相互作用；共焦显微拉曼光谱可以用作鉴定结构和分子相互作用的手段，可以鉴别特殊的结构特征或特征基团。

4. 光学显微镜技术　热台显微镜（hot stage microscope，HSM）可用于固体分散体物相分析，HSM法能直接观察晶体的相变、融化、分解和重结晶等热力学动态过程，还可观测不同温度函数下固体分散体表面形态的改变，定性分析药物与载体之间的可混合性。

5. 电子显微镜技术　是以电子束为照明源，通过电子流对测试物的透射或反射及电磁透镜的多级放大后进行成像。

6. 平衡相图法　固体分散体可以制备成完全互溶的固体溶液、低共熔混合物或部分互溶的体系，采用平衡相图法可以进行验证。

7. 生物实验法　固体分散体的优点在于溶出速率较原药快，可提高药物的生物利用度。因此，将药物制成固体分散体，利用生物利用度实验法可以评价固体分散体的质量。

8. 核磁共振法　NMR也可用于鉴别固体分散体，通过分析^{1}H-NMR谱上峰的位移或消失，以确定固体分散体中药物的物相。

（二）固体分散体的溶出度及溶出速率测定

通过体外溶出度和溶出速率测定，可判断有效成分的溶出度的变化，考察中药半成品与单一或多元载体材料配比的可行性，找出中药半成品及其固体分散体在制剂中的差异，也可探索其与生物利用度的相关性。尤其对于中药复方半成品固体分散体是否形成的验证，在制备中所用载体材料比例相对较大，可影响药物成分和载体的熔点。这样在热分析法中往往吸收峰无特征，再由于DSC曲线比较复杂，因此通过溶解度参数法和体外溶出速率实验来辅助鉴别，可为固体分散体的制备提供充分的理论依据。

(三）固体分散体的生物利用度

固体分散技术主要是通过微粉化、固体分散体、粉状溶液和溶剂沉积等技术使药物达到高度分散状态，从而提高药物制剂的生物利用度。另外，由于难溶性药物在胃肠道中渗透性不一定强，所以在提高溶解性能时应充分考虑这一点，避免因在胃肠道内形成过饱和溶液后未被及时吸收而产生重结晶，影响药物的生物利用度。

(四）固体分散体的稳定性

固体分散体在制备过程中，药物与载体的比例、贮存温度、湿度、制备工艺等条件都会导致药物分散状态、溶出度及稳定性的差异。同时，固体分散体在长时间储存中，可能出现相分离和重结晶等不稳定现象，导致硬度增加、析出晶体或结晶粗化，以至于影响药物的溶出速率，降低药物的生物利用度，削弱了固体分散体的优势。

影响固体分散体稳定性的因素主要包括热力学因素和动力学因素两个方面，其中热力学因素包括载体溶解度、T_g 和药物与载体的相互作用等；动力学因素包括分子迁移率、相分离和成核等。药物的溶出速率随着温度升高呈增大的趋势，这是由于温度升高时，分子的热运动加速，分子迁移率加快，固体分散体的稳定性随之降低，载体难以发挥包蔽药物的作用，从而使药物从载体中溶出的速率加快。

四、固体分散技术在中药制剂中的应用

中药固体分散体是一种制剂中间体，可根据中药提取物的性质和给药途径添加适当的辅料，将其进一步设计制成多种适宜的剂型，如滴丸、片剂、胶囊剂、注射剂等。尤其对于中药及中药半成品而言，一般溶解度较小，可采用固体分散技术改善其溶解性能。因此，固体分散技术可为中药剂型的改进及新剂型的开发提供新的思路和方法。中药缓控释制剂技术在我国还是一项空白，由于固体分散技术在缓控释领域的发展，中药有效成分的缓控释型固体分散体有着重要的研究价值。

1. **改善中药制剂中药物的溶出和吸收** 采用固体分散技术将不溶、难溶或吸收差的中药有效成分制成滴丸，以提高难溶性药物的生物利用度，从而提高中药制剂的临床疗效，一直是中药制剂研究的热点之一。目前，国内生产和研究的中药滴丸有复方丹参滴丸、苏冰滴丸、牡荆油滴丸、香连滴丸等。

2. **提高中药制剂的稳定性** 利用固体分散体对药物的包蔽作用，可以提高中药挥发油或易水解、易氧化成分在中药制剂中的稳定性。

3. **改善中药制剂的不良口感** 许多中药具有苦味、涩味等不良气味。这些药物制成固体分散体，利用载体的物理掩蔽作用将药物与味蕾分开，减少药物与味蕾的接触，降低舌头对味道的感知，从而改善中药制剂的不良口感。例如，盐酸小檗碱与泊洛沙姆188制备成固体分散后，不仅提高了盐酸小檗碱的溶解与吸收，而且掩盖了其苦味。

4. **实现中药制剂的缓释和定位释放** 传统中药口服制剂在口服进入结肠前就会被分解，从而导致损伤部位的药物浓度较低，影响中药制剂的临床疗效。采用水不溶性、肠溶性或脂质类载体材料制成的固体分散体，可以实现药物的缓释或结肠定位释放。

五、固体分散技术存在的问题与进展

固体分散技术是药剂学中提高难溶性药物口服生物利用度的有效方法，近年来有了很大进展，但还存在很多问题。值得重视的是，中药有效成分提取物经分离纯化，一般其溶解度较小，可采用固体分散技术来制备高效速效口服制剂。另外，随着固体分散技术在缓控释领域的发展，中药有效成分的缓控释

型固体分散体也有着重要的研究价值。

1. **固体分散体的制备问题与进展**　固体分散体的制备从实验室转向大规模生产,可能面临着一些技术和工艺上的挑战。熔融法制备固体分散体一般是通过在烧杯、煎锅等容器中加热药物-载体混合物,倾倒于平底盘或不锈钢板中,在冰浴、干冰-丙酮浴上冷却固化。在冷却过程中,固体分散体可能吸潮,所以在制备过程中应防潮。例如,制备苯妥英-PEG4000 固体分散体是将药物-载体混合物在 20℃时加热,不停搅拌直至得到澄明均一的熔融物,倾倒于洁净的不锈钢板上,吹冷空气使其固化,置于干燥器中储存 3 d,粉碎过筛,收集 105~177 μm 的粒子用于制剂。这种方法用于大规模生产可能很困难,而且许多药物载体在高温时可能分解。对于大规模生产中的冷却过程,Lefebvere 等人推荐用传送带表面冷却、旋转冰柱冷却或喷洒冷冻剂,但这些方法至今还未被实际应用。大规模生产和实验室制备的固体分散体因加热和冷却速度的不同,其理化性质及稳定性也可能不同。

用溶剂法制备固体分散体也面临着不少挑战,蒸发大量有机溶剂必须在一个安全的环境中进行,回收溶剂花费较高,从大量固体分散体中去除残留的具有潜在毒性的有机溶剂(如氯仿、甲醇)也很困难,而且大部分药厂没有装配处理大量有机溶剂的设备。一个解决的办法是将固体分散体作为一种制剂原料,由原料药厂家进行生产,但这对那些有多种用途的原料又不合适。

2. **固体分散体的质量问题与进展**　固体分散体将难溶性药物以分子、无定形或微晶等形式分散在载体材料中,是改善难溶性药物溶解度、溶出速率和生物利用度的有效途径,但其中药物重结晶等稳定性问题已成为以该技术为基础的给药系统市场化的瓶颈之一。因此,研究固体分散体中药物状态及药物状态随着贮存时间延长的变化情况,对其性质评价和稳定性研究意义重大。固体分散体在储存过程中可能会逐渐老化,老化与药物浓度、储存条件及载体材料的性质有关,因此应该选择合适的药物浓度,采用混合载体材料以弥补单一载体材料的不足,选择合适的储存条件,以防止或延缓老化。

3. **固体分散体的表征手段问题与进展**　固体分散体表征手段随着制备技术要求的提高,也在不断发展。近年来各项分析技术发展创新,涌现出多种新型表征手段,如电镜技术分辨率提高、操作环境要求降低或样品制备方法简化等,极大程度弥补了常规方法的不足,这些方法用于固体分散体结构信息分析的研究日益增多。但现有的表征手段在定量、灵敏度、药物和载体的相互作用研究等方面仍存在不可忽视的缺陷,难以解决本质性问题,为固体分散技术的后续开发带来巨大的挑战。

开发更简便、灵敏和有效的表征手段,结合不同分析技术,发挥综合优势是解决上述问题的方法和思路。更重要的是,如何利用表征所得信息阐明固体分散体的稳定性影响因素、释药机制等深层次原理,从本质上克服稳定性差、老化等限制固体分散体广泛应用的问题,依然是固体分散体开发领域的热点和难点,有待进一步深入探究。

4. **固体分散技术的应用问题与进展**　固体分散体中药物的含量不应太高。一般载体材料的重量应为药物的 5~20 倍。液态药物在固体分散体中所占的比例一般不宜超过 10%,否则不易固化成易脆物,难以进一步粉碎。固体分散体的载体用量比例往往很大,如果主药成分的剂量高,将难于制成一个易于吞咽的片剂或胶囊,且所使用的载体通常价格都较高,生产成本要提高很多。采用冷冻干燥法和喷雾干燥工艺制备共沉淀物,对设备和工艺的要求很高。传统的溶剂法又难于处理黏性过大的共沉淀物。

最近有熔融法直接填充胶囊的探索研究,从工业生产上看是可行的,但还存在很多问题,如胶囊壳中的水分会影响固体分散体的稳定性等。

第三节 微囊与微球制备技术

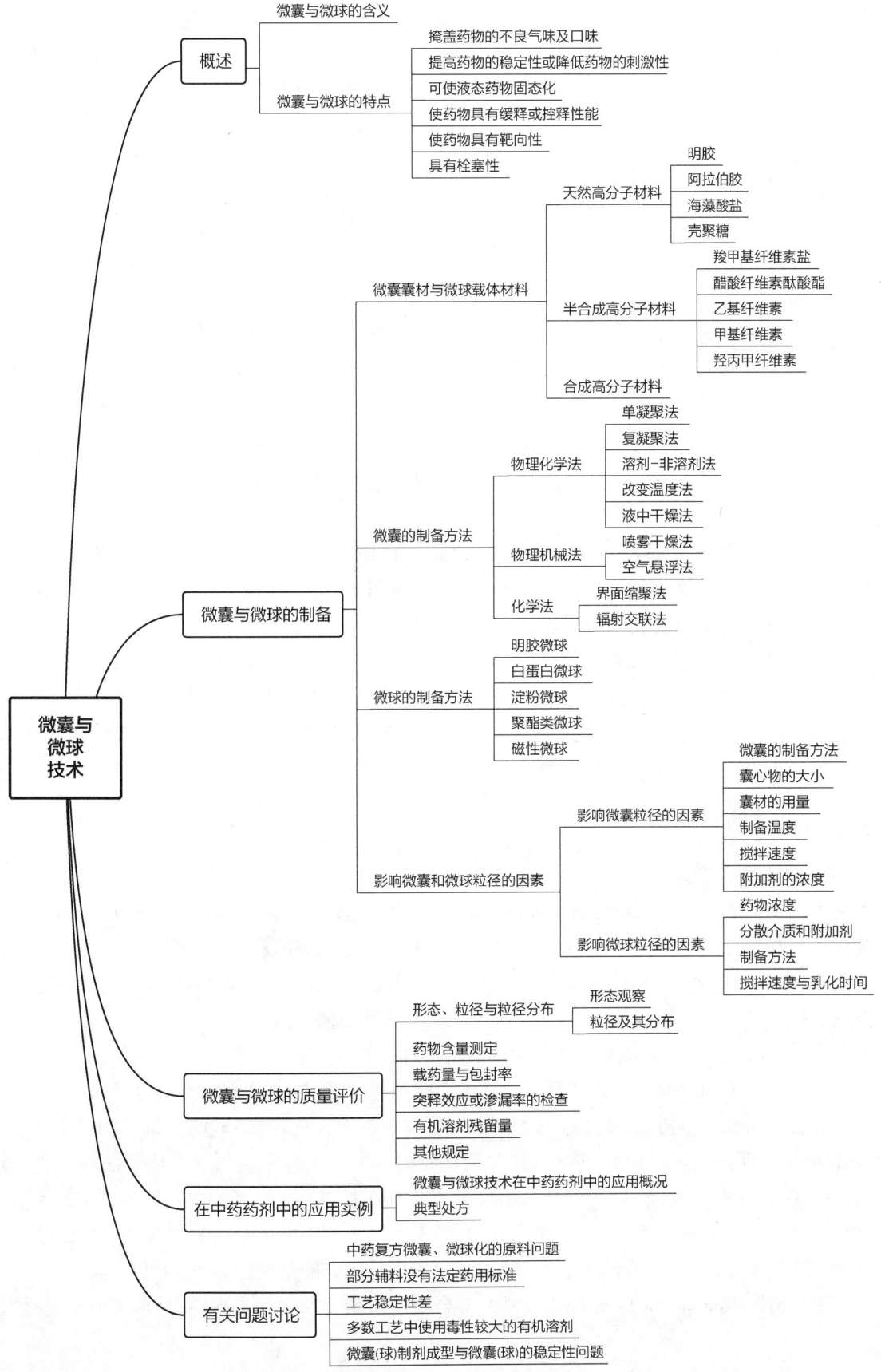

一、概述

(一) 微囊与微球的含义

微囊(microcapsule)系指用天然或合成的高分子材料(统称为囊材)作为囊膜壁壳,将固体或液体药物(囊心物)包裹而成的微小胶囊。制备微囊的过程称为微型包囊工艺,即微囊化(microencapsulation)。微球(microsphere)系指药物溶解或分散在载体辅料中形成的微小球状实体。微囊与微球的粒径通常在 1~250 μm。

微囊和微球之间有时候没有严格区分,可通称为微粒(microparticle),其结构的区别在于:微囊是包囊结构,而微球则是骨架结构高分子材料和药物均匀混合而成。微囊和微球在制剂过程中常作为中间体,根据需要可以制备各种剂型,如注射剂、片剂、胶囊剂、混悬剂等。

(二) 微囊与微球的特点

微囊与微球具有如下特点。

1. **掩盖药物的不良气味及口味** 如鱼肝油、大蒜素等药物。

2. **提高药物的稳定性或降低药物的刺激性** 如包裹易氧化的β-胡萝卜素、中药挥发油等,可以改善其稳定性;包裹红霉素、酶、多肽等,可防止药物在胃内失活;包裹吲哚美辛、氯化钾等,可减少对胃的刺激性。

3. **可使液态药物固态化** 便于贮存或再制成各种剂型,如将油类药物制成微囊,可提高物料的流动性与可压性。

4. **使药物具有缓释或控释性能** 如注射用醋酸亮丙瑞林缓释微球。

5. **使药物具有靶向性** 药物微粒在体内通过被动分布、主动靶向或物理化学靶向,将其在体内所需部位释药,使药物浓集于靶区而提高药物的疗效,并可降低全身毒副作用。

6. **具有栓塞性** 如含药微球直接经动脉管导入,阻塞在肿瘤血管处,断绝肿瘤组织养分和抑杀肿瘤细胞,可起到双重抗肿瘤的作用。

微囊、微球的主要缺点是载药量有限,用量大的药物,特别是中药复方,不容易制备成微囊或微球;此外,其生产工艺和质量标准较为复杂等。

二、微囊与微球的制备

(一) 微囊囊材与微球载体材料

微囊中用于包裹药物(囊心物)所需要的外膜材料称为囊材(capsule wall material),对囊材的一般要求是:① 性质稳定;② 能控制适宜的药物释放速率;③ 无毒、无刺激性,注射用材料应具有生物相容性和可降解性;④ 能与药物配伍,不影响药物的药理作用及含量测定;⑤ 成型性好,有一定强度、弹性及可塑性,能完全包封囊心物;⑥ 具有符合要求的黏度、渗透性、溶解性等。

微囊囊材亦可用作微球的载体材料。常用的材料可以分为以下 3 大类。

1. **天然高分子材料** 是最常用的囊材与载体材料,其性质稳定、无毒、生物相容性好。

(1) 明胶(gelatin):是胶原蛋白温和水解的产物,其平均分子质量在 15 000~25 000 Da 之间。根据水解条件的不同,明胶分 A 型明胶(酸法)和 B 型明胶(碱法)。A 型明胶与 B 型明胶的等电点分别为 7~9、4.7~5.0,10 g/L 溶液(25℃)的 pH 分别为 3.8~6.0、5.0~7.4。两者的成囊性或成球性无明显差别,溶液的黏度均在 0.2~0.75 cP,可生物降解,几乎无特异抗原性。通常可根据药物对酸碱性的要求选用 A 型或 B 型,用于制备微囊的用量为 20~100 g/L,用作微球的量可达 200 g/L 以上。

(2) 阿拉伯胶(gum arabic):来源于豆科的金合欢树属植物的树干渗出物,是阿拉伯半乳糖寡糖、多聚糖和蛋白糖的混合物。阿拉伯胶不溶于乙醇,能溶解于甘油或丙二醇。水中溶解度为 1 : 2.7,5% 水溶液的 pH 为 4.5~5.0,溶液易霉变。一般常与明胶等配合使用,作囊材时的用量为 20~100 g/L,亦可与白蛋白配合作复合材料。

(3) 海藻酸盐(alginate):是多糖类化合物,为褐藻的细胞膜组成成分,一般以钙盐或镁盐形式存在。海藻酸钠可溶于不同温度的水中,不溶于乙醇、乙醚和其他有机溶剂及酸类(pH 3 以下);其黏度因规格不同而有差异。也可与甲壳素或聚赖氨酸配合作复合材料。因海藻酸钙不溶于水,故海藻酸钠可用 $CaCl_2$ 固化成囊。

(4) 壳聚糖(chitosan):是壳多糖在碱性条件下,脱乙酰基后制得的一种天然聚阳离子型多糖,可溶于酸或酸性水溶液,无毒,无特异抗原性,在体内能被溶菌酶等酶解,具有优良的生物降解性和成膜性,在体内可溶胀成水凝胶。

2. 半合成高分子材料 作为囊材的半合成高分子材料多为纤维素衍生物,其特点是毒性小、黏度大、成盐后的溶解度增大。

(1) 羧甲基纤维素盐:属阴离子型的高分子电解质,如羧甲基纤维素钠(sodium carboxymethyl cellulose, CMC-Na)常与明胶配合作复合囊材。CMC-Na 遇水溶胀,体积可增大 10 倍,在酸性溶液中不溶。水溶液黏度大,有抗盐能力和一定的热稳定性,不会发酵,也可以制成 CMC-Al 以单独作囊材。

(2) 醋酸纤维素酞酸酯:分子中含酞酸基 31%~39%,在强酸中不溶,可溶于 pH 大于 6 的水溶液,分子中游离羧基的相对含量决定其水溶液的 pH 及能溶解 CAP 的溶液最低 pH;不溶于乙醇,可溶于丙酮与丁酮及醚醇混合液。用作囊材时可单独使用,用量一般为 30 g/L,也可与明胶配合使用。

(3) 乙基纤维素:分子中含乙氧基 48%,化学稳定性高,不溶于水、甘油和丙二醇,可溶于乙醇、甲醇、丙酮和二氯甲烷等,遇强酸水解,故不适用于强酸性药物。

(4) 甲基纤维素(methyl cellulose, MC):在冷水中可溶,不溶于热水、无水乙醇、氯仿、丙酮与乙醚。用作微囊囊材时的用量为 10~30 g/L,亦可与明胶、CMC-Na、聚维酮等配合作复合囊材。

(5) 羟丙甲纤维素(hypromellose, HPMC):能溶于冷水成为黏性溶液,不溶于热水、乙醇、乙醚及氯仿。配制 HPMC 水溶液时,宜将其先分散于热水中。水溶液长期贮存稳定,有表面活性,表面张力为 42~56 mN/m。

3. 合成高分子材料 可分为可生物降解和不可生物降解两类。可生物降解高分子材料的主要优点是无毒、成膜性好、生物相容性高,可用于注射或植入,目前已应用于研究或生产的有聚乳酸、聚羟基乙酸、聚乳酸-羟基乙酸共聚物、聚乳酸-PEG 嵌段共聚物、聚谷氨酸、ε-己内酯与丙交酯嵌段共聚物等,其中研究最多、应用最广的是聚酯类,它们主要由环状内酯(如丙交酯,乙交酯)开环聚合制备,对应的羟基酸单体为乳酸和羟基乙酸。美国食品药品监督管理局(Food and Drug Administration, FDA)批准的体内可降解材料有聚乳酸和聚乳酸-羟基乙酸共聚物,且已有产品上市。

此外,在制备微球或微囊时,可加入适宜的润湿剂、乳化剂、抗氧化剂或表面活性剂等。

(二) 微囊的制备方法

微囊的制备方法可分为物理化学法、物理机械法和化学法 3 大类。可根据药物和囊材的性质、微囊所需的粒径、释放及靶向的要求,选择不同的制备方法。

1. 物理化学法 在液相中进行,通过改变条件使溶解状态的囊材从溶液中凝聚析出,并将囊心物包裹以形成微囊。由于这一过程中药物与囊材形成新相析出,故该法又称相分离法(phase separation)。

根据形成新相方法的不同,相分离法可分为单凝聚法(simple coacervation)、复凝聚法(complex coacervation)、溶剂-非溶剂法(solvent-nonsolvent method)、改变温度法和液中干燥法。

(1) 单凝聚法:系将药物分散于高分子囊材的水溶液中,以电解质或强亲水性非电解质为凝聚剂,使囊材凝聚包封于药物表面而形成微囊,再采用适宜的方法使凝聚囊固化即得。如将药物分散在明胶材料溶液中,然后加入凝聚剂[可以是强亲水性电解质 Na_2SO_4 或 $(NH_4)_2SO_4$ 的水溶液,或强亲水性的非电解质,如乙醇、丙酮],由于明胶分子水合膜的水分子与凝聚剂结合,使明胶的溶解度降低,最后从溶液中析出而凝聚形成微囊。工艺流程图如图3-2所示。

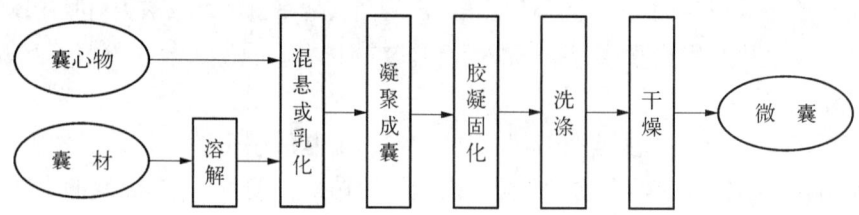

图3-2 单凝聚法制备微囊的工艺流程图

制法如下:

1) 囊材与凝聚剂的选择:囊材常用明胶、CAP、MC、PVA等。凝聚剂有两类,一类是强亲水性非电解质,如乙醇、异丙醇、叔丁醇、丙酮等;另一类是强亲水性电解质,如 Na_2SO_4、$(NH_4)_2SO_4$ 等,其中阴离子起主要作用,常见的阴离子胶凝作用次序为 $SO_4^{2-}>C_6H_5O_7^{3-}$(枸橼酸根)$>C_4H_4O_6^{2-}$(酒石酸根)$>CH_3COO^->Cl^->NO_3^->Br^->I^-$;阳离子也有胶凝作用,其电荷数越高,胶凝作用越强。

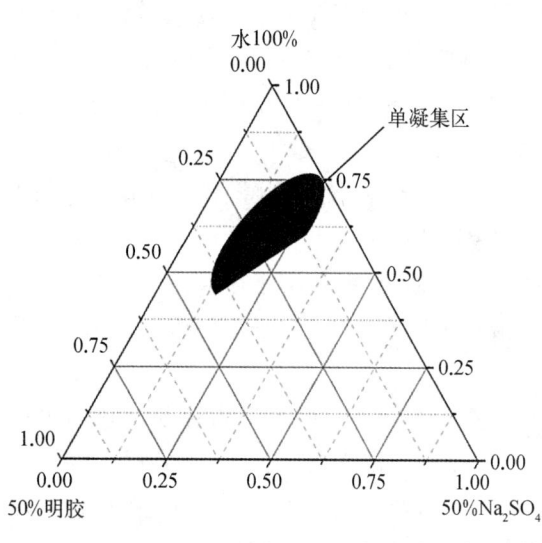

图3-3 明胶-水-Na_2SO_4 三元相图

2) 配制囊材溶液:根据成囊系统各组分产生凝聚的比例范围,配制适宜浓度的囊材溶液。成囊系统的比例范围可用三元相图来确定,如图3-3所示。

3) 混悬或乳化:单凝聚法在水中成囊,一般要求作为囊心物的药物难溶于水。若药物为固体,则将其微粉化,均匀分散于囊材溶液中制成混悬液;若为液体,则将其加入囊材溶液中,通过乳化制成乳浊液。

4) 凝聚成囊:调节温度与pH,于药物的混悬液(或乳浊液)中加入适宜的凝聚剂,使囊材凝聚包封于药物表面而形成微囊。成囊的好坏与成囊的温度、pH及凝聚囊与水相间的界面张力等有关。

5) 胶凝固化:为制得不变形的微囊,待凝聚囊形成后,须将其移至低温处(温度越低越易胶凝,常控制在15℃以下)使囊材发生胶凝,并加入交联剂进一步固化。如以CAP为囊材,可利用CAP在强酸性介质中不溶的特性,在凝聚囊形成后,立即倾入强酸性介质中进行固化。

6) 洗涤与干燥:微囊经固化处理后,滤过并用水洗去微囊表面的交联剂及碱性溶液,然后在60℃左右干燥,即得。

(2) 复凝聚法:是利用两种具有相反电荷的高分子材料为囊材,将囊心物分散(混悬或乳化)在囊材的水溶液中,在一定条件下,相反电荷的高分子通过静电相互作用后,溶解度降低,自溶液中凝聚析出而成囊。该法操作方便,适用于难溶性药物的微囊化。常用的复合材料有明胶与阿拉伯胶、海藻酸盐与聚赖氨酸、海藻酸盐与壳聚糖、海藻酸与白蛋白、白蛋白与阿拉伯胶等。工艺流程图如图3-4所示。

制法如下:

1) 配制囊材溶液:囊材溶液仅在一定的浓度范围内可以成囊,常根据成囊系统的三元相图,对3个

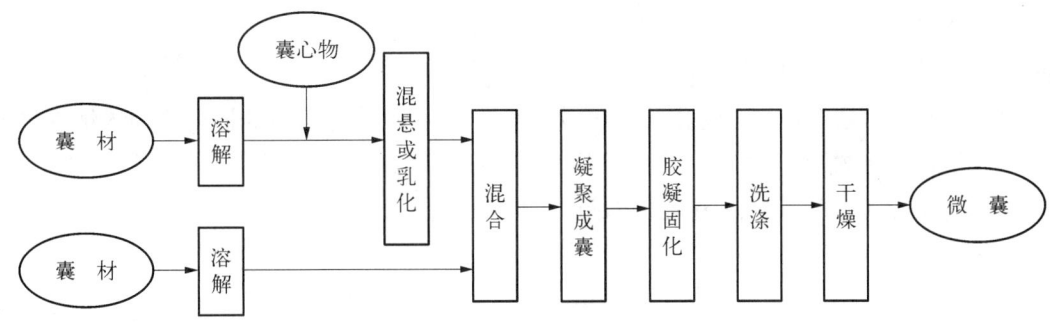

图 3-4 复凝聚法制备微囊的工艺流程图

分组或 3 个样品中的相对丰度进行展示,以确定囊材溶液的浓度,如图 3-5 所示。

2)混悬或乳化:难溶性液体药物(如挥发油)或固体药物常通过乳化或混悬先分散于上述的一种囊材溶液(如阿拉伯胶溶液)中。

3)混合:将明胶溶液与含药的阿拉伯胶溶液在搅拌下混合均匀,并使混合液的温度保持在 50℃ 左右。

4)凝聚成囊:常用稀醋酸将溶液 pH 调至明胶的等电点(pH 4.5)以下,使之带正电(pH 4.0~4.5 时明胶带的正电荷多),而阿拉伯胶带负电,由于电荷互相吸引而交联形成正、负离子的络合物,溶解度降低,从而凝聚成囊。加适量温水稀释,有助于微囊充盈并避免黏结。

5)胶凝固化:将微囊溶液在搅拌下先放冷至 30℃ 左右,然后在不断搅拌下急速降温至 10℃ 以下(5~6℃),使凝聚囊发生胶凝,再加入适量甲醛液搅拌一定时间进行交联固化,最后用 NaOH 调 pH 至 8~9,搅拌一定时间使交联固化完全。

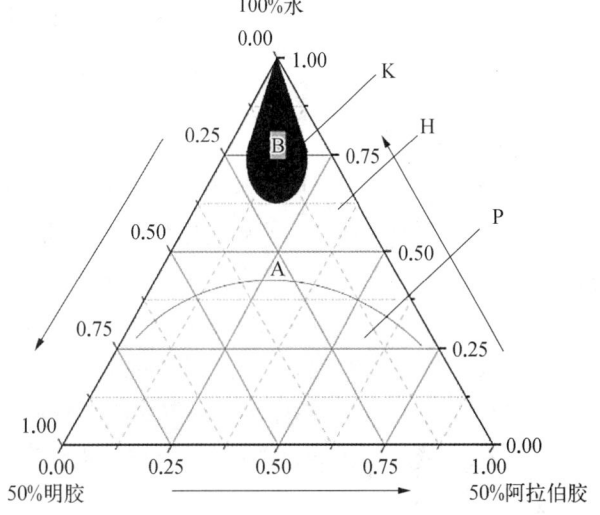

图 3-5 明胶-阿拉伯胶-水的三元相图

注:图中 K 为复凝聚区可形成微囊的低浓度明胶和阿拉伯胶混合溶液;P 为曲线以下两相分离区,两胶溶液不能混溶亦不能形成微囊;H 为曲线以上两胶溶液可混溶形成均相的溶液区;A 点代表 10% 明胶、10% 阿拉伯胶和 80% 水的混合液,必须加水稀释,沿 A→B 虚线进入凝聚区 K 才可以发生凝聚

6)洗涤与干燥:同单凝聚法。

(3)溶剂-非溶剂法:是在囊材的溶液中加入一种对囊材不溶的溶剂(非溶剂),引起相分离,而将药物包裹成囊的方法。使用疏水囊材,要用有机溶剂溶解,疏水性药物可与囊材溶液混合,亲水性药物不溶于有机溶剂,可混悬或乳化在囊材溶液中;然后加入争夺有机溶剂的非溶剂,使材料降低溶解度而从溶液中分离,除去有机溶剂,即得。

(4)改变温度法:通过控制温度成囊,而不加凝聚剂。如用聚异丁烯(polyisobutylene,PIB)、EC 与环己烷组成的三元系统,在 80℃ 溶解成均匀溶液,缓慢冷至 45℃,再迅速冷至 25℃,EC 可凝聚成囊。PIB 作为稳定剂,可减少微囊粘连。

(5)液中干燥法:是从乳状液中除去分散相中的挥发性溶剂以制备微囊的方法,亦称乳化-溶剂挥发法。其干燥工艺包括两个基本过程:溶剂萃取过程(两液相之间)和溶剂蒸发过程(液相与气相之间)。制备中要先配制囊材的溶液,乳化后囊材溶液存在于分散相中,与连续相不混溶,但囊材溶剂在连续相中应有一定的溶解度,否则萃取过程无法实现。

2. **物理机械法** 是将固态或液态药物在气相中进行微囊化的方法,需要一定的设备条件。该法又分为喷雾干燥法、空气悬浮法、喷雾凝结法、多孔离心法、锅包衣法、挤压法、静电结合法、粉末床法等,其中常用的方法是喷雾干燥法和空气悬浮法。

(1) 喷雾干燥法:是先将囊心物分散在囊材的溶液中,再用喷雾法将此混合物喷入惰性热气流使液滴收缩成球形,进而干燥得到微囊。可用于固态或液态药物的微囊化,如囊心物不溶于囊材溶液,可得到微囊;如能溶解,则得微球,工艺流程图如图3-6所示。

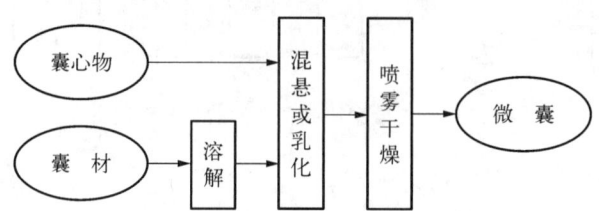

图3-6 喷雾干燥法制备微囊的工艺流程图

制法如下:

1) 配制囊材溶液:可用水或有机溶剂溶解囊材,用水作溶剂更易达到环保要求,降低成本。

2) 药物混悬或乳化:若囊心物为固态药物,宜先微粉化再均匀混悬于囊材溶液中;若为液态药物,则将其分散于囊材溶液中使其形成乳化分散液,并且确保不出现破乳、过早固化或干燥等情况。

3) 喷雾干燥:将药物的混悬液或乳化液,通过雾化装置使其形成小液滴喷入干燥器中,由于雾粒比表面积很大,热交换迅速,其溶剂瞬间挥发,即得圆球状的微囊。

(2) 空气悬浮法:亦称流化床包衣法。囊心物通常为固体粉末,利用垂直强气流使囊心物悬浮在包衣室中,将囊材溶液通过喷嘴喷射于囊心物表面,热气流将溶剂挥干,囊心物表面便形成囊材薄膜而成微囊。

3. 化学法 系指利用溶液中的单体或高分子物质,通过聚合反应或缩合反应产生囊膜而制成微囊的方法。该法的特点是不加凝聚剂,先制成油包水(W/O)型乳状液,再利用化学反应或射线辐照以交联固化。

(1) 界面缩聚法:亦称界面聚合法,是在分散相(水相)与连续相(有机相)的界面上发生单体的聚合反应。例如,水相中含有1,6-己二胺和适量的碱,有机相为含对苯二甲酰氯的环己烷、氯仿溶液,将上述两相混合搅拌,在水滴界面上发生缩聚反应,生成聚酰胺。由于缩合反应的速率超过1,6-己二胺向有机相扩散的速率,故反应生成的聚酰胺几乎完全沉积于乳滴界面而成为囊材。淀粉衍生物(如羟乙基淀粉或羧甲基淀粉)与邻苯二甲酰氯发生界面交联反应,亦可得微囊。

(2) 辐射交联法:系将明胶在乳化状态下,经γ射线照射以发生交联,再处理制得粉末状微囊。该法的特点是工艺简单,不在明胶中引入其他成分。

(三) 微球的制备方法

微球的制备原理与微囊基本相同。根据载体材料和药物性质的不同,可采用不同的制备方法,几种常见的微球制备方法如下。

1. 明胶微球 通常以乳化交联法制备,即将药物溶解或分散在囊材的水溶液中,与含乳化剂的油混合,搅拌乳化,形成稳定的W/O型或水包油(O/W)型乳状液,加入化学交联剂甲醛或戊二醛,可得粉末状微球。现已成功制备盐酸川芎嗪、莪术油等明胶微球。

亦可用两步法制备微球,即先采用该法(或其他方法)制备空白微球,再选择既能溶解药物又能浸入空白明胶微球的适当溶剂系统,用药物溶液浸泡空白微球后干燥即得。两步法适用于对水相和油相都有一定溶解度的药物。

2. **白蛋白微球** 可用液中干燥法或喷雾干燥法制备。采用液中干燥法制备时,以加热交联代替化学交联,使用的加热交联温度不同(100~180℃),微球平均粒径不同,在中间温度(125~145℃)时粒径较小。喷雾干燥法将药物与白蛋白的溶液经喷嘴喷入干燥室内,同时送入干燥室的热空气流使雾滴中的水分快速蒸发、干燥,即得微球。由于热变性后白蛋白的溶解度降低,所以微球的释放速度亦相应降低,如将喷雾干燥得到的微球再进行热变性处理,可得到缓释微球。

3. **淀粉微球** 由淀粉水解再经乳化聚合制得。淀粉微球制备中,可用甲苯、氯仿、液状石蜡为油相,以脂肪酸山梨坦 60 为乳化剂,将 20% 的碱性淀粉分散在油相中,形成 W/O 型乳状液,升温至 50~55℃,加入适量交联剂环氧丙烷,反应数小时后去除油相,分别用乙醇、丙酮多次洗涤干燥,即得白色粉末状微球。

4. **聚酯类微球** 常用液中干燥法制备,即以药物与聚酯材料组成挥发性有机相,加至含乳化剂的水相中搅拌乳化,形成稳定的 O/W 型乳状液,抽真空或加热挥发除去有机相,过滤,即得微球。

5. **磁性微球** 需同时包裹药物与磁流体,成型方法可依据囊材与药物性质的不同加以选择,其制法的特殊之处在于磁流体的制备,一般通过共沉淀反应制得。

(四) 影响微囊和微球粒径的因素

1. 影响微囊粒径的因素

(1) 微囊的制备方法:若采用相分离法制备微囊,微囊粒径可小至 2 μm;若采用空气悬浮法制备微囊,其粒径一般大于 35 μm。

(2) 囊心物的大小:若微囊的粒径要求约为 10 μm,囊心物粒径应达到 1~2 μm;若微囊的粒径要求约为 50 μm,则囊心物粒径宜在 6 μm 以下。

(3) 囊材的用量:一般囊心物粒径越小,其表面积越大,要制成厚度相同的微囊所需的囊材越多。而当囊心物粒径相同时,囊材用量越多,微囊的粒径越大。

(4) 制备温度:不同温度下制得的微囊其粒径及分布可能不同,一般来说,温度越低,粒径越大。

(5) 搅拌速度:一般情况下,搅拌速度直接影响微囊粒径大小,搅拌速度越大则粒径越小,但有时搅拌速度过高也可能导致微囊合并生成较大的微囊。因此,应根据粒径需要和不同制备工艺的要求,选择适当的搅拌速度。

(6) 附加剂的浓度:也会影响微囊的粒径,但与粒径可能不是正比或反比关系。如采用聚乳酸-羟基乙酸共聚物为囊材,制备醋炔诺酮肟微囊时,加入明胶的浓度不同,则微囊的粒径不同,1%、2%、3%明胶制得的微囊其粒径分别约为 70 μm、80 μm、60 μm。因此,要根据需要的粒径选择合适的附加剂浓度。

2. 影响微球粒径的因素

(1) 药物浓度:其是否影响粒径与药物加入的方法有关。将药物加入微球中有以下两种方法:一种是在形成微球的过程中将药物掺入微球内部;另外一种是先制备空白微球,然后吸附药物。随着药物浓度增加、微球载药量增加,微球的粒径也会变大。

(2) 分散介质和附加剂:表面活性剂通过降低分散相与分散介质之间的界面张力,改变制备过程中乳滴的大小,从而影响粒径的大小。不同表面活性剂制备的微球粒径不一定相同。此外,不同分散介质对微球粒径的影响较大。

(3) 制备方法:不同制备方法制备得到的微球,其粒径不一定相同。同一种制备方法,采取不同处理过程,得到的微球粒径也可能不同。

(4) 搅拌速度与乳化时间:一般来说,搅拌速度与微球粒子大小成正比,超声处理比搅拌法制备得到的微球粒子更小。乳化时间越长,微球粒子越小,粒度分布越均匀。

此外,固化时间和温度,交联剂、催化剂用量和种类,γ射线强度及照射时间等,均对微球粒径大小有影响。

三、微囊与微球的质量评价

微囊、微球通常作为药物制剂的中间体,其质量评价应符合《中国药典》(2020年版)四部9014微粒制剂指导原则的规定。

1. 形态、粒径与粒径分布

(1) 形态观察:微粒制剂可采用光学显微镜、扫描电子显微镜或透射电子显微镜等观察,均应提供照片。

(2) 粒径与粒径分布:应提供粒径的平均值及其分布的数据或图形。测定粒径有多种方法,如光学显微镜法、电感应法、光感应法或激光衍射法等。

微粒制剂的粒径分布数据常用各粒径范围内的粒子数或百分率表示;有时也可用跨距表示,跨距越小,则分布越窄,即粒子大小越均匀。

2. 药物含量测定　可采用消解法、溶解法与研磨提取法制备含药的供试液,然后根据药物的性质,选用适宜的方法以测定其药物含量。消解法适用于白蛋白微球与明胶微球;溶解法可用于聚乳酸微球与EC微球;使用研磨提取法时,溶剂的选择是关键,应通过实验证明提取完全,同时对载体材料的溶解度较小,溶剂本身不干扰测定。

3. 载药量与包封率　对于粉末状微囊(球),先测定其含药量,后计算载药量(loading efficiency);对于混悬于液态介质中的微囊(球),先将其分离,分别测定液体介质和微囊(球)的含药量,后计算其载药量和包封率(entrapped efficiency)。按式(3-4)计算载药量。

$$载药量 = \frac{微囊(球)中含药量}{微囊(球)的总重量} \times 100\% \qquad 式(3-4)$$

测定包封率时,应通过适当方法(如凝胶柱色谱法、离心法或透析法)将游离药物与被包封药物进行分离,按式(3-5)计算包封率。

$$包封率 = \frac{微囊(球)中含药量}{微囊(球)和介质中的总药量} \times 100\% \qquad 式(3-5)$$

包封率一般不得低于80%。

4. 突释效应或渗漏率的检查　在释放试验中,微囊(球)表面吸附的药物会快速释放,将其称为突释效应。开始0.5 h内的释放量要求低于40%。测定微囊(球)的药物释放速率一般将试样置于透析管内进行,可采用溶出度测定法中的桨法、转篮法或流池法测定。

微囊(球)制剂应检查渗漏率,渗漏率可按式(3-6)计算:

$$渗漏率 = \frac{微囊(球)贮存一定时间后渗漏到介质中的药量}{贮存前包封的药量} \times 100\% \qquad 式(3-6)$$

5. 有机溶剂残留量　在生产过程中引入有害有机溶剂时,应按《中国药典》(2020年版)四部0861残留溶剂测定法测定,凡未规定限度者,可参考国际人用药品注册技术协调会,否则应制定有害有机溶剂残留量的测定方法与限度。

6. 其他规定　微囊(球)制剂还应分别符合有关制剂通则(如片剂、胶囊剂、注射剂、眼用制剂、鼻用制剂、贴剂、气雾剂等)的规定。

若将微囊(球)制成缓释、控释、迟释制剂,则应符合缓释、控释和迟释制剂指导原则[《中国药典》(2020年版)四部9013]的要求。

若将微囊(球)制备成靶向制剂,还应提供靶向性的数据,如药物体内分布数据及体内分布动力学数据等。

四、在中药药剂中的应用实例

1. 微囊与微球技术在中药药剂中的应用概况　微囊化技术作为药物制剂领域中新技术的突出代表,在中药实现现代化的进程中,对提高中药缓释、控释及靶向性,改善给药方式,降低不良反应等方面具有重大意义。目前,不仅有中药单体成分,如粉防己碱、斑蝥素、姜黄素、小檗碱、大蒜素、三尖杉酯碱等被制成微囊,而且某些中药的有效部位,如陈皮挥发油、牡荆油、三七总皂苷、沙棘油等也被制成微囊,甚至出现了中药复方提取物的微囊,如复方黄连解毒微囊、复方利咽微囊口含片等。中药微囊的处方、工艺,以及质量研究方面也取得了一定的成果,但目前中药微囊的研究大多数仍处于实验阶段,能投入临床应用的品种不多。

2. 典型处方

实例1:姜黄素微囊(单凝聚法)

称量一定量的明胶,用蒸馏水溶胀数小时,加热溶解为澄明溶液,用体积分数为10%的醋酸溶液调节pH至4.0。在明胶溶液中加入姜黄素,恒温搅拌成乳,缓慢加入20% Na_2SO_4 溶液30 mL成囊,搅拌30 min后,迅速加入多于3倍体系、温度为15℃的11.5% Na_2SO_4 稀释液,冰浴搅拌。当混合物达10℃时,加入5%戊二醛10 mL固化2 h,倾去上清液,加水洗涤,乙醇抽滤脱水,抽干水分后再用水和无水乙醇分别洗涤3次,干燥,即得最终的姜黄素微囊冷冻干燥样品。研成粉末,过100目筛,得到的黄色粉末状微囊即为姜黄素微囊(图3-7A)。

实例2:盐酸小檗碱微囊(复凝聚法)

精密称取盐酸小檗碱0.400 g,加入40 mL阿拉伯胶溶液,磁力搅拌器搅拌,在一定温度下,加入等体积的明胶溶液,继续搅拌均匀,备用。用5%醋酸溶液调pH为3~4,继续搅拌30 min;然后用200 mL温度稍低于溶液的蒸馏水稀释,搅拌30 min,冰水浴冷却至15℃以下,继续搅拌30 min;用37%甲醛溶液固化1 h,抽滤,水洗至无醛味,阴干,得白色粉末状微囊(图3-7B)。

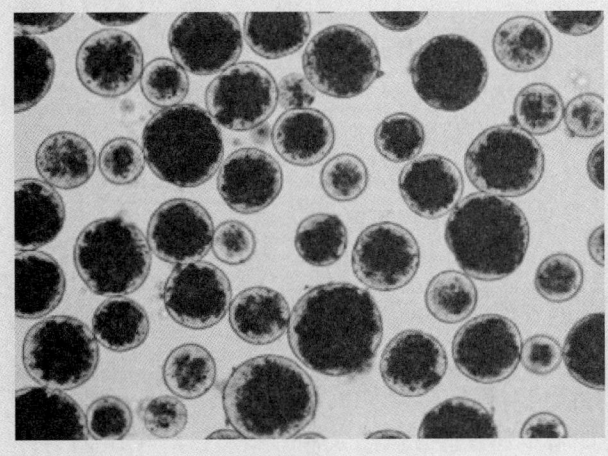
A. 姜黄素微囊(20×)

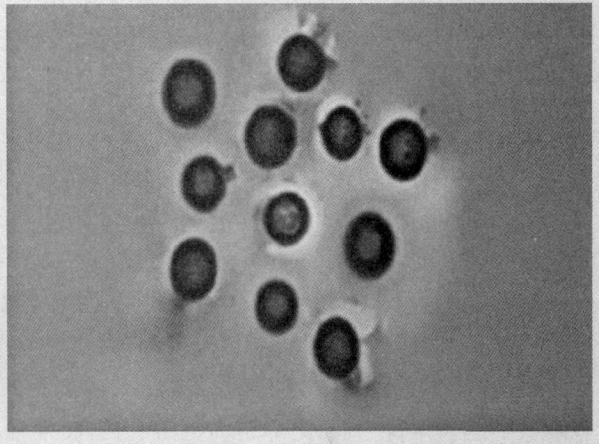
B. 盐酸小檗碱微囊(100×)

图3-7　微囊显微镜照片

五、有关问题讨论

微囊、微球近年来日益引起人们广泛的研究兴趣,其研究进展突飞猛进,但是相关上市产品依然不多,特别是复方中药微囊(球)制剂更加难以研制。原因是实验原辅料、实验室研究工艺过渡到工业化大生产还存在诸多问题,主要包括以下几个方面。

1. **中药复方微囊、微球化的原料问题**　中药活性物质基础较为复杂,有单体化合物、有效部位、总提取物等。其中,中药单体化合物的化学结构和理化性质明确,与化学药相近,可以建立有效的质量监控指标和方法,并可进行深入的体内药代动力学研究,是目前中药微囊化、微球化技术研究的主要对象。而有效部位及总提取物剂量通常较大,微囊、微球载药量却十分有限。此外,有效部位或总提取物活性成分复杂,造成微囊囊心物、微球内容物的性质复杂或不清楚,而囊材和载体材料的选择、微囊(球)的制备工艺主要取决于囊心物、内容物的性质,因此很难有效实现诸多成分的同步微囊、微球化,也无法建立有效的质控指标和方法以评价中药微囊(球)处方。

解决办法:中药微囊、微球研究应建立在药效物质基础清楚的基础上,以保证药效成分精制、量少,不仅满足微囊(球)对原料的要求,同时又能体现中医用药特点。

2. **部分辅料没有法定药用标准**　微囊、微球要投入工业化大生产,必须采用具有法定标准的成囊(球)材料与辅料。然而,目前许多研究中使用的囊材并没有取得药品监管机构的批准,如羟乙基淀粉、马来酸酯化淀粉-丙烯酸共聚物、聚酰胺、聚碳酸酯等,有的研究中使用的是非药用化学合成品或动植物提取物的衍生物,有的材料仅在实验室小量合成,这些研究成果要投产首先要完成辅料的注册申报。目前,与西方发达国家相比,国内微囊(球)辅料的研发较落后。

解决办法:加强微球、微囊产业化中亟须辅料的研发,加速注册申报。

3. **工艺稳定性差**　已有研究结果表明,相似工艺得到的产品在粒径分布及释放速率方面有很大的差异,这说明工艺过程中尚存在一些关键的影响因素未被关注或未进行系统深入的考察。

解决办法:在今后的研究中应注重对这些影响因素的挖掘与研究,同时,对释药机制也应该进行不断深入研究以便有的放矢地指导工艺改进,提高稳定性。此外,必须考察工业化生产设备与实验室用的小型设备在性能上的差异,进而缩小两者之间的差异,增加实验室工艺的可放大性。

4. **多数工艺中使用毒性较大的有机溶剂**　除了单聚凝法、复聚凝法、喷雾凝结法与辐射交联法之外的其他制备方法均可能用到有毒的有机试剂,有机溶剂的使用关系到毒性、机器的防爆装置及大气污染。

解决办法:有的有机溶剂可以进行回收,有的可以在排空时燃烧。二氯甲烷与氯仿因其可能致癌而受到严格限制,且回收成本高、难燃烧,工业化生产中不宜采用。丙酮可燃、闪点低,可适当采用,在排空时燃烧使其无害化。在多数处方中,将丙酮与醇合用,目前仍用于大量生产,其废气燃烧、凝结或用活性炭吸附都比较容易操作,部分国家在符合环保标准的前提下允许其废气直接排放。异丙醇及乙醇的毒性较低,如与水混用可避免燃烧并降低大气污染。用水替代有机溶剂,则可避免可燃性、毒性、大气污染等问题。在生产过程中引入有害有机溶剂时,应按照《中国药典》(2020年版)有机溶剂残留量测定法测定。此外,对于凝聚法中常用的固化交联剂甲醛、戊二醛在成品中的残留量,也应该进行控制。

5. **微囊(球)制剂成型与微囊(球)的稳定性问题**　微囊(球)多为中间体,需要进一步制备成注射剂、颗粒剂、胶囊剂、片剂及混悬液等各种剂型。在制剂成型中,可能需要经历湿、热、摩擦、挤压等过程,极易造成破坏,从而影响其包封率与释药性能。

解决办法:除了包封率、释放特性、外观等评价以外,应对微囊(球)的机械性质予以评价,确保其本身与制剂的稳定性。此外,亦可通过对囊材、附加剂(如增塑剂、抗黏剂等)及制备微囊(球)的工艺进行探索和优化,提高微囊(球)的机械性能及稳定性。此外,目前适合中药的囊材、载体材料与辅料有限,应积极研究开发新型囊材与辅料,以提高包封率与收率、降低物料损耗及生产成本。

第四节 纳米粒制备技术

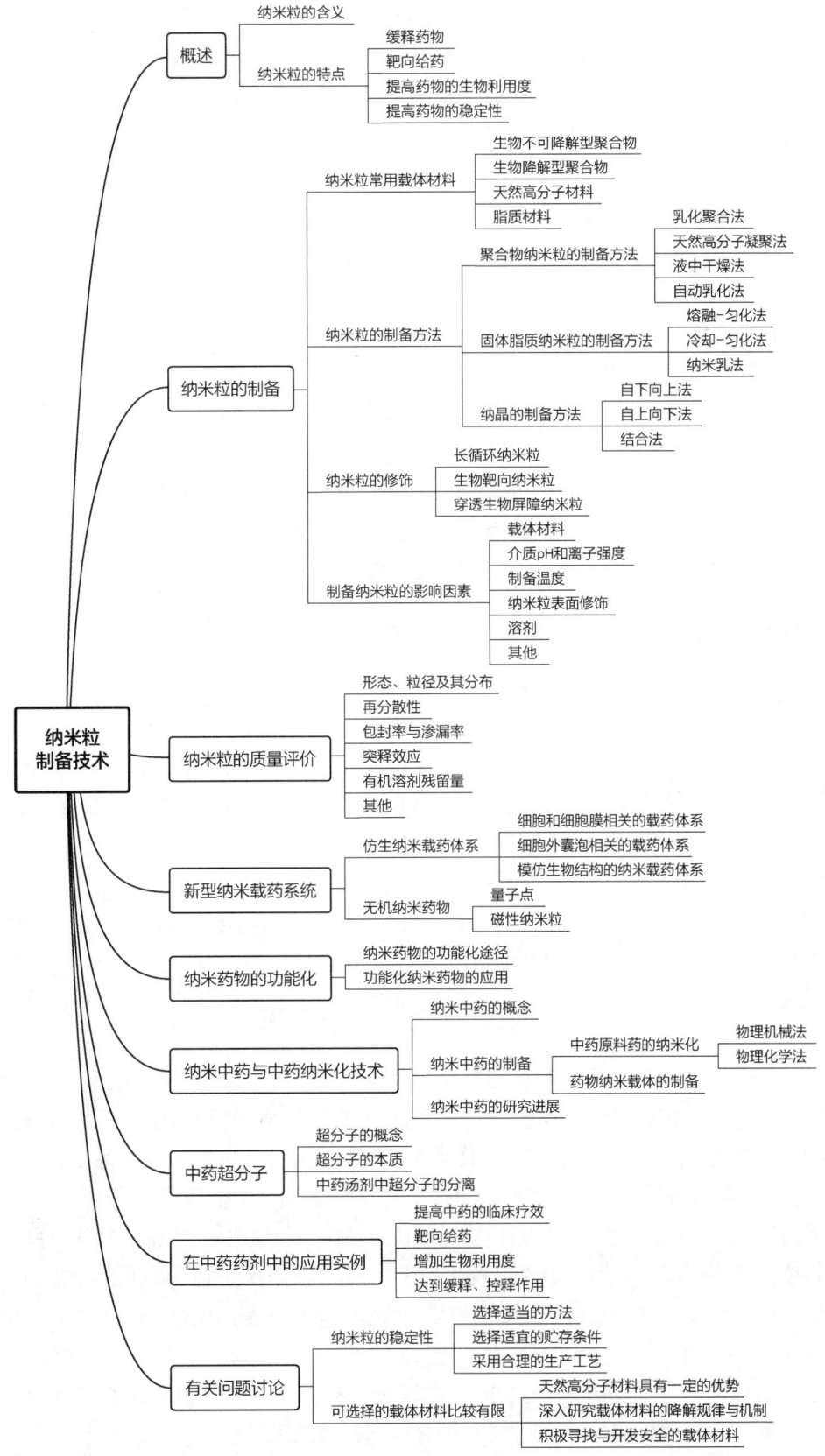

一、概述

(一) 纳米粒的含义

纳米粒(nanoparticle，NP)是指药物或与载体辅料经纳米化技术分散而形成的粒径小于 500 nm 的固体粒子。以脂质材料作为药物载体形成的 NP，称脂质纳米粒或固体脂质纳米粒(solid lipid nanoparticle，SLN)。仅由药物分子组成的 NP 称为纳晶或纳米药物，纳晶仅含活性成分和稳定剂，其中稳定剂的作用是减少药物晶体的聚集，提高产品的稳定性。

NP 既可作为理想的静脉注射药物载体，亦可供口服或其他途径给药。1990 年，自从首个纳米药物制剂两性霉素 B 脂质体在爱尔兰成功获批上市，纳米药物制剂进入了快速发展时期。目前，全球已获批上市的纳米药物制剂有 60 多种，其中以抗肿瘤药物为主，还包括多肽蛋白药物、核酸药物、抗病毒药物、抗炎药物，以及疾病诊断成像用药等。

(二) 纳米粒的特点

NP 作为药物的载体，其主要特点如下。

1. **缓释药物** 通过黏附性延长药物的作用时间，如滴眼液一般半衰期仅 1~3 min，而 NP 滴眼剂由于能黏附于结膜和角膜，因而可延长滞留时间至数小时。

2. **靶向给药** 如 NP 经静脉注射，一般被巨噬细胞摄取，主要分布于肝脏和脾脏。

3. **提高药物的生物利用度** 减少给药剂量，从而减轻或避免毒副作用。

4. **提高药物的稳定性** 可避免多种药物在消化道的失活。

二、纳米粒的制备

(一) 纳米粒常用载体材料

随着高分子材料学的迅速发展，各类 NP 载体不断被开发，主要有以下四类。

1. **生物不可降解型聚合物** 此类载体在体内不能降解成可代谢产物，主要有聚丙烯酰胺类和聚甲基丙烯酸酯类化合物。以聚丙烯酰胺类生物不可降解型材料制备的 NP，更多地被应用于污水处理、造纸及石油钻采等领域，较少作为体内制剂使用。

2. **生物降解型聚合物** 包括聚氰基丙烯酸酯和聚酯类等化合物。前者主要为聚氰基丙烯酸的甲酯、乙酯、丁酯等，其代谢产物为甲醛，对机体有一定的毒性。聚酯类化合物有聚乳酸、聚己内酯、聚乳酸-羟基乙酸共聚物等。聚酯类载体的中间代谢产物为乳酸，在体内代谢最终以 CO_2、H_2O 的形式排泄，其生物相容性更好，在研究和实际应用中更为常用。聚乳酸、聚乳酸-羟基乙酸共聚物已获美国 FDA 批准用于注射用药。

3. **天然高分子材料** 亲水性聚合物包括明胶、壳聚糖、海藻酸盐、明胶、蛋白质等。天然高分子材料较为常用，性质稳定，生物相容性好。明胶可生物降解，特异抗原性小，较为常用。壳聚糖具有较好的生物黏附性、促吸收效应和酶抑制载体作用等特性，使其在生物黏附给药系统、透膜给药系统、靶向给药系统及缓控释制剂的开发中备受青睐。蛋白质类常用的有牛或人的血清白蛋白、玉米蛋白、鸡蛋白等，由于蛋白类交联较为容易，故研究中也常用其作为载体材料，以白蛋白作为药物载体形成的 NP 称白蛋白 NP。白蛋白为内源性物质，将其作为载体可减少巨噬细胞对其吞噬，起到长循环的效果。注射用紫杉醇(白蛋白结合型)于 2005 年已经上市，用于治疗转移性乳腺癌联合化疗失败后或辅助化疗 6 个月内复发的乳腺癌。

4. **脂质材料** 常用于 SLN 的脂质材料包括饱和脂肪酸的甘油酯、硬脂酸、棕榈酸、甾体等。SLN 的乳化须使用磷脂等表面活性剂，乳化后 SLN 的亲水部分朝向周围的分散介质，疏水部分插入颗粒核心。SLN 对疏水性药物的包封效果较好，但对水溶性药物的包封效果欠佳。

(二) 纳米粒的制备方法

1. 聚合物纳米粒的制备方法　NP 可采用单体或高分子材料制备。若用单体制备,则主要通过乳化聚合法制备。采用天然或合成高分子材料为载体材料制备时,所用材料与微囊、微球的制备材料基本相同,可通过天然高分子凝聚法、液中干燥法和自动乳化法等方法制备。制备得到的 NP 混悬液,经过洗涤和分离(离心、冻干等),即得固态 NP。

(1) 乳化聚合法：系将单体分散于水相乳化剂中的乳滴或胶束内中,遇 OH^- 或其他引发剂分子发生聚合,胶束或乳滴作为提供单体的仓库,乳化剂对相分离的 NP 也起到防止聚集的稳定作用。聚合反应终止后,经分离呈固态,即得,工艺流程图如图 3-8 所示(微球工艺流程与之相同)。

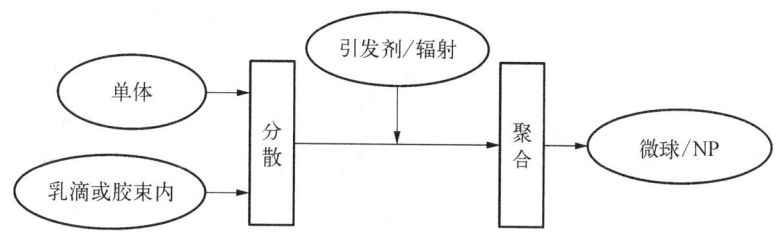

图 3-8　乳化聚合法制备微球/NP 的工艺流程

制备过程中,应注意介质 pH 对载药的影响。如对聚氰基丙烯酸酯类纳米球,其聚合时受介质 pH 的影响很大,因为以 OH^- 为催化剂,pH 太低时聚合难以进行,太高时则反应太快易形成凝块,而在 pH 2~5 范围可得到较好的纳米球。另外,制备过程中的搅拌速度、温度等对 NP 的粒径有一定影响,也可进一步影响载药量。

(2) 天然高分子凝聚法：系由高分子材料通过化学交联、加热变性或盐析脱水等方法,使其凝聚以制得 NP。如制备白蛋白 NP,白蛋白与药物作为内水相,可以经加热变性固化,也可通过甲醛或戊二醛作为交联剂固化。制备明胶 NP 时,将乳状液中的明胶乳滴冷却至胶凝点以下,再用甲醛交联固化。制备壳聚糖 NP 时,由于壳聚糖分子中含—NH_2,在酸性条件下带正电荷,可用负电荷丰富的离子交联剂(如三聚碳酸钠)使其凝聚成带负电荷的 NP。

(3) 液中干燥法：又称溶剂蒸发/挥发法,是由含高分子材料和药物的油相分散于有乳化剂的水相中,制成 O/W 型乳状液,油相中的有机溶剂被蒸发除去,原来的油滴逐渐变成 NP 的方法,工艺流程如图 3-9 所示(微球工艺流程与之相同)。

图 3-9　液中干燥法制备微球/NP 的工艺流程

(4) 自动乳化法：是在特定条件下,乳状液中的乳滴由于界面能降低和界面扰动,而形成更小的纳米级乳滴,接着再交联固化、分离,即得 NP。

2. 固体脂质纳米粒的制备方法　载体材料采用的是生物相容性良好的高熔点脂质,乳化剂可用多种磷脂及合成乳化剂等,以混合乳化剂的效果为佳。SLN 的制备主要有以下方法。

(1) 熔融-匀化法(melt-homogenization)：系将熔融的高熔点脂质、磷脂和表面活性剂在 70℃ 以上进行高压匀化,冷却后即得粒径小(约300 nm)、分布窄的NP。

(2) 冷却-匀化法(cold-homogenization):系将药物与高熔点脂质混合熔融并冷却后,与氮或干冰混合研磨,然后和表面活性剂溶液在低于脂质熔点5~10℃的温度时进行多次高压匀化,即得。此法所得NP粒径较大,适用于对热不稳定的药物。

(3) 纳米乳(nanoemulsion)法:是先在熔融的高熔点脂质中加入磷脂、助乳化剂与水制成微乳,再倒入冰水中冷却,即得NP。该法的关键是选用合适的助乳化剂。助乳化剂应为药用短链醇或非离子型表面活性剂,其分子长度通常约为乳化剂分子长度的一半。

3. 纳晶的制备方法　制备方法大体上可分为以下两种。

(1) 自下向上法(bottom-up method):基本原理是从药物的过饱和溶液中沉淀出药物纳米晶体,可分为溶剂-反溶剂沉淀法、超临界流体法、溶剂蒸发法和喷雾干燥法等。

(2) 自上向下法(top-down method):即从药物本身直接微粉化处理成产品,但更为合适的叫法应该是分散法(dispersion method),指通过机械力使大的药物颗粒减小至纳米级颗粒的方法,主要包括介质研磨法、高压均质法等。

(3) 结合法:是将自下向上法和自上向下法结合起来,通常以自下向上法制备粗晶体,再用自上向下法控制产品粒径和存在形式,以形成粒径小且均一的纳晶。为了制备稳定的纳晶,还需要加入一些稳定剂,常用的稳定剂有表面活性剂、高分子聚合物、缓冲液、多元醇等。

(三) 纳米粒的修饰

根据表面修饰的目的不同,主要可分为以下3种。

1. 长循环纳米粒　如采用PEG修饰NP,避免网状内皮系统吞噬,延长NP在体内的循环时间,此外,也可以用多糖、非离子表面活性剂修饰等,还可以采用红细胞膜、血小板膜等对NP进行进一步修饰,以达到长循环的目的。

2. 生物靶向纳米粒

(1) 抗体修饰纳米粒:是由载药NP与单克隆抗体或基因抗体共价结合而成,亦称免疫NP。抗体修饰NP借助抗体与靶细胞表面抗原或受体相结合,进入靶细胞,从而释放包载的药物。

(2) 配体修饰纳米粒:将NP表面用配体修饰,可使NP导向相对应的靶细胞(高表达对应受体的细胞),从而改变NP的体内分布。

3. 穿透生物屏障纳米粒　如聚乳酸-羟基乙酸共聚物NP的表面用壳聚糖修饰,利用壳聚糖打开小肠上皮细胞的紧密连接,可促进NP在小肠黏膜的渗透性。

(四) 制备纳米粒的影响因素

1. 载体材料　如不同乳化剂的乳化能力不同,得到的NP其稳定性和粒径也会有很大差别。

2. 介质pH和离子强度　用牛血清白蛋白作载体材料,以溶剂-非溶剂-热交联法制备米托蒽醌NP时,pH及离子强度对包封率的影响很大。

3. 制备温度　如采用溶剂扩散法制备SLN,水相温度高于70℃时,通常制备的SLN粒径较小、粒度分布较窄;而在低温条件下(0~25℃),制备得到的SLN具有较高的包封率且药物的突释效应较少。

4. 纳米粒表面修饰　NP的表面修饰是影响粒径的重要因素,通过在NP表面修饰上引入功能性基团,可以调控NP的生长速度和粒径分布。例如,在NP表面引入亲水基团,可以抑制NP的聚集,从而得到粒径较小的NP。

5. 溶剂　其物理性质直接影响NP的溶解、溶胀和成核过程,不同的溶剂对NP的稳定性和生长速率都有不同的影响。例如,具有较高表面张力的溶剂有利于抑制NP的生长,从而获得粒径较小的NP。

6. 其他 如反应时间、搅拌速度、附加剂、药物浓度等。

当然,不同的制备方法其影响因素也会各有差异。

三、纳米粒的质量评价

1. 形态、粒径及其分布 一般采用电镜观察其形态,应为球形或类球形,无粘连。粒径及其分布可采用激光散射粒度分析仪测定,或电镜照片经计算机软件分析,再绘制直方图或粒径分布图。粒径分布范围应狭窄,并符合其使用要求。

2. 再分散性 冻干品的外观应为细腻疏松块状物,色泽均匀;加一定量液体介质振摇,应立即分散成几乎澄清的均匀胶体溶液。再分散性可用分散有不同量NP的介质其浊度变化表示,如浊度与一定量介质中分散的NP量基本上呈直线关系,表示能再分散,直线回归的相关系数越接近1,表示再分散性越好。

3. 包封率与渗漏率 冻干品应分散在液体介质后,再进行测定。测定时,可采用透析、凝胶柱、低温超速离心等方法分离液体介质中的NP,然后分别测定系统中的总药量和游离药量,从而计算出包封率。NP贮存一定时间后再测定包封率,计算贮存后的渗漏率。

4. 突释效应 药物在NP中的情况一般有3种,即吸附、包入和嵌入。在体外释放试验中,表面吸附的药物会快速释放,此为突释效应。NP在开始0.5 h内的释药量应低于40%。

5. 有机溶剂残留量 在制备NP过程中,如果采用了有机溶剂,则须检查其残留量。残留量应符合《中国药典》(2020年版)要求。

6. 其他 NP除应符合以上要求外,还应该符合具体相关制剂(如注射用、吸入用、鼻用、眼用等)的质量要求。

四、新型纳米载药系统

(一)仿生纳米载药体系

仿生纳米载药体系是来源于自然灵感和基于天然生物材料特性设计载体,以仿生生物材料为基础设计的具备载药功能的纳米颗粒。近年来,仿生纳米载药体系得到了广泛应用,并获得了积极的疾病治疗效果,在研发新一代智能化药物递送系统方面展现出巨大的潜力。

以仿生单元的生物属性为标准,可将仿生纳米载药体系的设计原理大致分为:细胞和细胞膜相关的载药体系、细胞外泌体等细胞外囊泡相关的载药体系,以及模仿生物结构的纳米载药体系。

1. 细胞和细胞膜相关的载药体系 细胞具有天然结构优势和特异性。近年来,细胞-药物、细胞-药物载体杂化体系的建立实现了细胞和药物、细胞和药物载体的共同递送,还可利用微胶囊的方法实现细胞精准递送,以解决传统细胞治疗中免疫抑制的问题。近年来,不同类型的细胞膜作为药物载体的涂层研究已经被报道,如红细胞、间充质干细胞、树突状细胞、单核细胞、巨噬细胞、嗜中性粒细胞、淋巴细胞和癌细胞等。从细胞中提取的细胞膜可以作为药物载体,以细胞膜为涂层的仿生纳米材料具有良好的生物相容性和药物递送效率。

细胞膜包覆的内核纳米颗粒混合物载体的制备包括独立制备和物理融合两个步骤。以红细胞膜纳米颗粒的制备为例,内核NP由纳米沉淀法的自组装法制备获得,外壳红细胞膜通过低渗处理、反复冻融或超声波破坏获得,然后将两者混匀,经脂质体挤出器通过多孔聚碳酸酯膜反复挤压。该方法制备的纳米颗粒既具有纳米载体本身的理化性质,又具有天然细胞的生物学性质。

2. 细胞外囊泡相关的载药体系 细胞外囊泡包括微米级的微囊泡和30~100 nm直径的细胞外泌体,它们是从细胞膜上脱落或者由细胞分泌的双层膜结构的囊泡状小体,主要参与免疫应答、凋亡、血管生成、炎症反应、凝结等重要的生物过程,还参与细胞间通讯,对靶细胞的识别也具有特异性。因此,细胞外泌体具有长循环良好、生物相容性好、免疫原性低等特点,是理想的天然药物载体。近年来,越来越多的研究利用外泌体的天然载体性质,构建符合需求的精准药物治疗体系。

目前最常用的外泌体提取方法是差速离心法、尺寸排阻色谱法,此外还有聚合物沉淀法、超滤法、免疫亲和捕获法、基于微流控的分离方法等。外泌体载药方法可分为分泌前载药法和分泌后载药法。分泌前载药法处理的对象是外泌体的供体细胞,通过共孵育的方法使药物或载药颗粒被细胞内吞,从而提取并获得载药外泌体或外泌体-载药纳米颗粒复合物。该方法保留了外泌体结构和功能的完整性,但是载药率低。分泌后载药法类似于细胞膜涂覆的复合物载体制备,第一,需要独立获得外泌体,将外泌体作为一个简单的膜结构囊泡模型;第二,利用转染试剂、电穿孔、表面活性剂处理、挤出、超声和冻融循环等暂时破坏膜结构进行载药。这种方法适用于批量生产,但物理或化学的方法对外泌体表面蛋白和外泌体完整性会造成一定程度的破坏。

3. 模仿生物结构的纳米载药体系　细胞中构成生物化学反应的最基本单元是细胞器,如线粒体、核糖体、细胞核等。模仿细胞器的结构和功能,补充与病理状况相关的细胞功能障碍,为新型药物递送和疾病治疗提供了新的思路。

人工合成的仿细胞器纳米颗粒可利用分子组装策略构建多级组装体,其中最具有代表性的是仿线粒体纳米颗粒。研究人员利用可移除模板法化学合成了固载金纳米颗粒的中空介孔二氧化硅微粒,这种载体具有类线粒体内膜的多层级结构,将其载入重组三磷酸腺苷(adenosine triphosphate,ATP)合酶,在金纳米颗粒的催化作用下催化合成ATP。组装混合结构中纳米酶催化反应以实现线粒体模拟氧化磷酸化,为代谢障碍相关的疾病治疗提供更多可能。此外,用天然细胞膜的生物区隔作用可制备仿生纳米反应器,其外部通过癌细胞膜涂层作为类似结构的由膜封闭的隔室,内部利用改性的多孔硅纳米颗粒作为酶的限域环境,可实现化学物质的流入、流出,并防止酶的外泄。近年来,研究人员发现外泌体也可充当有效生物催化级联的纳米反应器,成功封装多种酶,并在质膜中组装最小的电子传输链,提高催化级联活性,以实现模拟自然界自身细胞器的进步。

(二)无机纳米药物

无机纳米药物是用于药物与基因的发现和递送、生物标志物的发现、分子诊断和治疗的人造无机纳米颗粒及无机纳米材料。无机纳米材料是提供特殊形状或功能的原始纳米材料的加工形式,如金属、金属氧化物;金属氧化物陶瓷(如锌氧化物、镉氧化物)、硅酸盐、纳米线(纳米棒)、半导体纳米晶体(量子点)、纳米壳、无机富勒烯、无机-有机杂化系统或生物杂化系统,以及纳米尺寸的二氧化硅等。下面主要介绍两种应用较广的无机纳米颗粒与材料。

1. 量子点　是典型的直径在2~8 nm之间的无机半导体纳米晶体,已成为一类新的荧光标记,具有更好的亮度、抗光漂白和多色荧光发射。量子点通常由元素周期表Ⅱ-Ⅵ族(如CdSe、CdTe)或Ⅲ-Ⅴ族(如InP、GaAs)半导体化合物构成。一般而言,量子点由半导体核心和壳层组成,半导体核心由外壳覆盖以改善光学性能,通过表面修饰(如配体或聚合物包裹)可改善其在水中或缓冲液中的溶解度。在过去的几十年中,量子点被系统地尝试在几乎所有基于荧光的分析和体内成像过程中。谷胱甘肽修饰的硫化镉、硒化锌和锌镉硒量子点,其荧光发射在360~700 nm之间可调,量子产率高达50%,已被成功地与生物探针连接用于细胞成像。量子点还可以与生物识别分子,如多肽、抗体、核酸或小分子配体共价连接,作为分子和细胞成像的生物标记。因此,量子点的生物应用包括荧光共振能量转移分析、基因技术、细胞蛋白质的荧光标记、细胞跟踪、病原体和毒素检测,以及活体动物成像等。

2. 磁性纳米粒(magnetic nanoparticle,MNP)　其近些年正在迅速兴起,所使用的纳米材料是NP,

包括纳米线、纳米球、纳米管和磁性薄膜。MNP 的诊断用途包括检测恶性组织或致病生物聚集体。MNP 具有先进的 NMR 成像、导向药物和基因传递、癌症治疗、组织工程、细胞跟踪和生物分离等方面的优势。随着 MNP 的使用,出现了一体化的治疗和诊断应用,如磁共振成像(magnetic resonance imaging,MRI)引导的细胞替代疗法或基于 MRI 的癌症特异性基因传递的成像。MNP 在生物医学中的应用也取得了重大进展。超顺磁性氧化铁纳米颗粒(superparamagnetic iron oxide nanoparticle,SPION)(15~60 nm)可以被葡聚糖、磷脂或其他化合物包裹,以实现抑制聚集和被动/主动靶向。在受控的表面功能化并与 DNA 链、蛋白质、多肽或抗体片段偶联后,SPION 可用于药物输送、磁分离、MRI 对比度增强。

目前,无机纳米药物在诊断、药物和基因传递、传感和生物传感,以及活体成像方面有着巨大的前景。巧妙设计的无机 NP 可以提高药物疗效,并改善药物对体内特定区域的靶向性,从而使治疗毒性和侵入性更低。荧光量子点是常用的荧光团和基因编码的荧光蛋白的可靠替代品。MNP 在 MRI、药物传递、细胞标记和示踪等方面具有重要意义。

五、纳米药物的功能化

许多功能化技术已被用于修饰和功能化纳米药物的表面。功能化 NP 的主要目的是在其表面覆盖一种分子,该分子具有预期用途所需的化学功能。当 NP 功能化时,它们的表面特征都会发生很大的变化。由于这一特征可以用来调节粒子的尺寸,自组装行为及生物分布,因此,NP 的表面化学已经成为其合成的关键组成部分。

1. **纳米药物的功能化途径**　可分为两类:直接功能化和后功能化。

(1) 直接功能化:即整个功能配体是一个双功能有机分子。在这种方法中,一个功能活性基团被用来将络合剂连接到 NP 的表面,而第二个功能活性基团具有活性官能团(NP 表面修饰基团)。该途径备受青睐,因为它只需要一个单一的共轭步骤。对于硫族化合物、氧化物 NP 和贵金属 NP 的直接功能化,经常使用硫醇、氧化膦、磷酸盐和羧酸盐基团。当接枝多功能复合物分子来代替最初用于产生颗粒的络合剂时,络合分子的结合强度必须足以覆盖整个表面。

(2) 后功能化:是指该双功能分子的偶联位置基团可以在第一次与结合螯合基团反应后的第二步中转化为最终官能团。对于要进行后功能化的颗粒,必须在其表面接枝分子,使其具有"纳米颗粒-螯合剂-官能团(N-C-F)"结构。通常,类似硅烷的化学物质被用于后功能化。相比于直接功能化,后功能化修饰方法在某些方面具有明显的优势,如可以在纳米聚合物材料中,引入直接功能化聚合中很难实现的高极性、高反应活性或含有特殊原子的官能团的修饰。

2. **功能化纳米药物的应用**　功能化纳米药物是一种很有前途的纳米药物输送平台,具有优越的生物仿生能力和量身定制的靶向特征。在药物递送方面,其主要应用包括以下 4 种载体。

(1) 作为长循环药物载体:PEG 化被认为是延长纳米药物循环半衰期的有效策略。以红细胞膜为基础的纳米药物的生物功能化,也显示出优越的长循环能力。

(2) 作为光动力癌症治疗的纳米药物载体:光热治疗(photothermal therapy,PTT)和光动力治疗(photodynamic therapy,PDT)已经成为治疗各种癌症的新策略。PDT 的临床疗效依赖于光敏剂向肿瘤细胞的准确输送,以及单线态氧的有效产生和释放。修饰了活性靶向配体的纳米药物具有优越的肿瘤靶向能力,可获得显著的治疗效果。

(3) 作为药物缓释的载体:一项实验表明,红细胞膜表面功能化的聚合物 NP 可以起到扩散屏障的作用,与裸颗粒相比,它可以减缓阿霉素的释放,从而增强阿霉素在急性髓系白细胞中的治疗效果。

（4）作为靶向给药的载体：靶向纳米载体能以最小的不良反应来提高药物的治疗效果。目前，通过用靶向特定位点的配体进行 NP 功能化的同时，使疾病靶向治疗成为可能。例如，通过插入叶酸和核仁素靶向适体 AS1411，可使纳米颗粒具有主动靶向肿瘤的能力。

六、纳米中药与中药纳米化技术

（一）纳米中药的概念

纳米中药是指粒径 100 nm 以下的中药有效成分、有效部位、原药及其复方制剂。

（二）纳米中药的制备

具有不同性能的中药，在进行纳米化时要采用不同的制备方法。纳米中药的制备主要包含中药原料药的纳米化和药物纳米载体。

1. 中药原料药的纳米化的制备

（1）物理机械法：超临界流体技术是采用超临界快速膨胀法和气体反溶剂法，利用其高渗透性和高溶解能力来制备 NP。

超微粉碎技术利用机械或流体动力可以将中药粒径粉碎至 10 μm 以下，适用于难溶性或需要避免某些活性遭到破坏的中药的粉碎，如矿物药、贵重药、毒性药、有效成分不明或易被破坏的药物。

（2）物理化学法：高压均质法是将液态物料或以液体为载体的固体颗粒输送到高压均质机中，在一定的条件下，产生剪切、涡旋等作用，得到 NP。

喷雾干燥法是将液态的芯材和壁材通过喷雾方法喷出雾滴，然后壁材快速干燥，即可得到固体的微粒，为保证药物的稳定并保持药效，通常加入赋形剂以调控粒径。

2. 药物纳米载体的制备　药物纳米载体无毒，性质稳定，能与药物配伍且不与之发生化学反应，不影响药理作用和药物含量，有适宜的药物释放速率。对于纳米中药载体的制备，常用方法有纳米包覆技术、乳化聚合法、高压乳匀法、聚合物分散法等。常用的高分子材料有淀粉及其衍生物、明胶、海藻酸盐、蛋白质、聚酯类等。

（三）纳米中药的研究进展

纳米中药既指加工至纳米级别的中药 NP，也指 NP 载体药物。目前的 NP 有 SLN、MNP、壳聚糖 NP 等，而 SLN 的性质稳定，具有一定的缓释作用，适用于难溶性药物的包裹，可通过静脉注射或局部给药，以达到靶向定位和控释作用。例如，以无毒性、免疫原性较低的牛血清白蛋白为载体制备的载姜黄素 NP，明显改善了姜黄素的水溶性及溶出度，且放置稳定性良好。以离子凝胶法制备的小檗碱/壳聚糖 NP，被证明明显增加药物摄取，降低药物外排率，明显提高脂溶性较差的小檗碱在胃肠道细胞内的转运和渗透能力。

七、中药超分子

1. 超分子的概念　超分子由小分子间通过非共价键连接而成，并具有自复制、自识别、自组织和自组装的特征。超分子"印迹模板"是在空间结构和结合位点能匹配的模板物，对于小分子来说既是分子结构的空间活性结构，也是活性原子团的空间排列点阵。中药成分为自然界客体"印迹模板"的聚集体，受控于原药材主体酶系统。中药成分复杂，结构相似或相近的中药成分簇具有相似或相同的"印迹模板行为"。胶体、混悬液或沉淀都是化学成分相互组装的表象，属于超分子化学的研究范畴，而中药超分子现象最早在汤剂中被发现，目前已经在超过 80 种汤剂中发现胶体颗粒的存在。

2. 超分子的本质　在超分子化学中，不同类型的分子间相互作用是可以区分的，根据它们不同的强弱程度、取向，以及对距离和角度的依赖程度，可以分为：金属离子配位键、氢键、π-π 堆积作用、静电作用和疏水作用等。它们的强度分布由 π-π 堆积作用的弱,到氢键的中等,再到金属离子配位键的强或非常强,这些作用力成为驱动超分子自组装的基本方法。产物可呈现为 NP、脂质体、纳米管、囊泡、沉淀物等。

超分子自组装过程不是大量原子、离子和分子之间弱相互作用的简单叠加,而是一个复杂的协同作用。分子之间的非共价键是驱动超分子形成的核心力量。所形成的超分子是由中药汤剂中的几种成分自发组合而成的紧密有序的整体。在超分子形成后,每个组分仍然保持其一些独特的物理和化学性质,同时由于彼此的相互作用而显示出特殊的整体功能。

然而,应该注意的是,超分子的有序结构并不是固定的。分子间的作用力主要是疏水相互作用和氢键作用。打破这些作用力会导致超分子结构的变化,并影响药物的疗效。冬虫夏草煎剂体系中的超分子 NP 就表现出 pH 响应,在不同 pH 条件下表现出不同的超分子结构。

3. 中药汤剂中超分子的分离 超分子分离条件的选择是研究的重要前提。主要方法包括透析法、离心机法和凝胶层析法。

(1) 透析法:能够将分子质量小于定义值的物质从透析袋中扩散出来,去除煎液中的真正溶液相。其核心原理为溶质在溶液中的扩散通过半透膜的选择性渗透,使得不同分子的溶质能够实现分离。透析法基于溶质的分子大小差异,通过控制扩散过程中的驱动力和膜的孔径大小,以实现目标溶质的有效分离。

(2) 离心机法:离心机是一种常见的用于分离混合物的设备,其工作原理是基于离心力的作用。离心力是一种由旋转对象产生的力,它可以将混合物中的组分根据其不同的密度分离开来。离心机的工作原理是利用离心机转子高速旋转产生的离心力来加速液体中颗粒的沉降,并在系统中分离不同分子质量的物质。

(3) 凝胶层析法:分离原理是分子筛效应。当含有各种分子的样品溶液缓慢通过凝胶色谱柱时,由于大分子物质的直径较大,很难进入凝胶颗粒的微孔中,因此在洗脱过程中,它们向下移动得更快。除了在凝胶颗粒的空隙中扩散外,小分子也可以进入凝胶颗粒的微孔中,所以运动相对较慢。因此,不同分子质量的物质被分离出来。

八、在中药药剂中的应用实例

目前已经有很多中药复方及单体成分以 NP 作为载体进行递送研究,如芍药甘草汤、马钱子碱、白屈菜红碱、去甲斑蝥素、黄芪甲苷等,主要利用 NP 达到以下目的。

1. 提高中药的临床疗效 中药成分多且复杂,中药纳米化后可以使中药的原有活性增强,甚至产生新的药理作用。例如,将载有中药的 NP 经过适当修饰,输送药物通过血脑屏障,到达中枢神经系统而起到更好的治疗效果,这会使中药在急、慢性脑病治疗方面发挥更大的作用。

2. 靶向给药 应用纳米技术可以增加药物的靶向性,使药物到达特定的器官、组织和细胞,并且使药物长时间在体内驻留,从而提高治疗效率。新型乳糖化-去甲斑蝥素 NP 能够有效地靶向于肿瘤组织,抑制肿瘤的生长。

3. 增加生物利用度 难溶性中药成分严重阻碍了中药的应用和药效的发挥,将中药纳米化可以提高溶解性和溶出速率,体内对药物的吸收程度也会随着药物颗粒尺寸的缩小而提高,可减少药物使用量,适用于口服和注射等给药途径的中药。例如,姜黄素 NP 在大鼠消化道可在较短时间内直接被吸收,消除率降低。相对于游离药物,姜黄素 NP 减少了肝脏的首过效应,生物利用度提高了近 8 倍。

4. 达到缓释、控释作用 借助高分子材料作为载体,将药物分散于 NP 的内部或吸附于表面,其中分散于内部的药物会随着载体材料的降解缓慢释放,从而可以实现药物的缓释、控释。如用 1,3-甘油二酯的纳米结构脂质载体包载麝香草酚,能够减慢麝香草酚的释放速率,使其作用缓和而持久、不良反应减少。

九、有关问题讨论

1. 纳米粒的稳定性　部分高分子载体材料在灭菌、贮藏、生产过程中经常发生降解,引起 NP 形态发生改变,甚至发生聚集现象,也可能引起药物泄漏和变质。另外,纳米体系的热力学稳定性也是一个突出的问题。

解决途径如下。

(1) 选择适当的方法:灭菌时应根据具体情况来选择适当的方法,可采用滤过除菌、无菌操作和辐射灭菌法。滤过除菌法对不黏稠、粒径较小的 NP 系统较适合,但须注意滤膜孔径的大小,有时 NP 通过滤膜时粒子的完整性会被破坏。辐射灭菌法不产生热效应,是目前对 NP 制剂最理想的灭菌方法,但也应该注意是否会导致附加剂的分解。

(2) 选择适宜的贮存条件:以干燥固体形式贮存,或者根据载体材料与实验考察结果选择适宜的贮存条件,如聚丙交酯-乙交酯(75∶25 或 50∶50)纳米球溶液以 4℃贮存为宜,不能常温贮存。

(3) 采用合理的生产工艺:如冻干处理是 NP 经常采用的生产工艺,应关注冻干前后粒径、包封率是否变化,对多肽、蛋白质类药物纳米球,应考察冻干是否引起药物失活。

2. 可选择的载体材料比较有限　聚酯类聚合物是公认的毒性较小的载体材料,在肌内或皮下注射的微球制剂已有成功的应用,已被 FDA 接受,被认为是安全和可耐受的。但它们用于制备 NP 时,被巨噬细胞摄取后在细胞内降解并显示细胞毒性,因而这类聚合物至今未获批用于静脉注射。其他合成高分子材料也可能产生有毒代谢物质。目前针对纳米载体的研究大多是在细胞模型或鼠、犬等动物模型上进行效果验证,大部分纳米药物制剂的体内药代动力学特征尚不清楚,对药物的体内过程缺乏全面的理解,这也是导致临床疗效与临床前研究存在较大差异、使纳米药物制剂的临床开发受到严重制约的主要原因之一。

解决途径如下。

(1) 天然高分子材料具有一定的优势:载体材料的选择需慎重,基于毒副作用的考虑,天然高分子材料具有一定的优势。例如,已上市的静脉注射用紫杉醇 NP 就是以白蛋白为载体材料。若是口服或局部给药,可选择的载体材料显然有更多,但如果长期用药也须作一些重新评价。

(2) 深入研究载体材料的降解规律与机制:对于 NP 载体材料的降解规律与机制还须深入探讨。

(3) 积极寻找与开发安全的载体材料:基于不同纳米载体的理化性质和体内体外的研究数据来建立合适的生理药代动力学(physiologically based pharmacokinetic, PBPK)模型,以模拟不同载体在体内的药代动力学过程,探索载体可能的体内递送机制。同时,利用模型研究,根据临床前数据对载体进行种属间转化,评估载体与机体之间可能存在的相互作用。

第五节　纳米乳与亚微乳制备技术

一、概述

纳米技术的迅猛发展为药物研发开辟了广阔的应用前景。纳米尺度的材料因其尺寸小、结构特殊而具有许多新的理化性质,如大比表面积、高反应活性、小尺寸效应和量子效应等。纳米乳与亚微乳是在表面活性剂等功能助剂的作用下,将不溶于水的药物以纳米尺度增溶于水中而形成的乳状液体制剂。

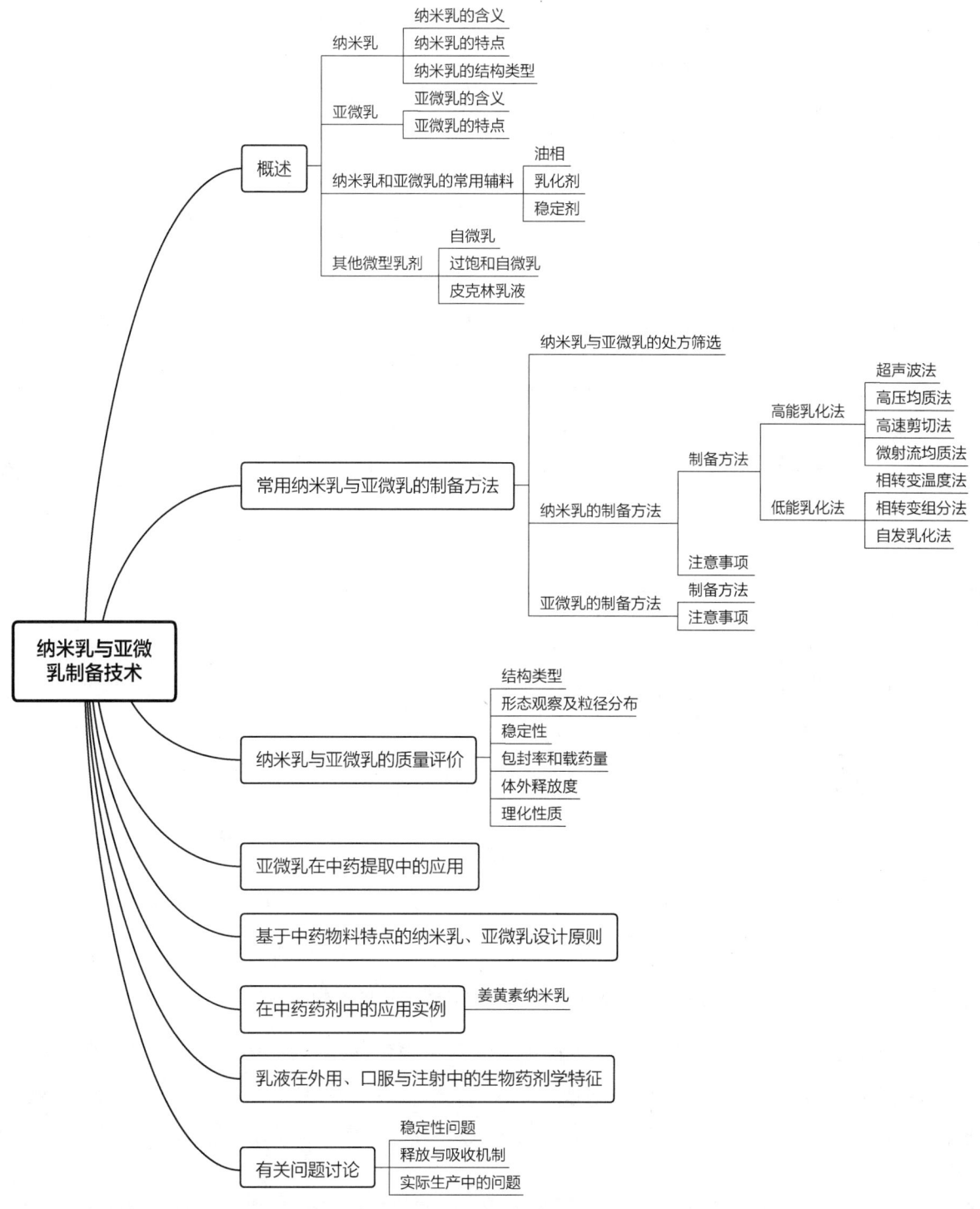

与微乳剂相比,纳米乳与亚微乳处于热力学稳定或亚稳定状态,具有更低的表面活性剂添加浓度。纳米乳与亚微乳特有的理化性质可改善药物制剂性能,产生低表面张力和较好的润湿性,进一步提高药物在靶部位的附着、沉积和渗透。纳米乳剂中 O/W 或 W/O 微细液滴还可以对中药有效成分形成包裹层,提供更好的光降解保护与缓释增效作用。

(一) 纳米乳

1. 纳米乳的含义　纳米乳(nanoemulsion)是粒径为 50~100 nm 的液滴分散在另一种液体中而形成的热力学稳定的胶体溶液。

纳米乳与普通乳剂相比,在乳滴形状和大小方面,纳米乳一般为球形,大小比较均匀,粒径在 50～100 nm 之间,而普通乳剂一般为球状,大小分布不均匀,粒径一般大于 100 nm;在分散性质方面,纳米乳为具有各向同性、低黏性(与水相近)、透明或半透明的液体,而普通乳剂为不透明的液体,黏度远大于水;在组成方面,纳米乳的乳化剂用量大,为 5%～30%,且一般需要加入助乳化剂,而普通乳剂的乳化剂用量大多低于 10%,一般无须加入助乳化剂;在热力学稳定性方面,纳米乳稳定,可热压灭菌,离心后无分层;在与油、水混溶性方面,纳米乳在一定范围内既能与油混匀又能与水混匀,而普通乳剂只能与外相溶剂混溶。

近年来,纳米乳技术得到了飞速发展,并出现了自乳化给药系统(self-emulsifying drug delivery system, SEDDS),即药物制剂口服后,遇体液,在 37℃和胃肠蠕动的条件下,可自发分散成 O/W 型纳米乳。另外,用 PEG 修饰的纳米乳,因增加了其表面的亲水性,减少了被巨噬细胞的吞噬,从而明显延长了在血液循环系统中滞留的时间,称为长循环纳米乳。

2. **纳米乳的特点** 纳米乳作为极具潜力的新型药物载体,其主要的特点如下。

(1) 可提高难溶性药物的溶解度与生物利用度,并可经口服、注射或皮肤等多种途径给药。口服纳米乳进入胃肠道发挥的增溶作用机制如图 3-10 所示。

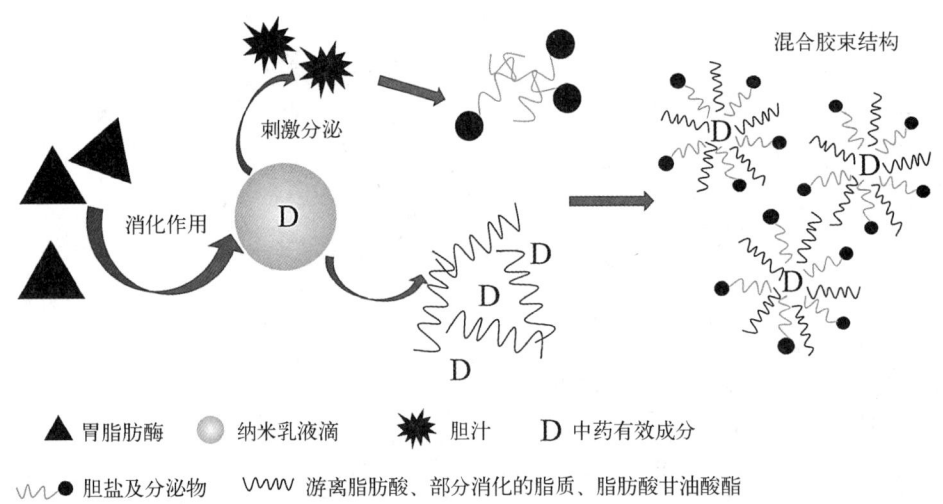

图 3-10 口服纳米乳进入胃肠道发挥的增溶作用机制

(2) 可根据需要达到缓释、控释或靶向的目的,毒性小,安全性高。如 W/O 型纳米乳可延长水溶性药物的释放时间,起到缓释作用;纳米乳可改变某些药物的体内分布,具有一定的组织、器官靶向性,能降低药物在某些组织、器官的毒副作用和过敏反应,且黏度低,注射时不会引起疼痛,不会引起变态反应和脂肪栓塞。

(3) 稳定性好,易于制备和保存。对于易水解的药物,将其制成 W/O 型纳米乳,还可起到保护作用。

3. **纳米乳的结构类型** 纳米乳可分为 W/O 型、O/W 型和油水双连续相(bicontinuous structure, BS)3 种。W/O 型和 O/W 型纳米乳的结构模式如图 3-11 所示。W/O 型纳米乳由油连续相、水核及表面活性剂与助表面活性剂组成的界面膜构成。O/W 型纳米乳则由水连续相、油核及表面活性剂与助表面活性剂组成的界面膜构成。BS 具有 W/O 型和 O/W 型两种乳剂的特性,是 W/O 型与 O/W 型之间的过渡状态,但其间的水相和油相均不是球状,而是类似于海绵缠绕的网状分布。

影响纳米乳结构的因素有很多,如表面活性剂分子的亲水性、疏水性、温度、pH、电解质浓度、油相的化学特性等。通过相图,可推测微乳液的特征。除单相微乳液之外,微乳液还能以许多平衡的相态存在,如

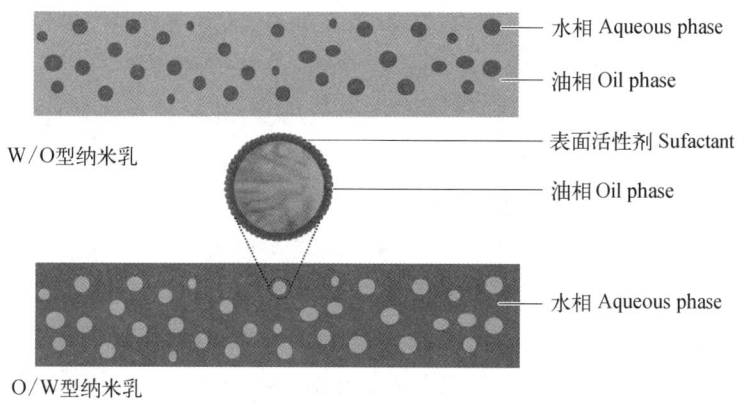

图 3-11 纳米乳基本结构类型示意图

Winsor Ⅰ型(两相,O/W 型微乳液与过量的油共存)、Winsor Ⅱ型(两相,W/O 型微乳液与过量的水共存),以及 Winsor Ⅲ型(三相,中心态的 BS 微乳液与过量的水、油共存),如图 3-12 所示。

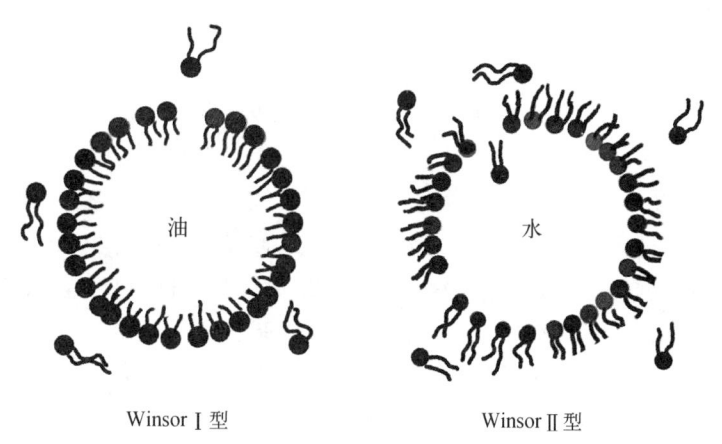

图 3-12 纳米乳类型

纳米乳的结构类型是由处方中各组分的结构、性质与比例决定的。无论何种类型,纳米乳各相间的界面张力均较低,并且纳米乳始终是一个动态结构,表面活性物质分子构成的界面一直在自发地波动。

(二) 亚微乳

1. 亚微乳的含义　亚微乳(submicron emulsion)系指将药物溶于脂肪油或植物油中,经磷脂等乳化分散于水相中,从而形成 100~600 nm 粒径的 O/W 型微粒载药分散体系,通常由油相、水相、乳化剂和稳定剂组成。其外观不透明,呈浑浊或乳状,稳定性不如纳米乳,可热压灭菌,但加热时间太长或数次加热,会有分层现象。早期的亚微乳中不加入药物,仅作为脂肪乳剂用于高能量的胃肠外营养。

1962 年,脂肪乳剂(10%大豆油和 1.2%蛋黄卵磷脂)在瑞典被正式批准应用于临床,为脂肪乳的发展奠定了基础,这种脂肪乳就是亚微乳。脂肪乳进入我国始于 1986 年,并于 20 世纪 90 年代初,我国成功自主研发国产大豆油脂肪乳。第一代营养型脂肪乳为长链脂肪乳(long chain triglyceride fat emulsion, LCT fat emulsion),采用长链脂肪酸甘油酯(常用大豆油,少部分用红花油)作为油相制备可得,长链脂肪酸一般含碳原子数为 14~24。第二代营养型脂肪乳主要包括中/长链脂肪乳(medium-chain triglyceride/long-chain triglyceride fat emulsion, MCT/LCT fat emulsion)、结构脂肪乳(sructured triglyceride, STG)和橄榄油(olive oil, OO)脂肪乳。与 MCT/LCT fat emulsion 相比,STG 的清除速率更快,能显著改善氮平衡。

第三代营养型脂肪乳则是以鱼油作为油相,制备得到的有鱼油(fish oil, FO)脂肪乳和混合型(即 LCT/MCT/OO/FO)脂肪乳、复合脂溶性维生素脂肪乳等。混合型脂肪乳处方中的油相由4种油类混合而成,LCT/MCT/OO/FO 比例为 30∶30∶25∶15(也有人将其称为第四代脂肪乳,简称 SMOF),混合型脂肪乳有更好的机体代谢和耐受性,并具有一定的调节机体免疫功能作用。

以亚微乳为载体(包载活性药物)的静脉给药制剂称为含药亚微乳。日本在此领域处于世界领先水平,1988 年前列地尔载药亚微乳注射液首先在日本上市。1998 年在国内上市。1989 年丙泊酚脂肪乳注射液在美国上市。为减轻注射引起的疼痛感,1997 年,丙泊酚中长链脂肪乳注射液开发上市。1992 年,氟比洛芬酯注射液在日本上市,2004 年,在国内上市。氯维地平属于二氢吡啶衍生物,是一种超短效的静脉注射用钙通道阻断剂,曾作为围手术期出现高血压短期控制药物进行开发,2008 年经美国 FDA 批准上市。

2. 亚微乳的特点　亚微乳作为载药体系,其主要的特点包括:① 提高药物的稳定性;② 增加难溶性药物的溶解度;③ 使药物具有靶向性;④ 降低药物的毒副作用和刺激性;⑤ 提高药物体内及经皮吸收率。

(三) 纳米乳和亚微乳的常用辅料

纳米乳和亚微乳作为药用载体对处方要求严格,不仅要求能在大范围内形成纳米乳和亚微乳,还要求药物载体无毒、无刺激、无不良药理作用,须具有生物相容性,并对主药具有较大的增溶性,同时不影响主药药效的发挥和稳定性。

1. 油相　选用合适的有机溶剂作为油相是纳米乳剂形成的关键部分之一,因为它与中药活性成分的溶解能力密切相关。如与十六烷等长链油相比,当以花生油为油相时,纳米乳剂的形成更为困难。因为油相在体系中的不溶性增加了纳米乳剂的稳定性,为奥斯特瓦尔德熟化(又称奥式熟化)提供了动力学障碍,而奥式熟化是纳米乳剂不稳定的主要原因,是纳米乳剂破乳的主要机制,是指油在较小液滴中通过连续相向较大液滴的净输送。油的碳氢链长度越短,则越有利于有机相深入穿入界面膜,纳米乳剂就越稳定,增长碳氢链则有助于增加对药物的溶解性。因此,纳米乳剂油相的选择应结合药物的溶解情况进行综合考虑。

纳米乳的油相品种要求成分较纯,化学性质稳定,对药物有一定的溶解能力,形成的乳剂毒副作用小,并能与乳化剂分子之间保持渗透和联系,以确保所制备的纳米乳能完全包封药物。以往多采用植物来源的长链甘油三酯,如麻油、棉籽油、豆油等,但油相分子链过长不易形成微乳,现多采用中链(C_8—C_{10})甘油三酯和长链甘油三酯合用作为油相。

2. 乳化剂　纳米乳剂中的另一个重要成分是乳化剂,乳化剂能够降低表面张力,促使纳米乳剂的形成。乳化剂在体系中先在气液界面上定向排列,即极性基的一端插入水相,非极性基的一端插入气相,以形成单分子膜。当乳化剂的浓度达到临界胶束浓度(critical micelle concentration, CMC)后,开始转移到溶液中,形成大量分子有序聚集体,即胶束。在 O/W 体系的胶束中,乳化剂的疏水基聚集成胶束内核,亲水的极性基团构成胶束外层。乳化剂的浓度只有在 CMC 以上,才能实现乳化作用。

在制备纳米乳剂时,非离子表面活性剂通常会被包裹到纳米乳剂中,这是因为它们受 pH 和离子强度的影响较小。而对于阴离子表面活性剂而言,它可以与溶液之间发生黏合,这可以改变纳米乳剂的稳定性和尺寸。除此之外,表面活性剂的选择也与其亲水亲油平衡(hydrophile-lipophi balance, HLB)值有关。HLB 值越高,表明表面活性剂在水中的溶解度越高,这有利于农药制剂的 O/W 配方,反之,则有利于 W/O 配方。在制备动力学稳定的纳米乳液时,表面活性剂的 HLB 值是要考虑的最重要的参数之一。表面活性剂的添加量(质量分数)通常在 1.5%~10% 之间,制备纳米乳剂时普遍用量为 5%。离子型表面活性剂可能会改变纳米乳剂中的静电电荷,从而导致低聚集。对比单一和复合表面活性剂对纳米乳剂形成的影响发现,混合表面活性剂能够产生更好的亲水-亲油平衡,增强表面活性剂层的柔韧性,并较大程度上分配到油水界面。研究还表明,非离子型表面活性剂的混合不仅能产生理想的 HLB 值,而且对纳米乳剂的稳定性也有协同作用。

(1) 天然乳化剂:其降低界面张力的能力有限,但它们易形成高分子膜而使乳滴保持稳定。天然乳化剂的优点是无毒、价廉,缺点是质量可能存在批间差异,对大量生产不利,易造成产品的质量差异。常用品种有阿拉伯胶、西黄蓍胶,以及明胶、白蛋白和酪蛋白、大豆磷脂、卵磷脂及胆固醇等。明胶及蛋白质类乳化剂的带电性受溶液 pH 的影响,在等电点时稳定性差。

(2) 合成乳化剂:品种较多,分为离子型和非离子型两大类。非离子型乳化剂毒性较小,较为常用,如脂肪酸山梨坦(span)、聚山梨酯(tween)、聚氧乙烯脂肪酸酯类、聚氧乙烯脂肪醇醚类、聚氧乙烯聚氧丙烯共聚物类等。非离子型的乳化剂口服一般认为没有毒性,静脉给药有一定的毒性,其中 Pluronic F_{68} 的毒性很低。Pluronic F_{68} 与天然的乳化剂磷脂已被批准用于注射给药。

(3) 助乳化剂:常用的助乳化剂为药用短链醇或适宜 HLB 值的非离子表面活性剂。常用的有低级醇,有机胺,烷基酸,单、双烷基酸甘油酯,以及聚氧乙烯脂肪酸酯等,如正丁醇、乙二醇、乙醇、丙二醇、甘油、聚甘油酯等。助乳化剂可调节乳化剂的 HLB 值。

助乳化剂的作用有:① 使乳化剂具有超低表面张力,有利于微乳液形成和热力学稳定;② 改变油水界面的曲率;③ 增加界面膜的流动性,降低膜的刚性,有利于微乳液的形成。

3. 稳定剂　乳剂的界面膜常因加入脂溶性药物而发生改变,需要加入半亲油、半亲水、表面活性不高、能定位在界面膜内的稳定剂,以增大界面膜的强度,提高药物的溶解度,使亚微乳的 ζ 电位绝对值升高,增加亚微乳的稳定性。常用的稳定剂有油酸、油酸钠、胆酸、脱氧胆酸及其钠盐等。

(四) 其他微型乳剂

1. 自微乳(self-microemulsion)　是由油相、水相和至少一种表面活性剂(通常还需配合一种共表面活性剂,如醇类)组成的、热力学稳定且通常是透明或半透明的液-液分散系统,其粒径通常在 10~100 nm 范围内。自微乳的特征在于其形成是自发的,不需要通过高剪切或高能量的输入,这与传统的乳液相区别。

自微乳的特点:① 热力学稳定性。不需要外加能量即可长期稳定存在。② 透明或半透明。因为其液滴尺寸远小于可见光波长,所以自微乳通常是透明或半透明的。③ 易于制备。自微乳可以通过简单混合其组分,而在适当条件下自发形成。

2. 过饱和自微乳(supersaturated self-microemulsion)　是指药物在自微乳中的浓度超过其在溶液中的饱和溶解度的状态。这种自微乳体系可以提高药物的溶解度并改善其生物利用度,但过饱和状态可能导致药物析出或结晶,因此,稳定性是一个关键问题。

过饱和自微乳的特点:① 能显著提高难溶性药物的溶解度;② 有助于改善药物的释放和吸收。

3. 皮克林乳液(pickering emulsion)　是由固体颗粒稳定的乳液系统,其中颗粒吸附在油滴和水滴的界面上,防止乳滴的聚结和破裂。皮克林乳液滴粒尺寸可以从纳米到微米不等,具体取决于所用颗粒的大小和乳液的制备条件。皮克林乳液常用的固体颗粒有无机颗粒(如二氧化硅、氧化铝)、有机聚合物颗粒或生物基颗粒(如蛋白质颗粒)。

皮克林乳液的特点:① 强稳定性。固体颗粒的吸附在界面上提供了较高的稳定性。② 不需表面活性剂。不依赖传统的表面活性剂,而是依靠颗粒的吸附来稳定乳液。③ 多功能性。颗粒的种类和性质可以赋予乳液额外的功能性,如催化性、磁性或药物缓释性。

二、常用纳米乳与亚微乳的制备方法

(一) 纳米乳与亚微乳的处方筛选

确定纳米乳、亚微乳的处方组成及其配比的过程,是制备该两类乳剂的关键环节。纳米乳及亚微乳剂型的形成主要依靠体系中各组分的匹配,寻找这种匹配关系的主要办法有相转换温度(phase inversion temperature,PIT)、HLB 值和盐度扫描等方法。在制剂学中,研究乳剂的常用方法是 HLB 值法。HLB 值法是纳米乳及亚微乳处方设计的一个初步指标。一般而言,体系的 HLB 值在 4~7 间易形成 W/O 型纳米乳(或亚微乳),在 8~18 间易形成 O/W 型纳米乳(或亚微乳)。

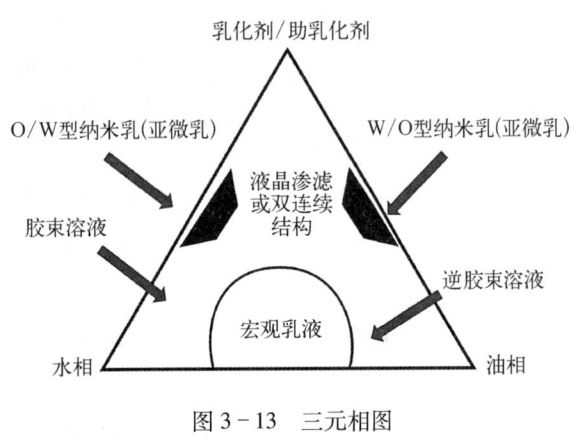

图 3-13 三元相图

纳米乳(或亚微乳)处方筛选主要是选择适当的油相、乳化剂及助乳化剂的种类,并确定各组分的最佳比例,一般可通过实验对比并结合相图绘制来进行,如图 3-13 所示。① 绘制相图时,通常将油相、水相和乳化剂/助乳化剂混合物作为 3 个顶点,通过改变各组分的比例,观察体系的透明度、稳定性等性质,可以确定纳米乳(或亚微乳)的存在区域和最佳处方。② 在相图中确定纳米乳(或亚微乳)区域后,进一步进行筛选和优化配方。这可以通过改变乳化剂和助乳化剂的比例、调整油相和水相的比例等方式实现。优化的目标是获得稳定性好、粒径小、载药量高的纳米乳(或亚微乳)。③ 对筛选出的最佳配方进行验证。这包括制备纳米乳(或亚微乳)并进行一系列测试,如粒径测定、稳定性评估、载药量测定等,以确保其性能符合预期。

对于四组分和四组分以上的体系,也可采用变量合并法,如固定两组分的配比,使实际变量不超过 3 个,从而仍可用三元相图来表示,这样所得的相图称为伪三元相图或拟三元相图。当研究如何制备含乳化剂量较少且稳定的 O/W 型纳米乳(或亚微乳)时,常用乳化剂/助乳化剂、水、油分为三组分以绘制经典的三元相图,但必须先确定乳化剂/助乳化剂比例(K_m)的最佳值。

(二) 纳米乳的制备方法

1. **制备方法** 通过相图确定处方后,选择合适的制备工艺,主要分高能乳化法和低能乳化法。

(1) 高能乳化法:以高能乳化法制备纳米乳需要外加能量,一般来自机械设备。高能量制备方法有超声波乳化法、高压均质法、高速剪切法和微射流均质法等。

1) 超声波乳化(ultrasonic emulsification)法:通常采用探头超声仪,通过控制超声的频率和时间,可以制备不同粒径的纳米乳并调节乳滴分散度,该方法高效、简便,较适合用于试验研究中少量样品的制备。聚合单体的疏水性越强,所需超声时间越长。有研究通过单因素实验和响应面法逐步优化超声乳化工艺,所得最佳工艺条件为葵花籽油 5%、乳化剂 9.5%、超声时间 25 min,该条件下所得乳滴的粒径为 (85.4±27.3) nm。

2) 高压均质(high-pressure homogenization)法:是让粗乳液经过工作阀,通过在高压条件下产生强烈的剪切、撞击和空穴作用以得到纳米乳,制备的纳米乳有很好的均一性,在工业生产中应用较多。有研究采用高压均质法制备氨甲环酸纳米乳,并进一步制得氨甲环酸纳米乳膏,制备简单,制剂稳定性好。荧光标记后,发现该药物经皮吸收后可透过角质层和表皮层到达真皮层,透皮效果显著。

3) 高速剪切(high-speed shearing)法:利用特殊设计的高剪切均质乳化机转子和定子,在电机的高速驱动下,通过产生的高线速度和高频机械效应,以生成纳米乳。有研究采用剪切搅拌法制备氟比洛芬酯纳米乳,与离子敏感型凝胶材料混合后制得氟比洛芬酯纳米乳-原位凝胶,此种剂型能有效降低原形药物氟比洛芬对眼部的刺激,并能够显著延长药物在眼表留存时间,发挥缓释作用,提高药物的眼部生物利用度。

4)微射流均质(micro-jet homogenization)法:系利用高压下产生的高速流动相相互碰撞,制备O/W型纳米乳液。有研究报道,在压力80 MPa下连续处理3次,制得的蜂胶纳米乳液其粒子平均直径达到143.2 nm,且粒径分布均一,具有较好的物理稳定性。均质处理对乳化液的平均粒径与分散指数具有显著影响。

(2)低能乳化法:所消耗的能量要小得多,不仅节能,而且由于其大大缩短冷却过程,因此也可提高乳化的效率。该法应用广泛,有很大的发展前景,主要包括相转变温度(PIT)法、相转变组分(phase inversion component, PIC)法、逐滴滴加法、自发乳化(spontaneous emulsification, SE)法等方法。目前,这些方法在O/W型纳米乳中应用较多,W/O型纳米乳液的制备主要采用的方法是PIT法、PIC法和逐滴滴加法。

1)相转变温度法:是利用非离子型乳化剂在不同温度下亲水性和疏水性变化的特性,将水相和油相一次性混合在一起。这类乳化剂的疏水性随着温度的升高而增强,当温度低于体系的PIT时,非离子型乳化剂亲水而形成O/W型乳液;当温度高于体系PIT时,乳液发生相反转,变成W/O型乳液。在PIT乳化法中,温度是最重要的影响因素,储存温度应该保持在体系PIT以上。有研究应用PIT法制备的羟喜树碱纳米乳注射液对癌细胞的抑制能力比注射液组大幅提高,对小鼠接种肝癌细胞Heps的肿瘤生长抑制作用可增加145%。

2)相转变组分法:是温度恒定下,通过改变体系的组成,以形成纳米乳。在制备过程中,随着水的加入,体系会先进入W/O的微乳液区、双连续区,滴加过程中会有相转变发生,最后形成具有较高动力学稳定性的O/W纳米乳。在适当的温度、搅拌速率及滴加速度的情况下,纳米乳液的粒径基本取决于乳化剂与油的比例。有研究表明,只有在稳定相态为层状液晶相的体系组成下才能形成纳米乳液,在低于30℃时将油相逐滴滴加到乳化剂的水溶液中,当聚氧乙烯蓖麻油和氢化蓖麻油的含量为1:2~1:9时,能够得到粒径在60~90 nm的W/O型纳米乳液,纳米乳液在5个月内没有明显的相分离。

3)自发乳化法:自乳化给药系统(SEDDS)包含油相、乳化剂和助乳化剂的固体或液体剂型,药物溶解于载体中,在胃肠道内水分稀释及温和搅拌的情况下,能自发形成O/W乳剂。油相的黏度,以及乳化剂的HLB值、浓度和结构等是影响自动乳化法的重要因素。研究制备纳豆激酶的自双乳化药物递送系统,具有较高的自乳化能力(自乳化时间<2 min)。纳豆激酶的包封率高达(86.8±8.2)%。在8 h内纳豆激酶的累积释放为约30%,表现出缓释作用。与纳豆激酶溶液相比,纳豆激酶的自双乳化药物递送系统可显著延长小鼠的全血凝固时间($P<0.05$)。有研究将胰岛素微乳和壳聚糖复合,制得具有生物黏附性的固体粉末。在鼻腔的湿润环境中自乳化成纳米乳,易于透过鼻黏膜内丰富的毛细血管和淋巴管进入体内,初步药代动力学研究表明,血药浓度升高与血糖浓度下降的趋势相符。

纳米乳的各种制备方法原理及优缺点见表3-1。

表3-1 纳米乳制备方法原理及优缺点

制备方法	原理	特点	优缺点
超声波乳化法	利用超声波振动,在乳液中产生强剪切力和压力梯度,使大液滴被细化	通常使用低频范围的超声波制备乳液,可连续制备纳米乳液	能耗小于高压均质法,成本低
高压均质法	利用强剪切力、强撞击力等作用力,使大液滴分散为小液滴	能制备出最小粒径且稳定性好的纳米乳液,且制得的乳剂通常有较高的包封率	可投入大规模工业化生产,需要注意均质参数的设定,不适合制备黏性较大的乳液

续　表

制备方法	原　理	特　点	优缺点
高速剪切法	利用转子与定子之间产生的机械力和流体力学效应,使液体物料受到强剪切、摩擦、撞击	制备的乳液粒径较大	一般用来制备粗乳液,需要进一步均质
微射流均质法	高压下产生的高速流动相相互碰撞	可控制制备的液滴大小、均质效率不被乳化剂种类影响,但输出能量过高会影响生物大分子活性	可连续生产纳米乳液,但维护成本高
PIT法	基于温度改变时非离子表面活性剂水化特性的变化	降温速度对乳液粒径尺寸有很大影响,若须获得较小粒径尺寸的乳液,则需有较快的降温速度,降温速度过慢,甚至无法形成稳定的纳米乳液	实施简单,可获得小粒径纳米乳
PIC法	在恒定温度下改变体系的分散相含量	受搅拌速度、滴加速度、温度及器壁等因素影响,滴加速度越慢,制得液滴的粒径越小	考虑因素少,能量损耗少,无需高昂的设备
SE法	在油水界面的边界处,水相被油相中反胶束增溶,形成双连续微乳,而后双连续相被破坏,自发形成纳米乳液	制备时的温度、搅拌乳液速度及油相添加速度对乳液的粒径尺寸及稳定性都有重要影响,制备乳液时需注意合适的比例及条件	对乳液配比要求严格,未投入大规模工业化生产

2. 注意事项　纳米乳制备中,最重要的是确定处方的组成及其比例。处方组成及其比例不恰当,就不能形成纳米乳,或者可形成纳米乳的区域小,达不到增加难溶性药物的溶解度、提高药物稳定性或生物利用度的目的。粒径大小是纳米乳液液滴的重要参数之一,它不仅赋予了体系胶体稳定性,也提供了较高的界面面积比与体积比。较多研究报道表明,油相的选择是影响纳米乳液液滴尺寸大小的重要因素。

(三) 亚微乳的制备方法

亚微乳的乳滴粒径范围在 $0.1 \sim 1\ \mu m$ 之间,常用作非胃肠道药物的递送载体,静脉注射乳剂的粒径一般在 $0.25 \sim 0.4\ \mu m$。

1. 制备方法　一般采用两步高压乳匀法制备亚微乳,将药物与其他油溶性成分溶于油相中,将水溶性成分溶于水中,然后将油相和水相分别加热到一定温度,置于组织捣碎机或高剪切分散乳化机中混合,在一定温度下制成初乳。初乳迅速冷却,用两步高压乳匀机进一步乳化,滤去粗乳滴与碎片,调节pH,高压灭菌,即得。

2. 注意事项

(1) 静脉用亚微乳的制备,其关键是如何选择高效低毒的附加剂,并在确保亚微乳稳定的情况下,尽量减少附加剂用量。

(2) 对于静脉用亚微乳的粒径,一般要求小于微血管内径,以避免造成毛细血管阻塞。

(3) 如药物或其他成分易于氧化,则制备的各步骤都应在 N_2 气流下进行。如药物对热不稳定,则应采用无菌操作。

三、纳米乳与亚微乳的质量评价

纳米乳的质量评价主要有结构类型、形态观察、粒径分布、稳定性、包封率和载药量,以及体外释放度等方面。纳米乳的质量评价指标取决于纳米乳的大小、结构和理化性质、乳化剂类型及药物的油水分配系数等因素。采用准确高效的研究方法和检测手段对纳米乳进行质量评价,有利于改进制备工艺。

(一) 结构类型

纳米乳的微观结构类型常采用稀释法、染色法、电导法等方式进行鉴别。稀释法取适量纳米乳加入蒸馏水稀释,若纳米乳能与蒸馏水混合均匀,且能被蒸馏水无限稀释,则判定其为 O/W 型;若蒸馏水稀释后不能均匀混合,则为 W/O 型。染色法是根据油溶性的染料苏丹红和水溶性的染料亚甲蓝在微乳中扩散的速度,以判断微乳的类型,红色的扩散速度大于蓝色的扩散速度,则为 W/O 型纳米乳,蓝色扩散更快则为 O/W 型纳米乳。由于水和油的导电性不同,通过电导法可判断纳米乳的连续相或外相是油相还是水相。如果是 O/W 型,外相是水相,纳米乳的导电率较高;如果是 W/O 型,外相是油,则纳米乳的导电率接近或微大于油,应该为电中性。

(二) 形态观察及粒径分布

透射电镜法是目前实验室观察纳米乳形态的常用方法,将纳米乳稀释后,再加 OsO_4 溶液固定 15 min,用固定后的乳剂薄层做透射电镜测定。周莹等人将制得的复方联苯苄唑纳米乳滴加在覆盖碳膜的铜网上,经质量分数 2% 的磷钨酸复染 30 s,待干燥后,在透射电镜下观察纳米乳形态,纳米乳呈圆球形,无粘连。

粒径分布是鉴定纳米乳的重要指标,也是评价纳米乳稳定性的重要参数,纳米乳的外观、结构及药效等性质会受粒径大小的影响。研究表明,不同粒径的纳米乳在小鼠体内的分布情况不同,200 nm 的 NP 在血液和组织中的持续时间较短,15~50 nm 的 NP 可以通过血脑屏障,15 nm 的 NP 则可广泛分布于各个组织。

理想的纳米乳要粒径小且分布均匀。例如,有研究采用激光粒度测定仪测定复方吡喹酮纳米乳的粒径及其分布,平均粒径为 11.2 nm,粒径低于 9 nm 的乳微粒占比小于 15%,高于 20 nm 的乳微粒占比小于 2.5%,9~20 nm 的乳微粒则约占 82.5%。制备的纳米乳粒径较均匀,分布范围窄,纳米乳澄清透明,稳定性良好。

(三) 稳定性

亚微乳是自发形成的热力学稳定体系,不需要外界能量的输入。纳米乳在热力学上仍是不稳定的,其在制备过程及贮存中乳滴有增大的倾向。目前还没有评价纳米乳稳定性完善的方法,实验中可以参照我国《新药审批办法》中乳剂(普通乳剂)指导原则,如乳剂稳定性重点考察项目为形状、分层速率、色谱检查降解产物及其含量等,对制备的纳米乳进行稳定性考察,通过离心实验考察其动力学稳定性,通过加速实验和常温留样实验对其物理稳定性和化学稳定性进行考察。

纳米乳的不稳定因素有很多,如很多乳化剂、油相和药物不耐热,在高压蒸汽灭菌时其结构和性质会发生改变;分子小,很容易挥发,因而性质不稳定;稀释不稳定性导致纳米乳在体内经胃液或血液稀释后结构不稳定等。纳米乳的稳定性也是考察纳米乳是否适合应用的重要指标。

目前,稳定性的考察项目通常检测纳米乳在温度、湿度、光线影响下随时间的变化规律,主要包括高温实验、高湿度实验、强光照射实验等加速实验和长期实验,通过处理后的纳米乳是否仍为澄清透明、有无药物析出和分层等现象检测其稳定性。如研究报道制备的甘草黄酮纳米乳,通过高温、高湿、恒温加速实验后是否有分层和浑浊现象以检验其稳定性,实验表明,甘草黄酮纳米乳仍为澄清透明的纳米乳状液,未出现分层现象,表明纳米乳稳定性良好。

(四) 包封率和载药量

一般需采用溶剂提取法提取微乳或亚微乳中的药物,结合紫外分光光度法或 HPLC 等分析方法,测定微乳或亚微乳中药物总含量。通过葡聚糖凝胶柱层析等方法分离游离药物,计算微乳或亚微乳内相中包封药物量,从而计算包封率。

载药量的大小影响药物的临床用药剂量。纳米乳中药物的含量测定主要通过溶剂提取法,使药物最大限度地溶解于溶剂中,再采用 HPLC 进行检测。理想的溶剂对主药的溶解度大,而对其他杂质的溶解度小,且溶剂本身不干扰测定。提取后,主要通过 HPLC 对样品进行检测。

(五) 体外释放度

体外释放度是评价纳米制剂质量的重要指标。目前,纳米乳制剂的体外释放度评价方法主要有取样分离法、透析法、流通池法、弗朗茨扩散池法和结合法,以及电化学法、非电化学法和微渗析法等新方法。有研究报道,通过 HPLC 对纳米乳体外释放样品进行测定,动态膜透析法分析结果表明,制备溴吡斯的明磷脂复合物纳米乳(pyridostigmine-bromide phospholipid complex nanoemulsion, PPNE)在体外释放行为与溴吡斯的明相近,表明将溴吡斯的明制备成 PPNE 并不会使药物的释放速度成为吸收的限速过程。使用 DAS 软件进行非室模型(统计矩)拟合,并用 SPSS 对 PPNE 与溴吡斯的明的各项药代动力学数据进行统计处理,PPNE 纳米乳的口服生物利用度为溴吡斯的明的 208.1%。

(六) 理化性质

1. 黏度　要求因给药途径而异。
2. 折光度　纳米乳和亚微乳的折光度可使用阿贝折光仪,在恒温 20℃ 条件下测定。
3. 电导率　是鉴别微乳结构类型的重要方法,可通过电导率仪测定微乳或亚微乳的电导率,电导率-含水量曲线法还可用于确定微乳成型的临界点。

四、亚微乳在中药提取中的应用

亚微乳具备粒径小、透明、稳定等特性,因其分散相处于纳米级别,具有巨大的比表面积。因此,将亚微乳相作为一种提取分离介质,具备极高的提取分离效果,在中药提取中具有显著优势。亚微乳在中药提取中的应用主要体现在以下几个方面。

1. 提高难溶性药物的溶解性和生物利用度　亚微乳对亲脂或亲水性药物均有较高的溶解度,能够产生较高的浓度梯度,有助于难溶性药物在亚微乳中的溶解。

2. 保持原有成分不被破坏　亚微乳制备过程不需外加能源,可以有效防止热力学不稳定的药物的降解。在制备过程中,亚微乳可以包容不同脂溶性药物,并尽可能保持原有成分不被破坏,使多成分共同发挥药效。

3. 提取多种有效成分　亚微乳中既有油相又有水相,可以提取出中药材中的多种有效成分。这些成分在制备过程中能够共同发挥作用,以增强药物治疗效果。

4. 节约时间和成本　亚微乳本身粒径小,可以过滤灭菌,提取的过程即是制剂过程,大大节约了时间成本和物质成本。此外,亚微乳还可以一步成乳,使得提取和制剂过程更加简便高效。

以穿心莲为例,其化学成分繁多,包括内酯类、黄酮类、甾醇、生物碱等。多数成分在水中的溶解度较低,特别是作为有效成分的穿心莲内酯,其溶解性较差,仅微溶于乙醇,单一提取溶剂往往仅能针对某一或某些特定成分,而不能全面提取各类成分。此外,穿心莲的性质不稳定,加热会导致其分解变性,因此不适合采用常规的加热回流提取方法。有研究应用亚微乳作为溶剂,采用浸渍法对穿心莲成分进行提取,由于制剂中既有油相又有水相,可以包容不同脂溶性药物,制备过程无需外加能源,便可以有效防止热力学不稳定药物的降解;亚微乳能够提取出多种有效成分,穿心莲微乳提取液的抗炎作用明显高于乙醇提取液。

五、基于中药物料特点的纳米乳、亚微乳设计原则

纳米乳和亚微乳是两种常用于药物传递系统的微型乳液,它们能够提高药物的溶解度、稳定性和生物利用度,尤其是在中药制剂中具有重要应用。基于中药物料特点的纳米乳和亚微乳制剂设计原则,可以总结如下。

1. 中药成分复杂性考虑

(1) 中药通常含有多种成分,因此在设计纳米乳或亚微乳时,需要保证各个活性成分都能够被有效载荷和保护。

(2) 考虑中药成分之间的相互作用,确保制剂中不会发生不利的物理或化学反应。

2. 提高生物利用度

(1) 设计制剂的目的往往是提高药物的生物利用度,这需要确保药物能够在体内达到有效浓度,并保持一定时间。

(2) 利用纳米乳和亚微乳的高表面积与独特的界面特性,来增加药物的溶解度和吸收。

3. 稳定性优化

(1) 中药制剂需要长期存储,因此其稳定性尤为重要。纳米乳和亚微乳应设计为在储存期间保持物理和化学稳定性,以避免药效下降。

(2) 探索使用适当的表面活性剂、乳化剂和稳定剂,来保持乳液稳定。

4. 药效成分释放控制

(1) 根据需要控制药物的释放速度,设计缓释或控释系统,以提高疗效和降低副作用。

(2) 可以通过调整乳液的粒径、黏度或加入特定的聚合物,来实现药效成分释放控制。

5. 药物传递目标性 通过表面修饰或载体设计,使制剂能够针对特定的组织或细胞进行药物传递,从而提高治疗的特异性并减少毒副作用。

6. 安全性和毒性考虑

(1) 使用的所有原料,包括表面活性剂、油相成分和其他添加剂,都应该是安全的且经过严格的毒性评估。

(2) 需要考虑到长期使用或慢性效应,以及可能的过敏反应和生物相容性问题。

7. 工艺制备的可行性 设计的制剂应该考虑到批量生产的可能性和成本效益,确保制备工艺的可行性和重现性。

8. 传统知识与现代技术的结合 在设计制剂时,不仅要考虑现代药物传递系统的原理,还应当尊重和利用传统中药的独特理论与经验。

9. 环境影响 制剂的设计和生产过程中需考虑到环境保护,以减少对环境的负面影响,如使用环境友好型的溶剂和材料。

在实际操作过程中,还需对纳米乳和亚微乳的配方、制备方法、质量控制等方面进行详细的研究与优化,以确保最终制剂的安全性、有效性和稳定性。

六、在中药药剂中的应用实例

实例:姜黄素纳米乳

姜黄素(curcumin)是一种从姜黄、郁金、菖蒲等植物中提取出来的黄酮类小分子物质,在食品、医药、染料等行业被广泛应用。大量药理学研究显示,姜黄素具有抗氧化、抗菌、抗炎、抗癌、神经保护等多种生物活性,在神经系统疾病方面表现出良好的治疗效果,与其降低炎症因子的水平、减轻脑组织的氧化损伤和改善线粒体功能障碍有关,可进一步抑制神经元细胞凋亡,展示其防治阿尔茨海默病、帕金森病等神经退行性病变的潜力。然而,由于姜黄素存在难溶于水、消除速率快、半衰期短、难以透过血脑屏障等缺点,因此,直接口服姜黄素以发挥神经保护作用非常有限。经过对姜黄素的体内代谢动力学研究发现,灌胃姜黄素后,1 h内血浆药物浓度急剧下降,各组织中很难检测到,约75%以原型经粪便排出。

二维码3-1 纳米乳与亚微乳制备技术的应用实例

将药物结合在纳米载体表面或直接将药物包裹在载体内部,如制成纳米乳,以改善难溶性药物的溶解度,实现药物的缓释及靶向作用,提高生物利用度。

七、乳液在外用、口服与注射中的生物药剂学特征

乳液在外用、口服与注射中的生物药剂学特征,主要得益于其分散度大、药物粒子小,以及表面活性剂的作用。这些特点使得乳液剂型能够更好地满足临床需求,提高药物的治疗效果。

1. 外用　由于乳液分散度大、药物粒子小,外用时容易渗透进入皮肤或黏膜内部,能够改善药物对皮肤和黏膜的渗透性,提高治疗效果;同时,乳液中的表面活性剂可以降低药物与皮肤或黏膜之间的界面张力,促进药物在皮肤或黏膜上的扩散和渗透;乳液剂型能够减少药物对皮肤的刺激性,掩盖不良臭味,提高患者的舒适度。

2. 口服　口服乳液能够迅速释放药物,提高药物的生物利用度,掩盖药物的不良臭味,提高患者的用药依从性。口服乳液进入胃肠道后,由于胃肠道的蠕动和消化液的作用,乳液迅速破裂,药物粒子得以快速释放并溶解在消化液中,从而被吸收进入血液循环系统。

3. 注射　静脉注射乳液后,药物能够快速分布在体内,药效高,具有靶向性。同时,乳液剂型能够减少药物对血管的刺激,降低不良反应的发生率。静脉注射后,乳液中的药物粒子随着血液循环迅速分布到全身各个组织器官。由于乳液的分散度大、药物粒子小,能够更容易地通过血管壁进入组织间隙,从而发挥治疗作用;同时,乳液中的表面活性剂可以降低药物与血管壁之间的界面张力,减少药物对血管的刺激。

八、有关问题讨论

(一) 稳定性问题

纳米乳液的粒径较小、分布均匀,有一定的动力学稳定性,能克服由重力作用和布朗运动引起的沉降与絮凝作用。纳米乳的稳定性取决于其油相、水相和乳化剂的物理化学特性,其稳定性与各相组分及浓度密切相关,中等链长的油相更容易形成纳米乳,且水溶性低的油相比水溶性高的稳定性表现良好。纳米乳乳化剂和助乳化剂的选择对其稳定性也至关重要。研究发现,纳米乳的稳定性与液滴大小呈负相关关系。由于大多数乳液的制备使用了非离子型或者高分子型表面活性剂,液滴表面吸附层之间的相互作用,即空间位阻稳定效应,十分明显,当两个液滴之间的距离过近时会产生排斥作用,主要原因为:体系中各组分溶解度良好时,吸附层中发挥稳定作用的表面活性剂的 A 链具有排斥作用;分子链的交叠引起配位熵的降低而产生排斥作用。

引起纳米乳不稳定的机制主要有两个,即聚结作用和奥式熟化。聚结作用是指当相互靠近的液滴的表面活性剂层损害或者变薄时,两个小液滴会融合变成一个大液滴。研究发现,当乳液中存在聚结不稳定性时,液滴粒径平方的倒数与时间呈线性关系。聚结作用是不含表面活性剂纳米乳的主要不稳定机制。奥式熟化是指由于小液滴的溶解度不同而引起粒径变大的现象,溶解度差异越大,奥式熟化的速度越快。

(二) 释放与吸收机制

纳米乳的释放机制尚未明确,其可能的释放机制有:① 基于扩散过程的释放;② 基于渗透现象的释放;③ 基于聚合物涂层降解的释放;④ 基于聚合物涂层溶胀的释放;⑤ 基于聚合物对 pH 和离子强度响应的释放。

纳米乳口服给药后可经淋巴吸收,避免肝脏的首过效应,从而提高药物的生物利用度,纳米乳液滴

在小肠上皮细胞的吸收机制如图3-14所示。纳米乳经皮给药,可增加细胞膜流动性,渗透性也增加,从而增强药物经皮吸收,还可缓释药物,减少药物刺激。

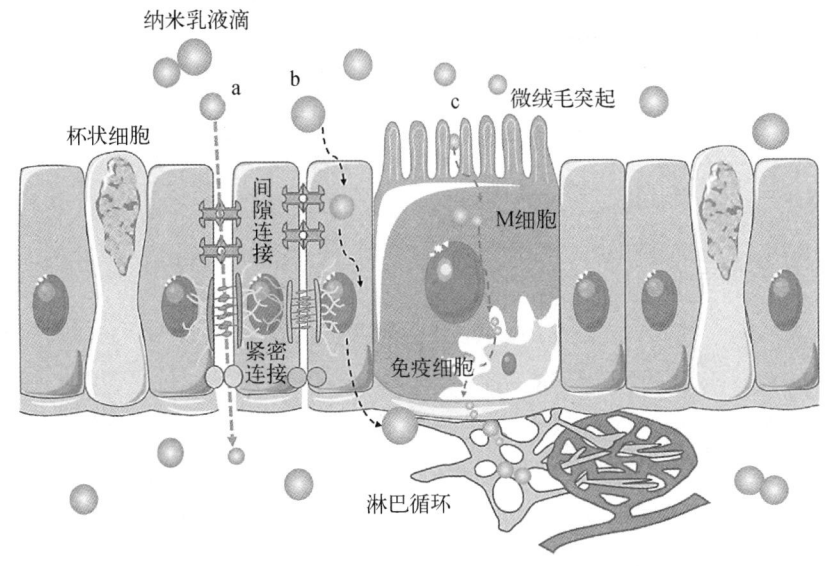

图3-14 纳米乳液滴在小肠上皮细胞的吸收机制示意图
a. 细胞旁途径;b. 跨细胞途径;c. 经M细胞淋巴吸收途径

(三) 实际生产中的问题

纳米乳载药技术为提高难溶性药物的溶解度和生物利用度,以及实现缓释及靶向给药提供了一种新的途径和方法,但需考虑其在实际应用中的局限性问题。

1. 纳米乳液生产成本的影响　由于制备所涉及的仪器均较昂贵,纳米乳液制造的价格效益是需要迫切处理的问题。

2. 配方中无毒溶剂的需求　用低能法制备的纳米乳液通常需要大量的表面活性剂来稳定液滴,在这种情况下需寻求无毒溶剂,以确保用药安全。

3. 需加强完善纳米乳液制造中各种辅料的毒性数据库,寻找更多高效低毒的机体生物相容性辅料

相信随着纳米乳基础理论的研究及技术的创新,其处方不断优化,制作工艺不断进步,会有越来越多的研究产品从实验室走向临床。

第六节　脂质体制备技术

一、概述

脂质体是一种具有类似于生物膜结构的双分子层小囊泡,能够包裹水溶性和脂溶性药物。目前,国内外对脂质体的研究主要集中在其靶向特性、长效缓控释特性,以及保护药物、提高细胞亲和性、组织相容性等方面。第一个上市的脂质体产品是适用于皮肤病治疗的益康唑脂质体凝胶,目前已有两性霉素B脂质体、阿霉素脂质体、柔红霉素脂质体等多个品种上市。脂质体制剂技术与传统中医药的结合早在1980年就已经开始起步,注射用紫杉醇脂质体已在临床上取得广泛应用,有关中药脂质体的探索已然成为中药新剂型的研发热点。

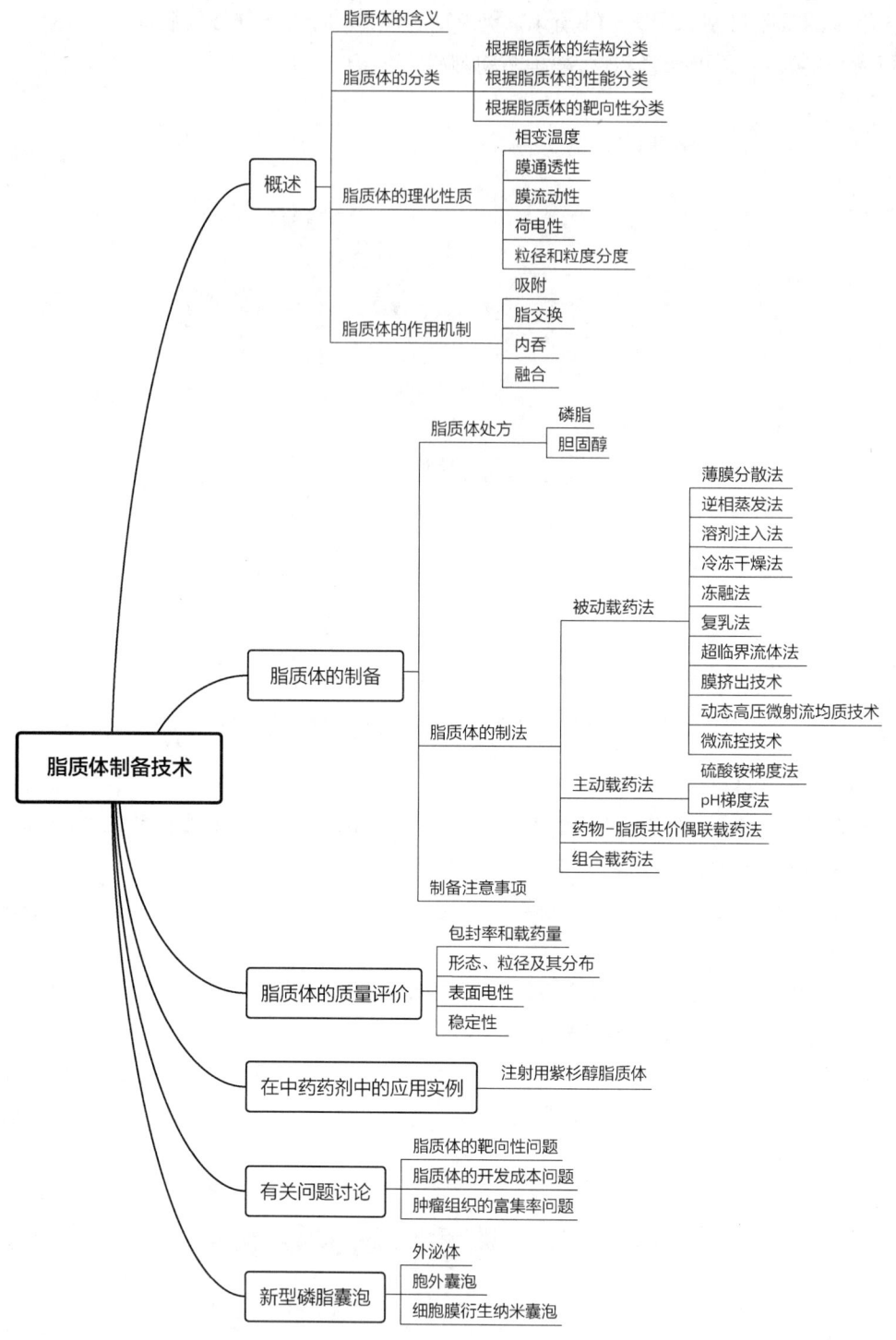

(一) 脂质体的含义

脂质体(liposome,或称类脂小球、液晶微囊)是指将药物包封于类脂质双分子层而形成的超微型囊泡体。脂质体一般以磷脂、胆固醇等类脂质为膜材,具有类细胞膜结构。20世纪60年代,英国科学家班厄姆(Bangham)等人将磷脂分散在水溶液中,观察到类似洋葱结构的多层封闭囊泡,首次命名为脂质体。1971年,英国科学家Rymen等人开始将脂质体用于药物载体的研究。

脂质体的结构与由表面活性剂构成的胶束不同,胶束是由单分子层组成,而脂质体具有类脂双分子层结构,脂溶性药物存在于类脂双分子层之间,而水溶性药物则被包封于双分子层的内水相中(图3-15)。

在水环境中,磷脂具有很强的形成稳定双层的能力,因为它们具有两亲性。因此,脂质体是由极性头基团之间的亲水相互作用、烃链之间的范德瓦耳斯力(保持长碳氢化合物尾巴在一起),以及与水分子的氢键形成的。疏水链被水分子排斥,并自发发生脂质体在封闭的双层中的自组装。

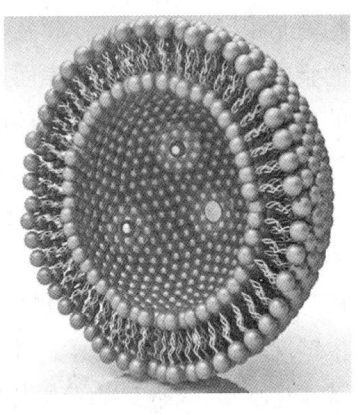

图 3-15 脂质体结构示意图

(二)脂质体的分类

1. 根据脂质体的结构分类

(1) 单室脂质体(unilamelar vesicle,ULV):系由类脂质双分子层构成,单室脂质体又分为小单室脂质体(single unilamellar vesicle,SUV)和大单室脂质体(large unilamellar vesicle,LULV),前者粒径在 0.02~0.08 μm(亦称纳米脂质体,nanoliposome),后者粒径在 0.1~1 μm 之间。单室脂质体中,水溶性药物的溶液只被一层类脂质双分子层所包封,脂溶性药物则分散于双分子层中。

(2) 多室脂质体(multilamellar vesicle,MLV):由双分子层脂质膜与水相交替相隔而形成的多层同心层结构的囊泡,粒径一般为 1~5 μm,多室脂质双分子层将包含的药物(水溶性药物)的水膜隔开,形成不均匀的聚合体,脂溶性药物则分散于多层双分子层中。

(3) 多囊脂质体(multivesicular liposome,MVL):是采用贮库泡沫技术制备的一种新型脂质体,有别于 ULV 和 MLV,其是由许多非同心腔室形成的囊泡结构。MVV 是一种药物贮库型脂质体递药系统,具有更大的粒径(5~50 μm)和包封容积,主要用于运载亲水性药物,弥补了普通脂质体对亲水性药物包封率低的缺点,可用于鞘内、皮下、眼内、肌内等部位注射给药,具有缓释作用。制备 MVV,除了磷脂和胆固醇外,还需加入三油酸甘油酯填充囊泡,以增加脂质体结构稳定性。

2. 根据脂质体的性能分类

(1) 普通脂质体:由普通磷脂制备而成,易被网状内皮系统吞噬,因此包载的药物易在肝、脾、肺和骨髓等富含巨噬细胞的组织器官内蓄积。

(2) 长循环脂质体(long-circulating liposome):又称隐形脂质体(stealth liposome),一般通过在脂质中加入 PEG 修饰的磷脂或神经节苷脂等材料制备而成。PEG 覆盖在长循环脂质体表面,形成致密的构象云,起到形成空间位阻和亲水保护层的作用,减少血液中调理素的吸附,降低网状内皮系统对脂质体的识别和摄取,从而延长脂质体的血液循环时间,相应延长药物的作用时间。

(3) 柔性脂质体:主要由磷脂和充当膜软化剂的表面活性剂组成,处方中不加或少加胆固醇的新型脂质体,常用的膜软化剂为胆酸钠、去氧胆酸钠、吐温-80 等。柔性脂质体有较强的亲水性、渗透性和变形性,因此也称为变形脂质体。柔性脂质体不仅拥有传统脂质体低毒性、高生物相容性、优异的缓释作用等优良性质,而且能在给药后显著提高药物的透皮量和滞留量,是一种较为理想的经皮给药载体。其应用非常广泛,可作为抗菌药的载体、非甾体抗炎药的载体、创伤愈合类药物载体、基因转染载体和肿瘤药物载体等。

(4) 特殊性能的脂质体:包括① 热敏脂质体,为具有稍高于体温的相变温度的脂质体,其药物的释放对热具有敏感性,原理是利用在相变温度时,脂质体的类脂质双分子层膜从胶态过渡到液晶态,脂质膜的通透性增加,药物释放速度增大。例如,将二棕榈酰磷脂酰胆碱(dipalmitoyl phosphatidyl choline,DPPC)和二硬脂酰磷脂酰胆碱(distearoyl phosphatidyl choline,DSPC)按一定比例混合,制成 ^3H-甲氨蝶呤热敏脂质体,通过尾静脉注入荷瘤小鼠体内,用微波加热肿瘤部位至 42℃,病灶部位的放射性强度明显高于非热敏脂质体对照组。② pH 敏感脂质体,指对 pH(特别是低 pH)敏感的脂质体。例如,肿瘤间质的 pH 比周围正常组织细胞低,通常选用对 pH 敏感性的类脂材料(如二棕榈酸磷脂或十七烷酸磷脂)为膜材,以制备成载药脂质体。当脂质体进入肿瘤部位时,pH 降低导致脂肪酸羧基脂质转化成六方晶相的非相层结构,从而使膜融合,加速释药。③ 免疫脂质体,为类脂膜表面被抗体修饰的具有免疫活性的脂质体,通过在脂质体表面连接特定抗体,加强对靶细胞的特异性识别,从而改变脂质体微粒在体内的自然分布,到达特定的靶部位。④ 多糖被覆脂质体,为结合了天然或人工合成的糖脂的脂质体。另外还有超声波敏感脂质体、光敏感脂质体和磁性脂质体等。

（5）非磷脂类脂质体：是由甾醇和单链烷基化的两亲分子形成的新型纳米药物载体,类似于脂质体,以生物质膜结构为模型,是由一个或多个自组装的两亲性化合物形成的双分子层构成。其中涉及的甾醇,如胆固醇、胆固醇硫酸酯钠盐、二氢胆固醇、7-去氢胆固醇、豆甾烷醇、豆甾醇、麦角固醇等,以及单链烷基化的两亲分子,如肉豆蔻酸、棕榈酸、硬脂酸、α-羟基棕榈酸、α-氟化棕榈酸、十八胺、十六烷基氯化吡啶、鲸蜡三甲基溴化铵、N-肉豆蔻乙醇胺、N-棕榈酰乙醇胺、N-硬脂酰乙醇胺、溶血磷脂胆碱、聚氧乙烯烷基醚、月桂酸甘油酯、吐温-20、吐温-21、吐温-60、吐温-61、十八烷基甲基亚砜等,这些二元或多元混合物在水相中以一定的比例可以通过自组装形成稳定膜结构,克服了磷脂类脂质体分子普遍存在易于氧化和水解的弊端,能在环境中长时间保持稳定,并且具备独特的性质(电荷性、pH 响应等)。甾醇含量用来调节脂质体的渗透性和稳定性,通过机械挤压或物理超声分散的方式以形成尺寸均一的纳米囊泡悬浮液。

3. 根据脂质体的靶向性分类　靶向制剂的概念是埃尔利希(Ehrlich)于1906年提出的,随着分子生物学、细胞生物学和材料学等学科的飞速发展,靶向制剂已成为药剂学的研究热点,展现出了巨大的治疗潜力和广阔的应用前景。成功的靶向制剂应具备定位、浓集、控释及无毒可生物降解等四个要素。脂质体作为一种靶向制剂,靶向作用按到达的部位可分为3级：第一级指到达特定的靶器官或靶组织,第二级指到达特定的细胞,第三级指到达细胞内的特定部位。从靶向方法上分类,脂质体可分为3类：物理化学靶向利用光、热、pH、磁场等刺激产生的响应,被动靶向主要利用脂质体微粒的高通透性和滞留性[即高渗透长滞留(enhanced permeability and retention, EPR)效应],主动靶向则主要在脂质体表面修饰糖残基、抗体、激素和受体配体,如图3-16所示。

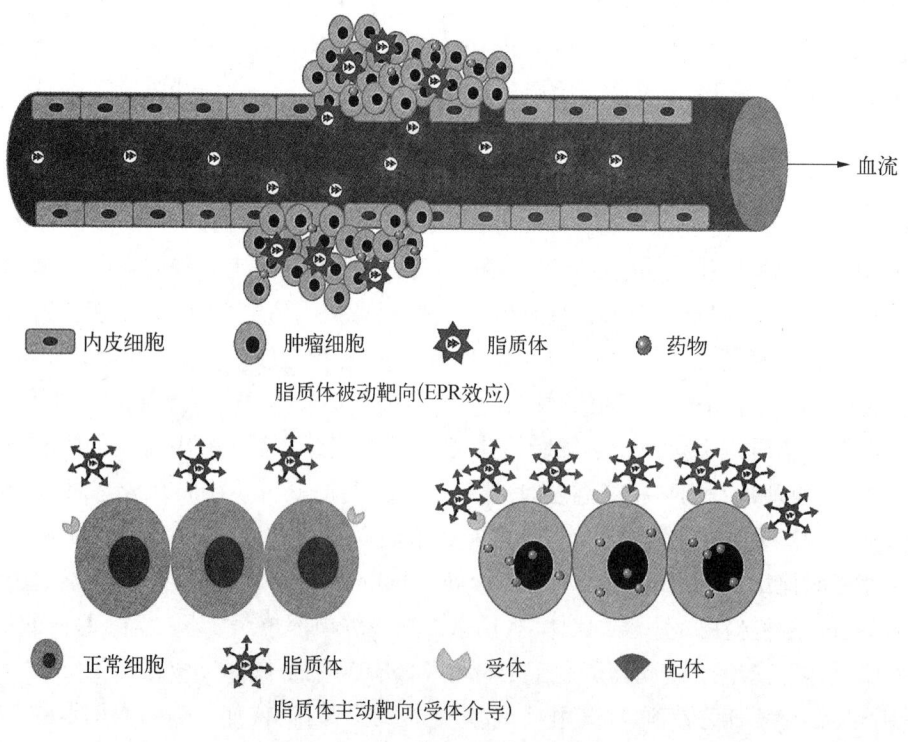

图3-16　脂质体靶向作用示意图

(1) 物理化学靶向脂质体：是在脂质体中加入一些特殊的脂质或磁性材料，使其对光、热、pH、磁场等刺激产生响应，从而使药物直接作用于目标组织。如磁性靶向脂质体、温度敏感型脂质体、pH 敏感型脂质体等均属于这一类，临床常用的物理化学靶向抗肿瘤靶向脂质体见表 3-2。

表 3-2 临床常用的物理化学靶向抗肿瘤靶向脂质体

包载药物	环境刺激因素	靶 向 部 分
阿霉素	pH	叶酸/KB 癌细胞 雌激素受体/孕激素受体阳性乳腺癌细胞系 MCF-7 细胞
	温度	FR/KB 细胞、宫颈癌细胞系 HeLa 细胞 cKNGRE/ CD13$^+$ 癌症细胞
	磁性	骨肉瘤细胞
小干扰 RNA	光	NGR 肽/人纤维肉瘤细胞 HT-1080 细胞
钙黄绿素	pH	结肠癌细胞

1）磁性靶向脂质体：通常是由磷脂、胆固醇和一些磁性材料制备而成，借助磁性材料的导向作用以实现靶向给药的载体制剂。常用的磁性载体材料有 Fe_2O_3、Fe_3O_4 等。

肿瘤组织内的巨噬细胞可以促进肿瘤细胞的生长，约占肿瘤肿块重量的 70%~80%，肿瘤组织内的巨噬细胞可以向肿瘤组织中递送治疗剂，这种特性使它们成为潜在的生物载体。有研究报道制备紫杉醇磁性（paclitaxel-loaded magnetic, PTX-M）脂质体，并被小鼠肿瘤组织内的巨噬细胞吞噬入内，结果发现携带 PTX-M 脂质体的巨噬细胞可以通过外部电磁场作用和巨噬细胞的趋化作用对肿瘤进行双重靶向治疗。在电磁场作用下，其可以操纵药物递送系统，将药物递送到目标部位。

磁性靶向脂质体在肿瘤靶向治疗中被广泛用作磁共振造影剂和成像剂，在实体瘤方面的应用也得到很大扩展，但在静脉给药方面却有很大限制。近年来，如何改善磁场性质、提高药物靶向性、选择合适的磁性材料、减少因磁场能量不足而引起药物的栓塞，是制剂研究面临的难题。

2）温度敏感型脂质体（thermosensitive liposome, TSL）：又称热敏型脂质体，是一类在体内温度下比较稳定，在 39~42℃ 条件下释放药物的脂质 NP 载体制剂。由于肿瘤组织在加热的条件下对药物的敏感性增加，在肿瘤组织中，TSL 内含药物的释放量明显增加。在治疗脑部肿瘤时，血脑屏障会限制脑组织对药物的摄取，如何打开或绕过血脑屏障是治疗脑瘤时需要解决的瓶颈问题。有研究报道将阿霉素 TSL 通过静脉注入小猎犬体内，并进行局部热疗，结果发现局部热疗可以促进阿霉素向脑内局部病灶组织的传递，从而提高了药物摄取量。

TSL 在抗肿瘤靶向化疗药物领域是一个研究热点，和前几代的被动靶向脂质体系统不同的是，这种药物输送机制不依赖 EPR 效应，既可提高药物疗效，又可降低药物毒性，但也存在一些局限性。例如，药物在病变区释放太快或太慢，会使肿瘤细胞产生耐药性；相变温度的选择也是关键，它可以调节脂质体的释药情况，合适的相变温度还可以减少对身体正常组织的热损伤；制备 TSL 的材料多为合成磷脂，费用较高。因此，研究 TSL 的重点和难点是探索理想的相变温度，寻求合适的药用材料，进一步提高 TSL 抵抗肿瘤的高效性。

3）pH 敏感型脂质体：是选用对 pH 敏感的脂质材料制备成的载药脂质体，利用肿瘤组织内的 pH 低于周围正常组织 pH 的原理来释放药物。当脂质体进入肿瘤组织内，由于 pH 降低，脂质体失去稳定性，内容物从脂质体中释放出来而发挥药效。研究者采用肿瘤特异性 pH 响应肽 H7K（R_2）作为靶向配体,设计合成 H7K(R$_2$)$_2$ 修饰的阿霉素 pH 敏感型脂质体,发现它们在神经胶质瘤细胞中具有潜在靶向性和较好的抗肿瘤活性。

对于肿瘤的治疗,化疗药物对正常细胞的毒副作用将会导致患者身体虚弱,甚至死亡。因此,抗肿瘤药物的靶向递送成为目前的研究热点。阿法替尼(Afatinib,AFT)是一种小分子酪氨酸激酶抑制剂,是治疗非小细胞肺癌的新型强效药物。有研究者制备得到含有 AFT 的常规脂质体、pH 敏感型脂质体与阳离子脂质体,研究发现,与其他两种脂质体相比,pH 敏感型脂质体的细胞毒性较低。随着大分子治疗剂(如基因、蛋白质、多肽等)越来越多地被运用到疾病治疗中,pH 敏感型脂质体在药物递送系统中的应用将更广泛。但 pH 敏感型脂质体在研究阶段还有很多要解决的难题:① 如何提高脂质混合物在血清中的稳定性,增加脂质体在体内的传递效率;② 如何提高药物对病灶部位吞噬细胞的靶向性等。

(2) 被动靶向脂质体(passive targeting liposome):是指脂质体通过静脉注射进入人体后易被体内的吞噬细胞吞噬,形成了天然倾向的富集作用,因而具有特异靶向性。与主动靶向脂质体最大的区别是,脂质双分子层没有修饰具有特定功能的配体、抗体等,大分子物质在实体瘤部位具有高通透性和滞留性(EPR 效应),可以增加药物在病变部位的渗透量和滞留量并减少药物不良反应,在肿瘤的治疗、转移和扩散方面得到了广泛应用。

1) 长循环脂质体:是最常见的被动靶向脂质体,它是在表面修饰一些亲水的惰性材料(如 PEG、磷脂酰肌醇等),形成紧密的构象云,又称空间稳定型脂质体。有研究者采用逆向蒸发法得到奥沙利铂,研究表明,由于长循环脂质体的 EPR 效应,奥沙利铂长循环脂质体在体内的停留时间远远大于注射液和普通脂质体,同时降低了奥沙利铂对正常细胞的毒性。PEG 是制备长循环脂质体最常用的亲水惰性材料,它可以增加血液循环时间,增强细胞穿透肽的细胞摄取,在医药行业取得很大成功,但 PEG 的空间位阻也会阻碍脂质体的靶向作用。PEG 化脂质体的效率受到包封药物分子释放效率的影响,PEG 化的脂质体一旦进入肿瘤组织,就会停留在没有内化的肿瘤细胞外,药物分子需要先从脂质体释放出来到达肿瘤细胞间质液后,才能扩散到肿瘤细胞中,由于存在跨膜屏障,药物摄取量会大大减少,所以研究 PEG 化的脂质体与肿瘤细胞之间的相互作用是至关重要的。传统 PEG 衍生物与脂质体偶联的化学键在体内不易被降解,影响了靶细胞对脂质体的吞噬及药物的摄取,PEG 外壳如果无法及时在肿瘤组织脱去,会严重影响细胞吞噬效率或导致溶酶体逃逸失败,为了克服限制,有研究者在脂质体表面修饰可断裂的 PEG 脂质体来增加药物摄取量。除此之外,PEG 化脂质体还具有加速血液清除(accelerated blood clearance,ABC)现象,达姆斯(Dams)等人发现这种现象发生于大鼠首次静脉注射 PEG 化脂质体后,间隔一定时间再次注射该脂质体时,其药代动力学行为会发生异常的改变。有研究表明,ABC 现象在首次皮下注射 PEG 化脂质体后,间隔 7 日进行二次静脉注射时也会被诱发,并且皮下注射诱导产生的 ABC 现象比静脉注射的更为强烈。该现象的产生不仅会极大减弱 PEG 化制剂的长循环优势,而且还会由于其药代动力学行为的改变而使得包封药物、基因等在体内产生严重毒副作用,因此,采取一定措施减弱或消除 ABC 现象对 PEG 化载体而言迫在眉睫。

2) 阳离子脂质体:是采用一些阳离子脂质和中性磷脂两种成分结合而成的稳定的双分子层膜结构。脂质体表面带有正电荷,通过静电吸附作用结合到核酸骨架上和带有相反电荷的细胞膜表面,再通过融合和细胞吞噬作用进入细胞,最终与溶酶体结合将药物释放出来。

人类免疫缺陷病毒(human immunodeficiency virus,HIV)DNA 疫苗是目前预防和控制病毒传播、蔓延的最有效的方法,但由于 DNA 疫苗的免疫原性较低,限制了疫苗的临床应用。为找到一种安全有效的 HIV DNA 疫苗,有研究尝试开发了一种具有增强 DNA 疫苗免疫原性的两性离子型阳离子脂质体,研究发现,与游离 DNA、胞嘧啶-鸟嘌呤二核苷酸(CpG)DNA 相比,阳离子脂质体能够增强抗 HIV 的免疫应答,降低药物毒性。

近年来,阳离子脂质体作为药物载体在介导基因传递方面已取得巨大进展,相比其他基因载体,阳离子脂质体具有很多优势,但大部分还处于临床前的研究阶段,能否进一步应用于临床还需继续探索。一些阳离子脂质体具有一定的细胞毒性,影响药物疗效,甚至损伤正常组织,为了提高基因传递的有效性和安全性,开发价格合理且结构易于修饰的新型脂质体材料也将是下一步的研究重点。

(3) 主动靶向脂质体(active targeting liposome):是指在脂质体表面连接能够与靶蛋白结合的一些糖残基、抗体、激素和受体配体等,使脂质体到达特定的靶器官、靶组织和细胞系后释放药物而发挥药效。

1) 抗体介导脂质体:是将载药脂质体与单克隆抗体或基因抗体共价连接而制备成的免疫脂质体。贝伐单抗是一种抗血管内皮生长因子药物,可用于治疗脉络膜新生血管膜(choroidal neovascularization membrane, CNV)。有研究者制备贝伐单抗介导的多囊脂质体(bevacizumab mediated multivesicular liposome, BEV-MVL),利用活体显像法评价大鼠眼中抗体的滞留时间,发现 BEV-MVL 延长了贝伐单抗在玻璃体中的停留时间,说明其可作为治疗 CNV 的一种有前途的药物递送系统。目前,脂质体的靶向性提高,一些单克隆抗体免疫原性的降低进一步推动了抗体介导脂质体的发展,但也存在一些不足,如受热不稳定、对 pH 的变化敏感、易变性等。

2) 受体修饰脂质体:是借助某些器官或组织上特定的受体与配体或抗体发生特异性结合的特点,将药物载体(配基标记的脂质体)导向到含有配基特异性受体或抗体的靶组织,同时受体与配基结合可促使脂质体进入病变细胞。常用的受体有叶酸(folic acid, FA)受体、蛋白质受体、表皮生长因子受体等。针对这些受体,目前研究较多的配体有 FA、转铁蛋白和多肽等。有研究者制备了 FA 介导的脂质体,发现它能与体内的 FA 阳性细胞发生特异性结合,并积聚到小鼠溃疡性结肠炎部位和动脉粥状硬化的炎症部位;与小分子缀合物相比,FA 靶向脂质体在炎症部位的持续释放时间更长,该优点为优化 FA 靶向脂质体的药物释放动力学提供了保障。相比 FA、转铁蛋白修饰的脂质体,多肽修饰的脂质体其分子质量较小且没有免疫原性,还增加了肿瘤细胞对药物的摄取量。受体介导的脂质体在国内外均取得较大进展,但还有一些亟待解决的问题,如克服受体因分子质量大而影响药物吸收的问题,如何提高配体与受体的选择性或靶抗原与位点的结合程度,如何提高靶向的有效性和安全性,如何减少表达受体的差异性对靶标的影响等。

3) 糖基介导脂质体:近几年,糖类作为配体修饰主动靶向给药载体,引起了国内外研究人员的普遍关注,糖基介导的脂质体是被多糖或其复合物修饰的含药脂质体载体,载药脂质体进入人体后,干扰病变部位糖-蛋白质之间的相互作用,阻止肿瘤细胞与细胞之间的识别与吸附过程,从而起到抗肿瘤的作用。常用修饰脂质体的糖类物质有去唾液酸糖蛋白、去唾液酸胎球蛋白、半乳糖、支链淀粉糖等。由于树突状细胞(dendritic cell, DC)可以高效地呈递抗原,还可以协调先天性和后天性免疫反应,目前已经成为有效治疗肿瘤的疫苗辅助剂之一。有研究者在脂质体表面组装甘露糖修饰的 DC 靶向载体和免疫辅助剂 CpG 寡脱氧核苷酸,并负载黑色素瘤酪氨酸酶相关蛋白-2 衍生肽,得到了一种新型脂质体疫苗。评价发现,其可以显著抑制小鼠肿瘤新生血管的生成,促进肿瘤细胞的凋亡。

(三) 脂质体的理化性质

1. 相变温度　当温度升高至一定程度时,脂质双分子层中的酰基侧链会从有序排列变为无序排列,使脂质膜由胶晶态变为液晶态,膜的横切面增大,流动性增加,双分子层变薄。这种发生相转变时的温度称为相变温度。膜的流动性直接影响脂质体的释放及其(渗漏)稳定性。处于相变温度时,被包裹在脂质体内的药物将达到最大释放速率。每种磷脂都具有各自特定的相变温度,主要取决于酰基链的长度、不饱和度,以及极性基团的性质。脂质膜的相变温度可采用 DSC、电子自旋共振光谱等方法进行测定。

2. **膜通透性** 脂质体膜具有半通透性,不同分子、离子跨膜速率差异很大。由于脂质体的磷脂结构中有一个磷酸基和一个季铵盐基团组成的亲水性基团,以及由两个较长的烃基组成的亲脂性基团,因此,强亲脂性或强亲水性药物易于制成脂质体,但由于穿透磷脂膜的作用较强,容易发生泄漏。膜的通透性还受温度的影响,当体系温度达到相变温度时,膜通透性增加。

3. **膜流动性** 脂质体膜的流动性受到温度的影响,当体系温度达到相变温度时,膜的流动性增加。胆固醇具有调节膜流动性的作用,被称为脂质体的"流动性缓冲剂"。目前,从不同角度对膜或膜脂流动性进行研究的主要物理技术有 DSC、电子自旋共振荧光探针、X 射线衍射及 NMR 等。

4. **荷电性** 脂质体的表面电性对其包封率、稳定性、靶器官分布及对靶细胞的作用影响较大。磷脂酸(phosphatidic acid, PA)、磷脂酰丝氨酸(phosphatidylserine, PS)亲酸性脂质的脂质体带负电荷,含十八胺等碱性脂质的脂质体带正电荷,由中性磷脂制备的脂质体呈电中性。

5. **粒径和粒度分布** 脂质体的粒径大小和分布均匀程度与其包封率、稳定性有关,直接影响脂质体在机体的行为。

(四)脂质体的作用机制

脂质体在体内细胞水平上的作用机制有吸附、脂交换、内吞、融合等。

1. **吸附(adsorption)** 是脂质体与细胞作用的开始,脂质体通过静电疏水作用非特异性地吸附在细胞表面,或通过受体配体作用、抗原抗体结合等特异性地吸附在细胞表面,受粒子大小和表面电荷等因素影响。

2. **脂交换(lipid exchange)** 是脂质体的脂类与细胞膜上的脂类发生交换,发生在吸附之后。

3. **内吞(endocytosis)** 是脂质体作用的主要机制,脂质体被细胞吞噬进入吞噬体,随后吞噬体与溶酶体融合形成刺激溶酶体,脂质体被溶解,释放药物。通过内吞,脂质体能特异地将药物浓集于起作用的细胞内。

4. **融合(fusion)** 是指脂质体的膜与细胞膜融合,将内容物释放进入细胞内。

二、脂质体的制备

(一)脂质体处方

磷脂与胆固醇是形成脂质体双分子层的基础物质,本身也具有极为重要的生理功能,由它们所形成的"人工生物膜"易被机体消化分解,具有良好的生物相容性。

1. **磷脂** 包括卵磷脂、脑磷脂、大豆磷脂及合成磷脂等。磷脂为两亲性物质,具有疏水的酰基链和极性头基团。磷脂的结构式中含有一个磷酸基团和一个含氮的碱基(季铵盐),均为亲水性基团,还有两个较长的烃链为亲油基团(图 3-17)。分子中磷酸部分的极性很强,溶于水;但烃链为非极性部分,不溶于水。

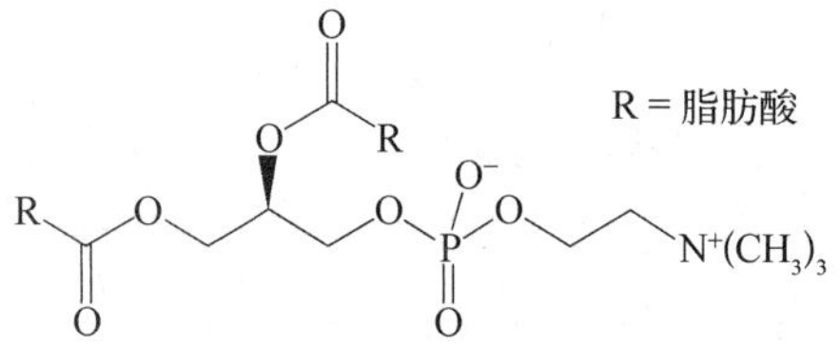

图 3-17 磷脂结构简式

常用的磷脂材料及类脂材料如下:

(1)中性磷脂:磷脂酰胆碱(phosphatidylcholine, PC)是最常见的中性磷脂,有天然和合成两种来源。天然磷脂是一种由不同长度、不同饱和度的脂肪酸链磷脂组成的混合物,主要有蛋黄卵磷脂和大豆卵磷脂。合成磷脂主要有 DPPC、DSPC、二肉豆蔻酰磷脂酰乙醇胺(dismyristoyl phosphatidyl ethanolamine, DMPE)和磷脂酰乙醇胺(phosphatidyl ethanolamine, PE)等。

(2)负电荷磷脂:又称酸性磷脂,主要有 PA、磷脂酰甘油(phosphatidylglycerol, PG)、磷脂酰肌醇(phosphatidylinositol, PI)和 PS 等。

(3) 正电荷脂质：均为合成品,主要有硬脂酰胺(octadecanamide)、油酰基脂肪胺衍生物、胆固醇衍生物等。正电荷脂质制备的脂质体主要用于基因药物的递送。

2. 胆固醇(cholesterol)　是生物膜的另一类重要的组成成分。它是一种中性脂质,亦属于两亲性分子,但是亲油性大于亲水性,其结构如图 3-18 所示。胆固醇可嵌入到磷脂双分子层中,亲水的羟基朝向内水相或外水相的亲水面,疏水的脂肪链平行排列在磷脂的烃基侧链中心(图 3-19)。胆固醇被称为"膜流动性缓冲剂",具有调节脂质体膜流动性的作用,当体系的温度低于相变温度时,可降低膜的有序排列,增加膜的流动性;而当体系的温度高于相变温度时,可增加膜的有序排列,减少膜的流动性。当在脂质体膜中加入 50%(质量分数)的胆固醇时,可使脂质体膜相变消失。

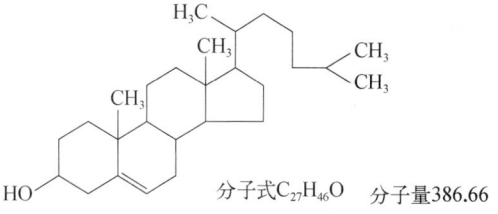

图 3-18　胆固醇结构式

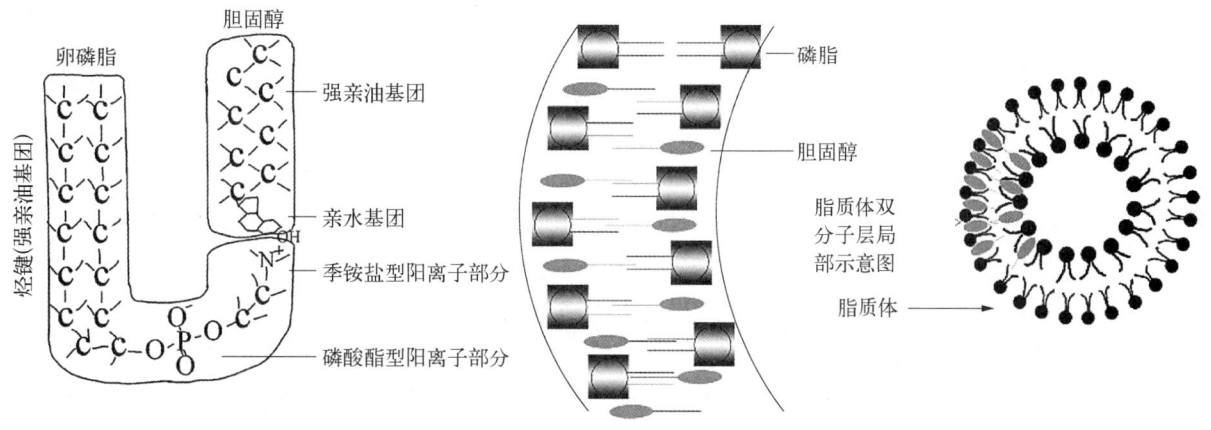

图 3-19　胆固醇在磷脂层中的排列方式

(二) 脂质体的制法

脂质体的制法根据转载机制的不同,可分为主动载药法和被动载药法。主动载药法也称为遥控包封装载(remote loading)技术,是指先制备成空白脂质体,再借助特定的药物装载动力(如 pH 梯度、硫酸铵梯度、离子梯度等)以实现药物的跨膜装载,对于弱碱性的药物可采用 pH 梯度法、硫酸铵梯度法等,对于弱酸性的药物可采用醋酸钙梯度法等。被动载药法系指脂质体的形成和药物的装载同步完成,即首先将药物溶于水相(水溶性药物)或有机相(脂溶性药物)中,然后按所选择的脂质体制备方法制备含药脂质体。主动载药法一般较被动载药法制备的脂质体包封率高,但主动载药法对药物性质有特殊要求,不适合所有药物。以下介绍目前较常见的脂质体制备方法。

1. 被动载药法

(1) 薄膜分散法：最初由班厄姆(Bangham)等人报道,是应用最为广泛的脂质体制备方法之一。将磷脂、胆固醇等类脂质及脂溶性药物溶于氯仿或其他有机溶剂中,减压蒸发除去有机溶剂,在容器壁上形成一层脂质薄膜,加入含水溶性药物的缓冲液,振荡水化,可得到大单层脂质体,粒径多在 1 μm 以上。若继续通过超声、高压均质、微射流、挤出等方式处理,可减小粒径。该方法对脂溶性药物的包封率较高,而对水溶性药物的包封率较低。

薄膜水化法是一种有利于包载脂溶性药物的传统方法。在真空下旋转蒸发脂质溶液,于烧瓶中形成薄膜。通过加入水溶液使脂质薄膜水化,形成 MLV 悬浮液。进一步减小粒径可获得 SUV,并可在脂质体形成过程中被动载药,或者脂质体形成后主动载药。

上市产品 AS01B 佐剂系统,含有注射用两性霉素 B 脂质体、维替泊芬(Verteporfin)和带状疱疹疫苗欣安立适(Shingrix)采用该方法生产。例如,Verteporfin 是通过蒸发掉溶解原辅料的二氯甲烷以形成薄膜,水化乳糖溶液,以均质作用减小粒径,过滤,冻干生产而得。在 Shingrix 产品中,AS01B 佐剂系统为单独一瓶,含两种免疫增强剂 QS-21(Quillaja Saponaria-21)和单磷酸脂质 A(monophosphoryl lipid A,MPL)。MPL 和其他脂质溶解在有机溶液并干化。经水化和减小粒径后,加入 QS-21 水溶液配制而成。

(2) 逆相蒸发法:由 Szoka 和 Papahadiopoulos 于 1978 年提出,将磷脂等膜材溶于氯仿、乙醚等有机溶剂中,加入待包封药物的水溶液(水溶液:有机溶剂 = 1:3~1:6)进行短时超声,直至形成稳定的 W/O 型乳剂,形成乳剂的稳定性越好,脂质体的包封率越高。减压蒸发除去有机溶剂至形成胶态,继续减压蒸发至凝胶脱落,可得到水性的脂质体混悬液。用逆相蒸发法制备的脂质体一般为大单层脂质体,可通过高压均质、微射流、挤出等方式匀化减小粒径,但需注意防止均质过程中造成药物的泄漏。该法适用于包封中药水溶性成分及大分子生物活性物质,如抗生素、胰岛素、免疫球蛋白、碱性磷脂酶、核酸等。

(3) 溶剂注入法:首先将磷脂等膜材成分溶解于有机溶剂中,然后注入含待包封药物的水溶液中(温度应保持稍高于有机溶剂的沸点),搅拌除去有机溶剂,匀化或超声得到脂质体混悬液。溶剂注入法制备的脂质体多为单层脂质体,脂溶性药物的包封率较高,且脂质在有机相的浓度不影响脂质体的大小,不需使用超声或高压均质等手段就可得到粒径较小的脂质体。该法根据溶解磷脂等类脂的溶剂不同,又可分为乙醇注入法和乙醚注入法。乙醇注入法形成脂质体的原理是当含有磷脂的乙醇溶液注入水溶液中,乙醇迅速扩散到水中,在界面湍流作用下形成小而均匀的脂质体。根据不同的制备条件,可以制备 80~300 nm 之间的粒径,不需要额外的能量(如超声和挤出)用于粒径控制。乙醇应通过蒸发、冻干、透析或透滤去除,脂质体悬浮液可浓缩到所需体积。制备方法的各种参数会影响脂质体的性质,包括流速、溶剂和水溶液温度、脂质浓度,以及搅拌速率。阿米卡星脂质体吸入混悬液采用乙醇注入法制备。将最小量的脂质乙醇溶液和硫酸阿米卡星水溶液通过 Y 型连接器和在线混合器混合,形成纳米级阿米卡星脂质体。乙醇注入法简单、快速,制备条件比较温和,不易使被包封的药物变性,缺点是磷脂在乙醇中的溶解度低,对水溶性药物的包封率极小,乙醇难从体系中除去,乙醇残留成为后处理的一个重要问题。乙醚注入法可以很好地解决溶剂残留问题,工艺流程与乙醇注入法相似,将含脂质材料的乙醚溶液注入热缓冲液中(55~60℃),由于乙醚不溶于水且沸点较低,易于蒸发而形成脂质体。

(4) 冷冻干燥法:1978 年,Vanleberghe 首次报道了采用冷冻干燥法制备脂质体,可提高其贮存稳定性。该法系指将磷脂(亦可加入胆固醇)超声波处理,使其高度分散于缓冲盐溶液中,加入冻结保护剂(如甘露醇、葡萄糖、海藻酸等)冷冻干燥后,再将干燥物分散到含药物的缓冲盐溶液中或其他水性介质中,即得。冷冻干燥的温度、速度及时间等因素均对所形成脂质体的包封率和稳定性产生影响。冷冻干燥法可用于制备前体脂质体,有利于改善脂质体制剂的长期稳定性。

米伐木肽脂质体就是采用这种方法进行生产。药物和磷脂配制成散装溶液,然后过滤灭菌、灌装和冻干。Mepact 只包含活性成分胞壁酰三肽磷脂酰乙醇胺(muramyl tripeptide phosphotidyl ethanolamine,MTP-PE)、棕榈酰油基磷脂酰胆碱(palmitoyl oil-based phosphatidylcholine,POPC)和二油酰磷脂酰丝氨酸(dioleoyl phosphatidylserine,DOPS)3 种成分,其比例固定为 POPC:DOPS = 7:3,MTP-PE:磷脂 = 1:250。该产品是一种具有多孔结构的干燥脂质饼,为缓冲介质复溶接触提供较大的表面积。临床使用前,在小瓶中加入 0.9% 生理盐水,将冻干粉水化形成粒径为 2.0~3.5 μm 的 MLV,粒径分布为单峰型。磷脂在水中的相变温度约为 5℃,因此能在室温下原位制备成脂质体。

(5) 冻融法：通过反复冻融，使药物在脂质膜融合的过程中进入脂质体。制备未包封药物的 SUV 溶液，在冻干前将待包封的药物加入，快速冷冻，此过程会形成冰晶，使形成的脂质体膜破裂，破损的脂质膜在冰晶片层的融化过程中，互相重新融合以形成脂质体，药物在反复冻融过程中被包裹进入脂质体囊泡内部。该方法中，被包封的药物不与有机溶剂接触，没有经过超声波处理和加热等，对蛋白质等分子的损伤小，适用于对热不稳定的药物和水溶性蛋白质类药物。

(6) 复乳法：将少量的水相与含脂质的有机溶剂进行第一次乳化，得到 W/O 型初乳，将初乳加至较大量的水相中混合，进行第二次乳化，得到水包油包水（W/O/W）复乳，减压蒸发除去有机溶剂，即得脂质体。如在处方中加入三油酸甘油酯，控制乳化条件，可得到多囊脂质体，尤其适合包封水溶性药物，可得到较高的包封率。

复乳法也称作 DepoFoamTM 技术，该技术目前已用于上市的三款多囊脂质体的生产，分别是阿糖胞苷脂质体混悬液、硫酸吗啡缓释脂质体注射液和布比卡因脂质体注射用混悬液。整个生产过程通常包括以下四个步骤：① 形成 W/O 乳液；② 形成 W/O/W 乳液；③ 在真空压力或者气流下除去有机溶剂；④ 微孔过滤除去游离药物，并对药液进行外水相置换和浓缩。生产过程中，因为多囊脂质体的粒径不能通过 0.22 μm 滤芯进行过滤除菌，只能对整个生产过程提供无菌保证。

在生产工艺对布比卡因关键质量属性影响的研究中，发现初乳的粒径随脂质浓度的增加而变大，剪切速度对初乳粒径也有较大影响。复乳过程中，由于去除溶剂的过程会引起部分多囊脂质体坍塌，从而造成药物从内水相中泄露，降低包封率。此外，高温会促进脂质膜的流动和重排，引起脂质腔室坍塌。

(7) 超临界流体法：是制备脂质体的新技术。超临界流体是处于临界温度和临界压力以上，介于气体和液体之间的流体，其溶解性强、扩散性能好。常用超临界 CO_2 制备脂质体，将脂溶性药物、磷脂等脂质成分溶解于乙醇等有机溶剂中，与水性药物溶液一起加到高压反应釜中，通入 CO_2，在其超临界状态下孵化，即得脂质体。超临界流体法制备得到的脂质体其包封率高、粒径小、稳定性好。

(8) 膜挤出技术：是使脂质体挤压通过固定孔径的滤膜（通常为聚碳酸酯膜），从而使得脂质体的粒径变小和均匀的方法。挤出法的工作原理是通过控制膜孔径使脂质体产生形变、破裂过膜，再重新组装闭合，从而得到粒径不同的新脂质体，当温度高于相变温度时有利于这一过程的进行。通过挤出法可以制得粒度均匀且分布集中、包封率大、载药量高的载药脂质体，并且工艺简便高效、重现性好、条件温和，利于放大生产。

(9) 动态高压微射流均质技术：是在超高压（310 MPa）的压力作用下，经过孔径微小的阀芯，产生高速流体，从而达到分散、均质、乳化的作用，形成脂质体。微射流的形成主要有两种形式：一种是由仅在一个侧面上开有微小孔的封闭腔体形成射流作动器，工作时开孔相对的侧面产生振动，外界流体便会经由开孔不断进入、排出腔体，从而形成微射流；另一种是直接将振动膜片放入环境流体之中，膜片振动时只要其振幅足够大，也会沿膜片法线方向形成微射流。两种形式中，振动的产生又可分为电磁机械式、静电式和压电式。有研究报道采用动态高压微射流均质技术制备了 0.1%（W/W）阿魏酸纳米醇质体。取处方量的卵磷脂、阿魏酸、表面活性剂（吐温-80、蔗糖棕榈酸酯）溶解于 1,2-丙二醇中。在 35℃下充分搅拌溶解，将水相缓慢加入，置于磁力搅拌器上搅拌 30 min，转速为 750 r/min。将充分搅拌的混合液用动态高压微射流均质机均质一次，即可得到阿魏酸纳米醇质体。

(10) 微流控技术：又称微流控芯片技术，其是通过注射泵将溶解在有机溶剂中的难溶性药物溶液输送至 Y 型芯片内，与此同时，把含有稳定剂的水相溶液输送至该芯片，两相在芯片内汇聚并自发组装成脂质体的技术。通过该方法制备的脂质体制剂具有尺寸可控、重复性好、节约溶剂、可批量放大生产等优势。通过优化温度、入口角度、溶剂流速和混合时间等多个工艺参数，在 Y 形芯片上制备出粒径为 45 nm、粒径分散较窄且性质稳定的纳米体微粒,微流控技术可精确地调控反应条件、控制反应参数,给脂质体的形成提供一个完全混合且稳定的环境。有研究报道分别用薄膜分散法与微流控技术制备空白脂质体,并采用主动载药法包载地塞米松,结果表明,微流控技术制备的脂质体具有较高的载药量与包封率,体外释放试验显示药物释放量略高,包裹地塞米松后其抗炎效果优于薄膜分散法制品。

2. **主动载药法** 是在制备出空白脂质体后,再进行载药。跨膜 pH 梯度或离子浓度梯度是促进药物跨膜扩散进入脂质体内核的驱动力。药物包埋过程 5~30 min,可达到较高的载药效率(>90%)。

(1) 硫酸铵梯度法:是根据化学平衡移动原理而设计的,通过游离氨扩散到外水相,间接形成 ΔpH,实现药物包封。首先将硫酸铵包于脂质体水相,后通过透析、凝胶色谱或超滤的方法除去脂质体外水相的硫酸铵,药物逆硫酸铵梯度载入脂质体,即得药物脂质体(图 3-20)。如采用硫酸铵梯度法制备马钱子碱脂质体,制备的马钱子碱脂质体包封率在 90% 以上。

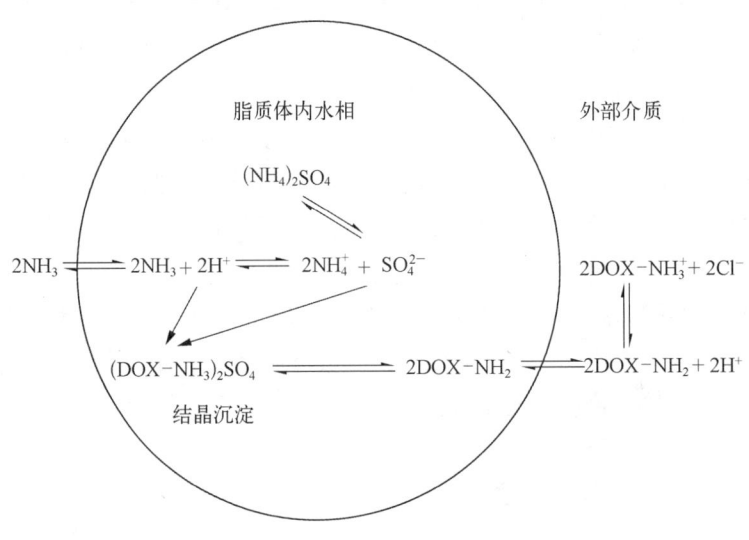

图 3-20 硫酸铵梯度法示意图

盐酸多柔比星脂质体(DOX)是基于硫酸铵梯度法主动载药的典型例子。由于脂质体核心硫酸铵的浓度远高于外部介质,具有高渗透性和辛醇-缓冲分配系数的 $DOX-NH_2$ 中性分子在脂质体双层膜上扩散,进入脂质体内部水相。$(DOX-NH_3)_2SO_4$ 在脂质体内水相中,以纤维状结晶沉淀的形式存在。$(DOX-NH_3)_2SO_4$ 的溶解度低,降低了脂质体内的渗透压,从而保持了脂质体的完整性。

(2) pH 梯度法:根据弱酸、弱碱药物在不同 pH 介质中的解离不同,通过控制脂质体膜内外的 pH 梯度,可使药物以离子形式包封于脂质体的水相中,该法的包封率特别高,适用于工业化生产(图 3-21)。赵妍等人以 pH 梯度法制备了硫酸长春新碱脂质体,包封率可达 85% 以上,而被动载药法制备的硫酸长春新碱脂质体包封率仅为 14.4%。杜松等人用 pH 梯度法制备了盐酸去氢骆驼蓬碱脂质体,包封率可达 80% 以上。

对于非 PEG 脂质体阿霉素,该产品是在临床使用前包载 DOX。跨膜 pH 梯度是包载 DOX 的驱动力。非 PEG 脂质体阿霉素的包装中分为 3 个小瓶:盐酸阿霉素红色冻干粉、空白脂质体混悬液(pH=4.5 的 300 mmol/L 柠檬酸)、碳酸钠缓冲液。临床使用前,将空白脂质体混悬液注射到碳酸钠缓冲液中,脂质体外水相的 pH 调节至 7~8,再与 DOX 的生理盐水溶液混合,即得。中性 DOX 分子(pKa=8.3)在脂质体外水相中穿过脂质体双层膜,并在脂质囊泡内部形成独特的 DOX-柠檬酸盐复合物。DOX-柠檬酸络合物以环堆叠在一起而构成束状柔性纤维,包封效率在 95% 以上。类似于非 PEG 脂质体阿霉素,硫酸长春新碱脂质体的产品包装中也是 3 个小瓶,空白脂质体的内水相为柠檬酸缓冲液(pH≈4.0,0.3 mol/L),在包载硫酸长春新碱(pKa=5.4)前,加入浓度为 14.2 mg/mL 的磷酸钠缓冲液,使脂质体外水相的 pH 约为 7.0~7.5。

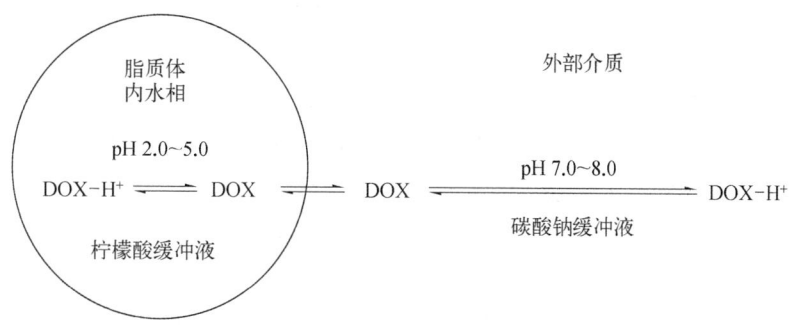

图 3-21 pH 梯度法示意图

与这两种脂质体不同,枸橼酸柔红霉素脂质体采用低 pH 梯度(柠檬酸,50 mmol/L)主动载药,导致柔红霉素的包封效率较弱、药物半衰期较短、AUC 较低。相反,高跨膜 pH 梯度(如脂质体内腔 pH=2.0)可增加脂质体的药物包封率和抗肿瘤疗效。然而,低 pH 会引起脂质(如磷脂酰胆碱)的酸水解,进一步引起脂质体的药物泄漏和稳定性问题。

伊立替康脂质体使用一种新型聚阴离子盐蔗糖八硫酸酯三乙基铵盐(triethylammonium salt of sucrose octasulphate,TEA-SOS),在脂质体膜内外产生电化学梯度。一分子聚阴离子盐可以与八分子伊立替康结合。首先在 TEA-SOS 溶液中制备脂质体,未包载的 TEA-SOS 在外水相溶液置换时去除,空白脂质体在 pH=6.5 的条件下与盐酸伊立替康溶液孵育。包裹在脂质体内部的伊立替康呈现为胶凝或沉淀状态,包封效率可达 95%以上。

3. 药物-脂质共价偶联载药法　通过连接子将药物分子与脂质体共价偶联是另一种包载药物的有效策略,如米伐木肽脂质体。胞壁酰二肽(muramyl dipeptide,MDP)是革兰氏阳性菌细胞壁的主要组成成分,具有增强免疫反应的能力。由于 MDP 是低分子质量的水溶性分子,因此其脂质体存在包封效率低、贮存过程中药物泄漏等问题。为了提高 MDP 的脂溶性,通过将 MDP 与 PE 连接,以形成胞壁酰三肽-磷脂酰乙醇胺(muramyl tripeptide phosphatidyl ethanolamine,MTP-PE)。冻干产物(MTP-PE、POPC 和 DOPS)在生理盐水复溶重组过程中,MTP-PE 的两亲分子插入脂质体双层膜中。MTP-PE 全部存在于脂质体内,未发现游离 MTP-PE。

4. 组合载药法　阿糖胞苷和柔红霉素脂质体同时采用被动载药和主动载药,这是首个被批准在同一个脂质囊泡内装载两种不同药物的脂质体产品。当用葡萄糖酸铜、三乙醇胺 TEA、柔红霉素缓冲溶液(pH 7.4)和阿糖胞苷溶液水化脂质体时,阿糖胞苷被动包载于脂质体中。减小粒径后将未包裹的药物和葡萄糖酸铜/TEA 进行溶液置换,柔红霉素缓冲溶液在中性 pH 下与包载阿糖胞苷的脂质体孵育。柔红霉素通过葡萄糖酸铜/TEA 包载的方式蓄积于脂质体内腔中。柔红霉素通过脂质双分子层扩散到脂质体内,而中性形式的 TEA 渗透到脂质体外,在柔红霉素和 TEA 外排之间建立了动力学与化学计量学的关系。葡萄糖酸铜/TEA 在与两种药物的相互作用中起到关键作用,保持两种药物在脂质体内的滞留,并调节脂质体的药物释放。

(三) 制备注意事项

1. 磷脂水化条件　应控制合适的磷脂水化条件,如水化温度、缓冲液的种类、浓度及 pH 等,使其充分水化,否则产品粒度不均匀,甚至有可能产生磷脂沉淀,从而严重影响产品质量。

2. 处方组成　药脂比、类脂质膜材料的投料比、类脂质的品种对于药物的包封率与载药量都有重要影响,如增加胆固醇含量,可提高水溶性药物的载药量。

3. 药物溶解度　极性药物在水中的溶解度越大,在脂质体水层中的浓度就越高,非极性药物的脂溶性越大,体积包封率越高,水溶性与脂溶性都小的药物则体积包封率低。

4. 粒径大小与粒度分布　脂质体粒径大小与载药量有关,当类脂质的量不变,类脂质双分子层的空间体积越大,则载药量越多,水层空间越大,则能包封的极性药物越多。多室脂质体的体积包封率远比单室的大。另外,脂质体的粒径可影响其在体内的行为,为了达到所需的粒度与分布,可选择适当的制备工艺或通过一些后处理操作,如高压均质、超声处理,来达到要求。

5. 工艺参数　会显著影响脂质体的质量,如冷冻干燥法制备过程中,冻干温度、速率及时间等因素对形成脂质体的包封率和稳定性都有影响。

6. 制备的容器　管状容器制备的多室脂质体比圆底容器制备的包封率高,梨形与圆底相同。

二、脂质体的质量评价

(一) 包封率和载药量

一般采用葡聚糖凝胶、超速离心法、透析法等将溶液中的游离药物与脂质体分离,以计算包封率,通常要求脂质体的药物包封率达80%以上。按式(3-7)计算包封率。

$$包封率 = \frac{脂质体中包封的药量}{脂质体包封与未包封的总药量} \times 100\% \qquad 式(3-7)$$

在其他条件相同的情况下,脂质体中药物的包封率最主要是由药物本身性质所决定。

1. 药物的溶解性质　对于极性药物,其水中溶解度越大,则在脂质体内水相中浓度越高,同时包封容积越大,包封的极性药物越多。对于非极性药物,其脂溶性越大,脂质体双分子层中包封的量就越多。一般使用药物在辛醇-水两相中的脂水分配系数 P 值来表示这种性质,若将药物分为三类,则 $\lg P$ 小于 -0.3 的水溶性药物为第一类,$\lg P$ 在 -0.3~4.5 的为第二类,$\lg P$ 大于 4.5 的脂溶性药物为第三类。只有第一类和第三类药物才能被包封成具有较高包封率、稳定的脂质体。对于第二类药物,若不进行适当的修饰,就不易被包封,即使包封后也易于迅速渗漏。应根据药物性质的不同,采用不同的手段将第二类药物向第一或第三类转化。一般情况下,脂溶性药物比水溶性药物更易于包封。可以考虑将药物成盐或者酯化再形成脂质体,以提高脂质体的包封率或稳定性。如抗癌药物 5-氟尿嘧啶(5-fluorouracil,5-FU)在水和乙醇中的溶解度都较低,一般的脂质体制剂包封率很低,在10%左右,但将 5-FU 合成为脂溶性前体药物,则制备得到的脂质体稳定性高、包封率大于80%,提高了药物的生物利用度。

2. 药物的电性　药物所荷的电性与脂质体膜电性相反,药物与类脂双分子亲和力增加,包封率提高;反之,包封率下降。对具有等电点的多肽、蛋白质类药物而言,药物与脂质体的电性对提高包封率尤为重要。对于水溶性小分子药物阿昔洛韦,分别使用电中性、带负电、带正电膜材制备脂质体,分别具有3.1%、26.6%和43.2%的包封率。在生理pH下带负电的西多福韦,用带正电膜材制备的脂质体比电中性膜材制备的脂质体表现出更高的包封率。

3. 双分子层的匹配程度　对类胡萝卜素与脂质双层膜作用机制的研究中,使用叶黄素、β-胡萝卜素、番茄红素、虾青素四种类胡萝卜素制备脂质体,发现脂质体对叶黄素具有最好的包载效果,这与它在膜内多样的定位方式有关,叶黄素分子可以横跨双分子膜排列,也可以平行与膜排列,使它载入后能与脂质分子的堆积更好地融合。

4. 药物的分子质量　一般分子质量大的药物可以获得较高的包封率。但对于前体脂质体而言,分子质量大可能是个不利的因素,因为它不易通过脂质体膜。

载药量的大小直接影响到药物的临床应用剂量,故载药量越大,越容易满足临床需要。载药量与药物的性质有关,通常亲脂性药物或亲水性药物较易制成脂质体。按式(3-8)计算载药量。

$$载药量 = \frac{脂质体中包封药物量}{脂质体中药物量 + 载体材料用量} \times 100\% \qquad 式(3-8)$$

(二) 形态、粒径及其分布

可用高倍光学显微镜观察脂质体的粒径大小与形态。粒径小于 2 μm 时需用扫描电镜或透射电镜,也可用库尔特法、激光散射法、离心沉降法等测定脂质体的粒径大小及其分布。根据给药途径不同,对粒径有不同要求。

(三) 表面电性

脂质体的表面电性与脂质体的稳定性、包封率、体内行为、靶器官分布及对靶细胞的作用均有关。测定方法有显微电泳法、动态激光散射法和荧光法。

(四) 稳定性

1. 物理稳定性　主要用渗漏率表示,按式(3-9)计算。

$$渗漏率 = \frac{产品在贮藏一定时间后渗漏到介质中的药量}{贮藏前脂质体中包封的药量} \times 100\% \qquad 式(3-9)$$

脂质体制备及贮存过程中药物的渗漏与其性质相关,如药物的脂水分配系数显著影响药物的渗漏率。如果所包封的药物是脂溶性药物($\lg P > 4.5$),则药物主要掺入脂双分子层中,包封率较高,渗漏率较低。而水溶性药物($\lg P < -0.3$)包封于脂质体的内水相中,也较为稳定,药物渗漏率较低。如果药物的 $\lg P$ 在 $0.3 \sim 1.7$ 范围内,则药物易于透过磷脂膜,对这类药物,脂质体双分子层已不具有屏障功能,药物从脂质体内漏出的速度非常快。在磷脂中加入胆固醇或氢化磷脂,可降低膜流动、减小渗漏率。

2. 化学稳定性　磷脂易被氧化,磷脂氧化指数是测定磷脂双键偶合的指标,一般规定磷脂氧化指数应小于 0.2。

四、在中药药剂中的应用实例

> **实例:注射用紫杉醇脂质体**
>
> 紫杉醇(Taxol)是从红豆杉属植物树皮中提取分离出来的一种具有显著抗癌作用的紫杉烷二萜类化合物,现已成为临床上治疗肿瘤的重要药物,在临床上广泛用于乳腺癌、卵巢癌、头颈癌和肺癌的治疗。紫杉醇发挥抗癌作用主要体现在:紫杉醇与微管结合,促使微管聚合成稳定的纺锤体纤维,导致细胞有丝分裂受阻,并抑制肿瘤细胞的增殖;促进微管聚合,抑制动态微管的解聚,导致肿瘤细胞周期阻滞在有丝分裂期;通过激活凋亡信号通路,诱导肿瘤细胞的凋亡,从而抑制肿瘤的生长和扩散。然而,紫杉醇水溶性差,传统紫杉醇注射剂采用聚氧乙烯蓖麻油为增溶剂,会导致严重不良反应,如过敏反应、骨髓抑制、神经毒性、胃肠道反应等,给患者带来了极大的不便。将紫杉醇制成脂质体,可提高生物利用度、减少给药剂量和毒副作用、发挥靶向治疗作用。

二维码3-2
脂质体制备技术的应用实例

五、有关问题讨论

1. 脂质体的靶向性问题　统计分析发现,多年来,纳米药物在动物肿瘤组织中的平均富集率一直在0.7%的低水平徘徊。虽然研究者已经将目光投向主动靶向的载药脂质体，但目前主动靶向的载药脂质体也仅有部分进入不同的临床试验阶段。事实上，至今尚无主动靶向的载药脂质体被批准上市。因此，实现纳米药物的主动靶向仍然存在巨大的困难和挑战。

第一，在修饰脂质体的过程中，很多靶向配体易变性失活，无法保证其靶向功能的稳定性。第二，脂质体修饰后，药物载体的大小和表面电荷等性质的改变可能使其易被网状内皮系统吞噬，难以到达肿瘤细胞。第三，细胞实验、动物实验和临床试验的结果之间存在巨大差异也是临床应用受限的重要原因。与体外细胞实验不同，主动靶向的载药脂质体进入体内后需要克服免疫系统、血液加速清除、肿瘤微环境的干扰等多重障碍。近年来，研究如何克服或规避肿瘤微环境（酸性、还原性等）的干扰，以及设计响应肿瘤微环境释放药物的靶向药物载体已成为一个研究热点。但人体体内环境比动物更加复杂，动物实验结果与临床试验结果之间的偏差仍不能避免。很多主动靶向的载药脂质体在细胞实验上已被证明具有主动靶向性，在动物模型上也表现出较好的实验结果，但在临床试验中却以失败告终。这可能是由于动物模型上的实验无法反映人体晚期或转移性肿瘤的治疗效果。选择合适的动物模型或使用多个模型可以提高预测临床结果的准确性，但这也会导致动物实验结果转化为临床应用的过程变得更为复杂和困难。

2. 脂质体的开发成本问题　成本效益也是脂质体制剂开发应用中不可忽视的问题。长久以来，药物递送系统的研究成本与成果产出之间处于严重失衡的状态。不止如此，甚至如何控制好药物递送系统的功能需求和其生产成本之间的平衡对于成熟的药物递送系统能否诞生而言也会是一大挑战。实现主动靶向性目前最有效的靶向基团是抗体和抗体片段。无论是从降低成本，还是从减少功能基团体积，以及降低网状内皮系统吞噬和免疫原性等角度来看，通过构象工程技术，利用更小的蛋白质片段以实现脂质体主动靶向性将是一个十分具有前景的方向。

3. 肿瘤组织的富集率问题　现阶段，脂质体在动物肿瘤组织中的平均富集率较低，仍有巨大的提升空间。在此基础上，只要药物在肿瘤组织中的富集率提高1%，就意味着可以降低几乎一半的药物用量，并降低一半左右的药物对正常组织的毒副作用，这对肿瘤治疗来说无疑是巨大的进步。尽管现在还存在多种困难和挑战，但相信通过不断地改进和优化脂质体制备、生产工艺，有望在不远的将来取得重大突破，为肿瘤患者带来福音。

六、新型磷脂囊泡

近年来，涌现了一些和脂质体非常相似的新型磷脂囊泡，如外泌体等。

1. 外泌体　是细胞向胞外分泌的直径在50~100 nm的多囊泡，广泛存在于多种体液，如胸腔积液、血液、母乳、唾液、脑脊液等，参与细胞凋亡、细胞通讯、炎症反应、血管新生和肿瘤生长等过程。外泌体作为一种内源性胞外囊泡，包含了复杂RNA和蛋白质，可作为新一代天然纳米级药物递送系统。基于外泌体的药物载体系统，其具有低免疫原性、高生物活性物质转移潜力、高生物相容性、低毒性、高抗菌活性和良好的渗透能力，可解决传统纳米药物载体难以同时兼顾药物传递效率与生物相容性、面临潜在毒性和免疫反应等难题。然而，基于外泌体的药物载体仍需要克服半衰期短、缺乏特异性靶向能力和细胞内传递效率低等困难。因此，通过表面改造或用功能配体修饰改善外泌体的输送性能具有显著意义，是促进外泌体临床应用的必要条件。目前，外泌体的改造策略主要有细胞工程和外泌体工程两种。外泌体由供体细胞分泌，因此可通过细胞工程改变供体细胞遗传特性，传递到细胞膜的分子自然地整合在出芽的囊泡中，而内化到细胞内部的物质可以被包装到分泌的外泌体。此外，传统纳米药物载体提高载体性能的方式是直接引入功能配体。同样，可以直接操纵外泌体来实现表面功能化，即外泌体工程。

2. 胞外囊泡(extracellular vesicle,EV)　是动物/动物细胞在生理和病理条件下,通过胞吐作用释放的具有磷脂双分子层结构的纳米级囊泡。胞外囊泡作为蛋白质、核酸、脂质和代谢物等物质的载体,能够在细胞与细胞之间穿梭,行使物质传递、信息交流的功能,是细胞间通讯的重要媒介。在临床医学中,EV可以用于治疗、预防疾病,以及成为判断某些疾病的生物标志物。在植物中也有研究显示,EV可以作为植物和病原菌细胞之间信息交流的有效载体,或者参与植物对病原体的防御反应,在调节植物免疫方面发挥着重要作用。与合成的药物纳米载体相比,天然膜蛋白、脂质和多糖使EV能够逃避吞噬,表现出优异的生物相容性、自身固有的稳定性,并保护被封装的治疗药物。尽管基于EV的药物递送很有前景,但由于靶向能力不足、细胞内递送效率低、产量低、制剂不一致等问题,这些都阻碍了相关的临床转化。

3. 细胞膜衍生纳米囊泡(cell membrane derived nanovesicle,CNV)　具备良好的生物相容性、易修饰性和穿越生物屏障的能力,已成为一种潜在的药物递送载体。CNV可以继承基因工程细胞细胞膜的结构和功能,继而作为生物活性药物载体来装载用于靶向治疗的化疗剂或免疫治疗剂,增加局部药物的浓度,同时降低全身性毒副作用。CNV还可以携带全长抗体、受体或配体,同时保留其天然结构和功能,使其能够执行生物任务并提供靶向递送。如设计表达双特异性抗体的CNV,用于将瑞德西韦靶向递送至冠状病毒,不仅降低了瑞德西韦的毒副作用,还对冠状病毒显示出良好的中和能力和治疗效果。

(王利胜　熊　阳　时　军)

第四章
中药口服制剂

第一节 丸 剂

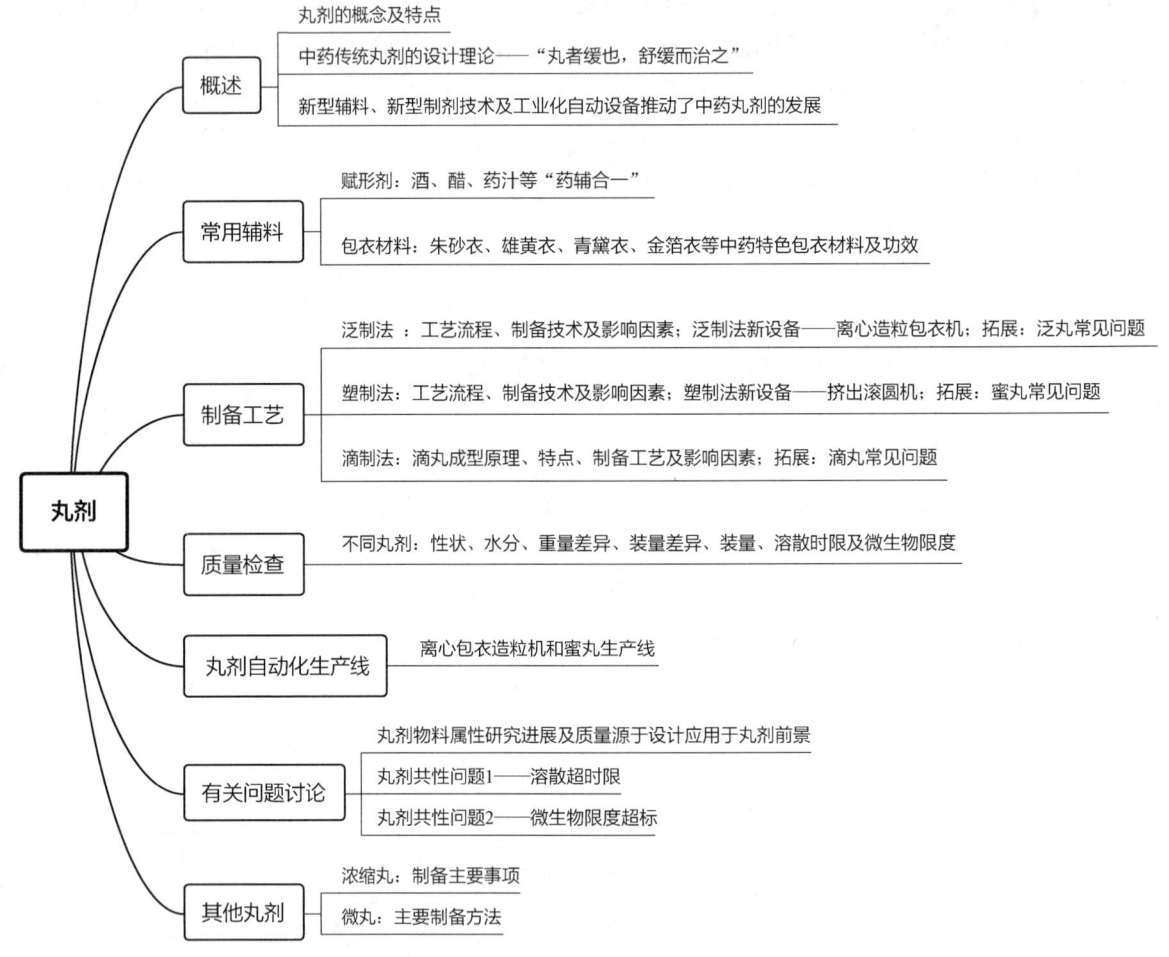

一、概述

1. 概念　中药丸剂系指中药与适宜辅料制成的球形或类球形固体制剂。丸剂常见有蜜丸、水蜜丸、水丸、糊丸、蜡丸、浓缩丸、滴丸和微丸等,主要供内服。

2. 特点　丸剂主要有以下特点:① 传统丸剂的药效缓而持久,如蜜丸、浓缩丸、糊丸和蜡丸在胃肠道中溶散慢,发挥药效的时间也较长,作用持久,因此常被用作治疗慢性病的剂型。② 丸剂可缓解某些药物的毒副作用。对于一些具有毒性或刺激性的药物,可通过选择米糊、面糊、蜂蜡等作为赋形剂,制成糊丸或蜡丸等延缓其吸收,从而降低其毒性和不良反应。③ 丸剂还可以减缓药物成分的挥发或掩盖异味。

在制备丸剂时,可采用泛制法将具有芳香性或有特殊不良气味的药物泛制在丸心层,减缓其挥发或掩盖其不良气味。④ 滴丸剂作为一种固体分散体,具有速效作用,例如,速效救心丸和苏冰滴丸被服用后能够迅速溶散并发挥作用,可用于急救。⑤ 传统丸剂多以药材细粉的形式存在,服用剂量较大,生产过程控制不严时易导致制剂的微生物超标。

3. **中药传统丸剂设计理论** 丸剂,作为中药传统的一种剂型,最早记载于战国时期《五十二病方》。汉晋以来提出"丸者缓也"和"丸药以舒缓为治"的理念,是传统中医药剂型理论的精华之一,对于中药丸剂的处方配制、制剂工艺、临床用药都具有深远的指导意义。汉末的《神农本草经》中"药性有宜丸者",《苏沈良方》中"大毒者宜用丸",这些都强调了应根据药物性质来选择适宜的剂型,从而体现出"有药其性非入丸而能达其效"的深意。自古以来,医家们常将毒性、峻性药物(如砒霜、附子等)制成丸剂以应用。《太平惠民和剂局方》中收录的附子理中丸,其功能是温中健脾,药效缓和而专一。方中的附子,其药性纯阳且峻猛,制成丸剂后,其有效成分得以缓慢释放,从而持久发挥药效,同时,毒性也因成分的缓慢释放而减小,实现了"效缓而力专,效持而毒减"的目的。再如,六味地黄丸、补中益气丸等补中益气类方剂常被制备成丸剂,以达到缓慢而持久的补益效果。这些实例不仅彰显了传统中药丸剂制剂的智慧,也体现了丸剂在中药应用中的重要地位。

4. **中药丸剂的发展** 传统的丸剂制作方法中,常用的赋形剂有如水、炼蜜、糖、淀粉糊及药汁等,在现代的丸剂生产中仍然被沿用,展示了其经久不衰的实用性。起始于金元时期的丸剂包衣技术,如朱砂包衣和采用川蜡为衣料的肠溶技术,也一直沿用至今,彰显了其独特而持久的价值。近代以来,随着高分子材料、新型制剂技术及制药设备的发展,中药丸剂得以迅猛发展。新型赋形剂、黏合剂、缓释和控释包衣辅料等的出现,催生出了诸如浓缩丸、缓释微丸和滴丸等亚剂型,极大地丰富了丸剂的种类与功能。为了实现缓控释制剂的效果,人们采用纤维素衍生物、离子交换树脂、丙烯酸树脂及甘油酯类等材料,制备出了中药缓释微丸。速释滴丸制剂,如复方丹参滴丸和苏冰滴丸等,它们采用新型水溶性基质制得滴丸,使得药物在消化道内能快速溶散和溶出,从而迅速发挥药效,进一步拓宽了丸剂的应用范围。制丸生产线上已有全自动制丸机组、螺旋振动干燥机、微波干燥机等先进制丸设备的广泛应用,显著提高了丸剂的生产效率和质量可控性。这些技术和设备的进步,不仅丰富了传统丸剂的内涵,提升了其生产效率和质量,也为中医药的发展注入了新的活力,预示着中药丸剂在未来将有更大的发展空间和应用前景。

二、常用辅料

(一)赋形剂

中药丸剂根据类型不同采用的赋形剂也不同。水丸常采用水、酒、醋、药汁等作为赋形剂;水蜜丸、蜜丸常采用炼蜜等;滴丸则常采用水溶性基质 PEG 类、硬脂酸钠、甘油、明胶等,以及非水溶性基质硬脂酸、单硬脂酸甘油酯、蜂蜡等。

1. **水** 常用煮沸放冷的水或去离子水。在制备水丸时,水本身无黏性,但能润湿并溶解中药中的黏液质、胶质、多糖、淀粉等,从而产生黏性泛制成丸。特别注意,方剂中含有强心苷类的饮片制丸时,不宜用水作润湿剂,因为水能使原药粉中的酶逐渐分解强心苷。此外,若处方中含有引湿性或可溶性成分,以及毒剧药等,应先溶解或混匀于少量水中,以利分散,然后再与其他药物混匀泛丸。

2. **酒** 常用黄酒和白酒。酒常用作赋形剂,具有引药上行、祛风散寒、活血通络、降低药物寒性及矫腥除臭等作用。酒能溶解树脂、油脂,使药材细粉产生黏性,但不易溶解蛋白质、多糖等成分,其诱导药材细粉的黏性较水小,可用于黏合性强的物料制备丸剂。如制备六神丸时,以水为润湿剂时黏合力太强而用酒代替。此外,酒作为一种良好溶媒有助于饮片中挥发油、生物碱等脂溶性成分的溶出,同时还具有杀菌防腐的功效。

3. 醋　常用米醋。米醋具有引药入肝、理气止痛、散瘀活血、行水消肿、解毒杀虫、矫味矫臭等作用。以米醋作润湿剂，可使有些饮片中的生物碱成盐，增加其溶解度，提高药效。

4. 药汁　常用于处方中含有一些不易制粉药材的情况。根据药材的性质提取或压榨制成药汁，既可以起赋形剂作用，又可以减少服用量，保存药性。例如，富含纤维的饮片（如千年健、丝瓜络）、质地坚硬的饮片（如磁石、自然铜）、黏性大难以制粉的饮片（如熟地、枸杞），以及胶质（如阿胶、鹿角胶）等可煎汁；树脂类、浸膏类、可溶性盐类和液体药物（如乳汁、牛胆汁）可加水溶化后泛丸，如麦门冬丸、牛胆苦参丸和梅花点舌丸等；新鲜药材捣碎压榨取汁后泛丸，如竹沥化痰丸。

5. 蜂蜜　来源多样，质量存在差异。优质蜂蜜有助于保持蜜丸的柔软、光滑和滋润，并能在贮存期间保持品质稳定。对于药用蜂蜜，需要满足特定的质量要求，包括外观、相对密度、水分含量、酸度、寡糖检查等指标。有毒花（如曼陀罗花、雪上一枝蒿等）的蜂蜜含有毒性，其蜜汁色深，味苦麻而涩，不能用于药用。

炼蜜是将蜂蜜加水稀释溶化，滤过，加热熬炼至一定程度的操作。炼蜜的目的是除去杂质、降低水分含量、破坏酶类、杀死微生物、增强黏合力。蜂蜜根据炼制程度的不同，可分为嫩蜜、中蜜、老蜜三种规格。不同规格的炼蜜其黏性不同，以适应不同性质的药材细粉制丸。

（1）嫩蜜：将蜂蜜加热至105~115℃，使含水量为17%~20%，相对密度为1.35左右，色泽与生蜜相比无明显变化，稍有黏性。适用于含较多油脂、黏液质、胶质、糖、淀粉、动物组织等黏性较强的药材细粉制丸。

（2）中蜜：又称炼蜜。是将嫩蜜继续加热，温度达到116~118℃，含水量为14%~16%，相对密度为1.37左右，出现浅黄色有光泽的翻腾的均匀细气泡，用手捻有黏性，当两手指分开时无白丝出现。适用于中等黏性的药材细粉制丸。

（3）老蜜：将中蜜继续加热，温度达到119~122℃，含水量在10%以下，相对密度为1.40左右，出现红棕色的较大气泡，手捻之甚黏，当两手指分开出现长白丝，滴水成珠。适用于黏性差的矿物质或与纤维质药材细粉制丸。

6. 米糊　可以用来制作糊状物。糯米粉、黍米粉、面粉和神曲粉都可以用于制糊。其中，糯米粉的黏合力最强，面粉糊的使用较广泛，黏合力也较好。制作米糊有冲糊法、煮糊法和蒸糊法3种方法。

7. 蜂蜡　需要经过精制处理。通常是将蜂蜡加适量水加热熔化，搅拌使杂质下沉，静置冷却后取出上层蜡块，刮去底面杂质，反复几次即可。在制备过程中需要控制好温度和蜂蜡用量。

8. 其他　滴丸基质分为水溶性和非水溶性两大类。水溶性基质常用的有PEG、硬脂酸钠、甘油明胶等；非水溶性基质常用的有硬脂酸、单硬脂酸甘油酯、蜂蜡等。

冷凝介质用于冷却滴出的液滴，使之冷凝成固体丸剂的液体称为冷凝介质。冷凝介质应安全无害，不溶解主药和基质，也不与主药和基质发生化学反应；密度与液滴密度相近，使滴丸在冷凝介质中缓缓下沉或上浮，以使其能充分凝固，丸形圆整。

（二）包衣材料

包衣材料是丸剂处方组成部分，用于包衣，既可先行发挥药效，又可保护丸粒，增加美观。丸剂包衣的种类甚多，按功能分为药物衣、保护衣和肠溶衣。

1. 药物衣　主要有朱砂衣、黄柏衣、雄黄衣、青黛衣、百草霜衣等。

（1）朱砂衣：朱砂有镇静安神的作用，凡镇静、安神、补心类丸剂皆可用此包衣。朱砂衣的应用较为广泛，是中成药丸剂中最常用的一类包衣。朱砂细粉的用量一般为干丸重量的5%~17%，如朱砂安神丸、天王补心丸、惊风抱龙丸等。

（2）黄柏衣：黄柏有清热燥湿的作用，可用于利湿、渗水、清下焦湿热的丸剂包衣。其黄柏粉的用量约为干丸重量的10%,如四妙丸。

(3) 雄黄衣:雄黄有解毒、杀虫的作用,可用于解毒、杀虫类的丸剂包衣。雄黄细粉的用量约为干丸重量的6%~7%,如化虫丸。

(4) 青黛衣:青黛有清热解毒、凉血、治疮疹痒痛流水的作用,可用于清热解毒类丸剂的包衣。青黛粉的用量约为干丸重量的4%,如千金止带丸、当归芦荟丸。

(5) 百草霜衣:百草霜有清热作用,可用于清热解毒类丸剂的包衣。百草霜粉的用量约为干丸重量的5%~20%,如六神丸、牛黄消炎丸。

此外,还有红曲衣(消食健脾)、赭石衣(降气、止逆、平肝止血)、礞石衣(降气、行滞、祛痰)、金箔衣、银箔衣(重镇、安神)等,可依处方而选用。

2. 保护衣 使主药与外界隔绝而起到保护作用,这一类有糖衣、滑石衣、薄膜衣、明胶衣等。

3. 肠溶衣 选用适宜的材料将丸剂包衣后,使之在胃液中不溶散而在肠液中溶散。如胶衣、丙烯酸树脂Ⅰ号、丙烯酸树脂Ⅱ号、丙烯酸树脂Ⅲ号、CAP、HPMCP等。

三、制备工艺

丸剂的制备方法主要包括泛制法、塑制法和滴制法。在泛制法等基础上的新制丸技术有如离心造丸法(又称撒粉包衣法),在塑制法基础上的新制丸技术有如挤出滚圆法等。

(一) 泛制法

泛制法系在转动容器或机械装置中,交替加入药粉与黏合剂,使药粉交替润湿、翻滚、黏结成粒、逐渐增大并压实的一种制丸方法。它适用于水丸、水蜜丸、糊丸、浓缩丸、微丸等的制备。在泛制法制丸过程中,可以将易挥发、有刺激气味、性质不稳定的药物泛入内层,以降低对消化道的刺激性,提高稳定性。同时,也可以将速释药物泛入外层,缓释药物泛入内层,或者将药物分别包衣,以达到控制药物释放速度和部位的目的。

1. 工艺流程 泛制法制备中药丸剂的工艺流程如图4-1所示。

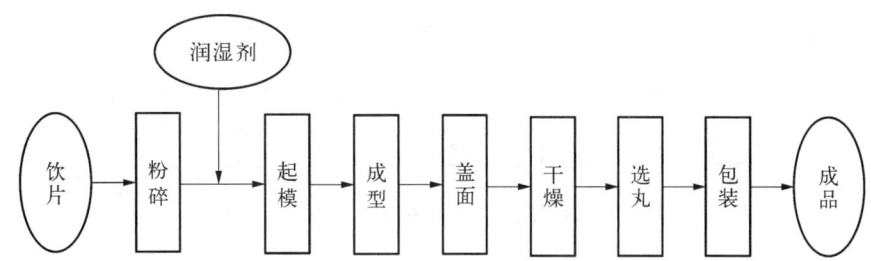

图4-1 泛制法制备中药丸剂工艺流程图

2. 制备技术

(1) 原料准备:除另有规定外,一般采用饮片投料形式,或将药材进行清洗、干燥和灭菌等处理后,粉碎成细粉或最细粉。起模和盖面用六至七号筛细粉或特定药材细粉;成型用五至六号筛药粉。需制药汁者按相应方法制备。

(2) 起模:制作丸粒基本母核,直径约1 mm球形粒子。方法有:① 粉末直接起模。喷水润湿药粉,转动泛丸锅,刷下药粉,重复喷水撒粉,形成直径约1 mm颗粒,筛取一号与二号筛间丸粒为丸模。② 湿法制粒起模。药粉润湿混匀,制软材过二号筛,取颗粒置泛丸锅中旋转滚撞成球形,筛分得丸模。

(3) 成型:筛选均匀的丸模加水湿润、撒粉、滚圆增大至成品规格。根据处方中各味药性质不同,可采用分层泛入。

(4) 盖面：近成品规格丸粒用饮片细粉或清水在泛丸锅内滚动，达到成品粒径标准，使丸粒表面致密、光洁、色泽一致。可分为干粉盖面、清水盖面和清浆盖面 3 种方式。

(5) 干燥：泛制丸应及时干燥防霉。干燥温度控制在 80℃ 以下，对含挥发性成分的水丸控制在 50～60℃。可用热风循环、流化床、红外线、喷雾、微波、螺旋震动等设备。

(6) 选丸：干燥后用筛选设备分离不合格丸粒，保证圆整、大小均匀、剂量准确。① 滚筒筛：三级孔径筛网构成滚筒，丸粒螺旋滚动分档。② 立式检丸器：利用离心力不同，分开圆整与畸形丸粒。

(7) 包装：质量检查合格后进行包装。

3. 影响因素

(1) 丸模形态：起模是制备丸剂的关键，直接影响丸剂的圆整度、粒径、重量、数量及有效成分的含量均匀度。需选择适宜黏性药粉，避免过湿或过干而导致团块或不易成模。

(2) 粉量与喷液均匀性：加粉、加水量及其比例和分布均匀性是保证丸剂质量的关键。起模时少量加水加粉，以避免粘连或长大不足；成型时随丸粒增大而递增。喷水需均匀，避免局部过湿。加粉量依施水量调整，保持丸粒独立且表面均匀湿润。

(3) 供粉喷液速度：泛丸过程中，动态平衡供粉和喷液速率，以形成均匀药丸。速率匹配根据药丸大小和需求预设，保持稳定以确保质量和产量。不平衡会导致过湿或粉尘问题，从而影响结果。

(4) 泛丸速度：控制泛丸速度以保证药丸结构均匀和良好溶散性。速度过快会导致外紧内松，影响溶散；过慢则质地过紧，延长溶散时间。

4. 泛制法新设备——离心造粒包衣机（又称撒粉包衣机） 药匾和糖衣锅是泛丸法常用的设备，一直沿用至今，随着工业化生产的需求，新型的泛丸设备——离心造粒包衣机也逐步广泛应用于中药丸剂生产中，离心造粒包衣机制备丸剂的工艺流程如图 4-2 所示。

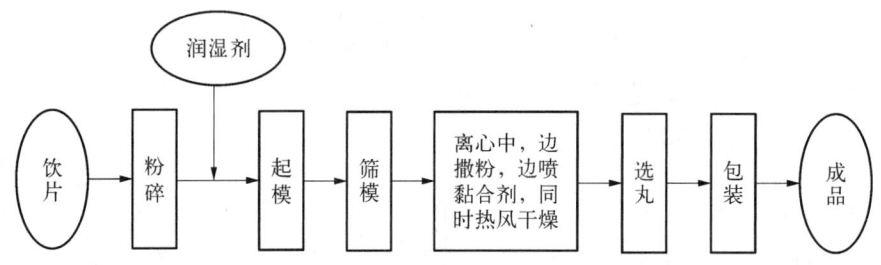

图 4-2 离心造粒包衣机制备丸剂工艺流程图

(1) 原理：离心造粒包衣机的原理如图 4-3 所示。将饮片粉或辅料等加入离心造粒包衣机内，在离心力、摩擦力及扰流板的作用下形成螺旋式绳股状运动，雾化喷入黏合剂，粉末凝聚成丸模，继续喷入黏合剂并加入粉料，使之均匀分布在丸模表面，层层包裹，同时在转盘与工作腔室内壁间的环缝中不断吹入热风，使丸粒流化干燥，如此反复操作，使丸粒的直径逐步增大，从而形成球形丸粒。

与传统手工泛丸相比，离心造粒包衣机泛丸是在一个封闭容器内完成混合、起模、成形、包衣及干燥全过程。其具有干燥速度快、操作时间短、无粉尘飞扬、交叉污染小，所制丸粒质地均匀致密、表面圆整光洁等优点，能够满足 GMP 要求。

离心造粒法属于泛制法，系将母核投入离心流化床内并鼓风，利用离心力与摩擦力形成粒子流，再将雾化的黏合剂或润湿剂及物料细粉分别喷入其中，母核在运动状态下吸纳黏合雾滴、黏附主药干粉，逐渐增大成丸。药物既可作为母核，也可以溶液、混悬液或者干燥粉末的形式沉积在预制成型的丸核表面。离心造粒法成丸速度快、真球度高、药粉粘锅结团少，可进行多层缓释微丸的制备。离心造粒法成丸

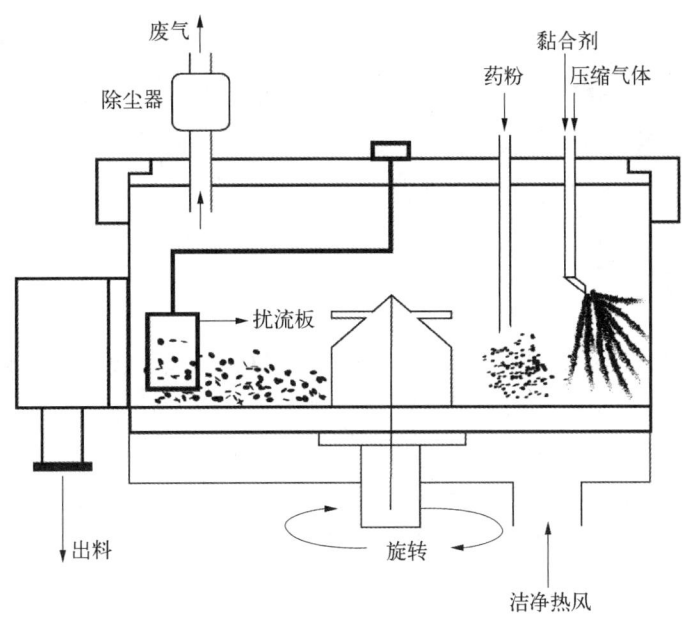

图 4-3 离心造粒包衣机原理图

的密度和强度较挤出滚圆法低,不适合流动性差及黏性大的物料制丸。该方法可以使起模、成丸、包衣在同一台机器内完成。

主要影响因素:离心造粒包衣机的结构与糖衣锅明显不同,它在泛丸时,除了一般泛丸法因素影响以外,离心造粒法制备丸粒的成型还受离心机齿盘的转速、喷浆速度(喷浆流量)、供粉速度、浆液雾化压力、鼓风量、鼓风温度等多因素影响。其中,喷浆速度与供粉速度是微丸成长的关键因素,必须调节并保持二者的适当比例,才能得到合格的小丸。

(2)离心转盘速度:通过电机变频调速,目的是促使物料远离离心转盘中心进入流化区。转速太低,物料黏附在离心转盘表面,造成粒度不均;转速太快,会造成物料黏附在工作腔室内壁,粒子间相互剧烈碰撞形成粉尘。

(3)供液速度:对丸径的影响显著。当供液速度较低时,由于热风干燥的影响,粉尘较多;当供液速度太高,床内湿度分布不均,局部出现黏结,甚至结团,或者丸剂附着在床体内壁和转盘表面。

(4)供粉速度:在丸剂成形过程中以撒粉方式进行,其速度较喷涂法快得多。当供粉速度较低时,因干燥的影响,粉末附着表面能力较差,由于碰撞而出现粉尘;供粉速度和供液速度在泛丸时均可在一定范围内调整,以保持恰当的比例。初期以较大的喷液速度使丸芯表面迅速被润湿,避免粉尘飞扬。中后期应以较稳定的速度喷液供粉。

(5)雾化压力:过低会使黏合剂雾粒大小不均,容易产生丸芯黏附结合;当压力过高时,虽然雾化均匀,雾粒细小,但伴随严重的飞溅现象,所以泛丸时应注意丸剂运动状态,选择合理雾化压力。

5. 离心造丸法的应用实例

二维码 4-1
泛制法制丸
的常见问题
分析及措施

实例:用离心造粒包衣机制备复方丹参微丸

(1)丸芯起模:取淀粉/羧甲基淀粉钠混合物(重量比4∶1)500 g,置离心造粒包衣机中,以50%糖浆为黏合剂。设置工艺参数:主机转速200 r/min,雾化压力0.08 MPa,鼓风流量8 L/min,喷气流量18 L/min。丸芯制备完成后,取出丸芯,室温晾至近干,60℃烘干,于振动筛筛分出30~40目空白丸芯,备用。

(2) 复方丹参微丸的制备：将上述空白丸芯置于离心造粒包衣机内，按处方比例称取丹参提取物和三七提取物混匀，加入黏合剂中，搅拌均匀，备用。另将处方量的冰片 β-CD 包合物与稀释剂过 100 目筛，按一定重量比混匀（以下简称供粉料），置于离心造粒包衣机的供粉室内，调节主机转速 120 r/min，鼓风流量 8 L/min，喷气流量 18 L/min，喷气压力 0.06 MPa，喷浆速度 12~17 r/min，供粉速度 15~20 r/min，待微丸达到 20~24 目（目标粒径）后滚圆 5 min，取出，50℃烘干后即得。

（二）塑制法

塑制法系将药材细粉与适宜的黏合剂混合均匀，制成软硬适宜、可塑性较大的丸块，再依次制丸条、分粒、搓圆而成的一种制丸方法。它适用于蜜丸、水蜜丸、水丸、浓缩丸、糊丸、蜡丸、微丸的制备。塑制法制丸具有生产效率高、生产过程易于控制的优点。塑制法制成的丸剂丸形圆整、溶散快，适用于工业化生产。此外，塑制法制丸的表面致密光滑，既便于吞服又不易吸潮，有利于贮藏。

1. 工艺流程　塑制法制备丸剂的工艺流程如图 4-4 所示。

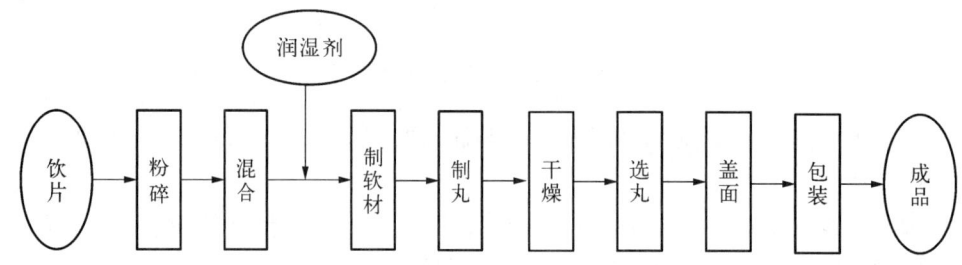

图 4-4　塑制法工艺流程图

2. 制备技术

（1）原料的准备：饮片投料，或药材应进行清洗、干燥、灭菌。粉碎，制成能通过五号筛的细粉，混合均匀。

（2）制软材：称取药粉置搅拌机内，按照一定比例加入纯水，搅拌混合均匀，制成软材。

（3）制丸：将软材均匀地投入制丸机料斗内，调整推料与切丸速度，制丸。将制得的药丸通过传送带送至滚筒筛内，进行筛选。

（4）干燥：将筛选后的合格湿药丸送入干燥机中，控制适当温度，干燥。

（5）选丸：将干燥后的毛药丸送入选丸机中，筛选除去畸形丸、破损丸及丸重偏小的不合格药丸。

（6）盖面：将检验合格的毛药丸置于糖衣锅内，转动糖衣锅，加入适量的黏合剂溶液，撒入预留的药粉盖面，取出，干燥，即得。

3. 影响因素

（1）制丸模具：其凹槽尺寸是影响丸粒重量的关键因素，丸剂的规格往往以每丸或特定数量丸粒的重量来计量。制丸机利用模具的凹槽尺寸来控制丸粒的大小，从而间接决定其重量。因此，制丸模具的凹槽尺寸与丸粒的重量之间存在紧密的关系。

（2）切药条刀磨损：切药条刀是易受损部件，切药条刀磨损对丸剂的成形性存在影响。由于丸剂的原料通常为硬度较强的饮片粉末，切药条刀在与药料的摩擦中容易发生磨损，进而其形状易发生变化。这种形状变化会影响丸粒的圆整度，并增加丸重差异。为了确保丸剂的质量和延长切药条刀的使用寿命，设备制造商应采用碳化钨表面喷涂处理来增强切药条刀的耐磨性。

（3）制条速度与搓丸速度：制条速度和丸条质量对制丸效率和丸粒质量具有直接影响。当制条速度与切丸速度不匹配时,会引发断条现象。频繁的断条不仅会降低制丸速度,还会减少湿丸的半成品率。如果制条速度过快,超过切丸速度,则会导致丸条无法及时切割,进而垂落成团,造成丸条粗细不均,从而影响湿丸的质量。因此,制条速度与搓丸速度之间的协调至关重要。在实际操作中,这两个速度是通过调整电机的调速频率来实现的,在制定具体产品的工艺参数时,需要对制条速度和搓丸速度进行优化,以确保湿丸的圆整度和半成品率,并提高生产效率。

(4) 干燥温度:是干燥过程中的重要参数之一。过高的干燥温度会阻止内部水分扩散到表面,导致药丸裂变和假结壳等现象,不利于干燥的顺利进行。而过低的干燥温度则会延长干燥时间,容易使药丸滋生细菌,并导致黏性低的药丸松散易碎,严重影响成品的质量。此外,干燥温度还可能对药物成分的含量产生显著影响,因此,在干燥过程中应根据丸剂成分的特性来控制干燥温度。对于含有动物蛋白质类的丸剂,干燥温度不得超过 70℃,其他类型的丸剂宜控制在 70~80℃ 之间,而含有芳香性成分的丸剂则宜在 60℃ 左右进行干燥。

(5) 丸块(坨块)质量:优质的丸块应具备混合均匀、色泽一致、柔润和可塑性好的特点,这样在制丸条时不易断条。影响丸块质量的因素包括:加黏合剂量、加黏合剂温度和混合时间。对于含纤维多、质地疏松的药粉,应增加黏合剂量以改善其黏性,但过多的黏合剂会导致丸块过湿、不易制成丸条,并出现粘连现象。对于黏性差的药粉可适当提高黏合剂的温度以增强其黏性,但过高的温度会增加搅拌阻力使药粉混合不均,易导致丸块黏性过强而在制丸时出现异形丸,如孖丸、棱角丸、扁形丸和缺口丸等。此外,混合时间也是影响药粉黏性的重要因素。搅拌时间短会导致黏性不足、混合不均匀,而时间过长则会导致黏性过强、不易出料和异形丸多等问题。生产中混合时间的确定,通常需要观察丸块的软硬程度来辅助判断。

4. 塑制法新设备——挤出滚圆机 挤出滚圆制丸法是将中药加适宜润湿剂制成软材,通过筛孔挤压成高密度条状物,再在高速旋转的齿盘上切割成圆柱形颗粒,最后在滚圆机中利用离心力、摩擦力和气体推动力的综合作用,使颗粒滚制成圆球形的一种丸剂制备方法。该法具有制丸效率高、粒度分布带窄、圆整度高、脆碎度小、密度大、丸粒表面光滑等优点,对中药水提浸膏粉制丸尤为适宜。

(1) 原理:挤出滚圆制丸法系将浸膏粉或提取的药效部位与辅料混匀,用水等润湿剂制成适宜软材,经挤出机筛孔挤压成高密度圆柱形条状物。挤出的条状物倒入高速旋转的齿盘上,被高速旋转的摩擦板切割成圆柱形颗粒。在滚圆机中,利用高速旋转的齿盘产生的离心力、丸粒与齿盘和筒壁间的摩擦力,以及齿盘与筒体之间气体推动力的综合作用,使圆柱形颗粒处于三维螺旋旋转滚动状态,丸粒受到均匀的揉擦作用,迅速滚制成圆球形。

(2) 工艺流程图:滚圆制丸法制备中药丸剂的工艺流程如图 4-5 所示。

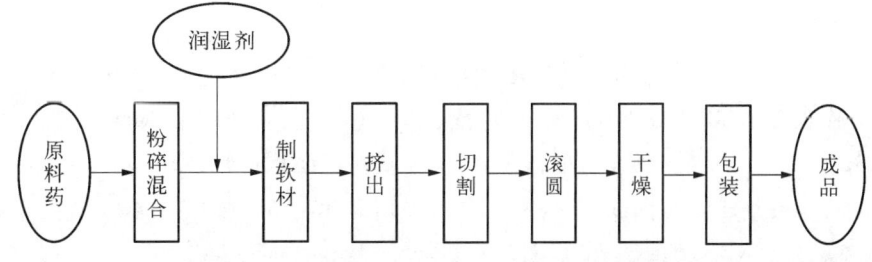

图 4-5 滚圆制丸法制备中药丸剂工艺流程图

(3) 制备技术

1) 物料的混合润湿:将原料药与辅料混合均匀,加入适量的润湿剂或黏合剂,将混合物捏合成为湿度均匀的松散或团状软材。

2) 挤出：将软材送入挤出机料斗，在挤出机螺杆送料器的推动下，进入挤压仓，在挤压器的挤压下通过孔板，形成致密、直径相等且表面较光滑的圆柱状挤出物。

3) 滚圆成丸：将条形圆柱状挤出物倒在高速旋转的齿盘上，条状物被高速旋转的摩擦板切割成短圆柱形颗粒并进行高速滚制，经过一定时间后形成质地坚实、表面圆整的微丸。打开卸料口，在转盘转动下出料。

4) 干燥。

(4) 挤出滚圆法制丸的主要影响因素：包括软材质量、挤出速度、滚圆速度和滚圆时间等。

1) 软材质量：软材应光滑致密、色泽均一，以确保丸剂的成型性和物料性质的稳定性。

2) 挤出速度：过快会导致物料过紧、表面粗糙，影响圆整度，同时温度升高可能导致水分丧失，降低成型性；挤出速度过慢则效率低下，耗时增加。

3) 滚圆速度：决定了剪切力和离心力的大小，直接影响丸剂的成型。速度过低，剪切力不足，难以形成圆球状；速度过高，剪切力过大，易破坏物料结构。

4) 滚圆时间：在一定范围内，滚圆时间越长，丸剂圆整度越好。时间过长，丸粒增大或粘连；时间过短，物料未能充分塑形，圆整度差，且丸中水分未能及时挤出，易导致粘连或变形。

挤出滚圆法制丸需综合考虑软材质量、挤出速度、滚圆速度和滚圆时间等因素，以优化丸剂的成型效果和生产效率。

5. 蜜丸制备关键工艺的控制　影响蜜丸质量的因素主要包括蜂蜜炼制、丸块性质、炼蜜程度、和药蜜温、用蜜量等。

1) 炼蜜程度：根据处方中药材性质、粉末粗细、含水量、气温和湿度来决定炼蜜程度，以保证蜜丸质量。过嫩的蜜导致粉末黏合不良，丸粒不光滑；过老的蜜使丸块过硬，难以成型。冬季常用稍嫩蜜，夏季用稍老蜜。

二维码4-2
蜜丸的常见
问题分析及
措施

2) 和药蜜温：炼蜜应趁热加入药粉中，以便混合均匀。若方中含有叶、茎、全草或矿物性药材，需用老蜜；若含有树脂类、胶类、糖及油脂类药味，需用温蜜。蜜温以 60~80℃ 为宜。

3) 用蜜量：药粉与炼蜜比例一般为 1:1~1:1.5。黏性强的药粉用蜜量宜少，纤维多、质地轻松、黏性差的药粉用蜜量宜多。夏季用蜜量应少，冬季用蜜量宜多。

4) 丸块性质：优良丸块应能随意塑形而不开裂，手搓捏而不粘手，不黏附器壁。

5) 润滑剂：制丸时可用适量润滑剂，机制蜜丸常用乙醇，传统制丸常用麻油与蜂蜡的混合物。

6) 分装与干燥：蜜丸成丸后即分装，有时为防霉变和控制含水量，可进行适当干燥，如微波干燥或远红外辐射干燥，以达到干燥和灭菌效果。

6. 挤出滚圆法的应用实例

> **实例：挤出滚圆法制备当归补血微丸**
>
> 按处方分别称取已过80目筛的当归补血复方提取物15 g、微晶纤维素30 g和微粉硅胶5 g，混匀，加入30%乙醇32.5 mL作为润湿黏合剂进行合坨，制成软材。经挤出机筛板(孔径1.6 mm)挤成直径相同、光滑致密的条状物；打开滚圆机，选择转速40 Hz，滚圆时间为6 min，将条状物料置于高速旋转的滚圆机内，直至颗粒滚制成12~20目微丸，取出微丸，适度干燥，筛分，即得。

(三) 滴制法

滴制法是一种将原料药物与适宜的基质加热熔融混匀，并滴入不相混溶、互不作用的冷凝介质中，从而制成球形或类球形制剂的技术。该技术被广泛应用于固体分散技术中，通过将药物组分与固体分散载体混合均匀,利用亲水载体的快速溶解来迅速释放药物组分。这种方法有利于快速发挥治疗作用、提高药物的生物利用度并增强药物的疗效。此外,滴丸技术还具有控释、缓释、肠溶和包裹特定衣膜等制剂的制备能力,适用于内服和外用。

中药滴丸是在传统中药丸剂的基础上演变而来,它结合了中医药学理论和现代制剂技术。这种剂型符合现代制剂的发展方向,即"三效"(高效、速效、长效)、"三小"(毒性小、不良反应小、用量小)和"五方便"(生产、运输、使用、携带、保管方便)。滴丸技术不仅在医药制剂领域有广泛应用,还可用于生产各种新型保健食品和普通食品。

1. 滴丸成型原理

(1) 液滴的形成：液滴形成原理主要基于射流破碎理论。射流破碎是指液体从空气喷射入另一种流体介质中,受到气动力、惯性力、黏性力及表面张力等相互作用,液体柱分裂破碎的现象。根据射流破碎理论,滴制过程中,药液经过重力、纵向扰动等因素影响,在液体柱表面形成表面波,此表面波会随时间、空间发展,最终液柱断裂而形成液滴。

(2) 液滴的定量滴制：对于固体分散滴制技术,要保持滴丸丸重大小一致,液滴必须保证定量滴制。射流破碎理论认为,对于一种确定的液体射流系统,存在着一种使得表面波发展效率最为明显的滴制频率,称为最佳破碎频率,对应的滴制波长称为最不稳定波长。在最不稳定频率的作用下,液柱形成一系列液滴。

(3) 滴丸在冷凝剂中的成形：滴丸成形是药液液滴在冷凝剂中凝固成形的过程。熔融的药液在冷凝液中是否可以成形,取决于液滴的内聚力和药液与冷凝剂间的黏附力之差,称为形成力。当形成力为正值时,液滴可以成形。液滴成形后的圆整度与液滴在冷凝液中的速度、冷凝液温度及液滴大小有关。因此可以通过控制冷凝液的密度、温度等方法来改善圆整度,通常会采用梯度降温来控制成形过程。

2. 工艺流程　滴丸法工艺流程如图4-6所示。

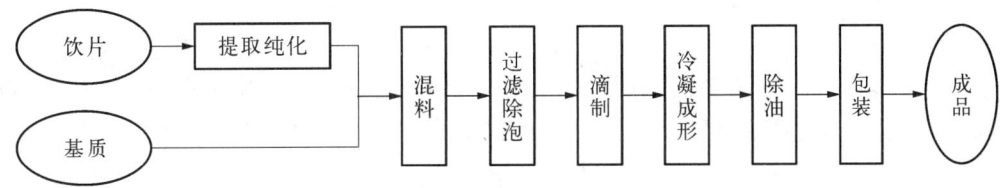

图4-6　滴丸法工艺流程图

3. 制备工艺

(1) 原料处理：鉴于滴丸载药量较小,需根据有效成分的性质,采用适当方法将药材进行提取、纯化,制成有效成分、有效部位或提取物。

(2) 混料：将主药、基质加热熔融混合均匀并保持一定的温度,为滴制作准备。混料主要在混料设备中完成,包括加热系统、搅拌系统和料液循环输送系统及均质系统等。加热系统可加热熔融物料,保持温度在要求范围内。可采用水浴加热或油浴加热。加热能力不足会导致混料时间过长、料液中颗粒物较多;加热能力过剩或温控波动较大可能会导致料液过度受热,引起料液黏度变大而无法滴制、药效成分变化等生产和质量风险。搅拌系统和料液循环输送系统可将主药在基质中均匀分布,使高黏度物料均匀分散、受热平衡,胶体磨等均质设备可将大颗粒成团的物料研磨打碎,形成细腻、均匀的熔融液体,保证批间的均一性。

(3) 滴制：主要在滴丸滴制设备中完成,滴制设备主要由滴制系统、冷凝剂循环系统、滴丸除油、收集系统等组成。主要工作原理是通过物料输送管路将料液输送至药液储存保温罐中,以恒定的流量从特制的滴头中滴出,形成液滴并滴入冷凝剂中,凝固形成滴丸。实现恒定流量的方式有自然滴制、震动滴制、气压脉冲滴制、柱塞滴制。

滴头滴嘴设计和加工在滴丸成形中扮演着关键角色。在自然重力滴制状态下,液柱的振动波长取决于重力加速度、料液性质,以及液柱在滴嘴处的多相作用力。在料液性质稳定的条件下,重力加速度是固定常数,因此滴嘴构造需要保持多个滴嘴口液柱受力的均匀一致。液柱经过滴嘴口时,除了受到重力的影响,还会受到内应张力及表面吸附力的作用。滴嘴口内外径比值越大,越能有效减少料液与滴嘴间的吸附力。同时,滴嘴缓冲内腔和滴管的构造设计可以使液柱在重力作用下向下流动,符合层流滴制的要求,以保证丸重大小一致。

旋转成形技术可以解决滴丸在进入冷凝液面时可能出现的时滞问题。当高速滴制时,前后两粒滴丸可能会在液面处碰撞粘连,降低成品率。通过旋转成形技术,冷凝液以切线方向进入凝固成形器,并按一定速度做旋转运动。在第二粒液滴落下时,前一粒已随冷凝液旋转移开,避免了高速滴制时的滴丸粘连现象。此外,旋转运动也增加了冷却距离,使滴丸得以快速成型并充分冷凝。

在多滴嘴滴制的情况下,不同滴嘴间的滴丸仍存在碰撞的可能性。为了解决这个问题,需要对滴嘴盘的滴嘴排布、距离与冷凝液旋转涡流进行匹配,并控制冷凝液流速,使旋转速度与滴丸下降速度相匹配。这样能够最大限度地利用有效面积,确保滴丸在冷却液中均匀散布,以实现最佳冷却效果,并达到滴制设备的最大生产能力。

(4) 冷却成型:滴丸在滴丸机冷却系统中冷却形成滴丸。冷却系统的基本组成包括循环泵、换热器、制冷系统等,其工作原理是通过循环泵将冷却剂循环至换热器中,同时制冷系统利用冷媒对换热器中的冷却剂进行循环制冷,以达到保持冷却剂温度、保证滴丸成形的目的。

温度梯度丸形控制技术为适当设计射流口沿凝固成形器竖直方向的位置,通过控制射流速度来控制冷凝液的旋转速度及温度场的分布,从而使冷凝液产生温度梯度的技术。

冷却系统对滴丸质量的主要影响包括:冷却系统热交换功能异常导致冷却剂温度过高或过低,在滴制过程将影响滴丸成形,滴丸易出现异形、多粒粘连、滴丸表面粗糙不光滑等现象。

(5) 除油:是滴丸生产过程中必不可少的环节。除油设备的主要作用是去除滴丸表面的冷凝剂。除油设备有多种,如离心脱油机、风干擦丸机等。根据滴丸表面的冷凝剂附着情况,可以选择合适的除油设备,以达到工艺要求。除油后,滴丸通过传送设备进入收集设备,完成滴制过程。除油效果对滴丸质量有重要影响,除油不完全会影响后期的筛分、包衣等操作,还可能引起患者服用口感不适或过敏反应等问题。

二维码4-3
滴制法制丸常见问题分析及措施

4. 影响滴丸制备的主要因素　圆整度、丸重差异、硬度、溶散时限等是滴丸制剂的关键质量属性,滴丸成型与内在质量受多种因素影响,包括配方、基质、冷凝液的选择,熔融温度,固化成型的冷凝温度,滴管内外径,滴距,滴速,冷凝剂的密度、黏度与表面张力等。

滴丸的制备通常需通过优选实验法确定最佳工艺参数,考虑滴丸的圆整度、硬度、拖尾、丸重差异、沉降情况、耐热性、流动性、成型率、溶散时限等指标。若处方与工艺参数控制不当,可能导致以下问题:

(1) 丸重差异超限:可能原因包括药物与基质未完全熔融、混合不均匀,滴制压力不均衡,滴制液温度不稳定,滴速控制不当等。解决方法包括升高配料罐、滴液罐和滴头温度,使药物与基质在配料罐中充分搅拌混合并保持恒温,通入适当压力的压缩空气使滴制液静压恒定,调节滴距至最小状态,控制稳定滴速,及时冷却等。

(2) 圆整度差:可能原因是冷凝液温度梯度未控制好或冷凝液选择不当。解决方案包括调节制冷系统参数以确保冷却液温度从上到下逐渐降低,为液滴提供足够时间来收缩和释放气泡;更换合适的冷凝液。

(3) 滴头堵塞:主要因为滴罐和滴头温度过低而导致滴液凝固。此外,药物与基质密度差异过大,或药物成分间及与基质间发生反应也可能引起堵塞。解决方法有升高滴液罐和滴头温度并保持恒温,搅拌药液,调整处方并选用适当基质。

(4) 药丸破损:可能因集丸离心机转速过高导致。应重新设置变频器并调节转速。

(5) 冷却液残留:可能原因是吹风强度和离心时间不足。解决方法包括确保离心机脱冷却剂 85% 以上,提高吹风强度和时间。

四、质量检查

1. **性状** 丸剂外观应圆整,大小、色泽应均匀,无粘连现象。蜜丸应细腻滋润,软硬适中。蜡丸表面应光滑无裂纹,丸内不得有蜡点和颗粒。滴丸表面无冷凝液介质黏附。

2. **水分** 照《中国药典》(2020 年版)四部通则 0832 水分测定法测定。除另有规定外,蜜丸和浓缩蜜丸中所含水分不得过 15.0%;水蜜丸和浓缩水蜜丸不得过 12.0%;水丸、糊丸和浓缩水丸不得过 9.0%。蜡丸不检查水分。

3. **重量差异** 除另有规定外,照《中国药典》(2020 年版)四部制剂通则 0108 丸剂规定方法检查,注意滴丸、糖丸与水丸、蜜丸、水蜜丸、浓缩丸、糊丸、蜡丸重量差异要求的不同。

4. **装量差异** 除糖丸外,单剂量包装的丸剂照《中国药典》(2020 年版)四部制剂通则 0108 丸剂规定方法检查,均应符合规定。

5. **装量** 以重量标示的多剂量包装丸剂,照《中国药典》(2020 年版)四部通则 0942 最低装量检查法检查,应符合规定。以丸数标示的多剂量包装丸剂,不检查装量。

6. **溶散时限** 照《中国药典》(2020 年版)四部通则 0921 崩解时限检查法片剂项下的方法,加挡板进行检查。除另有规定外,小蜜丸、水蜜丸和水丸应在 1 h 内全部溶散;浓缩水丸、浓缩蜜丸、浓缩水蜜丸和糊丸应在 2 h 内全部溶散。滴丸不加挡板检查,应在 30 min 内全部溶散,包衣滴丸应在 1 h 内全部溶散。操作过程中如供试品黏附挡板影响检查时,应另取供试品 6 丸,以不加挡板进行检查。上述检查应在规定时间内全部通过筛网。如有细小颗粒状物未通过筛网,但已软化且无硬心者可按符合规定论。

蜡丸照崩解时限检查法(通则 0921)片剂项下的肠溶衣片检查法进行检查,应符合规定。除另有规定外,大蜜丸及研碎、嚼碎后或用开水、黄酒等分散后服用的丸剂不检查溶散时限。

7. **微生物限度** 《中国药典》(2020 年版)四部通则 1105,1106 制剂通则(丸剂)规定,以动物、植物、矿物质来源的非单体成分制成的丸剂,以及生物制品丸剂,照非无菌产品微生物限度检查;微生物计数法、控制菌检查法及非无菌药品微生物限度标准检查,应符合规定。生物制品规定检查杂菌的,可不进行微生物限度检查。

五、丸剂自动化生产线

中药丸剂生产目前已基本实现丸剂自动化生产线,通过整合先进的数控技术,如自动化控制、数字化管理、智能感知及机器人技术等,实现了中药丸剂生产流程的无缝衔接,不仅提高了生产效率,还确保了产品质量的均一性和稳定性,对提升中药制造业的现代化水平起到了关键作用。如九芝堂的丸剂生产中,自动化和数字化技术的使用使得丸剂的生产速度从每分钟 60 瓶提升至 300 瓶,同时减少了人力成本,并提高了生产过程的透明度和可追溯性。

六、有关问题讨论

(一) 丸剂物料属性研究进展及质量源于设计应用于丸剂前景

目前,丸剂生产过程中的质量控制手段主要依赖于主观经验,近年来,对物料属性与制丸工艺、最终丸剂产品质量之间的相互影响规律的研究也有一定进展。有研究者从粉体学属性、流变属性、质构属性3种分类出发,分析了物料属性对终产品质量的影响规律,并基于质量源于设计理念,提出物料属性研究应与过程分析技术相结合,实现中药丸剂智能化连续制造。

1. **粉体学属性** 丸剂物料的粉体学属性可分别通过使用 X 射线衍射仪、全自动比表面积及孔隙度分析仪、扫描电子显微镜等仪器,测定样品结晶度、微观形态、粉体形态、粒度分布等指标来表征。

药粉的粉体学属性受粉碎程度和方法影响。粉末粗细影响丸剂成型,药粉粗糙,则丸条塑性差、不易拉伸,丸粒不圆整,易出现空洞,重量差异大;药粉细腻,则丸粒饱满光滑、大小均一。药粉的粉体学属性还与其化学组分相关,影响丸剂成型和溶出性。纤维类生药粉粒度大,结构疏松多孔,促进崩解吸收;淀粉类易吸水膨胀,促进溶出;多糖类促进成型;油脂和蛋白质类阻碍释放。最终,丸剂质量受药粉属性综合影响。

浸膏粉的粉体学属性与干燥工艺有一定关系,喷雾干燥、减压干燥和微波干燥等不同工艺可导致浸膏粉体属性变化,影响后续制剂工艺。

辅料的粉体学属性,如制丸工艺中广泛应用的微晶纤维素,其结晶度和孔隙度对制丸工艺有影响,低结晶度和大孔隙微晶纤维素具有更好的吸水、保水和黏结性。

混合药粉由浸膏粉与粉体辅料混合制成,粉体属性受混合比例及药辅间的协同作用影响,可通过调整药粉和辅料种类及比例,获得符合制备丸剂粉体学要求的混合药粉,从而实现丸剂处方和工艺的智能决策与控制。

2. **流变学属性** 流变属性表征技术主要使用旋转流变仪、转矩流变仪等,以表征物料黏度、弹性模量等属性参数。流体的性质和内部结构可以通过其流变属性反映,如剪切应力与剪切速率的关系。不同流体的流变属性不同,中药浸膏和浓缩液的流变属性会直接影响丸剂的成型难易程度。浸膏浓缩方式、温度和时间会影响其流变属性,而丸剂的质量与这些属性密切相关。因此,实时监测和控制中药提取物的流变属性是必要的。炼蜜是中药蜜丸制备过程中的重要辅料,其炼制程度和流变属性间接影响产品质量。目前,炼蜜工艺缺乏数字化标准,应根据原料药属性调整炼蜜属性以确保合理搭配。炼蜜黏度测定时,温度精确控制是必要的。炼蜜含水量、相对密度和黏度具有相关性,利用含水量可表征炼蜜的流变属性。通过水分测量和 NIR 采集,可建立模型实时监测炼蜜过程并准确控制炼蜜的炼制程度,以保证质量稳定。

3. **质构学属性** 质构仪通过力量传感器实时捕捉样品受力情况,绘制时间-力曲线,客观真实地反映研究对象受力后内部微观结构的变化,具有独特的应用优势。合坨软材与挤出丸条为制丸的重要中间体,可采用质构曲线解析法对软材的硬度、黏附性、弹性、内聚性、咀嚼性和回复性等物理性质进行表征,将软材进行分类,研究物料属性、混合时间与温度、混合均匀度对丸块黏度、内聚性、硬度等质构属性的作用规律,并根据质构参数预测微丸成型性的目的。

4. **质量源于设计应用于丸剂** 丸剂物料的粉体学属性、流变学属性和质构学属性等多指标表征技术取得了一定进展,但与丸剂关键质量属性(如圆整度、大小、崩解时限、有效成分的释放度等)之间数学关系的研究尚需大量的数据支持。

中药丸剂应基于质量源于设计理念,利用大数据方法收集物料信息以建立物料属性数据库,通过从大量工艺实验或生产现场反馈积累得到物料属性数据,并与过程分析技术相结合,通过对工艺过程中间体关键属性的实时监测,对属性异常的中间体质量进行及时纠正,并结合关键工艺参数,建立与丸剂成品关键质量属性指标之间的数学模型,实现根据输入物料属性调整工艺参数以产出质量稳定产品的前馈控制传统。根据大数据模型,完善智能处方设计系统,根据工艺特点与属性互补原则对不同属性原辅料进行智能搭配,以提高终产品的质量稳定性。物料属性与产品关键质量属性研究亦可为中药丸剂工艺装备的智能化升级提供基础数据支持,促进中药丸剂的数字化、智能化连续制造。

(二)丸剂共性问题1——溶散超时限

丸剂溶散主要依靠其表面的润湿性和毛细管作用。水分通过泛丸时形成的空隙和毛细管渗入丸内,瓦解药粉间的结合力而使药丸溶散。

导致溶散超时限的原因主要有:① 药料的性质。方中含有较多黏性成分的药材,在润湿剂的诱发和泛丸时的碰撞下,黏性逐渐增大,使药物结合过于紧密,空隙率降低,水分进入速度减慢;方中含有较多疏水性成分的药材时,会阻碍水分进入丸内。针对这些问题,可通过加适量崩解剂来缩短溶散时间。② 粉料细度。粉料过细成型时会增加药丸的致密程度,减少颗粒间空隙和毛细管的形成,水分进入速度减慢,甚至难以进入,故一般泛丸时所用药粉过五号筛或六号筛即可。③ 赋形剂的性质和用量。赋形剂的黏性越大、用量越多,丸粒越难溶散。针对不同药材,可适当加崩解剂,或用低浓度乙醇起模。④ 泛丸时程。泛丸滚动时间越长,粉粒之间滚压黏结越紧,表面毛细孔隙堵塞亦越严重。因此,泛丸时,应根据要求尽可能增加每次的加粉量,缩短滚动时间,加速溶散。⑤ 含水量及干燥条件。有研究显示丸剂的含水量与溶散时间基本上成反比关系,即含水量低则溶散时间长。此外,不同的干燥方法、温度及速度均会影响丸剂的溶散时间。如干燥温度过高,湿丸中的淀粉类成分易糊化,黏性成分易形成不易透水的胶壳样屏障,阻碍水分进入,最终延长溶散时限。

(三)丸剂共性问题2——微生物限度超标

导致丸剂微生物限度超标的主要原因有:① 药材灭菌不彻底;② 生产过程中卫生条件控制不严,辅料、制药设备、操作人员及车间环境再污染;③ 包材未消毒灭菌,或包装不严。

可采取的防菌灭菌措施有:① 在保证药材有效成分不被破坏的前提下,对药材可以采取淋洗、流通蒸汽灭菌、高温迅速干燥等综合措施,亦可采用干热灭菌、热压灭菌法等。含热敏性成分的药材可采用乙醇喷洒灭菌或环氧乙烷灭菌;包材及成品可用环氧乙烷气体灭菌或辐射灭菌等。② 按GMP要求,严格控制生产环境、人员、设备的卫生条件。

七、其他丸剂

(一)浓缩丸

1. 浓缩丸的含义　浓缩丸系指将饮片或部分饮片提取浓缩后,与适宜的辅料或其余饮片细粉,以水、蜂蜜或蜂蜜和水为黏合剂制成的丸剂,又称药膏丸、浸膏丸。根据所用黏合剂的不同,分为浓缩水丸、浓缩蜜丸和浓缩水蜜丸。目前生产的浓缩丸主要是浓缩水丸。

2. 浓缩丸的特点　浓缩丸是全部或部分饮片经过提取浓缩后制成,体积减小,便于服用与携带;利于储藏,不易霉变,携带及运输均较方便。目前,一些水丸、蜜丸等品种也改成了浓缩丸。

3. 浓缩丸的制备　可采用塑制法、泛制法和挤出滚圆法。

(1)塑制法:是按处方中药材的性质,取部分药材煎煮提取有效成分浓缩成膏,与另一些药料的细粉混合均匀,再加入适当的炼蜜制成软硬适宜的丸块,按蜜丸法制成丸剂。亦可用浓缩膏作黏合剂,加入药料细粉或加入适当的赋形剂,混合制成软硬适宜的丸块,用机械挤条,制丸,将湿颗粒干燥,过筛、上光、包衣。

(2)泛制法:取方中部分药材煎出液或提取液浓缩成膏,作为黏合剂与另一些药材研磨的细粉,泛制成丸。或者将稠膏与药材细粉混合成块状、烘干、磨成细粉,用凉开水或不同浓度的乙醇作润湿剂泛制成丸。

(3)挤出滚圆法:系将浸膏粉或提取的药效部位与辅料混合均匀后,用润湿剂制成适宜的软材。软材经过挤出机的筛孔挤压,形成高密度的圆柱形条状物。条状物被传送至高速旋转的齿盘上,摩擦板以高速旋转将其切割成圆柱形颗粒。圆柱形颗粒传送至滚圆机中,受到高速旋转的齿盘产生的离心力、丸粒与齿盘和筒壁间的摩擦力,以及齿盘与筒体之间的气体推动力的综合作用,在三维螺旋旋转滚动状态下迅速滚制成圆球形。挤出滚圆制丸法是一种高效且适用于中药水提浸膏粉制丸的方法,具有制丸效率高、粒度均匀、圆整度高、脆碎度小、密度大、丸粒表面光滑等诸多优点。

浓缩丸的制备过程中,还应注意以下几点:

（1）一般说来,方中膏少药粉多宜用泛制法;膏与药粉相适应,可酌用机械制成小丸;膏多粉少时宜用塑制法。

（2）饮片的处理:按照处方,分析哪些饮片作膏,哪些饮片磨粉,必须根据饮片的性质和疗效恰当地处理,使之既能缩小体积,又能增强疗效。一般来说,处方中一部分质软而易碎、含粉质较多、贵重细料药、量少或作用强烈的饮片,宜粉碎成细粉,留作起模和作为浸膏的吸收剂。而体积大、质坚硬、纤维质多的饮片,宜作膏。

（3）提取浓缩成膏过程,以不损失有效成分为优。所以,应按药材的质地和临床所需饮片有效成分的性质,采取不同的方法进行提取。如含挥发性成分的饮片,应先提取挥发油或芳香水;含遇热易分解有效成分的饮片,不宜用直火煎熬,采用渗漉法较为恰当。一般性的饮片可取其煎出液,浓缩成膏。溶媒也应根据饮片性质来进行适当选择,如水、乙醇或水醇混合溶媒。

（4）浓缩的温度要低。过高时,有效成分易被破坏,又易焦糊,以减压浓缩或薄膜浓缩较好。膏的稠度应视粉末的多少而定,一般以能用完为好,过稀、体积大会造成浪费;过稠则费人力、物力,混合时难以操作。

（5）浸膏粉的制备:用泛制法制备浓缩丸时,需先制浸膏粉。浸膏粉的质量直接影响着成品的疗效,制备浸膏粉的关键在于浸膏的干燥。现今,国内药厂对浸膏干燥多采用喷雾干燥、低温减压干燥法。其干燥的浸膏块色泽浅、质地松脆、易粉碎、药味浓。如若采用常压干燥,则浸膏色黑断面呈玻璃状、极难粉碎、味焦糊、成品疗效较差。

4. 应用实例　如《中国药典》(2020年版)收载的八珍丸、六味地黄浓缩丸、百合固金浓缩丸等。

（二）微丸

1. 中药微丸的定义　中药微丸系指粒径小于 2.5 mm 的中药丸剂,一般由药性强烈的中药饮片或药效活性强的中药有效成分加适宜的黏合剂或其他辅料制成,如六神丸、麝香保心丸、王氏保赤丸等。

2. 中药微丸的特点　中药微丸具有服药用量小、药效作用强等优点。

近年来,随着缓释微丸制剂辅料的发展,中药缓控释微丸制剂取得了一定的发展。缓释制剂辅料有骨架型和膜控型两种。骨架型阻滞剂一般分为不溶性(如 EC、乙烯-醋酸乙烯共聚物等)、生物溶蚀性(如硬脂酸、硬脂醇、单硬脂酸甘油酯等)和亲水凝胶(如海藻酸钠、HPMC 等)3 大类骨架材料,可选择某一类或几类材料的混合物与药物混合,经适当方法制成。为了调节药物的释药速率,可加入致孔剂、表面活性剂。膜控型微丸主要通过缓释包衣来实现,缓释包衣液一般包括成膜材料、增塑剂,或加致孔剂、着色剂、抗黏剂、消泡剂、避光剂,以及溶剂或分散介质等。膜控型包衣辅料有纤维素衍生物(如 EC、HPMC、邻苯二甲酸醋酸纤维素等)、丙烯酸树脂类、乙烯聚合物等。

3. 微丸的制备　中药微丸的常见制法有泛丸法、挤出滚圆法、离心造丸法、流化床制丸法等。

（1）泛丸法:又分为① 滚动泛丸法,即将药物和辅料混合粉末置包衣锅中,喷洒润湿剂或黏合剂(水、稀醇等),滚动成丸。② 湿颗粒滚动成丸法,即将药物、辅料粉末混匀,加黏合剂制成软材,过筛制粒,将湿颗粒置包衣锅中滚转一定时间,干燥,制得微丸。为了改善圆整度,可在此基础上喷入液体黏合剂或润湿剂,撒入药物或药物与辅料之混合粉末,如此反复操作,制成大小适宜、圆整度较好的微丸。③ 空白丸芯滚丸法,即采用球形空白丸芯为种子,置包衣锅中,喷入适宜黏合剂溶液,撒入药物粉末或药物与辅料的混合粉末,滚转成丸;也可将药物溶解或混悬于溶液中,喷洒在丸芯上成丸,因载药量较少,一般约负载50%的药量,适用于剂量较小的药物制丸。

用包衣锅制微丸,影响微丸圆整度的因素很多,主要有药物粉末的性质;赋形剂及黏合剂的种类和用量;环境的温、湿度;物料一次投入量的多少;包衣锅的形状、转速;母核的形状等。包衣锅泛丸存在劳动强度大、粉尘污染大、成品收率低、干燥速率低、批间重现性差等缺点。

(2)挤出滚圆法:设备包括挤压装置和滚圆装置两大部分。将药物与辅料等混合均匀,加入水、醇或黏合剂溶液制成软材;然后,采用适宜的挤压机将湿料通过具一定孔径的孔或筛,制成圆柱形颗粒或条状挤出物,再经滚圆机滚圆成丸,这是目前应用最广的成丸方法。

(3)离心造丸法:应用离心造粒机可在一密闭的系统内完成混合、起模、成丸、干燥和包衣全过程,造出圆而均匀的球粒。离心造粒的主机是一台同时具有流化作用的离心机,制丸时可将部分药物与辅料的混合细粉或母核直接投入离心机流化床内并鼓风,粉料在离心力及摩擦力的作用下,在定子和转子的曲面上形成涡旋回转运动的粒子流,使粒子得以翻滚和搅拌均匀,通过喷枪喷射入适量的雾化浆液,粉料凝聚成粒,获得球形母核,然后继续喷入雾化浆液并喷洒含药粉料,使母核增大成丸。微丸干燥后,喷入雾化的合适包衣液,使微丸表面包上一定厚度的衣料,即得膜控微丸。该法具有成丸速度快、丸粒真球度高、药粉粘锅少、省时省力等优点。

(4)流化床制丸法:设备由空气压缩系统、动力加热系统、喷雾系统及控制系统组成。其方法是将物料置于流化室内,一定温度的空气由底部经筛网进入流化室,使药物、辅料在流化室内悬浮混合,然后喷入雾化黏合剂,粉末开始聚结成均一的球粒,当颗粒大小达到规定要求时,停止喷雾,形成的颗粒直接在流化室内干燥。微丸的包衣也在该流化床内进行,因微丸处于流化状态,可有效地防止粘连现象。该法的优点是在一个密闭系统内完成混合、制粒、干燥、包衣等工序;制得的微丸大小均匀、粒度分布较窄、外形圆整、无粘连;流化床设有粉末回收装置,原辅料不受损失,包衣液的有机溶剂也可回收,有利于操作环境的改善和生产成本的降低。

4. 应用实例 如《中国药典》(2020年版)收载的麝香保心丸,即通过泛制法制备的中药微丸。

第二节 片 剂

片剂是在全球医药市场中使用量最高的口服固体制剂,无论是在原研药还是在仿制药中,产量都远远领先于其他剂型。但目前片剂的设计开发和质量评价还停留在传统模式中,随着科技的进步发展,3D打印制片技术逐渐应用于制药行业。首先,本节对片剂的特点,常用辅料,制备工艺和质量检查等内容进行概述。其次,通过举例介绍实际片剂生产线,阐述了制药企业连续化自动生产流程,以及在实际生产过程中易出现的问题和挑战。最后,介绍了新型片剂的类型。

一、概述

(一)片剂的含义

片剂(tablet)系指将原料药物的粉末或提取物与适宜的辅料混匀后,通过制粒,压片等工艺加工制成的圆形或异形的片状固体制剂,是目前市场上最常用的药物剂型。中药片剂包括浸膏片、半浸膏片和全粉片等。按给药途径,可分为口服片剂、口腔用片剂、外用片剂及其他片剂。

中药片剂是在汤剂、丸剂的基础上改进而成。随着科技的进步,片剂的生产技术、机械设备和质量控制等方面有了巨大的发展。流化喷雾技术、高速搅拌制粒、3D打印技术、全粉末直接压片、全自动程序控制包衣,以及生产工序联动化和新型辅料的研究开发等,对改善生产条件、提高片剂质量和生物利

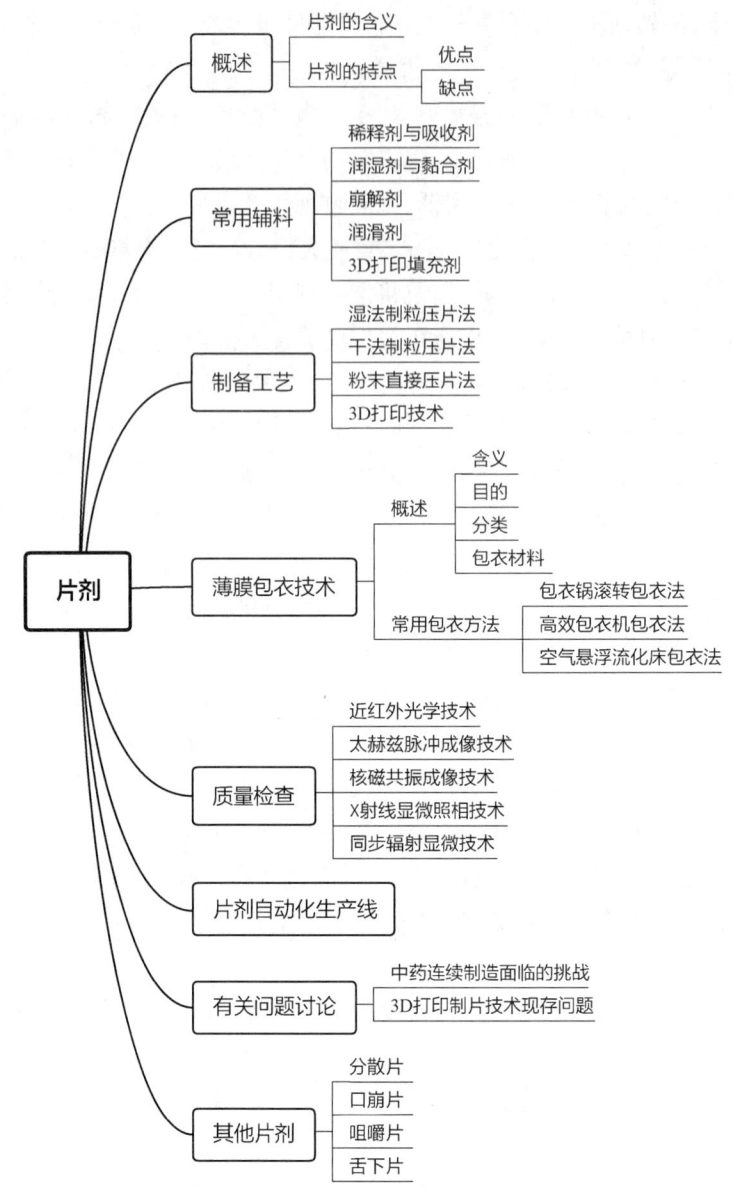

用度起到了重要的作用。此外，还涌现出一些中药片剂新剂型，如分散片、缓释片、口崩片等。目前，中药片剂已成为品种多、产量大、用途广、服用和贮运方便、质量稳定的主要剂型，是在全球医药市场中使用量最高的口服固体制剂。

（二）片剂的特点

片剂已成为临床上应用广泛的常用剂型之一，这是由于片剂有如下优点：① 剂量准确，药物含量差异小；② 物理、化学稳定性好，对于易氧化变质及易潮解的药物可通过包衣技术加以保护；③ 体积小，便于携带、运输和贮存；④ 满足多种医疗需求，可通过制剂技术（包衣、缓释、控释、多层、口崩等）制备出不同释药速率与释药方式的片剂；⑤ 便于识别或增加美观度；⑥ 生产机械化、自动化程度高，产量大，成本较低，卫生条件容易达到标准要求。但片剂也存在一些缺点：① 若处方和工艺设计不妥，则容易出现溶出和吸收等问题；② 儿童及昏迷病人不易吞服；③ 对贮藏条件具有较高的要求，含挥发性成分的片剂在长期贮藏过程中药效会受到影响；④ 药物溶出度和生物利用度较胶囊剂、散剂稍差。

二、常用辅料

片剂由药物和辅料两部分组成。辅料为片剂中除主药外一切物质的总称,亦称赋形剂。压片所用的颗粒应具备以下性能:① 有良好的流动性和可压性;② 有一定的黏着性;③ 润滑性好,不黏冲头和模圈;④ 口服后能迅速崩解、溶出、吸收而发挥应有的疗效。但是,很少有药物完全具备这些性能,因此,必须另加辅料或经适当制剂工艺处理,使之达到上述要求。

片剂的辅料必须具有较高的化学稳定性,不与主药起反应,不影响主药的释放、吸收和含量测定。对人体无毒、无害,且来源广,成本低。完全惰性的辅料很少,辅料对片剂的性质,甚至药效有时可产生很大的影响,因此应重视辅料的选择。片剂辅料一般包括稀释剂、吸收剂、润湿剂、黏合剂、崩解剂及润滑剂等。

(一) 稀释剂与吸收剂

稀释剂(diluent)和吸收剂(absorbent)统称为填充剂。为了应用和生产的方便,片剂的直径一般不小于 6 mm,片重多在 100 mg 以上。当药物剂量小于 100 mg,或中药片剂中含浸膏量多或浸膏黏性太大而制片困难时,需加入稀释剂。当原料药中含有较多挥发油、脂肪油或其他液体时,需加吸收剂吸收。稀释剂与吸收剂的加入可保证片剂一定体积,使片剂含药量均匀,能改善药物的压缩成型性。常用的稀释剂与吸收剂有淀粉、糖粉、糊精、乳糖、微晶纤维素、预胶化淀粉、糖醇类成分和无机盐类成分等。

(二) 润湿剂与黏合剂

润湿剂(wetting agent)和黏合剂(binder)在片剂中具有黏结固体粉末的作用。润湿剂系指本身没有黏性,但能诱发物料黏性,以利于制粒的液体,适用于具有黏性物料的制粒压片。制粒中常用的润湿剂为蒸馏水和乙醇。黏合剂是指本身具有黏性,能增加物料黏合力的物质,适用于没有黏性或黏性差的中药提取物或原药粉制粒压片。黏合剂的用量与含量,可通过工艺参数优化试验确定。常用的黏合剂有淀粉浆、聚维酮、纤维素衍生物、糖浆等。此外,中药稠膏具有一定黏性,既能起治疗作用,又可起黏合剂的作用。

(三) 崩解剂

崩解剂(disintegrating agent)系指促使片剂在胃肠液中迅速崩解成细小颗粒的辅料。由于药物压成片剂后,孔隙率小,结合力强,因而在水中崩解需要一定的时间。片剂的崩解是药物溶出的第一步,为使片剂能迅速发挥药效,除了缓控释片、口含片、咀嚼片、舌下片外,一般均需加入崩解剂。中药半浸膏片中含有药材细粉,遇水后能缓慢崩解,一般不需要另加崩解剂。常用的崩解剂有干淀粉、羧甲基淀粉钠、低取代羟丙基纤维素(low-substiuted hydroxypropyl cellulose, L-HPC)、交联聚维酮、交联 CMC-Na 等。

(四) 润滑剂

为了保证压片时顺利加料和出片,减少黏冲,降低颗粒之间、药片与冲模之间的摩擦力,使片剂光滑美观,在压片前常加入一定量的润滑剂(lubricant)。广义的润滑剂包括助流剂、抗黏剂和润滑剂。助流剂为降低颗粒之间摩擦力,改善粉体流动性,减少重量差异的辅料。抗黏剂为防止压片时产生黏冲,保证压片操作的顺利进行,以及使片剂表面光洁的辅料。润滑剂为降低压片和推出片时药片与冲模壁之间的摩擦力,保证压片时压力分布均匀,防止裂片的辅料。

润滑剂可分为 3 类:① 疏水性及水不溶性润滑剂,如硬脂酸镁、滑石粉、氢化植物油;② 水溶性润滑剂,如 PEG、十二烷基硫酸镁;③ 助流剂,如微粉硅胶。

(五) 3D 打印填充剂

1. **热塑性高分子材料** 热熔沉积成型技术(fused deposition modeling, FDM)在制药过程中对药物、辅料和载药线材进行加热,需选用热力学稳定的非挥发性高分子聚合物,在制剂配方中常选择 PVA、聚乳酸、HPC 和 EC 等作为载药线材。

激光选区烧结(selective laser sintering, SLS)技术是以红外激光照射固体粉料,在选材上有较多的限制,如固体粉料必须对红外光有吸收且在制备过程中不能发生降解。一般选用EC、羟丙甲基纤维素、PEG等热塑性聚合物。

2. 光交联型树脂　立体光固化成型技术(stereo lithography apparatus, SLA)以紫外光为光源,其药物活性成分和辅料都无须具有光聚合性,只要能溶于液态光敏树脂就可以被包封在聚合物基团中,但可使用的光交联型树脂种类有限,常选用聚甲基丙烯酸羟乙酯、聚乙二醇二丙烯酸酯、聚乙二醇二甲基丙烯酸酯等。

三、制备工艺

片剂的制法可分为颗粒压片法、直接压片法和3D打印制片技术等,目前以颗粒压片法应用最多。颗粒压片法又可分为湿法制粒压片法和干法制粒压片法。直接压片法可分为粉末直接压片法和半干式颗粒压片法。3D打印技术可分为喷墨打印、挤压打印成型和激光打印成型技术。实际工作中以湿法制粒压片法应用较为普遍。

(一) 湿法制粒压片法

湿法制粒是在药物粉末中加入黏合剂或润湿剂,靠黏合剂的桥架或润湿作用使粉末聚结在一起而制备颗粒的方法。该法适用于药物不能直接压片,且遇湿、热不起变化的片剂制备。一般工艺流程如图4-7所示。

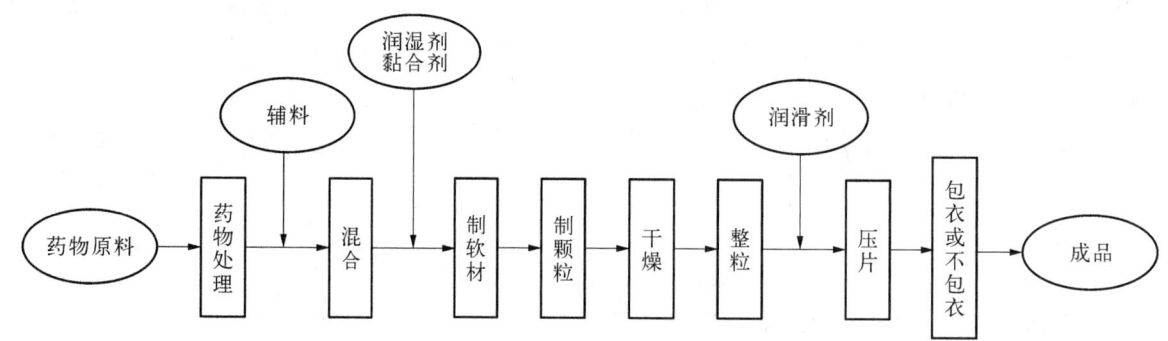

图4-7　片剂制备的一般工艺流程图

(二) 干法制粒压片法

干法制粒压片系指不用润湿剂或液态黏合剂,而将粉末物料或干浸膏制成颗粒进行压片的方法。制备过程中物料不经过湿和热的处理,可提高不稳定药物的产品质量,并节省工时。但干法制粒需用特殊设备,各种物料的性质不一,给干法制粒带来了困难。在中药片剂生产中,除干浸膏直接粉碎成颗粒应用稍多外,仅少数产品使用此法。

干法制粒压片与湿法制粒压片的不同之处主要在于后者制粒需用润湿剂或黏合剂,而前者不用,药材的前处理原则及压片工艺是相同的。常用的干法制粒主要有滚压法制粒和重压法制粒。重压法的大片不易制好,大片破碎时细粉多,需反复重压、击碎,且耗时、费料,故目前应用较少。

(三) 粉末直接压片法

粉末直接压片法系指药物粉末与适宜的辅料混匀后,不经制成颗粒而直接压片的方法。粉末直接压片可省去制粒、干燥等工序,缩短工艺过程,有利于自动化连续生产;生产过程中无须经过湿、热过程,提高了药物的稳定性;片剂崩解后为药物的原始粒子,比表面积大,有利于药物的溶出,提高药效。目前在国外应用较广泛,有些国家粉末直接压片的品种可达40%以上,国内也有一些厂家在研究应用。进行直接压片的药物粉末应具有良好的流动性、可压性和润滑性,但多数药物不具备这些特点,目前常通过采用以下措施加以解决。

1. 改善压片原料的性能　若粉末流动性差,粉末直接压片时会出现片重差异大、裂片等问题。通过加入优良的药用辅料,以改善压片原料的性能。可用于粉末直接压片的优良辅料有各种型号的微晶纤维素、改性淀粉、喷雾干燥乳糖、微粉硅胶及磷酸氢钙二水合物等。

2. 改进压片机械的性能　粉末直接压片时,加料斗内的粉末常出现空洞或流动时快时慢的现象,以致片重差异较大。生产上一般采用振荡器或电磁振荡器予以克服,即利用上冲转动时产生的动能来撞击物料,使粉末均匀流入模孔。对于粉末中存在的空气多,压片时易产生顶裂的问题,可以通过适当加大压力,改进设备,增加预压过程,使受压时间延长等方法来克服。漏粉现象可安装吸粉器加以回收,亦可安装自动密闭加料设备以克服药粉飞扬。

(四) 3D 打印技术

3D 打印技术是通过计算机建立模型,经过专用软件处理"切片"后转化为 3D 打印机所能识别的数字信号,并执行打印任务的一种快速成型技术,主要包括数字化设计、格式转化、原料加工、打印及后续处理等五个环节。目前根据构建三维层的方式不同,3D 打印技术主要有以下不同的打印方式:喷墨打印技术、挤压成型技术和激光打印技术。

1. 喷墨打印(ink-jet printing, IJP)技术　以打印头喷墨的方式,使得粒子相互黏结在一起而成型的技术,具有生产效率高、生产成本低、产品精度高、载药量大、对物料要求较低等特点。IJP 技术根据液滴喷射是否连续,又可分为连续喷墨打印(continue ink-jet, CIJ)和按需喷墨打印(drop on demand, DOD)。将黏度适中且含有黏合剂或黏合剂与药物活性成分混合物的墨水装入墨盒,当打印工作开始时,粉末饲料杆上升,饲料滚筒将粉料均匀铺平在工作台上,按照预先设定的程序,打印喷头沿 X - Y 轴方向移动,以一定的速率喷涂在粉末表面,待液滴与粉末黏合固化后,打印杆沿 Z 轴方向下降,粉末饲料器再次上升重复上述操作,直至打印出完整的药物模型,其工作原理如图 4-8 所示。

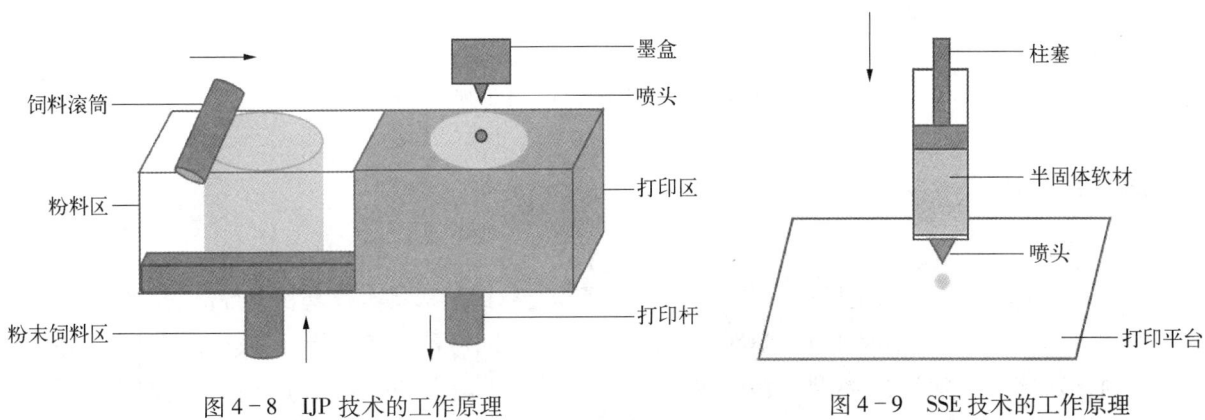

图 4-8　IJP 技术的工作原理　　　　图 4-9　SSE 技术的工作原理

2. 挤压成型技术　可分为半固体挤压成型与熔融沉积成型两类。

(1) 半固体挤压成型(semi-solid extrusion, SSE):是通过压力的作用将半固体状态的软材均匀挤出,并按照建模软件设定逐层平台上打印成型,可在室温下挤出软材,其工作原理如图 4-9 所示。

(2) 熔融沉积成型(fused deposition modeling, FDM):是在 X、Y、Z 三轴步进电机协调工作控制运动,通过挤出机逐层挤出成型材料,是目前在药物制剂领域中应用最为广泛的 3D 打印方式,其工作原理如图 4-10 所示。

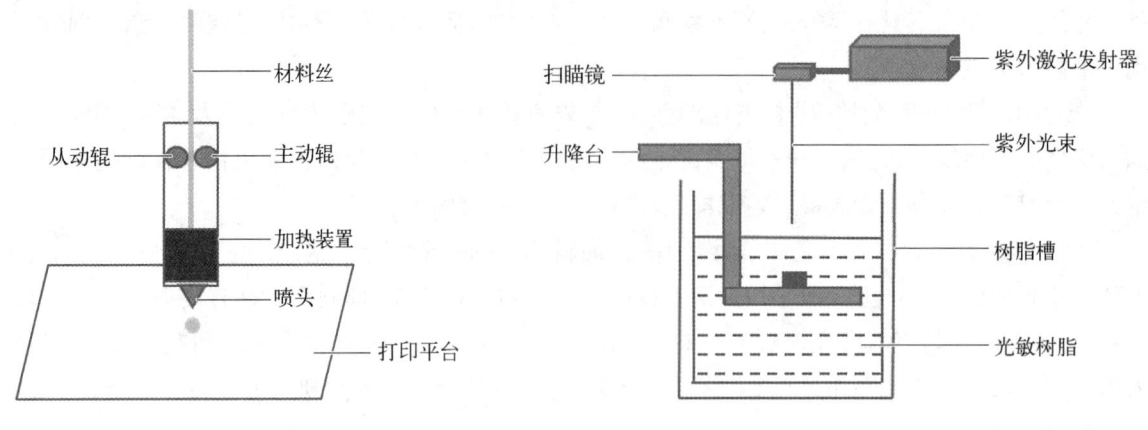

图 4-10 FDM 技术的工作原理　　　　图 4-11 SLA 技术的工作原理

3. 激光打印技术　可分为 SLA 和 SLS 两类。

（1）SLA：是通过光聚合物（光敏树脂）经过紫外光的照射而固化成型的一种技术，是打印速度最快、分辨率最高的 3D 打印方式之一，其工作原理如图 4-11 所示。

（2）SLS：红外激光照射烧结混有药物活性成分的固体粉料，使其熔融黏结而固化成型的一种技术，其工作原理如图 4-12 所示。

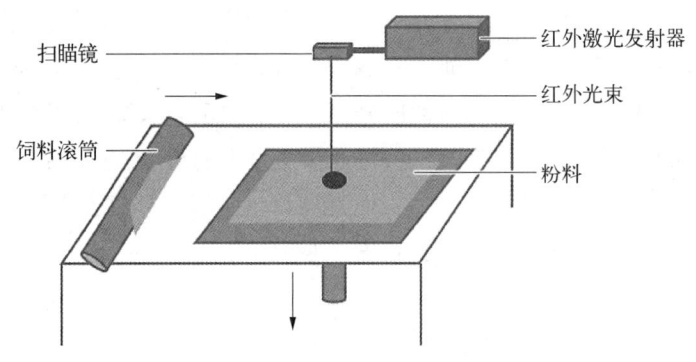

图 4-12 SLS 技术的工作原理

四、薄膜包衣技术

（一）概述

1. 含义　薄膜包衣技术是指利用多种惰性高分子聚合物的结构特点及其物理性能的差异，经科学配伍，在温和加工条件下，不改变其化学性质，活化其特定基团，激活其表面活性，改变原来单个物质的分子排列，形成新的成膜混合物（即薄膜包衣粉），加入水或不同浓度的乙醇形成分散均匀的混悬液，经喷雾后，在底物表面形成 8~100 μm 厚度的、具有良好保护作用的塑性薄膜层的工艺技术。1954 年美国雅培药厂首次销售薄膜包衣片剂。多年来，药物薄膜包衣技术得到了迅速发展，国外 80% 以上的包衣品种均采用薄膜包衣，如今国内中药片剂采用薄膜包衣的品种也越来越多。

2. 目的

（1）提高药物的稳定性，控制药物的释放，避免药物配伍禁忌：薄膜衣可防潮、避光、隔绝环境中的气体和水分，以提高药物制剂的稳定性。防潮型薄膜包衣剂，特别是水溶性防潮薄膜包衣剂，是中药制剂首选的包衣辅料，可成功解决包衣辅料的水溶、防潮、崩解之间难以兼顾的矛盾。薄膜衣可调节药物的释放速度，控制药物的释放部位，以达到定时、定位释放药物的目的。另外，薄膜衣可防止成分间配伍禁忌的产生。

(2) 提高患者的依从性,便于调剂:薄膜衣可掩盖药物的不良口感、气味,减少药物的刺激性。薄膜衣可改善制剂的外观,便于识别区分不同的药品及其剂量,另外能缩短药片通过食管的时间,提高可吞咽性,方便服用。

(3) 提高工业化生产效率:薄膜衣可提高药芯机械强度,减少破碎,同时可改善流动性,提高产率;可消除药芯表面粉尘;薄膜衣坚固耐磨,可大批量自动化生产;可提高印字效率和清晰度;彩色包衣可避免生产区内发生危险的产品混淆现象;颜色和形状有利于打造品牌和注册商标。

3. 分类　根据被包衣底物的不同,薄膜包衣可分为粉末包衣、微丸包衣、颗粒包衣、片剂包衣、胶囊包衣;根据释药部位和特征的不同,薄膜包衣可以分为胃溶型、肠溶型、口溶型、缓释控释型包衣;按照功能的不同,薄膜包衣分为防潮型、透明型、隔离型、光亮型、遮味型、防伪型包衣等;根据包衣时使用的溶媒特性的不同,薄膜包衣可分为水溶型、醇溶型和有机溶剂型包衣;根据包衣技术的不同,薄膜包衣可分为喷雾包衣、浸渍包衣、干压包衣、静电包衣等,其中以喷雾包衣应用最为广泛,其原理是将包衣液喷成雾状液滴覆盖在底物表面,并迅速干燥形成薄膜衣层等;根据包衣所使用设备的不同及底物在包衣时运动轨迹的不同,薄膜包衣可分为滚动包衣、流化包衣、离心包衣、悬浮包衣等。

4. 包衣材料

(1) 常用成膜材料

1) HPMC:第40版美国药典收载的药用 HPMC,按照甲氧基和羟丙基取代度的不同,可分为2208、2906、2910型。

HPMC 无臭无味,为白色或乳白色纤维素状或颗粒状粉末。可溶于冷水,不溶于热水;在氯仿、乙醇中几乎不溶,但可在水和醇的混合溶液中溶解。根据黏度不同,HPMC 一般用2%~20%的溶液作为包衣溶液。低黏度的 HPMC 一般作为衣膜材料,高黏度的 HPMC 由于黏度大、膨胀性强,一般用在缓释骨架片中。HPMC 包衣一般增重3%~5%,目前市售中以该品作为衣膜材料的主要有欧巴代等。

2) MC:在丙酮、甲醇、氯仿、乙醇、乙醚、饱和盐溶液和热水中几乎不溶,溶于冰醋酸及等量混合的乙醇和氯仿溶液中,在冷水中膨胀并分散成澄明至乳白色的黏稠胶体。MC 在薄膜包衣中的应用较少。一般用高取代度、低黏度级 MC 的水溶液或有机溶液对片芯进行喷雾包衣,以掩盖不良臭味或通过控制颗粒的物理性质,从而改进药物的释放。

3) PVA:由聚醋酸乙烯酯醇解而成,市售分3个黏度级别,即高黏度(分子质量200 000 Da 左右)、中等黏度(分子质量130 000 Da 左右)和低黏度(分子质量20 000 Da 左右)。PVA 溶于水,不溶于有机溶剂。PVA 在薄膜包衣中被大量应用,对水蒸气和氧气的屏障能力比 HPMC 和 EC 等更强。

4) 丙烯酸树脂:是阳离子型的甲基丙烯酸二甲胺基乙酯和其他两种中性甲基丙烯酸酯的共聚物,其在胃液及弱酸性缓冲液($pH \approx 5$)中溶解。丙烯酸树脂一般用作普通薄膜包衣或隔离层衣料。

(2) 增塑剂:可降低成膜材料的 T_g,增加衣层柔韧性。常用的增塑剂有:① 多醇类,如甘油、丙二醇、PEG 等;② 有机酯类,如枸橼酸三乙酯、枸橼酸三正丁酯等;③ 油类(甘油类),如蓖麻油、甘油单醋酸酯、精制椰子油等。增塑剂的用量根据成膜材料的刚性而定,刚性大,则增塑剂用量应多;反之则少。

(3) 抗黏剂:一般来说,水分散体包衣溶液的黏度应控制在500 cP以下。适当降低聚合物浓度或添加适当的抗黏剂,可降低包衣液的黏度。最常选用的抗黏剂是滑石粉。

(4) 着色剂与遮光剂:常用的着色剂有天然色素、可溶性染料、水不溶性色素铝色淀等。常用的遮光剂有二氧化钛或氧化铁类,如氧化铁红、氧化铁黄、氧化铁黑、氧化铁棕等。

(二) 常用包衣方法

薄膜包衣是目前片剂生产中应用较为广泛的一种包衣形式,进行薄膜包衣时,所用的设备方法不同,薄膜包衣的质量也会有差异。包衣通常采用的方法是包衣锅滚转包衣法、高效包衣机包衣法和空气悬浮流化床包衣法。

1. **包衣锅滚转包衣法** 是一种比较传统的方法,依靠片芯和包衣材料在包衣锅中滚转运动,使片芯被覆衣层。该方法应用较普遍,需要人工操作,包衣成本较低,但是包衣的质量不是很好,其稳定性较低。随着时代的发展,后来研制出了更高效的包衣机进行包衣,这种方法进行的包衣不管在数量还是在质量上,都比传统的方法要好得多。

2. **高效包衣机包衣法** 高效包衣机分为有孔眼包衣锅和无孔眼包衣锅两种。有孔眼包衣锅为不锈钢全封闭式结构,锅壁上有排气孔,热空气穿过物料床后从锅壁上排气孔排出;无孔眼包衣锅的锅壁上无排气孔,热空气出口在物料床中,穿过物料床后从锅后部排气孔排出。这两种方式都增加了干燥效率。干燥气流可以从上往下或从下往上穿过药物片床。但由于其机械作用力较强,药物片子易磨损,因此并不常用。

3. **空气悬浮流化床包衣法** 是一种生产性较强的方法,它的原理是利用上升的热空气流使药物悬浮在空气中,上下翻滚达到非常适合的沸腾状态,同时将包衣溶液雾化然后喷入流化床中,之后不断进行包衣以达到需要的厚度,这种方法可以反复使用,非常适合工业化生产。另外,和其他包衣设备相比,流化床包衣能更好地提供水分蒸发所需的能量,可有效地防止因吸湿而导致的颗粒聚结,因此可用于水分散体的包衣。

总而言之,不论是哪种包衣方法,都要保证包衣液的均匀性,反复地操作直到包衣的厚度达到符合的要求为止。

五、质量检查

片剂质量直接影响其药效和用药的安全性。因此,片剂应符合《中国药典》(2020年版)的要求,必须进行相关质量检查,经检查合格后方可供临床使用。片剂的质量检查主要分为外观性状、含量测定、重量差异、硬度、溶出度、含量均匀度和微生物限度等。这些质量评价指标大多都是采用一些传统的离线检测方法进行采集,本质上对片剂是破坏检测,且检测方法耗时耗力,同时,无法保留检测样本,难以保证不同批次片剂质量一致。随着现代科技方法的进步,片剂质量评价方法也出现了新的技术与设备,如近红外光学技术、太赫兹脉冲成像技术、NMR成像技术、X射线显微照相技术、同步辐射显微技术等。

1. **近红外光学技术** IR是分子能选择性吸收某些波长的红外线,引起分子振动能级和转动能级跃迁,检测红外线被吸收情况可以得出被测物的红外吸收光谱。相比IR,近红外(NIR)能提供更高的光谱分辨率、更强的样品特性和校准能力,校准标准也较少,能非破坏性地分析样品,可以很容易地取代传统片剂质量分析评价方法。

NIR采集样本方式及对光谱数据分析技术有很多,使用主成分回归(principal component regression, PCR)分析技术建立基于漫反射NIR的片剂硬度校正模型,能快速、无损地预测片剂硬度,同时通过光谱反映的化学与物理信息可以对片剂的几何结构和微粒之间化学相互作用的校正模型进行分析。NIR通过分析片剂不同溶出时间水体的水样,发现水结构变化与药物溶出过程是一致的,这也为从微观角度理解片剂的溶出过程提供了新的思路途径。NIR光学成像技术不仅是一种快速、无损、高分辨的密度剖面分析技术,还能同时提供有关化学异质性、杂质、水合作用和其他化学信息的信息。对于溶出度较差的片剂样品,采用NIR技术能对片剂内部结构进行了解观察,为一些溶出度不好的片剂提供新方法,也为片剂溶出测定提供新途径。

NIR技术在片剂中能实现快速、高效并在线检测评价其质量的目标,但也面临一些挑战与不足,与相应的红外信号相比,近红外吸收带的强度较低,且近红外信号表现出宽的、重叠的、不明确的波段。同时,也存在严重依赖于概率而不是直接的因果关系。由于近红外技术建立的预测模型依赖于参考分析方法,因此它不可能比参考方法更精确。

2. **太赫兹脉冲成像技术** 太赫兹频率是辐射光谱的红外与微波部分之间的区域。随着光学和电子学的发展,开发了光导天线技术和飞秒激光器,使得太赫兹时域光谱和太赫兹脉冲成像技术在口服制剂的分析中得到广泛应用。

太赫兹辐射可以在大多数的制药辅料中传播,与 NIR 和拉曼光谱成像相比,太赫兹具有更强的穿透性,可以同时提取不同深度样品的化学和物理信息,因此可以分析片剂样品的 3D 结构。由于太赫兹脉冲成像技术有高穿透力使其能深入探究固体剂型内部结构,进而使它对样品的折射率和物理化学属性的微小变化具有很高的灵敏度,是监测、质量评估与研究固体剂型微观结构的一种强有力的分析工具。

虽然太赫兹脉冲成像技术相比传统检测技术有许多优势,但也存在一些限制,如空间分辨率、分析样本尺寸的大小使得太赫兹脉冲成像技术对固体药物制剂存在巨大挑战,且需要有熟练经验的专业技术人员进行操作。

3. **核磁共振成像技术** 是一种非破坏性的分析研究技术,可以捕捉样品表面横截面积的图像,是对传统 NMR 光谱学的进一步发展。它能提供关于质子空间分布的附加数据,这使其成为研究流动水分子中质子的一种有价值的非入侵性技术,能提供由水合、膨胀和溶解而导致固体制剂随时间变化的信息。

NMR 成像技术可以记录流动装置中片剂溶解过程发生的物理变化,可以进一步了解控释片等药物释放的机制,从在不同时间间隔内制备的片剂横截面图像显示,高孔隙率包衣层的存在会导致溶出介质更大程度地向片芯内部扩散。NMR 成像技术除了在片剂功能属性研究的应用外,还可以应用于分析片剂的物理特性,如确定片剂致密的孔隙率。

NMR 成像技术分析的样品具备的特点是不需要任何化学添加剂,且可以进行多次测量,具有非破坏性、分析效率高,以及对材料的次要物理、化学和结构特性的敏感性,能够提供片剂样品内部特征非常有价值的信息。但该技术作为一种片剂分析工具,也有其局限性,如测试成本高,难以适用于工厂生产测试;对设备操作及数据处理的要求较高,需要训练有素的专业人员。

4. **X 射线显微照相技术** 是一种相对较新的分析技术,包括用高能源产生的 X 射线照射样品,然后检测透射的 X 射线。透射的 X 射线的衰减取决于样品密度和质子数,以及入射的 X 射线能量,并产生 2D 图像。可通过改变样本的方向获得多个 2D 图像样本,经过复杂算法可以生成一个完整样本的 3D 图像。

被测样品的厚度、密度及衰减特性可以从图像中灰度形式产生的信号强度的波动中获得。X 射线显微照相技术用于研究片剂相关性质的测定,不仅可用于片剂密度与厚度的测量、片剂形状和大小测定、片剂溶出及微观结构、监测片剂包衣过程,以及检测片剂原料药分布的均匀性,还可以用于检测假冒片剂及在片剂制备过程中是否有意或无意添加的异物。

尽管 X 射线显微照相技术在片剂质量检测中广泛应用,但其作为分析技术还是有一定的局限性,如需要待分析的样品尺寸较小且足够坚固,能经得起前处理。同时,图像像素值与样品的固体部分相关联需要开发校准模型。

5. **同步辐射显微技术** 是一种利用接近光速的电子或正电子做曲线运动时,沿轨道切线方向发生同步辐射的高性能强光源,具有高亮度、高光子通量、高准直性、高偏振性、准相干性及宽频谱范围的特点,并配合高分辨率的 X 射线探测器。同步辐射显微计算机断层扫描(computed tomography,CT)技术易采集高分辨率、高区分和快速的三维结构信息,尤其是在制剂粉体和制剂结构表征中具有独特优势。

利用同步辐射显微CT技术的特点,可以对固体制剂内部的精细结构进行研究,以获得固体制剂高精度的图像数据。通过研究不同制粒工艺对制备颗粒的影响,同步辐射显微CT技术能可视化地揭示不同制粒方法对颗粒结构与形态的影响,这为颗粒表征及工艺评价提供新方法。而结合统计数学方法计算颗粒的频次分布,分析研究容器旋转时间和振动时间对不同粒径的粉末混合均匀度的影响,可对二元颗粒系统混合均匀度建立立体、可视化、定量测定的新方法。

同步辐射显微CT技术与三维重建、图像处理、立体建模、定量分析等技术相结合,可以实现颗粒、固体制剂的三维立体结构形貌的可视化,尤其是在片剂溶出、崩解过程的水化、溶胀和孔道分布等丰富的结构特征信息方面,这对现有的片剂质量评价方式提供新的补充。

六、片剂自动化生产线

近年来,自动化制造技术因具有降本增效、提高生产率等优点,在制药行业受到了广泛的关注,并成为制药行业未来的发展趋势。连续生产是指物料连续地投入并在工艺中完成转换,同时加工后的物料被连续地从系统中转移。与传统的批量生产方式相比,连续制造技术具有仅需较小的生产场地、生产灵活迅速、过程质量实时可控、绿色智能化程度高等特点。

目前,我国中药制剂生产仍以传统批量制造模式为主,受中药连续制造技术相关政策和法规的影响,连续制造并未在国内大规模推广。全球范围内应用连续制造技术生产商品化药品的制药企业仍较少,国内外现已上市的品种均为口服固体制剂,与其他剂型相比,固体口服制剂的生产过程更容易实现自动化和数字化控制。将现有生产设备进行串联改造,可实现部分连续的生产模式,在该模式下,部分单元操作为批量生产模式,其他两个或两个以上的单元操作直接相连为连续模式。考虑到连续制造的投入较大,目前应用该模式较为广泛。

> **实例:健胃消食片**
>
> 以健胃消食片的生产为例,简单介绍片剂自动化生产流程。按一定配方制成的原料浸膏粉与适宜辅料通过真空吸料依次进入沸腾制粒机,利用加热和加压的方式使原料、辅料呈半流体状态混合。再由操作人员换上喷枪,将黏合剂自制粒机上方吸入,从喷嘴雾化喷洒而出与物料混合形成颗粒,这些颗粒在容器内不断碰撞与融合,最终达到所需大小。整个制粒过程按照所设定的程序完成。制成的颗粒通过气流输送管道输送至压片机进行密闭连续压片,压制速率高达每小时29万片。压片后对所制成的片剂进行包衣,包衣锅体的形状和位于芯部的桨叶,能够确保搅拌桨叶的彻底搅拌和包衣涂层的均匀分布。在包衣过程中,可以取出部分健胃消食片观察其包衣情况,查看是否出现色差、橘皮样粗糙、破损等情况。将健胃消食片进行铝塑包装,剔除裂片、碎片等异常片,包装完毕后即可出库。

整个片剂生产流程无须过多操作人员,主要由大型仪器配备智能控制系统来实现自动化生产。而连续化生产一直是国内制药企业需要攻克的难关,可以在各个生产环节组装在线检测仪器,将生产中出现的问题传达给控制系统,及时做出反馈,从而提高生产效率,以实现连续化生产。

七、有关问题讨论

(一)中药连续制造面临的挑战

1. **政策与监管方面** 我国实施连续制造在注册审批、核查检验方面不完善,相关监管配套文件,如涉及连续制造现场检查、上市后变更等的指导文件仍待发布。中药企业存在连续制造初期投入大、老设备改造难度大、工艺变更周期长、数据服务商可靠性不足等问题,结合近年来我国中药产业现状,应广泛提倡业界合作,鼓励药厂在研发或建设阶段申请监管工作提前介入,广泛听取意见,组织开展实地调研交流,深化对先进技术的理解与掌握。

2. 关键技术与装备　中药资源品种丰富,产地与采收季节的不同都会导致中药成分含量存在差异,表现出的特征图谱可能不一致,各类剂型工艺之间差异较大也会加大中药连续化控制的难度。我国目前的中药制剂设备整体缺乏创新,将化药设备稍加改进便简单照搬,导致工艺与设备不适配。此外,中药固体制剂领域应用人工智能技术、自动化技术、产业数字化是未来的发展趋势,但共性技术开发不足,技术关注点主要在下游生产阶段,对上游的药材种植管理关注不够,导致连续制造的启动阶段物料损耗较大,中药浸膏类在线检测器放置位置的选择和探头易污染的问题仍须研究解决。

3. 制药工程类人才匮乏　中药口服制剂连续制造的技术人员培养是一个重要课题,企业人员面对传统与智能并行的制造双通道模式工作量将增加,从管理层到一线员工都需要加强培训,连续生产需要药学、工程、数学、计算机等多领域学科知识专家支持配合,但现有技术人员多为纯药学研究或纯软件开发人员,缺少复合交叉型人才,高校较少设置相关药品智能制造专业和课程。下一步可考虑以"产学研"的形式开设相关课程或与企业进行联合培养,加强技术人员的在职培训,使单一的药学人才转化为复合型人才,以加速中药智能制造产业化。

(二) 3D 打印制片技术现存问题

3D 打印技术在药物制剂领域能够精准设计固体制剂的结构构造,如速释、缓控释、渗透泵及复方片剂等固体制剂结构,实现了固体制剂的个性化给药和按需给药,使药物能发挥其最大疗效,同时能有效改善患者的服药依从性。与此同时,3D 打印技术也面临材料选择、制备技术、知识产权及监管方面等诸多挑战。

在打印过程中,粉料的粒度、墨水的黏度和打印喷头的孔径大小等参数均会影响 3D 打印产品的外观,会使其表面略显粗糙或有较明显的衔接痕迹;该领域相关的质量控制和监管条例在不断完善,但具体的法律法规等尚未明确出台,目前仍存在产品质量参差不齐、生产过程不规范、安全性和稳定性差等问题;3D 打印技术仅适用于小规模的药物生产,打印机构造多层结构所需要的时间相对较长,药物大规模生产效率较低且生产成本较高,这些都是未来研究人员需要着手解决的问题。

在未来,连续制造所需人员将大幅度减少,但对技术人员的要求更高。我国连续制造发展尚在起步阶段,需要更多不同行业的专家参与进来,无论是企业还是监管机构,在连续生产这一新技术的实践上,都需要化学工程、处方开发、建模仿真、流程控制,以及传统药学等领域的多学科复合型人才共同参与,以加快我国中药连续制造技术和装备的发展,推进我国中药产业高质量、高效益发展。3D 打印技术作为一种新兴的快速成型技术,在制备患者个体化药物方面具有很大的潜力。随着大众对个体化用药的需求越来越高,促使了 3D 打印技术的不断创新与发展,目前存在的质量监管、法规条例及规模化生产等问题都会逐步得到解决,有望实现 3D 打印技术落地医院及药房,逐渐达到按需定制和个体化给药的愿景。

八、其他片剂

1. 分散片　系指在水中能迅速崩解并均匀分散的片剂。分散片中的原料药应是难溶性的,对于毒副作用较大、安全系数较低和易溶于水的药物一般不适用。分散片可加水分散后口服,也可将分散片含于口中吮服或吞服。

二维码 4-4
其他片剂

2. 口崩片　系指在口腔内不需要用水即能迅速崩解或溶解的片剂,一般适用于小剂量原料药物,常用于吞咽困难或不配合服药的患者。

3. 咀嚼片　是指于口腔中咀嚼后吞服的片剂,一般应加入甘露醇、山梨醇、蔗糖等水溶性辅料作为填充剂和黏合剂。咀嚼片的硬度应适宜,药片经嚼碎后表面积增大,可促进药物在体内的溶解和吸收。治疗胃部疾病的药物经常被制成咀嚼片，如健胃消食片等，可加速其崩解，提高疗效。中药咀嚼片有罗汉果咀嚼片、复合芡实咀嚼片、参芪咀嚼片等，将传统的龙牡壮骨颗粒剂改剂型为龙牡壮骨咀嚼片后，可用于治疗老年人骨质疏松症，尤其是在用于有肾脏疾病、心脏疾病的老年患者时，可以避免加重水肿、心力衰竭。

4. **舌下片** 是指置于舌下能迅速溶化，药物经舌下黏膜快速吸收后发挥全身作用的片剂。舌下片由药物和辅料组成，其置于舌下能迅速溶化的特点要求药物和辅料的溶解性能好、口腔黏膜吸收良好。药物理化性质与其口腔黏膜吸收有关，特别是与脂水分配系数有直接关联。药物的脂水分配系数大者，其黏膜吸收较好；反之，则吸收缓慢或甚至不吸收。一般脂水分配系数大于30者，适合制成舌下片。硝酸甘油的脂水分配系数高达1 820，所以特别适合制成舌下片使用。

第三节 合剂/口服液

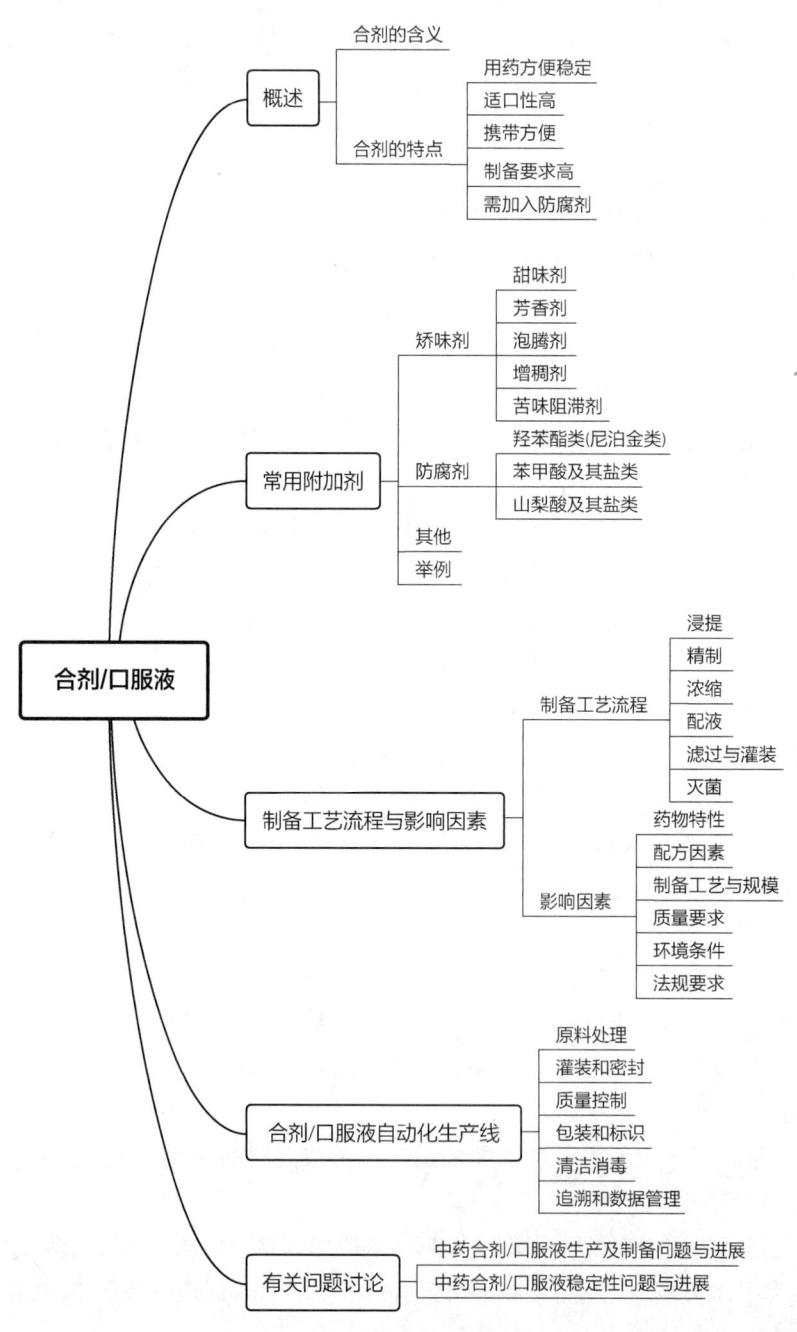

一、概述

（一）合剂的含义

合剂（mixture）系指药材用水或其他溶剂，采用适当方法提取，经纯化浓缩制成的内服液体剂型（单剂量包装者又称"口服液"）。中药合剂与口服液是在汤剂的基础上改进和发展起来的中药剂型。中药合剂是常用汤剂的浓缩制品，常按药材成分的性质，综合运用多种浸出方法，故能综合浸出药材中多种有效成分。合剂一般选用疗效可靠、应用广泛的方剂制备，有较为固定的制备工艺及质量控制标准，且可成批生产，省去了临时煎煮的麻烦；同时，其具有体积小，浓度高，用量少，便于服用、携带和贮存等优点。但是，因中药合剂不能随症加减，因而还不能完全代替汤剂。

（二）合剂的特点

1. 用药方便稳定　合剂能综合浸出药材中的多种有效成分，保证制剂的综合疗效，与汤剂一样吸收快，奏效迅速且可大量生产，免去了临用煎药的麻烦，应用方便。

2. 适口性高　经浓缩工艺，服用量减少，且可加入矫味剂，口感好，易为患者接受。

3. 携带方便　成品中多加入适宜的防腐剂，并经灭菌处理，密封包装，质量稳定，若单剂量包装，则携带、保存和服用更方便准确。

4. 制备要求高　制备时因大批量的质量控制要求，其生产设备、工艺条件的要求也随之升高；由汤剂过渡至合剂，需严格控制合剂的生药含量、比重和卫生标准。

5. 需加入防腐剂　合剂在制备过程中常加入对羟基苯甲酸甲酯类、苯甲酸类等防腐剂，并经过灭菌处理，密封包装保存。

二、常用附加剂

中药合剂是在汤剂的基础上改进和发展起来的中药剂型。由于不同科属的中药含有不同的气味，且临床上中药制剂一般均以复方配伍，所以味道口感通常呈现出复杂交融的现象。同时，其作为中药液体制剂，其固有的苦涩之味并没有因为制剂的改变而减少或去除。因此，目前添加附加剂是改善中药合剂口感的主要方法之一。故在中药合剂处方优化及生产制备的过程中，常需添加不同类别的附加剂，以增加其稳定性、溶解性、口感及保持药物的活性。

（一）矫味剂

矫味剂指药物中用以改善药物口感，使患者难以觉察药物强烈苦味或其他异味的药用辅料，主要有甜味剂、芳香剂、泡腾剂、增稠剂、苦味阻滞剂和化学调味剂等。其中，添加甜味剂是最简单、最方便的矫味方法，在中药矫味中应用广泛且效果显著。

1. 甜味剂　用于掩盖药物的苦味，改善口感和可接受性，常用的甜味剂有糖精钠、甜蜜素、蜂蜜、三氯蔗糖、山梨醇、甘草酸、甜菊苷、甘露醇等。由于原料为药材饮片，苦、涩味重，仅使用单糖、双糖等甜味剂，部分品种仍难以入口，多数甜味剂不会分解产生葡萄糖，可制成无糖品种，适合糖尿病患者使用。此外，部分甜味剂安全性有争议，且用量需符合联合国粮食及农业组织和世界卫生组织（Food and Agriculture Organization of the United Nations/World Health Organization，FAO/WHO）推荐的每日允许摄入量（acceptable daily intake，ADI）以及《食品安全国家标准 食品添加剂使用标准》（GB 2760—2024）。

（1）糖精钠：即邻苯甲酰磺酰亚胺钠，甜度约为蔗糖的300~500倍，使用历史悠久，用途广泛。糖精钠价格低廉，甜度大，不参与体内代谢，多以原型经肾脏排出。但糖精钠的安全性一直存在争议，我国标准规定液体食品中最大使用量为0.15 g/kg，固体食品中最大使用量为5 g/kg。

（2）甜蜜素：即环己基氨基磺酸钠/环己基氨基磺酸钙，甜度约为蔗糖的30~40倍，曾在20世

60年代被广泛用于各类饮料。甜蜜素的安全性争议较大,多项动物实验显示其具有致癌作用,我国规定其在液体食品中的最大使用量为0.65 g/kg,固体食品中最大使用量为5 g/kg,一般不得超量使用。

(3) 蜂蜜:是蜜蜂采集植物的花蜜、分泌物或蜜露,与自身分泌物混合后,经充分酿造而成的天然甜物质,在传统剂型中应用非常广泛,不仅是制作传统剂型蜜丸必不可少的材料,还常用于溶液剂的矫味、煎膏剂的基质等。若以蜂蜜作甜味剂,并且处方中又规定了蜂蜜的投料量,因蜂蜜的相对密度随产地和季节的不同而异,故按量加入往往导致药液相对密度不在控制范围内。为此,可按式(4-1)计算蜂蜜的投料量。

$$W_m = V_1\left(P_1 - P_s \times \frac{P_m - P_1}{P_m - P_s}\right) \quad \text{式}(4-1)$$

式中,W_m 为蜂蜜的投料量,P_1 为药液应达到的相对密度(标准范围),V_1 为相对密度为 P_1 时的药液总体积,P_s 为水的密度(20℃蒸馏水的密度取1),P_m 为蜂蜜的相对密度。

2. 芳香剂　是指从动植物中提取的或人工合成的用于改善药物不良气味的香精和香料,是除了甜味剂之外最常用的矫味剂,常与甜味剂联用以增加矫味效果。人工合成香料有香蕉香精、菠萝香精、橘子香精、柠檬香精、巧克力香精等;天然香料常见的包括薄荷油、桂皮油、茴香油、薄荷水、复方豆蔻酊等。

需要注意的是,常用的人工合成类芳香剂,如薄荷香精,虽成本较低,但尚不能完全替代天然香精,且生产过程中其成分很难控制,可能产生如反-2-己烯醛、α-己基肉桂醛等会引起过敏反应等副作用的物质。因此,人工合成类芳香剂用于中药矫味时需慎重考虑其安全性,并应对其有害物质进行检测。

3. 泡腾剂　是以适宜的酸和碱为崩解剂制成的遇水产生 CO_2、呈现泡腾状的一种制剂,可通过麻痹或让味蕾产生错觉,从而达到一定掩味效果。常用的酸源有柠檬酸、酒石酸、富马酸、己二酸、苹果酸等,碱源的作用是与酸源反应生成 CO_2,常用有碳酸钠、碳酸氢钠、碳酸钾、碳酸氢钾、碳酸钙等。合剂中加入泡腾剂可以帮助药物快速溶解,并增加口感和吸收效果。在中药合剂中,泡腾剂通常用于提高药物的稳定性、可溶性和生物利用度,从而提高药效。在制备中药合剂时,根据药物的性质和药效需求,可以选择适合的泡腾剂并合理使用。

4. 增稠剂　是用于增加黏稠度和黏度的化学物质,常见的增稠剂包括 CMC-Na、HPMC、黄原胶等。增稠剂既可以增加合剂的黏稠度,又可增加药物的物理包裹,减少其与味蕾直接接触,从而达到掩味目的,特别适用于口感不好的药物,使得合剂更容易携带和服用。另外,增稠剂还可以帮助药物在胃肠道中停留更长时间,提高药物的生物利用度;有效改善合剂的流变性,使得药物在制备、存储和使用过程中更加稳定,帮助药物充分分散、悬浮,进而保持药物在合剂中的均匀分布。如制备复方板蓝根口服液时,常常会添加 CMC-Na 作为增稠剂。复方板蓝根口服液含有板蓝根提取物等药物成分,具有较浓的苦味和涩味,为了改善口感和服用体验,生产过程中会加入适量的 CMC-Na,从而使口服液更加黏稠,减少苦涩味的感觉,提高患者的接受度和便利性,同时增加药物在胃肠道中的停留时间,有助于提高药物药效和生物利用度。

5. 苦味阻滞剂　是一种新型的矫味剂,大多数苦味阻滞剂来自植物提取的天然物质。不同于传统矫味剂混淆苦味的机制,它是通过与苦味受体竞争,阻断苦味受体向大脑发送苦味信号,从而达到抑苦的效果,可用于包括口服液在内的各种口服制剂,效果优于其他掩盖药物不良味觉的方法。迄今为止,已开发的苦味阻滞剂有咖啡酸、阿魏酸等苯乙烯酸衍生物,腺苷-磷酸(adenosine monophosphate,AMP)

及其类似物,磷脂酸和蛋白质-磷脂酸复合物,以及氨基酸(L-精氨酸)与氨基酸衍生物(γ-氨基丁酸)等。其中,AMP 和阿魏酸的掩味效果较好,且制成盐后会增加其在唾液中的溶解度和稳定性,从而更有效地作用于味蕾,使得效果更佳。AMP 已被美国 FDA 批准为食品添加剂,用于食品及极苦药物的掩味。

(二)防腐剂

合剂因其含水分比例较高而容易受到微生物的污染,特别是含蛋白质和糖类等营养物质的品种,更易引起微生物的滋长和繁殖。为了抑制液体制剂中微生物的生长和繁殖,延长其保质期并保持药物的稳定性,生产企业往往会添加一定量的防腐剂。常见的防腐剂包括对羟基苯甲酸甲酯类、苯甲酸类等物质。

1. 对羟基苯甲酸甲酯类(尼泊金类) 包括甲酯、乙酯、丙酯和丁酯,是一类性质优良的防腐剂,无毒、无味、无臭、不挥发、化学性质稳定。此类防腐剂在酸性溶液中作用最强,在微碱性溶液中作用减弱,容易与吐温类、PEG 等络合,使其抑菌的作用下降,使用中应注意此特点。其抗菌机制在于抑制微生物细胞的呼吸酶系与电子传递酶系的活性,以及破坏微生物的细胞膜结构。丁酯的抑菌力最强,合并应用具有协同作用,效果更佳,用量一般为 0.05%~0.1%。

2. 苯甲酸及其盐类 常用物质为苯甲酸或苯甲酸钠,其中苯甲酸多适用于酸性条件,用量一般为 0.2%~0.3%,其防发酵作用较好,但防霉作用不够理想;苯甲酸钠适用于中性环境,用量一般为 0.5%,防发酵、防霉效果均较为理想;对于较难防腐的产品,可选用苯甲酸(0.25%)及尼泊金(0.05%)作为混合防腐剂,效果较好。其抗菌机制主要是通过酸性作用、抑制细胞膜通透性和抑制微生物代谢等多种方式共同作用,有效防止了合剂中微生物的污染,保证了药物的质量和安全性。第一,苯甲酸及其盐类在水溶液中会部分解离为苯甲酸根离子和氢离子,使得水溶液呈现酸性,酸性环境对许多微生物有抑制和杀灭作用,可以有效阻止细菌、霉菌等微生物的生长;第二,该类可以影响微生物细胞膜的通透性,破坏细胞膜结构,导致细胞内外物质的不平衡,从而杀死微生物;第三,苯甲酸及其盐类还可干扰微生物的代谢过程,影响微生物的生长和繁殖,起到抑制微生物生长的作用。

3. 山梨酸及其盐类 主要是短链有机酸,对霉菌的抑制力强,在人体内能像脂肪酸一样被机体代谢成 CO_2 和水,毒性较苯甲酸类和尼泊金类要低。其抗菌机制主要是通过抑制微生物生长、降低水分活性和促进与微生物的氧化作用等多种方式,以达到防腐的效果。该类能够影响微生物细胞的代谢路径,阻断微生物的生长繁殖过程,从而达到抑制微生物生长的目的;可以通过调控环境中的水分活性,使微生物难以生长繁殖,从而实现防腐的效果;同时也是依靠其未解离分子发挥防腐作用,故在酸性溶液中效果较好。在水溶液中易氧化,使用时应予以注意。抗菌机制为山梨酸能与微生物酶系统中的巯基结合,从而破坏微生物许多重要的酶系作用,从而达到抑制微生物增殖的目的;还可与微生物细胞内的生物分子发生氧化反应,破坏微生物细胞结构和功能,从而达到杀灭微生物的目的。

(三)其他

除了上述提到的常用附加剂外,还可以进一步细化和丰富合剂的配方。如口服维生素液是一种补充剂,包含多种维生素和矿物质,用于补充身体所需的营养物质,常用于儿童、老年人和营养不良的人群;甘露醇胶体可用于口服液中以增加药物的持久释放效果,并能形成保护性的胶体层,有效延缓药物的释放速度,减少药物在胃酸等环境中受到的不良影响;对于一些易氧化的药物制成的口服液制剂,还可加入抗氧剂亚硫酸氢钠以降低药物被氧化的可能性,确保制剂的稳定性和药效持久性;此外,柠檬酸是常用的 pH 调节剂,可用于调整口服液的酸碱度,如制备含铁的口服补铁液时,往往需要添加柠檬酸以保持液体的适宜酸性。

需要注意的是,防腐剂本身存在一定的毒性,被人体吸收后会直接产生不良反应,危害人们的身体健康。苯甲酸如果使用过量,将影响人体对钙的吸收、刺激胃肠道、损坏神经系统、损害肝脏,并具有一定的致癌性;对羟基苯甲酸甲酯类有过敏反应、弱雌性激素活性等不良反应。

（四）举例

实例：荆防合剂

1. 处方　荆芥 97 g，防风 97 g，羌活 97 g，独活 97 g，前胡 97 g，柴胡 97 g，川芎 97 g，枳壳 97 g，茯苓 97 g，桔梗 97 g，甘草 32.4 g。

2. 制法　以上十一味中，荆芥、防风、羌活、独活、枳壳、川芎和前胡分别蒸馏提取挥发油，蒸馏后的水溶液另用容器收集；将川芎、枳壳药渣与茯苓合并，蒸馏后的水溶液配制成 25% 乙醇溶液，进行渗漉，收集渗漉，减压回收乙醇。其余五味药渣与柴胡、桔梗、甘草加水煎煮 3 次，滤过，合并滤液，浓缩至约 1 300 mL，与漉液合并，静置，滤过，浓缩至约 1 000 mL，加入苯甲酸钠 3 g 和上述挥发油，搅匀，加水至 1 000 mL，即得。

3. 性状　本品为棕黑色的澄清液体；气芳香，味微苦。

4. 功能与主治　发汗解表，散风祛湿。用于治疗感冒风寒，头痛身痛，恶寒无汗，鼻塞流涕，咳嗽。

5. 用法与用量　口服，一次 10~20 mL，一日 3 次，用时摇匀。

三、制备工艺流程与影响因素

（一）制备工艺流程

合剂的制备工艺流程如图 4-13 所示。

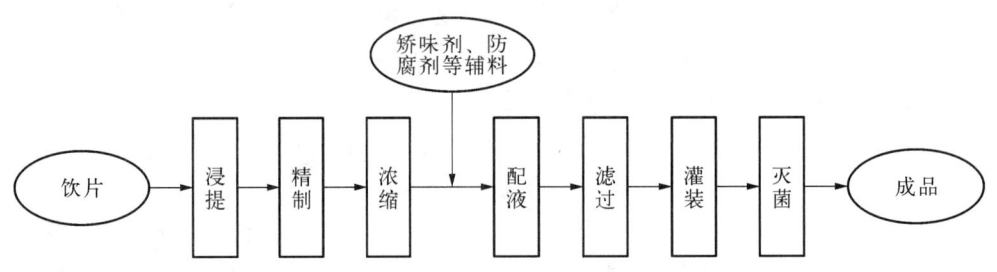

图 4-13　合剂制备工艺流程图

二维码 4-5
常用浸提设备

1. 浸提　① 将饮片加工成片、段或粗粉，以增大药材的表面积，促进有效成分的溶出，一般采用煎煮法进行浸提。通常煎煮 2~3 次，每次煎煮 1~2.5 h，滤过，合并滤液备用。② 对于含有挥发性成分的饮片，可用水蒸气蒸馏法收集挥发性成分，另器保存备用；药渣再与处方中的其他饮片一起合煎。③ 此外，亦可根据饮片有效成分的特性，选用不同浓度的乙醇或其他溶剂，采用渗漉法、回流法等方法浸提。浸提方法可以根据不同药材饮片的特性进行选择，通过合适的浸提方法最大限度地提取有效成分，并且过滤掉一部分杂质，从而得到高质量的饮片提取物。多功能提取罐示意图如图 4-14 所示。

2. 精制　中药合剂在贮存一段时间后，一般会产生沉淀，中药合剂的质量标准亦规定，在贮存期间允许有微量轻摇易散的沉淀，但是过多的沉淀会影响产品疗效，甚至带来安全隐患。因此，中药合剂和口服液在制备过程中必须经过精制处理。目前，大多数中药合剂和口服液的制备采用水提醇沉法进行精制处理（萃取塔示意图如图 4-15 所示），以去除水不溶性或高分子絮状沉淀物。此外，还有过滤、高速离心、吸附澄清等常用的方法。

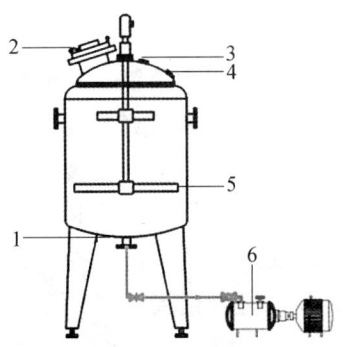

图 4-14　多功能提取罐示意图
1. 提取液出口；2. 药材进口；3. 液体进口；4. 压力平衡；5. 带承插座驱动轴；6. 驱动机

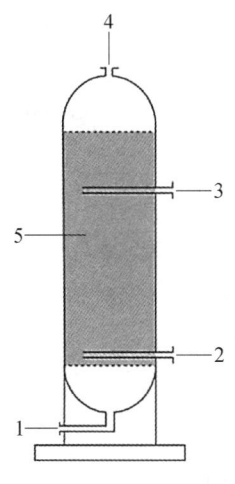
图 4-15 萃取塔示意图
1. 重液出口；2. 轻液入口；3. 重液入口；4. 轻液出口；5. 填料

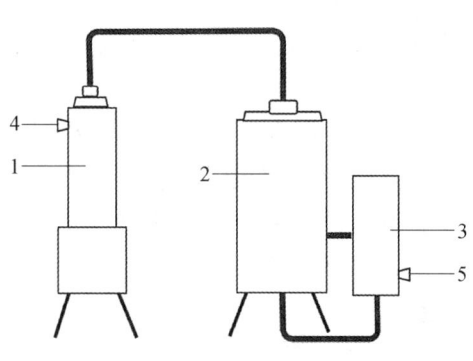
图 4-16 萃取浓缩塔示意图
1. 填充塔；2. 筛板塔；3. 储存罐；4. 料液进口；5. 料液出口

3. 浓缩　精制后的提取液应再进行适当浓缩，其浓缩程度一般以每日服用量在 30~60 mL 为宜。浓缩时应根据药物有效成分的性质，选择适宜的方法，如减压浓缩、薄膜浓缩等。经醇沉净化处理的合剂或口服液，应先回收乙醇，再浓缩，每日服用量控制在 20~40 mL（萃取浓缩塔示意图如图 4-16 所示）。汤剂处方制成中药合剂或口服液，其浓缩程度原则上以汤剂一日量改制成合剂的量在一日内用完为宜。

4. 配液　浓缩完毕后，可根据需要调节 pH，加入适宜的矫味剂、防腐剂及稳定剂等，再加水至规定的体积。浓缩时应考虑到这些附加剂的加入对药液总量的影响。配液应在清洁避菌的环境中进行。

5. 滤过与灌装　上述配制的合剂和口服液，可按注射剂的制备工艺要求分别进行粗滤与精滤，然后灌装于无菌洁净且干燥的容器中，或按单剂量灌装于指形管或适宜容器中，密封。

6. 灭菌　中药合剂与口服液的灭菌方法，主要有煮沸灭菌法、流通蒸气灭菌法、热压灭菌法及微波灭菌法等。亦有在严格避菌操作条件下，灌装后不经灭菌，直接包装者。

（二）影响因素

1. 药物特性　药物的理化性质、溶解度、稳定性等特性会影响合剂的制备技术，如一些药物可能需要特定的溶剂或特殊的混合方法，来确保药物的稳定性和有效性。

2. 配方因素　合剂的配方中所使用的药物成分、辅料和防腐剂等对合剂的稳定性有重要影响。合理选择配方和添加合适的防腐剂可以保证合剂的质量与安全性。如合剂的配方中使用了抗生素成分，但未添加足够的防腐剂，在贮存过程中微生物的污染，导致合剂失去药效，甚至变质。因此，合理选择配方和添加合适的防腐剂至关重要。

3. 制备工艺与规模　是影响合剂质量的重要因素，包括搅拌速度、温度控制、溶剂选择等都会影响合剂的稳定性和溶解性。如果在制备过程中搅拌速度不稳定、温度控制不当，可能会导致药物成分分布不均匀，从而影响药效的稳定性和可靠性。同时，制备规模的大小也会影响所需的设备、操作方法、生产效率等，从而影响到制备技术的选择和实施，大规模生产需要更高效的设备和操作方法，而小规模生产则可以采用较为简单的设备和操作方法，在工艺放大过程中可能会涉及工艺参数的调整和优化。

4. 质量要求　不同的药物合剂可能对质量要求有所不同，如需要进行特定的质量控制测试、需要符合特定的标准等，质量控制测试是为了验证合剂的质量和安全性，常见的测试包括含量测定、纯度分析、溶解度测试等。通过这些测试，可以确保合剂中药物的含量符合预期，并且不含其他有害或不需要的成分。这些都会影响到制备技术的选择和执行。

二维码 4-6 常用灌装设备

二维码 4-7 口服液制备影响因素及遵循规则

5. 环境条件 如温度、湿度、洁净度等会对制备技术产生影响,尤其是对于一些对环境要求较高的药物,如易受污染或对温度敏感的药物,合适的环境条件尤为重要。例如,某些药物在高温下容易分解或失活,因此需要在低温下制备。另外,合剂的制备过程需要在洁净的环境下进行,以防止外界的污染对合剂的影响。

6. 法规要求 药品生产需要符合相关的法规和标准,制备技术需要符合相关的法规要求,如 GMP 等。合剂的制备过程必须严格遵守这些法规和标准,以确保药品的质量和安全性。

综上所述,合剂的制备技术受到多种因素的影响,需要综合考虑药物特性、配方要求、制备工艺与规模、质量要求、环境条件和法规要求等因素,以制定合适的制备技术方案。

四、合剂/口服液自动化生产线

口服液自动化生产线是一种高效、智能化的设备系统,可用于实现口服液的自动化生产、包装和包装质量检测。该生产线一般由多个环节组成,涵盖了原料处理、灌装和密封、质量控制、包装和标识、清洁消毒、追溯和数据管理等过程。

1. 原料处理 在自动化生产线上,原料需要进行精确的配料和处理。通常采用自动配料系统和搅拌设备,可以精确计量和混合药物、溶剂、辅料等原料,确保配比准确和混合均匀。

2. 灌装和密封 自动化生产线中,灌装环节负责将准备好的口服液倒入瓶子或其他容器中。自动化灌装机具备高速灌装能力,可根据设定的容量进行精确的灌装,保证产品的标准化。完成灌装后,还需要进行密封操作,确保产品的密封性。

3. 质量控制 是生产线中至关重要的环节,用于检测和确保产品质量。自动化生产线配备了各种在线传感器和检测设备,以监测关键参数,如 pH、浓度、温度等。这些数据可以用于实时监测并进行调整,以确保产品质量符合要求。

4. 包装和标识 自动化包装环节使用自动包装机和标签机,将已灌装且通过质量控制的口服液进行包装和标识。自动包装机能够完成自动定量包装、封口和标签贴合等工作,这提高了生产效率和产品的外观质量。

5. 清洁消毒 用于口服液生产的设备需要定期进行清洁和消毒,以确保生产环境的卫生和产品的安全性。自动化生产线通常配置了自动清洗设备和消毒系统,可根据设定程序进行自动化的清洗和消毒操作。

6. 追溯和数据管理 自动化生产线还配备了数据采集系统和追溯系统。数据采集系统可记录生产过程中的各项数据,用于质量追溯和分析。追溯系统用于跟踪产品的生产批次信息,以确保产品的可追溯性和安全性。

通过口服液自动化生产线,可以实现生产效率的提高、生产质量和一致性的保证,同时降低人工成本和风险。它是现代化口服液生产的重要设备之一,被广泛应用于医药制造和生物制药领域。

五、有关问题讨论

(一) 中药合剂/口服液生产及制备问题与进展

中药合剂工艺虽然简单,但在生产制备过程中仍有很多问题出现,如药材提取液经过初滤,放置一定时间后还会产生大量沉淀,其中含有的泥沙、植物组织等固体杂质可采用沉降分离法或高速离心分离法除去,以供浓缩液配液使用。如果药材水煎液中还存在大量不易滤除的杂质,如淀粉、黏液质、蛋白质、果胶等,则会大大降低口服液的稳定性,对口服液的澄清度产生很大的影响,则须进一步精制处理。近年来,絮凝沉降技术在提取液的精制中应用较多,系利用絮凝剂,如鞣酸、明胶、蛋清、果汁澄清剂、壳聚糖等亲水性高分子化合物,与蛋白质、淀粉、树胶、果胶等杂质形成絮状物,并从药液中沉降出来,以达到除去杂质的目的,此法称为絮凝沉降法。絮凝沉降法对有效成分吸附较少,药液的澄明度稳定,生产成本低、周期短,但此法的应用范围和操作条件仍需针对不同情况做具体分析后再应用。

中药口服液的制备工艺相对于其他注射液而言,虽然比较简单,但在制备过程中如果操作不当,同样会对药液的疗效与质量造成很大的影响。其制备过程主要包括药品煎煮、药液浓缩和精制。要想保证中药口服液的质量,其制备工艺中的重点就在于药液的提取与醇沉精制,醇沉精制更是制备中药口服液中的重点。在具体的醇沉处理工艺中,最好是根据药液的特性,如中药处方的要求及中药中含有的有效成分,适当地调整乙醇量,通过相关实验来探究醇沉工艺所需要的最佳乙醇量。一般情况下,药液中含乙醇浓度在50%~70%为宜,冷冻沉淀的时间最好持续48 h以上再进行分离,这样得到的药液质量最好。

(二)中药合剂/口服液稳定性问题与进展

口服液长期放置,多有颜色加深、出现沉淀或沉淀增加的现象,导致患者用药依从性降低。针对此问题,常用水提醇沉法,还有膜分离技术、高速离心、絮凝澄清,以及增溶等解决策略。例如,冯敬文等人发现微滤技术能够显著去除小儿清热利肺口服液中的鞣质,使药液浊度下降,改善其澄清度,并且有效成分损失少。翟小玲等人采用了无机陶瓷膜联合超滤膜用于健儿消食口服液的纯化分离,改善了口服液澄清度与稳定性。宋晓春等人采用超滤-纳滤集成技术对当归水提液进行了纯化,发现水提液能在短时间内去除杂质并保留有效成分。此外,添加澄清剂是提高中药合剂稳定性的另一有效手段,如壳聚糖可以通过其阳离子作用与阴离子化合物相互吸引,或通过氢键、范德瓦尔斯力与其他分子相互作用,以达到澄清药液的效果。田晨颖等人对宁心合剂、人参口服液、四物合剂等产品的澄清度进行了研究,发现经壳聚糖处理后,药液的澄清度大大提高。

(伍振峰　彭　灿　王国华)

第五章
中药注射剂

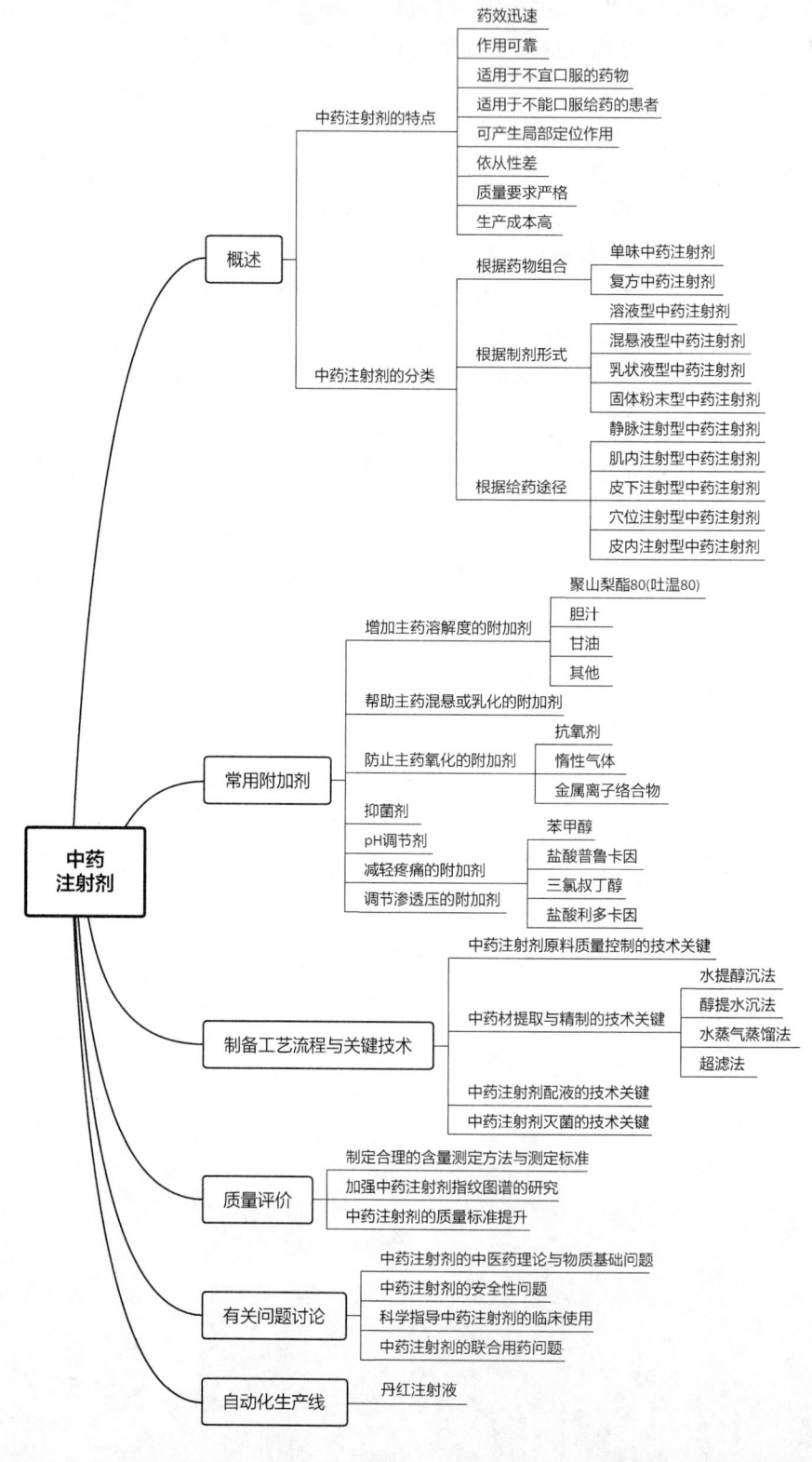

第一节 概　　述

注射剂(injection)系指原料药物或与适宜的辅料制成的供注入体内的无菌制剂,包括溶液型、乳状液型和混悬型等注射液,可用于皮下注射、皮内注射、肌内注射、静脉注射、静脉滴注、鞘内注射、椎管内注射等,是临床应用最广泛的剂型之一。而中药注射剂是传统中医药理论与现代制剂技术相结合的产物,主要由饮片经提取、纯化后制成,通过注射进入人体体内使用,以达到治疗疾病的目的。中药注射剂具有使用方便、吸收迅速、药效快、剂量准确等优点,但中药注射剂一般不宜制成混悬型注射液。

中药注射剂的发展历史可以追溯到20世纪50年代,迄今经历了几个重要的发展里程碑。

1. 1950~1969年　中药注射剂研究的起步阶段。在这个时期,研究者开始尝试将中药煎煮液制成注射剂,以提高药物的吸收和疗效。最早的中药注射剂包括柴胡注射液、人参注射液、当归注射液等。

二维码5-1
首个中药注射剂诞生记

2. 1970~1989年　中药注射剂发展的瓶颈期。在这个时期,中药注射剂的生产和应用受到一些限制,包括制备工艺不成熟、质量控制技术不完善等。因此,中药注射剂的研究相对较少,发展相对较慢。

3. 1990~2009年　中药注射剂的复兴突破期。在这个时期,随着技术进步和人们对中药的认可度提高,中药注射剂得到了更多的关注和研究。研究人员开发了更多种类的中药注射剂,并改进了制备工艺和质量控制技术。同时,中药注射剂的临床应用也得到了进一步拓展。

4. 2010年至今　中药注射剂的研究和应用不断增加。随着现代科技的发展,中药注射剂的研究更加深入,包括药理机制的探索、药效评价的标准化和安全性评估的完善等。同时,中药注射剂的临床应用范围进一步扩大,涵盖了更多疾病和临床情况。此外,还有一些新的技术和方法,如纳米技术、逆向药物设计、中药指纹图谱技术等应用于中药注射剂的研究;如中药指纹图谱技术常常应用于中药注射剂化学成分质量控制的研究,它是基于对中药物质群体作用的认识,将某些中药材或中药制剂适当处理后,借助一定的分析手段,得到能反映中药主要有效成分或指标成分共同特征的色谱图或光谱图,适用于中药及其制剂的多组分复杂体系的整体描述和评价。

总体而言,中药注射剂经历了起步阶段、瓶颈期和复兴突破期,至今已成为中医药领域中重要的研究方向和临床应用之一。随着对中药治疗的认识和需求不断增加,中药注射剂在提高治疗效果、扩大临床应用和促进中西医结合方面发挥着不可忽视的作用。

中药注射剂作为中医药传统剂型的创新和延伸,还有许多方面的研究与进展值得深入探讨,如质量控制与标准化、药效评价与临床应用、药理机制与活性成分、安全性与毒副作用等,这些研究将进一步推动中药注射剂的发展和临床应用,为疾病治疗提供更多选择和方法。

一、中药注射剂的特点

中药注射剂以其药效迅速、作用可靠的特点而备受关注,使得它在治疗急性病证或需要迅速产生疗效的情况下非常有效,但其在临床应用过程中也面临着一些挑战。这些特点使其在特定的临床情况下具有广泛应用和重要的医疗价值,其特点主要体现在以下几个方面。

二维码5-2
中药注射剂值得深入研究的几个方面

1. **药效迅速**　中药注射剂通过注射进入体内,绕过了口服药物的消化吸收过程和首过效应,从而药物可以迅速进入血液循环系统,实现快速而显著的药效,这对于治疗急性病证或需要迅速产生疗效的情况非常有益。

2. **作用可靠**　中药注射剂在制剂过程中经过严格的质量控制和药物监测,保证了药物组分的稳定性和一致性。因此,在临床应用中,中药注射剂的作用可靠,具有明确的药物组分和药物效果。

3. **适用于不宜口服的药物**　对于一些不宜口服的中药,如具有较强的刺激性或易产生严重胃肠道反应的药物,中药注射剂可以提供一种有效的给药途径,避免了口服带来的不适和不良反应。

4. **适用于不能口服给药的患者** 对于某些情况下不能口服给药的患者,如不能进食或胃肠道功能受损等,中药注射剂作为一种可选择的给药形式,可以确保药物的有效给予。

5. **可产生局部定位作用** 中药注射剂还可以通过局部注射产生局部定位作用。例如,在创伤、手术等局部病变的治疗中,中药注射剂可以直接注射到受损部位,发挥局部治疗作用,加速恢复和愈合。

6. **依从性差** 虽然中药注射剂有诸多优点,但其依从性较差。相比于其他剂型,如口服片剂或颗粒剂,注射剂的使用需要具备一定的医疗设备和专业技术,因而限制了患者的自行使用,降低了依从性。

7. **质量要求严格** 中药注射剂的制备过程必须符合严格的质量控制标准,包括药材的品质要求、制备工艺的规范等。质量要求的严格性确保了中药注射剂的疗效和安全性。

8. **生产成本高** 相比其他剂型,中药注射剂的制备过程更为复杂,需要更先进的生产技术和设备,因此生产成本较高。这也是中药注射剂在市场上的价格相对较高的原因之一。

二、中药注射剂的分类

中药注射剂可以根据不同的分类标准进行分类。以下是几种常见的分类方式。

1. **根据药物组合**

(1) 单味中药注射剂:由传统单味中药、单味中药有效部位(含有效成分)作为处方,通过现代化研究生产制成的注射剂。例如,川芎嗪注射液主要以川芎嗪作为有效成分,具有活血化瘀的功效;黄芪注射液中,黄酮类化合物是其重要的有效成分,具有益气养元、扶正祛邪、养心通脉、健脾利湿的功效。

(2) 复方中药注射剂:由两味或两味以上药味组成,在辨证审因、决定治疗方法以后,选择合适的药物并酌定用量,按照组成原则妥善配伍而成的一组药物的注射剂。例如,清开灵注射液是由金银花、连翘、板蓝根等多种中药提取物组成的复方注射剂,具有清热解毒、化痰通络、提神开窍的功能;复方当归注射液是由当归、川芎与红花三味中药提取物组成的复方注射剂,具有活血通络、祛瘀止痛的功能。

2. **根据制剂形式**

(1) 溶液型中药注射剂:包括水溶液和油溶液(非水溶剂)两类。水溶液型中药注射液应澄清,易溶于水或用增溶、助溶的方法可使溶解度增加,且在水溶液中稳定的药物,可制成水溶液型注射液。它能与体液混合均匀,可迅速被扩散和吸收,如氨茶碱注射液。某些难溶于水,但能溶于注射用油的药物可制成油溶液型注射液,此类注射剂一般仅供肌内注射,由于其在肌肉组织内扩散缓慢,可起到延长药效的作用,如茵栀黄注射液。

(2) 混悬液型中药注射剂:是将不溶性固体药物分散于液体分散介质中制成的,可供肌内注射或静脉注射的药剂。对于无适当溶剂可溶解的不溶性固体药物,或在水溶液中不稳定而制成的水不溶性衍生物,或希望固体微粒在机体内定向分布且需要长效的药物,均可采用适当的方法制成混悬液型注射剂,如川芎嗪注射液。混悬液型注射剂一般供肌内注射用,若要供静脉注射,必须注意控制混悬微粒的粒度。中药注射剂一般不宜制成混悬型注射剂。

(3) 乳状液型中药注射剂:是以难溶于水的挥发油、植物油或溶于脂肪油中的脂溶性药物为原料,加入乳化剂和注射用水经乳化制成的供注射给药的乳状液。有 O/W 型、W/O 型、W/O/W 型复乳。乳状液型注射剂应无菌、无毒、无热原,具有适宜的 pH,其分散相粒径大小一般应在 $1\sim10~\mu m$ 范围内。W/O 型及 O/W 型注射剂可供肌内或组织注射用。外相为水的乳状液可供静脉注射,但微粒大小必须严格控制,分散相球径的粒度90%应控制在 $1~\mu m$ 以下,不得有大于 $5~\mu m$ 者,能耐高压灭菌,化学和生物学稳定性好,如莪术油注射液等。

(4) 固体粉末型中药注射剂:通常也称为粉针剂,将对热不稳定或在水溶液中易分解失效的药物,如一些抗生素、医用酶制剂及生化制品,由于其不能制成水溶性注射液或不适宜加热灭菌,因而把药物制成无菌粉末状,然后将其分装在安瓿或其他适宜的容器中,临用前以适当的溶剂使之溶解或混悬,供注射应用。近年来,为提高中药注射剂的稳定性,将某些中药注射剂制成粉针剂供临床应用,达到满意的效果,如双黄连粉针剂、茵栀黄粉针剂、清开灵粉针剂等。

3. 根据给药途径

(1) 静脉注射型中药注射剂:通过静脉直接注射给药,用量一般为 5~50 mL,药物快速进入循环系统。静脉注射剂多为水溶液,非水溶液、混悬型注射液一般不能供静脉注射。静脉给药是精确快速给药的最好方法,是一种易于调控且能发挥全身作用的给药方式。例如,丹参注射液、丹红注射液、痰热清注射液等均为静脉注射型中药注射剂。

(2) 肌内注射型中药注射剂:通过肌内注射给药,肌内注射一次剂量一般在 1~5 mL,除水溶液外,油溶液、混悬液、乳浊液均可作肌内注射,药物在注射部位逐渐被吸收。例如,人参注射液、喘可治注射液、银杏叶注射液、复方苦参注射液等均为肌内注射型中药注射剂。

(3) 皮下注射型中药注射剂:通过皮下注射给药,注射于真皮和肌肉之间的软组织内,药物在注射部位缓慢吸收,注射剂量通常为 1~2 mL。例如,薄芝菌注射液就属于皮下注射型中药注射剂。

(4) 穴位注射型中药注射剂:通过穴位注射给药,注射于直接防治疾病的穴位内。它可将针刺刺激和药物的性能及对穴位的渗透作用相结合,发挥其综合效应,故对某些疾病有特殊的疗效。例如,健骨注射液、红茴香注射液、黄瑞香注射液等属于穴位注射型中药注射剂。

(5) 皮内注射型中药注射剂:通过皮肤表皮以下注射给药,一般是真皮层以上,不到皮下组织。通常用于检验药物过敏,有些中药注射剂可能存在过敏反应,因此,在使用前为了避免过敏,会先进行皮内注射以观察。例如,双黄连注射液、黄芪多糖粉针剂、清开灵注射液等使用前都会先进行皮内注射,以避免过敏反应。

第二节 常用附加剂

制备中药注射剂时,常使用一些附加剂来调配、稳定和改善药物的性质,同时还可以改善药效和使用安全性。这些附加剂在中药注射剂的制备中起到重要的作用,使药物在制剂过程中更稳定、易于使用,并确保药物的有效性和安全性。附加剂的选择和使用需根据药物的特性、制剂的要求、稳定性和适应性等因素来确定,以确保中药注射剂的质量和疗效达到最佳状态。同时,注射剂制剂过程中需要严格控制附加剂的用量和配比,确保其对药物的影响在可接受范围内。

一、增加主药溶解度的附加剂

这类附加剂包括增溶剂与助溶剂等,主要是为了增加主药在溶剂中的溶解度,以达到治疗目的,常见品种有以下几种。

1. 聚山梨酯80(吐温-80) 为中药注射剂常用的增溶剂,常用量为 0.5%~1%。肌内注射液中应用较多;因有降压作用与轻微的溶血作用,在静脉注射液中应慎用。含鞣质或酚类成分的注射液,若溶液偏酸性,加入吐温-80 后可使溶液变浊。吐温-80 能使注射剂中苯甲醇、三氯叔丁醇等抑菌剂的作用减弱。此外,含有吐温-80 的注射液在灭菌时会起昙,一般温度降低后可恢复澄清。如乌头碱、葛根素、黄芩苷、丹参酮、大黄素、各种脂溶性维生素及挥发油成分制成液体制剂有一定的难度,加入聚山梨酯80 后可制得适合治疗需求的较高浓度的澄明液体制剂。

2. 胆汁 所含主要成分是胆酸类的钠盐,具有较强的表面活性,常用量为 0.5%~1%。常用胆汁有牛胆汁、猪胆汁、羊胆汁等。胆汁除含胆酸盐类外,还含有胆色素、胆固醇及其他杂质成分,故不能直接用来作为注射剂的增溶剂,通常要经过加工处理成胆汁浸膏后才能使用。

3. **甘油** 是鞣质和酚类物质良好的溶剂,一般以鞣质为主要成分的中药注射剂用适当浓度的甘油作溶剂,可有效提高溶解度,保持药液的澄明度,用量一般为15%~20%。如一些脂溶性药物可能需要在水相中溶解以进行注射,脂溶性维生素注射液中甘油可以作为辅助溶剂,帮助将这些药物溶解在水中,以便于注射。

4. **其他** 一些助溶剂可用于中药注射剂的配制,以提高药物的溶解度,如有机酸及其钠盐,以及胺类等。也可通过潜溶剂的应用,以提高药物浓度,确保注射剂澄明度。

二、帮助主药混悬或乳化的附加剂

这类附加剂主要是指助悬剂或乳化剂,添加的目的是使混悬型注射液和乳状液型注射液具有足够的稳定性;同时,应无抗原性、无热原、无毒性、无刺激性、不溶血,有高度的分散性和稳定性,使用剂量小,能耐热,在灭菌条件下不改变助悬或乳化效果,保证临床用药的安全有效。常用助悬剂有明胶、聚维酮、CMC-Na、MC等。常用乳化剂有聚山梨酯80、油酸山梨坦、泊洛沙姆188、卵磷脂、豆磷脂等。如CMC-Na是水溶性聚合物,分子链上带有一定量的羧基,可以与水形成氢键,吸附于悬浮物表面,改变悬浮物表面性质,使悬浮物吸附在水分子表面上,从而分散在水中,形成稳定的悬浮液。而卵磷脂是天然的两性离子表面活性剂,常用作注射乳剂的乳化剂或脂质体的主要辅料。在罗拉匹坦静脉注射乳剂中,卵磷脂为常用乳化剂。

三、防止主药氧化的附加剂

这类附加剂包括抗氧剂、惰性气体和金属离子络合剂,目的是防止主药氧化。

1. **抗氧剂** 为一类易氧化的还原剂。当抗氧剂与药物同时存在时,抗氧剂首先与氧发生反应,防止药物被氧化,以保证药品的稳定。抗氧剂的选用应综合考虑主药的理化性质和药液pH等因素,常用抗氧剂包括维生素C、亚硫酸氢钠、焦亚硫酸钠等。如临床上常用的维生素C注射液和葡萄糖输液中加入亚硫酸氢钠作为辅料,可延缓氧化降解反应发生,保证药物制剂的稳定性。

2. **惰性气体** 注射剂制备过程中常用高纯度的N_2或CO_2等惰性气体,置换药液和容器中的空气,以避免主药的氧化。惰性气体可在配液时直接通入药液,或在灌注时通入容器中。实际上,在灌装时选择使用哪种惰性气体,主要须根据具体的药物性质进行选择。例如,对于一些易挥发的药物,可以选择N_2充填,因为N_2不易溶解在水中,不会对药物造成影响;而对于一些易被氧化的药物,则可以选择CO_2充填,因为CO_2可以起到抗氧化的作用。如中/长链脂肪乳注射液的制备,在N_2保护下,加入处方量的大豆油、中链甘油三酸酯,加热后,加入处方量的卵磷脂,高速剪切使其均匀分散,制备成油相。

3. **金属离子络合物** 由于微量金属离子的存在,往往会加速某些化学成分的氧化分解,因此需加入金属离子络合剂,使之与金属离子生成稳定的络合物,避免金属离子的催化作用,产生抗氧化的效果。常用的金属离子络合剂有乙二胺四乙酸、乙二胺四乙酸二钠等,常用量为0.03%~0.05%。

四、抑菌剂

为防止注射剂制备或多次使用过程中微生物的污染或繁殖,需要加入抑菌剂。不是所有的注射剂都能添加抑菌剂,如静脉给药或脊椎腔注射等一律不得使用抑菌剂。对于多剂量包装的注射液或用于肌内和皮下注射的注射液,可添加适宜的抑菌剂,抑菌剂的用量应能抑制微生物的生长,常用浓度为0.5%的苯酚、0.3%的甲酚、0.5%的三氯叔丁醇、0.01%的硫柳汞等。例如,胰岛素中使用0.25%的苯酚,可以维持胰岛素蛋白质构象和抑菌作用。

五、pH 调节剂

这类附加剂包括酸、碱和缓冲剂,添加的目的是减少注射剂中由于 pH 不当而对机体造成局部刺激,增加药液的稳定性,或加快药液的吸收。调节注射剂的 pH 应根据药物的性质和临床用药的要求,结合药物的溶解度、稳定性、人体的耐受性和局部刺激性等多方面因素综合考虑,原则上应尽可能使药液接近中性,一般应控制 pH 在 4~9 之间。常用的 pH 调节剂有盐酸、枸橼酸、氢氧化钾,以及枸橼酸盐、醋酸盐、磷酸盐等缓冲体系。

六、减轻疼痛的附加剂

注射剂由于药物本身的刺激性或其他原因,如 K^+、鞣质等,会对组织产生刺激或疼痛。治疗前应首先确定引起疼痛的原因,明确疼痛原因后,通常会添加相应附加剂,又称止痛剂,主要用来减轻注射剂使用时产生的刺激性疼痛,常用品种有以下几种。

1. 苯甲醇　常用量为 1%~2%,注射时吸收差,连续注射可使局部产生硬块,影响药物吸收。可作为注射用盐酸大观霉素溶剂,具有镇痛作用,减少注射时的疼痛。如地西泮注射剂的非水溶剂含量较高,注射时的局部刺激性大且疼痛,故可加入苯甲醇作为止痛剂。

2. 盐酸普鲁卡因　常用量为 0.2%~1%,使用时作用时间较短,一般可维持 1~2 h,在碱性溶液中易析出沉淀,个别患者注射时可能出现过敏反应。

3. 三氯叔丁醇　常用量为 0.3%~1%,既有止痛作用又有抑菌作用。

4. 盐酸利多卡因　常用量为 0.2%~0.5%,止痛作用比盐酸普鲁卡因强,作用较持久。例如注射用双氯芬酸钠盐酸利多卡因,主要用于肌肉、关节等引起的疼痛。

七、调节渗透压的附加剂

渗透压与血浆渗透压相等的溶液,称为等渗溶液。正常人体血液的渗透压摩尔浓度范围为 285~310 mOsmol/kg,0.9% 的氯化钠溶液或 5% 的葡萄糖溶液的渗透压摩尔浓度与人体血液相当。高于或低于血浆渗透压的溶液分别称为高渗溶液或低渗溶液。无论是高渗溶液还是低渗溶液,在注入人体时均会对机体产生影响。肌内注射时人体可耐受的渗透压范围相当于 0.45%~2.7% 的氯化钠溶液所产生的渗透压,即相当于 0.5~3 个等渗浓度。在静脉注射时,当大量低渗溶液注入血液后,水分子穿过细胞膜进入红细胞内,使红细胞胀破,造成溶血现象,会使人感到头胀、胸闷,严重可发生麻木、高烧、尿中出现血红蛋白等。正常人的红细胞在 0.45% 氯化钠溶液中就会发生溶血,在 0.35% 氯化钠溶液中可完全溶血。当静脉注入高渗溶液时,红细胞内水分会因渗出而发生细胞萎缩(图 5-1);如果注射速度缓慢,机体可自行调节使渗透压恢复正常,但在一定时间内也会影响红细胞的功能。因此,静脉注射必须注意

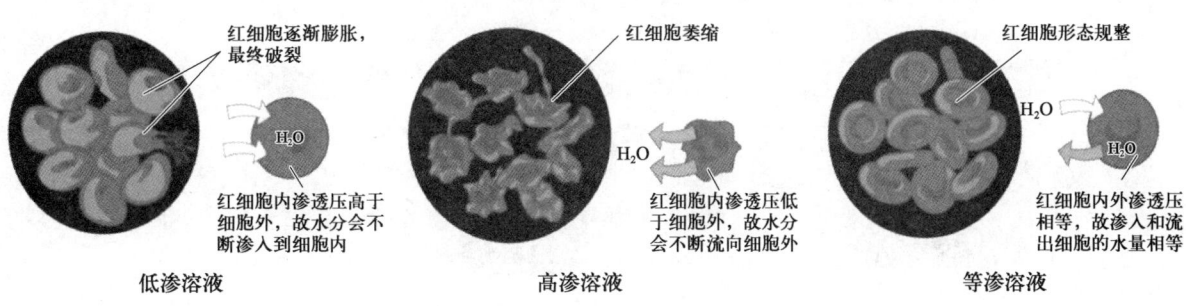

图 5-1　红细胞渗透压示意图

调节渗透压。对于脊椎腔内注射,由于脊髓液量少、循环缓慢,渗透压的紊乱很快会引起头痛、呕吐等不良反应,所以必须使用等渗溶液。

第三节 制备工艺流程与关键技术

中药注射剂的生产工艺流程较普通剂型复杂,包括原辅料的准备与处理、配制、灌封、灭菌、质量检查和包装等步骤,不同类型的注射剂其具体操作方法和生产条件有区别,一般制备工艺流程如图 5-2 所示。由于中药注射剂给药途径的特殊性,对于产品质量的一致性与可控性的要求比其他中药剂型更高,合理可行的制备工艺流程对保证临床用药的有效性与安全性也尤为重要。《中国药典》(2020 年版)四部通则规定:注射剂所用的原辅料应从来源及生产工艺等环节进行严格控制并应符合注射用的质量要求。除另有规定外,制备中药注射剂的饮片等原料药物应严格按各品种项下规定的方法提取、纯化,制成半成品、成品,并应进行相应的质量控制。中药注射剂制备的关键技术主要体现在原料质量控制、提取与精制、配液、灭菌等方面(图 5-3)。

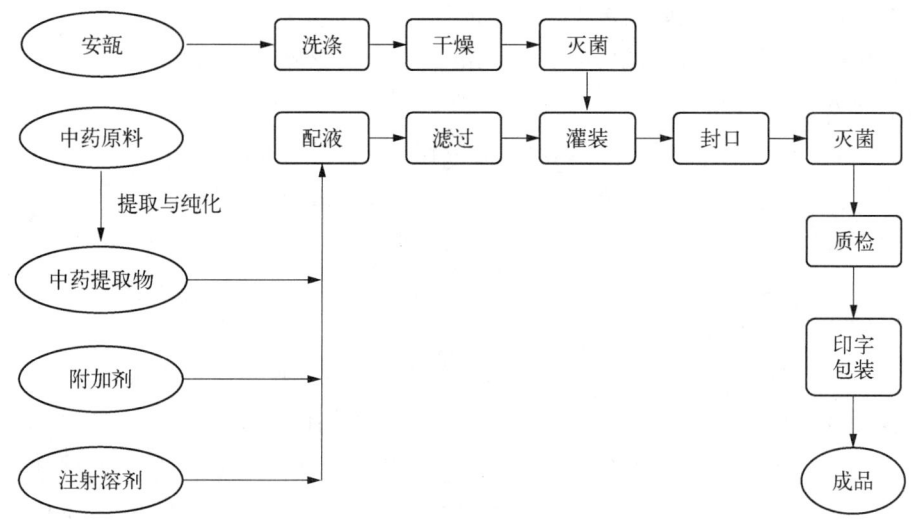

图 5-2 中药注射剂制备工艺流程

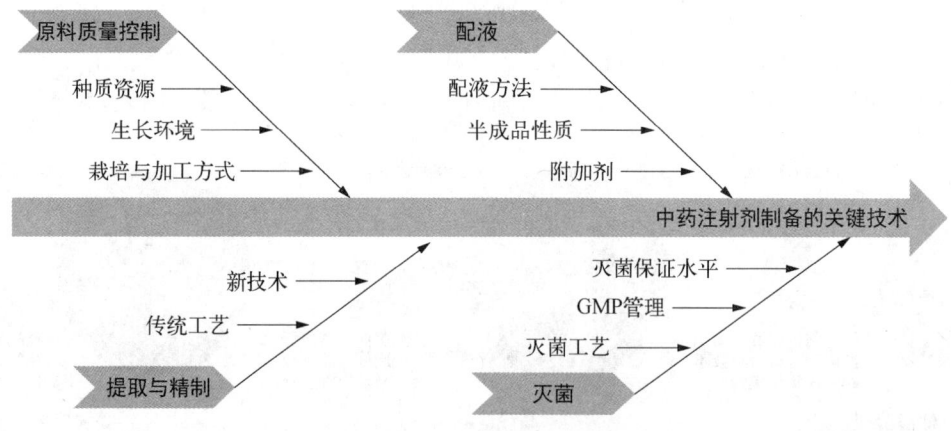

图 5-3 中药注射剂制备的关键技术

一、中药注射剂原料质量控制的技术关键

中药材是中药注射剂的直接原料,也是中药注射剂质量控制的源头。中药材的质量容易受到种质资源、生长环境、栽培与加工方式等多种因素的影响,因而易造成中药注射剂各批次间的差异。2007年颁布的《中药、天然药物注射剂基本技术要求》对中药注射剂原料制定了比较严格的质量要求,其中与原料药材质量控制相关的要求主要包括注射剂用药材一般应固定品种、药用部位、产地、产地加工、采收期等;以炮制品入药的应明确详细的炮制方法。以药材或饮片投料的,为保证质量稳定,应制定中间体的质量标准。原料(药材、饮片、提取物、有效部位等)、中间体、制剂均应分别研究建立指纹图谱,还应进行原料、中间体、制剂指纹图谱的相关性研究等。总之,这些规定有利于控制中药注射剂质量。

实施GAP是保障原料中药材质量稳定、确保中药注射剂质量的重要措施。目前,中药材GAP的推行解决了部分药材的来源问题,但应用品种有限。适宜的产地和规范化的栽培管理措施是中药质量的重要保证,固定区域内中药质量变异较小、相对均一,并且经GAP严选道地药材种质资源,有利于提升中药注射剂的一致性与可控性。因此,强化中药材质量控制,将中药注射剂原料从产地加工开始纳入质量监控体系,控制原药材的生产、种植、采收、贮藏、土壤、农药使用、重金属残留、微生物等,中药材及中药注射剂的质量才有可能得到保障。

二、中药材提取与精制的技术关键

提取与精制是影响中药注射剂安全与有效的关键环节。经提取、精制得到的半成品应严格规定总提取物中相关指标成分的含量。《中药、天然药物注射剂基本技术要求》规定:有效成分制成的注射剂,主药成分含量应不少于90%。多成分制成的注射剂,所测成分应大于总固体量的80%。以中药饮片投料的中药注射液,应制定中间体的质量标准,总固体的成分明确,应不低于25%。目前,中药注射剂提取与精制方法大多为水提醇沉法、醇提水沉法、蒸馏法等。已列入国家药品标准的109种中药注射剂中,其制备工艺采用水提醇沉法的有36种(33.03%),醇提水沉法9种(8.26%),水蒸气蒸馏法11种(10.09%),综合法19种(17.43%)。但是,传统工艺通常存在有效成分损耗大、杂质不易除尽等缺点,由此引发的疗效和安全问题严重影响了中药注射剂的开发与临床应用。如何尽可能地提取药效成分,去除非药效成分是中药注射剂研发过程中的关键问题。

中药注射剂常用的提取、精制方法在有效成分的富集和杂质的去除方面各具特色。

1. **水提醇沉法** 优点是保留了较多的综合性有效成分,但有些杂质成分,如鞣质、水溶性色素、树脂等,不易完全除去,质量不易控制。

2. **醇提水沉法** 其原理与水提醇沉法相似,先用适宜浓度的乙醇提取相关成分,可显著降低蛋白质、黏液质、淀粉等在醇中溶解度小的杂质,有利于提取液的进一步纯化与精制,但也存在与水提醇沉法类似的不易彻底除尽杂质、质量不易控制等缺点。但醇提水沉法的操作相对简单,受热程度较低,并且对含黏液质、淀粉、蛋白质较多的药材比水提醇沉法容易处理。

3. **水蒸气蒸馏法** 适用于处方组分中含有挥发油或其他挥发性成分的药物。但是,通常成品中挥发性成分的含量差异较大,可考虑将馏出液中的挥发油分离出来,再用挥发油配制注射液。

4. **超滤法** 是制备中药注射用原液的常用方法,可有效地去除传统工艺中未能除净的蛋白质、热原等大分子杂质,有助于消除中药注射剂的热原、过敏反应。国内应用较多的滤膜截留分子质量在10 000~30 000 Da孔径范围。

目前,有效成分或有效部位的富集方法是中药注射剂提取与精制的主要方法,此类方法制备的中药注射剂纯度高、杂质少、作用机制清楚、质量易于控制、安全性相对较高。此外,超临界流体萃取技术、

超声提取技术、微波提取技术、分子蒸馏技术、大孔吸附树脂技术等新技术,能够减少无效成分的提取,提高有效成分的含量,这些新技术在中药注射剂的制备中有广泛的应用前景。

三、中药注射剂配液的技术关键

澄明度不合格、微粒限度超标是中药注射剂的主要质量问题,中药注射剂由于含有未彻底去除的蛋白质、鞣质、树脂、色素等杂质,因而容易引起不良反应。合理配液是解决此问题的关键,直接关系中药注射剂成品的质量。配液方法通常包括两种:稀配法,适用于原料质量好、小剂量注射剂的配制;浓配法,适用于原料质量一般、大剂量注射剂的配制,特别是以药材提取物为原料的中药注射剂多采用此法。一般浓配法配成的药物浓溶液可用热处理冷藏法处理(即先加热至100℃,再慢慢冷却至0~4℃,静置),将经处理后的浓溶液过滤后,再加入全部溶剂量。在配制过程中,应注意各种因素对其质量的影响,如加热温度和时间、冷藏时间等。有些注射液由于色泽或澄明度的原因,在配制时需用针用活性炭处理,以达到吸附热原、脱色、助滤及除去杂质等作用,以及提高药液澄明度和改善色泽,但应注意活性炭的用量通常为溶液总量的0.1%~1%,避免其吸附有效成分,影响药物含量。使用时,一般与药液一起加热煮沸,稍冷或趁热滤过。为充分发挥活性炭的吸附作用,使用前常将活性炭于150℃活化3~4 h。此外,应对配液前的半成品(中间提取物)、有效成分或有效部位进行有关的理化性质和生物学性质的研究,了解其溶解性、药物的稳定性(包括物理稳定性、化学稳定性和生物学稳定性)、配伍特性、生理适应性等。为了保证制剂的稳定性,还可根据药物的性质加入适宜的附加剂,如增溶剂、抗氧剂、止痛剂、pH调节剂、等渗调节剂等,但必须慎用,配制前应进行配伍试验和安全性试验,以确定附加剂的种类和用量。药液配制后应进行半成品质量检查,检查项目主要包括pH、相关成分含量等,检验合格后才能进一步滤过和灌封。

四、中药注射剂灭菌的技术关键

中药注射剂的灭菌是关乎药品质量、保证用药安全的重要工艺之一。灭菌方法和条件主要根据药物的性质确定,其原则是既要保持注射液中相关药物的稳定,又必须保证成品达到完全灭菌的要求,必要时可采取几种方法联用。灭菌方法不可靠,灭菌条件不合格都可能导致严重的安全事故。例如,2006年震惊全国的"欣弗"事件,主要原因是未按批准的工艺参数灭菌,降低灭菌温度,缩短灭菌时间,增加灭菌柜装载量,因而影响了灭菌效果,导致产品无菌检查和热原检测均不符合规定。目前,中药注射剂灭菌工艺存在的问题主要包括灭菌方法选择不当、采用的灭菌温度偏低、灭菌时间偏短等。为保证中药注射剂的疗效和安全性,灭菌工艺应重视以下环节和问题:

1. 灭菌保证水平和无菌检查　中药注射剂的灭菌保证水平(sterility assurance level, SAL)是指灭菌后制剂中微生物的残存率。为保证用药安全,中药注射剂的SAL一般不得高于10^{-6},即每一百万注射剂终产品中存活微生物的量不得多于1个。SAL可通过验证确定,其中无菌检查是反映灭菌保证水平的一项重要指标,也是中药注射剂质量控制标准的关键环节。但无菌检查是抽样检查,微生物污染属于非均匀污染,由于抽样的概率问题,无菌检查结果往往无法真实反映中药注射剂的SAL。因此,灭菌制剂的无菌保证不能依赖终产品的无菌检查结果,而是取决于生产过程中合格的灭菌工艺、严格的GMP管理和良好的无菌保证体系。

2. 常用灭菌方式的选择　常用的灭菌方法有湿热灭菌法、干热灭菌法、辐射灭菌法、气体灭菌法和过滤除菌法。《中国药典》(2020年版)规定,只要物品允许,应尽可能选用最终灭菌法进行灭菌。不同灭菌方式的SAL不同,以下为常用的灭菌方式及SAL:

(1)过度灭杀法:适用于稳定性好,能经受苛刻灭菌条件的产品,无须控制产品灭菌前的微生物污染水平。过度灭杀法的 $F_0 \geq 12$，$SAL \leq 10^{-12}$。

（2）残存概率法：是以生物负荷（控制产品灭菌前的微生物污染水平）为基础的方法，用于生产过程中很少检出芽胞、产品稳定性较差、只能适度灭菌的产品。生产工艺过程应当将防止产品被耐热菌污染放在首位，而不是依赖最终灭菌消除污染。残存概率法的 $F_0 \geq 8$，$SAL \leq 10^{-6}$。

（3）过滤除菌法：用于不能加热的产品，过滤器的除菌效率通常用滤过对数下降值（log reduction value，LRV）表示。LRV 系指规定条件下，被滤过液体在滤过前的微生物数量与滤过后微生物数量比的常用对数值。滤过除菌本身的除菌率可以达到 10^{-7} 水平，但是由于操作人员及环境因素的影响，产品最终的无菌保证一般只能达到 10^{-3} 水平，远远低于滤过除菌本身的水平，对于滤过除菌法，其生产系统应严格符合无菌生产的 GMP 要求。除菌过滤器孔径一般为 $0.22\ \mu m$（或更小孔径或相同过滤效力），常用的除菌过滤器有 G6 号垂熔玻璃漏斗、微孔薄膜滤器、孔径在 $1.3\ \mu m$ 以下的白陶土滤柱等。用于滤过除菌的微孔薄膜材料有氰基丙烯酸酯、聚醚砜、聚酰胺（尼龙）、聚四氟乙烯和聚偏氟乙烯等，它们的孔径、流速和化学相容性方面的差异会影响其滤过除菌的功能。

《中国药典》（2020 年版）规定，热不稳定性物品的 F_0 值一般不低于 8 min，但应在生产全过程中，对产品中污染的微生物严加监控，并采取各种措施来防止耐热菌污染及降低微生物的污染水平，确保被灭菌产品达到无菌要求。

3. **中药输液剂灭菌需要关注的问题** 中药输液剂由于体积较大、热穿透性差，为保证无菌效果，通常采用热压灭菌法，同时，热压灭菌的温度和时间应保证达到无菌的要求，其 $F_0 \geq 8$。对热不稳定的中药输液剂如果采用流通蒸汽灭菌，或者降低热压灭菌的温度和时间，这样做不能保证达到无菌的要求，若用于临床会存在严重的安全性风险。因此，对于热不稳定的中药，若要制成注射剂，应首先考虑选择粉针剂，也可以选择小水针剂，而不宜制成中药输液剂。

第四节 质 量 评 价

中药成分复杂且受生产工艺的影响较大，其纯度的确定、杂质的控制，以及保证质量和稳定性方面的工作难度较大。

中药注射剂的质量标准应根据制剂本身的特点，制定科学合理且可控的质量标准。由于药品标准颁布的时间不同，中药注射剂的质量标准中不可避免地留有当年技术发展水平和管理水平的烙印，除少数中药注射剂质量标准相对完善外，大多数中药注射剂的质量标准有待进一步提高。

一、制定合理的含量测定方法与测定标准

中药注射剂中主要有效成分和有效部位的含量是中药注射剂质量的重要保证，不但能反映其制备工艺的稳定性和原料的真伪优劣，也为确保药品的有效性、安全性起到监控作用。目前，中药注射剂质量控制标准的含量测定还存在很多问题，最主要的表现为以下几种。

1. **指标成分选择不当** 某些中药注射剂的原料来源和功能主治均不相同，但含量测定的成分却相同。《中药成方制剂》收载的注射剂中，有 9 种注射剂都规定测定总黄酮成分，以芦丁计算含量，这些品种的总黄酮成分中不一定都含有芦丁，且结构不同、分子质量不同、最大吸收波长也不尽相同，难以体现中药注射剂的功能与主治，达到真正控制产品质量的目的，应采用该品种本身含有的黄酮成分作为对照品以计算含量。

2. **指标成分种类少或含量甚微** 中药注射剂含量测定的指标成分或有效成分较少，有 75 种注射剂只测 1 种成分，其中包括 30 种复方注射剂。例如，退热解毒注射剂是由 8 种中药组成的复方，但其只

测定绿原酸含量。中药单方或复方注射剂的化学成分组成复杂,产生的疗效往往不是单一成分的作用结果,检测任何1种活性成分均不能体现其整体疗效。有的中药注射剂所测得的指标成分含量甚微,对药品质量控制的意义不大,如鱼腥草注射液中,甲基正壬酮的含量规定为每毫升不得少于 0.8 μg。

中药注射剂在确定含量测定成分的药味时,要以中医药理论为指导,根据方中功能主治,选择多指标、多成分来制定含量测定项目(首选处方中的主药、贵重药、毒剧药),采用科学的方法建立主要有效成分的含量测定项目,并制定出合理的含量限度指标,以保证临床用药的有效性和安全性。

二、加强中药注射剂指纹图谱的研究

《中药、天然药物注射剂基本技术要求》中规定,原料(药材、饮片、提取物、有效部位等)、中间体、制剂均应分别研究建立指纹图谱。并且,应进行原料、中间体、制剂指纹图谱的相关性研究,指纹图谱的研究应全面反映注射剂所含成分的信息,必要时应建立多张指纹图谱。经质量研究明确结构的成分,应当在指纹图谱中得到体现,一般不低于已明确成分的90%,对于不能体现的成分应有充分合理的理由。指纹图谱的评价可采用相对峰面积、相对保留时间、非共有峰面积或者相似度等指标进行评价。同时,也可根据产品特点增加特征峰比例等指标及指纹特征来描述,并规定非共有峰数及相对峰面积。《中国药典》(2020年版)一部中,清开灵注射液、注射用双黄连(冻干)采用了指纹图谱检查。在得到相对完备的中药指纹图谱后,应进行指纹图谱特征和药效相关性的研究,指纹图谱既要体现出化学成分的变化(种类、个数和含量),又要体现药效的变化(药效试验或临床效果),并建立量-效相关性。

三、中药注射剂的质量标准提升

各版《中国药典》对中药注射剂的质量要求逐渐提高。国家对于中药注射剂标准的提升也在不断提出要求,2007年国家药典委员会安排了127个中药注射剂的质量标准提升工作,但是仅有33个中药注射剂完成了品种标准提高、修订和颁布工作。已完成质量标准升级的品种其质量控制方法相对完善,如【鉴别】项多为对照品与对照药材的薄层色谱鉴别;【检查】项增多,增加多项安全性控制项目;【含量测定】项多使用HPLC测定,有些品种也增加了一测多评法;【指纹图谱】项多用HPLC特征峰,也有一些是GC特征峰;采用全谱相似度和特征峰相似度评价方法进行相似度评价。

目前,中药注射剂质量评价方面仍存在一些问题。例如,还有很多品种没有完成标准提升工作;有部分中药注射剂【鉴别】和【含量测定】项所用的检查方法专属性较差;有的检测指标含量非常低,既没有专属性,也没有意义;多味药组成的中药注射剂,其质控覆盖面较窄,有的仅控制其中一两个药味;常规多指标含量测定指标的选择与药效和安全性有时关系不大,并不能满足实际质量控制的需要。

近年来,随着中药现代化进程的加快,带动了中药注射剂质量控制研究从初级向更深层次迈进。从目前质量控制研究方法的进展情况看,对内在组分进行定量分析手段,除了较常规的HPLC、GC,MS检测手段也开始得到关注。常用的多成分质量控制方法还包括一测多评及指纹图谱法。一测多评法可以用一个对照品实现同步测定注射剂中多个组分的含量,简单又高效。指纹图谱技术也在原来常规HPLC数据的基础上,发展了基于GC、超高效液相色谱法(ultra-high performance liquid chromatography,UPLC)、MS等技术的指纹图谱。针对中药注射剂的质量评价手段,在传统的统计分析方法基础上,近年来基于多样本的数据分析发展也较为迅速,尤其是化学计量学和模式识别等统计方法应用于中药注射剂的质量评价研究越来越多。此外,谱效关系、中药质量标志物等也有较多研究,尽管这些方法目前还不够成熟,但只要深入研究下去,将有广阔的应用前景。

第五节 有关问题讨论

中药注射剂是传统中药与现代制剂技术结合发展起来的现代中药剂型,满足了中医临床急救用药的需要,在医疗实践中发挥了重要的作用。但是,由于中药及其复方的化学成分复杂,质量可控性难,不良反应时有发生,自2006年出现鱼腥草注射液不良事件后,双黄连注射液、刺五加注射液、茵栀黄注射液等又陆续发生问题,使得中药注射剂的安全性受到严重质疑,其发展陷入了一定的困境。但是,不应将个别品种因个别企业产品质量引起的不良反应涵盖到所有生产企业的产品,并进一步归为整个中药注射剂的不良反应,进而影响整个中药注射剂的产业政策。中药注射剂相关问题产生的主要原因包括药物自身因素、患者因素和临床使用不当等问题,涵盖了中药注射剂的研发、生产、流通、使用等各个阶段(图5-4)。为保障中药注射剂的安全性和有效性,应就当前中药注射剂发展存在的问题进行分析,并探讨其解决的对策,使中药注射剂更好地发展,以造福人类。

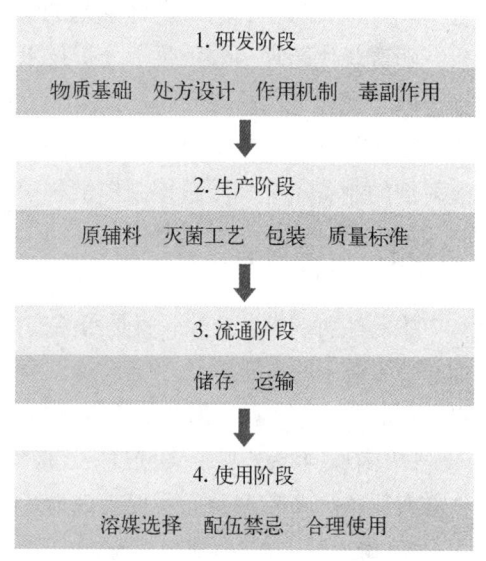

图5-4 中药注射剂有关问题影响因素

一、中药注射剂的中医药理论与物质基础问题

(一) 中药注射剂的理论指导

中药注射剂如何体现中医药理论指导是一个值得探讨的问题。以总提取物或有效部位为原料配制的中药注射剂,可以代表或基本代表原中药/复方的整体效能,适应于辨证审因、辨证用药的需要,能体现中医药防病治病的特色。例如,被《中国药典》(2020年版)一部收载的止喘灵注射液由麻黄、洋金花、苦杏仁、连翘组成,采用水提醇沉法,以提取物为原料配制注射剂,其功能为宣肺平喘,祛痰止咳,主治痰浊阻肺,肺失宣降所致的哮喘、咳嗽、胸闷、痰多,支气管哮喘、喘息性支气管炎见上述证候者。在中药注射剂的研制过程中,如何体现中医药理论指导,使制成的注射剂有效、安全、稳定、可控是一个关键的问题。应从处方选择,提取、分离、精制工艺路线的设计,质量控制等方面作全面考虑。

1. **中药注射剂的处方** 其选择应遵循方剂"君、臣、佐、使"配伍理论的基本原则;在传统"经方""验方"中,选择药味组成少、有效成分明确且含量高、质量可控、安全性好、治疗急重病证的处方进行研究。例如,清开灵注射液是以"安宫牛黄丸"方药为基础研制而成;生脉注射液、复方红参注射液来源于"生脉饮";参附注射液来源于著名的中医古方"参附汤"。

2. **中药注射剂的原料** 注射剂处方药物经过提取、分离、精制得到的半成品,是决定注射剂安全与有效的关键,因此,中药注射剂的半成品也需制定相应的半成品质量标准,并应进行相应的质量控制。

中药注射剂的原料应反映原处方的功能与主治,代表或基本代表其活性物质基础,应在中医药理论指导下,在分析处方组成、各药味所含成分的理化性质和药理作用的基础上,以与临床"证"相关的有效成分或有效部位含量作为工艺筛选研究的评价指标,进行原料制备工艺的研究,以体现中医药的特色。

(二) 中药注射剂的物质基础

中药注射剂的配制原料可分为3种类型:有效成分、有效部位、总提取物。目前,中药注射剂的配制原料仍以总提取物为主。以有效成分或有效部位为原料的中药注射剂,其质量容易控制且较稳定,但在中药注射剂品种中仅占比不到20%,多为单方注射剂。由于中药的化学成分十分复杂,其基础研究相对薄弱,有效成分往往不明确或其含量极低;其作用的发挥常常是多成分、多靶标综合效应,这些都给中药注射剂的物质基础研究与质量控制增加了难度。据统计,目前国家正式批准的中药注射剂组方中,一味药的品种占54.13%,两味药的品种占14.68%,三味药的品种占10.09%,即由一~三味药组成的合计占78.90%。由此可见,中药注射剂的组方以单味药或两~三味药组成的小复方为主。

随着现代药理药效和化学分析技术的发展,探讨中药及其复方的药效物质基础和作用机制,已成为当今中药现代化的热点问题。针对部分疗效确切的中药注射剂,从临床疗效和主治病证角度切入,经离体和在体的动物药效学研究,以及临床的人体验证,探讨其药效物质基础及可能的作用原理,可为中药注射剂的制备工艺和质量控制提供科学依据。

二、中药注射剂的安全性问题

中药注射剂的安全性一直是药品安全性评价中的一个热点问题。近年来,随着中药注射剂种类的增加和临床应用的不断扩大,关于中药注射剂不良反应的报道数量增多,其临床安全性已引起了国内外医药界的广泛关注。中药注射剂的不良反应主要表现为:① 过敏样反应(类过敏反应),表现为突发的心慌、胸闷、呼吸困难、喉头水肿。皮肤过敏反应均表现为皮疹及皮肤瘙痒;② 发热,以中度及高热为主,伴有或不伴有寒战;③ 消化道反应,主要表现为恶心、呕吐、腹痛、腹泻、黄疸、转氨酶升高等;④ 血液系统损害,表现为出血、溶血性贫血、白细胞减少、血小板减少、过敏性紫癜等;⑤ 心血管系统损害,以心律失常多见,亦见有心绞痛、心肌损伤、血压骤升或骤降等;⑥ 中枢神经系统反应,以头痛、头晕、眩晕、兴奋、烦躁等为主;⑦ 运动系统反应,包括腰背剧痛、肌肉震颤、关节肿胀疼痛等;⑧ 其他,如急性肾衰竭、急性肺水肿、静脉炎等。

目前,中药注射剂存在缺少系统的安全性分析方法,检查指标主观性强、无法有效评价品种安全性,部分注射剂品种缺少安全性检查项等问题,这些问题从一定程度上限制了中药注射剂应用范围的扩大。

1. **澄明度检查不合格** 澄明度是中药注射剂稳定性的考核项目之一,也是评价其质量的重要指标。其产生原因较多,主要是由于中药成分复杂,生产过程中的杂质未除净,而使中药注射剂在灭菌后或在贮藏过程中易产生浑浊或沉淀。

2. **鞣质检查不合格** 鞣质是一类复杂的多元酚类化合物,其水溶液在放置后会发生氧化、聚合等反应而生成沉淀,并且能与蛋白质结合形成硬结,从而导致注射部位疼痛坏死。鞣质的去除对于提高中药注射剂的质量具有重要意义,也是中药注射剂临床应用安全有效的保证。

3. **注射剂药用辅料标准有待完善** 中药注射剂中往往需要加入增溶剂、抗氧剂、pH调节剂、等渗调节剂等附加剂。由于直接注射进入血液循环系统,中药注射剂中采用的辅料应具有很高的安全性,辅料的规范使用显得尤为重要。然而,我国的注射用辅料缺乏科学合理的选用原则与评价模式,其质量指标未能体现注射用要求,这给注射剂的质量和安全带来很大隐患,因辅料选用不当而引起的临床不良反应频繁发生。

例如,聚山梨酯-80(吐温-80)是中药注射剂常用的增溶剂,主要用于增加脂溶性成分的溶解度,以改善澄明度,增加药液的含药量。目前,吐温-80在中药注射剂中的使用仍存在一些问题,体现在四个方面:① 吐温-80来源复杂,质量难以严格控制;② 超标使用;③ 非法添加;④ 对药效成分与吐温-80的相互作用缺少研究。上述不合理应用共同导致了中药注射剂的不良反应。有研究报道,静脉给药时,不同品系犬对含吐温-80的注射制剂均异常敏感,即使较低剂量也可致犬出现严重的过敏反应,临床上也有吐温-80肌内注射导致过敏现象的报道。针对上述问题,可采取的措施包括:不断提升药用吐温-80的质量标准;通过对吐温-80的增溶适宜性研究,为中药注射剂合理使用吐温-80增溶提供理论依据;规范吐温-80的用法,寻找质量更优的替代辅料。

4. 溶血与过敏反应 中药注射剂由于所含成分较复杂,未知成分较多,临床使用有时会产生溶血、过敏、刺激性等安全性问题。

引起溶血现象的原因较多,主要有两方面:① 含皂苷类成分浓度过高,使细胞膜通透性改变,降低了膜表面张力而大量破裂,产生溶血现象;② 渗透压过低,导致进入红细胞内的水分增多,致使红细胞膨胀,膜破裂,血红蛋白逸出而出现溶血。解决措施包括:含皂苷类成分的注射剂,尤其是供静脉注射用的中药注射剂,必须做溶血实验;渗透压过低的中药注射剂,可通过加入渗透压调节剂解决。过敏现象产生的原因主要是有些中药含有抗原或半抗原物质,如天花粉注射液中的天花粉蛋白;以动物药材为原料的中药注射剂中含有蛋白质、生物高分子物质等。

5. 热原及细菌内毒素检查 热原是注射剂安全性质量检验的重要指标之一。广义的热原包括细菌性热原、内源性高分子热原、内源性低分子热原及化学性热原等,药剂学上的"热原"通常是指细菌性热原,注射后能引起特殊的致热反应。致热能力最强的是革兰阴性杆菌的代谢产物。注射剂应严格控制注射液中内毒素的含量,以保证其安全性。中药注射剂由于成分复杂,影响因素多,极易对细菌内毒素与鲎试剂的反应产生干扰,因此,热原检查一般首选家兔法。《中国药典》(2020年版)四部《9301注射剂安全性检查法应用指导原则》规定热原检查应做适用性研究,求得对家兔无毒性反应、不影响正常体温和无致热作用的剂量。但是,家兔法热原检查和细菌内毒素检查法均存在一定的局限性,如家兔法的灵敏度低,一些具有解毒降温作用的药物会干扰家兔的生理活性,引起体温下降,导致检测结果不准确;细菌内毒素检查法仅能特异性检测革兰阴性菌来源的细菌内毒素。近年来,来源于各种病毒、细菌等微生物或蛋白质的创新生物技术药物的发展,也促使热原检查法的进一步发展。第七版欧洲药典于2010年首次收录的单核细胞活化反应测定法(monocyte activation test,MAT)经验证,可用于检测热原。我国也将该方法增订在《中国药典》(2020年版)四部《9301注射剂安全性检查法应用指导原则》中,作为热原检查的补充方法。

中药注射剂所受污染途径较多,在种植、采收、贮存、加工等环节均易受到污染,再加上化学成分复杂,导致其中外源性热原物质类型较化学药品注射剂更为复杂多样,并不仅限于内毒素。因此,在中药注射剂生产的各个环节中,必须采取热原专项控制管理措施,同时也要加强对细菌内毒素之外的热原的基础研究。

6. 致热原样反应 中药注射剂致热原样反应的因素包括生产储存条件、配制环境、药物溶媒、药物配伍、配制后放置时间、输液器、滴注速度等。不溶性微粒所致热原样反应是中药注射剂的常见不良反应,但临床往往将其误认为热原反应。

随着中药注射剂种类的增加和临床应用的不断扩大,不良反应也有逐渐增多的趋势。为提高中药注射剂的质量,2009年,国家食品药品监督管理局发布了《关于做好中药注射剂安全性再评价工作的通知》等一系列文件,全面启动中药注射剂再评价工作;2015年,《关于改革药品医疗器械审评审批制度的意见》中提出积极推进中药注射剂安全性再评价工作;2017年,《关于深化审评审批制度改革鼓励药品医疗器械创新的意见》要求"根据药品科学进步情况,对已上市药品注射剂进行再评价,力争用5至10年左右时间基本完成"。目前,中药注射剂安全性再评价工作已取得一定阶段性成果,逐步加强了对中药注射剂质控体系的管理,有望减少不良反应的发生,有利于中药注射剂的临床推广和应用。

三、科学指导中药注射剂的临床使用

大部分中药注射剂属于复方制剂,其特点是多成分发挥多靶标、多途径作用,并且与中医临床证候相对应。因此,中药注射剂必须在中医药理论指导下辨证施药,并且严格掌握用法、用量及疗程,不能超出药品适应证用药,不能超剂量用药,不过快滴注且避免长期连续用药。

中药注射剂的不良反应是影响注射剂行业发展的关键问题,因为目前社会上对中药注射剂的不良反应存在误读,因此要正确认识中药注射剂存在的不良反应。无论是业内人士还是国家相关部门,都提倡科学对待中药注射剂的临床应用,以实事求是的循证医学态度,开展系统的中药注射剂上市后再评价工作。对不同剂型中药功效的界定需要进一步从化学成分、药理作用和临床应用多方面进行论证和再评价,特别是中药注射剂有别于传统口服制剂,其功能主治需要重新研究和评定,以保证用药的有效性和安全性。

四、中药注射剂的联合用药问题

中药注射剂加入输液中采用静脉滴注或与其他药物配伍的现象在临床日益增多,注射剂联合用药可减少注射的次数,还可增强药物的协同作用。但是,中药注射剂由于成分复杂,在与其他药物联合应用时,可能发生配伍变化,使不良反应的发生率增高。中药注射剂联合用药发生配伍禁忌呈混浊、沉淀、变色,或产生气泡等现象,主要原因为混合后 pH 发生改变,使有效成分溶解度降低而析出,增加了微粒的数量,微粒进入血管后引起微血管阻塞而造成局部栓塞性出血、血肿、损伤和坏死,导致肺部肉芽肿及栓塞,引起不良反应的增加。因此,中药注射剂应谨慎联合用药,若必须同时使用两种或两种以上注射剂,在安全的前提下,应遵循主治功效互补及增效减毒的原则,符合中医传统配伍理论的要求。《中国药典》(2020 年版)一部明确规定,清开灵注射液以 10% 葡萄糖注射液 200 mL 或氯化钠注射液 100 mL 稀释后使用,如经 10% 葡萄糖或氯化钠注射液稀释后,出现沉淀、浑浊亦不得使用;并且已确认清开灵注射液不能与硫酸庆大霉素、青霉素 G 钾、肾上腺素、间羟胺、乳糖酸红霉素、多巴胺、山梗菜碱、硫酸美芬丁胺等药物配伍使用。

总之,中药注射剂的瓶颈问题涉及诸多方面,是个复杂的系统工程,需要引起我们的高度重视。中药注射剂需要采用现代化提取精制工艺和质量控制手段,从药材、辅料、中间体到最终产品,建立一整套生产及质量控制体系,完善中药注射剂质量标准,来评价最终产品的安全性与有效性。在临床使用中,应采用合理配液方法,控制滴注速度,加强用药观察,以确保中药注射剂的安全、有效、合理用药。

第六节　自动化生产线

由于中药注射剂成分复杂,且生产过程影响因素较多,只通过成品质量检测很难保证产品的质量,这就要求生产企业在生产过程中严格控制中药注射剂的质量,尽量保证各批次间差异性小。基于质量源于设计的理念,美国 FDA 提出了过程分析技术(process analysis technology,PAT)。PAT 的应用可以解决中药注射剂生产过程中指标性成分的快速检测难题,及时地对生产进行反馈及控制,减少生产风险投入,加强中药注射剂的质量控制,从而保证中药注射剂产品质量的均一性和工艺的稳定性。

NIR 技术作为一种快速无损的分析技术,具有快速分析、样品处理简单、无须消耗试剂等特点,近年来已越来越多地被应用于中药研究,包括药材产地鉴别、有效组分含量测定和制药过程的在线检测和监控。

丹红注射液多年来持续开展了多项针对中药注射剂的再评价研究及基于人工智能的数字化生产模式探索和实践,对整个工艺的装备水平和自控水平进行了升级。生产过程采用了智能生产工艺装备、智能机器人、自动化控制系统、信息化管控系统、大数据分析系统等一系列人工智能软硬件技术与产品,总体目标是以"数字化运营中心"为载体,通过将中药注射剂生产相关设备、控制系统、软件系统的信息等进行整合,将中药生产系统集成,实现了从工艺设备、工段/生产线、车间到工厂,甚至整个企业各类数据、设备和系统的互连互通和互操作,具有智能化的精准工艺控制、生产过程协同、质量过程控制、大数据分析决策、生产资源管控等各种功能;全面构建了药材种植、采收加工、药品生产、仓储物流管理、产品追溯管理等从"田间"到"病床"的全生命周期信息化系统;现行生产过程中运用多种检测方式融合的 PAT 与提取集散控制系统(distributed control system,DCS)进行整合,通过信息化分析手段进行量值传递规律研究,实现了对丹红注射液产品质量的精准管控,建立了一套中药注射剂质量的主动响应和预防控制的策略,构建了高质、高效、安全的中药注射剂数字化生产新模式。

实例:丹红注射液

1. 处方　丹参,红花。

2. 制法　以上两味,加水煎煮二次,每次 1 h,滤过,合并滤液,浓缩至相对密度为 1.20~1.30(65℃)的清膏,加乙醇使含醇量达 75%~80%,冷藏。取上清液,回收乙醇并浓缩至相对密度为 1.20~1.30(65℃)的清膏,加乙醇使含醇量达 80%~85%,冷藏。取上清液,加入约为投料量 1% 的活性炭,搅拌 30 min,静置,滤过,滤液回收乙醇至无醇味,加注射用水至 1 000 mL,搅匀,加热煮沸 40~50 min,冷藏。滤过,滤液浓缩至约 333 mL,冷藏,滤过,滤液用 40% 氢氧化钠溶液调节 pH 至 6.5~7.5,加热煮沸 40~50 min,加入约为药液量 0.5% 的活性炭,搅匀,药液温度降至 50~60℃,静置。滤过,滤液经超滤后,加入约为药液量 0.5% 的活性炭,煮沸,滤过,滤液加注射用水至 1 000 mL,调节 pH 至 6.5~7.5,滤过,灌封,灭菌,即得。

3. 功能与主治　活血化瘀,通脉舒络。用于治疗瘀血闭阻所致的胸痹及中风,见胸痛、胸闷、心悸、口眼㖞斜、语言謇涩、肢体麻木、活动不利等症;冠心病、心绞痛、心肌梗死、瘀血型肺心病、缺血性脑病、脑血栓。

4. 用法与用量　肌内注射,一次 2~4 mL,一日 1~2 次;静脉注射,一次 4 mL,加入 50% 葡萄糖注射液 20 mL 稀释后缓慢注射,一日 1~2 次;静脉滴注,一次 20~40 mL,加入 5% 葡萄糖注射液 100~500 mL 稀释后缓慢滴注,一日 1~2 次;伴有糖尿病等特殊情况时,改用 0.9% 的生理盐水稀释后使用;或遵医嘱。

5. 注解

(1) 丹参:味苦,性微寒,归心、肝经,通血脉,散瘀结,是为主药。具有祛瘀止痛、活血通经、清心除烦的功效,主治冠心病、心绞痛、心烦不眠、月经不调、经闭痛经等症。近年来研究发现用其治疗心血管疾病,疗效显著。

(2) 红花:味辛,性温,亦归心、肝经,化瘀血,通经络,是为辅药。具有活血通经、散瘀止痛的功效。其有效成分为红花苷,又名红色素和红花黄色素。红花富含铬、锰、锌、钼等元素,可以增强心血管功能。动物药理实验表明,红花水煎剂对离体及在位子宫均有显著的兴奋作用,对循环系统有较持久的降压作用,对肠管有兴奋作用。

(3) 丹红注射液:是由丹参和红花两味经典中药组成,丹参味苦、性微寒为主药,红花味辛、性温为辅药,两药相辅祛瘀而生新,除邪而不伤正;从中药的升降沉浮来看,丹参主沉降,红花主升浮,两药同用,一升一降,内外通和,行气活血之功效尤其显著。

(桂双英　盛华刚)

第六章
中药新型给药系统

第一节 中药口服缓控释制剂

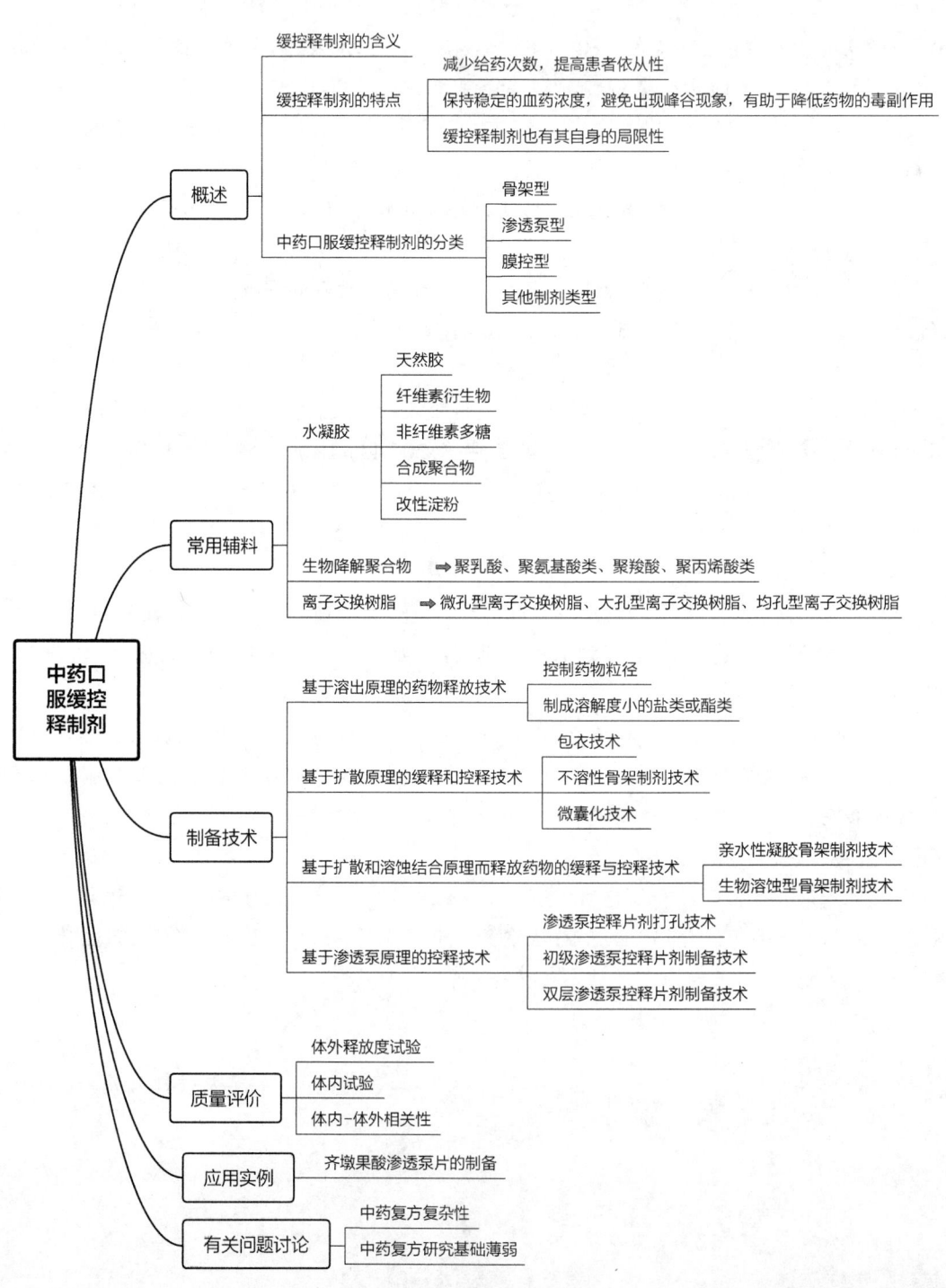

一、概述

我国中医药发展历史悠久,先秦时期的《黄帝内经》中所记载的丸剂、膏药便有了缓控释技术的雏形。李东垣(1180~1251年)在《用药法象》中也有论述:"丸者缓也,不能速去之,其用药之舒缓而治之意也。"缓控释制剂系指有目的地控制药物释放速度,使药物在人体内保持相对平稳的血药浓度,从而使疗效剂量最优化,以达到理想治疗效果的一类制剂。缓控释制剂由于其具有研发成本低、周期短、见效快、利润率高等显著的优势,已成为中药制剂领域的研究热点。迄今为止,缓控释制剂已成为国内外医药产业发展的一个重要方向。缓释和控释制剂可供口服、眼科、鼻腔、耳道、阴道、直肠、口腔或牙科、透皮或皮下、肌内或皮下植入等不同途径给药。本节重点介绍口服缓控释剂型,也为其他给药途径的缓控释剂型提供参考。

(一) 缓控释制剂的含义

《中国药典》(2020年版)对缓控释制剂制定了指导原则。

缓释制剂(sustained-release preparation)系指在规定的释放介质中,按要求缓慢地非恒速释放药物,与相应的普通制剂比较,给药频率减少一半或有所减少,且能显著增加患者用药依从性的制剂。缓释制剂药物的释放通常符合一级或Higuchi动力学过程。

控释制剂(controlled-release preparation)系指在规定的释放介质中,按要求缓慢地恒速释放药物,与相应的普通制剂比较,给药频率减少一半或有所减少,血药浓度比缓释制剂更加平稳,且能显著增加患者用药依从性的制剂。控释制剂药物的释放符合零级动力学过程。

(二) 缓控释制剂的特点

1. 减少给药次数,提高患者依从性 缓控释制剂的有效血药浓度可维持更长的时间,因此可每天服药一次或数天服药一次。患者使用方便,大大提高了服药者的依从性。

2. 保持稳定的血药浓度,避免出现峰谷现象,有助于降低药物的毒副作用 缓控释制剂可按特定要求实现恒速或非恒速释药,有效维持平稳的血药浓度,避免发生峰谷现象,提高药物安全性且增加患者适应性。其中,控释制剂的血药浓度与缓释制剂相比,更加稳定且峰谷波动小。

3. 缓控释制剂也有其自身的局限性 缓控释制剂的生产工艺较为复杂,生产成本较高。临床应用中剂量调节的灵活性降低,如遇到某种特殊情况(如出现较大的副作用),通常不能立刻停止治疗。

(三) 中药口服缓控释制剂的分类

中药口服缓控释制剂的类型按其释药原理可分为骨架型、渗透泵型、膜控型等,其中常用的是骨架型和膜控型缓控释制剂。

1. 骨架型 包括不溶性骨架、亲水性凝胶骨架和溶蚀性骨架制剂等类型。不溶性骨架制剂与亲水性凝胶骨架制剂的药物释放形式以被动释放为主,药物的释放速率与其本身的理化性质和骨架控制有较高的相关性;溶蚀性骨架制剂的释放速率主要取决于缓释辅料的溶蚀性。因此,在加工中药口服缓控释制剂时,可选择与之相适应的骨架类型。

2. 渗透泵型 渗透压原理是渗透泵型缓控释制剂设计的基本原理,通常在片芯外层包裹一层半透性薄膜。当药物遇到水时,水可以通过薄膜进入药物,将药物中的有效成分溶解成饱和溶液,在此基础上,薄膜的内外表面形成渗透压差,药物中的有效成分可以通过压力差从薄膜的细孔中不断释放和流出,从而发挥药物的疗效。

3. 膜控型 包衣技术是制备膜控型缓控释制剂的关键技术。在包衣过程中,应根据药物的有效成分和释放目标选择合适的包衣材料,以实现药物的缓释效果,提高治疗效果。

4. 其他制剂类型 微囊、NP、脂质体等药物载体具有优良的缓控释性能,近年来越来越多地被应用于中药缓控释制剂。

二、常用辅料

在缓控释制剂的设计中,为了达到预期的治疗效果,应根据药代动力学原理调整速释和缓释部分的剂量,再根据缓释制剂中缓释材料的原理,利用缓释材料的特殊性质,选择合适的材料,使药物按设计要求释放,以达到缓释效果。控释材料与缓释材料有许多相似之处,通过改变药物结合或混合的方式/过程,可以表现出不同的药物释放特性。不同的给药途径需要不同类型和特性的缓释和控释材料。

为了满足缓控释制剂的释放特性,应充分考虑缓控释制剂的使用领域,影响药物释放的因素,以及不同的给药途径和对缓控释材料审慎选择的不同要求。

按照辅料的性质将其分为3类:水凝胶、生物降解聚合物、离子交换树脂。

(一)水凝胶

水凝胶(hydrogel)是一些高聚物或共聚物吸收大量水分而形成的溶胀交联状半固体,其交联方式有共价键、离子键、范德瓦尔斯力和氢键。这些聚合物可以是水溶性的,也可以是水不溶性的。水溶性凝胶在有限溶胀条件下保持凝胶状态,存在过量水时,会发生溶解。而水不溶性凝胶只能吸收有限的水分,溶胀而不溶解。

水凝胶对低分子溶质具有较好的透过性,有优良的生物相容性及较好的重现性,具有缓控释性能,很容易合成,近年来已广泛用于各类缓控释给药系统。水凝胶主要通过发生水化作用形成具有屏障效应的凝胶来控制药物的释放速度,调节不同性能的材料与药物用量间的比例可以得到不同释药速率的制剂。水凝胶还可以用于生物黏附制剂中,因其具有较好的生物相容性,通过生物黏附作用可以长时间黏附于黏膜,从而延长药物的作用时间并控制药物的释放速率。

水凝胶可分为以下5类:

1. **天然胶** 如明胶、果胶、海藻酸盐、角叉菜胶、瓜耳豆胶、西黄蓍胶等。
2. **纤维素衍生物** 如MC、EC、羟乙基纤维素(hydroxyethyl cellulose,HEC)、HPMC、HPC、CMC等。
3. **非纤维素多糖** 如甲壳素、脱乙酰壳多糖、半乳糖甘露聚糖等。
4. **合成聚合物** 如PVA、卡波姆等。
5. **改性淀粉** 如预凝胶淀粉等。

(二)生物降解聚合物

生物降解聚合物(biodegradable polymers)含有对水和酶敏感的化学键,可以自动降解;在机体生理环境下,能化学降解或酶解为可被机体吸收或代谢的小分子;与机体有良好的相容性,降解产物或代谢产物安全无毒。生物降解聚合物在药剂学领域主要用于缓控释给药系统,目前广泛用于血管内给药的控释微囊、微球,以及长期给药的埋置剂型。生物降解聚合物包括聚乳酸、聚氨基酸类、聚羧酸、聚丙烯酸类等。

(三)离子交换树脂

离子交换树脂(ion-exchange resin)是含有与离子结合的活性基团,且能与溶液中其他离子物质进行交换或吸附的高分子聚合物,由以下3部分构成:三维立体结构的网状骨架;与网状骨架载体以共价键结合、不能移动的功能基团;与功能基团以离子键结合而电荷与其相反的活性离子(如H^+、OH^-)。离子交换树脂不溶于一般的酸、碱溶液及有机溶剂,可以再生、反复使用,离子交换树脂按活性基团可分为阳离子交换树脂、阴离子交换树脂、两性树脂等。树脂分子结构中的解离酸性或碱性基团可以通过离子键与荷正电或荷负电的药物形成聚合物盐,以延长药物作用时间,稳定释药速度。离子交换树脂的控释作用逐渐被应用于口服缓控释释放系统中。

常用的离子交换树脂有微孔型离子交换树脂、大孔型离子交换树脂和均孔型离子交换树脂。

三、制备技术

缓控释制剂释药的原理主要有控制溶出、扩散、溶蚀,以及溶蚀与扩散、溶出相结合等,也可利用渗透压或离子交换机制。按照不同释药原理,可分为以下几种制备技术。

(一)基于溶出原理的药物释放技术

利用溶出原理,减缓药物的溶解速率,以达到缓释效果的药物释放技术,主要包括以下内容。

1. 控制药物粒径　药物粒径增大,其表面积减小,溶出速度减慢,药物在该部位的持续释放时间延长,吸收减慢,从而达到缓释效果。控制悬浮液的药物粒度可以获得合适的药物释放速率。

2. 制成溶解度小的盐类或酯类　药物与有机化合物或高分子化合物形成的盐类和醇类药物经酯化后形成的酯类在水中的溶解度降低,因而具有缓释作用。

(二)基于扩散原理的缓释和控释技术

以扩散为主的缓控释制剂,药物先溶解成溶液,再从制剂中向外扩散,其释药速度受制于药物的扩散速率。按照其结构和聚合物的性质,可分为膜控型和不溶性骨架型。

1. 膜控型药物释放系统(贮库型)的原理　该系统的控释机制是单纯扩散控制,药物被包裹在聚合物成膜材料中形成药物贮库,释放速率取决于制剂中聚合物膜的性质、厚度、表面积和形状等。该系统的优点是可以实现零级释放,并且可以通过改变聚合物膜的性质来控制药物释放。

2. 不溶性骨架型药物释放系统(骨架型)的原理　通常采用聚乙烯、聚氯乙烯、EC、丙烯酸树脂等不溶于水或水溶性极差的聚合物作为骨架材料,与药物压制或熔结在一起。这种药物释放系统适用于制备高水溶性药物的缓释和控释制剂。给药后,胃肠液中的水分渗透进骨架孔隙,使药物溶解,药物通过复杂的孔隙向外释放,最后,不溶性骨架被排出体外。在大多数情况下,不溶性骨架制剂是多孔骨架系统的一部分,药物在孔隙中的扩散是一个限速过程,药物的释放符合菲克(Fick)定律,其释放动力学可以用 Higuchi 及其改进模型来描述。这种制剂易于制备,并可用于高分子药物,但不易实现零级释放。

3. 制备技术

(1) 包衣技术:药物片剂、小片剂或颗粒阻隔材料的包衣,阻隔材料为不溶于水的高分子材料,如 CA、EC、聚丙烯酸树脂、硅橡胶等,或脂质材料,如蜂蜡、鲸蜡醇等。

有些渗透膜包衣材料,如 CA 制成的封闭膜,如果药物溶解和渗透缓慢,难以达到药物释放要求,可在这些材料的包衣溶液组成中加入致孔剂,以增加包衣膜的渗透性,从而达到微孔膜的药物释放效果。

为了使包衣膜具有一定的柔韧性和可塑性,包衣材料中还必须加入一类小分子增塑剂。增塑剂根据其溶解特性,可分为水溶性和脂溶性。甘油、丙二醇和 PEG 是常用的水溶性增塑剂,可与水溶性聚合物或醇溶性聚合物混合使用。不溶于水的增塑剂,如二甲酸二乙酯、乙酸甘油三酯和蓖麻油,主要用于溶于有机溶剂的聚合物,如 EC 和聚丙烯酸树脂。

上述包衣材料可以溶解在有机溶剂中,也可以制备成水分散体,作为包衣层溶液使用。通过控制包衣的厚度和成分,可以控制体液的渗透和药物通过膜扩散释放的速度。作为直接释放的一部分,可以使用未包衣的颗粒剂、微丸或小片剂,以及 2~3 种具有不同释放速率的包衣颗粒剂、微丸或小片剂,按适当比例混合作为释放组剂量单位,装入胶囊,按顺序释放,以达到预期的缓释或控释效果。

(2) 不溶性骨架制剂技术:这种技术是将药物与不溶于水的骨架材料混合,采用湿法制粒或直接压片,或加入适当的黏合剂制备小丸。不溶性骨架材料通常是一些不溶于水或难溶于水的聚合物,如聚乙烯、EC、丙烯酸树脂、聚甲基丙烯酸甲酯和硅橡胶。在整个药物释放过程中,不溶性聚合物材料的骨架几乎不会发生变化,药物释放后会全部随粪便排出体外。

不溶性药物从骨架中缓慢释放,而水溶性药物释放相对较快。药物的溶解特性是制剂设计的首要考虑因素,通过选择适当的骨架材料或添加致孔物质,可以控制和调节药物的释放速度。常用的稀释剂、黏合剂和润滑剂也可用于压片。

(3) 微囊化技术:微囊是将固态或液态药物包裹在天然或合成的高分子材料中而形成的直径在 1~1 000 μm 的微小囊状物,药物经过微囊化后可具有缓释和控释的作用。

(4) 制成乳剂:将水溶性药物制备成 W/O 型乳剂,药物从水相扩散到油相中,再从油相扩散到体液中,从而缓慢释放。

(5) 增加黏度,减少扩散速度:在液体药品中加入明胶或 CMC,由于黏度增加,扩散速度减慢,具有持久的治疗效果,以达到缓控释制剂的效果。

(三) 基于扩散和溶蚀结合原理而释放药物的缓释和控释技术

扩散与溶蚀释药结合的缓控释制剂,按照聚合物的性质,可分为亲水性凝胶骨架型和生物溶蚀骨架型。这两种类型的释药系统中,药物的释药同时受制于药物从骨架中向外扩散的速度与骨架溶蚀的速度,释药行为因药物的溶解性能与骨架材料的性质不同而存在差异。

1. *亲水性凝胶骨架制剂技术* 亲水性凝胶骨架药物释放系统是以亲水聚合物(如 HPMC、卡波姆)或天然胶(如黄原胶)为骨架材料制备的药物固体制剂。药物从亲水骨架制剂中释放包括以下步骤:① 骨架润湿、吸水;② 亲水材料水合、膨胀、形成凝胶层;③ 溶解药物的扩散、凝胶层溶蚀而达到药物释放。

凝胶骨架的溶蚀程度和速度既取决于所用凝胶材料的特性,也取决于药物和其他辅料的溶解特性。对于水溶性药物,释放机制主要是药物的溶胀和凝胶的持续溶解;对于不溶性药物,释放机制主要是骨架溶解。然而,无论药物释放机制如何,凝胶都会溶解并释放药物。因此,与其他类型的缓释制剂相比,亲水性凝胶骨架制剂具有更高的生物利用度。

亲水性凝胶骨架片剂大多采用湿法制粒压片或粉末直接压片的方法制备。干法制粒压片在亲水性凝胶骨架片也有应用。

2. *生物溶蚀型骨架制剂技术* 生物溶蚀型骨架药物系统是一种由固体脂肪、蜡或生物可降解聚合物制成的缓释制剂。这种药物的释放主要是通过骨架材料的逐渐溶解,直至完全释放。该系统的药物释放过程与固体脂肪、蜡或生物可降解聚合物的溶解速度,以及药物在骨架中的扩散行为有关。pH、消化酶对脂肪酸酯的水解有很大影响。当使用可水解的酯类进行骨架化时,药物释放的速度受到骨架化和酯键水解速度的双重调控。药物扩散的路径长度会随着骨架的溶解而发生变化,这一复杂性形成了移动界面扩散系统。

溶蚀型骨架的制备工艺通常是将一种或多种溶蚀型骨架材料按适当比例混合加热熔融,然后与药物和稀释剂混合、制粒、制片。也可采用挤出滚圆法、熔融快速混合法或熔融挤出技术,制备小片剂填充到胶囊中使用。

(四) 基于渗透泵原理的控释技术

渗透泵是一种利用渗透压原理的控释给药系统。在众多药物释放系统中,渗透泵药物释放因其明显的零级释放特性,环境酸碱度、胃肠蠕动和食物均不影响药物释放行为,且体内外药物释放有良好的相关性,因而比起其他口服缓控释制剂更具有优越性。

根据药物溶解特性的不同,渗透泵系统可设计成初级单室渗透泵(elementary osmotic pump,EOP)和多层或多室渗透泵型控释制剂。主要原理如下:

1. *初级单室渗透泵片剂控释原理* 大多数水溶性药物可将药物和调节渗透压的有效成分制成片芯,在片芯上包衣,形成半刚性膜(保持一定压力体积不变),机械或激光穿孔技术使包衣膜中具有适合药物释放的小孔。机械打孔或激光打孔技术可在适合药物释放的包衣膜上打开小孔,以制备初级单室渗透泵。

当渗透泵与体液或释放环境接触时,水通过半透膜渗入药芯,溶解药芯中的药物,形成饱和溶液,产生的渗透压大于体液或释放环境的渗透压,药芯内外表面的渗透性差异使水持续进入药芯,导致药芯内产生静水压。在静水压力的作用下,药物和渗透活性物质的饱和水溶液从释药孔释放出来(图6-1)。

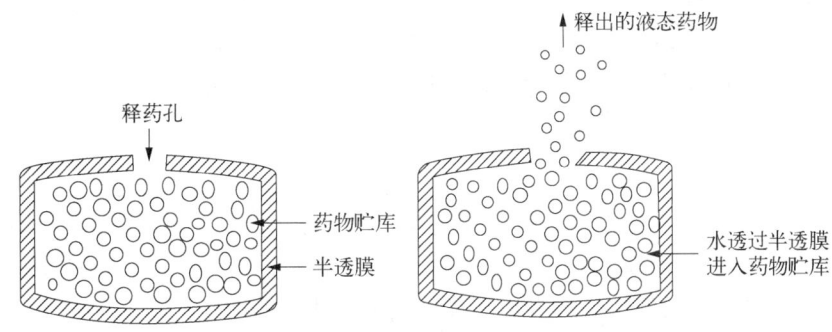

图6-1 初级单室渗透泵片剂控释原理示意图

2. 多层或多室渗透泵片剂控释原理　对于难溶性药物,由于溶解度低,很难在片芯环境中形成高浓度和高渗透压以维持有效的释放速率。加入大量的渗透压促进剂来维持恒定的渗透压,势必超过正常片重范围,因此,不溶性药物通常无法制成一级单室渗透泵。为此,药剂学者又设计开发了多层或多室渗透泵控释制剂。

多层或多室渗透泵控释制剂多为两层或两室结构,片剂的核心是两层结构:一层是药物和渗透聚合物,称为含药层(室);第二层主要由渗透聚合物和渗透物质组成,称为助推层。助推层是药物释放的主要动力。

双层渗透泵片剂通常使用聚环氧乙烷作为促渗聚合物。使用时,水通过半透膜渗入片芯,溶解片芯内的渗透物质(如氯化钠等),在包衣膜内外表面形成渗透压差,作为水不断融入片芯的动力。片剂的片芯由于水的浸润,水化后,含药层中的低分子质量聚环氧乙烷同药物一起水化,形成均匀、黏度适中、易流动的悬浮液。助推层中高分子质量的聚环氧乙烷水化膨胀成为药物释放的动力,以一定的速度将药物悬浮液从小孔中推出,从而释放药物(图6-2)。

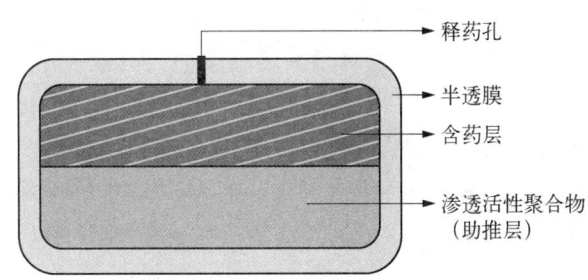

图6-2 双层渗透泵片剂控释原理示意图

3. 制备技术　渗透泵控释片的制备方法如下3种所示。

(1) 渗透泵控释片剂打孔技术:普通口服渗透泵制剂的表面应有一个或多个释药孔,早期报道多采用机械打孔,但有可能破坏包衣膜。目前,工业生产中多采用激光打孔,这种方法对包衣膜的损伤小,效率高。

通过在包衣膜材料中加入致孔剂,可以制成微孔渗透泵。在这种渗透泵中,包衣膜表面没有可见的药物释放孔,药物溶液可以通过包衣膜上无数的微孔释放出来。这种渗透系统的制造方法简化了制造过程,同时也减少了单个释放孔造成局部药物浓度过高而可能带来的刺激。

(2) 初级渗透泵控释片剂制备技术:与常规薄膜包衣片的制备工艺类似,即将药物与黏合剂、填充剂、渗透活性物质混合,然后制粒干燥,压制成片芯,使用半透明成膜材料进行包衣,最后用激光或其他方法在包衣膜打上释放孔。

(3) 双层渗透泵控释片剂制备技术:一般来说,双层渗透泵控释片剂的生产工艺包括含药层颗粒制备、助推层颗粒制备、片芯压制和包衣四个过程。

含药层颗粒的制备,即根据处方将过80目筛的难溶性药物和促渗透聚合物混合均匀,加入适量10% PVP 乙醇溶液制成软材,用20目筛制粒,干燥,整粒后得到含药层颗粒,备用。

助推层颗粒的制备是将高分子促渗聚合物、渗透活性物质、HPMC 等混合均匀,加入适量的10% PVP 乙醇溶液制成软材,制粒,干燥,整粒后得到助推层颗粒,备用。

在上述含药层颗粒和助推层颗粒中分别加入适量硬脂酸镁,用合适的方法压制成双层片芯,质检合格后用半透膜包衣,干燥后激光打孔,质检合格后包上防潮层,干燥后包装,即得。

四、质量评价

缓控释制剂的质量评价主要包括体外释放度试验、体内试验和体内-体外相关性。其质量研究与常规剂型相似,如外观性状、药物含量测定、稳定性、溶出度等项目,但由于缓控释制剂的特征是活性成分定时定量地按设计程序输出,所以体外释放速率和体内吸收速率的测定比普通剂型更为重要,在缓控释制剂的质量研究标准中是必不可少的质量控制项目。《中国药典》(2020年版)四部中规定了缓控释和迟释制剂的评价。

(一)体外释放度试验

药物的体外释放行为受制剂自身因素和外界因素的影响。制剂自身因素包括主药的性质(如溶解度、晶型、粒度分布等)、制剂的处方与工艺等,外界因素包括测定释放度的仪器装置、释放介质、转速等。体外释放度试验是在模拟体内消化道的条件下(如温度、介质的 pH、搅拌速率等),测定制剂的药物释放速率,并最后制定出合理的体外药物释放度标准,以检测产品的生产过程并对产品进行质量控制。结合体内外相关性研究,释放度可以在一定程度上预测产品的体内行为。对于释放度方法可靠性和限度合理性的评判,可结合体内研究数据进行综合分析。

(二)体内试验

对缓控释和迟释制剂的安全性与有效性进行评价,应通过体内的药效动力学和药代动力学试验。首先,对缓控释和迟释制剂中药物的理化性质应充分了解,包括有关同质多晶、粒子大小及其分布、溶解性、溶出速率、稳定性,以及制剂可能遇到的其他生理环境极端条件下控制药物释放的变量。制剂中药物因受处方和制备工艺等因素的影响,溶解度等物理化学特性会发生变化,应测定相关条件下的溶解特性。难溶性药物的制剂处方中含有表面活性剂(如十二烷基硫酸钠)时,需要了解其对药物溶解特性的影响。

关于药物的药代动力学性质,应进行单剂量和多剂量人体药代动力学试验,以证实制剂的缓控释特征是否符合设计要求。推荐采用药物的普通制剂(静脉用或口服溶液,或经批准的其他普通制剂)作为参考,对比其中药物的释放、吸收情况,来评价缓控释和迟释制剂的释放、吸收情况。设计口服缓控释和迟释制剂时,测定药物在肠道各段的吸收是很有意义的,同时食物的影响也应作考虑。

药物的药效学性质应反映出在足够广泛的剂量范围内,药物浓度与临床响应值(治疗效果或副作用)之间的关系。此外,应对血药浓度和临床响应值之间的平衡时间特性进行研究。如果在药物或其代谢物与临床响应值之间已经有很确定的关系,缓控释和迟释制剂的临床表现可以由血药浓度-时间关系的数据进行预测。如无法得到这些数据,则应进行临床试验和药动学-药效学试验。

(三)体内-体外相关性

体内-体外相关性是指由制剂产生的生物学性质或由生物学性质衍生的参数(如 t_{max}、C_{max}、AUC),与同一制剂的理化性质(如体外释放行为)之间建立合理的定量关系。

缓控释和迟释制剂要求进行体内-体外相关性的试验,它应反映整个体外释放曲线与血药浓度-时间曲线之间的关系。只有当体内外具有相关性时,才能通过体外释放曲线预测体内情况。

体内-体外相关性可归纳为以下3种。

(1) 体外释放曲线与体内吸收曲线(即由血药浓度数据去卷积而得到的曲线)上对应的各个时间点分别相关,这种相关简称为点对点相关,表明两条曲线可以重合或者通过使用时间标度重合。

(2) 应用统计矩分析原理,建立体外释放的平均时间与体内 MRT 之间的相关性。由于产生相似的 MRT 可能有很多不同的体内曲线,因此,体内 MRT 不能代表体内完整的血药浓度-时间曲线。

(3) 一个释放时间点($t_{50\%}$、$t_{90\%}$ 等)与一个药代动力学参数(如 AUC、C_{max}、t_{max})之间单点相关,只能说明部分相关。

五、应用实例

> **实例:齐墩果酸渗透泵片的制备**
>
> 齐墩果酸是一种五环三萜类天然有效成分,以游离或结合成苷的形式广泛存在于食物、医学草本植物中。齐墩果酸通过促进细胞色素 P450 系统和其他毒物结合,增强了肝脏对毒物的代谢,还具有抗脂质过氧化物对细胞膜损伤的能力,因而是一种可用于肝炎治疗的有效药物。但是,齐墩果酸的溶解度差、半衰期短(1~2 h),血药浓度在服药后 30~45 min 达到峰值,胃肠道内药物吸收不好,普通片的生物利用度通常较低。渗透泵型控释制剂作为极具代表性的缓控释制剂中的一种,以零级释药速率释放药物,其释药行为几乎不受吸收环境和进食等可变因素的影响,是理想的口服缓控释制剂。因此,开发齐墩果酸渗透泵片制剂能够有效改善其水溶性低、半衰期短、口服吸收生物利用度差的缺点。齐墩果酸属于黏度高、水中溶解度极低的药物,因而研究采用双层渗透泵制备工艺,通过含药层的处方、工艺优化,以实现齐墩果酸的缓慢释放,确保体内的溶解与吸收。

二维码6-1
齐墩果酸渗透泵片的制备

六、有关问题讨论

中药缓控释制剂的研究相对薄弱,落后于化学药缓控释制剂的研究。虽然近年来在中药有效成分及其体内药代动力学研究方面取得了一些进展,为中药缓控释制剂的研究奠定了一定的基础,但由于中药有效成分的复杂性,中药缓控释制剂的开发仍面临着诸多挑战。

1. **中药复方复杂性** 中药复方具有多成分、多作用、多途径、多靶标整合调节的作用,其中各成分的性质与体内行为可能各异。目前,绝大多数中药复方产生药效作用的物质基础尚未清楚,提取分离的对象不明确,很难以一个或几个单体成分作为中间体原料,一般是由许多成分组成的混合物,无法获得缓控释制剂设计所需的药代动力学参数,从理论上难以指导中药缓控释制剂的设计;其混合物的理化性质比较复杂,给缓控释制剂辅料的筛选及制剂的处方设计、成型工艺也增加了困难。因此,由于中医药应用的理论体系和中药固有的特性,以血药浓度为基础和指征的化学药物缓控释理论及技术往往并不完全适用于中药。中药缓控释给药系统的理论及评价体系尚需进一步研究与完善。

2. **中药复方研究基础薄弱** 目前,中药复方制剂(普通制剂)的研究基础薄弱,其体内吸收利用研究基本是空白。有的虽然进行了某一成分的体内吸收等研究,但由于中药多成分、多靶标综合作用的特点,某成分的体内吸收、作用不能代表整个药物吸收、作用特点和规律,因此,其某一成分的体内药代动力学参数不足以作为评价其临床疗效的依据。

目前,对中药有效成分、有效部位、单味药物及复方中药提取物的口服缓释制剂都有不同程度的研究,研究内容主要是这些缓释制剂的制备工艺和体外释放情况,缓释性能的评价大多是测定一种或几种已知成分的体外释放速率,但也有一些缓释效果研究方法是经过综合评价、体内药代动力学研究和剂型改造后得出的。总的来说,中药缓控释制剂的研究虽然已经取得了一些进展,但为了使中药缓控释制剂的研究体现中药的优势和特色,更好地服务于中药的现代化发展和临床使用,还存在一些瓶颈问题有待深入研究解决。

第二节 中药口服定位释药系统（胃部及结肠定位释放）

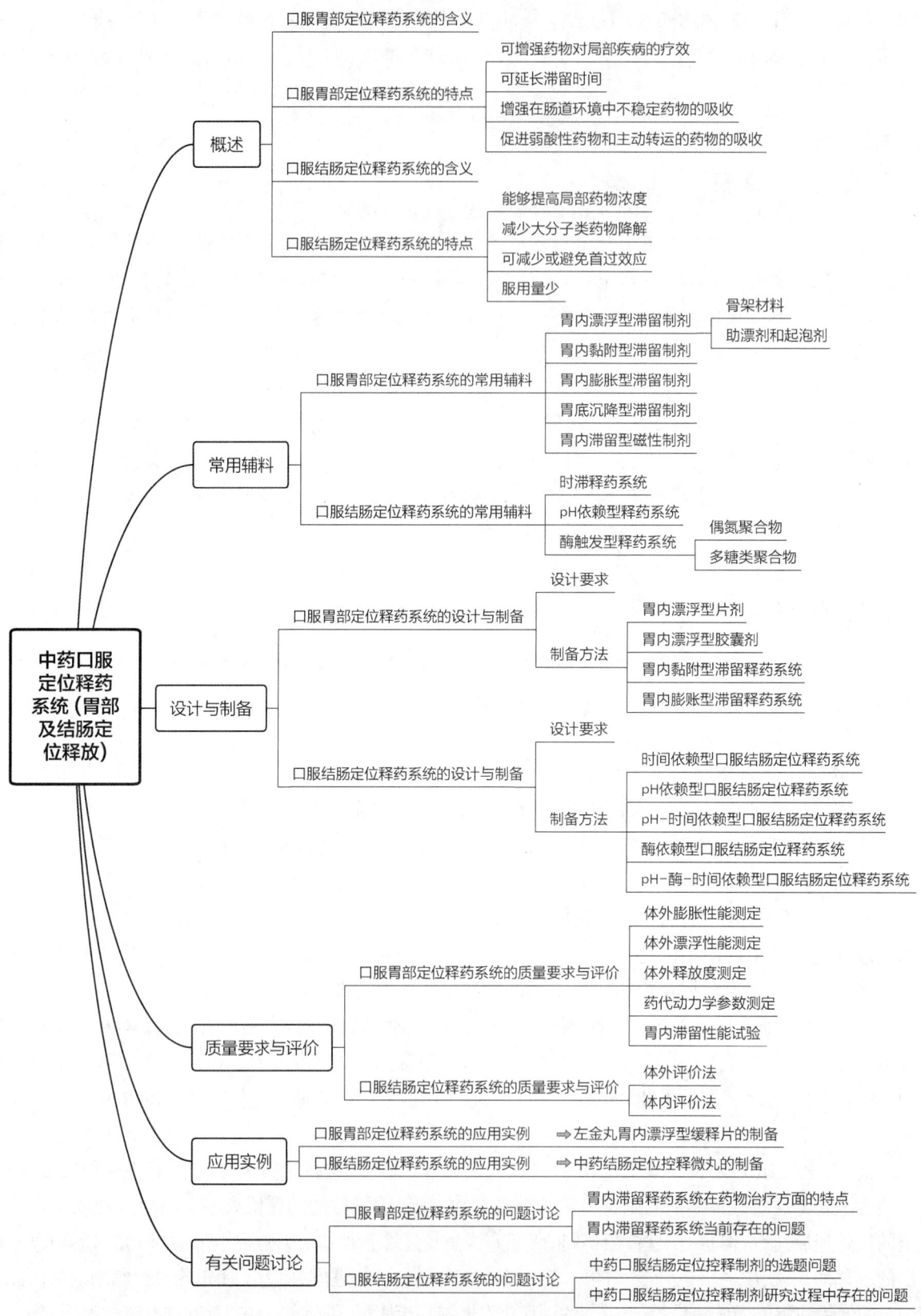

口服定位释药系统是指利用物理化学原理,以及胃肠道局部 pH、酶、微生物、转运机制等生理学特性,使药物在胃肠道特定部位释放的给药系统。

口服定位释药系统根据其在胃肠道释药位置的不同分为:胃部定位释药系统、小肠定位释药系统、结肠定位释药系统。《中国药典》(2020版)将后二者定义为迟释制剂,其中小肠定位释药系统比较常见,如肠溶衣片剂与肠溶衣胶囊剂,通常是为了避免药物在胃内灭活或对胃黏膜的刺激性,减轻胃部的不适而延迟到小肠内释放的制剂,其制备技术比较成熟,本节不再赘述。

一、概述

(一) 口服胃部定位释药系统的含义

口服胃部定位释药系统通常是药物口服后能有目的性地到达胃肠道某一特定部位进行释放的给药系统,具有提高疗效、降低全身毒副反应、改善药物在胃肠道的吸收效果等优势。

(二) 口服胃部定位释药系统的特点

胃部定位释药系统具有如下特点:① 提高药物对胃、十二指肠等局部疾病的疗效;② 延长滞留时间,使药物得到更充分的吸收;③ 提高在肠道环境不稳定药物在胃部的吸收;④ 促进弱酸性药物和在十二指肠有主动转运的药物的吸收。

(三) 口服结肠定位释药系统的含义

口服结肠定位释药系统是指药物口服后在胃中不消化吸收,而是到达结肠后再崩解或释放,从而发挥局部或全身治疗效果的给药系统。口服结肠定位释药系统是20世纪90年代后期发展起来的新型给药方式,通过药物传递技术,使药物口服后在上消化道不释放,将药物运送到人体回盲部后再开始崩解或蚀解并释放出来,以发挥局部或全身治疗作用。目前,国内外仍处于研究阶段,主要是制备技术、评价体系等方面尚不成熟,同时,该给药系统的辅料发展水平也是制约结肠靶向制剂研究及产业化的关键因素。近年来,随着药物制剂技术的进一步发展,定位或靶向释药系统的应用越来越广泛。

(四) 口服结肠定位释药系统的特点

口服结肠定位释药系统主要具有如下特点:① 能够提高结肠局部药物浓度,从而提高疗效,降低全身毒副作用;② 结肠部位酶活性低,可以减少多肽、蛋白质等大分子类药物的降解,有利于该类药物的吸收,从而提高这类药物的口服生物利用度;③ 可减少或避免首过效应;④ 由于药物运转到结肠和在结肠运转时间均较长,因此对每日口服一次的缓控释制剂具有一定的指导意义。

二、常用辅料

(一) 口服胃部定位释药系统的常用辅料

用于制备胃部定位释药制剂的辅料应具备以下条件:① 无毒,无吸收,有良好的生物相容性;② 不影响胃的正常生理功能;③ 药物释放完后,残留物应能溶蚀或被降解成碎片而被胃排空;④ 价廉易得;⑤ 符合按不同原理设计的胃部定位释药制剂的需要。根据胃部定位释药系统类型的不同,常用辅料也有所不同。

1. **胃内漂浮型滞留制剂**

(1) 骨架材料:胃漂浮型滞留制剂的骨架材料应具有较小的松密度和缓释性能,且密度应小于胃液,并保持一段时间。可完全溶于水的纤维素衍生物正符合这种需要。聚合物的分子质量越大,水化速度越慢,越有利于提高制剂漂浮性能,即选择高分子质量和亲水性弱的聚合物可以增加制剂漂浮性能。常用的亲水凝胶骨架材料有 CMC-Na、PVA、HPMC、海藻酸盐类等。

(2) 助漂剂和起泡剂:在处方中添加助漂剂和起泡剂可增加漂浮力。助漂剂常用疏水性且相对密度小的脂肪醇类、酯类、脂肪酸类等,如十六醇、十八醇,这是因为这些物质本身比重小且具疏水性,可降低骨架的水化速度,提高漂浮力,从而使漂浮制剂在水化膨胀之前即开始漂浮,若用量太大则影响药物释放。起泡剂一般使用碳酸氢钠、碳酸钙或碳酸镁,也可与枸橼酸、酒石酸等酸性物质按照一定比例使用,可提高漂浮力。

2. **胃内黏附型滞留制剂** 用于口服的生物黏附材料应满足黏附力适宜、作用迅速且不影响药物释放等条件。常用的黏附材料有 CMC、卡波姆、HPMC、海藻酸钠等。聚合物材料的黏附强度与其分子式、分子构型、溶解度、浓度有关。根据主药的性质选择合适的黏附材料,为了取得理想效果,常混合使用不同的黏附材料。

3. **胃内膨胀型滞留制剂** 其含有膨胀材料,因此,膨胀材料的选择是关键。膨胀材料可在胃液内吸水膨胀至原体积的几倍或几十倍,无法通过幽门而滞留于胃中,药物释放完后,残留系统溶蚀或被降解成碎片而被胃排空。使用的膨胀剂有明胶及同型半胱氨酸,以及亲水凝胶类物质,如树脂类、卡波姆、聚维酮、PVA 等。

4. **胃底沉降型滞留制剂** 其密度必须大于 $2.5\ g/cm^3$ 才能达到沉降的效果,常选用硫酸钡、氧化锌、铁粉和二氧化钛等物质作为增加制剂密度的辅料。

5. **胃内滞留型磁性制剂** 常选用四氧化三铁作为辅料。

(二) 口服结肠定位释药系统的常用辅料

20 世纪 90 年代以来,口服结肠定位释药系统的研究不断发展,新辅料及新技术的开发和应用给口服结肠定位释药系统的研究与设计带来了新的突破。因此,如何选择恰当的具有结肠定位释药作用的辅料与制备方法是目前研究的关键所在。

1. **时滞释药系统** 药物口服后,依次经胃、小肠吸收,到达结肠用时约 6 h,即所谓的时滞。如利用控制释放技术,使药物在胃、小肠不释放,到达结肠后才开始释放,便可达到结肠靶向给药的目的。以丙烯酸树脂Ⅱ和 EC 为包衣材料,采用锅包衣法制得口服结肠释药片,然后通过正交设计和体外释放度试验,考察处方和工艺对结肠定位释药的影响,影响释药时滞的主要因素是包衣液处方中丙烯酸树脂Ⅱ与 EC 的比例,比例越小,时滞效应越强。用于时滞释药的包衣辅料还有 HPMC 等,通过对包衣厚度的控制,可以控制制剂中药物的释放时间和速度,以达到结肠定位的目的。

2. **pH 依赖型释药系统** 人体胃肠道 pH 由低到高递增,结肠 pH 相对较高,这是结肠靶向给药 pH 依赖释药系统的生理基础。目前,pH 依赖型释药系统主要通过用 pH 敏感材料进行包衣的方法来实现。用作包衣材料的这类聚合物以丙烯酸树脂为主。丙烯酸树脂作为一种阴离子聚合物,其结构中的羧酸基团在低 pH 条件下不解离,故在胃内不溶解。进入小肠后,随着 pH 升高,聚合物分子发生离子化而逐渐溶解。分子内羧基比例越大,溶解所需 pH 越高。

pH 依赖型释药系统的结肠靶向性受材料溶解度、衣膜厚度及制剂在胃肠各段停留时间所影响。材料在不同 pH 中的溶解特性对制剂的靶向性有较大的影响,所以该制剂具有较大的个体差异,这也是该给药系统面临的主要问题。尽管如此,它仍是结肠定位最简单的方法之一,具有成本低、配置方便的优点。国产的便通胶囊即是用 pH 敏感的丙烯酸树脂类包衣的胶囊,其用于靶向结肠治疗便秘具有疗效好、服用方便、无副作用的优点。

3. **酶触发型释药系统** 结肠细菌能产生许多独特的酶系,许多高分子材料在结肠被这些酶所降解,而这些高分子材料作为药物载体因在胃和小肠缺乏相应的酶,使药物能够稳定通过而不被降解,这就保证了其在胃和小肠中不释放。目前,偶氮降解酶和多糖酶被广泛应用于结肠靶向酶降解系统中,由此开发了一系列偶氮聚合物和多糖类聚合物。

(1) 偶氮聚合物:研究发现,N-甲基丙烯酰胺共聚物是一种优良的结肠靶向载体,其分子中既有偶氮基团,又存在氨基多糖结构。偶氮基团使得聚合物到结肠后能被偶氮降解酶降解,保证了药物释放;氨基多糖结构使得聚合物有更好的生物黏附性,提高了制剂的靶向性。但是,偶氮类小分子化合物是一种强致癌物质,偶氮类聚合物是否有致癌性值得深入研究;其次,偶氮类聚合物在结肠内降解较慢,一般在6 h 以上,所以药物能否全部释放值得研究。

(2) 多糖类聚合物:其性质与是否含有糖醛酸组分及其数量有密切关系。不含糖醛酸的多糖类聚合物没有羧基等带电基团,极少带电荷,不能与离子或带电基团产生化学反应,性质很稳定,甚至加醋酸铅亦不能使之沉淀析出。但含有较多糖醛酸组分的多糖类,因含羧基而有酸性,能解离出 H^+ 而本身带负电,能与阳离子结合,性质较活泼。例如,果胶酸可形成钙盐沉淀,或形成软胶状物质而离析出来。带负电的多糖类物质还能与蛋白质的正电基相结合,形成复合胶体,减弱蛋白质变形凝结的作用。用于结肠靶向给药的多糖有壳聚糖、果胶、瓜耳豆胶、葡聚糖、直链淀粉、硫酸软骨素等。

三、设计与制备

(一) 口服胃部定位释药系统的设计与制备

1. 设计要求 ① 该释药系统在规定的时间内不受生理因素的影响,滞留于胃中不被排出;② 滞留期间,释药系统应能够控释或缓释药物,累积的释放药量应达到90%以上;③ 胃中滞留时间和释药速度具有良好的重现性;④ 对胃的正常生理机能无明显不良影响。

2. 制备方法 根据胃局部的生理学与解剖学特点,目前报道的各类胃定位释药系统有不同的制备方法。

(1) 胃内漂浮型片剂:一般采用干法制粒压片或干粉末直接压片,湿法制粒压片不利于片剂应用时的水化滞留。此外,压力的大小也会影响片剂的漂浮性能,压力增加,制剂的密度增大,则片剂的漂浮力降低。辅料干燥时间的长短也会影响起漂的快慢和胃内持续时间的长短,如 HPMC 干燥 24 h 以上,可达到快速起浮而不沉降,并在胃内持续漂浮 7~8 h 以上。

(2) 胃内漂浮型胶囊剂:其填充物料若为粉末,须固化处理,以达到控制药物释放的目的。固化过程中脂肪性辅料渗入胶囊填充物中,冷却后将胶囊各组分固化在一起,制剂具备一定的强度,可以抵抗胃蠕动而不致发生破碎,并具有相应的持久浮力。例如,有研究采取80℃加热 10 min 或采用70℃加热15 min 的方法进行固化处理,采用37%甲醛交联普通明胶囊壳的方法制备胃内漂浮型控释胶囊,不仅达到了使制剂漂浮的目的,而且有效控制了药物的释放。

(3) 胃内黏附型滞留释药系统:用于制备胃内黏附型滞留制剂的方法有两种。① 用水溶性聚合物将具有缓释或控释特征的药全部包衣或部分包衣。释药系统在胃黏膜组织表面滞留的时限取决于该聚合物的溶解度。水溶性差的药物可直接分散于具有可形成水凝胶作用的聚合物中,以克服提前释药的现象。② 将药物直接分散在生物黏附性聚合物材料中,或将已经制成的生物黏附型释药系统再用黏附性聚合物包衣。

(4) 胃内膨胀型滞留释药系统:目前报道的有溶胀型膨胀系统和展开型膨胀系统的制法。① 溶胀型膨胀系统的制备:选用一种外包弹性膜,内含主药和膨胀剂的膨胀片,其内部贮药库被含有膨胀剂的膨胀层包裹。最外层包以具弹性的高分子膜层,其作用是控制整个片剂的药物释放速率。由于渗透压的作用,膨胀剂开始膨胀,药物透过弹性高分子膜层释放出来。② 展开型膨胀系统的制备:这种系统是以折叠或卷曲的方法制成的胃内膨胀型滞留释药系统。服药后折叠或卷曲部分在胃内撑开,使其不能通过幽门(图6-3)。

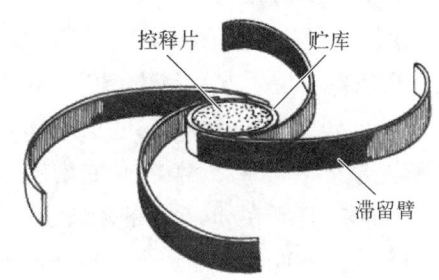

图 6-3 胃内膨胀型滞留释药系统示意图

（二）口服结肠定位释药系统的设计与制备

1. 设计要求 ① 释药系统应能在口服后，完整地到达回盲部的结肠部位释放药物；② 释药系统在结肠部位，应按要求能迅速（或脉冲式）释放药物，或符合控释、缓释制剂的释药模式缓慢地释放药物；③ 在规定的释药时间内，累积释放药量应能达到或接近 90% 以上；④ 释药的部位与释药速度应有良好的重现性；⑤ 对胃肠道的正常生理机能无明显的不良影响，释药完成后应能正常排出体外。

2. 制备方法 根据结肠的生理学与解剖学特点，目前报道的各类结肠定位释药系统有不同的制备方法。

结肠是介于盲肠和直肠之间的部分，可分为升结肠、横结肠、降结肠和乙状结肠四个部分。乙状结肠是口服结肠定位给药的部位。固体制剂在结肠中转运时间较长，如胶囊和片剂在结肠中可滞留 20~30 h，为药物在结肠中的吸收创造了良好的条件。结肠不能主动吸收糖、氨基酸和小分子肽等物质，但其内容物在结肠内滞留的时间较长，一些药物也可通过被动扩散而吸收。在结肠处，大量的消化酶已失活，丰富的淋巴组织为口服大分子药物，特别是多肽蛋白类药物的吸收提供了一条有效途径。

（1）时间依赖型口服结肠定位释药系统：在制剂外层包裹疏水性或亲水性的溶蚀层，注意控制溶蚀层辅料的配比和厚度，使制剂进入胃肠道 5 h 以后开始释放药物，即可制成时间依赖型口服结肠释药制剂。脉冲塞胶囊是该系统的典型药剂，脉冲塞胶囊的设计非常精妙，用不溶于水的物质做囊体，囊体内放入一水凝胶塞，溶于水的物质做囊帽，并在外层包以胃液不溶的衣层以消除胃排空时间的干扰。当囊帽溶解后，水凝胶塞随时间溶胀变大，达到一定时间后水凝胶塞崩出，药物释放，调整胶塞的崩出时间就可以达到结肠定位给药的效果。

（2）pH 依赖型口服结肠定位释药系统：结肠部位的 pH 比胃和小肠略高，约为 7.0~7.5，因此，采用 pH 依赖的高分子聚合物，如聚丙烯酸树脂、CAP 等包裹药物，使药物在到达具有特定 pH 的结肠部位才开始释放。这类制剂制备简单，适合工业生产，但个体差异对定位释放有影响。

目前，pH 依赖型结肠定位释药系统主要是通过 pH 敏感材料包衣或制成药物固体分散体的方法实现的。常用的 pH 敏感材料有丙烯酸树脂类、CAP（pH>6 以上溶解）、虫胶等，丙烯酸树脂主要有 Eudragit L100（pH>6 以上溶解）、Eudragit S100（或国产的丙烯酸树脂Ⅰ号，pH>7 以上溶解）、Eudragit FS30D（30% 水分散体，pH>7 以上溶解）。

Rafi 等人用海藻酸钠做基质材料，萘普生为模型药物，用 Ca^{2+} 作交联剂，制备萘普生载药微球，用 pH=1 盐酸水溶液模拟胃液，pH=7.4 的磷酸缓冲液模拟结肠液。体外释放试验表明载药微球在模拟胃液中不释药，在结肠模拟液中 13 h 累积释放率达 91%。

（3）pH-时间依赖型口服结肠定位释药系统：该系统综合了胃肠道 pH 差异和转运时滞效应，制成了到达结肠开始释放药物的释药系统。奥硝唑片芯的包衣顺序由内至外依次为：隔离层→时滞层→隔离层→肠溶衣层。其中，隔离层处方为 HPMC 3 g、PEG 6000 2 g 溶于 100 mL 70% 乙醇中，包衣增重约 1.0%；时滞层处方为 Eudragit E100 10 g、PVP 6 g、PEG 6000 2 g 溶于 100 mL 乙醇中，包衣增重约 4.5%；肠溶层处方为 Eudragit L100 2 g、Eudragit S100 3 g、蓖麻油 3 mL、邻苯二甲酸二乙酯 2 mL、滑石粉 1 g 溶解混悬于 100 mL 乙醇中，包衣增重约 3%。体外释放试验结果显示，3 批样品在 pH 1.0 的盐酸溶液中 1 h 均未释药；在 pH 6.8 的磷酸盐缓冲液中 4 h 内基本不释药（<5%）；在 pH 7.5 的磷酸盐缓冲液中 1 h 释药大于 60%，2 h 释药大于 90%。不同批次间的释药时滞没有品质性差异（$P>0.05$），说明制备工艺的重复性良好。

（4）酶依赖型口服结肠定位释药系统：在正常生理条件下，人体的结肠存有大量微生物菌群，一些菌群可以产生特有的酶类，这些酶类可以催化降解多种高分子材料，且其在胃和小肠难以降解，若以这些高分子材料做口服药物的载体材料，就可以实现口服药物的结肠定位给药。酶依赖型口服结肠定位释药系统正是利用这个机制设计的。目前制备的酶依赖型口服结肠定位释药系统主要有片剂、骨架片、胶囊剂、小丸、微丸、微球、前体药物及凝胶微粒等制剂。Brondsted 等人用氢化可的松做模型药物，戊二醛作交联剂，制得葡聚糖胶囊。体内实验结果表明，氢化可的松在结肠内能被完全释出。但是，由于人体体内环境复杂，所以很久以来人们一直在试图通过对葡聚糖进行改性，赋予其新的物理化学性能，以提高其结肠定位效果。基乌(Chiu)等人使 4-氨基丁酸和活化后的葡聚糖(4-硝基苯氯甲酸酯活化)反应，然后用 1,10-二氨基癸烷作交联剂，制得 pH 敏感的葡聚糖凝胶。用此凝胶吸附牛血清白蛋白，制得载药微球，体外释放试验表明，羧基量和交联度决定了凝胶的溶胀度，进而会影响牛血清白蛋白的释放速率。如在溶液中加入葡聚糖酶，则可增加牛血清白蛋白的释放速率。

（5）pH-酶-时间依赖型口服结肠定位释药系统：该系统是综合了胃肠道 pH 差异、酶降解反应和转运时滞效应而设计制成的到达结肠开始释放药物的释药系统。pH-酶-时间依赖三重控制的苦参素结肠定位片释药系统，从内到外分别以羟丙甲维素和 PEG 作为隔离层，以渗透型丙烯酸树脂 Eudragit RS3oD 和 Eudragit RI3oD 混合溶液作为时滞层，以渗透型丙烯酸树脂 Eudragit RS3oD、Eudragit RL30D 和光聚糖的混合溶液作为酶触层，以 pH-依赖型丙烯酸树脂 Eudragit L.100-55 的水分散体宜作为外层肠溶层，考察了包衣片在体外模拟人体胃肠道环境中的释药情况。结果显示，制备的苦参素结肠定位片在 pH 1.2 的模拟胃液中 2 h 不释药，在 pH 6.8 的模拟小肠液中 6 h 释药量小于 10%，在含有 β-葡萄糖苷醇模拟结肠液中 8 h 大部分释放。

四、质量要求与评价

（一）口服胃部定位释药系统的质量要求与评价

1. 体外膨胀性能测定　用自制注射器膨胀测定装置，将一定体积的人工胃液注射到注射器中，排去气泡后，再将漂浮片置于注射器中，记录初始刻度，每隔一段时间记录体积膨胀的变化，最后对不同工艺制备的胃漂浮缓释片的膨胀性能进行量化评价，以优选出膨胀性能较好的漂浮片（图 6-4）。

2. 体外漂浮性能测定　将漂浮片置于人工胃液中，直接观察其漂浮性能，通常漂浮片在人工胃液中可漂浮 4 h 以上，而普通片剂则立即沉入其液底。可以使用秒表测定胃内漂浮型缓释制剂完全漂浮于液面上的时间，以对其漂浮性能进行评价。也可用石英弹簧秤测定制剂所受浮力，评估漂浮片漂浮性能的优劣，比直接观察法更客观、准确。

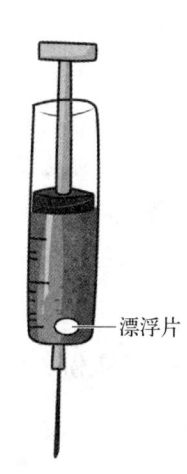

图 6-4　自制注射器膨胀测定装置示意图

3. 体外释放度测定　胃漂浮制剂的体外释放研究方法一般采用经典固体制剂的转篮法、桨法，也有采用连通池进行体外释放研究。漂浮片的释药机制与一般缓释制剂一致，有零级、一级或符合 Higuchi 方程规律释放的动力学过程。有人认为，除非漂浮片能够在溶剂中不断蚀解，否则所含药物很难达到完全释放。

4. 药代动力学参数测定　关于胃内漂浮制剂药代动力学研究模型动物的选择颇具争议，由自制替硝唑胃滞留胶囊的体外溶出数据得到的 T_{50} 约为普通胶囊的 12 倍，以普通胶囊为参比制剂，其人体相对生物利用度为 163.2%，皆说明其缓释效果明显。比较胃内漂浮片与普通片在家兔体内的药代动力学参数，发现两者之间无显著性差异，认为可能是由于兔的体位与人不同所致。四足动物其胃的位置与人有很大差异，漂浮制剂的体内药代动力学研究选用人体为试验对象较为理想。考虑到食物对漂浮行为的影响，受试者应先服用一定食物后再服用漂浮制剂。

5. 胃内滞留性能试验

（1）X射线法：在胃部定位释药制剂中掺入硫酸钡，服药后，通过X射线透视可以观察体内制剂的动态变化过程。需要注意的是，硫酸钡的密度较大，用量过大会影响漂浮型制剂的漂浮力。

（2）γ闪烁技术：采用同位素标记胃定位释药制剂，以普通片为对照，服药后，用γ闪烁照相技术监测制剂在胃肠道的行踪。其中，以用γ闪烁照相技术监测同位素 ^{99m} 锝标记的胃定位释药制剂最为常用。^{99m} 锝具有半衰期短（6 h）、辐射强度小的特点，受试者易于接受。

（3）内窥镜法：将胃镜直接插入胃内以观察胃定位释药制剂的残存状态，所获结果可靠，且不受其他因素影响。

（4）磁标记法：实验前将制剂进行磁标记，再用灵敏度高的生物磁性测定仪进行监测。由于不需要进行射线照射，此法用于人体试验具有高度的安全性。

（5）超声波检查法：该法曾用于评价水凝胶膨胀型制剂在胃内的滞留情况，包括制剂所处具体位置、进入凝胶的水量，以及制剂与胃壁的相互作用情况。

（二）口服结肠定位释药系统的质量要求与评价

1. 体外评价法　溶出度和释放度测定是最常用的体外评价方法。对于固体制剂而言，溶出度试验是制剂研究和开发的重要工具，它为处方的选择、制剂中重要因素的筛选、体内外相关性和制剂的质量评价提供了重要的信息。体外评价法一般是通过模拟人体胃肠道的环境（pH、菌群、温度、胃肠道蠕动的强度等）进行的体外研究方法，一般在 0.1 mol/L 盐酸溶液中 2 h 模拟口服结肠定位释药系统在胃中的情况，在 pH 6.8 磷酸盐缓冲液中 3~4 h 模拟口服结肠定位释药系统在小肠的情况，在 pH 7.0 磷酸盐缓冲液 1~2 h 模拟口服结肠定位释药系统在结肠的情况。传统的溶出试验，如转篮法、桨法、小杯法等，均有一定的缺陷，不能确切评价不同结肠定位给药系统在体内的状态，因此在进行体外试验时需根据实际情况进行改进。例如，在评价酶解型或细菌降解型结肠定位给药系统时，可将动物结肠内容物加入溶出介质中，在整个操作过程中通入 N_2 或 CO_2 气体，并且温度保持在 37℃，以此来模拟人体结肠道内的无氧环境，可以更确切地评价结肠内的溶出行为。

2. 体内评价法　当系统得到比较满意的体外溶出结果后，对其进行体内评价显得尤为重要。体内评价可以准确地获得药物释放的定位专属性情况及相关的药代动力学数据，该释药系统的体内评价不仅可以通过建立多种动物模型来实现，而且如 γ-闪烁扫描法等可跟踪监测的技术也被广泛用于体内评价的实验中。

五、应用实例

（一）口服胃部定位释药系统的应用实例

二维码6-2 左金丸胃内漂浮型缓释片的制备

实例：左金丸胃内漂浮型缓释片的制备

左金丸由黄连和吴茱萸（6∶1）组成。具有泻火、疏肝和胃、止痛的功能，临床上用于肝火犯胃、脘胁疼痛、口苦嘈杂、呕吐酸水等。将其制备成胃内漂浮滞留制剂可相对减少用药次数和用药量，产生局部定位释药作用，掩盖苦味，减少突释效应对胃的刺激性，可以提高治疗效果和患者用药的依从性。

（二）口服结肠定位释药系统的应用实例

二维码6-3 中药结肠定位控释微丸的制备

实例：中药结肠定位控释微丸的制备

刘晓华等人研究了治疗慢性溃疡性结肠炎的中药复方结肠定位释药制剂的制备工艺，根据结肠微生物酶降解释药原理,以紫草、丹皮、黄芪三味药经提取精制后设计制备结肠定位释放包衣微丸,达到了结肠定位释药的设计要求。

六、有关问题讨论

(一)口服胃部定位释药系统的问题讨论

1. 胃内滞留释药系统在药物治疗方面的特点　胃内滞留制剂与一般的缓控释制剂相比有其特殊性。其在药物治疗方面有两个主要特点:① 对在胃内及十二指肠部位吸收的药物制成胃内滞留制剂,可以改善药物的吸收及提高生物利用度。中药制剂要达到此目的,首先需要了解其药效成分的吸收机制及其体内过程,胃内滞留制剂要用人体药代动力学参数说明其设计的合理性和必要性,最终还要用临床试验对其有效性加以证实。如果药物在整个胃肠道均有吸收或在胃酸条件下药效成分不够稳定,则不必设计为胃内滞留制剂。② 胃内滞留制剂可以提高药物的局部治疗效果。对于在胃及十二指肠部位起局部治疗作用的药物,可以增强疗效。中药中有许多治疗胃及十二指肠部位局部病变的药物,设计开发为胃内滞留制剂比较有利。因此在进行体外试验,以及安全性试验和药效学试验时,建议允许直接进行人体胃内滞留试验,进而进行临床试验研究。

2. 胃内滞留释药系统当前存在的问题　中药缓控释制剂在药效物质基础、体外释放与体内过程、前处理和成型工艺,以及质量评价等方面存在的问题,中药胃内滞留制剂也存在同样问题。许多中药中含有大量的多糖、黏液质,这类成分具有较大的吸湿性,密度也比较大,应及时分离提取物,不能直接用浸膏制成胃内漂浮制剂,否则难以达到持续漂浮的作用,而且其质量也难以控制。因此,药效物质基础和提取分离技术的研究在制备中药胃内滞留制剂中至关重要。

(二)口服结肠定位释药系统的问题讨论

1. 中药口服结肠定位控释制剂的选题问题　在应用该制剂技术开发中药新药时,首先应考虑的是选题问题,根据口服结肠定位释药系统的特点、中医方剂的组方意图、临床基础、各类成分的体内过程等综合考虑。中医在治疗结肠性疾病时,大多采用保留灌肠给药,其疗效优于其他给药途径。治疗结肠性疾病的中药复方制剂处方中,不仅有一些直接作用于病灶的药物,可能还有一些药物的用药是为了起到扶正固本的效果。由于结肠几乎是胃肠道吸收药物的最后阶段,如果这些扶正固本药物中的药效成分不能在结肠中被吸收,就难以符合其辨证施治、复方配伍的组方意图。中药复方制剂的结肠定位释药制剂不同于传统的口服给药制剂,其治疗结肠性疾病的临床基础也是不同的。将中药制成口服结肠定位释药系统可以为某些需局部治疗的疾病提供有效、不良反应少且方便的新治疗方式。

2. 中药口服结肠定位控释制剂研究过程中存在的问题　与化学药物相比,中药成分复杂,并且中药的研究有其自身的特点和难度,主要体现在以下几方面:① 如何选择合理的分离纯化方法,以满足靶向制剂制备工艺要求。应在药效物质基础基本清楚的前提下,选择合适的精制方法,制得合格的半成品,这是中药口服结肠定位释药系统成型的关键。② 如何在众多的辅料中筛选出适合中药特点的辅料。辅料的选择不仅关系到中药口服结肠定位释药系统的成型,而且关系制剂的性质、质量,以及能否到达靶部位释放,发挥预期的疗效。③ 中药结肠靶向制剂的制剂学性质研究与质量评价问题。寻找恰当的综合评价指标和灵敏、简便、准确的含量测定方法,并建立与中药复方量效有关的体内外综合评价指标和方法,才能使中药结肠靶向制剂的合理性得到科学的验证。近年来,化学药物口服结肠定位释药系统在制剂技术、靶向材料研究及体内外评价方法等方面取得了很大进展,这为中药的口服结肠定位释药系统研究奠定了方法学基础。中药口服结肠定位释药系统的研究应根据中药自身特点,以中医药理论为指导,在继承发扬传统剂型的基础上,融合中药现代基础研究和制剂技术,大力开发具有中药特点和优势的结肠靶向新制剂。这方面的研究对于促进中药新技术、新剂型的发展和临床应用具有重要的学术价值和实践意义。

第三节 中药经皮给药系统

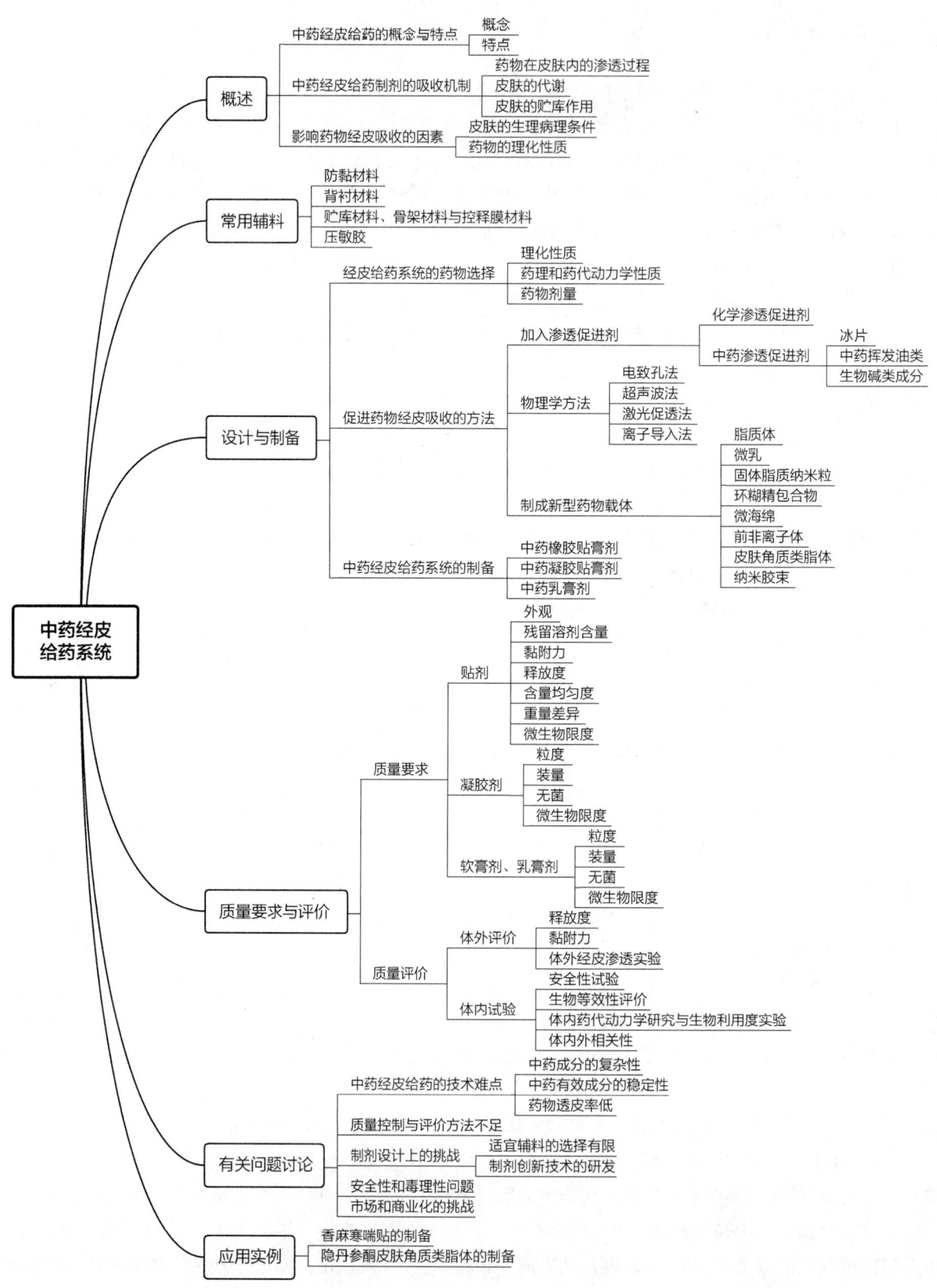

一、概述

中药经皮给药属于中医外治法范畴,是中医治疗学的重要组成部分,在距今2000多年前的中医文献中有明确的记载。中药经皮给药方法众多,目前大约有贴、敷、涂、浴、淋、围、裹、熏、熨等50余种方法。

(一)中药经皮给药系统的概念与特点

1. 概念　中药经皮给药系统是指采用适宜的方法和基质将中药制成专供外用的剂型施于皮肤(患处或相应经穴),通过皮肤吸收进入体循环或作用于皮肤而局部产生药效,及通过经穴效应发挥药效,以达到相应治疗目的的给药系统。

2. 特点　中药透皮制剂可以起到保护、封闭和治疗的作用,它同所有的经皮给药制剂一样,具有独特的优势和局限性。

(1)优势:① 可使药物不经过肝脏的首过效应和胃肠道的破坏,不受胃肠道酶、消化液、pH等诸多因素的影响,减少用药的个体差异;② 药物可长时间以恒定速率进入体内,减少给药次数,延长给药间隔,提高患者用药的依从性;③ 可按需要的速率将药物输入体内,维持恒定的有效血药浓度,避免口服给药等引起的血药浓度峰谷现象,降低毒副反应;④ 使用方便,可以随时中止给药,特别适合于婴儿、老人或不宜口服的患者;⑤ 某些药物可以通过穴位经络吸收,疏通经络腑脏,从而起到全身治疗的作用。

(2)局限性:① 皮肤为人体天然的屏障,大部分药物均难以足够的量透过屏障,故不适合剂量大的药物;② 药物的分子质量、极性、熔点均影响药物的透皮吸收,对皮肤有刺激性和过敏性的药物不宜设计成经皮给药系统;③ 皮肤表面的微生物及皮肤中的酶对一些药物有降解作用。

(二)中药经皮给药制剂的吸收机制

皮肤由表皮和真皮组成,并分布有皮肤附属器。表皮是一个复杂的、处于动态平衡中的多层膜结构,由上皮细胞构成,从基底层发育而成,由基底层开始向外依次分化成棘层、粒层、透明层和角质层。其中,角质层由12~20层死亡的扁平角质细胞构成,具有很好的屏障作用。角质细胞间类脂与角质细胞一起形成一道类似"砖墙结构"的致密组织,使得角质层变得十分坚韧。角质层使皮肤成为人体体表的一道良好的天然屏障,阻止微生物及化学物质通过角质层侵入机体。真皮是由多层细胞构成的胶原纤维束,位于表皮下层,是一种致密结缔组织,主要由胶原纤维和弹性纤维构成,其主要功能是储存水分、排泄废物和保护身体表面,具有一定的弹性,可以帮助细胞连接和固定。真皮分布有丰富的毛细血管、毛细淋巴管、毛囊与皮脂腺。皮下组织是一种脂肪组织,与真皮的结缔组织紧密相连,具有血液循环系统、汗腺和毛孔,使人体内部器官与外部绝缘,起到机械保护作用,同时提供或贮备能量。

1. 药物在皮肤内的渗透过程　药物应用于皮肤后,一般经历释放(从制剂转运至皮肤表面)、扩散(皮肤表面药物分子分配、穿过脂性角质层,进入水性活性表皮与真皮)、吸收(进入血液循环)等3个主要过程。角质层是药物透过的主要屏障,真皮与皮下组织一般不形成屏障,药物可在其中迅速转运。

药物通过皮肤吸收主要有两条途径,如图6-5所示。

(1)表皮途径:药物透过完整表皮进入真皮,经毛细血管吸收进入体循环,是药物经皮吸收的主要途径。表皮途径又可分为细胞间途径和跨细胞途径:① 细胞间途径,药物通过角质层细胞间类脂双分子层到达活性表皮,角质层细胞间隙结构比较疏松,是药物扩散的主要途径,但细胞间隙镶嵌的类脂质是药物渗透的主要阻力;② 跨细胞途径,药物穿过角质层细胞到达活性表皮,而角质层细胞膜是一种致密的交联蛋白质网状结构,物质扩散困难,所以跨细胞途径在表皮途径中只占极小部分。

(2) 附属器途径:即通过毛囊、皮脂腺和汗腺吸收的途径。药物通过皮肤附属器的穿透速度要比表皮途径快,但皮肤附属器在皮肤表面所占的面积只有1%以下,因此不是药物经皮吸收的主要途径。但在水溶性大分子渗透及离子导入过程中,皮肤附属器是药物通过皮肤的主要通道。

2. 皮肤的代谢 皮肤的活性表皮内存在代谢酶,能代谢渗透通过皮肤的药物,使药物到达体循环前经受首过效应,但比肝首过效应弱得多(不到10%)。皮肤的代谢作用具有一定的利用价值,可利用它来设计经皮吸收前体药物。

3. 皮肤的贮库作用 药物在经皮吸收过程中可能会在皮肤内,尤其是在角质层内产生积累,形成贮库。贮库的形成是由溶解于角质层中的游离药物与结合于角质层中的药

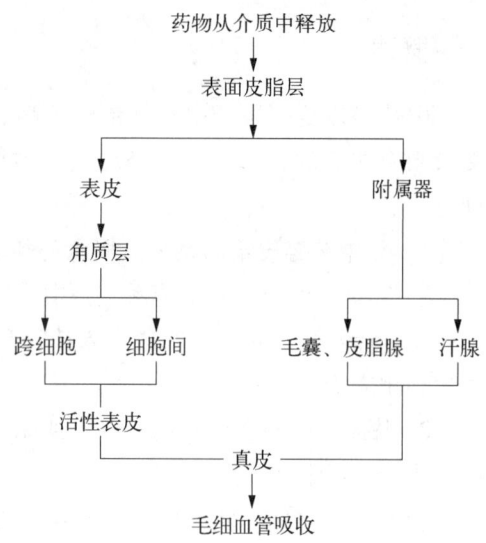

图6-5 药物在皮肤内的转运途径

物所引起,后者起到主要作用。亲脂性与亲水性药物都可能由于与角质层结合,或由于很小的扩散系数而蓄积在角质层中,再非常缓慢地扩散出去。

(三) 影响药物经皮吸收的因素

1. 皮肤的生理病理条件 皮肤的渗透性是影响药物经皮吸收的主要因素之一。

(1) 年龄与性别差异:年龄不同引起皮肤生理条件的不同,老人和男性的皮肤较儿童、女性的渗透性差,但年龄对一部分药物其透皮速率的影响不显著,这可能还与药物的性质有关。

(2) 部位差异:施用药物的皮肤部位影响药物的渗透性,这主要是由角质层厚度与皮肤附属器密度的不同引起,一般不同部位渗透性的大小依次为阴囊>耳后>腋窝区>前额>手臂>腿部>胸部>足底和手掌。

穴位给药是中医的一种传统经皮给药方法,中药穴位给药一方面通过药物的直接作用,到达脏腑经气失调的病所,发挥药物的归经和功能效应;另一方面,某些中药可以刺激穴位,从而刺激局部皮肤充血、微循环血流加快,使局部温度升高,进而提高中药透皮能力。

(3) 种族差异:各种动物之间和动物与人之间皮肤的解剖差异很大,渗透性有显著差异,不同种族人皮肤的渗透性也可能有差异。

(4) 病理因素:皮肤由于受到机械、物理、化学、生物等损伤,因而皮肤角质层的屏障功能降低,从而提高了药物的渗透性,如湿疹、溃疡或烧伤等创面上的渗透性增加数倍至数十倍。皮肤温度升高,药物的渗透性也会升高。

(5) 其他因素:如皮肤水合作用能促进药物的渗透。

2. 药物的理化性质

(1) 药物的分子大小:其对药物通过皮肤角质层扩散的影响与对药物在聚合物膜内的扩散影响相似,即扩散系数与药物分子直径成反比。

(2) 药物的熔点:与通过一般生物膜相似,低熔点(<85℃)的药物容易渗透通过皮肤。

(3) 溶解度与分配系数:药物的脂水分配系数是影响药物经皮吸收的最主要因素之一。脂溶性大的药物易通过脂性角质层,而活性表皮为水性组织,脂溶性太大的药物难以分配进入水性活性表皮,所以药物穿过皮肤的渗透系数与脂水分配系数往往呈抛物线关系。水溶性药物的经皮渗透系数小,但当溶解度大时,可能有较大的透皮速率。

(4) 药物的解离程度:药物的分子形式比离子形式有更强的经皮渗透性能。

二、常用辅料

(一) 防黏材料

透皮贴剂和局部治疗贴剂都要使用防黏层材料,防止压敏胶从药库或控释膜上转移到防黏材料上,材料的表面自由能应低于压敏胶的表面自由能,与压敏胶的亲和性小于压敏胶与控释膜的亲和性。常用聚丙烯、聚碳酸酯、聚苯乙烯、聚乙烯等的聚合物膜材,也可使用以石蜡或甲基硅油处理过表面的光滑厚纸。

(二) 背衬材料

背衬层系指用于支持药库或压敏胶等的薄膜,一般要求在厚度很小(0.1~0.3 mm)时即对药物、溶剂、湿气和光线等有较好的阻隔性能,又要有良好的柔软性和一定的拉伸强度。其包括透气性和不透气性两种。透气性背衬材料主要有纺织物、无纺布和微孔膜3大类:纺织物类有醋酸纤维布、涤纶布、涤棉布、棉布和弹力布、各种毛绒布等;无纺布有各种规格的水刺无纺布、热轧无纺布和热熔无纺布;微孔膜有多孔、微孔或者大孔的微孔膜。不透气性背衬材料主要是聚乙烯膜、聚酯膜、聚偏二氯乙烯共聚物等塑料膜材。

(三) 贮库材料、骨架材料与控释膜材料

贮库材料和骨架材料有 PIB、硅橡胶、压敏胶、乙烯-醋酸乙烯酯共聚物(ethylene-vinyl acetate copolymer,EVA)、肉豆蔻酸异丙酯、月桂酸甘油酯、水凝胶、硅油、HPMC、轻质液状石蜡、乙醇、甲基丙烯酸共聚物、PEG、卡波姆1342、乳糖、月桂酸甲酯和合成橡胶等。

控释膜材料有多孔聚乙烯膜、多孔聚丙烯膜、聚乙烯控释膜、EVA 控释膜等。

(四) 压敏胶

压敏胶是指对压力有敏感性,在轻微压力下既可实现粘贴又容易剥离的一类胶黏材料。在经皮给药系统中使给药系统与皮肤紧密贴合,同时作为药物的贮库或载体材料,可调节药物的释放速率。

压敏胶主要用于制备压敏胶带。一般压敏胶的剥离力(胶粘带与被粘表面加压粘贴后所表现的剥离力)<胶黏剂的内聚力(压敏胶分子之间的作用力)<胶黏剂的粘基力(胶黏剂与基材之间的附着力),这样的压敏胶黏剂在使用过程中才不会发生脱胶等现象。优良药用压敏胶材料应具有足够强的黏附力和内聚强度,能黏接不同类型的皮肤,且无刺激性和致敏性。目前使用的压敏胶有溶剂型、热熔型和水分散型等。

经皮给药系统常用的压敏胶有如下几种。

1. **PIB 类压敏胶** PIB 为本身具有黏性的一类人工合成橡胶,是由异丁烯以三氯化铝为催化剂聚合而得的均聚物。PIB 非常稳定,耐候性、耐热性及抗老化性良好,溶于烃类有机溶剂,其对水的渗透性很低,可以采用不同配比的高、低分子质量 PIB 为原料,经常加有增黏剂、增塑剂、填料或稳定剂制成。其黏性取决于分子质量及其交联度等。低分子质量的 PIB 是黏性半流体,与高分子质量的 PIB 混合使用可起到增黏,以及改善柔软性、润湿性和韧性的作用;高分子质量的 PIB 则具有较高的剥离强度和内聚强度。

2. **热熔型压敏胶** 是继溶剂型和乳液型压敏胶之后的第三代压敏胶。主体材料由苯乙烯-异戊二烯-苯乙烯共聚物、苯乙烯-丁二烯-苯乙烯共聚物,以及聚酰胺和 EVA 共聚物等,配以增黏树脂、填充剂、软化剂、抗氧化剂、软化剂、增塑剂等材料组成。苯乙烯-丁二烯-苯乙烯共聚物的强度高、韧性好、固化快,苯乙烯-异戊二烯-苯乙烯共聚物的低温柔软性能更好、黏性更强,二者常以不同含量比例合用。一般的压敏胶都加有挥发性的有机溶媒,以减低黏度,便于在室温下涂布,而热熔型压敏胶不另加有机

溶媒,涂布后没有去溶媒这一步工序,生产比较安全,在熔融状态下进行涂布、冷却固化而成,达到较好的初黏力、柔韧性与剥离强度。

3. **丙烯酸类压敏胶**　分为溶剂型和水分散型两类,改变聚合单体组成及比例,可以获得不同性能的压敏材料。常用的聚合单体有丙烯酸酯、醋酸乙烯及丙烯酸等。烯酸类压敏胶对极性膜材有很好的亲和性,具有良好的耐寒性、耐候性、耐热性、耐光性,性质稳定,无色,透明,无毒,对皮肤刺激较小,而且可以直接用作基质,不需加入增黏剂、抗氧化剂等,很少引起过敏,但其粘贴性比 PIB 稍弱。

4. **硅橡胶压敏胶**　是线性聚二甲基硅氧烷流体与低分子质量硅树脂经缩合而成的聚合物。增加硅氧烷含量可以提高柔软性和黏性,增加硅树脂用量则黏性较低但易于干燥。硅橡胶压敏胶的玻璃化温度低,具有很大的柔性和很低的表面能,适合于多种不同膜材,透气性和透湿性良好,黏性和扩散性好,化学稳定性高,耐高温和耐低温,人体应用安全,是优良的压敏胶材料,但其价格较昂贵,且对大多数药物的溶解度不大,不宜用于临床剂量较大的药物。

三、设计与制备

皮肤的屏障作用限制了药物经皮吸收,因此在设计经皮给药系统时,第一,要选择适合透皮吸收的药物及其剂量;第二,为了提高药物的经皮吸收程度与速度,应采用各种促进药物经皮吸收的方法;第三,通过实验研究药物的体内外经皮渗透行为,最后选择适合的经皮给药系统类型与配方进行经皮给药系统的制备。

（一）经皮给药系统的药物选择

1. **理化性质**　① 熔点以低于 85℃ 为理想;② 饱和水溶液 pH 在 5~9 之间;③ 分子质量低,一般小于 1 000 Da;④ 有适宜的溶解度,在水和矿物油中的溶解度最好均在 1 mg/mL 以上。目前,随着提高药物经皮吸收的化学、物理方法和离子导入、微针给药等技术的应用,使一些过去被认为经皮给药难以实行的多肽类、蛋白质等大分子药物的传递成为可能。

2. **药理和药代动力学性质**　① 生物半衰期短,分布容积小;② 药理作用强,剂量小;③ 口服给药首过效应大,或在胃肠道易失活、刺激性大;④ 对皮肤无刺激性与过敏反应;⑤ 普通药物剂型给药副作用大,或疗效不可靠。

3. **药物剂量**　药物剂量大者制成经皮给药系统所需的面积大,一般 60 cm^2 是患者可接受的最大面积。选择适当的介质或经皮吸收促进剂,可在一定程度上增大透皮速率,缩小贴片面积,以达到临床要求,结合中药中的成分含量合理设计给药量。

系统内药物的高浓度是药物扩散的动力,但经皮给药系统的生物利用度不会达到 100%,是一种不完全吸收给药系统。为了保证经皮给药系统能以恒定的速率释药,经皮给药系统内药物的总量应大于通过皮肤吸收的释药量。

（二）促进药物经皮吸收的方法

大部分药物的透皮速率都满足不了治疗要求,因此,提高药物的透皮速率是开发经皮给药系统的关键。促进药物经皮吸收的方法包括化学方法（加入渗透促进剂）、物理学方法和药剂学方法（制成新型药物载体）等。

1. **加入渗透促进剂**　是促进药物渗透至皮肤进入体内,达到有效血药浓度的重要手段。目前主要的透皮促进剂有氮酮、丙二醇、油酸等,但皆有其局限性。虽然化学渗透促进剂的应用较为普遍,但其用量较大或长时间使用,对皮肤会产生红肿、疼痛等刺激作用。近年的研究发现,中药的许多成分具有透皮吸收促进作用,如川芎的醚提取物、挥发油成分、甲醇提取物和 0.4% 的藁本内酯均能促进苯甲酸的透皮吸收。

(1) 化学渗透促进剂：常用的有氮酮及其同系物、有机酸及其酯类、有机溶剂类、表面活性剂类等。促渗机制研究基本成熟，应用范围较广，对中药成分同样有着较好的促渗作用，一些学者针对某些单体及复方中药进行了在体内或体外透皮实验的定性、定量研究。取用大鼠背部皮肤进行的体外透皮实验，其结果表明不同浓度的氮酮对蛇床子素的透皮吸收均有促进作用，氮酮5%时的效果最佳。采用HPLC，以雷公藤透入液中的雷公藤甲素为指标进行离体鼠腹部皮肤的体外透皮实验，结果表明氮酮能显著促进该制剂中雷公藤甲素的透皮吸收。

(2) 中药渗透促进剂

a. 冰片：是一种高度亲脂性、低分子质量、易挥发的单萜烯，能够结合角质层脂质烃尾结构，从而改变其原有构成并破坏有序排列。冰片使得膜的双层间发生流化，在冰片浓度较低时，由于横向膨胀，双层厚度近乎减小。研究表明，在合成冰片的存在下，中药复方湿疹灵的苦参碱（活性成分）在小鼠皮肤上的累积渗透明显高于对照组。

b. 中药挥发油类：该类促进剂的发展为经皮给药制剂的药效发挥提供了一种简便、高效、安全的方法。有研究认为，中药挥发油均为含有萜烯类物质，主要有理气、镇痛、祛风和开窍功能，且有一定的促渗作用，中药挥发油类经皮吸收促进剂主要来源于解表药、理气药和开窍药。桉叶油、薄荷油、松节油3种精油对5-氟尿嘧啶渗透大鼠皮肤起到了促进作用，水杨酸甲酯、茴香油、丁香油酚等精油也具有透皮吸收促进作用。

c. 生物碱类成分：有研究发现，总生物碱、盐酸小檗碱、芥子碱硫氰酸盐3种促进剂对芍药苷及阿魏酸均具有显著的经皮促渗作用；黄连生物碱（黄连碱、巴马亭、小檗碱）可增加丁香苦苷等极性药物在皮肤中的浓度，其增加皮肤渗透性的作用与表面活性剂相同；乌头碱可显著促进人参皂苷 Rg_1 的经皮渗透。

2. 物理学方法　是近年来在所有促进药物透皮渗透方法中发展较快的一种方法，包括电致孔法、超声波法、激光促透法、离子导入法等。目前应用研究最集中的是各种方法作用于基因药物、免疫药物、抗肿瘤药物和放射性药物对肿瘤的治疗，其机制、影响因素及应用等方面的研究日趋成熟，但在中药透皮吸收中的应用，除离子导入法外的其他报道并不多见。中药离子导入法在临床上的应用屡见报道，在内科、外科、妇科和五官科都有应用。

3. 制成新型药物载体

(1) 脂质体：具有与磷脂双分子层类似的细胞结构，有利于药物透过皮肤角质层。多数包载药物的脂质体并不能增加透皮速率，而是由于与皮肤角质层脂质高度相似，有使药物滞留于皮肤的靶向性作用。已有一些皮肤局部用脂质体制剂的应用，如麝香酮制成脂质体后，其经皮渗透速度增加。

(2) 微乳：能提高药物载体的热力学活性与角质层透过性，与脂质体相比，微乳更易透过皮肤，且局部皮肤组织内的滞留量少。但其表面活性剂用量较大，对皮肤的刺激性较强。将马钱子碱制成微乳透皮给药制剂，含有相同量的马钱子碱微乳和水溶液相比，其渗透量显著增加，说明微乳液纳米级的粒径也促进了马钱子碱的透皮吸收。

(3) 固体脂质纳米粒：粒径为50~1 000 nm，有较高载药量，可提高药物在表皮部位的靶向聚集，并能渗入皮肤角质层内，与角质层紧密接触，增加药物对生物膜的透过量并延长释药时间，以促进药物经皮吸收。如将苦参碱制成固体脂质NP，结果表明中药纳米脂质载体较游离中药成分的透皮率提高。

(4) 环糊精（CD）包合物：药物分子被CD包合后，能改善药物的透皮吸收性能，促进药物释放与经皮渗透。常用β-CD及2-HP-β-CD与脂肪酸和丙二醇合用，利用具表面活性的烷基化β-CD包合水溶性药物，可改变药物在皮肤内的分配。如甘草黄酮和阿魏酸的CD复合包合物，可增加二者溶解性，增加阿魏酸的稳定性,且令有效成分能持久释放,同时成品外观更舒适,使用后皮肤美白效果更为均衡,将之应用于制备化妆品,能够美白肌肤,预防和治疗皮肤炎症,修复受损肌肤,使美白效果更持久。

(5) 微海绵:是聚合物组成的球型结构,内部高度交联、惰性、均匀,可以吸附3倍于自身重量的活性成分,可以控制释放活性成分,具有良好的弹性和涂抹性。如甘草黄酮微海绵,能延长甘草黄酮的作用时间,提高甘草黄酮在皮肤内的局部浓度,达到缓释长效、增强甘草黄酮美白祛斑的作用,如图6-6、图6-7所示。

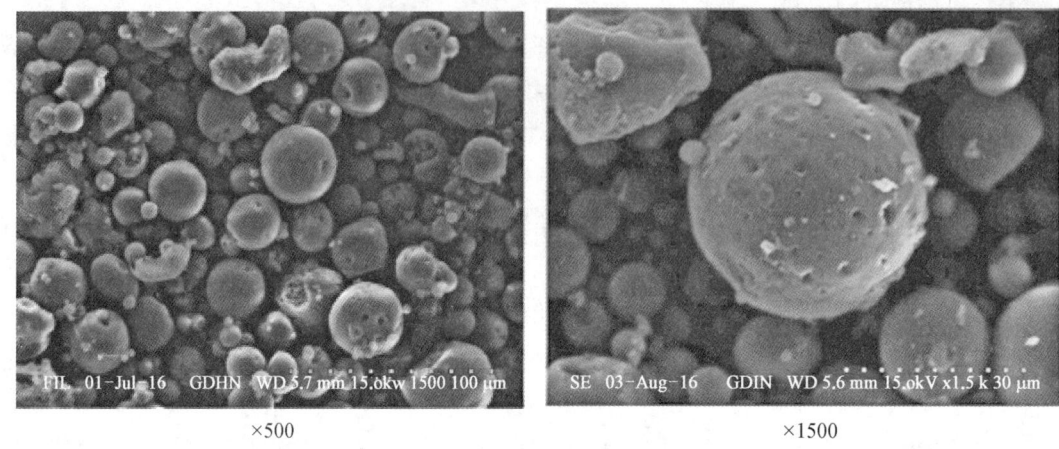

图6-6 甘草总黄酮微海绵的扫描电镜图(×500)　图6-7 甘草总黄酮微海绵的扫描电镜图(×1 500)

(6) 前非离子体:即前体非离子表面活性剂囊泡(图6-8),是一种以非离子表面活性剂为载体材料,通过自身闭合形成的双分子层微型或多室囊泡状新型药物载体,具有以下优点。① 能容纳不同溶解度的药物分子;② 延长药物半衰期,提高药物的生物利用度;③ 囊泡结构具有可调节性,可按照要求改善;④ 与脂质体相比,囊泡中不含磷脂,能够克服磷脂易氧化及成本高等问题。前非离子体既保留了非离子体表面活性剂囊泡的优点,又改善了其储存、运输方面的缺陷。例如,丹皮酚前非离子体在运输、储存、使用方面具有明显的优势,可直接应用于皮肤,也可制备成凝胶剂、软膏、贴剂等各种透皮给药剂型(图6-9)。

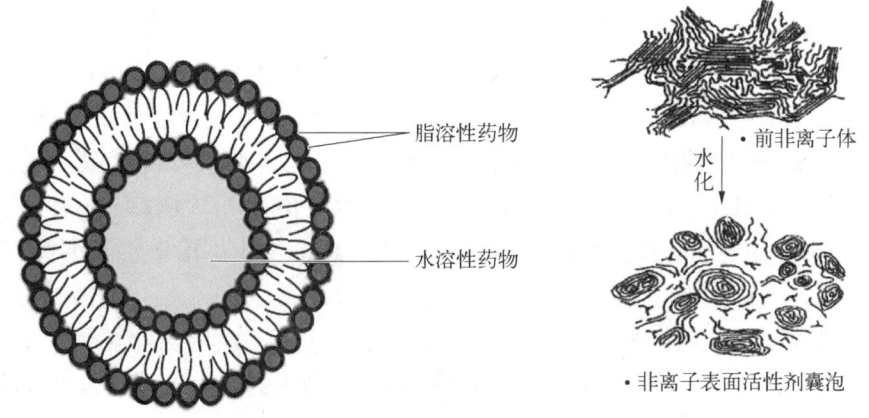

图6-8 前体非离子表面活性剂囊泡

(7) 皮肤角质类脂体:其制剂优势包括以下3个方面。① 类角质组成成分。其组成成分和成分极性与角质层相近,与普通脂质体相比更易与角质层相互融合,从而显著提高药物的皮肤渗透。② 毛囊靶向性。脂质体使药物浓集于靶部位,脂质体本身具有毛囊靶向作用,从理论上来讲能够将药物尽可能多地导向痤疮的病变部位。③ 增强药物的稳定性。能提高药物的稳定性和生物相容性,使其更稳定地释放到相应的组织中。当作为脂溶性药物载体时,可增加局部效应,同时减少药物进入体循环的量。例如,隐丹参酮皮肤角质类脂体显著改善了隐丹参酮水溶性差、不稳定等性能,提高了隐丹参酮透过角质层的渗透速率,增加了药物的皮肤滞留量。

(8) 纳米胶束:是一种表面活性剂和水组成的微小胶束,直径通常在 10~100 nm 之间。在水中,表面活性剂的疏水基团会向内聚集,形成核心,而亲水基团则向外暴露在水中,这使得纳米胶束具有疏水性和亲水性,可以用于包裹疏水性药物或化合物,增强它们在水中的稳定性和生物可利用性。纳米胶束在生物医学和化学工业领

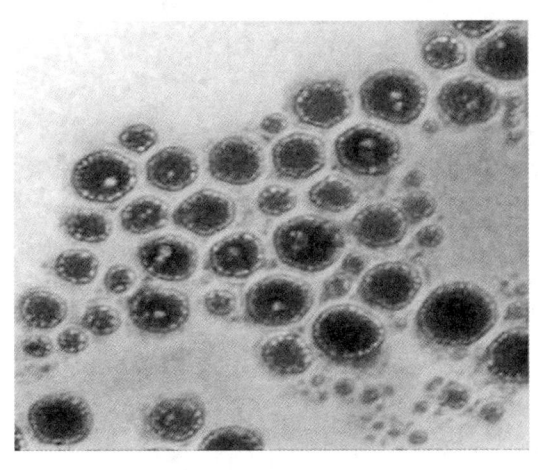

图 6-9 丹皮酚前非离子体水化形成的非离子表面活性剂囊泡的透射电镜图(×20 000)

域有广泛应用。采用甘草酸及聚山梨酯-80 包裹黄芩苷制备所得的纳米胶束,可以有效渗透表皮层并靶向富集于毛囊部位,发挥黄芩苷和甘草酸的协同功效,促进真皮毛乳头细胞生长,从而促进毛干的形成。黄芩苷纳米胶束的疗效显著,安全无刺激,可以用于治疗脱发的药物或化妆品中。

(三) 中药经皮给药系统的制备

以下介绍几种常用的中药经皮给药制剂的制备工艺,包括中药橡胶贴膏剂、中药凝胶贴膏剂和中药乳膏剂。

1. 中药橡胶贴膏剂

(1) 溶剂法:可分为提取药料、制备胶浆、涂布膏料、回收溶剂、切割、加衬、包装等步骤。① 提取药料:选用适当的溶剂和方法提取,提取液滤过、浓缩成适当密度的浸膏;② 制备胶浆:胶浆由橡胶基质与药物混合而成,制法包括压胶、浸胶、打膏;③ 涂布膏料:将膏料置于装好布褙褶的涂料机上,进行涂布;④ 回收溶剂:涂了膏料的布进入溶剂回收装置,回收溶剂;⑤ 切割,加衬:将膏布在切割机上切成规定的宽度,再移至纱布卷筒装置上,使膏面覆盖以硬纱布或塑料薄膜等以避免黏合,封装,其工艺流程如图 6-10 所示。

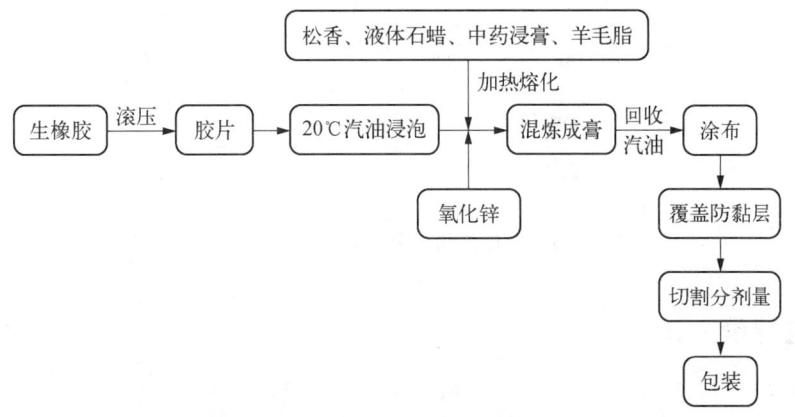

图 6-10 溶剂法制备中药橡胶贴膏剂的工艺流程图

(2) 热压法:将胶片用处方中的油脂性药物等浸泡,待溶胀后再加入其他药物和立德粉或氧化锌、松香等,炼压均匀,涂膏盖衬,工艺流程如图 6-11 所示。此法不用汽油,无须回收装置,但成品欠光滑。

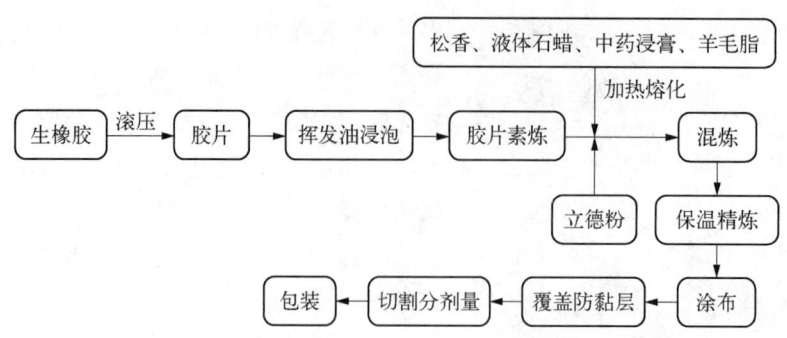

图 6-11 热压法制备中药橡胶贴膏剂的工艺流程图

2. **中药凝胶贴膏剂** 制备工艺主要包括原料药物前处理、基质成型与制剂成型 3 部分,工艺流程如图 6-12 所示。基质原料类型及其比例、基质与药物的比例、配制程序等均影响中药凝胶贴膏剂的成型。

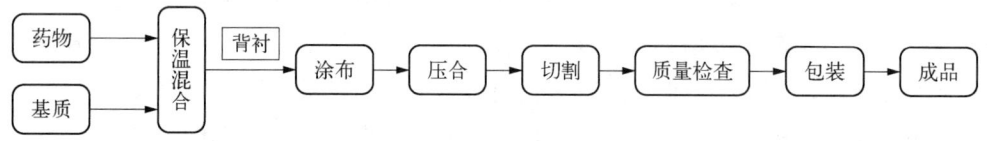

图 6-12 中药凝胶贴膏制备工艺流程图

3. **中药乳膏剂** 其制备工艺为乳化法:将处方中的油溶性组分一起加热至 80℃ 左右使之熔融,另将水溶性成分溶于水,加热至略高于油相温度,以防两相混合时油相中的组分过早析出或凝结。在不断搅拌下将水溶液慢慢加入油相中,并搅拌至冷凝,制成乳剂基质,工艺流程如图 6-13 所示。

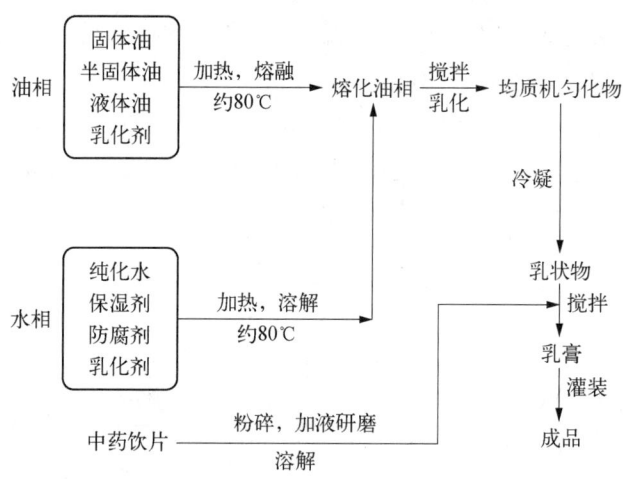

图 6-13 乳化法制备中药乳膏剂的工艺流程图

四、质量要求与评价

(一) 质量要求

中药经皮给药有多种剂型,包括膏剂、涂剂等传统剂型和凝胶剂、膜控型贴片等现代剂型,不同剂型的质量要求与评价不同。下面以贴剂、凝胶剂、软膏剂与乳膏剂为例,介绍中药经皮给药的质量要求与评价。

1. **贴剂** 《中国药典》(2020 年版)四部 0121 贴剂检测项目包括外观、残留溶剂含量、黏附力、释放度、含量均匀度、重量差异、微生物限度等,必要时应对残留溶剂进行检查。

(1) 外观：完整光洁，冲切口应光滑，无锋利的边缘，有均一的应用面积。

(2) 残留溶剂含量：使用有机溶剂涂布的贴剂按照《中国药典》通则0861残留溶剂测定方法检查，应符合规定。

(3) 黏附力：除另有规定外，按照贴剂黏附力测定法[《中国药典》(2020版)通则0952]测定，应符合规定。

(4) 释放度：除另有规定或来源于动、植物多组分且难以建立测定方法的贴剂外，按照溶出度与释放度测定法[《中国药典》(2020版)通则0931第四、五法]测定，应符合规定。

(5) 含量均匀度：除另有规定或来源于动、植物多组分且难以建立测定方法的贴剂外，按照含量均匀度检查法[《中国药典》(2020版)通则0941]测定，应符合规定。

(6) 重量差异：中药贴剂按如下重量差异检查法测定，应符合规定(进行含量均匀度检查的品种，可不进行重量差异检查)。

除另有规定外，取供试品20片，精密称定总重量，求出平均重量，再分别称定每片的重量，每片重量与平均重量相比较，重量差异限度应在平均重量的±5%以内，超出重量差异限度的不得多于2片，并不得有1片超出限度1倍。

(7) 微生物限度：除另有规定外，按照非无菌产品微生物限度检查[微生物计数法(《中国药典》(2020版)通则1105)和控制菌检查法[《中国药典》(2020版)通则1106]及非无菌药品微生物限度标准[《中国药典》(2020版)通则1107)检查]，应符合规定。

2. 凝胶剂

(1) 粒度：除另有规定外，混悬型凝胶剂按照下述方法检查，应符合规定。取供试品适量，置于载玻片上，涂成薄层，薄层面积相当于盖玻片面积，共涂3片，照粒度和粒度分布测定法[《中国药典》(2020版)通则0982第一法]测定，均不得检出大于180 μm的粒子。

(2) 装量：按照最低装量检查法[《中国药典》(2020版)通则0942]检查，应符合规定。

(3) 无菌：除另有规定外，用于烧伤[除程度较轻的烧伤(Ⅰ°或浅Ⅱ°外)]、严重创伤或临床必须无菌的按照无菌检查法[《中国药典》(2020版)通则1101]检查，应符合规定。

(4) 微生物限度：除另有规定外，按照非无菌产品微生物限度检查[微生物计数法(《中国药典》(2020版)通则1105]和控制菌检查法[《中国药典》(2020版)通则1106]及非无菌药品微生物限度标准[《中国药典》(2020版)通则1107)]检查，应符合规定。

3. 软膏剂、乳膏剂

(1) 粒度：除另有规定外，混悬型软膏剂、含饮片细粉的软膏剂按照下述方法检查，应符合规定。

取供试品适量，置于载玻片上，涂成薄层，薄层面积相当于盖玻片面积，共涂3片，照粒度和粒度分布测定法[《中国药典》(2020版)通则0982第一法]测定，均不得检出大于180 μm的粒子。

(2) 装量：按照最低装量检查法[《中国药典》(2020版)通则0942]检查，应符合规定。

(3) 无菌：用于烧伤[除程度较轻的烧伤(Ⅰ°或浅Ⅱ°外)]、严重创伤或临床必须无菌的软膏剂与乳膏剂，按照无菌检查法[《中国药典》(2020版)通则1101]检查，应符合规定。

(4) 微生物限度：除另有规定外，按照非无菌产品微生物限度检查[微生物计数法(《中国药典》(2020版)通则1105)和控制菌检查法[《中国药典》(2020版)通则1106]及非无菌药品微生物限度标准[《中国药典》(2020版)通则1107)检查]，应符合规定。

(二) 质量评价

1. 体外评价 包括含量测定、含量均匀度检查、体外释放度检查、经皮渗透性测定、黏着性能检查、体外经皮渗透实验等。黏附力反映透皮贴剂与皮肤黏附的牢固程度，进而影响透皮贴剂的安全性和有效性。体外释放度反映透皮贴剂制造工艺的稳定性和均匀性。透皮贴剂的黏附力和体外释放度是产品质量的关键属性。

（1）释放度：参照《中国药典》（2020年版）四部收载的贴剂释放度的测定方法［通则《0931 溶出度与释放度测定法》中第四、五法］。

（2）黏附力：一般主要对四种黏附力指标（初黏力、持黏力、剥离强度和黏着力）进行测定。采用滚球斜坡停止法测定初黏力；通过贴剂膏体抵抗持久外力引起的变形或断裂的能力，反映持黏力；采用180°剥离强度试验法测定剥离强度；用贴膏剂、贴剂的黏性表面与皮肤附着后对皮肤产生的黏附力，表示黏着力。

（3）体外经皮渗透实验：出于安全、伦理道德、个体差异及经济等因素的考虑，难以实现直接在人体进行药代动力学的研究。目前，体外模型更多地被用于评估药物的透皮吸收过程和途径，以及驱动其透过皮肤屏障的介质。在一定程度上，离体经皮渗透的研究结果可以反映药物在体内的经皮吸收情况。

2. 体内试验

（1）安全性试验：在进行临床研究之前，经皮给药制剂需要进行皮肤刺激试验、皮肤过敏试验、皮肤急性毒性试验与皮肤长期毒性试验等。

（2）生物等效性评价：通过实验获得主要药动学参数 AUC、C_{max}、t_{max} 等，进而分析改变给药途径的经皮给药系统制剂与原给药途径的制剂是否存在生物等效性。

（3）体内药代动力学研究与生物利用度实验：在分析方法具有足够灵敏度的前提下，可用适宜的方法（HPLC、LC－MS、GC－MS 等）直接测定血浆或尿中原形药物的量，求出 AUC，计算生物利用度。对于剂量小的药物，可采用同位素示踪法（"C"或"H"标记）测定尿或粪便中排出的放射性总量，或者通过间接计算法，测定给药系统中药物经皮吸收后药物的残留量，求算出药物的吸收量。进行经皮吸收局部组织药代动力学研究，可以直接采用经皮微渗析法测定皮肤内和皮下组织中的药物浓度。

（4）体内外相关性：如果确定了体内外实验（即经皮给药系统的体外经皮渗透实验与体内生物利用度实验）的相关关系，可以用体外经皮渗透参数预测血药浓度，也可以用于筛选制剂处方和制备工艺，验证制剂产品体内外性能的一致性。

五、有关问题讨论

（一）中药经皮给药的技术难点

1. **中药成分的复杂性**　与化学药物不同，中药往往成分复杂，很难完全阐明其作用物质基础，这就给外用制剂研究带来了非常大的困难。由于关键物质基础不明，无论是质量控制还是吸收效果、作用机制都难以得到充分诠释，从而限制了中药外用制剂现代化的进程。

2. **中药有效成分的稳定性**　作为药品质量控制研究的重要组成部分，稳定性研究直接影响制剂的质量、用药有效性和安全性，在药品的研发和注册中占有重要的地位。根据组分中药不同组方特点和化学组成，需要建立和完善适宜组分中药稳定性研究的方法，探寻不同影响因素下组分中药稳定性变化规律，探索配伍组分之间含量比例及其对稳定性的影响等内容。进一步促进中药现代化发展和产业化进程，需要进行针对性强的稳定性研究，其可有效保证组分中药的质量安全和临床药效。

3. **药物透皮率低**　中药经皮给药制剂中的药物需要进入血液循环而发挥作用，由于皮肤角质层的限速屏障作用，大多数药物的透皮性能降低，目前使用的促渗方法有物理促渗、化学促渗、载体促渗等手段。虽然微针、超声导入等物理促渗技术发展迅速，但目前最常用、使用最方便、最经济的途径仍然是添加透皮促渗剂，至今还没有哪一种或哪几种促渗剂的组合可以完美穿透角质层屏障。

（二）质量控制与评价方法不足

目前临床应用的中药外用制剂大多限于普通软膏、橡胶贴膏等，尚无成熟的透皮贴剂，国内对于皮肤局部外用制剂，相关的文件和技术要求较少，如《中国药典》（2020 版）中尚无收载脂质体、微乳、微针等经皮给药新剂型的质量标准。同时，中药经皮给药制剂的质量标准、药理毒理研究均需进一步完善。

（三）制剂设计上的挑战

1. 适宜辅料的选择有限 经皮给药系统需适合的膜材料、压敏胶材料、背衬材料和防黏材料等，在中药经皮给药制剂中，基质的性质决定了其可承载药物的性质。作为基质的高分子材料相对较少，无法满足不同极性、不同溶解度药物的需要。传统中药经皮给药制剂以油性基质为主，新型经皮给药制剂以水性基质为主，最新出现的双亲性基质尚未得到大规模应用。

2. 制剂创新技术的研发 药物设计与开发是制剂研发的重要环节。通过合理的药物设计，可以优化药物的分子结构和属性，提高药物的选择性和效力。制剂研发通过药物分子的合理设计和高效合成，实现对药物活性和毒性的调控。同时，制剂研发还包括对药物体内外转化的研究，以及药物的稳定性和药代动力学的优化。药物设计与开发的成功将为后续的制剂优化和临床应用奠定基础。

（四）安全性和毒理性问题

皮肤给药途径常用于一些特殊剂型的药品，在进行非临床安全性评价过程中，有些操作不同于常规毒性实验，需要考虑长期使用的安全性评估、潜在的皮肤毒性问题和药物相互作用的风险。

（五）市场和商业化的挑战

与其他一些新剂型的发展相比，经皮给药系统从实验研究转化为工业化生产的困难较多。制药设备不能满足特殊剂型的要求，如凝胶贴膏对涂布设备的要求较高，涂布设备直接影响其黏性、均匀度、干燥方式和干燥时间等。国产制药设备的研制是推进中药经皮给药制剂的重要环节，需要不断更新设备以满足技术需求。

六、应用实例

透皮贴剂作为一种药物传递系统，具有广泛的应用前景，例如，将传统中药与现代透皮技术结合，为中药的应用提供了新的途径，有助于中药现代化和国际化。将多个中药复配后制成贴剂，可以持续释放药物，有助于提高治疗效果。同时避免肝脏的首过效应和胃肠道对药物的降解，减少对胃肠道的刺激，从而降低副作用。

实例 1：香麻寒喘贴的制备

香麻寒喘贴中，丁香、麻黄、五味子等原料药，各种成分之间互作配伍，协调效能，制成贴剂后，药物成分受到保护，不易受外界环境因素影响，提高了药物的稳定性，同时贴剂长时间贴附在皮肤上，持续释放中药成分，可以维持稳定的血药浓度。

二维码 6-4
香麻寒喘贴的制备

实例 2：隐丹参酮皮肤角质类脂体的制备

隐丹参酮在改善微循环、消退炎症、修复皮肤损伤等方面均显示出较强的活性。临床上使用以隐丹参酮为有效成分的丹参制剂治疗炎症性和脓疱性痤疮效果显著，而且动物实验显示无毒、无刺激。然而在隐丹参酮的研究历程中，其逐渐显现的一些特性大大限制了其在产品剂型上的应用，如水溶性差、见光易分解、对肝药酶具有诱导作用等。皮肤角质类脂体技术为解决隐丹参酮的这些难题提供了有效途径。

二维码 6-5
隐丹参酮皮肤角质类脂体的制备

第四节 中药黏膜给药系统

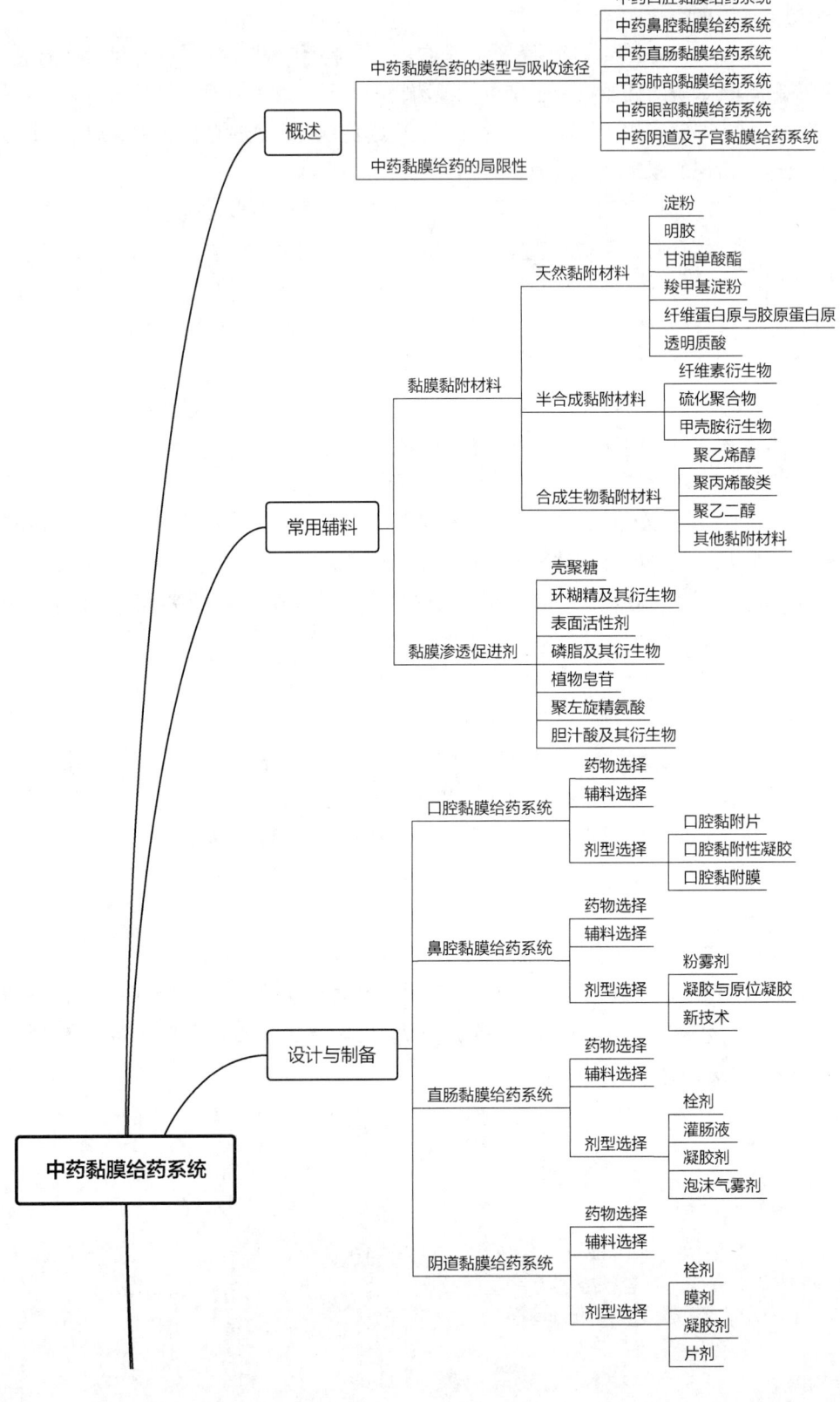

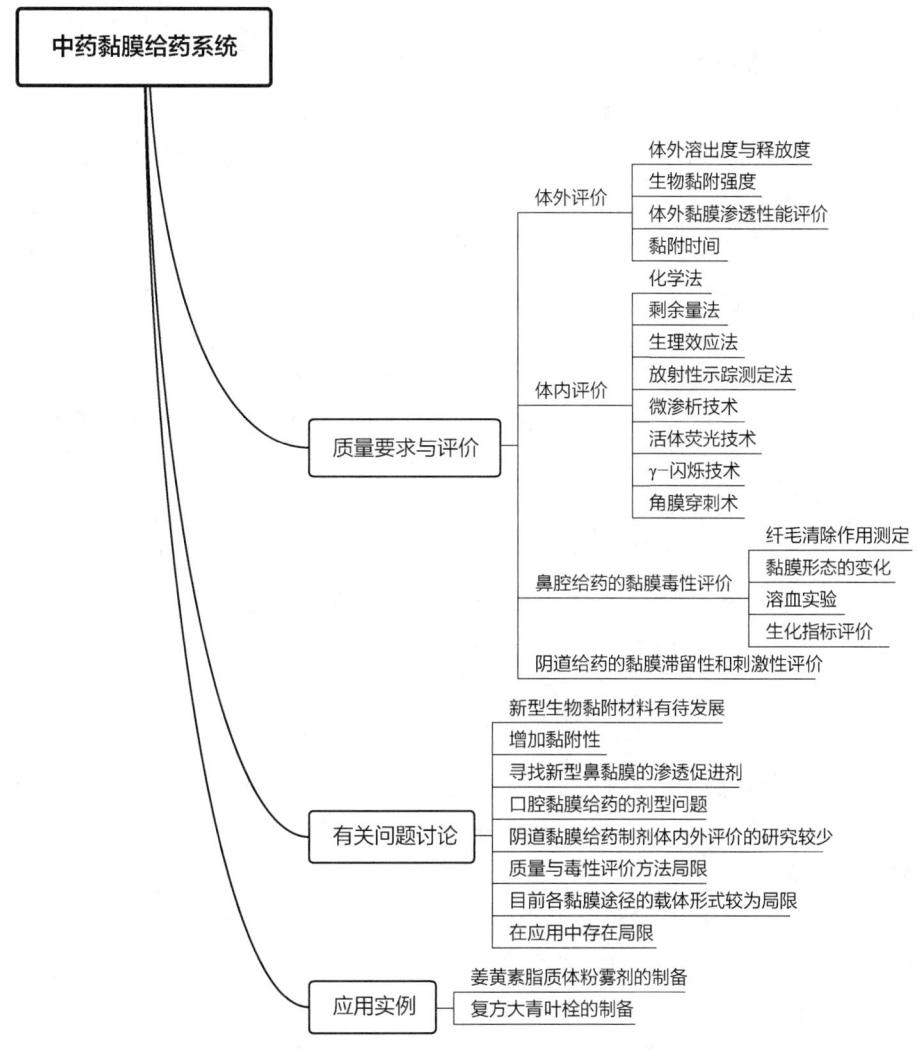

一、概述

黏膜给药(mucosal drug delivery),即生物黏附给药,是指使用适合的载体将药物与生物黏膜表面紧密接触,使其通过黏膜上皮细胞进入循环系统的给药方式。中药黏膜给药系统是指将中药提取物或单体、中药材细粉等与适宜的生物黏附材料或载体制成一定剂型后,通过黏膜给药,起到局部或全身治疗作用的一类给药系统。

(一) 中药黏膜给药的类型与吸收途径

中药黏膜给药的主要途径包括口腔、鼻腔、直肠、肺部、眼部和阴道等,因而产生了相应给药途径的黏膜给药制剂。黏膜给药一般可避免胃肠道酶和酸的降解作用及肝脏首过效应,可根据药物的特性和病变部位的特点,选择合适的剂型和给药方式,从而实现药物的精准释放。例如,口腔贴膜可以在口腔内缓慢释放药物,从而延长药物的作用时间;鼻腔喷雾剂可以将药物直接喷入鼻腔,从而快速起效。此外,中药黏膜给药还具有延长药物滞留时间、减少药物全身暴露量、提高生物利用度、降低药物副作用、起效快等特点,适用于不宜口服、通常只能采用注射途径的药物,如多肽、蛋白质等生物大分子药物。

1. 中药口腔黏膜给药系统　口腔黏膜给药具有以下特点:① 口腔黏膜给药可使药物直接作用于口腔和咽喉部,适用于口腔和咽喉部的局部治疗,如口腔溃疡、咽喉炎等;② 黏膜组织透过性仅次于鼻黏膜,且不易损伤,修复功能强;③ 口腔内酶的活性低,可有效避免药物在给药部位的降解;④ 给药方便,可随时停药,适合小儿及吞咽困难患者。口腔黏膜给药作为中药的释药系统具有很好的前景,已运用到口腔黏膜研究的中成药有西瓜霜含片、复方草珊瑚含片、冰硼散等。

口腔黏膜根据其角质化程度,可分为非角质化区和角质化区。非角质化区包括舌下黏膜($26\ cm^2$)和颊黏膜($50\ cm^2$),厚度分别为 $100\sim200\ \mu m$ 和 $500\sim600\ \mu m$,非角质化区的血流丰富、通透性好,是主要给药部位,其中颊黏膜更适合生物黏附制剂给药。角质化区包括齿龈、硬腭和唇部内侧的黏膜,对药物的通透性差。颊黏膜上表层细胞膜上的颗粒类脂物质构成了药物口腔吸收屏障。黏液层中黏蛋白带有电荷,对离子型药物的吸收有一定的影响。黏液层与唾液产生水合作用有利于药物吸收。

药物经颊黏膜吸收的途径包括细胞内通道和细胞旁通道,大部分药物通过后者被吸收。影响药物口腔吸收的影响因素包括:① 口腔黏膜的生理屏障,如膜渗透性、膜厚度、表面积、上表皮细胞间隙的类脂物质、血流供应情况和角质化程度等;② 唾液、代谢酶活性和口腔运动;③ 药物的理化性质,如亲水性、分子质量、解离常数、脂水分配系数,蛋白质类药物还与其溶解度、电荷性质、与黏膜形成氢键的能力,以及自身的构象有关;④ 制剂因素,如渗透促进剂、酶抑制剂、生物黏附材料等。

2. **中药鼻腔黏膜给药系统**　鼻腔给药历史悠久,中医学认为,鼻为清窍,药物纳鼻后具有"通关"之效。"纳鼻通关"是中医治疗焦急症的一条重要给药途径。鼻腔给药具有以下特点:① 表面积较大、血流丰富、起效快,小分子药物的生物利用度接近静脉注射,大分子药物加入渗透促进剂也有较好的吸收;② 中医纳鼻通关与现代嗅区递药入脑理论殊途同归,鼻腔给药可制成脑靶向制剂,使药物避开血脑屏障,经过嗅觉神经直接进入脑部发挥作用;③ 使用方便,患者依从性好。在中医纳鼻法的基础上,结合现代技术理念,使得中药鼻用制剂更加丰富,可充分发挥鼻腔给药的治疗优势。已有十几种鼻腔给药制剂上市,如苍辛气雾剂、鼻炎宁喷雾剂。其中的成分以解表类药物居多,大多气味芳香、轻宣疏散,多具有通鼻窍、宣肺平喘等功效。

人体鼻腔的总容积是 15 mL,鼻黏膜面积约为 $150\ cm^2$,厚度为 $2\sim5\ mm$,鼻腔前部的黏膜比底部和鼻窦内黏膜厚,血管密集,是药物吸收的主要区域。鼻上皮细胞下有许多大而多孔的毛细血管和丰富的淋巴管,使药物迅速吸收入血。药物通过鼻腔给药,经鼻黏膜吸收可直接到达呼吸道等部位发挥局部及全身治疗作用。药物经鼻腔黏膜给药后可经嗅区途径转移至脑,表明鼻脑给药具有很好的前景。

传统的中医纳鼻法归纳为探、滴、灌、嗅、熏、塞、涂等八类。药物经鼻吸收入脑主要有四条途径:嗅神经通路、嗅黏膜上皮通路、血液循环通路和三叉神经通路。其中,嗅神经上皮黏膜是中枢神经系统与外界接触的最薄弱环节,其屏障作用比血脑屏障小得多,可促进药物吸收入脑。

影响药物鼻黏膜吸收的主要因素包括:① 形态结构因素,是主要影响因素,决定了药物经鼻吸收后在鼻部的沉积部位和吸收表面积的大小;② 生理条件,纤毛运动的频率和黏液流动的速度决定药物在鼻腔内的停留时间和清除半衰期;③ 药物及其剂型的因素,药物分子质量、脂水分配系数、pKa、吸收促进剂、溶液黏度、给药的技术和方法等。

3. **中药直肠黏膜给药系统**　即将药物纳入直肠,释放药物进入体循环,从而发挥局部或全身治疗作用,如栓剂。直肠给药产生全身治疗作用时,其控制作用的时间比一般的片剂长,适用于婴幼儿及神志障碍的患者;直肠给药较口服或注射给药更方便、安全,适用于口感差、不愿或不能吞服药物的患者,用法简单,便于携带和贮存。影响直肠给药的因素有:① 药物的解离度、溶解度等;② 基质和附加剂的理化性质;③ 患者生理因素,如体液量、内容物、直肠液 pH 等。

4. **中药肺部黏膜给药系统**　肺部的表面积大(约 $140\ m^2$),且肺泡表皮薄,肺泡壁或肺泡隔有丰富的毛细血管,吸收迅速、起效快;肺部的化学降解和酶降解反应较低,药物被破坏程度较小;加入渗透促进剂后,大分子药物也有较高的生物利用度。药物可直接到达靶标部位。影响肺部给药的因素有:① 粒子的初速度、粒径、粒度分布、密度、形态、溶解度、吸湿性等;② 呼吸道的纤毛运动、分泌物与疾病等;③ 黏膜中磷酸酯酶及脂肪酶等导致的药物代谢降解;④ 给药装置;⑤ 患者吸气间隔时间、吸入后屏气时间、呼气时间等。现代中药制剂中,用于肺部和呼吸道局部治疗的制剂有双黄连气雾剂、鱼腥草雾化吸入制剂等。

5. **中药眼部黏膜给药系统** 眼部给药系统可产生较好的局部作用与全身作用。药物通过眼部黏膜给药吸收进入体循环以治疗疾病的方法近年来引起广泛关注。眼部组织与其他组织或器官相比,对免疫反应不敏感,且眼部给药方便、简单、经济,患者易于接受,且能长时间、平稳地释放治疗浓度的药物,可减少给药次数,消减峰谷现象,降低不良反应与刺激性,提高生物利用度等。其缺点主要是患者易有不适感与刺激感,眼部容量小,药物剂量损失较大,成本高。

药物在眼部主要通过角膜渗透和结膜渗透两种途径吸收。药物经角膜渗入,进入房水,经前房到达虹膜和睫状肌,主要发挥局部作用;药物经结膜吸收,并经巩膜转运至眼球后部。结膜和巩膜的渗透性能比角膜强,药物可进入体循环,从而起到全身作用。

影响药物角膜吸收的因素有膜面积、膜厚度、亲脂性、经孔道的跨膜作用、药物的脂水分配系数、溶解度、分子大小和解离程度,以及患者眨眼次数等。角膜中含有各种酯酶、肽酶、蛋白水解酶,肽类药物易被酶破坏而影响吸收。药物的结膜透过也受分子质量和酶解影响,分子质量在 5 000 Da 以下的多肽可以经眼吸收进入体循环,加入渗透促进剂可提高大剂量或大分子药物的吸收。

6. **中药阴道及子宫黏膜给药系统** 通过阴道或子宫黏膜吸收,具有毛细血管丰富,没有明显神经末梢,有利于药物吸收,延长给药系统的滞留与释放时间等特点;但药物的吸收及酶活性与月经周期密切相关。

药物通过阴道黏膜吸收有两种途径:一种是通过脂溶性的细胞转运通道,另一种是通过水溶性的细胞旁路转运通道。影响阴道给药吸收的因素有:① 生理因素,如激素的子宫首过效应,即激素药物经阴道黏膜吸收后有优先摄入直接转运至子宫的现象;阴道上皮多层细胞形成吸收屏障,与鼻腔、直肠黏膜比较,药物在阴道的吸收速度较慢;② 剂型因素,不同剂型中药物在阴道的滞留时间不同,释放速率亦不同;③ 药物理化性质,包括分子质量、亲脂性、电离程度、渗透性等。阴道炎表现为阴道分泌物增多,外阴瘙痒、灼热症状,传统方法运用具有清热解毒、杀虫止痒功效的中草药,如艾草、苦参、防风等熬制后清洗外阴,或者坐浴进行治疗,既能解除外阴瘙痒,又能抗炎杀菌。

(二)中药黏膜给药的局限性

中药黏膜给药系统仍存在部分局限性。黏液与黏膜的屏障作用使得黏膜途径仍无法达到理想的吸收效能,需要增强对黏液的渗透能力,使药物加速到达上皮细胞。药物本身亦须对黏膜无刺激性,不会引起过敏反应。黏膜的自洁作用,如口腔中唾液的连续分泌作用、鼻腔黏膜纤毛清除作用、泪水的分泌、阴道的自我清洁作用等,也容易导致药物被快速清除。黏膜给药可能引起局部不良反应,如口腔炎、鼻腔刺激、阴道不适等。黏膜给药的剂量控制相对困难,尤其是对于一些需要精确控制剂量的药物。这可能导致药物过量或不足,从而影响治疗效果。

现代黏膜给药理论在化学药及生物药中的研究及应用较为深入,但现代中药研究多沿袭化学药及生物药的思路与方法,未形成自身理论体系,因此,建立和发展符合中医理论的中药黏膜给药系统成为亟待解决的问题。

二、常用辅料

黏膜给药系统的辅料主要包括黏膜黏附材料与黏膜渗透促进剂。

(一)黏膜黏附材料

黏膜表面的上皮细胞能分泌含不同分子质量的糖蛋白的黏液。黏膜黏附材料与生物黏膜表面的糖蛋白相互作用,从而产生生物黏附作用。

黏膜黏附材料的黏附作用机制主要有以下内容：① 润湿，用于溶液型的生物黏附体系，黏附性聚合物与黏液表面紧密接触后，润湿、铺展黏膜以产生黏附；② 吸附，指黏附聚合物主要通过次级化学作用力（范德瓦尔斯力、氢键、疏水键、水化力及立体化学构象力等），以非特异方式结合黏附到靶组织；③ 电荷双电层，指材料和黏膜表面物质表面接触时，由于电子转移，在界面处形成一个电荷双电层而产生黏附；④ 扩散与机械嵌合，指材料分子和黏蛋白分子相互扩散、相互缠绕，而不能逆向脱出，产生黏附，外加压力可以增加机械嵌合作用；⑤ 细胞黏附，材料与黏膜表面的成分特异性相互作用，如某些凝集素能特异识别细胞膜上的受体，直接与表皮细胞相连，产生强大的黏附作用，对胃肠道黏膜的生物黏附有重要意义；⑥ 断裂，主要考察体外生物黏附性。不同材料与生物黏膜间的黏附作用可能存在一种或几种机制，目前被广泛接受的是吸附理论与扩散理论。

常用的黏附材料主要有以下内容。

1. 天然黏附材料 具有生物相容性好、毒性低等优点，部分天然材料具有生物降解性。

（1）淀粉：具有强亲水性，可避免淋巴内皮系统的吞噬。淀粉分子上羟基、羧基可与黏液的糖蛋白之间以氢键结合而黏附，但其黏附性较差。添加了以淀粉为主、糖粉为辅的稀释剂的复方锦灯笼片剂具有较强的吸湿性、黏合性、颗粒流动性和压缩成型性，且其还具有较强的硬度。

（2）明胶：有较多氨基、羟基及羧基，可与黏液糖蛋白亲和，生物耐受性与生物降解性好。可被用于制备缓释微球，以缓解部分中药成分突释，如缓释麦冬甾体皂苷明胶微球、水飞蓟宾明胶微球等。

（3）甘油单酸酯：是生物体内的一种天然代谢产物，毒性低、生物相容性好，常作为黏膜给药制剂的药物载体。例如，以甘油单油酸酯为液晶材料，采用自乳化方法制备的辣椒碱立方液晶凝胶具有良好的原位生物黏附特性，对溃疡及易感部位有暂时保护作用，能提高药物皮肤渗透量，有缓释、控释的优点。

（4）羧甲基淀粉：胶液透明、细腻、黏度高、黏结力大，流动性和溶解性好，且具有较好的乳化性和稳定性。例如，添加了羟甲基淀粉钠的葛根浸膏片崩解时间缩短，崩解后呈膨松状，葛根素的溶出加快，均匀地混悬在溶出介质中，极大地增加了药物粒子与介质的接触面。

（5）纤维蛋白原与胶原蛋白原：在外科手术中，为了消除许多临床并发症，特别是在伤口缝合上采用了许多生物降解性、生物相容性好的黏附材料。利用内源性纤维蛋白原黏合乳腺窗外科手术的伤口，可克服淋巴细胞引起的炎症反应和体液渗漏，缩短伤口愈合时间，提高伤口愈合质量。

（6）透明质酸：是人体组织自然存在的一种直链高分子多糖，化学结构显示其与黏膜黏液有一定的黏附性。其具有良好的生物相容性、较强的生物黏附性和保水性。透明质酸作为一种黏性多糖，可延长药物在体内的滞留时间，且由于透明质酸属于阴离子聚糖，其相较于表面带阳离子的药物载体具有更久的半衰期，从而可以提高中药小分子化合物的生物利用度；其还具有独特的药效动力学活性、良好的可降解性，可显著提高被载药物的亲水性，从而增加小分子化合物的溶解性，如将亲水性的透明质酸和亲脂性的姜黄素通过自组装的方法结合在一起制备生成的聚合NP显著改善了姜黄素的溶解性。

另外，西黄蓍胶、黄原胶、阿拉伯胶、葡聚糖、海藻酸及其钠盐等天然材料均具有不同程度的黏附力。

2. 半合成黏附材料 这类材料来源广、成本低，具有生物惰性。

（1）纤维素衍生物：应用较广的有 CMC-Na、HEC、HPC、HPMC。它们和黏液糖蛋白之间以氢键、范德瓦尔斯力及疏水键产生生物黏附。例如，中等黏度HPC为高分子聚合物，吸水后可产生一定生物黏附性，作为辅料加到三七总皂苷鼻腔用粉雾剂中，则能够促进亲水性大分子药物的鼻腔吸收，使制剂在鼻黏膜的滞留时间延长，有利于药物吸收。

（2）硫化聚合物：将非特异性生物黏附材料与半胱氨酸耦合制成硫化聚合物，该种聚合物可与黏膜层形成二硫键，与黏蛋白中半胱氨酸丰富的亚区发生特异性结合。

(3) 甲壳胺衍生物：有多种衍生物，体外实验表明复合物有较好的酶抑制作用，其酶抑制力随着酶抑制剂在脱乙酰壳多糖分子中的比例增加而增强，但复合物的黏附能力随着酶抑制剂比例的增加而快速降低。作为丸剂、片剂、颗粒剂等的包衣材料，可提高难溶性药物的溶出度，具有很强的缓释作用和亲水性，可在酸性介质中膨胀形成胶体黏稠物质，不但有很好的成膜性，而且可以阻滞药物扩散及溶出，由此可制成膜剂、缓释微球、缓释片、缓释颗粒剂、缓释丸剂、漂浮片和黏附片。用其制备的穿心莲浸膏片，崩解性能强；制备的速释片体内达峰时间明显缩短，生物利用度显著提高。

3. 合成生物黏附材料

(1) 聚乙烯醇：国外市场有 PVA 高黏度(分子质量为 200 000 Da)，中黏度(分子质量为 130 000 Da)，及低黏度(分子质量为 30 000 Da)的不同产品。PVA 是成膜的主要材料，可增加成膜材料混合溶液的黏性，所制膜剂(如丁香油)口腔溃疡膜成膜性好、表面光洁、厚度均匀一致、颜色均匀、质地柔软、韧性好、使用方便，对口腔黏附性好，可阻隔外界细菌，保护口腔溃疡创面，防止继发感染。

(2) 聚丙烯酸类：有卡波姆与聚卡波菲两种。卡波姆的黏附力主要来源于分子中的羟基、羧基和表面活性作用。聚卡波菲是由丙烯酸和含二乙烯基的单体共聚得到的一种轻度交联的网状高分子。例如，加入卡波姆 934P、采用乳化-溶剂挥发法制备所得的葛根素生物黏附微球具有较好的生物黏附性，能延缓药物在胃肠道黏膜表面的滞留时间，并持续释放药物，克服葛根素在水中微溶、生物利用度低等缺点，提高吸收程度、药理活性，具有长效、缓释、控释等特点。

(3) 聚乙二醇：随着分子质量增高，黏度呈上升趋势，当分子质量达 100 000 Da 以上时表现出很高的黏度。例如，PEG 修饰高良姜素纳米结构脂质载体增加了药物释放度，纳米药物与胃肠道接触更充分，易于克服胃肠道黏液层的快速清除或滞留而进入体循环，利于药物吸收，最终提高了高良姜素的生物利用度。

(4) 其他黏附材料：聚天门冬氨酸、聚谷氨酸、硫酸右旋糖酐、聚苯乙烯磺酸、硫酸软骨素等。

(二) 黏膜渗透促进剂

黏膜渗透促进剂的作用机制主要有：① 改变黏液的流变学特性，降低黏膜层黏度和弹性，提高通透性；② 与黏膜结合，引起细胞膜紊乱或溶解，提高膜流动性，促进膜孔形成；③ 改变黏膜的电位和阻抗，使上皮细胞之间的紧密连接状态转变为暂时疏松状态，增加细胞间的通透性；④ 增加黏膜处血流速度；⑤ 增强药物与黏膜的黏附作用，延长滞留时间。

常用的黏膜渗透促进剂主要有以下几种。

1. 壳聚糖　能与黏膜层形成氢键结合，使黏膜上皮细胞之间的紧密连接状态转变为暂时疏松状态，并与黏膜层产生静电作用而形成较强的黏附，延长滞留时间，促进药物吸收。壳聚糖通常分子质量越大，其黏附性能越好。因此，可通过选择具有合适的脱乙酰度和分子质量的壳聚糖，使药物具有最大的吸收和最小的毒性。壳聚糖可通过与细胞膜表面的负电荷相互作用，极大地提高药物透过性，提高药物的生物利用度。

2. 环糊精及其衍生物　具有良好的生物相容性，能提高药物的溶解度和稳定性，广泛应用于黏膜给药系统。CD 及其包合物并不能有效透过亲脂性的生物膜，但 CD 能与药物及生物膜产生相互作用，抽取或溶解上皮细胞膜成分，暂时增加膜渗透性，促进药物的黏膜吸收。该类物质在中药中的应用可利用 CD 及其衍生物包合中药难溶性成分，改善溶解度，使药物溶出速率显著提高等。

3. 表面活性剂　可改变制剂与黏膜间的界面性质，从而促进药物吸收，其中增强渗透性的作用以阳离子型最强，但刺激性和毒性亦最大；非离子型的刺激性和毒性最小，但增强渗透性作用亦较小；阴离子型介于二者之间。例如，月桂基硫酸钠能够扰乱细胞间流路，具有显著增强亲水性药物细胞旁路运转的作用。

4. 磷脂及其衍生物　主要应用于蛋白质和多肽类大分子药物的促进吸收,应用最为广泛的是溶血磷脂酰胆碱。基于磷脂的囊泡状结构可以保护被包裹药物,有效控制药物释放。

5. 植物皂苷　能增加细胞间和细胞内的渗透性。例如,甘草中的皂苷、甘草酸及甘草次酸衍生物等常被用来促进药物的黏膜吸收。胰岛素等肽类激素经眼黏膜吸收的多种促进剂中,以皂苷为最强。

6. 聚左旋精氨酸　是一种很有前途的鼻黏膜吸收促进剂。通过改变鼻上皮细胞的膜电位、膜阻抗和短路循环电流等,扩大细胞间隙通路以产生促进作用。对鼻黏膜细胞的损伤和副作用、对鼻上皮的形态学改变、纤毛运动等影响显著低于其他渗透促进剂。

7. 胆汁酸及其衍生物　对多肽等药物的吸收促进作用最明显,是目前较为有效的胰岛素鼻黏膜吸收促进剂之一,但存在对黏膜的毒副作用。常用作黏膜渗透促进剂的有胆汁、胆酸钠、鹅去氧胆酸钠、甘氨胆酸钠及牛磺胆酸钠等。

三、设计与制备

中药黏膜给药系统为适应通过口腔、鼻腔、肺部、直肠、眼部、阴道等不同生理部位用药的特点,以及发挥局部、靶向或全身的速效或长效等不同治疗目的,可采用多种不同剂型进行制剂设计。例如,肺部给药常采用液体分散制剂雾化给药,主要剂型有气雾剂、喷雾剂与粉雾剂。其他腔道给药则通过采用生物黏附性材料制成液体制剂,或制成凝胶剂、膜剂、片剂、栓剂等半固体、固体制剂以增加药物的滞留时间,并加入辅料调节释药速率,应用促渗剂增加药物吸收,对不稳定药物加入酶抑制剂以避免酶解。

下面重点以口腔、鼻腔、直肠与阴道黏膜给药系统为例,介绍剂型设计与制备方法。

(一) 口腔黏膜给药系统

1. 药物选择　亲脂性或非离子形式的药物易穿过口腔脂质屏障黏膜从而被吸收,但脂溶性过强则难以在唾液中达到有效浓度;亲水性物质主要通过细胞旁路途径被吸收。药物分子质量的大小对吸收也有影响,小分子药物能快速透过口腔黏膜,大分子药物需要通过加入促渗剂以获得较为理想的效果。

2. 辅料选择　选用带较多羟基与羧基的阴离子聚合物,其黏附特性优于中性或阳离子聚合物;水不溶性聚合物的性能比水溶性聚合物好。例如,采用壳聚糖作为黏附成膜材料与中药有效成分黄芩苷成膜,起到了缓释的作用。

3. 剂型选择　口腔黏膜给药剂型中,液体剂型(如溶液剂、喷雾剂)多为局部治疗作用。固体剂型(如含片、舌下片、速溶片)与咀嚼胶制剂(如尼古丁胶)可通过口腔黏膜吸收达到速效、避开肝脏首过效应的目的,但因不自觉的吞咽、滞留时间较短、药物浓度随唾液分泌下降等原因,不能长时间控制药物释放。采用生物黏附材料制成口腔黏附制剂,通过氢键、疏水键、静电吸引力、范德瓦尔斯力等总体作用黏附在黏膜层上,可延长药物滞留与释放时间,提高生物利用度,并具有缓释作用。

(1) 口腔黏附片:包括单层黏附片和多层黏附片。单层黏附片系药物与黏附辅料混合后制粒压片而得,制备工艺简单,药物容量大,但存在双面释放、部分药物随唾液吞咽进入胃肠道的不足,可采用将单层片非黏膜接触的部分包衣,使药物只在黏膜面单向释放来克服。多层黏附片有2~3层结构,将药物和黏附剂组成黏附层,可控制药物释放速度,外覆不含药物的惰性层,黏附层直接与口腔黏膜接触,可延长黏膜停留时间。例如,白芷黏附片应用缓释原理,提高了局部药物浓度,增强了疗效。

(2) 口腔黏附性凝胶:主要利用卡波姆、CMC-Na等与药物共同制成凝胶,从而达到提高药物局部浓度、延长药物的释放或扩散过程的目的。例如,苦参碱口腔黏附凝胶涂抹方便,具有较好的生物黏附性,可提高局部浓度、延长释放、提高药效。

(3) 口腔黏附膜:是一种将药物包裹在聚合物薄膜隔室内,或溶解、分散在聚合物膜片中,制成柔软的膜状剂型。膜剂具有柔韧性好、与黏附部位接触面积大等优点,外加背衬层能增大药物浓度梯度,保护制剂免受唾液的影响。成膜材料主要有PVA05-88、PVA17-88、PVA04-86、海藻酸钠、阿拉伯树胶和聚丙烯酸树脂等,其中以PVA应用较多。例如,三七白及口腔黏膜剂增大了接触面积,加强了与黏膜接触的紧密性及持续性,从而控制药物吸收速率与吸收量,提高药效。

(二)鼻腔黏膜给药系统

1. **药物选择** 药物必须穿过各种生理屏障,到达黏膜层下的毛细血管后才能发挥作用。通常选择口服个体差异大而生物利用度低的药物,或口服易破坏或不吸收的药物,或需脑靶向的药物,如肽类和蛋白质类药物。脂溶性、非解离、分子质量小于1 000 Da的药物更易被鼻腔吸收。应用渗透促进剂后,分子质量为60 000 Da的药物可获得很好的鼻腔吸收。一般药物脂溶性增加,其鼻黏膜吸收量增加。非解离型形式的药物更好吸收。

2. **辅料选择** 需同时考虑对鼻生理功能、刺激性的影响。渗透促进剂宜选择低毒、高效的品种,如壳聚糖、CD;共溶剂乙二醇、乙醇、中链甘油酯等能同时增强药物的稳定性。表面活性剂、羟丙基-β-环糊精(HP-β-CD)与亲脂性渗透促进剂联用可作为增溶剂和稳定剂。使用pH 4.5~6.5的缓冲剂以避免对鼻黏膜的刺激,维持溶菌酶活性与纤毛正常运动,并防止鼻内分泌物改变其制剂的pH。尚需加入抗氧剂及防腐剂。例如,苍耳子油壳聚糖NP对过敏性鼻炎的抑制作用强于苍耳子油,可以减少苍耳子油对鼻黏膜的刺激和挥发作用,提高苍耳子油的稳定性,并且可以使苍耳子油固化,便于储存和运输,还可以掩饰其不良气味,从而提高患者的依从性。

3. **剂型选择** 鼻腔黏膜给药的制剂类型较多。滴鼻剂分布不均匀,易从鼻腔流失。喷雾剂、粉雾剂的生物利用度明显高于滴鼻剂,但易被鼻黏膜中纤毛清除。凝胶剂等新型制剂与微球、脂质体等新技术可控制药物释放,能在鼻腔长时间滞留,与鼻黏膜充分接触,是目前鼻黏膜给药研究的热点。

(1) 粉雾剂:是将药物与辅料混合成均匀的、粒径符合要求的粉末后,直接吸入或通过特定的装置喷入鼻腔。药物常通过研磨粉碎或喷雾干燥制成干粉,有的含有生物黏性材料,如卡波姆、纤维素衍生物、聚丙烯酸等,这些材料吸水成为凝胶,可以延长药物与鼻黏膜的接触时间,还有一些粉雾剂是微球或前体脂质体,因此可以提高药物的生物利用度。常用的载体材料为无毒、惰性的可溶性物质,如乳糖、阿拉伯胶、木糖醇、葡聚糖、甘露醇等。如丹参吸入粉雾剂,靶向递送丹参有效部位药物微粉至给药部位深处,可提高疾病部位的有效药物浓度。

(2) 凝胶与原位凝胶:凝胶剂中的水溶性高分子聚合物可增加溶液黏度,达到减慢药物在鼻黏膜的清除速度、增加药物与鼻黏膜的作用时间、提高生物利用度的目的。原位凝胶剂有很好的定量精确性与黏附性。例如,银杏叶提取物温度敏感型原位凝胶具有良好的缓释性能,使用方便,并具有良好的组织相容性和生物黏附力,与用药部位,特别是黏膜组织的亲和力强、滞留时间长、控制释药性能良好,通过鼻腔给药,可达到提高脑功能的作用。

(3) 新技术:鼻腔黏膜给药系统中,微球和脂质体作为两项新技术展现出独特优势,为药物的有效传递和治疗效果的提升带来了新的可能。

微球是近年来发展最快的鼻腔给药新技术,突出的优点是能够延长药物在鼻腔中的停留时间,增加药物的生物利用度。所载的药物主要是多肽类,或小分子的药物,如普萘洛尔、庆大霉素等。应用较多的是可降解淀粉微球、白蛋白微球、葡聚糖微球,且均有商品上市。微球能增加药物鼻腔给药的生物利用度的原因有:① 微球材料的生物黏附性能可降低纤毛对异物的清除速率,延长药物在鼻腔中的停留时间;② 微球材料溶胀吸收水分,使黏膜上皮细胞短暂地、可逆地脱水并萎缩,细胞间隙变大,有利于水溶性的大分子药物通过;③ 保护多肽、蛋白质类药物,使其不易被酶降解;④ 微球的粒径较大,可控制在40~60 μm内,避免较小粒子(粒径<10 μm)被空气流带入支气管。如制备的包裹大黄素的聚乳酸微球,其粒径分布均匀,具有较好的稳定性,并能缓慢释放药物。

脂质体用于鼻腔给药有诸多优点：① 载体磷脂有生物相容性，可减少药物对鼻黏膜的毒性和刺激性；② 药物包封在脂质装泡内，可防止被酶水解；③ 具有长效缓释作用；④ 具有生物黏附性，可提高生物利用度；⑤ 可作为鼻黏膜免疫佐剂，刺激黏膜和全身免疫，产生免疫应答；⑥ 阳离子脂质体作为基因药物的载体，经鼻腔给药后，能够显著增加脂质体-DNA疫苗转染效率。前体脂质体还可以克服普通脂质体混悬液不稳定的缺点，而且由于粉末经鼻腔给药需水合的过程，能够在很长时间内维持药物的有效血药浓度水平。例如，雷公藤有效部位脂质体具有脂溶性强、包封率高等优良的理化性质，在降低药物毒性、增强药物靶向性、提高生物相容性方面存在多种优势。

（三）直肠黏膜给药系统

1. 药物选择　非解离型药物易透过直肠黏膜吸收入血，而完全解离的药物则吸收较差。直肠对pH 3~10范围均可耐受，pK_a>4.3的弱酸性药物、pK_a<8.5的弱碱性药物可被直肠黏膜迅速吸收。根据直肠的被动吸收机制，酸性药物在pH较低的环境中，碱性药物在pH较高的环境中，均能保证最大的吸收和透膜运动。溶解度大的药物易于吸收，难溶性药物在基质中呈混悬分散状态时，其粒度会影响药物从栓剂中释放的速度，从而影响吸收。脂溶性药物较水溶性药物更易吸收，分子型药物较离子型药物更易吸收，除有特殊主动转运外，小分子药物较大分子药物更易吸收。直肠给药不宜用刺激性较强的药物和含有大量蒽醌类衍生物而具有强烈泻下作用的药物。直肠能吸收水盐，但无重要的消化功能，不能吸收含蛋白质和多糖类的药物，在应用该类药物时，给药前应先行水解，以避免有效成分的损失。

2. 辅料选择　可根据药物的临床治疗作用，选择适宜的辅料。对于发挥全身作用的药物，要求释放迅速，辅料的溶解性一般与药物相反。如药物是脂溶性的，则应选择水溶性辅料，如药物是水溶性的，则选择脂溶性辅料，以提高溶出和吸收速度。对于发挥局部作用的药物，所用的辅料应缓慢溶化以延缓药物释放速度，局部作用通常在0.5 h内开始起效，至少要持续4 h。吸收促进剂是指能加强药物在直肠内的吸收速度和程度的化合物，常用类型有表面活性剂、甾体抗炎剂、脂肪酸类等。研究发现，秦皮煎液加2%氮酮灌肠组的兔血清浓度是单纯秦皮煎液灌肠组的2.9倍，是口服组的7.6倍，说明在中药直肠给药制剂中，添加直肠吸收促进剂可以加速吸收、增加疗效；小儿哮喘药液中加入高分子材料的辅料后，制剂与直肠黏膜的黏附性能增加，麻黄碱、伪麻黄碱的直肠吸收与未加辅料组相比有显著性差异。表面活性剂的加入可增加直肠内难以吸收药物的吸收量，提高临床治疗效果，但也可能抑制药物的吸收。

3. 剂型选择　目前，临床常用直肠黏膜给药的制剂类型主要有栓剂、保留灌肠液、微型灌肠液、凝胶剂、泡沫气雾剂、软膏剂、注射剂、直肠胶囊等。软膏剂具有柔软、润滑、使用方便等优点，采用中药软膏纳肛治疗后，可有效缓解患者肛门下坠、水肿等并发症。注射剂通过注射液将分离的直肠黏膜与肌层粘连固定，从而发挥作用，在治疗直肠黏膜脱垂、直肠前突方面有很好的疗效。采用直肠胶囊剂，既可灵活控制药量，又可节省栓剂成本。

（1）栓剂：系指原料药物与适宜基质制成供腔道给药的固体制剂，是直肠给药中应用最为广泛的剂型。栓剂在直肠内适宜温度下融化成熔融状态或溶解在分泌液中，最后药物经直肠黏膜吸收入血而进入体循环，对于治疗痔疮、肛肠疾病术后疼痛等有明显疗效。近年来又开发了一些新型栓剂，如双层栓剂、中空栓剂、泡腾栓剂、缓控释栓剂等。双层栓由两层组成，两种不同性质的药物分散于不同基质中的双层栓，可避免配伍禁忌、减少药物不良反应、提高生物利用度；上下层分别由同一种药物分散于不同基质中组成的双层栓，则具有速释和缓释的作用。药物进入直肠后外壳基质破裂，药物一次性释放于体内，可避免空气的潮解和氧化，改善普通栓剂的稳定性，具有生物利用度高、起效快的特点。泡腾栓由于加入了发泡剂，产生的泡腾作用使进入体内的药物加速释放，从而迅速分布渗透到直肠黏膜皱襞，主要用于治疗溃疡性结肠炎、内痔、外痔、混合痔等。缓控释制剂是一种长效制剂，用药后在体内持续发挥作用，从而延长药效，包括微囊栓、凝胶栓、渗透泵栓。微囊栓先将药物制成微囊，再与基质混合制成栓剂，具有微囊和栓剂的双重优势,可以通过调整药物与微囊的比例,从而减少血药浓度过高引起的毒副作用,提高药物稳定性;凝胶栓具有缓释作用,在体内吸水膨胀,柔软且富有弹性;渗透泵栓由4个部分组成,分别为控释膜、渗透促进层、隔离层、药物贮库层,进入体内后,水透过控释膜到达渗透促进层,从而对隔离层产生压力,药物分子则从微孔中渗透出来发挥作用,可维持较长时间的药效。例如,雷公藤双层栓的前端为空白层,当空白层基质融化后,形成的液态基质屏障层可有效阻止后端所释放的药物向上扩散,避免了相当一部分药物由上静脉经肝脏系统被吸收,而是直接从直肠中静脉及下静脉和肛管静脉绕过肝脏进入大循环,从而避免了药物的肝脏灭活效应,保持了血液中的药物活性。

(2) 灌肠液:系指由肛门灌注于直肠的水性溶液、油性溶液或混悬液制剂,体积为数十至数百毫升不等,符合中医辨证要求,可根据病情变化,随症加减,可发挥清理肠道或治疗作用。与栓剂相比,其载药量明显增大,局部治疗作用较强,使用后无创伤性和排便感,可避免对胃肠道的刺激及引起呕吐等不适,不需要熔融和释放于体液,给药后与直肠黏膜的接触面积较大,起效快。灌肠液进入肠壁后会被黏膜吸收,扩张肠壁血管,可有效清除血液中蓄积的肌酐等部分毒素,具有其他直肠给药剂型不具备的优势。微型灌肠液是近十几年发展起来的新剂型,其用量较小,每次用量通常小于5 mL,弥补了早期灌肠液使用时体积过大、操作不便等缺点,药物吸收迅速,达峰时间短,具有与静脉注射相似的效果;多为液体药剂,使用可溶性凝胶辅料制成凝胶状制剂,能产生润滑效果,易为患者接受,尤其适合小儿用药,而且制备工艺简单,易于推广,受到临床和制药业的重视。例如以羚羊角、地龙、茵陈等制成的羚龙清热微型灌肠液,用于小儿热盛抽搐、惊厥为主症的各种热性病,具有明显的解热、镇静及抗惊厥作用,起效快、作用强,持续时间长,具有明显的量效关系。

(3) 凝胶剂:系指药物与适宜的、能形成凝胶的辅料制成的均一、混悬或乳剂型的乳胶稠厚液体或半固体制剂,具有良好的生物相容性,对直肠黏膜具有较强的黏附能力,也能控制药物释放,是直肠给药的理想剂型。凝胶剂的缺点是易失水霉变,常需添加保湿剂和防腐剂,且用量较大。凝胶基质分为亲水性、疏水性、乳剂型,常用的为亲水性,有多糖类(如海藻酸、壳聚糖)、丙烯酸类聚合物(如Eudragit Ⅵ、卡波姆)、纤维素类衍生物(如HPMC)等。近年来,温敏型凝胶剂是研究热点,其具有较好的稳定性、吸水性、溶胀性、生物相容性,受到环境温度改变时体积会发生变化,可防止药物外渗,以发挥缓释作用。直肠温敏凝胶能在体内滞留6 h以上,并可持续释放药物治疗溃疡性结肠炎。原位凝胶以溶液状态给药,在用药部位发生相转变而形成非化学交联半固体凝胶,其中常用的温敏材料P407具有反向热胶凝性质,在25℃以上发生胶凝,同时可添加卡波姆、HPMC等生物黏附材料以使其具备生物黏附性。例如,黄芩苷温敏凝胶和黄芩苷原料药的120 min体外释药速率分别为78.06%、52.61%,结果显示黄芩苷温敏凝胶可提高释药速率。

(4) 泡沫气雾剂:又称气雾乳剂,为表面活性剂、抛射剂、药物、水等形成的W/O或O/W型乳剂,抛射剂为内相,压力解除时其发生气化,将体系膨胀为泡沫状,具有泡沫分散均匀、范围广、附着性强、稳定性好、便于黏膜吸收等优点,可于体温作用下发生膨胀而形成泡沫,能到达降结肠和乙状结肠,更好地分散和黏附在黏膜表面,而且用药后无滴漏,也无栓剂或灌肠液给药后的不适或异物感,易于被患者接受,是直肠黏膜给药的良好选择。例如,以五味子、乌梅、白及、连翘和地榆为处方药物的泡沫气雾剂通过直肠黏膜给药来治疗结肠炎,结果显示药物在结肠的聚集程度明显高于灌胃给药,且疗效显著。

(四) 阴道黏膜给药系统

1. **药物选择** 药物必须具有足够的亲脂性,以扩散形式通过脂质膜,但也要求有一定程度的水溶性以保证能溶于阴道液体。对于阴道膜渗透性的药物,吸收主要受阴道上皮渗透性的限制;对于阴道膜渗透性高的药物,吸收主要受阴道黏膜表面的流体静压扩散层通透性的影响。药物还必须对阴道刺激性低,以保证用药安全。

2. **辅料选择** 应选用温和、刺激性小的辅料,以减少患者不适。基质材料应该具有良好的黏附性、可塑性和可溶性,以便于药物的释放和吸收。如选用可可豆脂为阴道栓剂基质,可可豆脂的溶化速度迅速,使药物在阴道黏膜能够迅速释放。适当的增塑剂可以增加制剂的黏稠度,从而增强药物的黏附性和持久性。如采用不同比例的 EC、HPMC 和邻苯二甲酸二丁酯作为增塑剂,制备出的膜剂柔软度适宜且黏附力增加。pH 调节剂可以使阴道制剂的 pH 与阴道的正常 pH 范围相匹配,以避免引起不适或破坏正常阴道环境。润滑剂的存在可以减少制剂与阴道黏膜的摩擦,从而减少不适感和疼痛感。还应考虑一些特殊辅料在理化性质上是否会对药物主成分的安全性、有效性产生影响。

3. 剂型选择　取决于临床用药需求。如要求发挥局部疗效,一般选用半固体或能快速溶化的固体系统;如要求发挥全身作用,一般优先考虑阴道黏附系统或阴道环。例如,女性生殖器炎症反应的急性发作期需使用速效剂型;而慢性炎症反应、长效避孕药、提高局部或全身免疫力的抗原、抗体给药,则往往制成长效制剂。不同年龄段、生理状态的女性对阴道制剂的需求往往有所不同。另外,制剂中所用材料的黏附性会影响药物在黏膜处的滞留时间,进而影响药物的吸收。

(1) 栓剂:是常见的阴道给药剂型,将阴道用的局部治疗药物做成栓剂的形式,放入阴道内,在阴道内液体和温度的作用下,逐渐融化并自行吸收,在阴道局部起治疗作用,因其具有操作简便、疗效确切、患者易于接受、持续时间较长,且容易固定、不易掉出等优点,在临床中得到了广泛的应用。目前可以通过优化其制备工艺来提高药效,或是将新技术与常规剂型相结合,制备出药效更高、作用时间更长的新剂型。例如,有研究将槐角苷制成阴道栓剂,发现能改善去势大鼠后引起的萎缩性阴道炎,中药栓剂比直接补充雌激素其副作用大大地减少,通过增加阴道水孔蛋白1、水孔蛋白3和其 mRNA 的表达,改善阴道干涩等不适症状,来延缓阴道衰老情况。

(2) 膜剂:是指将药物溶解或分散于成膜材料中,制成的单层或双层膜状制剂。阴道黏膜膜剂与黏膜紧密接触,给药面积大,可稳定持续释放药物,具有缓释、刺激性小、工艺简单、分剂量准确、储存方便等优点。阴道膜剂主要用于避孕和杀菌。普通膜剂存在着黏附性不足的缺点,导致药物容易流失体外,可以通过添加生物黏附材料来增加制剂与阴道黏膜的黏附力,使药物的滞留时间延长。例如,市面上的苦参膜属于治疗阴道患疾的中药制剂,是以苦参总碱为有效成分,加入成膜材料、抗氧剂、保湿剂和增塑剂等辅料共同制成的膜剂,用于治疗滴虫性阴道炎、阴道霉菌性感染等妇科慢性炎症。

(3) 凝胶剂:其制备简单,具有良好的水溶性,能够在水中迅速溶解,方便使用,流动性较好,能容易地涂抹或分布在目标部位,刺激性小,药物接触面积大,不需要溶解,药物吸收比较快。由于以上优势,凝胶剂在阴道黏膜给药系统中得到了广泛应用。同时,凝胶的水溶性强、流变性能良好,能够保持皮肤或黏膜的湿润,提供一定的润滑作用,并能保证药效成分充分地与靶部位结合。与栓剂相比,凝胶剂含药量大,质地柔软细腻,浸润面广,更利于药物的渗透和吸收。中药妇科凝胶包括苦参凝胶、丹参凝胶、保妇康凝胶等。

(4) 片剂:有多种剂型,如生物黏附片和泡腾片等。生物黏附片能增强药物与黏膜的接触,提高吸收速率和吸收量;阴道泡腾片的生物利用度更高,偏酸性环境下药效更稳定。与其他制剂相比,片剂的保存和制备方便,并且可以被设计成能够控制药物的释放速度和持续时间。例如,市面上有妇必舒阴道泡腾片、妇科千金片、妇炎康片等中药阴道片剂。

四、质量要求与评价

黏膜给药系统的各类剂型除满足其通则项下的质量要求外,还应考虑黏膜给药的特点,以建立黏膜给药系统的体外与体内质量评价体系。

(一) 体外评价

1. **体外溶出度与释放度**　黏膜给药固体制剂的体外溶出实验多按药典方法进行,或根据实际情况稍加改进;对于药典没有规定具体操作方法的,则需自行设计,设计时以能最大限度地模拟体内条件为基础。例如,凝胶剂的溶出实验可将其放入可渗析的纤维管内,加入一定量的生理盐水,两头扎紧,并置于可恒温振荡的释放介质中,定时取样测定。溶出介质采用不同 pH 的缓冲液或蒸馏水等。

2. 生物黏附强度　是粘贴制剂的一项重要指标,可分为体外法和体内法。体外黏附强度实验广泛用于黏附强度的初步判断。通常采用 90°或 180°的剥离实验。半固体膏剂可通过测定其剪切粘贴性来评价其黏附强度,方法是将软膏置于两块玻璃板之间(软膏厚 0.3~0.4 mm),沿平行方向拉其中一块玻璃板直至拉开,拉力越大,则表明黏附越强。生物黏附强度的常用测定方法还有微量天平法、滚球黏附法、表面张力法、黏弹性能法和直接力测定法等。

3. 体外黏膜渗透性能评价　用于预测药物的黏膜渗透性能,选择渗透促进剂、筛选处方及研究透膜机制等。测定黏膜渗透性通常选择扩散池法、透析袋法和无膜溶出法等。通常分离动物的相应黏膜组织进行渗透实验,扩散装置与透皮扩散装置类似。如 Ussing 室是由角膜渗透装置经简单改造而成。实验数据处理与经皮给药系统相同,将测定药物的渗透量,做出经皮渗透量-时间($Q-t$)曲线,斜率为稳态渗透速率。

4. 黏附时间　可通过体内、体外、离体组织 3 种方法测定。最便捷的测定方法就是直接将制剂黏附于容器内表面,搅拌介质,记录剥离或溶蚀时间。

(二)体内评价

1. 化学法　直接测定黏膜给药后体液中不同时间的药物含量,通常先是测定血中药物浓度,再求得药代动力学参数。

2. 剩余量法　测定不同给药时间后制剂中药物的剩余量,与标示量之差则为被吸收量。此方法通常适用于药物吸收量少,血药浓度低而无适宜检测方法的制剂,但粗略误差大。

3. 生理效应法　根据给药后产生的生理反应,如血压升高或降低、血管扩张或收缩等,来判断药物的释放与吸收。

4. 放射性示踪测定法　利用放射性标记的物质,来评定药物的释放与吸收。此法灵敏度高、检测限低,可用于痕量物的检测。

5. 微渗析技术　一种生物在体采样技术,其原理是将连接着半透膜的微型探针插入组织内,回收由于微量灌流而进入探针的渗析液,测定从组织间隙扩散到渗析液中的小分子物质。受试动物不需麻醉,可以在清醒状态下进行实验,对动物组织的损伤小;对药物实时监测,药代动力学资料更准确;取样无匀浆,可真实代表取样位点浓度;对同一动物进行多个部位取样,监测药物体内分布;样品纯净,多种分析仪器可用。

6. 活体荧光技术　进行药效动力学研究。与传统动物实验方法相比,该技术通过对同组实验对象在不同时间点进行记录,跟踪同一观察目标的移动及变化,所得数据更加真实可信。在肉眼可见的水平上进行操作,成像对象是活体小动物,整体展示完整自然状态下的生物,不涉及放射性物质和方法,具有操作方便、结果直观、灵敏度高、标记靶标多样等优点。

7. γ-闪烁技术　是基于荧光成像原理的非损伤性观测技术,在药学研究中应用广泛,这是一种通过密集采样技术和利用图形分析系统,直接获得放射性标记药物吸收、分布、消除过程的方法。

8. 角膜穿刺术　眼内药代动力学的难点主要在于眼内药物浓度的测定。传统研究方法是在统一给药后的不同时间点将动物处死,采用角膜穿刺术取房水样品进行分析。这种方法便于系统分析药物在各个组织的释药速度、持续时间和释药规律。但消耗实验动物数量多,且影响药代动力学评价结果的准确性。

(三)鼻腔给药的黏膜毒性评价

鼻纤毛活动是鼻腔自洁的重要表现,鼻纤毛毒性是影响鼻腔给药的重要因素,这种影响决定了鼻腔给药制剂开发的成败。给药系统中的药物、附加剂、渗透促进剂和防腐剂等都可能对鼻纤毛产生毒性作用。因此,在研发鼻腔给药新剂型时,研究药物及其附加剂对鼻腔纤毛运动的影响十分重要。

1. 纤毛清除作用测定　纤毛清除是机体抵御外界的一道屏障。方法包括采用透射电镜或其他光电技术测定纤毛摇动频率(cillary beat frequency,CBF),采用光学显微镜测定纤毛持续运动时间。

2. 黏膜形态的变化　是鼻黏膜毒性最直接的评价方法。可使用光学或电子显微镜,观察大鼠、兔、狗的黏膜形态。人体的鼻黏膜形态学评价可用鼻内窥镜观察。

3. 溶血实验　药物或辅料对细胞膜的破坏作用是鼻黏膜组织受损的原因之一,可用于间接评价鼻黏膜毒性。通过红细胞溶血实验考察达到完全溶血所需的浓度,浓度越小,膜破坏作用就越大。

4. 生化指标评价　黏膜受损时会释放出膜蛋白及酶,测定一些特定蛋白质和酶的释放量,即可检测黏膜受损的情况。

(四)阴道给药的黏膜滞留性和刺激性评价

阴道滞留性研究可通过将药物制剂给予动物阴道后,分别于不同时间用阴道模拟液冲洗阴道,合并冲洗液,测定药物滞留量。通常采用家兔模型研究阴道制剂对黏膜的刺激性,这是因为家兔的阴道黏膜上皮由单层柱状细胞覆盖构成,人类的阴道黏膜上皮则由复层扁平细胞构成,前者对外界的黏膜刺激物具有更高的敏感性。

五、有关问题讨论

1. 新型生物黏附材料有待发展　借助细胞生物技术、人工合成工艺的改进,合成一些带有特定糖基或肽段的聚合物,使其能和特定细胞、组织、器官发生黏附。

2. 增加黏附性　目前,增加黏附性的途径大致为通过加入具有高黏附性的辅料或将脂质体、微乳、NP等制备新技术应用于常规剂型中,以提高制剂的黏附性、透过性、选择性、缓释性。但单纯增加生物黏附性不能保证药物能够全部进入体循环并被吸收,还存在着渗透性的问题,因此在黏膜给药制剂进行开发研究的过程中,常需要加入促透剂,如表面活性剂、脂肪酸或醇类等,以促进药物透过黏膜屏障。

3. 寻找新型鼻黏膜的渗透促进剂　目前的黏膜渗透促进剂通常是表面活性剂。有良好吸收作用的化合物往往存在组织刺激性或黏膜组织的损害作用。例如,皂苷类促进剂对黏膜有强刺激性,可引起红细胞的破坏,甚至导致溶血;长期使用胆酸及其衍生物对鼻纤毛及其上皮细胞会产生不可逆转的损伤,因此需开发新型渗透促进剂。

4. 口腔黏膜给药的剂型问题　口腔黏膜固体剂型都需要在口腔中溶解后才能被吸收,但药物溶解后在口腔中的保留时间短,限制了给药剂量,其溶出与崩解受患者自身因素影响较多,如吸吮药物的程度、唾液的冲刷、药品滑入胃中的可能等。药物在口腔中的味觉感受,往往降低了患者服药的依从性。

5. 阴道黏膜给药制剂体内外评价的研究较少　目前,有关药物黏膜渗透性、生物黏附性和刺激性的相关研究不足。诸多因素会影响药物通过阴道黏膜吸收,如阴道内存在乳酸杆菌,有保护阴道内环境的作用,使阴道内呈现弱酸性的生理状态。在研究中需要考虑生理环境的影响,并且应选择和人类具有相似结构的动物黏膜作为渗透屏障,以研究药物的黏附性和渗透性。

6. 质量与毒性评价方法局限　黏膜给药系统黏附性能的评价标准、体内外相关性等方面尚待深入研究。药物与辅料存在不同程度的黏膜刺激性和黏膜毒性,这对黏膜给药制剂的安全性评价提出了较高要求。

7. 目前各黏膜途径的载体形式较为局限　载体与正常人体组织之间是否存在其他生物学效应、长期应用是否会提高药物不良反应等问题,目前尚无明确结论。未来可结合纳米材料、3D打印和DNA工程载体等领域技术,开发出更多能有效提高药物输送量和扩大输送部位的生物材料新形式。

8. 在应用中存在局限　存在生物黏附性不足,药物容易随着黏液一起流出体外;药效维持的时间短;破坏黏膜屏障;药物的生物利用度低等问题。

目前,药物工作者主要采用加入吸收促进剂、生物黏附剂,以及结构修饰和改造等方法,同时采用各种微球、脂质体、NP 等给药新技术来促进药物的黏膜吸收。同时,开发低毒有效的促进剂和新型载药体系仍将是未来研究的主方向。中药黏膜给药制剂应充分发挥传统中医药的优势,完善研究方法,研发新基质及新辅料,开发新剂型,加强黏膜给药制剂的体内外质量评价与黏膜刺激性、黏膜毒性等安全性研究;同时,结合现代医药工业先进制剂技术,克服工业放大化的瓶颈,推动中药黏膜给药制剂产业化进程。

六、应用实例

在中药黏膜制剂领域,众多创新成果不断涌现,为中医药在现代医学中的应用拓展了广阔空间。以下将介绍两个具有代表性的应用实例,即姜黄素脂质体粉雾剂和复方大青叶栓的制备。

> **实例 1:姜黄素脂质体粉雾剂的制备**
>
> 姜黄素作为一种具有广泛药理作用的天然物质,在抗炎、预防及治疗肿瘤方面表现出色,尤其在治疗肺部炎症性疾病中堪称极佳的非激素类抗炎药物。然而,姜黄素存在诸多特性限制了其临床应用,如在特定溶剂中的溶解性低、光敏性强、稳定性差以及口服吸收率低等。脂质体包裹技术为解决姜黄素的这些难题提供了有效途径,通过制备姜黄素脂质体并进一步制成适合肺部给药的干粉吸入剂,有望充分发挥姜黄素治疗肺部疾病的作用。

二维码6-6 姜黄素脂质体粉雾剂的制备

> **实例 2:复方大青叶栓的制备**
>
> 复方大青叶栓是由多味中药组方而成,具有清瘟解毒、解表散风的功效,主要用于小儿风热感冒及流感、流行性腮腺炎等。但该产品在制备工艺和质量控制方面面临着诸多挑战,如技术难度大、性状不佳、储存易变形融化、质量控制手段落后等。为提升其工艺和质量控制水平,相关研究对制剂工艺及质量标准进行了全面优化,建立了专属性强的质量控制方法,确保了药品质量的安全稳定。

二维码6-7 复方大青叶栓的制备

这两个实例充分展示了中药黏膜制剂在不同方面的创新与发展,为该领域的进一步研究和应用提供了宝贵的经验与借鉴。

(刘　强　徐　伟)

第七章
中药口服制剂体内过程研究

第一节 中药口服制剂体内过程

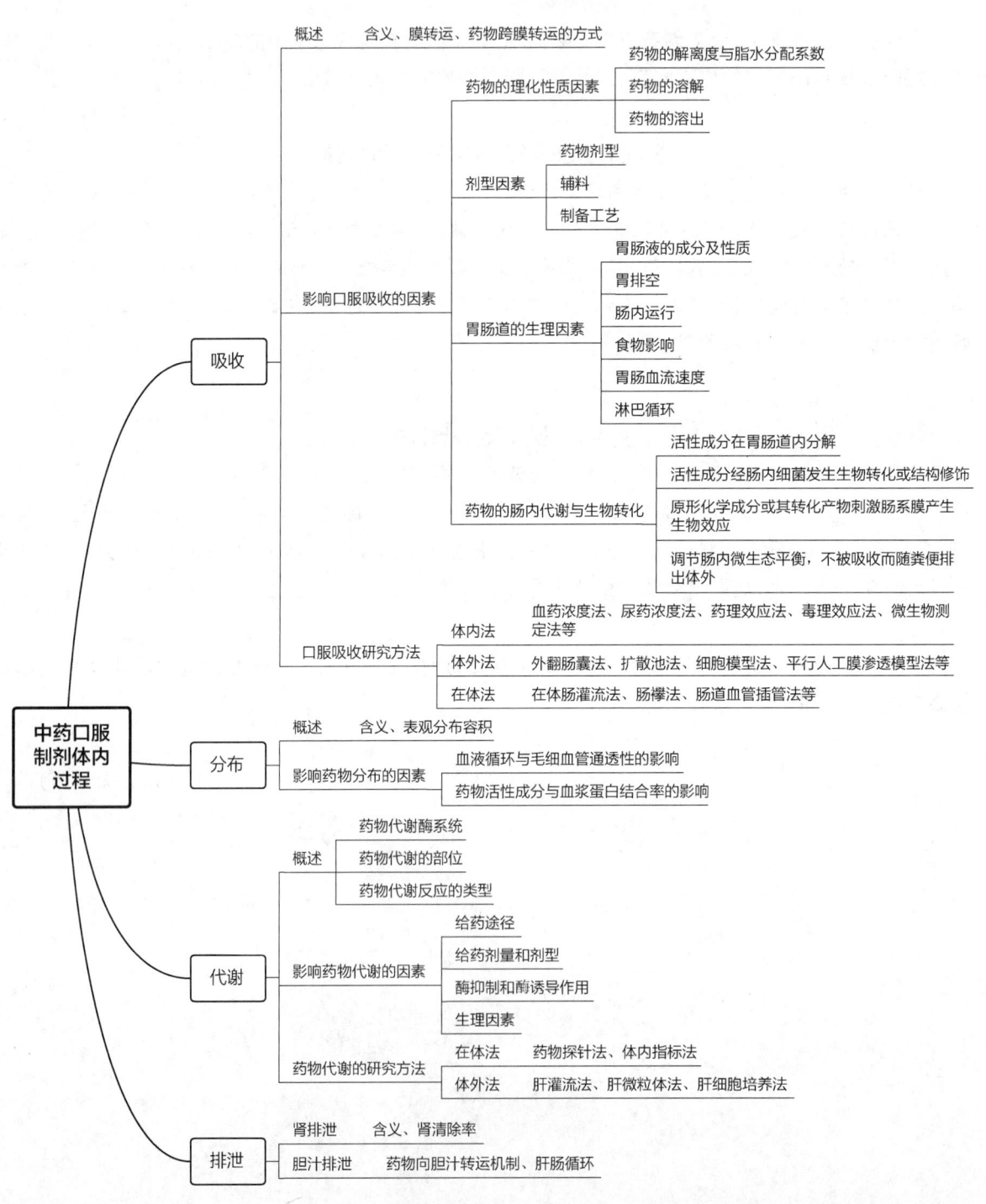

药物的体内过程系指药物在体内的吸收(absorption)、分布(distribution)、代谢(metabolism)及排泄(excretion)的过程(即 ADME 过程)。其中,药物在体内的吸收、分布及排泄称为转运(transport),而代谢变化过程又称为生物转化(biotransformation)。由于代谢和排泄过程通常是不可逆的,故可合称为消除过程(elimination)。

一、吸收

(一) 概述

药物的吸收系指药物从给药部位进入体循环的过程。除血管内给药和发挥局部作用的局部给药制剂以外,药物给药后通常都要经过吸收过程才能进入体内。口服制剂的吸收是指药物透过消化道的上皮细胞,进入门静脉或淋巴管,再转运至循环系统的过程。膜转运(membrane transport)系指物质通过生物膜的现象。膜转运是重要的生命现象之一,在药物的吸收、分布及排泄过程中起着十分重要的作用。药物跨膜转运的方式主要包括被动转运(passive transport)、载体媒介转运(carrier-mediated transport)和膜动转运(membrane mobile transport)。

(二) 影响口服吸收的因素

1. 药物的理化性质因素

(1) 药物的解离度与脂水分配系数:由于胃肠道上皮细胞膜的结构主体为脂质双分子层,对于以被动扩散机制吸收的药物来说,药物的吸收取决于药物在胃肠道中的解离状态和脂水分配系数。通常脂溶性较大的未解离型分子容易通过类脂质膜,而解离后的离子型药物则难以吸收。弱酸弱碱性药物在胃肠道中以未解离型和解离型的形式存在,两者的浓度比取决于药物本身的 pK_a 和吸收部位的 pH,理论上弱酸性药物在酸性溶液中($pH<pK_a$)的吸收为最好;弱碱性药物在碱性溶液中($pH>pK_a$)的吸收为最好。药物的脂水分配系数越大,亲脂性越强,易于透过类脂质生物膜屏障,利于吸收,但药物的脂水分配系数与药物的吸收并不是简单的线性关系,药物过于亲脂也会导致吸收下降。

(2) 药物的溶解:药物需溶解、分散于胃肠液中,方可被吸收。影响药物溶解度的主要因素有温度、药物粒径大小、药物晶型、pH 等。

(3) 药物的溶出:药物在体内的吸收速率与药物的溶出速度直接相关,当药物的溶出速率等于或低于药物在体内的吸收速率时,溶出速率成为药物吸收的限速因素,溶出度与生物利用度之间可能有一定的相关性。当体外溶出度与体内生物利用度具有良好相关性时,体外溶出度可作为评价不同剂型生物等效性的替代方法,即当两个制剂溶出曲线具有足够的相似度时,则认为它们是生物等效的。

2. 剂型因素

(1) 药物剂型:口服制剂中药物的吸收,要经过释放、溶解和跨膜转运 3 个过程。不同剂型会因药物的释放速度和其在胃肠中的溶解速度不同,而产生药物吸收速度和程度的不同,从而会对药物的起效时间、作用强度、作用持续时间、毒副作用等方面产生影响。因此,药物的吸收与生物利用度取决于剂型释放药物的速度和程度。通常认为,口服剂型生物利用度的高低顺序为:溶液剂>混悬剂>颗粒剂>胶囊剂>片剂>丸剂>包衣片剂。

(2) 辅料:不同性质的辅料,如增溶剂、润湿剂、稀释剂、黏合剂、崩解剂、润滑剂、表面活性剂等,可能影响药物的溶解与溶出或释放,进而影响药物的吸收及生物利用度。

(3) 制备工艺:液体制剂溶解、乳化、混悬等的分散程度,固体制剂的混合、制粒、制丸、压片、包衣等工艺均可能影响药物的溶出、吸收与生物利用度。

3. 胃肠道的生理因素

(1) 胃肠液的成分及性质:胃液的 pH 通常为 1~3,空腹为 1.2~1.8,饮水或进食后可增至 3~5,小肠 pH 约 7.6。酸性胃液有利于弱酸性药物的吸收,碱性肠液有利于弱碱性药物的吸收。而胃肠道的 pH 往往只影响被动扩散吸收,主动转运的药物有其特定部位,受载体或酶系统作用而不受 pH 的影响。胃肠道黏膜表面覆盖一层黏性多糖-蛋白质复合物,具有保护胃黏膜作用,有利于药物的吸附吸收,但某些药物可与其结合而干扰药物吸收。

(2) 胃排空:是指胃内容物从胃幽门排入十二指肠的过程。胃排空速率决定了药物到达肠道的速度,对药物的起效快慢、药效强弱及持续时间有显著的影响。通常,胃排空速率慢,有利于弱酸性药物在胃中吸收;胃排空速率快,有利于大多数在小肠吸收的药物的快速吸收。影响胃排空的因素有以下 4 种。① 食物的组成和性质,固体食物的排空速率比液体食物慢;② 胃内容物的体积,胃排空速率随胃内容物体积的增大而增大;③ 身体姿态,不同方向的侧卧会引起胃排空速率的变化,走动时会加快胃排空速率;④ 药物,有些药物对胃排空速率有很大的影响,如溴丙胺太林抑制胃排空,甲氧氯普胺促进胃排空。

(3) 肠内运行:小肠有分节运动、蠕动运动和黏膜与绒毛运动 3 种固有运动形式。小肠的固有运动可促进固体制剂的崩解、分散,使之与肠分泌液充分混合,药物与肠表面的接触面积增加,有利于难溶性药物的吸收。

(4) 食物影响:食物不仅能改变胃排空速率而影响吸收,而且可以从以下方面对药物吸收产生不同程度的影响:① 延缓或减少药物的吸收,通过消耗胃肠内水分,使胃肠黏液减少,黏度增加,固体制剂崩解、溶出、扩散速率减慢;② 促进药物的吸收,如脂肪类食物可促进胆汁分泌,由于胆汁中的胆酸离子具有表面活性作用,从而增加难溶性药物的溶解度,也可能由于进食后组织器官血流量会相应增加,使一些药物的生物利用度提高,如美托洛尔、普萘洛尔等。

(5) 胃肠血流速度:血流起到组织灌流和运送物质的双重作用,胃肠道周围的血流与药物的吸收、分布和代谢有着复杂的关系。当药物的透膜速率小于血流速率时,透膜是吸收的限速过程;当药物的透膜速率大于血流速率时,血流是吸收的限速过程,即血流下降时会导致吸收部位运走药物的能力下降,无法维持漏槽状态,使药物吸收降低。同时,血流量可影响胃的吸收速度,例如,饮酒的同时服用苯巴比妥,其吸收量增加,但对小肠吸收的影响不显著,因为小肠黏膜有充足的血流量。

(6) 淋巴循环:药物在胃肠道内的吸收主要通过毛细血管向血液循环系统转运,淋巴液的流速比血流慢得多,所以淋巴系统的吸收转运通常可以忽略,但它对大分子药物的吸收起着重要作用。

4. 药物的肠内代谢与生物转化　中药制剂活性成分在胃肠道中可能发生以下情况。① 活性成分在胃肠道内分解;② 活性成分经肠内细菌发生生物转化或结构修饰;③ 原形化学成分或其转化产物刺激肠系膜而产生生物效应(如免疫应答、生物电级联效应、影响肠系膜结构及其物理、化学性质等);④ 调节肠内微生态平衡,不被吸收而随粪便排出体外。因此,中药成分的肠道代谢可能是有益的,但也可能是有害的。另外,口服中药对肠道微生态系统平衡的维持也可能发挥作用。

(三) 口服吸收研究方法

口服制剂的主要吸收部位是小肠,肠吸收研究方法包括体内法、体外法、在体法等。

1. 体内法　以整体动物为研究对象,口服给药后,在规定时间内采集和测定生物样品血液或尿液中的药物浓度,进行药代动力学研究,包括血药浓度法、尿药浓度法、药理效应法、毒理效应法、微生物测定法等。体内法更接近人体,是研究中药单体、中药提取物、中药复方的口服吸收生物利用度最常用的方法之一。该法虽可获知有关药物吸收的信息,但综合了生理、物化、剂型等诸多因素,不能特异性地反映肠道的吸收作用,且动物个体差异大,影响因素多,实验操作周期长。

2. 体外法　常用于考察药物的吸收部位与吸收机制,包括外翻肠囊法、扩散池法、细胞模型法、平行人工膜渗透模型法等。其中,细胞模型法是一种在细胞或分子层面上研究肠吸收的模型,主要有 Caco-2、HT29-MTX、MDCK 细胞模型,以来源于人类结肠癌细胞系 Caco-2 细胞模型应用更广泛。

运用Caco-2细胞模型,研究发现白术提取物对人参皂苷 Rg_1 肠吸收有较好的促进作用。Caco-2细胞模型的优点有以下5种。① 可作为研究药物吸收的快速筛选工具;② 在细胞水平上研究药物在小肠黏膜中的吸收、转运和代谢;③ 可以同时研究药物对黏膜的毒性;④ Caco-2细胞能过度表达P-糖蛋白(permeability glycoprotein,P-gp),可用于研究P-gp对药物肠道吸收的影响;⑤ Caco-2细胞来源于人,不存在种属的差异性。

3. 在体法　包括在体肠灌流法、肠襻法、肠道血管插管法等,在整体动物建立的基础上保证了肠道神经、内分泌调节完整性,也保证了血液、淋巴液供应,与体内法相比,其干扰因素大大减小,能观察药物在真实肠环境下的吸收水平。其中,在体肠灌流法的应用较广泛,是从器官水平研究药物在不同肠段、不同pH条件下的吸收特点,根据灌流方式的不同可分为循环灌流法、单向灌流法、振动灌流法等,国内倾向于使用循环灌流法,国外倾向于使用单向灌流法。李梅等人基于大鼠在体循环肠灌流模型研究不同粒径天麻粉的肠吸收动力学,实验结果表明,天麻素在各个肠段的吸收没有显著性差异,提示天麻素吸收可能为被动吸收,巴利森苷类化合物吸收为主动吸收;天麻素在超微粉中的吸收较好于细粉、极细粉,在高浓度下,巴利森苷类化合物的吸收在超微粉中较好,天麻粉中天麻素等各成分的吸收均受到胆汁的影响。

二维码7-1
口服吸收体外研究方法实例

二、分布

(一)概述

药物的分布是指药物由血管内给药或血管外给药吸收进入血液后,由血液循环系统运送至体内各脏器组织的过程。药物的体内分布不仅与疗效密切相关,还关系药物在组织的蓄积、消除和毒副作用等安全性问题。由于药物的理化性质及机体生理病理因素的差异,药物在体内的分布是不均匀的,有些分布进入肝、肾等清除器官,有些分布到脑、皮肤和肌肉组织,有些通过胎盘进入胎儿体内,有些通过乳腺分泌到乳汁中,有些能与血浆或组织蛋白高度结合,脂溶性药物可分布到脂肪组织再缓慢释放。理想的药物制剂应使药物能选择性地进入欲发挥作用的靶器官(target organ),尽量少地向靶器官外的其他组织器官分布,并在必要的时间内维持一定的血药浓度,以保证用药的有效性和安全性。

表观分布容积(apparent volume of distribution)是将全血或血浆中的药物浓度与体内药量联系起来的比例常数,是药代动力学的一个重要参数。表观分布容积不是指体内所含药物的真实容积,这没有生理学意义,而是指在药物充分分布的假设前提下,体内全部药物按血中同样浓度溶解时所需的体液总容积。表观分布容积与药物的蛋白质结合及药物在组织中的分布密切相关,可以用来评价体内药物分布的程度,其单位通常以L或L/kg表示。药物在体内的真实分布容积与体重有关,不能超过总体液。将药物的表观分布容积与人的血浆量比较,可以了解药物的分布程度,亦可以用来推测该药在体液中的分布量和组织摄取量。药物在体内的分布大致分3种情况。① 组织中的药物浓度与血液中的药物浓度几乎相等的药物,即具有在各组织内均匀分布特征的药物;② 组织中的药物浓度比血液中的药物浓度低,则表观分布容积将比该药的实际分布容积小;③ 组织中的药物浓度高于血液中的药物浓度,则表观分布容积将比该药的实际分布容积大。

(二)影响药物分布的因素

1. 血液循环与毛细血管通透性的影响　血液循环对分布的影响主要取决于组织的血流速率,又称灌注速率。对于较容易通过毛细血管的小分子脂溶性药物,组织血流灌注速率是药物分布的主要限速因素。血流量大、血液循环好的器官和组织,相应的药物转运速率也会较大。

毛细血管的通透性是影响分布的另一影响因素,其大小主要取决于管壁上的类脂质屏障和管壁上的微孔。大多数中药制剂活性成分以被动方式透过毛细血管壁,小分子的水溶性活性成分可透过微孔转运。

一般而言,高脂溶性的药物比极性大的药物更易通过被动扩散的方式透过毛细血管壁,小分子药物也比分子质量大的药物易于进行微孔转运。而毛细血管的通透性也会受到组织生理、病理状态的影响,如脑毛细血管形成血脑屏障,小分子化合物也很难进入脑内。

2. **药物活性成分与血浆蛋白结合率的影响** 中药口服制剂的药物活性成分在进入血液后,通常会与血浆蛋白结合而形成可逆或不可逆结合型药物,不可逆的结合型药物很难通过血管壁,因此,这种类型的药物通常没有药理活性。非结合的游离型药物更易透过细胞膜,产生相应的药理作用。可逆结合型药物具有饱和现象,血浆中药物的游离型与结合型之间保持着动态平衡,当游离型药物的浓度随转运与消除而降低时,一部分结合型药物则转变成游离型,使血浆及作用部位在一定时间内保持一定的血药浓度。

影响中药制剂活性成分与血浆蛋白结合的因素如下。① 药物活性成分的性质,药物的分布属于跨膜转运过程,脂溶性高的药物或分子质量小的水溶性药物易进入细胞内,而脂溶性差的大分子或离子则不易转运,或通过特殊转运方式进行;② 活性成分与组织的亲和力,除血浆蛋白外,其他组织细胞内存在的蛋白质、脂肪、DNA、酶及黏多糖类等高分子物质也能与药物发生非特异性结合,这种结合一般是可逆的,药物在组织和血液间保持着动态平衡,起到了贮存或蓄积作用;③ 活性成分间相互作用,对于血浆蛋白结合不高的药物,轻度置换使游离药物浓度暂时升高,药理作用短暂增强,而对于一些蛋白结合率高的药物与另一种药物竞争结合蛋白质位点,使游离型药物大量增加,引起该药物的分布容积、半衰期、肾清除率、受体结合量等一系列改变,最终影响药效及安全性。此外,人的种族、性别、生理和病理状态(如年龄、肝脏功能与肾脏功能等)也有重要影响,药物的淋巴系统转运分布、脑内转运分布、红细胞内分布、胎儿内分布和脂肪组织分布尚有特殊性。

三、代谢

(一) 概述

药物代谢系指中药制剂活性成分被机体吸收后,在体内各种酶和体液环境作用下发生一系列化学反应,使药物结构发生改变的过程,又称生物转化。通常大多数口服制剂药物经代谢成为极性较原形大的代谢产物而被排出体外,有些药物不代谢,以原形从尿中排出,也有的仅发生部分代谢。口服制剂药物代谢后可能使活性降低或失去活性,也可能使活性激活或增强活性,甚至产生毒性。

1. **药物代谢酶系** 有些药物在体内可以直接发生水解等反应,自发进行代谢而不需要酶的参与,但绝大多数药物的体内代谢需要细胞内特异酶的催化作用。药物代谢酶通常分为微粒体酶系和非微粒体酶系二类。

(1) 微粒体酶系:系主要存在于肝细胞及小肠黏膜、肾上腺皮质等细胞内质网的亲脂性膜上,其中最重要的一族氧化酶被称为肝微粒体混合功能氧化酶系统,或称单加氧酶。该酶系催化氧化反应是药物体内代谢的主要途径,在催化氧化反应过程中,需要细胞色素 P450(cytochrome P450, CYP450)、烟酰胺腺嘌呤二核苷酸磷酸(又称辅酶Ⅱ)、分子氧、Mg^{2+}、黄素蛋白、非血红素铁蛋白等重要物质参与才能完成。

(2) 非微粒体酶系:系存在于肝脏、血浆、胎盘、肾、肠黏膜与其他组织中,参与体内除与葡萄糖醛酸结合以外的其他缩合,以及某些氧化、还原及水解(酰胺键除外)反应。尽管只有少数药物是由该类酶系代谢,但也非常重要。通常结构类似于体内正常物质脂溶性较小、水溶性较大的药物,都由该组酶系代谢。

2. **药物代谢的部位** 与药物代谢酶存在部位及该部位的血流量有关。体内常见代谢酶的存在部位有以下几种。① 混合功能氧化酶系主要存在于肝脏内质网,可催化氧化和还原药物;② 葡萄糖醛酸转移酶主要存在于肝脏内质网,可与药物发生结合反应形成葡萄糖酸苷;③ 醇脱氢酶主要存在于肝细胞液,可催化醇氧化反应;④ 单胺氧化酶主要存在于肝、肾、肠和神经组织细胞中的线粒体,能使各种内源性胺类,如儿茶酚胺、5-羟色胺等,以及外源性胺氧化脱胺生成醛,继而再氧化灭活;⑤ 羧酸酯酶和酰胺酶主要存在于肝、血浆和其他组织中,主要催化酯、硫酯和酰胺的水解;⑥ 各种功能基的转移酶广泛存在于肝脏细胞质、内质网、线粒体,以及许多器官组织的细胞质中。

3. 药物代谢反应的类型　通常分为以下两种。① 一相代谢反应,包括氧化、还原、水解反应,通常是脂溶性药物分子结构上产生极性基团,使代谢产物极性增加;② 二相代谢反应,即结合反应,通常是药物或一相代谢反应产物中的极性基团与机体内源性物质反应而生成结合物。

(1) 氧化反应:① 微粒体酶系的氧化反应,包括侧链烷基连接在杂原子上的烷基杂原子本身氧化等,以及羟化、脱胺和脱硫作用等;② 非微粒体酶系氧化,主要包括醇羟基和醛、胺、嘌呤类的氧化等。

(2) 还原反应:主要针对药物结构中的羰基、羟基、硝基和偶氮基等功能基团进行反应。微粒体酶系与非微粒体酶系均可催化此反应。

(3) 水解反应:主要将含有酯键、酰胺等结构的药物,通过水解作用,使之生成羧酸,或将杂环化合物水解开环。

(4) 结合反应:系指原形药物经过一相代谢反应而生成的产物含有某些极性功能团,如羟基、氨基、硝基和羧基等,与体内一些内源性物质(葡萄糖醛酸、硫酸、谷胱甘肽、乙酰辅酶 A、甘氨酸和 S-腺苷甲硫氨酸等)发生偶联或结合反应而生成各种结合物的过程。生成的结合物通常没有活性,极性较大,易于排出体外。常见的结合反应类型有葡萄糖醛酸结合反应、硫酸结合反应、甘氨酸结合反应、乙酰基结合反应和甲基化结合反应等。

(二) 影响药物代谢的因素

1. 给药途径　不同给药途径产生的代谢过程差异主要与代谢酶在体内的分布,以及局部器官和组织的血流量有关。肝脏和胃肠道存在众多药物代谢酶,因此,口服药物的首过效应是导致药物体内代谢差异的主要原因。

2. 给药剂量和剂型　机体对药物的代谢能力主要取决于相关代谢酶的活力与数量。通常,药物代谢速度与体内药量成正比,但当体内药量增加至超出代谢酶能力时,即出现饱和现象,继而引起中毒反应。不同剂型的药物其释放速率与部位不同,同样影响药物的代谢。

3. 酶抑制和酶诱导作用　一些药物重复应用或与其他药物合并使用后可促进酶的合成、抑制酶的降解,或合并用药后竞争结合代谢酶。通常,药物代谢被减慢的现象称为酶抑制,能使代谢减慢的物质称为酶抑制剂。药物代谢被促进的现象称为酶诱导,能使代谢加快的物质称为酶诱导剂。有些药物是自身的酶诱导剂,有的药物对一种药物是酶诱导剂,而对另一药物则是酶抑制剂。

4. 生理因素　主要包括年龄、性别、种族、个体差异、饮食和疾病状态等,尤其是肝脏疾病对药物代谢的影响更大。

(三) 药物代谢的研究方法

药物代谢的研究方法主要分为在体法和体外法。

1. 在体法　一般指受试者(人或动物)给药后,测定血浆、尿液、粪便、胆汁等中的药物及其代谢产物的浓度,计算清除率、生物半衰期,分离鉴定可能的代谢产物,解析药物代谢途径及机制。

(1) 药物探针法:系将探针药物用于研究参与药物代谢酶的种类及活性的方法。清除率常作为药物代谢能力的指标,对主要经肝脏代谢的药物,该参数可直接反映肝脏代谢能力。有些药物可作为相应同工酶的在体探针药物,用其清除率可反映同工酶的活性,可用于研究与该同工酶有关的其他药物代谢。

(2) 体内指标法:系利用某些内源性物质及其代谢产物的水平变化,来反映某些药物代谢酶或代谢途径变化的方法。常选用的内源性物质是血浆中的胆红素和尿中的6β-羟基可的松。胆红素在肝脏中与葡萄糖苷酸结合而从血浆中消除,可作为肝葡萄糖醛酸转移酶活性的指标。可的松由肝微粒体细胞色素 P450 3A(cytochrome P450 3A,CYP3A)催化生成 6β-羟基可的松后经尿排出,因此,6β-羟基可的松可作为 CYP3A 的活性表达指标。

2. 体外法　与在体法相比,具有以下优点:① 可以创造单一环境而排除体内的诸多干扰因素,直接观察到代谢酶对底物的选择性;② 适用于体内代谢转化率低,且缺乏灵敏检验手段的药物;③ 快速简便,适用于高通量药物的筛选;④ 不需要消耗大量的试验样品和实验动物,研究费用相对较低。药物的体外代谢模型主要以肝脏作为靶标器官。常用方法有以下 3 种。

（1）肝灌流法:取离体肝脏组织保持于 37℃,将含有药物的灌流液经门静脉插管进入肝脏,由出肝静脉插管流出并进行循环。在一定时间内取样测定药物及其代谢产物的浓度,并进行代谢产物结构分析。该法是研究药物代谢和作用机制的有效工具。

（2）肝微粒体法:取肝脏组织匀浆,通过差速离心,抽取肝微粒体成分,取样测定药物及代谢产物浓度,并进行代谢产物结构分析。

（3）肝细胞培养法:分离、培养肝细胞后,进行药物代谢实验。该法基本可较好地保持完整细胞的功能,与正常生理状况接近,并与体内具有一定的相关性,不足之处是肝细胞制备技术较复杂。此外,在细胞培养过程中 CYP450 难以表达,体外肝细胞活性仅能维持 4 h,不利于储存和反复使用。

四、排泄

排泄是指药物或其代谢产物排出体外的过程,与生物转化统称为生物消除。药物的排泄与药效、药效维持时间及药物毒副作用等密切相关。药物及其代谢产物可以通过肾、胆汁、消化道、呼吸系统、汗腺、唾液腺、泪腺等途径排泄。肾排泄与胆汁排泄是最主要的途径。

（一）肾排泄

肾的血流供应丰富,是机体排泄药物及其代谢产物最重要的器官,多数药物经肾脏排泄,如水溶性药物、分子质量小的药物和肝脏生物转化慢的药物等。药物的肾排泄是指肾小球滤过、肾小管分泌、肾小管和集合管对水重吸收的总和。前两个过程是药物排入肾小管腔内,后一过程是将肾小管内的药物重新返回至血液中,总的排泄量可以表示为:药物肾排泄量=药物滤过量+药物分泌量-药物重吸收量。

通常采用肾清除率,定量描述药物通过肾的排泄效率。肾清除率系指肾脏在单位时间内能将多少容量血浆中所含有的某物质完全清除出去,这个被完全清除了某物质的血浆容积称为该物质的血浆清除率。影响肾清除率的因素有血浆药物浓度、药物血浆蛋白结合率、尿液的酸碱度和体积等。

（二）胆汁排泄

胆汁排泄是除肾排泄外最主要的途径,对于一些极性太强而不能在肠内重吸收的有机阴离子和阳离子来说,胆汁排泄是其重要的消除机制。药物向胆汁的转运机制可分为被动扩散和主动转运。其中,被动扩散转运有两种途径:一种为药物通过细胞膜小孔进行扩散;另一种是药物在膜的脂质部分扩散。肝细胞膜和肝内窦状隙的内壁上有许多微孔,药物透过这种微孔的速度受分子质量大小影响。药物胆汁排泄的多少,极性是其重要的影响因素;当有极性强的基团存在时,药物的胆汁排泄量就较多。药物及其代谢物的分子质量也是胆汁排泄的重要影响因素,分子质量在(325±50)Da 以上,而且药物和代谢物本身有一定的极性,胆汁排泄量就较多,分子质量在 500 Da 左右的药物有较大的胆汁排泄率,分子质量过大时,胆汁排泄也很难。当胆汁中的药物浓度显著高于血浆中的浓度时,则药物由血液向胆汁的转运存在着主动转运的分泌机制。

从胆汁排泄出的药物先贮藏在胆囊中,然后释放进入十二指肠。有些在胆汁中排泄的药物或其代谢物在小肠中移动期间重新被吸收返回肝门静脉血的现象,称为肝肠循环(enterohepatic circulation)。有肝肠循环的药物在体内能停留较长时间。肝肠循环与药物疗效持续时间和药物不良反应密切相关。某些药物因肝肠循环可出现两个血药浓度峰,称为双峰现象。这可能受到酶解过程的影响,也可能是受胆汁间歇性排泄的影响,在肠道重吸收后产生第二个血药浓度峰。

第二节　中药口服制剂的生物利用度与生物等效性

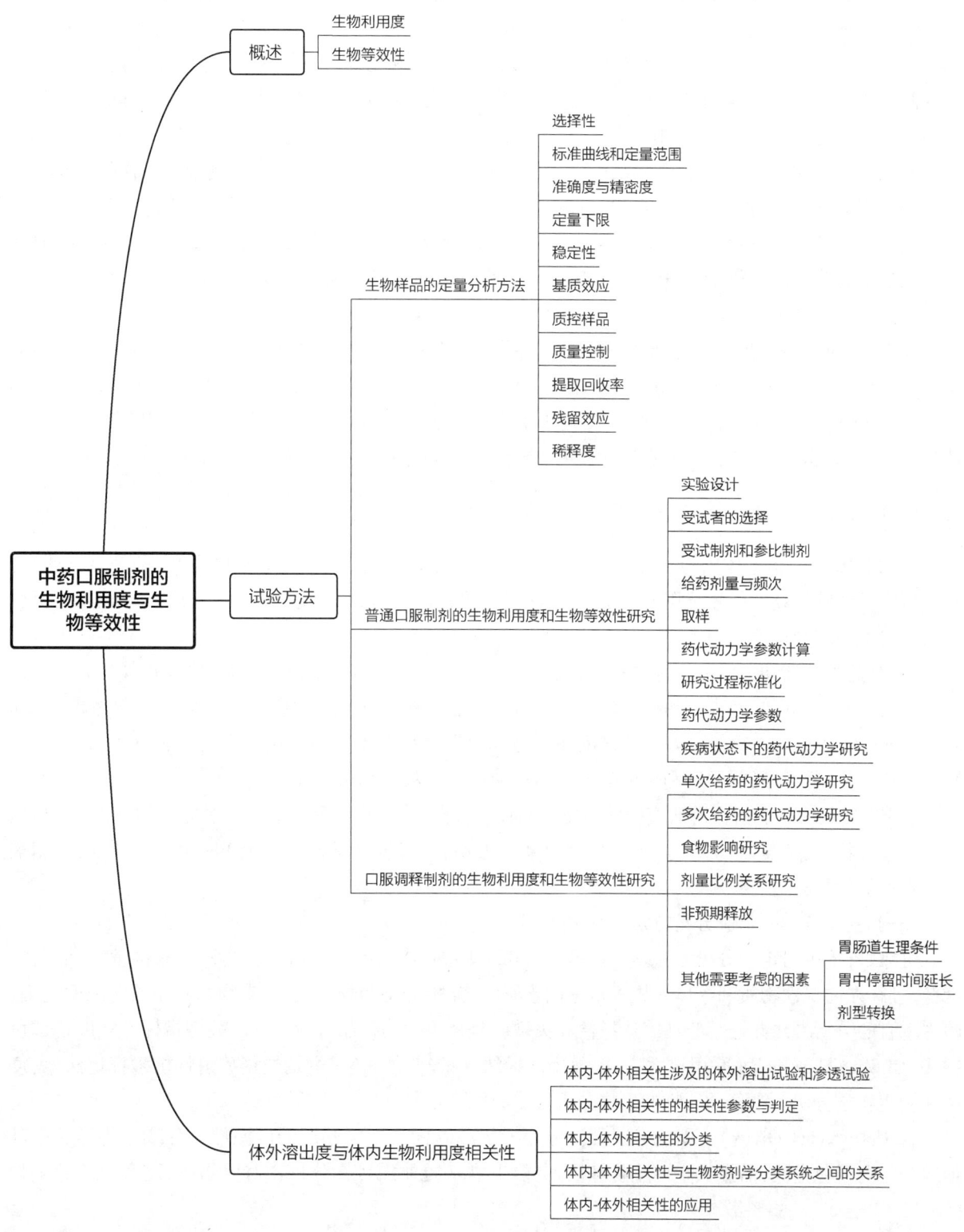

一、概述

生物利用度(bioavailability, BA)和生物等效性(bioequivalence, BE)均为药物制剂评价的重要指标。BA 研究是制剂研发过程中选择适宜给药途径和确定用药方案(如给药剂量与给药间隔)的重要依据之一。BE 研究则是以预先确定的等效标准进行的比较研究,是保证含同一药物活性成分的两制剂其体内行为一致性,以及是否可互相替代的依据。

BA 是指药物活性成分从制剂释放后吸收进入全身循环的速度和程度,通常用血浆浓度-药时曲线来评估。一般分为绝对 BA 和相对 BA。绝对 BA 是以静脉制剂(通常认为静脉制剂的生物利用度为100%)为对照制剂,获得的药物活性成分吸收进入体循环的相对量。相对 BA 是以其他非静脉途径给药的制剂(如片剂和口服溶液)为对照制剂,获得的药物活性成分吸收进入体循环的相对量。BA 是评价药物吸收情况的重要指标,可用于表征给药途径、配伍、辅料、处方、工艺等的合理性。

BE 是指在相似的试验条件下单次或多次给予相同剂量的试验药物后,受试制剂中药物的吸收速度和吸收程度与参比制剂的差异在可接受范围内。一般情况下,BE 研究的等效标准为受试制剂和参比制剂的主要药代动力学参数(AUC 和 C_{max})几何均值比的 90%置信区间落在 80%~125%范围内。BE 研究作为保证仿制药与原创药、上市药品变更前后产品有着相同的安全性和有效性的研究方法,在药品研发过程中发挥着非常重要的作用。

在创新药物研发的临床试验早期阶段,可选择进行 BA 研究,以反映制剂的质量、阐明药物的绝对BA,并为制定下一步给药方案提供参考依据;在药物临床试验期间发生变更时,应根据相关法规要求,结合对药物的药代动力学特征、安全性、有效性等可能存在的影响,综合评估是否需要进行 BA/BE 研究;在药品批准上市后发生变更时,应根据法规要求、结合药品实际情况,综合评估是否需要进行 BE 研究。

二、试验方法

BA 和 BE 研究包括体内与体外方法。按照研究方法的评价效力,其优先顺序为 PK 研究、PD 研究、临床研究及体外研究。优先选用 PK 方法,在确实不可行时,也可以考虑其他方法,但需充分证实所用方法的科学性和合理性。

PK 是药物代谢动力学的简称,主要研究机体对药物处置的动态变化,包括药物在机体内的 ADME 过程。通过测定不同时间点生物样本(如全血、血浆、血清或尿液)中的药物浓度,获得药物浓度-时间曲线(concentration-time curve, $C-T$)来反映药物从制剂中释放吸收到体循环中的动态过程,并经过适当的数据分析得出与吸收程度和速度有关的药代动力学参数,如 AUC、C_{max}、t_{max} 等。

以 PK 参数为终点指标的研究方法,也是目前普遍采用的 BE 研究方法。一个完整的 BE 研究包括生物样本分析、实验设计、统计分析、结果评价 4 个方面;通过统计学比较以上 PK 参数,判断两个制剂是否生物等效。

(一)生物样品的定量分析方法

可靠、可重现的定量分析方法是进行 BA 和 BE 研究的重要前提。由于生物样品取样量少、药物浓度低,且存在内源性物质和个体差异等多重因素影响,需根据待测物的结构、生物基质和预期浓度范围,建立适宜的分析方法并进行验证。选择性和灵敏度是评价生物样品分析方法的关键指标。一般首选色谱法,如 LC、GC 或与 MS 联用技术,一般采用内标法定量;此外,还可酌情选用放射性核素标记法、免疫学和微生物学方法。小分子药物的生物分析方法研究通常包括以下内容:

1. 选择性(selectivity) 即能够区分目标分析物和内标与生物基质的内源性成分或生物样品中其他组分。对于色谱法,需提供空白生物基质、空白生物基质外加目标分析物对照物质,以及给药后生物样品的色谱图;需证明目标分析物是原型药物或其活性代谢物,并考察药物代谢物、样品预处理产生的分解产物和可能同服药物对目标分析物的干扰程度。

2. 标准曲线(standard curve)和定量范围(range)　通过指定浓度范围内仪器对目标分析物的响应可获得标准曲线,所涉及的浓度范围即为定量范围。定量范围应使用至少6个校正浓度,要覆盖全部待测生物样品的浓度,且不包括空白样品和零浓度样品。

3. 准确度(accuracy)与精密度(precision)　准确度是指在确定的分析条件下,测得的生物样品浓度与真实浓度的接近程度,即质控样品的实测浓度与理论浓度的准确度,批内和批间重复测定相同浓度质控样品可获得准确度,一般应在标示值的±15%以内,定量下限浓度水平则应在±20%以内。

精密度是指在确定的分析条件下,相同基质中相同浓度样品的一系列测量值的分散程度。通常用质控样品的批内和批间RSD来表示精密度,一般应小于15%,定量下限浓度水平应小于20%。

4. 定量下限(lower limit of quantitation)　是标准曲线上的最低点,指能够对样品中的目标分析物进行可靠定量的最低浓度。定量下限应能满足测定3~5个消除半衰期时样品中的药物浓度,或能检测出C_{max}的1/20~1/10的药物浓度,准确度应在±20%以内,精密度应小于20%。

5. 稳定性(stability)　考察通常应包括:① 目标分析物和内标的储备液及工作溶液的稳定性;② 从冰箱储存条件到室温或样品处理温度,基质中目标分析物的冷冻和融化稳定性;③ 基质中目标分析物在冰箱储存的长期稳定性。此外,必要时还应考察处理过的样品在室温下或在试验过程中储存条件下的稳定性,以及处理过的样品在自动进样器温度下的稳定性。

6. 基质效应(matrix effect)　采用MS检测时需考察基质效应,空白基质至少来源于6个不同个体,包括正常基质和溶血、高脂血或肝肾损害等特殊人群。选择高、低两个浓度,计算每批有基质存在的目标分析物和内标的峰面积(空白基质提取后添加分析物),与基质不存在的分析物和内标的峰面积(分析物纯溶液)的比值,即每一分析物和内标的基质因子(matrix factor, MF)。内标归一化的MF是将分析物MF除以内标MF。6个批次基质内标归一化MF的精密度应小于15%。

7. 质控样品　是将已知量的待测药物加入生物介质中配制得到的样品,用于质量控制。

8. 质量控制(quality control)　方法经验证后,即可用于样品测试。每个未知样品一般测定一次,必要时可复测;每天应建立新的标准曲线,并随行测定高、中、低3个浓度的质控样品;每批分析时,质控样品不少于6个,且不得少于未知样品数的5%。质控样品测定结果的偏差应小于15%,定量下限偏差小于20%。

9. 提取回收率　应考察低、中、高3个浓度的提取回收率,并确保结果一致、精密、可重现。

10. 残留效应(carry-over)　又称记忆效应,通常是指注射高浓度样品后,部分样品残留在进样系统中,可能会对随后注射的样品产生影响。通常在测定定量上限浓度的样品后测定空白样品来评价,待测物保留时间处的峰面积小于定量下限峰面积的20%;内标保留时间处的峰面积小于内标峰面积的5%。如果残留效应不可避免,则应考虑采取措施避免,验证后在样品分析时应用此措施。

11. 稀释度(dilution integrity)　当待测样品浓度超过定量上限(upper limit of quantitation)时,应采用相应的空白基质稀释,使其在标准曲线的定量范围内。稀释度应当覆盖试验样品所用的稀释倍数。浓度应超过定量上限的100~1 000倍的稀释度,样品稀释至定量范围内,每个稀释度需要采用至少5个样品验证,其准确度在±15%以内,精密度应小于15%。

(二) 普通口服制剂的生物利用度和生物等效性研究

1. 实验设计　目前应用最多、最广的方法是交叉设计。对于多数药物的体内吸收和清除而言,不同个体间的变异系数通常远大于个体内的变异系数,因此一般采用自身交叉对照的方法设计。即把受试对象随机分为几组,一组受试者先服用受试制剂,后服用参比制剂;另一组则相反。不同制剂之间应有足够长的间隔时间,即清洗期(wash-out period),以消除制剂间的互相干扰,一般不短于7个消除半衰期。

若为两种制剂比较,双处理、双周期,两序列的 2×2 交叉设计是较好的选择。若包括 3 个制剂(2 个受试制剂和 1 个参比制剂)时,宜采用 3 制剂、3 周期的二重 3×3 拉丁方设计。

当药物或其活性代谢物的半衰期很长时,可考虑按平行组设计,但需要增加样本量。对于某些高变异性的药物,应根据具体情况增加例数,可采用重复交叉设计,对同一受试者两次接受同一制剂时可能存在的个体内差异进行测定。

2. 受试者的选择　受试者的个体间差异应尽量降至最小,以便充分反映出制剂间的差异,并保障受试者安全。应符合以下要求。

(1) 人群和性别:一般为男性健康受试者。妇科用药选择健康女性(注意避免受孕的可能性),儿童用药选择成人,特定情况可考虑选择患者。

(2) 年龄:一般 18~40 周岁,同一批受试者的年龄不宜相差 10 岁以上。

(3) 体重:一般 ≥50 kg,与标准体重相差 ±10% 以内,同一批受试者之间应相近。

(4) 体检:经全面体检,确认身体健康;根据药物类别和安全性情况,还应在试验前、试验期间、试验后进行特殊项目检查,如降糖药应检查血糖水平。

(5) 避免干扰:试验两周前至试验期间不服用其他药物,试验期间禁烟、酒和含咖啡因的饮料,以及某些可能影响药物代谢的果汁等。

(6) 例数:符合统计学要求,大多数药物 18~24 例即可,某些变异性大者可酌情增加。

(7) 分组:随机分组,组间具有可比性。

3. 受试制剂(test product, T)和参比制剂(reference listed drug, R)　受试制剂应为符合临床应用质量标准的中试/生产规模的产品。应提供该制剂的体外溶出度、稳定性、含量或效价测定、批间一致性报告等。参比制剂一般应选择国内已经获批上市的相同剂型药物中的原创药;在无法获得原创药时,可考虑选用上市主导产品,但须提供相关质量证明(如含量、溶出度等检查结果)及选择理由;特定研究目的可选用相同药物的其他药剂学性质相近的上市剂型作为参比制剂,这类参比制剂亦应该是已上市且质量合格的产品。参比制剂和受试制剂的含量差别不能超过 5%。

4. 给药剂量与频次　一般应与临床用药剂量一致,且受试制剂和参比制剂一般应服用相等剂量;若须使用不相等剂量,应说明理由并提供所用剂量范围内的线性 PK 特征,依据结果能以剂量校正方式来计算生物利用度。

一般情况下,普通制剂仅进行单剂量给药研究即可,但某些情况下可考虑进行多次给药研究,如:① 受试药单次服用后,原形药或活性代谢物的浓度很低,难以用相应分析方法精密测定血药浓度。② 受试药的生物利用度有较大的个体差异。③ 药物吸收程度相差不大,但吸收速度有较大差异。④ 缓控释制剂。进行多次给药研究应按临床推荐的给药方案给药,至少连续 3 次测定谷浓度,确定血药浓度达稳态后,选择一个给药间隔取样进行测定,并据此计算 BA。

5. 取样　取样点设计对结果的可靠性至关重要,可依据预实验或相关文献进行合理设计。

应用血药浓度测定法时:① 服药前应先取空白血样。② 一般在吸收相取 2~3 个点,峰浓度附近至少需要 3 个点,消除相取 3~5 个点。③ 尽量避免第一个点即为 C_{max}。采样持续到受试药原型或其活性代谢物的 3~5 个半衰期时,或至血药浓度为 C_{max} 的 1/20~1/10,$AUC_{0-t}/AUC_{0-\infty}$ 通常应当大于 80%。对于长半衰期药物,应尽可能取样持续到足够比较完整的吸收过程,因为末端消除项对该类制剂吸收过程的评价影响不大。多次给药研究中,对于一些已知 BA 受昼夜节律影响的药物,则应该连续 24 h 取样。

若采用尿药法考察 BA,采用分段收集法采集尿样,采样频度、间隔时间应满足估算受试药、原型药或活性代谢物经尿的排泄程度。但该方法不能反映药物吸收速度,误差因素较多。当药物在体内迅速代谢而无法测定原型时,也可测定生物样品中主要代谢物的浓度。

6. 药代动力学参数计算　一般用非房室数学模型分析方法,来估算 PK 参数。用房室模型方法估算 PK 参数时,采用不同的方法或软件,其值可能有较大差异,研究者可根据具体情况选择使用。在 BE 研究中,其主要测量参数 C_{max} 和 t_{max} 均以实测值表示。AUC_{0-t} 以梯形法计算,故受数据处理程序的影响不大。目前常用的药代动力学软件有 3P87/3P97、DAS、WinNonlin、Kinetica、NONMEN 等。

7. 研究过程标准化　整个研究过程应当标准化,以使得除制剂因素外,其他各种因素导致的体内药物释放吸收差异减少到最小,包括受试者的饮食、活动都应控制。试验工作应在I期临床试验观察室进行。受试者应得到医护人员的监护。受试期间发生的任何不良反应,均应及时处理和记录,必要时停止试验。

8. 药代动力学参数

(1) 单次给药的 BA 和 BE 研究:提供所有受试者服用受试制剂和参比制剂的 AUC_{0-t}、$AUC_{0-\infty}$、C_{max}、t_{max}、$t_{1/2}$、CL(清除率)、V_d(表观分布容积)、F(生物利用度)等参数及其平均值和标准差。C_{max} 和 t_{max} 均以实测值表示。AUC_{0-t} 以梯形法计算,$AUC_{0-\infty}$ 按式(7-1)计算:

$$AUC_{0-\infty} = AUC_{0-t} + C_t/\lambda_z \qquad 式(7-1)$$

式中,t 为最后一次可实测血药浓度的采样时间;C_t 为末次可测定样本药物浓度;λ_z 系对数浓度-时间曲线末端直线部分求得的末端消除速率常数,可用对数浓度-时间曲线末端直线部分的斜率求得。

$t_{1/2}$ 按式(7-2)计算:

$$t_{1/2} = 0.693/\lambda_z \qquad 式(7-2)$$

以各个受试者受试制剂(T)和参比制剂(R)的 AUC_{0-t} 按下式分别计算 F。当受试制剂和参比制剂的剂量相同时,按式(7-3)计算:

$$F = AUC_T/AUC_R \times 100\% \qquad 式(7-3)$$

受试制剂和参比制剂的剂量不同时,若受试药物具备线性 PK 特征,可按式(7-4)以剂量予以校正:

$$F = [AUC_T \times D_R/AUC_R \times D_T] \times 100\% \qquad 式(7-4)$$

式中,AUC_T、AUC_R 分别为 T 和 R 的 AUC;D_T、D_R 分别为 T 和 R 的剂量。

(2) 多次给药的 BA 和 BE 研究:提供受试制剂和参比制剂的 3 次谷浓度数据(C_{min}),达稳态后的 AUC_{ss}、C_{ss-max}、C_{ss-min}、t_{ss-max}、$t_{1/2}$、F、DF(波动度)等参数。当受试制剂与参比制剂的剂量相等时,F 按式(7-5)计算:

$$F = AUC_{ss\,T}/AUC_{ss\,R} \times 100\% \qquad 式(7-5)$$

式中,$AUC_{ss\,T}$ 和 $AUC_{ss\,R}$ 分别为 T 和 R 稳态条件下的 AUC。

9. 疾病状态下的药代动力学研究　在疾病状态下,机体生理和病理变化在一定程度上影响体内药物代谢酶、转运蛋白、细胞膜通透性、微生物菌群等,进而可能引发相关 PK 参数的显著改变。疾病可能通过多个方面影响药物的不同体内过程,如通过改变血流量、推迟胃排空而影响其吸收,对白蛋白非酶的糖化作用影响其分布,调节相关转化酶和转运体影响其代谢,因肾病变而影响其排泄。因此,研究疾病状态下的 PK 行为对指导临床合理安全用药具有重要的指导意义。

例如,程勍等人比较了祛瘀化痰通脉方在假手术组和模型组小型猪的体内 PK 特征,采用高脂饲料喂养结合冠状球囊拉伤内皮损伤的方法,建立痰瘀互结证冠心病小型猪模型,连续给药 8 周后于不同时间点取血,建立了小型猪血浆中 9 个成分的含量测定方法,对血浆中各成分的浓度进行测定,并计算 PK 参数。结果显示,给药后假手术组检测到 3 个入血成分,模型组则检测到 5 个入血成分,说明该复方中成分在假手术组和模型组动物体内的处置过程存在一定差异,为该复方的药效物质基础研究及临床应用提供了参考。

(三) 口服调释制剂的生物利用度和生物等效性研究

调释制剂系指与普通制剂相比,通过技术手段调节药物的释放速率、释放部位或释放时间的一大类制剂,包括延迟释制剂和缓释制剂。其体内特性体现在以下 PK 研究内容:吸收的速度和程度、稳态血药浓度波动情况、PK 参数的个体间变异、剂量比例关系、影响调释制剂特性的因素、非预期释放的风险。具体研究过程中,一般采用已上市的、具有相同活性物质的普通制剂或调释制剂作为对照制剂,并在单次给药和多次给药达稳态两种条件下开展研究。

1. 单次给药的药代动力学研究 其目的在于通过与对照制剂比较,评估调释制剂的吸收速率和吸收程度,确认调释制剂的 PK 特征。对于在治疗剂量范围内呈现线性 PK 的药物,通常采用最高规格。在调释制剂拟定的一个给药间隔内给予相应对照制剂,以达到相同的总剂量或相似的总暴露量。应比较调释制剂和对照制剂的 PK 参数的个体间变异,前者 PK 参数的个体间变异通常不应超过后者。

评估参数与前述口服普通制剂相似。当与调释参比制剂比较时,若 AUC、C_{max}、t_{max} 均符合 BE 统计学要求,则可认定两制剂于单次给药条件下为生物等效;当与普通参比制剂比较时,一般要求 AUC 不低于普通制剂 80%,而 C_{max} 明显降低,t_{max} 明显延迟,即显示该制剂具有缓释或控释动力学特征。

2. 多次给药的药代动力学研究 多次给药研究通常选择最高规格,并证明已达到稳态。一般通过比较至少 3 次给药前血药浓度,来评估是否达到稳态。用于评估的 PK 参数包括 AUC_{0-t}、t_{ss-max}、C_{ss-max}、C_{ss-min}、药物浓度波动度,应选用最能反映疗效和安全性的参数。其个体间变异评价要求同单次给药研究。

3. 食物影响研究 口服调释制剂由于释放时间长,其药物吸收可能受食物的影响大,需开展食物影响研究。一般采用单次给药试验评估食物对 BA 的影响,建议使用高脂肪(约占餐总热量的 50%)、高热量(800~1 000 kcal*)饮食(表 7 - 1)。主要评价参数包括 AUC 和 C_{max},并比较其他参数和药时曲线形状是否发生明显变化。

表 7 - 1 膳食类型的定义

膳食类型	总热量(kcal)	脂 肪		
		热量(kcal)	质量(g)	百分比(%)
高脂餐	800~1 000	500~600	55~65	50
低脂餐	400~500	100~125	11~14	25

当食物对对照制剂的影响不具有临床意义时,可进行双交叉研究,比较调释制剂空腹和进餐状态的差异;若具有临床意义,推荐采用三交叉或四交叉研究,对空腹和进餐状态下的调释制剂与对照制剂进行比较,有助于量化食物对各制剂 BA 的影响。

食物影响的临床意义需从疗效和安全性两方面讨论,必要时给出与膳食相关的给药方案建议。开展进餐前和进餐后不同时间间隔内服药及不同类型食物影响等额外研究,有利于支持所提出的给药方案建议。

调释制剂如有不同的服药方式,一般情况下,需进行不同服药方式下的 F 值研究。如含有微丸的缓释胶囊药物说明书中,建议可将药物微丸撒在松软食物上或分散在非碳酸的水中,不经咀嚼或通过胃管吞咽服用,此时需评价不同服药方式下的 BA 或 BE。

4. 剂量比例关系研究 当有多种规格或者给药剂量须同时给于多个单一规格时,需论证不同规

---

* 1 kcal=4.184 kJ。

格/剂量的 PK 特征是否具有剂量比例关系。一般通过单次给药研究比较不同规格/剂量的 PK 参数,如果药物有蓄积,也可以通过多次给药研究考察。

5. **非预期释放** 是指不符合预期的释药状态或行为,其中突释较为常见。调释制剂中全部或大部分活性成分出现非预期、快速释放的现象,一般称为突释。对于某些适应证或治疗指数窄的药物,突释可能会给患者带来重大风险,如安全性问题和(或)疗效降低。调释制剂应尽可能避免非预期释放导致暴露量升高的风险。如果观察到突释或怀疑有突释的可能(例如,在某些受试者中检测不到肠溶制剂中酸不稳定的活性成分),则应重新研发制剂。

某些调释制剂的活性成分和(或)辅料,在乙醇溶液中比在水中的溶解度高,与含酒精性饮料同服时可能造成突释并改变全身暴露。此类口服调释制剂应进行体外研究,以确定体内酒精突释的可能性。体外研究时考察不同酒精浓度对药物从制剂中释药特性的影响,若观察到活性成分加速释放的风险较高,建议优先考虑优化制剂;若无法避免,则需比较调释制剂与酒精合并使用的 BA,并充分评估获益风险比。

6. **其他需要考虑的因素**

(1) 胃肠道生理条件:对于素食者、儿童、老年或长期服用抗酸剂患者,其转运时间、pH、食物类型和食物摄入量等胃肠道生理条件的差异较大。当调释制剂与影响胃肠道生理的药物(如阿片类药物)合用时,还需进行该状态下的调释特性研究;若拟用于胃肠功能明显改变的患者,则需在该人群中进行相关研究。

(2) 胃中停留时间延长:在胃中不崩解的单位制剂可能因胃排空延长,而呈现高度变异性。若这种作用发生在肠溶衣型迟释制剂中,可能产生非预期结果。如果酸不稳定的活性成分在胃排空之前被释放,可能导致活性成分降解而检测不到,从而无法获得预期的药时曲线。胃中停留时间延长还会使得活性成分的释放延迟。此时,采样时间点的设计不仅要考虑活性成分的半衰期,还需考虑上述影响,以确保获得完整的药时曲线,并能表征胃排空延迟的影响。

(3) 剂型转换:当患者须从普通剂型转换为使用调释制剂时,为了维持稳态药物浓度,需根据前期研究结果给出科学的转换建议。

三、体外溶出度与体内生物利用度相关性

体内-体外相关性(*in vitro - in vivo* correlation, IVIVC)表示药物制剂的体外特性与体内反应之间的线性关系。体外特性主要是指药物制剂的理化特性,包括药物的稳定性、粒度分布、亲脂性、渗透性和溶出速率等,体内特性主要涉及 PK 数据。IVIVC 评价是药物制剂关键质量属性与其临床性能之间的桥梁,建立可信的 IVIVC 可促进利用体外试验替代临床试验来评价药物质量。IVIVC 评价体系中,常用的体外试验方法包括溶出曲线测定和渗透性试验,体内试验包括基于人体的临床 BE 试验和基于动物的 PK 试验。

1. **IVIVC 涉及的体外溶出试验和渗透试验** 对于 BCS Ⅰ 和 BCS Ⅱ 类药物,溶出试验是预测药物体内吸收的主要方法。常采用转篮法和桨法;小规格固体制剂可使用小杯法;微球等缓释制剂可使用往复筒法;缓释制剂中低溶解度活性成分的测定可使用流通池法。

对于 BCS Ⅲ 类和 BCS Ⅳ 类药物,药物在吸收部位的渗透性是其吸收程度的限速步骤。可采用离体肠灌流、细胞模型等方法测试渗透性。其中,前者主要适用于口服制剂,易受生物样品个体差异性的影响;Caco-2 细胞模型及其衍生模型的适用范围较广泛,可用于测定鼻用制剂、栓剂、滴眼剂和透皮制剂的渗透性。此外,Caco-2 细胞模型也可从细胞代谢层面考察口服药物在胃肠道的吸收程度。

2. **IVIVC 的相关性参数与判定** 以体内外试验测得的数据建立相关关系主要依赖于数学建模,包括房室模型和 PBPK 模型。

根据房室模型理论,对药时曲线进行反卷积得到体内吸收曲线,再结合体外溶出数据,对二者进行

线性回归,最后绘制体内吸收-体外释放相关性曲线,得到相关系数 R^2。该法可用于筛选合适的体外溶出条件,从而通过体外试验控制药物的生产质量、评估仿制药与原研药的一致性。然而,BCS Ⅲ 和 BCS Ⅳ 类药物体内吸收的限速步骤并非溶出速率,难以建立体内外线性关系,因此,房室模型建立相关关系的方法多用于 BCS Ⅱ 类药物。

PBPK 模型须设计一套针对某种制剂的模拟其体内过程的装置,然后利用模型药物已有的体内外数据来寻找相关性规律,再将找到的数学规律建立模型、设计软件,从而应用到对该类药物体内过程的预测中。基于数学理论的 PBPK 模型不受药物剂型和 BCS 分类的限制,多用于新药开发阶段。相关商业化软件包括 GastroPlus®、PK - Sim®、Stella® 和 GI - SIM® 等,输入药物的理化参数、渗透性数据、需要模拟的胃肠道环境等,即可预测药物的体内 PK 过程。

3. 体内-体外相关性的分类 FDA 发布的《口服缓释制剂体内外相关性研究技术指导原则》,将 IVIVC 分为 A 级、B 级、C 级和多重 C 级。① A 级相关表示体外整个释放过程与体内整个反应时间过程(如药时曲线)之间具有点对点的相关性。② B 级相关指的是可以表征体外和体内时间过程特征参数之间的相关性,包括平均体外溶出时间和平均体内溶出时间、平均体外溶出时间和平均体内滞留时间、体外溶出速率常数和吸收速率常数等参数。③ C 级相关指的是一个固定时间的溶出参数(如溶出达到50%的时间)与一个 PK 参数(如 AUC 或 C_{max})之间的单点相关性。④ 多重 C 级指的是多个时间点的药物溶出量与多个 PK 参数之间的多点相关性。其中,B 级、C 级、多重 C 级 IVIVC 不能反映出完整的体内药时曲线,而 A 级 IVIVC 可以提供最多的信息,建议优先选用 A 级 IVIVC;多重 C 级 IVIVC 的可预测性仅次于 A 级 IVIVC。

4. 体内-体外相关性与生物药剂学分类系统之间的关系 建立生物药剂学分类系统(BCS)的目的主要是通过区分药物在胃肠道内的溶解性强弱和渗透能力,从而预测其体内 PK 特性。BCS 分类系统是 IVIVC 评价的重要理论基础之一(表 7 - 2)。由于 IVIVC 表示体外溶出特征与体内吸收性能的相互关系,而体外溶出实验仅能反映药物活性成分从处方中释放的速度与程度,难以模拟体内吸收过程,因此,溶出限速类药物相对易于建立 IVIVC。

表 7 - 2 基于 BCS 分类的 IVIVC 评价

BCS 分类	溶解性	渗透性	体内吸收限速因素	IVIVC 评价
Ⅰ	高	高	胃排空过程	缓控释制剂可建立 A 级 IVIVC,速释制剂为有限 IVIVC
Ⅱ	低	高	溶出过程	缓控释制剂和部分速释制剂可建立 A 级 IVIVC
Ⅲ	高	低	跨膜吸收过程	有限的 IVIVC
Ⅳ	低	低	影响因素复杂	有限的 IVIVC

5. 体内-体外相关性的应用 在药物制剂的临床前研究中,IVIVC 可用于指导剂型设计。对于已上市药物,IVIVC 可指导生产过程中的参数改进,预测处方的细小改动对药物体内过程的影响;可用于控制药物的批间一致性,保证生产质量;可用于评估仿制药质量,确保其与原研药物的药学等效和生物等效等。

目前,IVIVC 更多地应用于体外溶出对体内吸收影响较大的 BCS Ⅱ 类药物,而低渗透性药物的相关研究进展缓慢,需要对渗透性机制进行深入研究。

BCS Ⅰ 类药物在体内能被快速吸收,可直接用体外溶出数据代替临床试验数据,FDA 已允许部分该类药物在申报过程中申请 BE 试验豁免。对于已建立 IVIVC 的 BCS Ⅱ 类药物,结合质量源于设计的理念,IVIVC 可以用于指导该类药物制剂的处方优化;改变 BCS Ⅱ 类药物的体外试验条件,利用已建立的 IVIVC 模型可预测相应的体内吸收效果,从而指导合理用药。

中药药效是多成分综合作用的结果,建立有效的体内外相关性,以体外试验预测其体内行为对中药口服复方制剂研究具有非常重要的意义。例如,俞建东等人引入自定义权重系数对银杏酮酯缓释微丸中的多个成分(包括黄酮类和内酯类)进行了尝试性的整合,成功建立了各成分体内吸收动力学与体外释药动力学之间的相关性。其首先利用 HPLC-MS 测定微丸中主要成分(槲皮素、异鼠李素、白果内酯、银杏内酯A、银杏内酯B、银杏内酯C)的体外释放率,采用各成分质量浓度加和法计算整合药物浓度,并绘制整合药物释放曲线。然后,收集大鼠口服微丸后不同时间点的血浆,测定各类成分的血药浓度,利用各成分曲线下面积百分率作为自定义权重系数,计算体内整合血药浓度。最后,采用 Wagner-Nelson 法计算各成分体内整合吸收率与体外对应的整合释放率进行线性拟合,以评价体内外相关性。结果表明,体内整合吸收动力学与体外整合释药动力学的相关性良好($Y=0.9308X+12.84$, $r=0.9629$)。

二维码7-2 中药口服制剂的生物利用度与生物等效性研究实例

第三节 药物体内过程在中药研究中的应用

- 药物体内过程在中药研究中的应用
  - 基于药物体内过程的药效物质基础研究
    - 中药药效物质基础研究概述 —— 含义、研究方法
    - 基于药物体内过程的药效物质基础研究方法
      - 中药药代动力学
      - 血清药物化学
      - 血清谱效学
      - 代谢组学
  - 基于药物体内过程的中药复方配伍机制研究
    - 基于体内药代动力学过程的配伍机制研究
      - 药物肠道吸收机制
      - 药物代谢酶
      - 药物转运体
    - 基于体内药效动力学过程的配伍机制研究
      - 基于一般药效指标的配伍机制研究
      - 基于"成分-靶点-疾病"网络的中药配伍药理机制研究
      - 基于机体差异代谢物的中药配伍药理机制研究
    - 整合动态药代动力学-药效动力学相关性分析
  - 基于药物体内过程的剂型设计研究
    - 概述
      - 口服制剂体内过程的研究现状
      - 针对口服制剂生物药剂学缺陷的解决办法
    - 基于药物体内过程的药物递送系统设计研究
      - 固体分散体
      - 微囊
      - 聚合物混合胶束
      - 自微乳化释药系统
      - 脂质体
  - 基于药物作用靶标及吸收特点的新药开发与老药新用
    - 基于药物作用靶点的新药开发与老药新用
      - 药物作用靶标研究
      - 新药开发
      - 老药新用
    - 基于药物吸收特点的新药开发与老药新用
      - 药物吸收机制研究
      - 新药开发
      - 老药新用
  - 基于药物体内过程的联合用药相互作用研究
    - 联合用药的优势及风险
    - 基于转运体的联合用药毒性相关作用
      - 转运体与中药肝毒性和肾毒性风险
      - 基于转运体的中药-西药相互作用

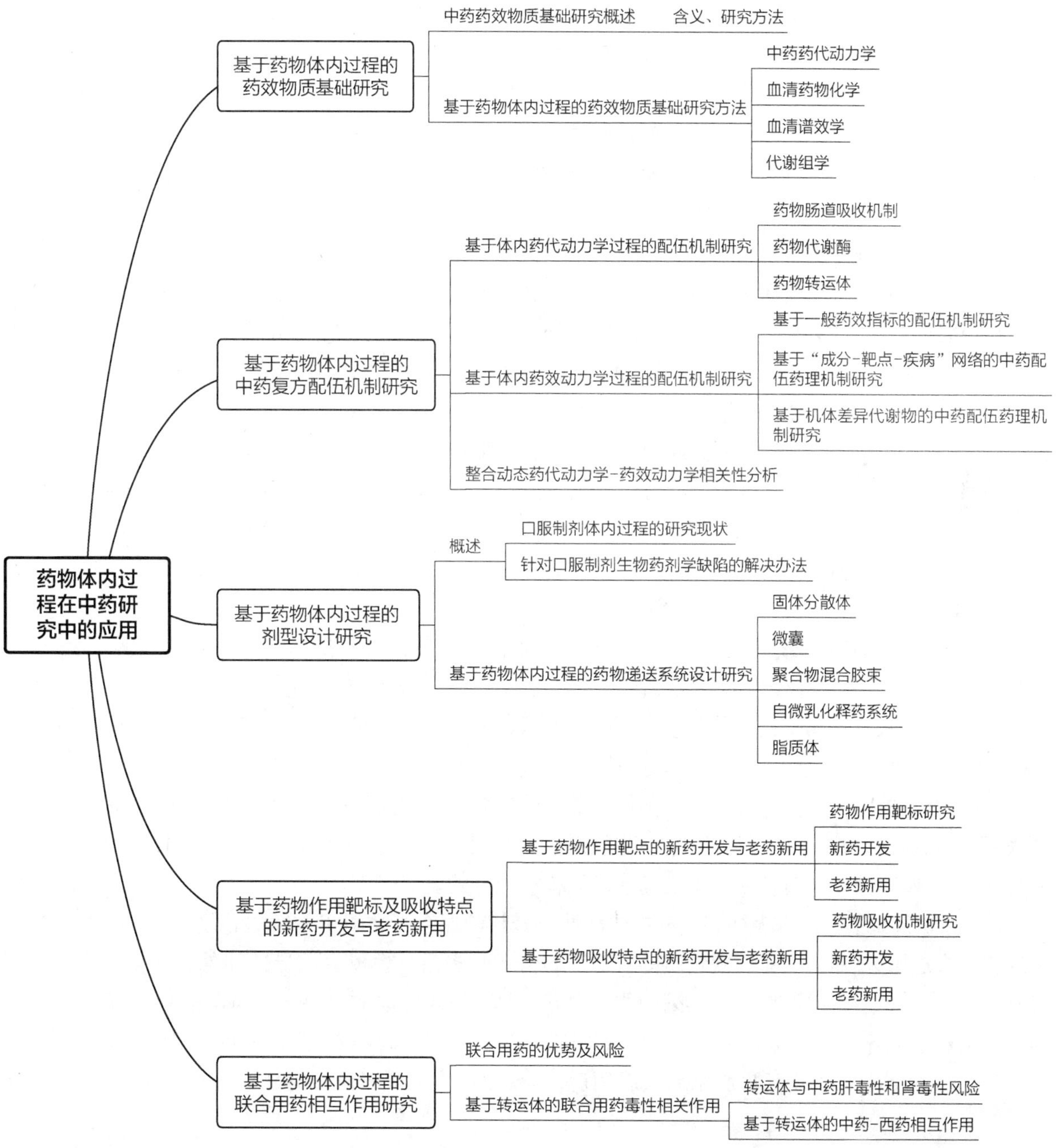

一、基于药物体内过程的药效物质基础研究

(一) 中药药效物质基础研究概述

中药药效物质基础是指中药中含有的能够表达药物临床疗效的化学成分总称。中药药效物质研究在传统中医药理论科学内涵的阐明,以及现代中药制剂质量的稳定可控和新产品开发中发挥着重要作用,是中医药传承、创新和发展的关键科学问题。

目前,人们对中药药效物质基础达成的共识为:① 中药及其复方往往含有几种或一群有效或有生物活性的物质;② 中药及其复方的有效成分可能是原药材中存在的成分,也可能是在煎制过程中新生成的物质或进入体内后经过代谢产生的代谢产物;③ 多糖、鞣质、多肽、微量元素等一些过去被认为是无效的物质,也可能是有治疗意义的生物活性物质;④ 有些成分本身不直接发挥功效,但可能促进其他成分的溶解、吸收,或者在药理作用上产生协同、增效、拮抗等作用;⑤ 在某种疾病治疗中作为有效成分的物质,在治疗其他疾病时可能成为对治疗目的无意义的成分,中药的药效物质应该是与所治临床疾病(或某功效)相关的有效成分;⑥ 对中药药效物质基础的认识应该是一个动态的、发展的过程。

由于中药作用的整体性、中药成分和作用机制的复杂性,中药药效物质基础研究极其艰难而复杂,至今仍然是中医药界最热门的研究内容之一。目前,国内外学者经探索建立了很多中药药效物质基础的系统研究方法,如传统的植化分离与活性筛选、以活性为导向的中药药效物质分离与活性筛选、基于体内过程的中药药效物质的辨识、基于生物色谱技术中药药效物质的筛选和辨识、目标成分敲除/敲入技术、网络药理学技术、结构中药学等。

(二) 基于药物体内过程的药效物质基础研究方法

中药多经口服给药,基于体内过程的中药药效物质基础研究就是对中药在人体内 ADME 各个环节进行研究,探讨中药成分在体内的过程及其动态变化的规律,考察生物转化产物和(或)代谢产物的生物活性,阐明中药的药效物质基础。现阶段基于体内过程进行中药药效物质基础研究的方法,主要包括中药药动学、血清药物化学、血清谱效学、代谢组学等。

1. 中药药代动力学 是在中医药理论指导下,借助药代动力学的基本理论和方法,研究中药药效成分在体内 ADME 的特征及动态变化规律("量-时-效"关系),并运用数学方程和 PK 参数加以定量描述,即研究给药后机体对中药的作用及其规律的一门学科。中药药效成分的体内暴露及其动力学规律,是中药有效性表达的物质基础和客观规律。目前,中药药代动力学主要采用血药浓度法、生物效应法、PK-PD 模型法进行研究。

血药浓度法以有效成分或指标成分的血药浓度和组织药物浓度为指标,研究其 PK 行为的变化,辨识其药效物质。如采用体外化学指纹图谱-在体肠肝摄取成分谱-整体动物多成分药代动力学特征的研究思路,通过比较黄芩汤不同给药剂量、不同给药次数和生理、病理状态下的 PK 行为,确定黄芩汤发挥药效的物质基础为甘草素二糖苷、甘草苷、黄芩苷等。

生物效应法以药效为指标,在一定条件下通过效应变化推知药物体存量随时间的变化,包括药理效应法、毒理效应法、微生物法。该法不需要考虑复杂的化学成分,测得参数能更客观地体现复方中多种成分的协同效应,适用于有效成分不明确或难以检测成分的复方研究。

PK-PD 模型法是动态表征和定量描述活性成分与药理作用之间相关性的有效方法,将时间、浓度和效应结合起来,从而实现对药效物质的辨识。如基于脂多糖活性成分诱导的体外炎症模型建立羊耳菊抗炎 PK-PD 结合模型,阐明羊耳菊中木犀草苷、绿原酸、隐绿原酸、3,4-二咖啡酰基奎宁酸、4,5-二咖啡酰基奎宁酸等 5 个抗炎活性成分在炎症细胞内的动态变化与其药效消长之间的相互关系。

2. 血清药物化学 中药口服制剂经服用后,其有效物质必须以血液为介质输送到靶标,从而发挥

作用。因而给药后的血清才是真正起作用的"制剂",血清中含有的成分才是中药的体内直接作用物质。中药血清的成分组成包括:中药所含成分的原型、中药所含成分的代谢产物,以及药物有效成分经血液转运而使机体应激产生的生理活性物质,如激素类、递质等,血液中本身并无此类成分。因此,中药的药效物质基础应在给药后的血清组成中进行探讨(直接刺激胃肠道药物及外用药除外)。中药血清药物化学是以经典的药物化学研究手段和方法为基础,运用现代分离技术及多维联用技术,分析鉴定或表征口服中药后人或动物血清中的移行成分,阐明其活性与中药传统药效的相关性,确定中药药效物质基础并研究其体内过程的应用学科。目前,中药血清药物化学主要通过 UPLC 等现代化学分析手段,对比分析含药血清与对照血清色谱指纹图谱的差异,从而鉴定含药血清中的原有成分、代谢产物或血清内源性物质。如采用血清药物化学方法,通过建立超高效液相色谱-四极杆飞行时间质谱(ultra-high liquid chromatography quadrupole-time-of-flight mass spectrometry, UPLC-Q-TOF-MS)技术,发现益胃饮中的 27 个血清移行成分具有防治胃癌的作用。血清药理学是指将含药血清代替中药复方或粗提取物加入离体的组织器官或细胞中,以建立一种体外模型的实验方法。新的药物作用靶标的不断发现为血清药理学研究提供了高通量的体外筛选模型,血清药理学和血清药物化学广泛应用于中药复方的药效物质基础研究中。

3. **血清谱效学** 中药谱效学是在中医药理论现代研究的基础上,通过将中药特征指纹图谱中化学成分的变化与药效联系起来,从而确定潜在药效物质基础。而中药血清谱效学是在中药谱效理论研究的基础上,结合血清药物化学、血清药理学等研究内容,以中药入血成分是发挥药效的物质基础为前提开展中药物质基础研究。中药血清谱效学通过含药血清谱-效关系分析探讨中药物质基础,将中药指纹图谱从质量控制层面提升到生物活性表达的层面,弥补了传统谱效研究未将中药体内过程考虑在内的弊端。中药血清谱效学的研究思路包括:① 尽可能全面地表征中药入血成分的化学信息,通过 HPLC、GC、UPLC-MS、IR 等技术获得中药及含药血清的指纹图谱;② 结合体内外药理实验获得中药的药效信息,采用传统药理学,从动物整体水平获得反映中药药效的信息,或结合血清药理学,从组织器官、细胞水平等不同层次获得能够反应中药药效的信息;③ 在以上研究的基础上,通过数据分析,构建中药血清的"谱-效"关系学,将"谱"和"效"进行有机地结合,筛选出与药效关系密切或对药效贡献度大的特征峰;④ 在筛选出特征峰的基础上,采用 LC-MS 等技术及参考文献报道对特征峰的化学信息进行比对,从而明确特征峰的化学结构。如通过利用 UPLC-Q-TOF-MS 建立口服灌胃给药西洋参后大鼠血清指纹图谱与抗疲劳间的谱效关系,结果发现西洋参血清指纹图谱中有 8 个入血成分,其中人参皂苷 Re、Rb_1、Rb_2 为抗疲劳作用的物质基础。

4. **代谢组学** 以血液、尿液、脑脊液、组织、粪便、细胞等为检测样本,基于 HPLC、GC-MS、LC-MS、NMR 等现代分析平台,对生物体体液、组织中的所有小分子代谢物进行定性定量分析,通过寻找代谢物与生理病理变化的相对关系来研究中药复杂系统与人体复杂系统之间的相互作用。代谢物通常指在生命体内实现代谢过程的小分子有机化合物,包括有机酸、脂质、吲哚等通过代谢过程产生或消耗的物质,代谢物的变化直接反映了生物体内正在发生或已经发生的活动或过程。代谢组学是继基因组学、转录组学、蛋白质组学后系统生物学的另一重要研究领域,其逐渐成为研究中药药效物质的重要途径。

根据无偏检验或靶向策略,通常可将代谢组学分为非靶向代谢组学和靶向代谢组学。非靶向代谢组学是对样本中的所有代谢物进行无偏检验与鉴定,而靶向代谢组学则是对选定的代谢物进行定量测定。上述两种技术均可筛选出具有一定诊断效能的生物标志物,非靶向代谢组学分析可覆盖更广泛的潜在生物标志物,但只能相对定量;靶向代谢组学分析筛选出的生物标志物具有更高的诊断效能,却不能实现全面覆盖,二者在生物标志物的筛选方面可以优势互补。

利用代谢组学发现天麻素、辅酶 E、豆甾醇、对羟基苯甲醇、柠檬酸等 10 种化合物可能是天麻促血管生成的药效物质。有学者将中药血清药物化学和代谢组学有机结合,提出了中医方证代谢组学,通过分析给药后的疾病模型中动物内源性代谢生物标志物的变化,探究代谢通路与核心生物标记物的相关性,研究中药的药效物质基础,并通过该方法研究发现水晶兰苷、没食子酸、鸡矢藤苷、莫诺苷葡萄糖醛酸化产物、甜菊苷 C、甜菊双糖苷是男士口服液治疗肾阳虚证的药效物质基础。

二维码7-3 基于药物体内过程的药效物质基础研究实例

总体而言,由于中药成分的体内过程过于复杂,有的药效成分可能是微量或者痕量,不同成分的体内代谢过程可能完全不同,因此,基于体内过程的中药药效物质基础研究未来仍面临着很大的挑战,可借鉴生物技术、现代分析技术和计算机科学的最新研究成果,积极探索更为有效的研究方法或基于多技术整合(代谢组学/药动学、血浆代谢组学/谱效学、谱动学/谱效动力学)的研究策略。

二、基于药物体内过程的中药复方配伍机制研究

复方是中医临床遣方用药的主要形式,其在"四气五味""七情合和"及"君臣佐使"等理论的指导下,各中药饮片通过配伍发挥协同增效和(或)拮抗减毒作用。配伍是临床复方应用的精华,合理配伍是确保中药临床用药有效性和安全性的前提与基础。

中药体外成分复杂、体内过程烦琐和直接靶标情况不明确;配伍后具有多药物、多成分、多靶标与多途径发挥治疗疾病或减轻毒性损害的特点。因此,须将物质基础与生物效应相互关联,以全面系统地揭示中药配伍增效减毒机制。

近年来涌现出超分子化学研究、相态拆分研究、基于化学修饰/非修饰的直接靶标研究等新技术,并提出了网络药理学和代谢组学等多学科技术融合研究的新策略,推动着中药配伍机制研究快速进入从体外到体内、成分到靶标、单一技术到多学科融合研究技术的转变历程。

基于药物体内过程的中药复方配伍机制研究主要分为 3 个层次:第一是中药活性成分的体内 PK 研究,比较配伍前后目标活性成分在体内 ADME 等不同环节的表现;第二是中药复方的体内 PD 研究,比较配伍与否及其剂量变化在生物体内产生的药理效应或毒副反应差异,以及给药前后体内代谢物质的变化;第三是联合体内 PK 和 PD 研究,构建 PK-PD 相关性,分析中药配伍组方的潜在机制。

(一)基于体内药代动力学过程的配伍机制研究

药物在人体内的 ADME 过程是其发挥药理作用的基础,治疗效应和毒副作用均易受该过程的影响。中药复方通过合理的配伍可以影响有效成分及毒性物质的体内过程,从而达到增效减毒的目的。

中药配伍后增效机制主要与增加药效成分生物利用度、改善靶器官药物分布及抑制相关酶对活性成分的代谢速率等体内过程密切相关。例如,葛根和天麻是治疗心脑血管疾病的传统配伍,PK 实验发现与单一给药相比,二者配伍后能增加大鼠体内 6 种葛根活性成分的血药浓度,进一步的单向肠灌流法研究表明天麻可以通过抑制 P-gp 和多药耐药蛋白 2(multidrug resistance protein 2,MRP2)介导的葛根中药效成分外排,促进其吸收,从而发挥配伍增效的作用。柴胡-黄芩是治疗呼吸系统和消化系统疾病的经典药对,其靶器官包括肝和肺,配伍后醋柴胡中多种皂苷成分与黄芩主要药效成分黄芩苷在肝、肺、脾组织中的分布浓度显著正相关,并发现乙酰化皂苷、生柴胡皂苷可能是二者配伍后协同增效治疗肝、肺疾病的活性成分。白头翁皂苷 BⅡ显著增强川陈皮素在肝微粒体中的代谢稳定性,减慢其体内代谢速率,这与白头翁皂苷 BⅡ对 CYP3A4 酶的抑制作用相关。

有毒中药经过配伍后,可以通过抑制毒性成分的吸收、减少其在毒性靶器官中分布、促进其代谢和排泄等单一或多个过程,以发挥减毒的作用。雷公藤为治疗风湿顽痹之要药,但其毒性较大,与三七配伍可降低毒性成分雷公藤甲素和雷公藤内酯甲的口服吸收;雷公藤甲素联合甘草给药后,其在心、脾、肺等组织分布的浓度降低且较为平缓;而甘草酸可通过诱导 CYP3A 的活性加速雷公藤甲素从体内代谢消除。

例如,通过分析戊己丸在配伍前后5个代表成分在体内代谢和组织分布的差异变化,初步阐明了该方剂配伍的特点。其将260只健康雄性SD大鼠分组给予戊己丸提取物、黄连提取物、制吴茱萸提取物、炒白芍提取物,在预定时间分别取血浆、肝、小肠和脑,采用UPLC-三重四级杆串联质谱法测定小檗碱、巴马汀、吴茱萸碱/吴茱萸次碱和芍药苷的含量,并以非房室模型计算各成分的PK参数。结果发现,5个成分的AUC_{0-t}显示小肠>肝>血液,脑中仅检测到小檗碱,肝脏的C_{max}、t_{max}较其他组织更高、更快,肝脏和小肠消除过程中出现双峰和多峰现象;小肠作为戊己丸的效应器官药物分布最多,其次为肝脏;配伍前后各代表成分的PK参数均发生了改变,更有利于复方发挥整体药效作用。

除了整体PK和组织分布以外,还可以针对特定ADME环节展开研究,具体涉及肠吸收、转运体、代谢酶等方法。

1. **药物肠道吸收机制** 口服给药是中医临床最常见的给药途径之一,绝大多数药物口服后在小肠部位吸收。因此,通过对配伍前后目标成分在肠道渗透系数和吸收机制的对比,对揭示复方配伍机制具有重要的意义。相关研究方法可分为体内法、在体法和体外法3类,常用外翻肠囊法、单向肠灌流法和Caco-2细胞法(表7-3)。这些方法各具特点,应针对不同种类的目标药物选用适当方法。

表7-3 药物肠道吸收机制的研究方法概况

方法	类型	优点	缺点	应用
外翻肠囊法	离体实验	操作简单,条件可控;接近实际吸收水平	无法真实模拟体内环境,不能体现肠液、胆汁、胰液等对药物的影响;受pH、渗透压、离子强度等多种环境因素影响,结果多偏高;随着实验时间的增加,肠段也会渐渐失活,溶剂牵引作用的存在也会影响实验结果	①判断药物吸收部位等特性;②计算药物的膜表观渗透系数P_{app},从而判断吸收机制;③推测肠吸收时药物的促进或抑制相互作用及其机制
单向肠灌流法	在体实验	操作简便,更接近体内真实吸收情况,应用更广泛	需将胆汁引流或胆管结扎;对灌流管路进行饱和;助溶剂有毒,易发生不良反应;药物只限于溶液状态存在,容易受pH、药物浓度及吸收部位等因素影响;需要测定水分变化以校正药物浓度,中药色素成分可能影响酚红法的测定结果	①计算吸收速率常数K_a,药物的膜表观渗透系数P_{app}等PK参数;②判定药物之间的相互作用
Caco-2细胞法	体外实验	方便简捷,同源性好;测定药物的摄取和跨膜转运;区分不同肠道的吸收通道	结果可能有误差;缺少细胞异质性,缺少部分代谢酶,所需助溶剂多有毒性;细胞培养模型与体内研究主动药物转运间没有定量关系;某些药物的主动转运可能同时或连续受到两种或以上的载体介导	①测定各种浓度药物的膜表观渗透系数P_{app};②判断药物转运机制(被动或主动);③区分不同转运载体或转运蛋白的机制

2. **药物代谢酶** 药物的体内代谢过程通常借由一系列酶促反应,将外源性物质(包括药物和毒物)进行化学处理使其失活排出体外。根据代谢反应的特点,药酶常分为Ⅰ相酶和Ⅱ相酶,主要存在于肝脏、血浆和其他组织中。

Ⅰ相代谢酶中最重要的是CYP450,又名单加氧酶,参与了临床上约90%药物的代谢。人体内共发现57种CYP450,涉及药物代谢的CYP450主要为CYP1、CYP2、CYP3家族中几种重要的亚型;其中含量最丰富的是CYP3A亚家族,其在人体间表达存在30倍以上的差异,导致药物口服生物利用度和清除率不同。此外,尚有黄素单加氧酶(flavin-dependent monooxygenase,FMO)、单胺氧化酶(monoamine oxidase,MAO)、双胺氧化酶(diamine oxidase,DAO)、各类还原酶和氧化酶。

此外,临床上40%~70%的药物是通过Ⅱ相代谢反应进行清除,主要涉及尿苷二磷酸葡萄糖醛酸基转移酶(uridine dphosphate glucuronosyl transferase,UGT)、甲基化酶(methylase,MT)、N-乙酰基转移酶(N-acetyltransferase,NAT)、磺基转移酶和谷胱甘肽转移酶等。

考察体内代谢酶对不同中药及其组合的代谢产物差异，进而揭示配伍对药物体内代谢过程的影响机制。但由于部分代谢酶在不同种属、性别，甚至个体之间存在差异，在研究过程中应注意选用适宜方法（具体参见本章第一节）。

例如，李秋红等人探索干地黄对附子的减毒分子机制，采用 Cocktail 探针药物法测定 CYP450 活性，以一氧化碳还原差示法测定大鼠肝微粒体中 CYP450 含量、逆转录聚合酶链反应法测定 CYP1A2 和 CYP1A4 mRNA 表达量。结果显示，配伍后酶含量、活性及 mRNA 表达显著升高，配伍后能加快附子毒性成分的代谢，进而达到减毒作用。

3. 药物转运体　是位于细胞膜上的一类功能性跨膜蛋白，可介导内源性物质和外源性药物及其代谢物进出细胞。药物转运体存在于人体几乎所有器官，以肠道、大脑、肾脏、肝脏等重要脏器为主。药物经转运体的转运形式主要是主动转运。转运体的表达或活性可明显影响中药在体内的 ADME 等 PK 过程及生物活性，也可能引起体内内源性物质紊乱，因此在中药配伍及药物相互作用中发挥着至关重要的作用。

根据转运机制及方向的不同，可将转运体分为促进药物向细胞内转运的摄取性转运体（uptake transporter）和将药物从细胞内排到细胞外的外排性转运体（efflux transporter）。摄取性转运体包括葡萄糖转运体（glucose transporter，GLUT）、寡肽转运体（oligopeptide trasporter，PEPT）、氨基酸转运体（amino acid transporter，AAT）、一元羧酸转运体（monocar-boxylate transporter，MCT）、有机阳离子转运体（organic cation transporter，OCT）及有机阴离子转运体（organic anion transporter，OAT）等。外排性转运体包括 P-gp、MRP 及乳腺癌耐药蛋白（breast cancer resistance portein，BCRP）等，这些外排转运体属于 ATP 结合盒（ATP-binding cassette，ABC）转运体。

（二）基于体内药效动力学过程的配伍机制研究

药效作用是体现中药配伍优化合理性的核心，也是判断中药配伍合理性的金标准。因此，阐明药效药理机制是中药配伍研究的最终目的。目前，中药配伍后药理机制的研究已从整体动物到器官组织、再到细胞亚细胞及分子生物学等多层次进行药效学指标评价。

1. 基于一般药效指标的配伍机制研究　中药配伍后产生减毒增效的药理作用，一般通过观察给药后动物的行为学和死亡情况、脏器指数、组织器官生理或病理形态、药效或毒性生化指标等常见的药效指标来进行评价。

中药配伍的增效作用通常是成分间有协同作用，共同发挥对机体系统的保护作用。葛根素和天麻素均有改善微循环的作用，两药配伍后的抗凝血和抗血小板聚集作用均强于两药单用。而丹参和红花配伍在炎症和氧化等指标表现出互补作用，两药配伍在抑制炎症和抗氧化方面均展现出较好的疗效。

中药配伍的减毒作用通常是成分间有拮抗作用，通过逆转毒性成分产生的异常指标以增强对机体系统的保护作用。如雷公藤甲素可诱导氧化应激反应，引起线粒体损伤，导致细胞凋亡或自噬，从而对肝、肾、睾丸和心脏等多个靶器官产生毒性，使其临床应用受到极大限制。藏红花素可以逆转雷公藤甲素造成的异常指标，通过配伍可减轻其对心脏、肝脏等器官的损伤，藏红花素对雷公藤甲素的减毒机制可能与抗氧化应激作用有关。

2. 基于"成分-靶标-疾病"网络的中药配伍药理机制研究　中药及其配伍中多成分与机体内多靶标的相互作用是目前中医药研究的热点及难点，而网络药理学构建"成分-靶标-疾病"等分子网络的研究策略，突破了传统"一药一靶"的研究模式。以网络拓扑分析为基础，通过将配伍中的药效成分与疾病相关靶标进行关联分析，找出生物分子网络中的关键节点和通路，综合性地观察各成分对疾病的干预和影响，从而整体地研究中药配伍复杂的药理机制。

药物经过配伍,不同的药效成分进入体内作用于与疾病相关的靶标蛋白,并通过生物分子网络中关键蛋白的作用,影响下游信号通路,从而起到减毒增效的作用,配伍后不同药物的活性成分可能通过影响同一信号通路以增强疗效,或影响能发挥协同作用的多个信号通路来增强疗效。

例如,杜康等人基于网络药理学方法,初步探讨了预测虎杖-女贞子配伍治疗急性痛风性关节炎的作用机制,明确了涉及的关键靶标和生物信号通路,体现了配伍后多途径、多靶标的作用特点,并进一步通过动物实验进行初步验证。首先,利用中药系统药理分析平台收集两药化学成分及对应靶标,结合文献报道并选择口服生物利用度≥30%和类药性≥0.18的25个有效活性成分及其287个作用靶标。然后,通过GeneCards、NCBI、DrugBank数据库收集疾病相关靶标811个。以药物靶标与疾病靶标取交集得到的关键靶标88个,蛋白互作网络分析发现肿瘤坏死因子、白细胞介素6、白细胞介素1β可能是核心靶标,基因本体功能富集分析确定了566个条目($P<0.05$),包括炎症反应、免疫反应等多个生物过程,京都基因与基因组数据库富集分析确定了116条相关信号通路,涉及炎症、免疫等方面。最后,利用尿酸钠晶体诱导的小鼠急性痛风性关节炎模型对关键靶标进行验证,发现配伍后可降低踝关节肿胀度、改善异常步态,并下调关节部位肿瘤坏死因子α、白细胞介素6、白细胞介素1β蛋白表达。

3. **基于机体差异代谢物的中药配伍药理机制研究** 代谢物及其网络是进一步反映机体状态的直观指标,考察配伍方剂干预后的代谢网络调控机制,有助于揭示相应药物的效应机制,进一步阐释中药复方的配伍规律。目前研究代谢物及其网络变化的有效手段是代谢组学,常利用NMR波谱或MS等分析技术,对正常状态、病理状态、单用药及配伍给药的动物体液样品进行检测以鉴定差异代谢物,并通过数据库进行整合分析以得到相关代谢簇及代谢途径信息,从机体代谢网络变化的角度揭示配伍药理机制。

配伍后不同药物的活性成分可能通过影响同一代谢通路或更多代谢通路,起到协同增强疗效的作用;或反向调节毒性成分相关的代谢通路,达到配伍减毒的目的。例如,为了分析川乌毒性机制,联合UPLC-Q-TOF-MS技术及模式识别方法,共鉴定出17个与川乌毒性相关的潜在标志物,并发现配伍干姜、白芍和甘草均能不同程度地调控川乌紊乱的戊糖和葡萄糖醛酸的相互转化,以及丙氨酸、天冬氨酸和谷氨酸等代谢途径。

肠道菌群是生物体肠道中寄生的微生物统称,广泛参与机体内短链脂肪酸、胆汁酸、三甲胺及氨基酸等多种物质的代谢调节,其微生物结构失衡常导致机体内代谢出现紊乱。中药配伍后可以通过调节肠道微生物的种群结构、功能、代谢等方面,来调控机体的生理或病理状态。例如,研究发现以黄连为主、大黄为辅进行合理配伍后给药,能够改善2型糖尿病大鼠体内的糖脂代谢紊乱及菌群结构失衡,差异菌属的变化与代谢指标的改善存在相关性,揭示了黄连-大黄配伍通过调控肠道菌群改善糖脂代谢紊乱的作用机制。

值得注意的是,动物或细胞模型的药效学实验及代谢组学技术多以中药提取物进行实验,难以阐明其物质基础;网络药理学研究中,配伍中药的成分及其作用靶标来源于数据库,目前数据库收录的成分完善度尚有不足,且忽略了配伍后成分含量及其ADME的影响。

(三)整合动态药代动力学-药效动力学相关性分析

PK-PD相关性研究是动态表征和定量描述活性成分与药理作用之间相关性的有效方法,将时间、浓度和效应结合起来,体现机体与药物的相互作用,已广泛用于体内药物相互作用的评估、体内效力和内在活性的评估、生物标志物或替代标志物的鉴定、药物筛选、剂型和剂量方案的优化等方面。

通过适用于中医药的PK-PD建模,可以对中药进行整体评价,确定多个成分与疗效密切相关的定量指标,从中药整体角度阐明生物效应的物质基础,能够阐明和揭示中药复方的组方原理、药物的作用机制及药物间相互作用,充分探索中药复方与人体两个复杂系统之间的相互作用,具有重要的实践意义。

在实际研究过程中,建议联合利用多学科技术,将体外活性成分和直接靶标与体内 PK 和 PD 过程关联分析,融合不同角度和不同层面探索中药配伍后的作用机制,以期充分阐明中药复方配伍的减毒增效机制。

例如,万嘉洋等人采用正交法对养阴通脑颗粒组方的主要有效部位(总黄酮、总皂苷、总生物碱、总酚酸)进行配伍实验,测定血浆中主要成分(葛根素、阿魏酸、川芎嗪)的含量,以探讨养阴通脑颗粒有效部位配伍对 PK 参数的影响,分析复方主要有效部位之间的君、臣、佐、使相互作用关系,以期为中药复方配伍机制提供参考依据,并为临床合理用药提供指导;进一步地,从抗氧化指标动态变化角度探讨有效部位配伍对中动脉栓塞大鼠的治疗作用;在 PD 的基础上结合 PK,建立相应的 PK-PD 数学模型,让两者的相关性更加全面化和直观化,使中药复方的研究动态化、数理化、模型化,为开发更为有效的治疗脑卒中类新药提供相应的理论依据。

二维码 7-4
基于药物体内过程的中药复方配伍机制研究实例

三、基于药物体内过程的剂型设计研究

(一)概述

1. 口服制剂体内过程的研究现状　口服给药是最自然、最简单、最常用、最方便的给药途径,但其在体内过程的机制与其他途径相比更为复杂。尽管口服给药途径是大部分药物最理想的给药方法,但受限于药物分子本身的理化性质(如溶解度、稳定性等)、PK 特征,以及人体胃肠道复杂的生理屏障(如消化液 pH、酶屏障、黏膜屏障和上皮细胞屏障等)的制约,许多药物分子难以充分发挥临床疗效。传统中药制剂的口服生物利用度问题是中药制剂发展的瓶颈。因此,基于中药活性成分口服吸收机制,通过合理的剂型设计提高其口服生物利用度是中药口服制剂研究中亟待解决的难题。

2. 针对口服制剂生物药剂学缺陷的解决办法　新型的药物递送系统(drug delivery system, DDS)可有效提高治疗效率,并能实现药物在体内具有稳定的释放点和释放速率。DDS 是指通过精确控制药物在体内的运动来达到最佳治疗效果的系统或技术,它是通过药物对客体药物的动态、可逆或修饰效应来构建的。在中药现代化进程中,针对中药口服生物利用度较低的现状,以中医药理论技术为指导结合中药现代制剂技术改善药物性质显得尤为重要。近年来,将口服药物装载到载体中进行给药的思路得到了广泛的验证研究,但微米级及体积更大的药物载体仍难以穿透肠道屏障。固体分散体、微囊、脂质体、纳米胶束、微乳液等微(纳)米药物载体装载口服药物成为近几年的热点,并且已经取得了一定的成果。

(二)基于药物体内过程的药物递送系统设计研究

1. 固体分散体　传统固体分散技术通过选择适当的辅料材料(PEG、聚维酮、泊洛沙姆等),可延长药物在胃肠道的过饱和状态,抑制药物重结晶,从而提高难溶性药物的口服生物利用度。当载药量超过 5% 时,很难形成稳定的过饱和溶液。过饱和固体分散体是指药物以分子或无定形的形式分散于聚合物中而形成的体系,在胃肠道中可诱导产生高能态的过饱和溶液,并维持一定时间,以增加药物的表观溶解度、促进药物跨膜吸收。

20(S)-原人参二醇(protopanoxadiol, PPD)具有免疫调节、抗肿瘤、提高学习记忆、抗衰老、抗炎、抗痴呆、抗焦虑、抗抑郁、抗疲劳和促进造血等广泛的药理活性,但其水溶性较差、渗透性好,属于 BCS Ⅱ 类药物。为提高其口服给药的溶解度和生物利用度,有学者设计了一种加水复溶后可转化为纳米混悬液的新型固体分散体片剂(含泊洛沙姆 188 和维生素 E 聚乙二醇琥珀酸酯),在固体分散体复溶时,不是通过提高过饱和溶液的稳定性,而是加速过饱和溶液中药物重结晶,通过控制重结晶后药物的粒径,

使其形成稳定的纳米混悬液,提高PPD的溶出特性。固体分散体片在15 min内溶出超过了90%,且可稳定维持至少8 h,物理混合物片只有约10%的药物溶出;固体分散体的最高血药浓度和生物利用度是原型药物及物理混合物的6.59倍和2.54倍。

2. 微囊　系利用天然的或合成的高分子材料将固体或液体药物包嵌而成的微型胶囊,简称微囊。药物微囊化可解决一些液态或者油性药物在应用过程中易氧化、易挥发、吸收差和释放过快等问题。通过微囊化技术,可实现液体固化,达到减缓芯材挥发、隔离保护活性成分、提高药物的稳定性,以及使药物缓控释的目的。

桂枝-当归的配伍在经方中广泛应用,共奏温经散寒、养血通脉之效。桂枝和当归的主要有效成分均为挥发油,与缓解疼痛、活血通经、消除炎症的药效作用紧密联系。然而,桂枝、当归挥发油容易挥发和氧化失效,从而降低二者的功效。有学者采用辛烯基琥珀酸淀粉钠和麦芽糊精为复合囊材,以桂枝、当归挥发油为芯材,采用喷雾干燥法制备挥发油微囊。由于桂皮醛入血后会迅速氧化成肉桂酸,选定肉桂酸为考察指标进行体内PK研究,结果显示通过药物微囊化减缓了桂枝、当归挥发油在体内的代谢消除,延长了体内停留时间,提高了生物利用度。

3. 聚合物混合胶束(polymeric mixed micelle, PMM)　系由两种或两种以上两亲性嵌段共聚物在水溶液中自组装形成的"核-壳"结构的纳米载体,疏水核装载疏水性药物以保护它们不被降解;而亲水壳则具有优异的胶体稳定性和内在隐身效果,可避免被网状内皮组织系统识别,有效延长在血液循环的停留时间。相较于单一嵌段聚合物形成的胶束,PMM不仅具有更强的增溶能力、更好的稳定性、更高的靶向效率,还可以获得理想的体内PK行为和生物分布,是一种极具潜力的新型给药体系。

葛根素(puerarin, PUE)和大豆苷元(daidzein, DAZ)是葛根的主要生物活性成分,属于异黄酮类化合物,均为难溶性药物,脂溶性差,为BCS Ⅳ类化合物。研究发现,DAZ对PUE有促渗作用且同样具有降血压活性,为进一步提高PUE的口服生物利用度,将上述两种同源成分共载于泊洛沙姆407/15-羟基硬脂酸聚乙二醇酯(F127/HS15, FS)为载体,以期改善PUE的溶解度及渗透性并实现药效协同作用。结果显示,相较于PUE混悬液和PUE-FS/PMMs,PUE/DAZ-FS/PMM在大鼠体内的C_{max}显著增加,F值达122%,其C_{max}、AUC_{0-t}、$AUC_{0-\infty}$、$t_{1/2}$、MRT分别是PUE混悬液的1.77、1.22、1.22、1.17、1.13倍,是PUE-FS/PMM的1.76、1.16、1.08、0.84、0.78倍。PUE/DAZ-FS/PMM不仅能更好地改善PUE的生物利用度,有效协同发挥药效,且胶束可一定程度延缓药物的消除,并促进药物穿透血脑屏障,为同源成分共载混合胶束的开发奠定了基础。

4. 自微乳化释药系统(self-microemulsifying drug delivery system, SMEDDS)　是由油相、乳化剂和助乳化剂所组成,外观均一透明,口服后遇体液在体温条件下(通常37℃),通过胃肠蠕动自发形成O/W型微乳。SMEDDS制剂经淋巴管吸收而避免其首过效应,可在一定程度上避免药物在胃肠道内被酶水解,有助于提高中药活性成分的口服生物利用度。

方剂中常以大黄-黄芪配伍,共奏攻邪补益之效,由二者配伍制成的大黄黄芪胶囊常用于治疗慢性肾脏病氮质血症、尿毒症及肾纤维化,具有较明确的临床有效性及安全性。然而,大黄黄芪胶囊是将大黄和黄芪直接粉碎入药,存在所含成分复杂、释药行为不明、PK性质不清晰、起效缓慢等问题,很大程度上限制了其药效的发挥。研究表明,大黄总蒽醌和黄芪总皂苷分别是大黄与黄芪治疗慢性肾脏病的有效组分。然而,大黄总蒽醌与黄芪总皂苷的水溶性较差,导致口服生物利用度低,且二者在理化性质、生物药剂学性质等方面也存在较大差异,阻碍了二者协同作用的发挥。学者通过制备大黄总蒽醌-黄芪总皂苷多组分自微乳,以有效提高二者的口服生物利用度,并充分发挥二者的协同作用。制得的自微乳具有良好负载中药多组分的能力,体内PK研究表明自微乳中大黄总蒽醌及黄芪总皂苷在大鼠各小肠段均吸收良好,可有效改善二者口服生物利用度问题,使其更好地发挥协同抗肾纤维化作用。

5. 脂质体 是将药物包裹在类脂质双分子层而形成的一种纳米囊泡,可提高药物溶解度、增加稳定性、促进吸收、增强药效等。普通脂质体在机体胃肠道中的稳定性差,被破坏后导致药物泄露,不能充分发挥纳米制剂的优势,因而增加普通脂质体在胃、肠道的稳定性是脂质体近几年的重点研究方向。

白屈菜红碱(chelerythrine, Che)是飞龙掌血、白屈菜、两面针等中药植物的活性成分之一,属于异喹啉类生物碱。白屈菜红碱在胃肠道的稳定性差,容易降解,口服吸收生物利用度仅为7.46%,限制了白屈菜红碱的药效发挥及临床应用。以磷脂和胆固醇作为载体材料制备了白屈菜红碱脂质体,引入二硬脂酰磷脂酰乙醇胺-PEG2000制备PEG修饰白屈菜红碱脂质体。该制剂的粒径较小,增加了药物与胃、肠道的接触面积,利于药物透膜吸收。体内PK研究结果表明,药物被包裹于脂质体后,降低了胃、肠道中各种酶对白屈菜红碱的代谢、降解等,最终增加了白屈菜红碱的口服吸收。

随着药物形式多样化导致疗效提高的同时,难溶性、难渗透性及酸碱酶敏感等问题也在不断出现。基于中医整体思维、辨证论治原则和中药多组分性质的特点,构建现代中药多元释药系统是当前中药制剂研究的新思路,即在中医药理论指导下,将复方中不同性质的药效组分制成不同的释药单元,从而改变其释药行为、作用靶标等,影响不同药效组分的体内过程,通过不同作用途径和靶标发挥更好的临床疗效,降低毒副作用,同时提高各药效组分的生物利用度。在安全有效的前提下,依据药物自身特点及其在体内ADME这一系列过程的状态,解决首过效应及生物利用度低等共性问题,让药物有选择性地进入靶器官,充分发挥其最大疗效是中药口服制剂设计的主要思路,新技术、新方法的衍生也在不断推动着剂型创新的进程,有助于突破中药口服制剂发展的瓶颈,推动中药制剂学科的发展。

四、基于药物作用靶标及吸收特点的新药开发与老药新用

中医药学是中国古代科学的瑰宝,是打开中华文明宝库的钥匙,蕴涵着深厚的科学内涵。运用现代先进技术和手段,全面揭示中药作用机制,挖掘祖国医药学宝库,开发更多、更好的新药是促进我国中药事业发展的需要。

就目前来说,新药研发仍然是一个耗时长、风险大且代价高的过程,从立项到成为上市药品,许多品种往往在中途失败,近十年来,通过上市许可的中药新药屈指可数。因此,老药新用成为中药提质增效发展的一大热点。这种创新性的方法能够快速高效地为现有药物找到新的用武之地,缩短研发周期,是目前和今后一段时间解决中药新药研发高成本、低回报的一种优选路径。

(一)基于药物作用靶标的新药开发与老药新用

中药是一个含有多种成分的复杂体系,确认其作用靶标及通路是实现中药现代化的一个关键瓶颈问题。靶标是药物发挥疾病治疗作用中最为重要的功能发挥者,是药物作用的源头。所以,中药活性成分直接作用靶标的发现与确证是诠释中药作用机制的关键突破口,也是当前中药新药开发的重点问题和难点问题。传统的中药开发大多依据临床用药经验及疗效,存在着药效物质基础及作用靶标不明确、疗效优势不清、质控技术落后等问题,使得中药治疗缺乏高质量的有效性证据。面对传承不足、创新不够、发展缓慢的全方位挑战,合理运用计算机模拟、网络药理学等先进技术和手段,通过多学科交叉联系,阐释药物作用靶标及分子机制迫在眉睫。

1. 药物作用靶标研究 药物靶标指能够与特定药物特异性结合,并产生疾病治疗作用或调节生理功能作用的生物大分子或生物分子结构。药物分子通过调节这些靶标的功能,进而调控细胞内的一些生物过程,以达到治疗疾病的目的。目前,药物靶标的寻找主要从以下几个方面着手:① 是从有效单体化合物着手发现药物靶标;② 是以正常生理组织与病理组织基因表达差异发现靶标;③ 是通过定量分析和比较研究在正常和疾病状态下蛋白质表达谱的改变发现靶标;④ 是以蛋白质相互作用为基础发现

药物靶标;⑤ 也可应用 RNA 干扰技术特异地抑制细胞中基因的表达,通过细胞的表型变化去发现靶标。

靶标研究的热潮也推动了诸多学科的发展,化学蛋白质组学(chemical proteomics)和网络药理学首当其冲,中药化学生物学(traditional Chinese medicine chemical biology, TCMCB)等新型交叉学科也在不断涌现。化学蛋白质组学作为靶标研究的专门学科,其筛选中药靶标的方法包括标记型小分子探针(靶标"垂钓"法)和无标记(label-free)型小分子探针,其中无标记小分子探针是一类适合天然产物靶标发现的方法,与中药成分复杂的特点相契合,且可用于多成分、多靶标的同时筛选,是一类适用于中药靶标发现的重要方法。网络药理学作为一种建立在高通量组学数据分析、计算机虚拟计算及网络数据库检索基础上的新药发现、药效作用、机制挖掘的研究方法,通过基于"疾病-基因-靶标-药物"相互作用网络,系统综合地观察药物对疾病网络的干预与影响,从而揭示药物系统作用于人体的机制。中药化学生物学系指在中医药理论指导下,以中药活性(药效)成分为工具,研究中药活性小分子的作用靶标和对生命过程的调控作用,是中药化学与生物学交叉的一门学科。

2. **基于药物作用靶标的新药开发**　近年来,随着系统生物学、生物信息学、网络药理学、高通量筛选技术、组学技术等学科和技术的发展,新药研发已由传统药理学研发模式(功能导向型-先发现药物作用,然后再找到药靶)转变为反向药理学(基于靶标的药物研发)模式。靶标筛选便成为新药研发中最重要的一个环节,寻找新的药物靶标对于新药研发至关重要。

首先,通过药物的生理生化研究结果,初步确定该药物作用的生物分子;其次,确认筛选出的生物分子与所治疗疾病之间的关系,并确定该生物分子是否在疾病的发生发展过程中起到了唯一且关键的作用;最后,确认药物对筛选出的分子及细胞系或活体实验的生物活性数据。筛选后,符合以上 3 个条件的生物分子才能被定义为该药物的治疗靶标。

随着药物设计和高通量筛选技术的成熟,越来越多的多靶标药物被开发出来用于治疗复杂性疾病。如在挖掘抗抑郁经典名方逍遥散科学内涵的过程中,发现逍遥散可通过调节神经递质、代谢网络、肠道菌群来发挥抗抑郁作用。网络药理学研究表明,逍遥散中的活性成分涉及 25 个靶标及信号转导-内分泌-能量代谢等相关生物过程和代谢通路,参与神经活性配体-受体相互作用,5-羟色胺能突触,以及环磷酸腺苷信号通路与钙信号通路,其复方抗抑郁作用体现了多成分、多靶标、多途径的作用特点。在此基础上,进一步通过化学成分分析、临床试验观察和药效学验证对处方进行筛选,并按照新药研究的技术指导原则,研发了抗抑郁新药柴归颗粒[已获得国家药物临床试验批件(2018L03149)]。与上市抗抑郁化学药品和中药相比,柴归颗粒具有多成分、多靶标作用特点,且尤其适用于抑郁症中的肝郁脾虚型患者。其可能通过调节嘌呤代谢途径上的基因及嘌呤能受体 P2X7 和炎症因子 IL1β mRNA 的表达,从而发挥抗抑郁作用。对柴归颗粒调控的关键代谢物作进一步网络分析,结果表明花生四烯酸代谢可能是柴归颗粒发挥抗抑郁作用的重要通路,花生四烯酸代谢途径上的 CYP2B6、CYP2E1、CYP2C9、CYP2C8、PLA2G6、PTGS2、ALOX15B、PTGS1、ALOX12 和 ALOX5 10 个蛋白为柴归颗粒发挥抗抑郁作用的潜在靶标。

3. **基于药物作用靶标的老药新用**　老药新用指对于已批准应用于临床或者未上市但结构明确、生物活性已知的药品,通过进一步研究,扩大其适应证,发现其新的作用靶标。目前开发已有药物新用途的思路主要是以新发现的关键致病因子为靶标,通过使用药物靶标数据库,将靶向这些靶标的已有药物作为重点对象(或将作用于此类靶标的化合物评估为可用于药物重新定位的潜在活性成分),将有可能拓展出老药的新用途,以达到药物研发和疾病治疗的目标。例如,有研究发现六味地黄丸可通过靶向 GAPDH、AKT1、ALB、TP53、APP、IL6 等靶标,调节异常神经活性-配体受体通路,改善炎症、凋亡、突触功能障碍、神经递质异常、能量代谢紊乱等来发挥抗阿尔茨海默病作用,从而为六味地黄丸治疗阿尔茨海默病新用途的开发提供理论和实验依据。

(二）基于药物吸收特点的新药开发与老药新用

口服给药是中药传统的、临床最常用的方式,其吸收效果受溶解性、渗透性、胃肠道及肝脏的降解等诸多因素影响,其中低溶解度导致的低生物利用度是许多中药有效成分面临的难题。虽然固体分散体、包合物、脂质体可改善此类成分的溶出,提高生物利用度,但它们在中药领域的应用大多集中于单体。中药通过多成分共同作用来发挥多途径、多靶标的综合疗效,因此,研究如何促进中药复方难溶性成分的口服吸收更具临床意义。

口服药物的吸收情况是决定其能否进入临床的先决条件。在新药研发的早期阶段,对药物吸收的研究经常采用体外实验方法,这样可以定性定量地研究药物吸收的过程;同时也要进行体内实验方法,因为体内实验具有完整的血液供应和神经支配,保证肠道神经完好无损,直接反应药物的吸收情况,可用于研究药物的渗透和吸收动力学。此外,要考虑到重吸收对于药物对机体作用的影响(胃肠循环、肝肠循环、肠肠循环、肠细胞局部循环),从而全方面地对药物吸收情况进行研究。

1. **药物吸收机制研究** 小肠是药物吸收的主要部位,药物经口服吸收的程度与速度主要取决于肠内酶及其细胞对药物的代谢和屏障作用,肠道吸收的试验方法包括体内法、在体法、体外法等。体内法适用于多种药物的 PK 研究,经口服给药后,在不同时间点采集血液、尿液等,测定药物浓度,绘制体内药物的药时曲线,计算 C_{max}、t_{max} 等 PK 参数来评价药物吸收的速度和程度。在体法主要应用于完整动物实验,包括在体肠灌流法、肠襻法、肠道的血管插管法和测氮法。体外法包括外翻肠囊法、扩散池法、细胞模型法、平行人工膜渗透模型等,简单易行,重复性好。

2. **基于吸收特点的新药开发** 吸收是指药物从给药部位进入血液循环的过程,对于全身作用的药物,药物的吸收是其产出体内药效作用的前提,所以在新药开发前对药物的吸收过程进行研究,可提高后期开发的成功率。许多中药由于生物利用度低,限制了其临床应用。因此,通过改变药物分子的性质、剂型,改善药物的吸收,进而增强其药效,是中药研发中关键的一步。小檗碱又称黄连素,为了解决其脂溶性差、在胃肠道中难以吸收、生物利用度低的问题,有学者合成了 4-甲基肉桂酸小檗碱共晶。体外吸收特性、体内 PK 研究的结果表明,4-甲基肉桂酸小檗碱的溶解度、表观脂水分配系数显著高于小檗碱,在 Caco-2 细胞单层模型和尤斯室系统中,4-甲基肉桂酸小檗碱的单位面积转运速率、表观渗透系数显著高于小檗碱,t_{max} 和 $t_{1/2}$ 缩短,C_{max}、AUC_{0-t}、$AUC_{0-\infty}$ 升高,小檗碱的吸收特性和生物利用度得到了改善,为小檗碱的后续开发提供了依据。随着科技的发展,许多新剂型用于提高中药吸收生物利用度。目前,针对 BCS Ⅱ类(高渗透性、低溶解性)中药,主要方法有超微粉碎、纳米混悬剂、固体分散体、磷脂复合体、β-CD 包合、微乳化、自微乳化和聚合物胶束等;针对 BCS Ⅲ类(低渗透性,高溶解性)中药,主要方法有微乳化、脂质体、脂质 NP、生物黏附聚合物、吸收促进剂等。

3. **基于吸收特点的老药新用** 小檗碱曾是临床治疗消化道感染性疾病的一线药物。近年来,小檗碱在调血脂、降血糖、防治神经退行性病变及抗肿瘤等方面被发现了一些新用途,且具有一定的心肌毒性。应用于这些新用途,都需要长期给药,从而形成了长期口服与对肠道菌群失调及其对机体其他生理功能影响可能产生的潜在风险之间的矛盾。小檗碱口服后,约86%的小檗碱经肠道排泄而不被吸收,却依然具有一定的药理活性,其相关原因可能是:① 机体所需要的小檗碱的有效浓度较低;② 小檗碱对细胞膜逆转运蛋白表达有调控作用,抑制逆转运蛋白表达可以使小檗碱保持较高的胞内浓度,由此显示出小檗碱具有一定的胞内富集效应;③ 小檗碱在体内可转化为具有相同活性的代谢产物,以保持持续的活性;④ 小檗碱可以通过调控肠内具有不同功能的菌群生长,间接影响肠内糖脂成分的吸收,最终影响体内糖脂代谢,并由此起到间接的降血糖、调血脂作用。因此,虽然小檗碱的口服吸收利用度较低,却依然基本保证了有效药物浓度及其产生的相关药效。但抗肿瘤应用时,由于其所需抑瘤浓度较高,口服给药难以达到有效浓度,且缺少组织特异性,因此,考虑将其进行

二维码7-5
基于药物作用靶标及吸收特点的新药开发与老药新用实例

靶向给药。然而,提高生物利用度预示着毒性产生的风险增大,因此,小檗碱的老药新用必须考虑其吸收特性。

五、基于药物体内过程的联合用药相互作用研究

中西药联合应用在临床日渐普遍,并受到了广泛的认可。二者的合理联用可以起到协同增效,减少不良反应,扩大适用证范围,减轻药物剂量等作用;而不合理联合用药会产生拮抗作用,减轻疗效,产生不良反应,甚至导致药源性疾病的发生。因此,为了提高临床用药的安全性,探讨中西药之间的相互作用,对中西药联合用药后的安全性评价具有重要意义。

药物相互作用(drug-drug interaction)是指几种药物同时或前后序贯给药时,药物原有的理化性质及PK或PD发生改变。药物相互作用一方面能够增强药效,另一方面也可降低药效,甚至导致毒性反应。

体内的药物相互作用主要分为两类:① PK相互作用,指一种药物改变了另一种药物的吸收、分布、代谢或排泄,最终影响药物在靶器官的浓度,导致作用强度的变化,其主要机制是转运体或代谢酶的表达或活性的改变;② PD相互作用,指药物合用时,一种药物改变了另一种药物的药理效应,但对血药浓度并无明显影响,主要是影响药物和受体作用的各种因素。

联合用药后相互作用机制的具体研究方法与本章前述的药效物质基础和复方配伍机制相似。以下仅汇总联用后产生的药效和毒性相关影响。

(一)联合用药的优势

联合用药的优势具体体现在:① 能使治疗效果提高,表现出显著的协同作用;② 将不良反应的发生率降到最低(表7-4);③ 扩大药物适用范围,从而用于治疗某些单独用药无法发挥药效的疾病。

表7-4 中西药联合用药降低不良反应的发生率举例

中 药	西 药	作 用 效 果
珍珠粉	盐酸氯丙嗪	改善肝功能
姜半夏、白及、茯苓等	碳酸锂	减轻胃肠道反应
甘草	链霉素	减少链霉素对第八对脑神经的损害
	呋喃唑酮	防止胃肠道反应,保留杀菌作用
石麦汤(生石膏、炒麦芽)	氯氮平	减少流涎
甘草人参汤	糖皮质激素	减少激素的不良反应
白及、海螵蛸粉	5-氟尿嘧啶、鲨肝醇、环磷酰胺、奋乃静	治疗消化道肿瘤有较好疗效
六君子汤	抗震颤麻痹药	减轻胃肠道不良反应
葛根芩连汤	蒙脱石散	减少不良反应,见效快,疗效持久
黄连、黄柏、葛根	抗生素类药物	减轻抗生素的不良反应
香砂养胃丸	喹诺酮类药物	减轻胃肠道不良反应
	小青龙汤、柴胡抗组胺药	减少化学药的用量和嗜睡等不良反应
小柴胡汤、人参汤	丝裂霉素	减轻骨髓抑制作用

抗生素在临床上必不可少,但其疗效下降、毒副反应突出、多重耐药病原体增多;中药治疗感染性疾病历史悠久、疗效确切,不仅可抑杀病原体、消除毒素,而且对感染所致炎症、免疫异常、整体失调有治疗作用。中药与抗生素联用具有互补性,被认为是应对威胁的可行方案。谭勇等人认为阐明中药对抗生素增效减毒的机制十分必要,并提出了相应策略:首先,采用系统药理学分子网络分析方法,多层次、多维度地预测中药联合抗生素治疗感染性疾病增效减毒的效应和机制,为进一步实证研究切入点和检测指标的选取提供依据;其次,遵循中医药证对应的用药原则,抗生素和中药各自单独及联合应用以治疗特定证候状态的感染性疾病患者,除常规全面地评价两药联用的增效减毒效应之外,更多采用多组学技术发现两药联用在分子水平的细微效应特征,并采用生物分子网络分析技术来确定两药联用增效减毒的敏感、稳定的临床生物标志物;然后,以这些生物标志物为线索,在感染性疾病动物模型体内和细胞水平溯源生物标志物的生物转化过程与调控机制,并回归临床进行印证,从而揭示两者联用增效减毒机制,为联用方案的推广应用提供依据。

(二)联合用药的风险

联合用药的风险主要体现在影响药效发挥,产生不良反应或毒副作用(表7-5)。

表7-5 中西药联合用药的潜在风险举例

类别	代表性中药	化学药	风险	作用机制
含鞣质成分的中药	地榆、虎杖、五倍子等	胃蛋白酶合剂、多酶片	消化不良、纳呆等	生成氢键络合物
	山楂、乌梅、酸枣仁、山茱萸等	磺胺类、呋喃妥因、利福平等	损害肾脏	容易形成沉淀或结晶
含金属离子的中药	石膏、石决明、牡蛎、龙骨等含钙的中药	洋地黄	增强洋地黄的毒性	钙离子为应激性离子,增强心肌收缩力
	滑石粉、代赭石、自然铜、磁石、明矾等含镁、铁、铝、铋类的中药	四环素类抗生素	不利于吸收,降低疗效	生成酰胺基和含有多个酚羟基的络合物,生成螯合物
	金钱草、牛膝、泽泻等含钾的中药	钾利尿剂,如螺内酯、氯化钾	高钾血症	药源性血钾过高症
	朱砂、磁朱丸、朱砂安神丸等含砷的中药,雄黄、信石等含汞的中药	溴化物、碘化物、硫酸亚铁、亚硝酸盐	药源性肠炎,甚至中毒	生成有毒物质
含苷类的中药	大黄、番泻叶等主要含蒽苷类的中药	止泻药	导致排便	蒽苷物质在大肠中被细菌分解后,引起大肠蠕动加快
	黄芩、槐米等主要含黄酮苷类的中药	含酸性成分的化学药	影响疗效	形成沉淀
	蟾酥、万年青等主要含强心苷类的中药	强心苷	增加了药物的毒性反应	药效叠加
	苦杏仁、桃仁等主要含氰苷的中药	麻醉、镇痛、止咳等化学药	呼吸衰竭,严重的会危及生命	抑制呼吸中枢
	甘草等主要含皂苷类的中药	降糖药	升高血糖	药理拮抗
		强心苷	强心苷中毒	促进钾离子的排泄
含酸性成分的中药	五味子、女贞子等含有机酸类的中药	碱性成分化学药,如氢氧化铝、氨茶碱等	药效减弱,甚至失效	酸碱中和
	甘草及其含甘草酸制剂	生物碱类药物,如麻黄碱、利血平	影响药物吸收,降低疗效	中和反应,生成沉淀

类别	代表性中药	化 学 药	风 险	作用机制
含碱性成分的中药	麻黄、曼陀罗、颠茄、洋金花等	强心苷类、生物碱类药物	导致心衰及心律失常等	蓄积诱发中毒反应
	瓦楞子、海螵蛸、朱砂等	含有酸性成分的化学药，如胃蛋白酶、阿司匹林等	不利于吸收，直接排出体外，影响疗效	酸碱中和生成盐
	其他含碱性成分的中药	维生素 B_1	降低疗效	会中和胃酸，加快维生素 B_1 的分解

中西药联用风险产生的原因主要涉及药物理化性质改变和重复用药两个方面，前者包括联用后生成沉淀和难溶性的络合物，以及 pH 发生变化或发生酸碱中和反应；后者会使药物中某些成分服用过多，而加强药物的不良反应。

例如，王强等人联合体内外实验方法，考察了五倍子中鞣质类成分对利福平 PK 特性的影响。体外实验分别测定了利福平在 pH 1.3、pH 6.8、人工胃液环境和人工肠液环境中的溶解性，以及加入五倍子鞣质后对其溶解性的影响；体内实验研究大鼠分别灌胃利福平，以及利福平和五倍子鞣质后，利福平在大鼠的体内过程，并计算 PK 参数。结果发现，利福平在酸性环境中的溶解性差，利福平与鞣质合用后生物利用度下降的重要原因是利福平与鞣质的络合减小了利福平在肠道的溶解度，进而影响其在肠道的吸收，提示利福平与含鞣质丰富的中药汤剂或中成药不宜同时服用。

（三）基于转运体的联合用药毒性相关作用

中药对转运体的作用也会对其他药物的代谢产生影响，从而发生药物的相互作用。其中，基于转运体的马兜铃酸、雷公藤甲素等中药成分的肝、肾毒性的研究十分广泛。

1. 转运体与中药肝毒性风险　肝脏是药物代谢的重要器官，胆管细胞基底侧分布着多种外排型转运体，如 P-gp、BCRP 和 MRP 等；而肝细胞基底侧分布着多种摄取型转运体，如 OAT、OCT 和有机阴离子转运多肽（organic anion-transporting polypeptide，OATP）等。因此，基于转运体来研究中药成分的肝毒性是重要途径之一（表 7-6）。

表 7-6　中药肝毒性与转运体之间的关系

成分类别	中药及其主要毒性成分	肝细胞及其转运体
生物碱类	附子：乌头碱，中乌头碱，次乌头碱	乌头碱、中乌头碱在 MRP2-MDCKII 细胞内含量降低，且两者可通过影响 MRP2 的功能而改变彼此的生物利用度，MRP2 外排能力增强可以减少乌头类生物碱在体内的蓄积，从而降低其毒性
	雷公藤：多苷，以雷公藤甲素为主	肝毒性的产生被认为是 P-gp 与 CYP3A4 共同介导的结果，当雷公藤甲素与 P-gp 抑制剂联合使用时，肝毒性显著增强。同时，雷公藤甲素还可对转运体 OATP2 和 MRP2 产生作用，其上调了摄入转运体 OATP2 并抑制了外排 MRP2 表达，破坏了其原有的代谢平衡，致使肝细胞内胆红素等物质蓄积，从而造成肝细胞损伤
	其他：黄藤素、药根碱、粉防已碱等	与 P-gp、MRP 和 OCT 等转运体发生相互作用，从而影响药物代谢
皂苷类	黄药子：黄独素 B	转运体 MRP2 的功能失常致使体内胆红素、胆汁酸或其他毒物的蓄积而损害肝细胞
蒽醌类	首乌藤	首乌藤及其提取物对转运体 OATP1A1、OATP1B2 的活性产生了明显的抑制作用，肝脏生化指标明显降低，同时，首乌藤及提取物组中 OATP1A1 和 OATP1B2 mRNA 基因表达明显低于空白组，且提取物组 MRP2 基因受到明显抑制

2. 转运体与中药肾毒性风险　肾脏在代谢产物的排泄、酸碱平衡、维持体内系统稳态中起关键作

用,肾小管的分泌和重吸收功能主要由转运体介导,这些转运体主要分布于肾近端小管细胞基底膜和顶端膜。其中,OAT 负责阴离子、两性离子与有机分子(包括内源性物质和许多药物)的跨膜运输,属于两亲性溶质转运蛋白家族,其中 OAT1、OAT3 主要位于肾脏。中药、药物相互作用或其他因素均可能引起 OAT 表达或功能的改变,从而导致药物的肾脏分布改变,诱导有毒代谢产物的积累,最终导致肾脏毒性。例如,大黄类中药可作用于 OAT 转运体,从而影响其正常功能,大黄酸和大黄提取物对大鼠体内 OAT 底物产生有效的抑制作用,从而影响 OAT 底物的 PK。

3. 基于转运体的中药-西药相互作用　中药提取物及方剂具有多成分、多治疗靶标、多调节位点等特点,导致了药物间相互作用的复杂性。转运体具有广泛的底物专属性和底物重叠性,提示了转运体可介导药物之间的相互作用(表7-7)。例如,他汀类药物既是 BCRP 和 MRP 的底物,也是 OATP 的底物,使得药物之间的相互作用可以产生增强药物疗效的可能性,也可能增加联合用药的风险。

表7-7　不同转运体类型的中药-西药相互作用举例

转运体种类		中药-西药相互作用
可溶性载体(solute carrier, SLC)	OCT	二甲双胍是 OCT 的底物之一,而中药成分小檗碱可以通过抑制 OCT1 和 OCT2 来提高二甲双胍的初始血药浓度与 AUC,降低二甲双胍体内的分布体积和清除率,提高二甲双胍的降血糖作用;同时,小檗碱也可抑制肾脏 OCT2,减少二甲双胍的排泄,增强二甲双胍降糖作用。小檗碱与二甲双胍联用可增强其降糖作用,同时在临床使用时也需要考虑是否改变药物剂量,以避免不良反应的发生
	OAT	用于治疗支气管性与心源性哮喘的茶碱是 OAT 的底物,在 OAT2 介导的肾脏的排泄过程中与同是 OAT 底物的红霉素有竞争性抑制关系,会改变茶碱的血浆清除率,使茶碱的血液浓度升高,易产生毒性反应
	OATP	水飞蓟素和丹参素可明显抑制肝脏 OATP1B1 转运体介导的瑞舒伐他汀的摄取,影响舒瑞伐他汀体内的 PK 过程
ATP 结合盒转运体	P-gp	小檗碱是最常见的生物碱类化合物,多项研究表明小檗碱是 P-gp 的底物和抑制剂,在大鼠体内 P-gp 抑制剂奎尼丁可抑制小檗碱的胆汁排泄,同时小檗碱也可以显著降低地高辛和环孢素的生物利用度
	BCRP	姜黄素可通过抑制血脑屏障中 BCRP,增加底物药物在脑组织中的分布
	MRP	大黄酸与甲氨蝶呤合用时,大黄酸通过抑制 MRP2 介导的排泄,增加甲氨蝶呤在大鼠体内的血药浓度

中药成分复杂、多样且对不同转运体的调控不同,不同的中药提取物或有效成分对转运体的影响可能也不同,使得基于转运体的中药联合用药机制研究十分复杂。

中西药联用是一个比较复杂的问题,应当充分了解药物的药理作用、用药后的药效作用,合理地进行联用,深入研究中西药相互作用机制和临床疗效,在临床应用中增强疗效、减少不良反应的发生,避免药物联用产生不良反应,使得中西药联用发挥更好的作用。

(王文苹　王艳宏)

二维码7-6
基于药物体内过程的联合用药相互作用研究实例